PC 3801. A3
BAD

QM Library

23 1423136 5

WITHDRAWN
FROM STOCK
QMUL LIBRARY

LA LINGUISTIQUE
CATALANE

COLLECTION *ACTES ET COLLOQUES*

* 1. — *Les anciens textes romans non littéraires ; leur apport à la connaissance de la langue au Moyen Age* (Colloque, Strasbourg, 1961). Actes publiés par G. Straka. *Epuisé.*

  2. — *Jean-Jacques Rousseau et son œuvre, problèmes et recherches* (Colloque, Paris, 1962). *Epuisé.*

* 3. — *L'Humanisme médiéval dans les littératures romanes du XIIe au XIVe siècle* (Colloque, Strasbourg, 1962). Actes publiés par A. Fourrier. *Epuisé.*

* 4. — *Actes du 10e Congrès international de Linguistique et Philologie romanes* (Strasbourg, 1962), publiés par G. Straka, 3 vol.

* 5. — *Le vers français au XXe siècle* (Colloque, Strasbourg, 1966). Actes publiés par M. Parent.

* 6. — *Le réel dans la littérature et dans la langue : Actes du 10e Congrès de la Fédération Internationale des langues et littératures modernes* (FILLM) (Strasbourg, 1966), publiés par P. Vernois.

  7. — *Mme de Staël et l'Europe* (Commémoration de Coppet, 18-24 juillet 1966).

* 8. — *Positions et oppositions sur le roman contemporain.* Actes du colloque sur le roman contemporain (Strasbourg, avril 1970), publiés par M. Mansuy.

* 9. — *Les dialectes de France au Moyen Age et aujourd'hui.* Domaine d'oïl et domaine francoprovençal (Strasbourg 1967). Actes publiés avec le concours de la Société de Linguistique romane par G. Straka.

 10. — *L'esprit républicain* (Colloque d'Orléans, 4-5 septembre 1970). Actes publiés par J. Viard.

Le présent volume et ceux, ci-dessus, précédés d'un astérisque concernent les Colloques et les Congrès organisés par le Centre de Philologie et de Littératures romanes de l'Université des Sciences Humaines de Strasbourg (directeur : Georges STRAKA).

119325
18/6/76

ACTES ET COLLOQUES

————————— 11 —————————

LA LINGUISTIQUE CATALANE

COLLOQUE INTERNATIONAL ORGANISÉ PAR LE
CENTRE DE PHILOLOGIE ET DE LITTÉRATURES ROMANES
DE L'UNIVERSITÉ DE STRASBOURG

DU 23 AU 27 AVRIL 1968

Actes publiés

par

Antonio BADIA MARGARIT *et* Georges STRAKA

WESTFIELD
UNIV.
LONDON
COLLEGE

PARIS

EDITIONS KLINCKSIECK

1973

La loi du 11 mars 1957 n'autorisant, aux termes des alinéas 2 et 3 de l'article 41, d'une part, que les « copies ou reproductions strictement réservées à l'usage privé du copiste et non destinées à une utilisation collective » et, d'autre part, que les analyses et les courtes citations dans un but d'exemple et d'illustration, « toute représentation ou reproduction intégrale, ou partielle, faite sans le consentement de l'auteur ou de ses ayants-droit ou ayants-cause, est illicite » (alinéa 1er de l'article 40).

Cette représentation ou reproduction, par quelque procédé que ce soit constituerait donc une contrefaçon sanctionnée par les articles 425 et suivants du Code Pénal.

Avant-propos

1. Le colloque dont nous publions aujourd'hui les actes s'est tenu, du mardi 23 au samedi 27 avril 1968, au Centre de Philologie et de Littératures romanes de l'Université de Strasbourg. Il sera connu désormais sous le nom de « *Premier* colloque sur la linguistique catalane ».

Le Centre de Philologie et de Littératures romanes avait précédemment organisé toute une série de colloques, tous consacrés à des problèmes de linguistique ou de philologie française ou à des problèmes concernant l'ensemble des langues romanes (dialectologie, lexicologie, anciens textes, etc.). Pour celui de 1968, le Centre a choisi, comme objet d'étude, pour la première fois une langue romane autre que le français. Le choix du catalan, de même que la présence à ce colloque de romanistes venus de neuf pays d'Europe et d'Outre-Atlantique, fournit une preuve évidente de l'intérêt que suscitent partout le catalan et ses problèmes et qui compense, en partie tout au moins, les contraintes que la langue et la culture catalanes, leur enseignement et leur diffusion subissent au pays même.

2. Certes, un « Primer Congrés Internacional de la Llengua Catalana » s'était tenu à Barcelone en octobre 1906, mais il n'a pas eu de suite. D'autre part, bien que plusieurs rapports et communications gardent toute leur valeur jusqu'à présent et qu'on les consulte encore avec profit, le but essentiel de ce Congrès, qui — à une époque où l'on comptait chez nous à peine une dizaine de linguistes et de grammairiens — a réuni environ 3.000 participants, était celui de rallier le peuple de Catalogne autour de sa langue et de lui permettre ainsi de s'affirmer. Aussi, sur l'intérêt scientifique, si indéniable qu'il soit, l'intérêt politique l'a-t-il emporté et, à cette époque de l'enthousiasme général, le Congrès a surtout porté ses fruits comme facteur de la cohésion nationale.

Près d'un demi-siècle plus tard, les organisateurs du VIIe Congrès international de Linguistique romane, qui s'est réuni à Barcelone en avril 1953, ont inscrit, sur proposition d'un Comité international constitué deux ans auparavant, au programme de ces importantes assises, comme thème général, l'étude du « domaine linguistique catalan par rapport aux langues ibéro-romanes et gallo-romanes ». Plus de deux tiers des 70 rapports et communications présentés à cette occasion portaient sur le catalan ; ce Congrès a ainsi beaucoup contribué au développement de la linguistique catalane et a permis aux recherches dans ce domaine d'avancer considérablement.

Le Colloque de Strasbourg, essentiellement scientifique et comparable en cela moins au Congrès de 1906 qu'à celui de 1953, ne supporte cependant pas une comparaison intégrale avec ce dernier. A Barcelone, en 1953, les communications étaient nombreuses et portaient souvent sur des questions de détail ; elles étaient limitées dans le temps et ont eu lieu devant une assistance nombreuse ; le temps réservé aux discussions était encore plus restreint que celui des communications. A Strasbourg, on n'a entendu que huit exposés sur des problèmes fondamentaux, soigneusement déterminés à l'avance ; chaque auteur de communication disposait d'une heure au moins, généralement d'une heure et demie, et il s'adressait à un groupe restreint de spécialistes ; la durée des discussions, très approfondies, a souvent dépassé celle de l'exposé.

Un colloque présuppose, dans le domaine sur lequel on entend se pencher, un certain degré de connaissances acquises par des études antérieures et une maturité de recherches préalablement menées à bonne fin par les participants eux-mêmes, seuls ou en équipe. Ces conditions se trouvaient remplies, notamment depuis le second des deux Congrès de Barcelone, pour qu'on pût songer à convoquer le Colloque de Strasbourg.

3.   L'idée de ce colloque est née en 1965. Au printemps, j'ai fait, au Centre de Strasbourg, des conférences sur la dialectologie et l'onomastique catalanes ; à cette époque, je préparais aussi le rapport « Où en sont les études sur la langue catalane » que je devais présenter, quelques mois plus tard, au XIᵉ Congrès international de Linguistique et Philologie romanes à Madrid. C'est à l'issue de mes conférences que mon ami Georges Straka m'a fait part de son intention d'organiser un colloque sur le catalan et de m'en confier la direction. A Madrid, nous en avons élaboré un premier projet. Au début, ce projet était relativement modeste : quatre exposés seulement, dont l'un, sur le vocabulaire, ne pouvait être demandé qu'à Germà Colon ; j'acceptais de me charger des trois autres. Le colloque devait avoir lieu au printemps 1967. Mais certaines difficultés nous ont obligés à en remettre la réalisation à l'année suivante, et cet ajournement nous a permis d'élaborer davantage notre premier projet et de solliciter la collaboration d'autres spécialistes. C'est alors que nous avons fixé à huit le nombre de communications et décidé que chacune occuperait, suivie de discussions allant au fond des problèmes, une demi-journée entière. De même, on a dressé la liste des principaux catalanistes à inviter, d'Europe et d'Amérique, de Catalogne en premier lieu.

Le Colloque de Strasbourg a réuni une trentaine de spécialistes, dont plusieurs jeunes chercheurs, notamment suisses et allemands, auxquels se sont joints les romanistes du Centre, ainsi qu'un groupe de linguistes québécois, particulièrement intéressés par les problèmes linguistiques catalans. Le programme de travail a été intense du commencement à la fin de la semaine. Ce n'est que le soir qu'une détente venait récompenser le labeur de la journée. Dès le premier soir, nous avons été reçus par la Faculté des Lettres et le Centre ; le lendemain, par le Conseil municipal de Strasbourg ; dans la soirée du jeudi, par M. le Recteur de l'Université ; à l'issue de la séance du vendredi après-midi, par l'Institut d'Espagnol. Personne de nous n'est prêt à oublier le dîner à l'Ancienne-Douane auquel le Centre nous a conviés la veille de la clôture du Colloque et à la fin duquel M. Straka, dans une allocution toute empreinte d'amitié pour notre pays et notre langue, nous a suggéré l'idée d'une institution permanente de Colloques de langue catalane, qui se réuniraient tous les cinq ans pour procéder à une mise au point périodique des progrès de la linguistique catalane et pour traiter aussi des thèmes autres que ceux qui venaient de faire l'objet du Colloque de Strasbourg et parmi lesquels, au cours de cette première rencontre, beaucoup de sujets n'ont pu qu'être effleurés. Je reviendrai encore sur la suite qu'on a réussi à donner à cette suggestion.

4. Le choix des sujets à traiter à Strasbourg m'avait beaucoup préoccupé. On aurait pu en choisir d'autres, à la place ou en plus de ceux qu'on avait retenus. Ceux qu'on a traités étaient des sujets de base et, bien qu'ils relèvent d'une thématique qu'on pourrait appeler traditionnelle, le lecteur du présent volume remarquera aisément, dans la plupart des communications, la tendance à adopter, dans le cadre de cette thématique, des vues conformes à celles de la linguistique moderne. Ainsi, la communication de M. Joan Solà sur *l'orthographe et la grammaire catalanes* et la longue discussion qui l'a suivie ont fait apparaître cet affrontement des deux orientations. Les questions d'orthographe passionnent toujours (l'histoire culturelle de notre pays, au cours de ces cent dernières années, en est la preuve), et cela est apparu dans la discussion d'autant plus que beaucoup de participants, n'admettant que les normes orthographiques de la grammaire prescriptive, ont éprouvé quelques difficultés à reconnaître qu'on puisse opposer les règles et la réalité, la correction et la description. Pourtant tous ces problèmes doivent être réservés, pour longtemps encore, sinon pour toujours, à la recherche pure dont ils relèvent.

5. Dans les deux communications de caractère grammatical dont je m'étais chargé, sur *Phonétique et phonologie catalanes* et sur la *Morphosyntaxe catalane*, on a pu s'apercevoir de l'intérêt qu'il y a à placer les faits sur le plan synchronique. Peut-être, à une autre occasion, les aurais-je intitulées « Phonétique historique » et « Morphologie historique » et aurais-je ajouté, à une synthèse et à une mise au point des travaux dans ces domaines, une discussion de problèmes nouveaux et passionnants comme ceux qui concernent le substrat, etc. ; peut-être aurais-je seulement ajouté au premier des deux sujets quelques observations sur la phonétique descriptive (de très importants travaux sont

en effet en cours sur l'articulation et l'acoustique, qui transformeront
nombre de concepts vieillis) et traité aussi partiellement, dans le
second exposé, la syntaxe (celle-ci, de toute façon, n'aurait pu être
examinée dans son ensemble, les travaux de syntaxe historique, moins
nombreux, n'ayant abordé qu'une partie de problèmes, et la codification grammaticale du catalan elle-même ayant été inégalement réalisée
dans les différents secteurs de la syntaxe). Or je tenais, non pas à
reprendre une fois de plus les sujets de grammaire historique traditionnelle, mais à me rapprocher des points de vue synchroniques et des
exigences de la nouvelle science linguistique. Ainsi, dans *Phonétique
et phonologie catalanes,* j'ai renoncé à traiter de la phonétique historique et ai tenu compte au contraire de toutes les contributions plus ou
moins récentes à l'étude de l'aspect articulatoire et à celle de l'aspect
fonctionnel. De même, dans ma communication sur la *Morphosyntaxe
catalane,* j'ai pris, comme point de départ, la dualité « forme » / « fonction » (la forme en tant qu'expression de la fonction, la fonction étant
exprimée au moyen d'une forme) qui tient compte à la fois de la
morphologie et de la syntaxe.

6. Un thème comme la *Dialectologie catalane* se prêtait tout
naturellement à un exposé selon les méthodes universellement recon-
nues de la dialectologie et de la géographie linguistique romanes, mais
même là, M. Joan Veny, en présentant les Atlas antérieurs et les
récentes acquisitions des enquêtes dialectologiques en vue d'un nouvel
Atlas catalan (dont il est lui-même le promoteur en grande partie), a
saisi l'occasion pour essayer d'appliquer, sur l'ensemble du système des
sons, les points de vue nouveaux relatifs à l'équilibre des systèmes.

7. Une autre innovation de la thématique traditionnelle a encore
été introduite dans le programme du Coloque de Strasbourg. Cette
fois-ci, il ne s'agit pas de la méthode d'approche des faits de langue
eux-mêmes, mais de l'examen des faits qui relèvent de ce qu'on appelle
la sociolinguistique ou la linguistique sociologique. Il m'est apparu en
effet absolument indispensable d'examiner le catalan de ce point de
vue, et c'est ce que j'ai entrepris dans la dernière communication,
intitulée *Le catalan aujourd'hui.* Quelle que soit la langue qu'on étudie,
il est très important de connaître dans quelles conditions elle vit, quels
sont les facteurs qui en déterminent l'état actuel, etc. Dans le cas du
catalan, c'est tout à fait essentiel, car le catalan manque aujourd'hui
de toute une série de moyens d'expression et se développe dans une
situation qui n'est pas naturelle, ce qui doit le marquer forcément. Sa
situation actuelle est à comparer non seulement à celle d'autres langues, mais aussi à sa propre situation d'il y a trente, quarante ou
cinquante ans, notamment lorsque, de façon passagère et pour très peu
de temps, il a joui du statut d'une langue officielle à côté de l'espagnol.

8. Au moyen d'un exposé sur les *Problèmes d'histoire de la langue
catalane,* qui devait inaugurer les travaux du colloque, nous voulions
situer d'emblée, dans une synthèse de travaux accomplis, les principaux

thèmes de la linguistique catalane diachronique et en dégager les grandes lignes. Aussi avons-nous demandé à un historien de la langue, M. Ramon Aramon i Serra, de traiter ce sujet qui relève pleinement de la linguistique historique d'orientation néo-grammairienne. Cette communication a suppléé en outre en bonne partie à l'absence de vues historiques dans les deux exposés sur les aspects grammaticaux du catalan.

9. Restent les deux communications sur les mots : sur le vocabulaire commun et sur les noms propres. Il nous manque encore des inventaires quantitatifs de vocabulaire, des échelles de fréquence de mots, des études solides de synonymie selon les niveaux culturels et sociaux, selon la situation linguistique, etc. C'est pour cela que M. Germà Colon, dans ses *Quelques considérations sur le lexique catalan* qui concernent le vocabulaire moderne, tient toujours compte de toute l'histoire de chaque mot de sorte que ses conclusions sur le vocabulaire catalan sont valables aussi bien pour une vision synchronique que du point de vue historique. (Pourtant, la préférence entre synonymes s'est modifiée plus d'une fois entre le catalan ancien et le catalan moderne.)

10. L'onomastique est une discipline essentiellement historique, et par conséquent, les *Questions d'onomastique catalane* ont été traitées par M. Henri Guiter, dans un exposé souvent limité à l'onomastique de la Catalogne du Nord-Est, du point de vue évolutif ; mais on remarquera aussi, dans cette communication, un essai de donner une caractérisation formelle des suffixes.

11. Telle a donc été la thématique du Premier colloque sur la linguistique catalane : problèmes d'histoire de la langue (I), questions d'orthographe (II), les sons et les phonèmes (III), les formes et leurs fonctions (IV), le vocabulaire (V), les dialectes (VI), les noms propres (VII), les conditions dans lesquelles vit la langue d'aujourd'hui (VIII).

Les communications ont occupé chacune la première partie de chaque demi-journée (1 heure à 1 heure 1/2) et le reste de chaque séance (1 heure 1/2 à 2 heures) a été consacré à la discussion du sujet de la communication. Toutes les interventions ont été enregistrées au magnétophone et, ensuite, transcrites, condensées et adaptées au langage écrit, elles ont été soumises aux participants pour contrôle et pour modifications éventuelles ; à l'exception de celles que leurs auteurs ont considérées comme inutiles ou faisant double emploi avec d'autres interventions, elles sont toutes publiées dans le présent volume, sous la forme approuvée par leurs auteurs, à la suite des communications auxquelles elles se rapportent.

12. Etant donné que notre colloque a eu lieu à Strasbourg dans le cadre des colloques d'une institution française, il est naturel qu'il se soit déroulé en français. C'est en français que nous publions aussi toutes les communications et, à quelques rares exceptions près, toutes

les interventions. Toutefois, dès le début, le Directeur du Centre et d'autres collègues de Strasbourg ont souhaité que la langue catalane se fît entendre au cours du colloque. Ainsi, j'ai prononcé quelques mots en catalan lors de la séance d'ouverture en présence de M. le Recteur, et c'est en catalan que j'ai terminé mon allocution de clôture. Mieux encore : nos amis français et les autres participants ont demandé qu'une des communications au moins fût présentée en catalan et c'est ainsi que j'ai eu le plaisir de faire, dans ma langue maternelle, l'exposé sur sa morphosyntaxe (cet exposé est naturellement publié en français dans les Actes). Enfin, il n'était pas rare d'entendre le catalan se substituer au français tout spontanément dans les discussions, soit pour des raisons de commodité, soit dans le but de mieux préciser notre pensée, soit encore — et pourquoi pas ? — parce que c'était pour nous une source de satisfaction de pouvoir nous exprimer dans notre langue. Je n'ai pas besoin d'ajouter que tous les Catalans en restent profondément reconnaissants aux autres participants.

13. Ce Premier colloque sur la linguistique catalane s'est tenu dans l'année du centenaire de Pompeu Fabra et a constitué ainsi un hommage à la mémoire de celui qui a été le restaurateur du catalan en tant que langue apte à tout exprimer, le codificateur de son orthographe et de sa grammaire, le forgeur du style catalan scientifique. Le Comité du Centenaire n'avait certes pas prévu notre colloque parmi les cérémonies commémoratives qu'il a organisées. Mais la tenue de ce colloque et les fruits qu'il portera — du moins, nous l'espérons — dans les domaines de la langue, de la littérature et de la culture catalanes auraient sans aucun doute réjoui Pompeu Fabra. Et il est significatif que, de même qu'en 1939 l'hospitalité française a accueilli Fabra sur le sol catalan du Roussillon où il est mort, trente ans plus tard ce colloque a pu voir le jour grâce à l'accueil de la France, cette fois-ci dans les terres rhénanes de l'Alsace.

14. Le Colloque de Strasbourg se devait d'envisager tout spécialement l'avenir des études de catalan. Sa contribution à ces études aurait été remarquable même s'il avait été un événement isolé dans l'histoire de notre langue. Mais il ne restera pas sans lendemain, et c'est dans le fait qu'il a été une première réalisation et une impulsion d'une suite d'assises semblables dont la continuité paraît maintenant assurée, qu'il faut voir sa principale signification. A la suite de la proposition que nous a faite le Directeur du Centre et dont j'ai déjà parlé, nous pensions tous, en quittant Strasbourg, qu'il était réellement nécessaire d'organiser un colloque de linguistique catalane tous les cinq ans, et nous espérions nous retrouver de nouveau au Centre de Philologie romane en 1973. Or, peu de temps après, de plusieurs côtés se sont manifestées des initiatives en vue d'organiser plus tôt un second colloque et de poursuivre sans tarder le chemin tracé à Strasbourg en 1968. Ainsi, le Deuxième colloque sur le catalan s'est tenu, sur invitation des romanistes et des hispanistes d'Amsterdam, à l'Université de cette ville dès le mois de mars 1970, et aussitôt, deux candidatures

pour le Troisième colloque nous sont parvenues. Ce Troisième colloque aura lieu, selon le vœu exprimé à Amsterdam, au printemps 1973 à Cambridge. Pour ma part, j'attache beaucoup d'importance à cette émulation entre différentes Universités désireuses d'accueillir nos colloques.

15.   A Amsterdam, on a encore fait un autre pas en avant. Les participants, réunis en assemblée, ont pris la décision de nommer un Comité Permanent des Colloques de Catalan, et ce Comité s'est transformé, quelques mois plus tard, suivant le même vœu unanime de cette assemblée, en un Comité constitutif d'une « Associació Internacional de Llengua i Literatura Catalanes » (AILLC) dont le secrétariat est établi à l'Université d'Amsterdam et qui prépare actuellement un projet de statut en vue de la reconnaissance juridique de cette nouvelle association scientifique. Au Colloque de Cambridge, l'assemblée générale de l'Association se prononcera sur ces statuts et élira son premier Conseil d'administration.

Au moment où j'écris ces lignes, il existe donc une association en voie de formation, et on prépare un troisième colloque. La continuité de l'œuvre entreprise il y a quatre ans est assurée. Le Centre de Strasbourg peut être satisfait : le grain qu'il a semé donne déjà une bonne récolte. Il a tracé le chemin à suivre et, depuis, tout indique que c'est un chemin qu'il nous fallait.

16.   C'est un agréable devoir pour moi de remercier ceux qui ont rendu possible la réalisation de notre premier colloque, avant tout mes collègues MM. Ramon Aramon i Serra, Germà Colon, Henri Guiter, Joan Solà et Joan Veny Clar, qui ont bien voulu se charger, à mes côtés, des exposés de base — ossature indispensable de chaque colloque —, ainsi que tous ceux qui, par leurs interventions tout au long de nos séances, ont apporté de nouveaux et précieux éléments à la discussion des problèmes traités.

Mes remerciements s'adressent aussi à la Ville et à l'Université de Strasbourg qui ont formé le cadre de nos travaux et où nous avons eu du plaisir à séjourner durant une semaine. M. le Recteur Maurice Bayen a bien voulu présider personnellement la séance d'ouverture du Colloque, et nous avons aussi été tous très sensibles à l'accueil chaleureux que nous ont réservé M. le Maire et le Conseil Municipal dans les majestueux salons, chargés d'histoire, de l'Hôtel de Ville, et M. et Mme Bayen au Rectorat où, au cours d'une conversation prolongée avec M. le Recteur, j'ai pu me rendre compte de l'intérêt que ce grand administrateur et éminent scientifique portait à l'objet de nos études et, tout spécialement, à la langue catalane et à son sort.

Je ne puis oublier non plus la prévenante amitié que nous a témoignée M. Georges Livet, professeur d'histoire moderne et doyen de la Faculté des Lettres, si attentif aux résultats que nous attendions de nos assises, ni les soins que M. Jacques Lafaye, chargé, à cette époque, de la direction de l'Institut d'Espagnol de Strasbourg, et son collaborateur M. André Labertit ont pris pour faire connaître notre colloque aux hispanistes des autres Universités françaises et pour nous recevoir, au cours d'une soirée, dans les locaux de leur Institut.

17. Enfin, je dis un merci tout particulier au Centre de Philologie et de Littératures romanes. Il a pris l'initiative de ce Colloque, en a rendu la réalisation matériellement possible et en a assuré l'organisation avec tous les soins et jusqu'aux moindres détails. Ce grand merci s'adresse personnellement à mon ami Georges Straka. Il y a bien des années que, déjà, nous discutions ensemble de la phonétique et, en général, de la linguistique catalanes, lorsqu'il traversait Barcelone pour aller passer ses vacances à Majorque. Plus tard, dans les Congrès de Linguistique romane et au cours de ses nouvelles visites en Catalogne, j'ai pu constater la sympathie qu'il avait pour notre langue et notre cause. A diverses reprises, j'ai été l'hôte du Centre où j'ai souvent traité des sujets de linguistique catalane, et si je n'ai pas pris part en 1961 au Coloque sur les anciens textes romans non littéraires, c'est que des raisons graves m'ont empêché d'accepter, comme je l'aurais souhaité, l'invitation du Centre qui se proposait de consacrer une séance aux anciens textes catalans et de me la confier. L'idée de Georges Straka de convoquer un colloque sur le catalan, puis d'en faire une institution permanente, n'a donc été en fin de compte qu'un aboutissement naturel de son grand intérêt pour notre pays, notre culture, notre langue. Grâce au dévouement avec lequel — aidé seulement par Mme C. Legrand, secrétaire du Centre, dont je ne saurais passer sous silence le précieux concours — il a pris personnellement en main toute la préparation et toute l'organisation du Colloque, celui-ci a été ce que nous souhaitions tous les deux dès le début : un grand succès pour les études de linguistique catalane dans l'histoire desquelles il marquera un jalon important.

18. Dès la clôture du Colloque, nous avons commencé à songer à la publication des Actes. Elle s'imposait. Aussi bien les communications que les discussions méritaient d'être connues, sans le moindre doute possible, au-delà du groupe restreint des participants. Or, près de quatre ans se sont écoulés, et ce n'est que maintenant, au début de l'année 1972, que nous sommes en mesure de remettre le manuscrit définitif de ces Actes à l'éditeur. C'est que la préparation du manuscrit a été difficile et a demandé beaucoup de temps.

Plusieurs communications, malgré nos réclamations, ne nous ont été remises qu'avec un retard considérable, ce qui nous a empêchés pendant longtemps de procéder à l'harmonisation de la présentation du volume, à l'uniformisation des citations bibliographiques et à l'établissement d'une table d'ouvrages, d'articles et de revues cités en abréviations. Mais c'est surtout la rédaction des discussions qui nous a longtemps retenus. Tout d'abord, il a fallu transcrire fidèlement tout

ce qui avait été dit durant les séances et enregistré au magnétophone :
près de 15 heures d'enregistrement ! Mlle Montserrat Cots a bien voulu
se charger de cette transcription et l'a menée à bonne fin avec beaucoup de patience. Cependant, ce texte ne pouvait pas être publié tel
quel : trop long, il contenait des redites et, surtout, il reflétait un
français parlé, celui des non-francophones en majeure partie ; il fallait
le récrire, le condenser et rendre acceptable à la lecture. C'est encore
M. Straka qui a assumé cette tâche et, en 1969, pendant ses vacances
d'été, près de Tarragone, il a donné aux discussions la forme sous
laquelle elles pouvaient paraître ; plus tard, il a aussi révisé, du point
de vue de la langue, toutes les communications de ses collègues catalans. Le texte des discussions a été polycopié à Strasbourg par Mme
Legrand qui en a adressé un exemplaire pour vérification à chaque
participant qui était intervenu, ne fût-ce qu'une seule fois, dans les
débats. Ce n'est donc qu'au retour de ces exemplaires, définitivement
approuvés, voire amendés, par les participants à la discussion, que nous
avons pu constituer, au cours de l'année 1971, le manuscrit définitif
du présent volume.

Restait encore le problème de l'édition et de son financement. On
avait envisagé plusieurs possibilités dont l'une consistait à faire entrer
nos Actes dans les « Travaux de Linguistique et de Littérature » du
Centre de Strasbourg et à leur réserver, en 1972, le tome X de cette
série ; mais le manuscrit n'était pas prêt à temps, et comme le tome XI
formera un volume de Mélanges en l'honneur d'un de nos éminents
confrères français, nous ne voulions pas attendre jusqu'en 1974. Finalement, sur l'intervention de M. Straka, les Editions Klincksieck ont
bien voulu accepter de prendre à leur charge la publication de nos
Actes et de les insérer, malgré le nombre toujours croissant de manuscrits qu'elles ont à publier, dans leur collection « Actes et Colloques »
où déjà les Actes de plusieurs colloques et congrès organisés par le
Centre de Strasbourg avaient pris place, tandis que d'autres attendent
encore leur tour. Les catalanistes peuvent s'estimer satisfaits d'avoir
obtenu le concours d'une maison d'édition aussi renommée dans le
domaine des études romanes et dans ceux de la linguistique et de la
philologie en général.

19. La version définitive des communications qu'on lira dans le
présent volume date de la seconde moitié de l'année 1968, parfois de
l'année 1969. Or nous savons tous que les travaux scientifiques vieil-
lissent vite : des travaux nouveaux paraissent et nos vues personnelles
se modifient. Pour ne pas retarder davantage la parution de nos Actes,
nous avons décidé de ne rien changer, sauf dans des cas exceptionnels
où une brève mise à jour a été ajoutée, aux textes établis il y a trois
ou quatre ans. Les Actes doivent d'ailleurs fidèlement refléter, indépendamment de la date de leur publication, les travaux d'un colloque.
Mais on voudra bien noter que la « date scientifique » de ceux que nous
mettons aujourd'hui à la disposition des lecteurs est en retard de
quelques années sur le millésime avec lequel ils paraîtront.

20. En terminant cet avant-propos, je voudrais exprimer notre satisfaction d'avoir pu mener à bonne fin la préparation de ces Actes et d'être sûr maintenant de leur prochaine parution. De même, je voudrais dire la joie que nous ressentons tous en voyant devant nous, en train de prendre corps, une nouvelle réalité, une institution permanente de Colloques de catalan, issue de notre première réunion d'il y a quatre ans. Si le Colloque de Strasbourg avait été un événement isolé, j'aurais pris congé, en terminant ces lignes, de ceux qui avaient contribué à sa réussite. Mais les catalanistes de nombreuses Universités ont entendu l'appel de Georges Straka et les Colloques de catalan sont devenus périodiques ; une Association Internationale de Langue et de Littérature Catalanes en assurera la continuité. Alors, je dis un simple « Au revoir » à tous les catalanistes qui viendront nous rejoindre au prochain rendez-vous et aux rendez-vous suivants.

Barcelone, janvier 1972.

A. M. BADIA-MARGARIT

Organisateurs du Colloque

M. Antoni M. Badia Margarit, professeur à l'Université de Barcelone,
M. Georges Straka, professeur à l'Université de Strasbourg, directeur du Centre de Philologie et de Littératures romanes.

Auteurs de communications

M. Ramon Aramon i Serra, secrétaire de l'Institut d'Estudis Catalans, Barcelone ;
M. Antoni M. Badia Margarit, professeur à l'Université de Barcelone ;
M. Germà Colon, professeur à l'Université de Bâle ;
M. Henri Guiter, professeur à l'Université de Montpellier ;
M. Joan Solà, chargé de cours à l'Université de Barcelone ;
M. Joan Veny, chargé de cours à l'Université de Barcelone.

Participants

Mlle Colette Abegg-Mengold (Bâle)
Mme Regina Af Geijerstam (Uppsala)
M. Marcel Boudreault (Québec)
M. Rudolf Brummer (Mayence)
Mlle Maria Buira (Paris)
M. Michel Camprubi (Toulouse)
M. Jean-Denis Gendron (Québec)
M. Henri Guaus (Bordeaux)
M. Günther Haensch (Munich)
M. Gustav Ineichen (Göttingen)
M. André Labertit (Strasbourg)
Mlle Brigitte Lange (Tübingen)
Mlle Veronika Leimburger (Bâle)
M. Gerd Lingrün (Göttingen)
M. Armand Llinares (Grenoble)
M. F.-M. Lorda Alaiz (Amsterdam)

M.   Helmut Lüdtke (Fribourg-en-Br.)
Mme Liliana Macarie (Bucarest)
M.   Augustin Maissen (Chapel Hill)
M.   Georges Merk (Strasbourg)
M.   Michael Metzeltin (Bâle)
M.   Manuel Moya Trelles (Strasbourg)
M.   Charles Muller (Strasbourg)
M.   Josep Roca Pons (Bloomington)
Mlle Gret Schib (Bâle)
Mme Pélagie Simon (Strasbourg)
M.   Amadeu-J. Soberanas (Barcelone)
M.   Ignacio Soldevila Durante (Québec)
M.   Ramón Sugranyes de Franch (Fribourg-en-Suisse)
M.   Jan Weiz (Bâle)
M.   Martin Lienhard (Bâle)
M.   Alphonse Serra Baldo (Toulouse)

Programme

MARDI 23 AVRIL

15 h 00   Ouverture du colloque par M. Maurice Bayen, Recteur de l'Académie de Strasbourg, Président du Conseil de l'Université.

15 h 30   Première séance.
M. Ramón Aramon i Serra (Institut d'Estudis Catalans, Barcelone),
Problèmes d'histoire de la langue catalane.
Discussion.

19 h 00   Réception offerte par M. le Doyen de la Faculté des Lettres et M. le Directeur du Centre de Philologie romane, dans les locaux du Centre.

MERCREDI 24 AVRIL

9 h 30   Deuxième séance.
M. Joan Solà (Université de Barcelone),
Orthographe et grammaire catalanes.
Discussion.

15 h 00   Troisième séance.
M. Antoni M. Badia Margarit (Université de Barcelone),
Phonétique et phonologie catalanes.
Discussion.

18 h 30   Réception offerte par M. le Maire de Strasbourg dans les salons de l'Hôtel de Ville.

JEUDI 25 AVRIL

9 h 30   Quatrième séance.
M. Antoni M. Badia Margarit (Université de Barcelone),
Morphosyntaxe catalane.
Discussion.

15 h 00   Cinquième séance.
M. Germà Colon (Université de Bâle),
Quelques considérations sur le lexique catalan.
Discussion.

18 h 30   Réception offerte par M. le Recteur de l'Académie de Strasbourg dans les salons du Rectorat.

VENDREDI 26 AVRIL

9 h 30   Sixième séance.
M. Joan Veny (Université de Barcelone),
Dialectologie catalane.
Discussion.

15 h 00   Septième séance.
M. Henri Guiter (Université de Montpellier),
Questions d'onomastique catalane.
Discussion.

18 h 00   Vin d'honneur offert par l'Institut d'Espagnol.

20 h 00   Dîner au restaurant « A l'Ancienne Douane ».

SAMEDI 27 AVRIL

9 h 00   Huitième séance.
M. Antoni M. Badia Margarit (Université de Barcelone),
Le catalan aujourd'hui.
Discussion.

12 h 00   Clôture du colloque par MM. Badia et Straka.

Table d'ouvrages, articles, revues, mélanges et actes de congrès, cités en abrégé

AFA = *Archivo de Filología Aragonesa*, Zaragoza.

AGI = *Archivio Glottologico Italiano*, Torino-Firenze.

Aguiló = *Diccionari Aguiló*, publ. per Pompeu Fabra i Manuel de Montoliu, 8 vols., Barcelona 1915-1930 (cité aussi sous *Diccionari Aguiló*).

AIEC = *Anuari de l'Institut d'Estudis Catalans*, Barcelona.

AILUC = *Anales del Instituto de Lingüística*, Universidad Nacional de Cuyo, Mendoza.

AIS = K. Jaberg - J. Jud, *Sprach- und Sachatlas Italiens und der Südschweiz* [*Atlante Italo-Svizzero*], 8 vol., Zofingen 1928-1940.

ALA = A. Griera, *Atlas Lingüístic d'Andorra*, Andorra 1960.

Alarcos, *Fonol. esp.* = Emilio Alarcos Llorach, *Fonología española*, 4e éd., Madrid 1965.

ALC = A. Griera, *Atlas Lingüístic de Catalunya*, 8 vol., Barcelona 1923-1964.

ALDC = *Atlas Lingüístic del Domini Català*, en cours d'élaboration par A. M. Badia Margarit, Joan Veny et collaborateurs.

ALEG = Jean Séguy, *Atlas Linguistique et Ethnographique de la Gascogne*, 4 vol., Toulouse 1954-1966.

ALF = Jules Gilliéron, *Atlas Linguistique de la France*, 35 fasc., Paris 1902-1910.

Alonso-Henríquez, *Gr. cast.* = Amado Alonso - P. Henríquez Ureña, *Gramática Castellana*, Primer curso, 23e éd., Buenos Aires 1966.

ALPI = *Atlas Lingüístico de la Península Ibérica*, vol. I, Fonética, 1, Madrid 1962.

ALPO = Henri Guiter, *Atlas Linguistique des Pyrénées Orientales*, Paris 1966.

AMo = *Analecta Montserratensia*, Montserrat.

AORLL = *Anuari de l'Oficina Romànica de Lingüística i Literatura*, Barcelona.

AR = *Archivum Romanicum*, Genève.

AST = *Analecta Sacra Tarraconensia*, Barcelona.

Badia, *Gr. cat.* = A. M. Badia Margarit, *Gramática catalana*, 2 vol., Madrid 1962.

Badia, *Gr. hist.* = A. M. Badia Margarit, *Gramática histórica catalana*, Barcelona 1951.

Badia, *Problemes* = A. M. Badia Margarit, *Problemes de la commutació consonàntica en català*, dans BdF, XXI (1962-1963) [1965] 213-335.

Balari = Diccionario Balari, Inventario... compilado por... J. Balari y Jovany y publ. por M. De Montoliu (A-Gu), Barcelona (cité aussi sous *Diccionario Balari*).

BDC = *Butlletí de Dialectologia Catalana*, Barcelona.

BdF = *Boletim de Filologia*, Lisboa.

BDLC = *Bolletí del Diccionari de la Llengua Catalana*, Palma de Mallorca.

BHi = *Bulletin Hispanique*, Bordeaux.

« Bibl. Fil. » = « Biblioteca Filològica », Institut d'Estudis Catalans, Barcelona.

BRABLB = *Boletín de la Real Academia de Buenas Letras de Barcelona*, Barcelona.

BRAE = *Boletín de la Real Academia Española*, Madrid.

BSCC = *Boletín de la Sociedad Castellonense de Cultura*, Castelló de la Plana.

Burney = P. Burney, *L'orthographe*, 4ᵉ éd., Paris 1967.

Casares = Julio Casares, *Diccionario Ideológico de la lengua española*, 2ᵉ éd., Barcelona 1966.

Cid = R. Menéndez Pidal, *Cantar de Mio Cid. Texto, gramática y vocabulario*, 3 vol., Madrid 1944-1945.

Congr. Ling. Rom. Barc. = VIIᵉ *Congrès International de Linguistique Romane, Université de Barcelone, 7-10 avril 1953*, vol. II : Actes et Mémoires, publié par A. Badia - A. Griera - F. Udina, Barcelona 1955.

Congr. Ll. Cat. Barc. = *Primer Congrés Internacional de la Llengua Catalana, Barcelona octubre de 1906*, [Barcelona] 1908.

Corominas, *Vidas de Santos* = Juan Corominas, *Las Vidas de Santos rosellonesas del manuscrito 44 de Paris*, dans AILUC, III (1943), 126-211.

DCEC = J. Corominas, *Diccionario crítico etimológico de la lengua castellana*, 4 vol., Madrid 1954-1957.

DCVB = Antoni Mª Alcover i F. de B. Moll, *Diccionari Català Valencià Balear*, 10 vol., Palma de Mallorca 1930-1962.

DGLC = Pompeu Fabra, *Diccionari General de la Llengua Catalana*, Barcelona 1932 (4ᵉ éd. 1966).

Diccionari Aguiló (v. *Aguiló*).

Diccionari Balari (v. *Balari*).

Diccionario de Autoridades = *Diccionario de la lengua castellana*...
compuesto por la Real Academia Española, 6 vol., Madrid 1726-
1739 [= *Diccionario de Autoridades*, edición facsímil, 3 vol., Madrid
1969].

Diccionario Histórico = Real Academia Española, *Diccionario histórico
de la lengua española*, Seminario de Lexicografía, Madrid 1960 et
suiv.

Dicc. ort. = Pompeu Fabra, *Diccionari Ortogràfic*, Barcelona 1917.

DRAE = Real Academia Española, *Diccionario de la Lengua Española*,
18ᵉ éd., Madrid 1956.

ELH = *Enciclopedia Lingüística Hispánica*. Dirigida por M. Alvar,
A. Badia, R. de Balbin, L. F. Lindley Cintra, Madrid 1960 et suiv.

ENC = « Els Nostres Clàssics », Barcelona.

ER = *Estudis Romànics*, Institut d'Estudis Catalans, Barcelona.

EUC = *Estudis Universitaris Catalans*, Barcelona.

Exposició = *Exposició de l'ortografia catalana*, Extret del *Diccionari
ortogràfic*, Barcelona 1935.

Fabra, *Dicc. ort.* (v. *Dicc. ort.*).

Fabra, *Gr. cat.* = Pompeu Fabra, *Gramàtica catalana*, Barcelona 1918
(7ᵉ éd., Barcelona 1933).

Fabra, *Gr. cat.* (pòst.) = Pompeu Fabra, *Gramàtica Catalana* [publica-
tion posthume], Barcelona 1956.

Fabra, *Gr. l. cat.* = Pompeyo Fabra, *Gramática de la lengua catalana*,
Barcelona 1912.

F.B.M. = Fundació Bernat Metge, Barcelona.

Ferrer Pastor = Francesc Ferrer Pastor, *Diccionari de la rima*, València 1956.

FEW = Walther von Wartburg, *Französisches Etymologisches Wörterbuch*, Bonn, Leipzig-Berlin, Basel, 1928 et suiv.

Fouché, *Morphol. hist.* = Pierre Fouché, *Morphologie historique du
roussillonnais*, Toulouse 1924.

Fouché, *Phon. hist.* = Pierre Fouché, *Phonétique historique du roussillonnais*, Toulouse 1924.

Galí, *Lleng.* = Alexandre Galí, *Lliçons de llenguatge*, Barcelona 1931.

Galí, *Gram.* = Alexandre Galí, *Introducció a la gramàtica*, Barcelona
1935.

Gamillscheg, *EWFS* = Ernst Gamillscheg, *Etymologisches Wörterbuch
der französischen Sprache*, Heidelberg 1926.

GMLC = *Glossarium Mediae Latinitatis Cataloniae*... por M. Bassols
de Climent, J. Bastardas Parera, etc., Barcelona 1960 et suiv.

Grevisse = M. Grevisse, *Le bon usage*, 3ᵉ éd., Gembloux-Paris 1946.

Griera, *Tresor de la Llengua* = A. Griera, *Tresor de la Llengua*, de les

Tradicions i de la Cultura popular de Catalunya, 14 vol., Barcelona 1935-1947.

ID = *L'Italia Dialettale*, Pisa.

Kuen, *Alguer (I ou II)* = Heinrich Kuen, *El dialecto de Alguer y su posición en la historia de la lengua catalana*, dans AORLL, V (1932) 121-177 (= *I*) et VII (1934) 41-112 (= *II*).

Lapesa, *Hist. l. esp.* = Rafael Lapesa, *Historia de la lengua española*, Madrid 1942 (6ᵉ éd. 1962).

Larousse = J.-C. Chevalier, C. Blanche-Benveniste, M. Arrivé, J. Peytard, *Grammaire Larousse*, Paris 1964.

Lausberg = H. Lausberg, *Lingüística románica*, vol. I, Madrid 1964.

Levy, *PSW* = Emil Levy, *Provenzalisches Supplement-Wörterbuch*, 8 vol., Leipzig 1894-1923.

Martinet = A. Martinet, *Elementos de Lingüística general*, Madrid 1965.

Marvà, *Curs* = Jeroni Marvà [Artur Martorell i Emili Vallès], *Curs pràctic de Gramàtica catalana (Grau superior)*, Barcelona 1934.

Marvà, *Exerc.* = Jeroni Marvà [Artur Martorell i Emili Vallès], *Exercicis de gramàtica catalana. Ortografia*, 1956 ; *Prosòdia*, 1936. Barcelona.

Misc. Fabra = *Miscel·lània Fabra. Recull de treballs de lingüística catalana i romànica dedicats a Pompeu Fabra...*, Buenos Aires 1943.

Misc. Griera = *Miscelánea Filológica dedicada a Mons. A. Griera*, 2 vol., Barcelona 1955-1960.

Moll. *Gr. hist.* = F. de B. Moll, *Gramática histórica catalana*, Madrid 1952.

MRABLB = *Memorias de la Real Academia de Buenas Letras de Barcelona*, Barcelona.

NALF = *Nouvel Atlas Linguistique de la France (par régions)*.

Navarro, *Pron. esp.* = T. Navarro Tomás, *Manual de pronunciación española*, 6ᵉ éd., Madrid 1950.

Nonell = Pare J. Nonell, *Análisis fonològich-ortográfich de la llengua catalana*, Manresa 1896.

Par, *Anotacions* = Anfós Par, *Anotacions lingüístiques*, dans l'édition de *Curial e Güelfa*, Barcelona 1932.

Par, *Sintaxi* = Anfós Par, *Sintaxi Catalana segons los escrits en prosa de Bernat Metge (1398)*, Halle 1923.

PLIM = Stanley M. Sapon, *A Pictorial Linguistic Interview Manual*, Columbus, Ohio 1957.

Pottier, *Morph.* = Bernard Pottier, *Introduction à l'étude de la morphosyntaxe espagnole*, Paris 1959.

Raynouard, *LR* = F. Raynouard, *Lexique Roman ou Dictionnaire de la langue des troubadours*, 6 vol., Paris 1838-1844.

RBC = *Revista de Bibliografia Catalana,* Barcelona.

RDR = *Revue de Dialectologie Romane,* Bruxelles.

REW = W. Meyer-Lübke, *Romanisches Etymologisches Wörterbuch,* 3ᵉ éd., Heidelberg 1935.

RF = *Romanische Forschungen,* Erlangen.

RFE = *Revista de Filología Española,* Madrid.

RHi = *Revue Hispanique,* Paris.

RLiR = *Revue de Linguistique Romane,* Paris, Lyon-Strasbourg.

RLR = *Revue des Langues Romanes,* Montpellier.

Riquer, *Hist. lit. cat.* = Martí de Riquer, *Història de la literatura catalana,* 3 vol., Barcelona 1964 et suiv.

Ro = *Romania,* Paris.

RPF = *Revista Portuguesa de Filologia,* Coimbra.

Sanchis, *Gr. val.* = Manuel Sanchis Guarner, *Gramàtica valenciana,* València 1950.

Saussure = Ferdinand de Saussure, *Cours de linguistique générale,* Paris 1967.

Seco = Rafael Seco, *Manual de gramática española,* 9ᵉ éd., Madrid 1967.

Serra-Llatas = A. Serra-R. Llatas, *Resum de poètica catalana,* Barcelona, s.d.

Straka = Georges Straka, *La division des sons du langage en voyelles et consonnes peut-elle être justifiée ?,* dans « Travaux de Linguistique et de Littérature », I (Strasbourg 1963), 17-99.

VR = *Vox Romanica,* Zurich.

ZRPh = *Zeitschrift für romanische Philologie,* Halle, Tübingen.

Problèmes d'histoire de la langue catalane

par

R. Aramon i Serra

(Barcelone)

I

1. Les organisateurs de cette semaine d'études catalanes, en formulant le thème dont ils m'ont fait l'honneur de me charger, ont vu sans doute que ce thème ne pouvait pas être exposé aussi facilement que les autres et n'ont pas hésité par conséquent à intituler ma communication, non pas « histoire » (ou « esquisse d'histoire ») « de la langue catalane », mais — avec tout ce que cela représente de limitatif — « problèmes d'histoire de la langue catalane ». Ils devaient avoir à l'esprit que jusqu'à présent nous ne possédons aucun compendium historique de notre langue, aucune synthèse de monographies antérieures (1), et que les rares travaux dont nous disposons, œuvres d'historiens, d'archéologues et d'historiens de la littérature plutôt que de philologues ou de linguistes, sont insuffisants, pas toujours corrects, souvent mal informés, fondés sur une documentation déficiente et surtout d'une valeur inégale.

Notre confrère Antoni M. Badia i Margarit, dans les pages préli-

---

(1) Pour tout ce qui concerne la bibliographie linguistique générale du catalan, voir : Antoni M. Alcover, *Pertret per una bibliografia filològica de la llengua catalana*, dans *BDLlC*, VIII (1915) appendice ; A. Griera, *Le domaine catalan : Compte rendu retrospectif jusqu'en 1924*, dans *RLiR*, I (1925) 35-113 ; id., *Les études sur la langue catalane*, dans *AR*, XII (1928) 530-552 ; id., *Bibliografía lingüística catalana* (Barcelona 1947) ; R. Aramon i Serra (avec la collaboration de J. Vives et F. de B. Moll), *Bibliografia de llengua i literatura catalana*, dans *AORLL*, II (1929) 357-375, III (1930) 351-412, IV (1931) 321-363, V (1932) 337-386, VII (1934) 271-352 ; id., *La philologie romane dans les pays catalans (1939-1948)*, dans *Os estudos de linguística románica na Europa e na América desde 1939 a 1948*, Suplemento bibliográfico da *RPF*, I (Coimbra 1951) 248-274. On pourra constater dans tous ces recueils bibliographiques la rareté de travaux relatifs à l'histoire de la langue.

minaires (rédigées fin 1950) à sa grammaire historique catalane (²),
rappelait déjà, pour justifier l'absence totale d'un chapitre sur l'évolution linguistico-stylistique du catalan depuis son apparition jusqu'à
la multiple utilisation de la langue dans les époques ultérieures, qu'il
n'était pas possible de réaliser dans ce domaine un travail de synthèse
tel qu'on l'avait entrepris pour la phonétique et la morphologie historiques, par exemple, parce qu'on se trouve dépourvu de la bibliographie spécialisée (³). On peut rappeler aussi que, dans un domaine plus
vaste et plus cultivé que le nôtre, celui de la linguistique et de la
philologie espagnoles, Rafael Lapesa s'est cru obligé d'avertir le lecteur
que, dans son histoire de la langue espagnole (⁴), on trouverait des
lacunes nombreuses et étendues, en partie, disait-il modestement,
imputables à l'auteur, en partie aussi, ajoutait-il, dues au fait que
plusieurs points demeurent presque inexplorés (⁵).

N'attendez donc pas que je vous expose ici les lignes essentielles
du développement historique de la langue catalane. Ce serait une
tâche non seulement supérieure à mes forces — ce qui veut dire bien
peu de choses —, mais, je crois, totalement impossible à réaliser
encore d'une façon satisfaisante. Il vaudra mieux, me semble-t-il,
s'attacher à un rapide tour d'horizon sur ce qui a été fait jusqu'à
présent dans ce champ d'études, nous arrêter sur certains points où il
sera peut-être possible d'apporter quelques précisions et signaler
surtout les travaux qui devraient être menés à terme afin de combler
les lacunes dont tout le monde reconnaît — et déplore — l'existence.

II

2.   Passons donc rapidement sur la langue des populations primitives des pays catalans. C'est le domaine où la fantaisie a fait souvent
le plus de ravages.

Tout le monde sait, en effet, que dans tous les pays, depuis le
XVIᵉ siècle jusqu'au XVIIIᵉ, des grammairiens et des érudits, enflam-
més d'une grande ferveur patriotique, s'efforcent de mettre en relief
les relations les plus intimes entre leurs langues et celles qu'ils croient
être revêtues de la plus grande noblesse ; ils veulent établir des relations littéraires de priorité et de dépendance qui flatteraient les
sentiments plutôt locaux que nationaux ; ils essaient, sinon de déifier,
du moins d'anoblir au plus haut degré les habitants primitifs de leur

---

(2) Antonio Badia Margarit, *Gr. hist.* (Barcelona 1951).
(3) « La labor de sintesis que nos hemos impuesto para la redacción de este
    libro no podía aplicarse a estas otras partes [parmi lesquelles l'histoire
    externe de la langue], porque casi carecen de bibliografía especiali-
    zada... » (Badia, *Gr. hist.*, 13).
(4) Rafael Lapesa, *Hist. l. esp.* (Madrid [1942]). D'autres éditions en 1950, etc.
(5) « El lector advertirá en ella numerosas y extensas lagunas ; en parte
    serán imputables al autor ; en parte obedecen a que muchos extremos se
    hallan casi inexplorados » (Lapesa, *Hist. l. esp.*, 7).

pays et de donner une extraordinaire splendeur à la période nébuleuse des origines de chaque peuple.

C'est l'époque où la langue française se confond avec l'ancien *gaulois* ([6]) et Nostradamus écrit ses fausses vies des troubadours provençaux ([7]), pour ne citer que deux exemples qui vous sont sans doute bien connus. C'est, chez les Catalans, l'époque des mystifications et des faux littéraires et historiques, de la création de légendes et de mythes : on rédige des *Trobes* attribuées à Jaume Febrer (XIIIe siècle) ([8]) ; on écrit le *Libre dels feyts d'armes de Catalunya* sous le nom de Bernat Boades (XVe siècle) ([9]) ; on invente un Jordi del Rei — un double du vrai Jordi de Sant Jordi — qui aurait vécu au XIIIe siècle et aurait été imité par Petrarque ([10]) ; on crée de toutes pièces la légende sur l'origine des armes de la Catalogne ([11]) . . .

3. Il n'est donc pas surprenant que, placé dans un pareil climat de surenchérissement de nos valeurs, le chanoine barcelonais Antoni de Bastero ([12]), à qui par ailleurs les études occitanes sont redevables d'une remarquable activité dans le rassemblement des textes de troubadours en vue d'une publication (textes transcrits avec grand soin, mais qui restent inédits), ait cru que, d'une part, la source des langues romanes n'était pas le latin, mais une langue dite *romane*, qu'il assimilait au catalan ou au provençal, et que, d'autre part, le catalan,

---

(6) Ch.-L. Livet, dans son livre *La grammaire française et les grammairiens du XVIe siècle* (Paris 1859), rapporte cet échantillon du dialogue entre maître et disciple qui constitue la grammaire de Pierre Ramus ou La Ramée : « *Praecepteur*. — . . . mais quand vous appeles grammaire francoyse, nentendes vous point gaulloyse ? / *Disciple*. — Pourquoy doncques ? » Et Livet poursuit : « Ici, Ramus s'attache à démontrer que notre langage, quelle que soit l'origine des mots dont nous nous servons, qu'ils nous viennent des Francs (ou François) ou des Romains, a pris chez les Gaulois une forme particulière, si bien que notre grammaire n'est autre que celle des Gaulois » (p. 183).

(7) Jean de Nostredame, *Les vies des plus célèbres et anciens poètes provençaux*, nouvelle édition accompagnée d'extraits d'œuvres inédites du même auteur, préparée par Camille Chabaneau . . . et publiée avec introduction et comentaire par Joseph Anglade . . . (Paris 1913).

(8) Voir Manuel de Montoliu, *Les trobes de Jaume Febrer*, dans *RHi*, XXVII (1912) 285-389.

(9) Voir l'étude *El problema de l'autenticitat del « Libre de feyts d'armes de Catalunya »* de M. Coll i Alentorn, placée comme préface en tête du tome IV de l'édition de cet ouvrage par Enric Bagué (Barcelona 1948). Voir aussi Martín de Riquer, *Examen lingüístico del « Libre dels feyts d'armes de Catalunya » de Bernat Boades*, dans *BRABLB*, XXI (1948) 247-274.

(10) Cf. Fèlix Torres Amat, *Memorias para ayudar a formar un diccionario crítico de los escritores catalanes y dar alguna idea de la antigua y moderna literatura de Cataluña* (Barcelona 1836), pp. XLI et 328 sq.

(11) Cf. Bernat Boades, *Libre de feyts d'armes de Catalunya*, éd. Enric Bagué, V (Barcelona 1948), 121, note à tome II, p. 68.

(12) P. B[ohigas i] Balaguer, *Bastero i els orígens de la llengua catalana*, dans *Misc. Fabra*, p. 27, n. 1, rappelle la bibliographie utile relative à ce provençalisant.

auquel Français et Castillans ont emprunté leurs mots *roman* et *romance,* avait eu son origine à Babel.

Laissons-lui la parole, afin de suivre un peu son raisonnement. Après avoir parlé de la confusion des langues à Babel, de la dispersion des descendants de Noé, de la venue en Europe des fils de Japhet et du peuplement de la Péninsule Ibérique par Tubal et ses descendants, il poursuit :

« Suposat açò resolc com a més verossímil que l'Idioma Català és un d'aquells 72 que Déu Ntre. Senyor instituí després del Diluvi, i que de Déu immediatament té son principi i origen... Açò se prova : 1°, perquè Túbal aportà a Catalunya nació i llengua ; *sed sic est* que l'idioma que aportà Túbal a Catalunya no se sap ni és creïble s'haja perdut o olvidat, pues no olvidarien idioma de tan alt principi... ; 2°, perquè si l'Idioma que se parla en Espanya, França, Itàlia, etc., no fos d'aquelles 72 llengües i no ser-ho fos cosa certa, hauria de constar quals foren aquells 72 idiomes i aon s'aportaren i usaren... » ([13])

4.   Mais ce n'est pas seulement au XVIIIe siècle que nous trouvons des théories semblables. Au cours du XIXe siècle, sans parler de certaines appréciations bizarres de l'évêque d'Astorga, Fèlix Torres i Amat, érudit de grande envergure ([14]), on peut constater que Magí Pers i Ramona, auteur d'une histoire de la langue et de la littérature catalanes ([15]), identifie encore le catalar avec une langue *romane* primitive, antérieure au latin, au grec, au basque... et déclare que « hay muchas razones para creer que el latín no contribuyó en nada a la formación de la lengua vulgar » ([16]).

Et comment nous en étonner si, encore dans les premières années

---

(13) Josep M. de Casacuberta, *Documents per a la història externa de la Llengua Catalana en l'època de la decadència,* I : La « *Controversia sobre la perfecció de l'Idioma Català* » d'Antoni de Bastero, dans « Revista de Catalunya », III (1925) 481-482. — Il faut rappeler, néanmoins, les doutes exprimés par Jordi Rubió i Balaguer : «... la mitológica tesis sobre el origen del catalán que aqui se defiende... es tan opuesta a la de los otros tratados de Bastero, que dudo que se trate de una obra suya » (*Literatura catalana,* dans *Historia general de las literaturas hispánicas,* V, Barcelona [1958], p. 224).

(14) Par exemple : « El conde Ramon Berenguer tercero de Barcelona, y primero de Provenza, en medio de sus repetidas conquistas, se aplicó con especialidad a la cultura del nativo idioma, comunicando después sus nuevos adornos al Provenzal que los abrazó con general aplauso... » (Torres Amat, *Memorias...,* p. XXIX ; de même, s.v. *Berenguer (D. Ramon),* il le répète en indiquant qu'il le tire de « La real academia de b. Letras de Barcelona, en el apéndice de sus memorias, p. 585 ») ; ou bien, en s'occupant de la *Crusca provenzale* de Bastero, il accepte que « en esta obra se hace ver con evidencia, que la lengua catalana es maestra y casi madre del idioma toscano » (*ibid.,* pp. 95-96).

(15) Magi Pers i Ramona, *Historia de la lengua y de la literatura catalana desde su origen hasta nuestros días* (Barcelona 1857).

(16) Pers, *op. cit.,* 54. A rappeler aussi la déclaration de Pers que Barcelone, au XIIe siècle, « vino a ser el centro de la poesía y de los genios poéticos de todo el mediodia de Europa » (*ibid.,* 83).

de notre siècle, on a pu exposer des théories affirmant que le catalan dérive directement de l'hébreu ([17]), ou d'une langue ibérique qui aurait été parlée dans toute notre Péninsule ?

Rappelez-vous, par exemple, ce qu'écrivait Francesc Carreras i Candi : « La rutina dels escriptors qu'es copíen les idees y temen les noves orientacions, han repetit constantment l'error de judicar al idioma català, no com una antiga llengua evolucionant pausadament en lo transcurs dels segles, sino com a un nou idioma que los romans introduhíren conjuntament ab la sua civilisació, al dominar la Iberia. De preocupació idèntica estan encara dominats los escriptors valencians, quan persistexen en mantenir que Jaume I hi portà la llengua catalana, al arrencar aquell reyalme de mans dels sarrahíns » ([18]). Et encore : « S'ha de considerar com a genuina representació de la llengua ibèrica a la nostra catalana, havent sufert les alteracions introduhídes en los segles subsegüents » ([19]).

III

5. Pour revenir au sérieux, il faut rappeler les propos par lesquels l'illustre préhistorien Pere Bosch i Gimpera commence, dans les mélanges Fabra, son étude sur la linguistique et l'ethnologie primitives en Catalogne ([20]) : « Per a l'explicació dels sediments lingüístics de totes les llengües que tenen una llarga història i que han absorbit restes de llengües anteriors desaparegudes, és de la més gran utilitat de tenir fixat el quadre de l'evolució de l'etnologia del país en què s'han produït els fenòmens lingüístics, com ho és per a l'explicació dels parentius i de l'evolució dels pobles primitius comptar amb la discriminació dels al·luvions que han pogut aportar en les llengües històriques » ([21]). Bosch i Gimpera recommande d'agir dans ce domaine avec une grande prudence et de ne pas se risquer dans des explications arbitraires ; il pense qu'il est utile de confronter les résultats obtenus indépendamment par différents chercheurs et de les mettre d'accord.

C'est principalement grâce aux extraordinaires travaux ethnologiques de Bosch i Gimpera, menés à bien dans le sens indiqué ([22]), et

(17) Cf. Marian Grandia, *Gramàtica etimològica catalana* (Sarrià-Barcelona 1901) ; id., *Fonètica semitich-catalana, seguida d'un vocabulari d'etimologies català-semítiques* (Sarrià-Barcelona 1903).
(18) Cf. F. Carreras i Candi, *La llengua ibèrica és la catalana,* dans *Sèrie de la Historia de Catalunya : Ibers y grechs, La llengua catalana successora de l'antiga ibèrica* (Barcelona 1917), p. [11] (sans pagination).
(19) *Ibid.,* p. [13].
(20) Pere Bosch i Gimpera, *Lingüística i etnologia primitiva a Catalunya,* dans *Misc. Fabra,* 102-107.
(21) Bosch i Gimpera, *op. cit.,* 102.
(22) *Etnologia de la Península Ibèrica* (Barcelona 1932) ; *La formación de los pueblos de España* (México 1944) ; *Les migrations celtiques,* « Etudes Celtiques ». 1950-1955 ; *Ibères, Basques, Celtes ?,* dans « Orbis », V (1956) 329-338, VI (1957) 126-134 ; *El problema indo-europeo* (México 1960), et trad. franç. par Raymond Lantier, *Les Indo-européens* (Paris 1961).

grâce aux nombreux et excellents travaux toponymiques et lexicographiques de Joan Coromines (²³) que se trouve éclaircie en grande
partie la distribution des Ibères et des Celtes sur notre territoire, sans
oublier les apports possibles, illyriens et ligures, ainsi que la contribution de leurs langues au lexique catalan (²⁴). Il faut espérer qu'une
œuvre contribuera beaucoup à compléter ces études : l'*Onomasticon
Cataloniae* de J. Coromines, dont on a annoncé la prochaine parution
et dont l'auteur lui-même nous dit qu'il « serà l'única que un dia ens
permeti abordar amb plenes garanties d'èxit i de serietat aquesta
àrdua qüestió dels elements pre-romans que entraren en el nostre
patrimoni lingüístic » (²⁵).

6. Jusqu'à quel point ce substrat aurait-il pu agir sur la langue
ultérieure ? Cette question a été souvent posée par les linguistes qui

(23) Voir surtout *Sobre els elements pre-romans del domini català*, dans *Congr.
Ling. Rom. Barc.*, II, 401-417. D'autres travaux de Coromines à retenir :
Toponímia d'Andorra, dans « Recueil de travaux offert à M. Clovis
Brunel...», I (Paris 1955), 302-305 ; *La toponymie hispanique préromane
et la survivance du basque jusqu'au bas moyen âge : Phénomènes de
bilinguisme dans les Pyrénées Centrales*, dans « 6. Internationaler Kon-
gress für Namenforschung : Kongressberichte », I (München 1960) 105-136
(cf. c.r. de Johannes Hubschmid dans *ZRPh*, LXXVII (1961) 204-211) ;
Els noms dels municipis de la Catalunya aragonesa, dans *RLiR*, XXIII
(1959) 33-66, 304-338. Quelques-uns de ces travaux — avec d'autres, inédits,
comme *Introducció a l'estudi de la toponímia catalana* et *Miscel·lània*
de toponímia bascoide a Catalunya — ont été groupés dans les *Estudis de
toponímia catalana*, I (Barcelona 1965), qui contiennent en appendice
une série très utile de cartes avec les noms préromans, romains, germaniques, mozarabes et arabes des pays catalans.

(24) Voir aussi, entre autres, Josep de C. Serra i Ràfols, *El poblament pre-
històric de Catalunya* (Barcelona 1930) ; R. Menéndez Pidal, *Sobre el
sustrato mediterráneo occidental*, dans « Ampurias », II (1940) 3-16 ; Julio
Caro Bajora, *Sobre toponimia de las regiones ibero-pirenaicas*, dans *Misc.
Griera*, I 113-135 ; id., *Los pueblos de España* (Barcelona 1946) ; J. Po-
korny, *Zur keltischen Namenkunde und Etymologie*, dans *VR*, X (1948-49)
220-267 ; id. *Zur Urgeschichte der Kelten und Illyrier* (Halle 1938) ; id.,
Keltologie, « Wissenschaftliche Forschungsberichte », II (Bern 1953) ;
Antonio Tovar, *Estudios sobre las primitivas lenguas hispánicas* (Buenos
Aires 1949) ; id., *Sustratos hispánicos y la inflexión románica en relación
con la infección céltica*, dans *Congr. Ling. Rom. Barc.*, II, 387-399 ;
Johannes Hubschmid, *Le vocabulaire préroman des Pyrénées et des Alpes*,
dans *Congr. Ling. Rom. Barc.*, II, 429-435 ; Gerhard Rohlfs, *Studien zur
romanischen Namenkunde* (München 1956) ; Ulrich Schmoll, *Die Sprachen der vorkeltischen Indogermanen Hispaniens und das Keltiberische*
(Wiesbaden 1959) ; Joan Corominas, *Schmoll's Study on Pre-Roman
Hispanic Languages*, dans *ZRPh*, LXXVII (1961), 345-374 ; et les contributions d'A. Tovar, J. Hubschmid et R. Lafon sur les langues préromanes
dans *ELH*, I : *Antecedentes, Onomástica* (Madrid 1960). Cf. d'autres indications bibliographiques dans Badia, *Gr. hist.*, p. 38, n. 1.

(25) Coromines, *Sobre els elements pre-romans del domini català*, 416. —
A. Badia et F. Marsà avaient aussi mis en chantier un recueil de matériaux
pour un corpus de toponymie (cf. *El Corpus de Toponímia catalana*, dans
Congr. Ling. Rom. Barc., II, 823-826). A rappeler encore F. Mateu i Llopis,
Topónimos monetales en el dominio catalán, dans *Congr. Ling. Rom. Barc.*,
II, 781-795.

se sont occupés du catalan, et Manuel Sanchis i Guarner, notamment dans sa contribution aux Mélanges Menéndez Pidal, tâche d'y répondre en attribuant au substrat une grande influence sur la formation des dialectes catalans (²⁶).

Nous ne pouvons ici faire autrement que d'en prendre acte.

IV

7.   Et puis, les colonisations grecque et punique. Et la conquête romaine. Et les invasions germaniques. Et l'occupation arabe. Phénomènes historiquement tous bien connus, ainsi que les conséquences de tout ordre qu'ils ont provoquées (²⁷).

Le fait de la romanisation en général a été excellemment étudié par les grands maîtres de la philologie romane, et il ne faut pas y revenir ici (²⁸).

8.   Quels furent les chemins de la pénétration romaine dans la Péninsule Ibérique ? Quelle fut sa chronologie ? De quelle provenance étaient les colonisateurs ? Voilà des problèmes qui ont fait naître

---

(26) Manuel Sanchis Guarner, *Factores históricos de los dialectos catalanes,* dans « Estudios dedicados a Menéndez Pidal », VI (Madrid 1956), 151-186.

(27) Voir, pour ce qui concerne les pays catalans, le résumé, avec la bibliographie essentielle, de Ferran Soldevila, en tête de son excellente *Historia de Catalunya,* I (Barcelona 1934 ; 2ᵉ éd. 1962) : pp. 5-6 pour la colonisation grecque, pp. 6-7 pour la colonisation punique, pp. 8-16 pour la conquête romaine, pp. 16-25 pour l'invasion wisigothique, pp. 26 sq. pour la domination arabe (citations d'après la 1ʳᵉ édition). Voir aussi, pour les deux derniers événements, J. M. Millàs Vallicrosa, *Aportación visigoda y arábiga al dominio catalán,* dans *Congr. Ling. Rom. Barc.,* 93-97.

(28) Il suffit de mentionner les ouvrages essentiels où l'on trouvera la bibliographie indispensable : W. Meyer-Lübke, *Einführung in das Studium der romanischen Sprachwissenschaft,* 3ᵉ éd. (Heidelberg 1920) (pour la Péninsule Ibérique, il est utile de consulter la version espagnole d'Américo Castro, *Introducción a la lingüística románica,* 2ᵉ éd. (Madrid 1926), avec notes et additions du traducteur) ; W. von Wartburg, *Die Entstehung der romanischen Völker* (Halle/S. 1939) ; id., *Die Ausgliederung der romanischen Sprachräume,* dans ZRPh,, LVI (1936) 1-48 (2ᵉ éd. Bern 1950) ; id., *L'articulation linguistique de la Romania,* dans *Congr. Ling. Rom. Barc.,* II, 23-38 ; Harri Meier, *Die Entstehung der romanischen Sprachen und Nationen* (Frankfurt/M. 1941) ; M. L. Wagner, *Zu Harri Meier's « Die Entstehung der romanischen Sprachen und Nationen » : Methodologische Erwägungen,* dans *RF,* LXI (1948) 1-20. Voir aussi, pour les pays catalans, quoique cet ouvrage puisse sembler un peu vieilli, L. Nicolau d'Olwer, *Introducción al estudio de la literatura catalana,* dans « Estudio », VII (1914) 328 sq., chapitre « El romanismo » pp. 338 sq.

parfois des discordes parmi les romanistes (²⁹) et qui ont été le point de départ d'une discussion byzantine sur le sous-groupe roman du catalan, longue polémique linguistique dont les derniers échos, semble-t-il, se sont hereusement éteints (³⁰).

V

9. Quant à l'apport lexical que les Germains et les Arabes ont laissé dans la langue catalane, les derniers travaux de J. Coromines, tous pleins de nouveautés, nous démontrent qu'il n'en a pas encore été dit le dernier mot et qu'une recherche profonde et bien menée pourrait nous conduire à des appréciations plus concrètes et quelquefois à des résultats même surprenants (³¹).

---

(29) Cf. Harri Meier, *Beiträge zur sprachlichen Gliederung der Pyrenäen-halbinsel und ihrer historischen Begründung* (Hamburg 1930) ; Heinrich Kuen, *Die sprachlichen Verhältnisse auf der Pyrenäenhalbinsel*, dans *ZRPh*, LXVI (1950) 95-125 ; Kurt Baldinger, *Die Herausbildung der Sprachräume auf der Pyrenäenhalbinsel : Querschnitt durch die neueste Forschung und Versuch einer Synthese* (Berlin 1958), publié en une première rédaction, sous le titre *Die sprachliche Gliederung der Pyrenäen-halbinsel und ihre historische Begründung (Versuch eines Querschnitts)*, dans « Wissenschaftliche Zeitschrift der Humbold-Universität zu Berlin : Gesellschafts- und sprachwissenschaftliche Reihe », IV (1954-55) 5-34 ; R. Menéndez Pidal, *A propósito de -ll- y l- latinas : Colonización sud-itálica de España*, dans *BRAE*, XXXIV (1954) 165-216 ; id., *Colonización suritálica de España según testimonios toponímicos e inscripcionales*, dans l'Introduction à l'*ELH*, I, pp. LIX-LXVIII (cf. A. Montenegro Duque, *ibid*, 501, n. 1), etc.

(30) Voir surtout W. Meyer-Lübke, *Das Katalanische : Seine Stellung zum Spanischen und Provenzalischen, sprachwissenschaftlich und historisch dargestellt* (Heidelberg 1925) et R. Menéndez Pidal, *Orígenes del español : Estudio de la Península Ibérica hasta el siglo XI* (Madrid 1926 ; 2ᵉ éd. 1929 ; 3ᵉ éd., augmentée, 1950), qui ont provoqué des commentaires et des répliques d'A. Griera, P. Fouché, A. Alonso, W. von Wartburg, H. Meier, V. Garcia de Diego et d'autres encore. Dans mon exposé, toujours inédit, *El català entre les llengües romàniques*, discours inaugural du cours 1946-1947 de la Societat Catalana d'Estudis Històrics, ainsi que dans des conférences à des universités allemandes et britanniques sur *Le processus d'individualisation du catalan en face du provençal*, j'ai tâché de résumer cette polémique. Badia, *Gr. hist.*, 25-29, et dans son discours de réception à l'Acadèmia de Bones Lletres de Barcelone (*Fisiognómica comparada de las lenguas catalana y castellana* (Barcelona 1955), a fait aussi un exposé, avec des données bibliographiques pertinentes, des théories galloromanes et ibéroromanes sur le catalan (voir aussi un excellent résumé dans Baldinger, *Herausbildung*, 51-67) ; on peut ajouter Rudolf Brummer, *Das Katalanische, eine autonome Sprache*, sous presse dans *ER*, XII. Il est instructif de comparer, sur toute cette question, K Baldinger, *La position du gascon entre la Galloromania et l'Iberomania*, dans *RLiR*, XXII (1958) 241-292.

(31) Voir J. Coromines, *Noms de lloc catalans d'origen germànic*, dans *Misc. Fabra*, 108-132 ; id., *Mots catalans d'origen àrab*, dans *BDC*, XXIV (1936) 1-18, 286-288.

Nous ne pouvons pas oublier ici les ouvrages fondamentaux comme la *Romania germanica* de mon cher maître E. Gamillscheg ([32]), ni le résumé qu'il en avait fait, pour ce qui concerne la Péninsule Ibérique, sous le nom d'*Historia lingüística de los Visigodos* ([33]).

Bien que tout le monde soit d'accord, comme le remarque Paul Aebischer, que « les traces lexicographiques laissées par les Germains —Suèves, Alains, Vandales, qui disparurent bientôt, refoulés ou assimilés par d'autres Germains encore, les Goths — tant dans le vocabulaire courant que dans le lexique toponymique de la péninsule ibérique sont peu nombreuses et presque toujours (au moins en ce qui concerne les mots de la langue usuelle) peu reconnaissables des éléments germaniques appartenant au fonds commun des langues romanes » ([34]) — c'est-à-dire des éléments qu'avaient déjà introduits dans le latin parlé les légionnaires romains en contact avec les Germains (d'où leur expansion dans presque toute la Romania, par ex. : *sabó, guerra, robar, guarnir, estrep, guanyar, orgull, ric, fresc, blanc, blau,* et beaucoup d'autres) —, nous voyons chaque jour plus clairement que, dans la Péninsule Ibérique, et surtout en Catalogne, « les envahisseurs marquèrent leur passage d'une façon très nette : par l'onomastique » ([35]). En effet, la plupart des noms de personne usités en Catalogne aux alentours de l'an mil étaient des noms germaniques.

Il faut souligner comme très intéressants, à ce propos, les nombreux travaux de Paul Aebischer ([36]), que Coromines, souvent réticent à l'égard des études d'autrui, qualifie de « modèlics però molt incomplets » ([37]), et auxquels s'en sont joints d'autres, de Joseph M. Piel ([38]) et, tout dernièrement, un travail de l'élève de celui-ci, Dieter Kremer, qui remporta le Prix Nicolau d'Olwer de 1967 de l'Institut d'Estudis Catalans avec ses *Untersuchungen zu den germanischen Personennamen in den katalanischen Urkunden des 9.-12. Jahrhunderts* ([39]).

Puisque je ne crois pas qu'on soit parvenu à le réaliser encore, il est important de rappeler ici le *desideratum* exprimé par P. Aebischer, d'après lequel « il y aurait une étude extrêmement intéressante à faire

---

(32) Ernst Gamillscheg, *Romania germanica*, I (Berlin-Leipzig 1934).
(33) Publié dans la *RFE*, XIX (1932) 117-150, 229-260.
(34) Paul Aebischer, *Essai sur l'onomastique catalane du IXᵉ au XIIᵉ siècle*, dans *AORLL*, I (1928) 44.
(35) *Ibid.*, 44. A ajouter aussi ce que J. M. Piel dit à ce sujet : « Donde el elemento onomástico germánico-occidental se destaca con evidencia es en la Cataluña Vieja, o sea la parte de la Península integrada temporalmente, juntamente con la Septimania en el reino de Carlomagno » (*Antroponimia germánica*, dans *ELH*, I, 424.
(36) Voir la bibliographie publiée en tête de la *Miscelánea Paul Aebischer*, « Biblioteca Filológica-Histórica », IX (Sant Cugat del Vallès 1963), 11-32.
(37) Coromines, *Noms de lloc catalans d'origen germànic*, *Misc. Fabra*, 132.
(38) Voir, par exemple, *Die ältesten Personennamen Kataloniens in ihrem Verhältnis zu den Altspanischen und Altportugiesischen*, dans *Congr. Ling. Rom. Barc.*, II, 797-810.
(39) Ce travail sera publié prochainement dans les *ER*.

sur l'évolution du vocabulaire onomastique en Catalogne, mais ce travail, tout en détails, nécessiterait de minutieuses recherches, entre autres l'établissement d'un lexique aussi complet que possible des noms de personne, dans lequel il faudrait préciser l'aire de dispersion de chacun d'eux, et l'époque à laquelle il apparaît et disparaît ; un pareil travail demanderait aussi, cela va sans dire, l'étude du vocabulaire onomastique des pays environnants, pour permettre de discerner toutes les influences étrangères subies par l'onomastique catalane ; il faudrait enfin étudier d'une manière approfondie l'histoire de l'expansion religieuse et intellectuelle, en particulier tout ce qui a trait au culte des différents saints » ([40]).

L'*Onomasticon* attendu de Coromines va-t-il nous donner tout ce qu'Aebischer demande dans son programme ?

Il ne faut laisser aucunement de côté d'autres germanismes qui concernent surtout l'activité guerrière (*alberg, ascona, blasó, bran, esperó, estoc*, etc.) et les institutions politiques et féodales (*alou, ban, burg, feu, heraut, ordalia*, etc.), quoique beaucoup de ces germanismes aient pu être introduits à travers l'occitan et même peut-être à travers le français ([41]). Ils peuvent s'expliquer par la reconquête accomplie par les Francs de ce qu'on appelle aujourd'hui la Vieille Catalogne, et concrétisée par la prise de Barcelone (801) par Louis le Pieux, fils de Charlemagne ([42]). Les Francs, comme on l'a constaté, établirent dans leurs domaines au Sud des Pyrénées l'organisation sociale et ecclésiastique carolingienne et cela peut expliquer la pénétration de nouveaux germanismes dans le roman vernaculaire naissant, dérivé du latin vulgaire du nord-est de l'ancienne province romaine « tarraconensis » ([43]).

VI

10. Les mots de provenance arabe ([44]) sont en catalan plus nombreux qu'on n'était accoutumé de croire. Si l'on n'y avait pas prêté jusqu'à présent une aussi grande attention qu'aux arabismes de l'espagnol et du portugais, par exemple, cela a été dû au fait que les arabisants, d'après Coromines, « concentrats en l'examen dels mots que comencen per l'element *al-*, que els fornia un indici clar d'arabisme, han deixat sempre un poc de banda els que no hi comencen » ([45]).

---

(40) Aebischer, *Essai...*, AORLL, I (1928), 82.
(41) Cf. Nicolau, *Introducción*, « Estudio » VIII (1914) 359-360.
(42) Cf. Soldevila, *Hist. Cat.*, I, 29-37, et F. Udina Martorell, *El marco histórico del dominio lingüístico catalan (siglos VIII-XI)*, dans *Congr. Ling. Rom. Barc.*, II, 85-91. Il sera intéressant de consulter, pour tous ces faits, le premier tome (sous presse) de « Catalunya carolingia », par R. d'Abadal i de Vinyals (cf. n. 53).
(43) Cf. Nicolau, *Introducción*, « Estudio » VIII (1914) 356-359.
(44) Cf. Nicolau, *op. cit.*, 181-184.
(45) Coromines, *Mots catalans d'origen àrab*, 1.

Il s'ensuit que « la major part dels mots catalans que es troben en aquest cas i que no tenen correspondència castellana els han passat per alt, amb tanta més facilitat que la poca riquesa de la nostra llengua en mots en *al-*, afegida al comú prejudici, els feia creure que, essent ella molt pobra en arabismes, per a llurs recerques no valia la pena d'estudiar-la gaire » ([46]).

Il faut souligner une autre difficulté encore. En ce qui concerne le problème de la pénétration du lexique arabe dans les diverses langues romanes, il est évident que « la falta de lingüistas bivalentes, capaces de moverse en ambos orbes lingüísticos, oriental y europeo, ha hecho repetir con demasiada frecuencia relaciones superficiales y caprichosas, etimologías arbitrarias o erróneas, copiadas por tradición » ([47]).

C'est précisément à l'auteur de ces phrases, l'excellent romaniste et arabisant Arnald Steiger, dont on regrette la disparition, que nous devons une des œuvres fondamentales pour ces études. Je fais allusion à la *Contribución a la fonética del hispano-árabe y de los arabismos en el ibero-románico y en el siciliano* ([48]), étude dans laquelle son auteur consacre au catalan une attention et un intérêt remarquables, bien plus grands que ses prédécesseurs, et à laquelle ont fait suite d'autres travaux qui viennent compléter son contenu, tels que sa communication présentée au Congrès d'études romanes de Barcelone, sur la pénétration du lexique arabe dans le catalan et le provençal ([49]) ; Steiger expose dans cette communication avec maîtrise les diverses zones de contact entre les civilisations arabe et européenne, souligne l'importance linguistique, culturelle et historique des routes arabes et signale quatre ponts par où ces contacts se sont produits : la Péninsule Ibérique (le plus important), la Sicile, l'ancien exarchat byzantin (qui inclut les régions d'Italie non conquises par les Longobards) et la voie des croisades (qui suit la route de la Méditerrannée orientale vers l'Italie).

Un complément remarquable du livre de Steiger en ce qui concerne la Catalogne est le travail de Coromines intitulé *Mots catalans d'origen àrab* ([50]), où l'auteur « es basa en recerques a fons sobre els parlars valencians i balears i els de les terres de l'Ebre i altres comarques

---

(46) Coromines, *Mots catalans d'origen àrab*, 1-2.

(47) Steiger, *La penetración del léxico arábigo*... (cf. n. 49), 555.

(48) Parue dans les « Anejos » de la *RFE*, tome XVII (Madrid 1932).

(49) Arnald Steiger, *La penetración del léxico arábigo en el catalán y el provenzal*, dans *Congr. Ling. Rom. Barc.*, II, 555-570.

(50) Cf. n. 31. D'autres travaux récents à rappeler : Cesar E. Dubler, *Über Berbersiedlungen auf der iberischen Halbinsel*, dans « Sache, Ort und Wort : Jakob Jud zum sechzichsten Geburtstag (Genève-Zürich 1943), 182-196 ; F. Mateu i Llopis, *Nòmina dels sarraïns de les muntanyes del Coll de Rates, del regne de València, en l'any 1409 segons el llibre de la col·lecta del morabatí del batlle de Callosa*, dans *Misc. Fabra*, 206-241. Des listes de mots arabes passés au catalan se trouvent dans Francesc d'Albranca, *Recorts de la dominació mora en la parla menorquina, Congr. Ll. Cat. Barc.*, 400-403.

meridionals del Principat i en una lectura detinguda dels preciosos
reculls lexicogràfics de l'hispano-àrab, principalment de l'obra magna
de Dozy i dels diccionaris deguts a Pedro de Alcalà i a l'anònim català
doscentista donat a conèixer per Schiaparelli » ([51]).

Comme cela a été quelquefois signalé, l'étude systématique du
lexique catalan d'origine arabe peut nous fournir des données importantes pour une meilleure connaissance des variétés dialectales de
l'arabe vulgaire de la Péninsule Ibérique, qui se caractérise par des
vocalisations très diverses et par des solutions consonantiques particulières.

On espérait que Steiger nous donnerait un dictionnaire étymologique des arabismes romans qui aurait remplacé les livres vieillis de
Dozy et Engelmann, d'Eguílaz et d'autres ([52]). Sa mort prématurée a
empêché la réalisation de cet espoir qui nous était si cher.

VII

11. Et nous voilà à l'époque de l'éclosion de la langue. Nous savons
que le pays a été romanisé et nous connaissons un certain nombre de
données concernant les langues parlées par ses habitants primitifs,
ainsi que l'histoire des invasions germaniques et de l'invasion arabe
qu'il a subies : ces éléments ont tous contribué à la formation et à la
caractérisation de cette nouvelle langue.

12. A quelle époque précise pouvons-nous admettre le catalan
comme définitivement formé ?

Il est certes possible, de même que pour les autres langues
romanes, de suivre l'introduction progressive de mots déjà catalans
dans les documents latins de ces siècles, surtout à partir de l'incorporation de la Catalogne dans le domaine politique et culturel
carolingien ([53]). Un des historiens catalans des plus actifs de la fin du
XIXe siècle et du commencement du XXe, Joaquim Miret i Sans, a
consacré beaucoup de temps à recueillir, à transcrire et à publier un
grand nombre de ces documents — mis à profit par lui-même et par

(51) Coromines, *Mots catalans d'origen aràb*, 2.
(52) Le *Glossaire des mots espagnols et portugais dérivés de l'arabe*, de R. Dozy
    et W. H. Engelmann, a été publié à Leyde (2ᵉ éd. en 1869) ; le *Glosario
    etimológico de las palabras españolas de origen oriental*, de L. de Eguílaz
    y Yanguas, a paru à Grenade en 1886. Steiger considérait ces ouvrages
    comme des « repertorios valiosos, aunque anticuados ».
(53) R. d'Abadal i de Vinyals, qui nous a donné, dans les « Memòries de la
    Secció Històrico-Arqueològica » de l'Institut d'Estudis Catalans et sous le
    titre général de « Catalunya carolingia », deux grands recueils de docu-
    ments concernant les diplômes carolingiens en Catalogne (Barcelona
    1926-1950 et 1952) et les comtés de Pallars i Ribagorça (Barcelona 1955),
    est en train de publier, sous le titre *El domini carolingi a Catalunya*, le
    volume d'introduction à la série.

d'autres savants pour des recherches notamment historiques, littéraires et artistiques — et on doit lui en savoir gré ([54]).

Mais il faut dire que ces documents, ainsi que les rares pièces totalement rédigées en langue catalane de cette époque primitive, publiés par Miret i Sans — malheureusement il en va de même de la plus grande partie de ceux qui ont été édités par d'autres historiens ([55]) — n'offrent aucune solide garantie aux linguistes, et il faut les utiliser avec une grande prudence ([56]).

On regrette par conséquent qu'il n'existe pas, jusqu'à présent, pour le domaine catalan, de recueils semblables à ceux de documents linguistiques espagnols publiés par le maître Ramón Menéndez Pidal ([57]) et d'anciennes chartes occitanes du grand chartiste et romaniste Clovis Brunel ([58]). C'est pour tâcher d'arriver à combler en partie cette lacune que l'Institut d'Estudis Catalans à prié l'illustre historien Ferran

(54) Signalons : *El mes antig text literari escrit en català, precedit per una colecció de documents dels segles XIè XIIè i XIIIè*, dans *RBC*, IV (1904) 5 sq. ; *Patrius sermo : Documents en català vulgar del temps del rey En Jaume I*, dans *Congr. Ll. Cat. Barc.*, 522-529 ; *Aplech de documents dels segles XIè y XIIè per a l'estudi de la llengua catalana*, dans *BRABLB*, VI (1911-12) 348 sq. ; *Pro sermone plebeico*, dans *BRABLB*, VII (1913-14) 30 sq. ; *Documents per l'historia de la llengua catalana*, dans *BRABLB*, VIII (1915-16) 372 sq. ; *Antics documents de llengua catalana i reimpressió de les Homilies d'Organyà* (Barcelona 1915). Le même Miret i Sans a pu mettre à contribution ces recueils de documents dans des travaux comme *Los noms personals y geogràfichs de la encontrada de Terrassa en los segles Xè y XIè*, dans *BRABLB*, VII (1913-14) 385 sq., et *Los noms personals y geogràfichs de la encontrada d'Organyà en los segles Xè y XIè*, dans *BRABLB*, VIII (1915-16) 414 sq.

(55) Il faut toutefois faire exception pour les *Documents en vulgar dels segles XI, XII & XIII procedents del bisbat de la Seu d'Urgell*, recueillis et publiés par Pere Pujol i Tubau (Barcelona 1913), et *L'acte de consagració i dotació de la catedral d'Urgell*, édité par le même savant (« Biblioteca Filològica », IX, Barcelona 1917, pp. 92 sq.), ainsi que pour les *Documents antics de Ribagorça*, publiés par les soins de Manuel de Montoliu (« Bibl. Fil. », IX, 234 sq.). — On pourrait aussi rappeler B. J. Alart, *Documents sur la langue catalane des anciens comtés de Roussillon et de Cerdagne* (Paris 1881) ; P. Vidal, *Documents sur la langue catalane des anciens comtés de Roussillon et de Cerdagne (de 1311 à 1380)*, *RLR*, XXIX (1886) sq. ; J. Calmette et E. González Hurtebise, *La correspondance de la ville de Perpignan de 1399 à 1659*, *RLR*, XLVIII (1905) sq.

(56) Rappelons, par exemple, les justes observations de Paul Meyer à l'occasion de la parution du premier des recueils publiés par Miret i Sans et signalés ci-dessus («Romania», XXXV (1906) 610 sq.). Voir aussi, pour l'édition des anciens documents catalans, R. Aramon i Serra, *L'edició de textos catalans medievals*, dans *Congr. Ling. Rom. Barc.*, II, 258-261.

(57) Ramón Menéndez Pidal, *Documentos Lingüísticos de España*. I : *Reino de Castilla* (Madrid 1919). Il ne faut pas oublier non plus, pour le domaine espagnol, les *Documentos lingüísticos del Alto Aragón* édités par Tomás Navarro (Syracuse, N.Y., 1957).

(58) Clovis Brunel, *Les plus anciennes chartes en langue provençale*, recueil de pièces originales antérieures au XIIIᵉ siècle (Paris 1926, avec un tome de *Supplément* paru en 1952).

Soldevila d'accueillir, dans les appendices documentaires de ses études exhaustives sur Jacques le Conquérant et Pierre le Grand ([59]), tous les documents en langue catalane dont il aura connaissance, mais ces documents sont malheureusement très peu nombreux et appartiennent seulement au XIIIᵉ siècle.

De toute façon, il serait très intéressant que quelques chercheurs bien préparés acceptent de se consacrer à recueillir et à publier avec une entière rigueur philologique toute la documentation latine des Pays catalans où se manifeste le roman primitif, afin que nous puissions disposer d'une base solide pour des études linguistiques, absolument nécessaires, sur une époque aussi décisive.

VIII

13. La parution d'œuvres littéraires en langue vulgaire en Catalogne, d'après ce que nous pouvons en savoir, est certes tardive si l'on la compare avec celle des autres littératures romanes. Songeons seulement aux dates de la *Chanson de Roland* ou du *Cantar de mio Cid,* par exemple, de beaucoup antérieures à celles de nos plus anciens monuments vraiment littéraires.

En laissant de côté le bref fragment d'une version catalane littérale du code visigothique connu sous le nom de *Forum iudicum,* conservé dans un manuscrit du XIIᵉ siècle et découvert il y a peu de temps par Anscari M. Mundó ([60]), le texte le plus ancien en prose catalane sont les célèbres *Homilies d'Organyà,* d'une grande importance pour l'histoire de la langue, et qui, découvertes et éditées par J. Miret i Sans, ont été rééditées plusieurs fois ; la récente édition de Maurice Molho ([61]) est tout à fait satisfaisante. Ces homélies, qui peuvent être en rapport avec des textes semblables du Piémont ou de la Provence ([62]), sont conservées sur huit feuilles, le seul fragment sauvé d'un manuscrit trouvé dans le presbytère d'Organyà ; il semble qu'elles furent rédigées vers la fin du XIIᵉ siècle ou au début du XIIIᵉ.

---

(59) Un tome paru jusqu'à présent sur Jacques Iᵉʳ : *Els primers temps de Jaume I* (Barcelona 1968). Quatre tomes parus sur Pierre II : *Pere el Gran.* Primera part : *L'infant,* I (Barcelona 1950), II (1952), III (1956) ; Segona part : *El rei,* I (1962).

(60) Voir Anscari M. Mundó, *Un monument antiquíssim de la llengua catalana,* « Serra d'Or », 2ᵉ époque, nᵒ 6 (1960), pp. 22-23.

(61) J. Miret i Sans, *El més antig text literari escrit en català...* cité plus haut (cf. n. 54), pp. 30-47, avec fac-similé ; id., *Antics documents de llengua catalana...* (cf. n. 54) ; A. Griera, *Les Homilies d'Organyà,* Transcripció diplomàtica, dans « Vida Cristiana », nᵒˢ 21-22 (Barcelona 1917) ; Maurice Molho, *Les Homélies d'Organyà,* dans *BHi,* LXIII (1961) 186-210. Voir le compte rendu de cette dernière édition par J. Coromines, dans *BHi,* LXVI (1964) 45-54.

(62) Cf. M. de Riquer, *Història de la literatura catalana,* I (Barcelona [1964]), 203-204.

IX

14. Un des phénomènes les plus intéressants à signaler est le fait que l'ancienne littérature en langue vulgaire en Catalogne se manifeste non pas dans une seule langue, mais dans deux : la poésie est écrite essentiellement en occitan, la prose, en catalan. Loin de la confusion que ce dualisme a créée dans l'esprit de certains chercheurs ou commentateurs de la littérature catalane ([63]), il est aujourd'hui universellement reconnu que les Catalans ont adopté, au moyen âge, l'occitan (ou provençal) comme langue poétique.

Depuis les premiers troubadours catalans dont nous ayons connaissance jusqu'à l'époque d'Ausiàs March (XVe siècle), on emploie donc une langue empruntée qu'on croyait alors, en Catalogne, être la seule propre à la création poétique. Le fait — vous le savez bien — n'était pas unique. Les troubadours italiens employaient aussi le provençal dans leurs productions ([64]) ; d'autre part, Alphonse le Sage de Castille, le grand initiateur de l'essor de la langue castillane, écrivit pourtant ses *Cantigas* en galicien ([65]), et les anciens écrivains anglais se servaient du français comme moyen d'expression littéraire ([66]).

Mais cette adoption de l'occitan en tant que langue de poésie a fait payer aux troubadours catalans le tribut qu'exige l'usage d'une langue étrangère : il n'est pas difficile d'observer les incorrections dont sont remplies leurs poésies. Ces incorrections sont surtout visibles dans ce qui distingue le plus le catalan de l'occitan de l'époque : la déclinaison et la qualité des voyelles, en plus du lexique ([67]).

Cerverí de Girona, le dernier des grands troubadours catalans — qu'une heureuse trouvaille documentaire de David Romano a permis,

---

(63) Cf. plus haut, §§ 3-4.

(64) Voir Giulio Bertoni, *I trovatori d'Italia* (Biografie, testi, traduzione, note) (Modena 1915), et Alfred Jeanroy, *La poésie lyrique des troubadours,* I (Toulouse-Paris 1934), 229-265, 325.

(65) Voir la récente édition de Walter Mettmann : Afonso X, o Sabio, *Cantigas de Santa Maria* (Coimbra 1959) sq.

(66) Rappelons seulement, pour ne pas allonger inutilement les citations, Gustave Lanson, *Histoire de la littérature française,* 18e éd. (Paris 1924), p. 6 : «...une riche littérature de langue française s'épanouit dans les deux côtés de la Manche dans les possessions des successeurs de Guillaume le Conquérant...». Et ce n'était pas uniquement dans la littérature qu'on faisait usage du français en Angleterre ; F. Brunot et Ch. Bruneau, dans leur *Précis de Grammaire historique de la langue française,* nouv. éd. (Paris 1933), rapportent quelques faits bien connus : « Guillaume le Bastard le porte [le français] en Angleterre (Hastings, 1066). Il y sera la langue de l'aristocratie, du parlement et des tribunaux pendant des siècles » (pp. IX-X) ; après 1214 : « L'Angleterre se trouve coupée de ses relations avec le berceau de sa dynastie » (p. XI) ; 1363 : « En Angleterre recul du français... » (p. XIII) ; 1650 : « Le parlement anglais abolit l'usage du français dans les tribunaux d'Angleterre » (p. XX) ; 1755 : « L'Angleterre, ne pouvant venir à bout de la résistance des Acadiens, les déporte. La langue française est proscrite. Les parlers acadiens ont pourtant survécu » (p. XXVI).

(67) Dans les commentaires qui accompagnent certaines éditions de troubadours catalans, on pourra certes trouver quelques indications sur ces faux usages, mais une étude linguistique de ces troubadours est encore à faire.

il n'y a pas longtemps, d'identifier avec Guillem de Cervera [68] —
nous explique quelque peu ce fait lorsque, pour se défendre des
attaques dont les puristes criblaient les troubadours catalans, il s'écrie :

> « Don catala son repres
> que no sabon prim filar
> mots, ne rimas afilar,
> e si·l an d'autre repres
>   per lors dictatz
> gays gençar, no·m desplay
>   c'autr'an assatz
> j'apres del lor ses play. » [69]

15.   La langue catalane, cependant, en dépit de cette vogue étendue de la poésie en occitan, n'est pas restée sans manifestations
littéraires : les noms du polygraphe Ramon Llull, des chroniqueurs
Bernat Desclot et Ramon Muntaner, du moraliste Francesc Eiximenis,
de l'humaniste Bernat Metge et de tant d'autres écrivains nous
rappellent une production en prose où la langue catalane apparaît déjà
ornée de toutes les caractéristiques qui lui sont propres, laissant
seulement transparaître ça et là quelques influences étrangères —
latines, provençales, françaises ou italiennes —, qui ont agi sur elle
comme autant de ferments la conduisant vers une plus grande per-
fection formelle.

---

(68) Cf. M. de Riquer, *La personalidad del trovador Cerverí*, dans *BRABLB*,
      XXIII (1950) 91-107, et *Guilhem de Cervera, llamado también Cerverí de
      Girona*, dans *BRABLB*, XXVIII (1959-60) 257-263.

(69) *Obras completas del trovador Cerverí de Girona* (Barcelona 1947), 174.
      Voici la traduction qu'en donne Riquer : « Los señores catalanes son
      censurados porque no saben hilar sutilmente las palabras ni aguzar las
      rimas ; y si ellos han criticado a otros por engalanar sus alegres compo-
      siciones, ello no me desplace, porque, sin discusión, ya han aprendido
      bastante otro [estilo] de los de ellos » (p. 176). D'autres manuscrits de
      cette composition (Riquer a suivi le chansonnier *Sg*) nous offrent des
      variantes qui seraient peut-être préférables pour le sens ; d'après *CR* on
      aurait :

> « Don catalan son repres
> que no sabon prim filar
> mots ne rimas afilar,
> e filan d'autre repres
>   per lors dictatz
> gays gençar ; no·m desplay,
>   c'autr'an assatz
> ja pres de lors esplay »,

      qu'on pourrait interpréter : « Les Catalans sont blâmés de ne pas savoir
      filer subtilement les mots ni aiguiser les rimes, et ils versifient d'une
      autre façon pour embellir leurs chants joyeux ; cela ne me déplaît pas,
      puisqu'ils ont déjà auprès d'eux d'autres soulas ». — Rappelons aussi, pour
      les incorrections linguistiques des Catalans qui écrivent en occitan, ce
      qu'en disent *Las Flors del Gay Saber* (1355) :

> « Li Catala so gran dictayre,
> pero d'aysso no sabon gayre,
> qar de petit fan plenier so »

      (cité par J. Salvat, *La lenga literaria occitana a « Las Flors del Gay Sa-
      ber »*, dans *Congr. Ling. Rom. Barc.*, II, 303-316).

Cette dualité de langage reste très manifeste chez les auteurs qui cultivent en même temps la prose et le vers : il suffit de comparer les poésies de Ramon Llull avec ses traités et sa production narrative et mystique ([70]) ; la *Crònica* de Muntaner, avec le *Sermó* en vers qui s'y trouve inséré ([71]) ; même *Lo Somni* (*Le Songe*) de Bernat Metge —

(70) Par exemple, en prose : « Plorava l'amich, e dehia : — Tro a quant de temps cessaran tenebres en lo món, per ço que cessen les carreres infernals ? Ni l'aygua, qui ha en costuma que decórrega a enjús, ¿quant serà la ora que aja natura de pujar a ensús ? Ni·ls innocents, ¿quant seran més que·ls colpables? », et « Remirava l'amich un loch, en lo qual havia vist son amat, e dehia : — ¡A, loch qui·m representes les belles custumes de mon amat! Diràs a mon amat que yo sostench, per sa amor, treball e malanança —. Respòs lo loch : — Con en mi era ton amat, soferia per t'emor mayor treball e malanança que tots los altres treballs ni les altres malanances que amor pot donar a sos servidors » (Ramon Llull, *Libre de Evast e Blanquerna*, III, éd. Salvador Galmés, Barcelona 1954, pp. 12 et 25). Et en vers :

> « Deus : ab vostra vertut comens est Desconort,
> lo qual fas en xantan, per so que me·n conort,
> e c'ab él reconte lo falliment e·l tort
> que hom fa en vers vos qui·ns jutjats en la mort ;
> e on mays mi conort, e meyns ay lo cor fort,
> car d'ira e dolor fa mon coratge port ;
> per que·l conort retorna en molt greu desconort.
> E per aysò estayg en trebayl e·n deport,
> e no ay nuyl amic qui negú gaug m'aport,
> mas tan solament vos ; per qu'eu lo fax en port
> en caent e·n levant, e son say en tal sort,
> que res no veyg ni aug d'on me vengua confort ».

(*Desconort*, dans *Rims*, éd. Salvador Galmés, I, Mallorca 1936, p. 219).

(71) Par exemple, en prose : « Què us diria ? La batalla molt cruel fo, e forts, pus foren acostats ; mas a la fin los catalans, ab l'ajuda de Déu qui era ab ells, venceren, aixi que totes les galees hagren. E per cert tota hora moriren en la batalla, de la part d'En Guillem de Loderna, més de quatre milia persones, e dels catalans hi moriren tro a cent e no pus. E aixi, con hagueren vençuda la batalla, e pres En Guillem de Loderna e d'altres cavallers alscuns, e pocs qui en romangueren vius, e malament nafrats tots, e En Guillem de Loderna e los altres, tragueren les galees defora ; e con foren ben fora, vengren a una punta qui és prop Cadaqués, e aquí eixi la gent en terra, e refrescaren ab gran goig e ab gran alegre, e gran guany que hagren fet ». (Ramon Muntaner, *Crònica*, éd. E.B., IV, Barcelona 1951, p. 42). Et en vers :

> « En nom d'aicell vers Déus, qui fé ceel e el tro,
> en son de Gui Nantull farai un bell sermó
> a honor e a laus del casal d'Aragon.
> E per tal que aixi sia, la salutacion
> diga xascús, si el plats, que la Verge nos dón
> seny e·s entendiment, que en façam nostre pro
> per est mon e per l'altre, e que a salvació
> véngon trastuit li comte, vescomte e baró
> cavaller e burgès, mariner e peó
> qui en est bon passatge de Sardenya a bandó
> metran si e sa terra e sa provesió,
> e segran l'alt enfant N'Anfòs, que és ganfanó,
> e de trastota Espanya creiximent e cresó. »

(*Crònica*, éd. E.B., VIII, Barcelona 1951, p. 7). — Cf. l'étude de M. Milà i Fontanals, *Lo sermó d'En Muntaner*, dans « Obras completas », III (Barcelona 1890), 243-275.

prose qui a déjà subi l'influence du commerce de son auteur avec les classiques — contraste avec ses œuvres en vers, d'une tradition médiévale et d'une langue, sinon tout à fait provençale, du moins provençalisante ([72]).

16. Nous trouvons plus d'un fait qui nous démontre que les écrivains catalans avaient pleine conscience de cette diversité linguistique.

Parmi les poésies que contient le *Llibre Vermell* de Montserrat ([73]), deux sont en langue vulgaire. Accompagnées de musique et remontant probablement au premier tiers du XIVe siècle ([74]), elles présentent la singularité d'être écrites l'une en catalan — c'est un des rares textes anciens de caractère populaire — et l'autre en occitan. Pour la première, le copiste fait savoir qu'elle est rédigée « en vulgar cathallan » et cette dénomination, qui généralement indique une opposition à la

---

(72) Par exemple, en prose : « Poch temps ha passat que estant en la presó, no per demèrits que mos perseguidors e enveyosos sabessen contra mi, segons que despuys clarament a lur vergonya se és demostrat, mas per sola iniquitat que·m havien, o per ventura per algun secret juy de Déu, un divendres, entorn mige nit, studiant en la cambre hon yo havia acustumat estar, la qual és testimoni de las mias cogitacions, me vénch fort gran desig de dormir, e levant-me en peus passagé un poch per la dita cambre ; mas sobtat de molta son, covench-me gitar sobre lo lit, e sobtosament, sens despullar, adormi·m, no pas en la forma acustumada, mas en aquella que malalts o fameyants solen dormir » (Bernat Metge, *Lo Somni,* dans *Obras,* éd. Martin de Riquer, Barcelona 1959, p. 166). Et en vers :

> « Jats qu'eu sia molt occupats
> d'alcuns affers qui m'an portatz
> en tal perill d'on cuyt morir,
> ges per ayço no vulh jaquir
> en lo tinter ço qu'ausiretz.
> E si entendre hi volets
> e notar la mia ventura
> conaxerets que pauca cura
> deu hom haver del temporal ;
> car lo mon es descominal,
> que·lls uns dona e·ls altres tolh,
> present lo savi menys del folh
> e l'om scient menys del tepat ;
> e sempre sech la voluntat
> los dessebiments de Fortuna,
> qui rayso no seguex alguna,
> segons que per avant veyretz. »

(*Libre de Fortuna e Prudencia,* dans *Obras,* p. 26).

(73) Ce manuscrit a été décrit par Anselm M. Albareda, *Manuscrits de la biblioteca de Montserrat,* dans *AMo,* I (1917) 3-9, et par Cebrià Baraut, *Els manuscrits de l'antiga biblioteca del monestir de Montserrat (segles XI-XVIII),* dans *AMo,* VIII (1954-55), 342-348.

(74) *Los set gotxs recomptarem,* éd. avec étude par R. Aramon i Serra, *Els cants en vulgar del « Llibre Vermell » de Montserrat,* dans *AMo,* X (1964) 41-44, et *Inperayritz de la ciutat joyosa, ibid.,* 45-48. Une troisième pièce qui se trouvait aussi dans ce manuscrit nous a été conservée grâce à une copie du XIXe siècle : *Rosa plasent,* éd. *ibid.,* 49-51.

langue savante, le latin, paraît ici s'opposer à la langue normalement employée en Catalogne pour la poésie, à l'occitan.

Parmi les caractéristiques linguistiques de ces deux textes, que j'ai largement analysées ailleurs ([75]), il suffit de rappeler ici quelques divergences qui existent entre eux. Du point de vue phonétique, on relève, à côté de quelques catalanismes, dans le texte occitan $au > au$ (*gaug, lausan, pauch*), *-tr-* $> -ir-$ (*mayres*), $\breve{e} > ie$ (*Dieus, Dieu*), *-c^e-* et *-d-* $> -z-$ (*plasen, plasia, fizels, obesir, lausam*), *-c^e* $> tz$ (*patz, crotz*), etc., tandis que dans le texte catalan, les résultats sont respectivement *o* (*goyts, gotxs*), *-r-* (*mare*), *e* (*Déus*), zéro (*vehés*), *-u* (*plau*), etc. Quant au verbe, on trouve notamment les parfaits de la 1re conjugaison en *-ech* dans le texte occitan (*levech*), en face de *-à* en catalan (*devallà, muntà*), et des formes comme *etz* 'vous êtes', *em* 'nous sommes', *fech* 'il fit', *er* 'il sera', qui figurent dans le texte occitan, ne se trouvent pas dans le texte catalan, malgré ses quelques occitanismes.

17.   D'autre part, Anselm Turmeda — frère prêcheur qui s'est converti au mahométisme et est parvenu à se faire une réputation de santon parmi les musulmans de l'Afrique du Nord — en composant ses *Cobles de la divisió del regne de Mallorca* (1398) ([76]), signale qu'elles ne sont pas écrites dans la langue des troubadours, bien qu'on y trouve un grand nombre d'occitanismes : « he fetes algunes cobles grosseres en pla català », et cette désignation de la langue catalane, qu'on opposait généralement à la langue latine, comme je l'ai déjà indiqué, s'oppose clairement ici, de même que dans les poésies de Montserrat dont nous venons de parler, à l'occitan ou limousin (cette dernière dénomination connaîtra plus tard un grand succès dans les pays catalans) ([77]).

18.   Dans la deuxième moitié du XVe siècle, encore, un poète de l'école de Barcelone, Joan Berenguer de Masdovelles, traduit de l'occitan en catalan une poésie de son oncle Guillem de Masdovelles qui avait reçu un prix dans un concours poétique de Barcelone ([78]) ; la

---

(75) Aramon i Serra, *Els cants en vulgar...*, 23-29.
(76) Edition dans Bernat Metge-Anselm Turmeda, *Obres menors*, Text, introducció, notes i glossari per Marçal Olivar (Barcelona 1927) 103-143. Pour Turmeda, consulter Agustin Calvet, *Fray Anselmo Turmeda, heteroxodo español* (Barcelona 1914), et aussi M. de Epalza, *Nuevas aportaciones a la biografía de fray Anselmo Turmeda (Abdallah al-Tarchumán)*, dans *AST*, XXXVIII (1965) 87 sq.
(77) Il faudrait étudier d'une façon exhaustive de quelle façon la dénomination *llemosí*, avec la signification de 'langue catalane', a pénétré et s'est étendue chez les auteurs des siècles ultérieurs. Cf., par exemple, pour comprendre l'évolution du sens de ce mot, Rubió i Balaguer, *Hist. lit. hisp.*, IV, 497 et 518.
(78) Voir *Cançoner dels Masdovelles* (Manuscrit n° 11 de la Biblioteca de Catalunya), Publicat per R. Aramon i Serra (Barcelona 1938). Pour Guillem de Masdovelles et Joan Berenguer de Masdovelles, voir en outre, Rubió i Balaguer, *Hist. lit. hisp.*, III, 741-746 et 863-866, et Riquer, *Hist. lit. cat.*, I, 683-690 et III, 117-145.

rubrique qui la précède ne laisse aucun doute sur la conscience qu'avait le traducteur de la différence entre la langue provençale (ou limousine) et la langue catalane : « Cansó d'emor, feta per mon car honcle, que Déus aga, En Guillem de Masdovellas, en llimoví, he mesa ho tornada en català per mi, Johan Berenguer, nabot seu » ([79]).

Les divergences qu'on peut observer entre les deux versions de cette même poésie illustrent abondamment à leur tour l'idée qu'avait de cette différence un écrivain de l'époque, un de ceux qui étaient précisément le plus éloignés de l'usage de l'occitan. Nous allons les résumer brièvement ([80]) :

1) En premier lieu, la déclinaison, phénomène propre à l'occitan classique, mais inconnu en catalan historique : *le darts / lo dart, Amors / Amor, le temps presens / lo temps present, le prim darts / lo prim dart, li dur sospir / los durs sospirs.*

2) Usage de l'article : *le / lo, li / los.*

3) Pronoms : *yeu / jo, leys / la, li / los.*

4) Formes verbales : *serviray / serviré, suy / són, trayt / tret, fau / fas, vey / veig.*

5) Lexique : *guay / bell, guaya / bella, rayzó / raó, pretz / preu, aut / alt, auta / alta, vetz / voltes, laus / grat, languin / penant, solells / sol, se vira / sa gira, grieu / greu* ([81]).

19. Et il ne sera pas inutile de rappeler, outre ces exemples fournis par les poètes, ce que disent quelques-uns des auteurs de traités de poétique du moyen âge.

Jaufré de Foixà, dans ses *Regles de trobar*, qui sont un résumé de la grammaire occitane à l'usage des troubadours ([82]), s'exprime ainsi en parlant du langage : « Lengatge fay agardar, car si tu vols far un cantar en frances, no·s tayn que·y mescles proençal, ne cicilia, ne gallego, ne altre lengatge que sia strayn a aquell ; ne aytanbe, si·l faç proençal, no·s tayn que·y mescles frances, ne altre lengatge sino d'aquell. E

---

(79) La poésie de Guillem est le nº 46 du *Cançoner* (pp. 67-68) ; la version de Joan Berenguer y porte le nº 160 (pp. 225-226).

(80) Pour les *Mélanges en hommage à Pompeu Fabra*, à l'occasion de son 70e anniversaire, en 1938 (que J. Coromines et moi-même avions préparés à la Faculté des Lettres de Barcelone, mais qui n'ont pu être publiés que quelques années plus tard, à Buenos Aires, par les soins de mon collègue), j'avais préparé une étude étendue sur ces deux poésies ; mon texte et les matériaux recueillis ont péri pendant la guerre civile (cf. *Misc. Fabra*, p. VII). J'espère pouvoir revenir un jour sur cette question.

(81) M. de Riquer, qui s'est occupé des problèmes de la langue poétique des Catalans (cf. *La lengua de los poetas catalanes medievales*, dans *Congr. Ling. Rom. Barc.*, II, 171-179), a comparé la langue des deux Masdovelles avec celle d'Andreu Febrer dans l'édition qu'il a donnée de ce dernier (Andreu Febrer, *Poesies*, Barcelona 1951), appendice III : *La llengua de les poesies d'Andreu Febrer*, pp. 140-160, spécialement pp. 147-148.

(82) Publié par Ettore Li Gotti, *Jofre de Foixà : Vers e regles de trobar* (Modena 1952).

sapies que en trobar proensales se enten lengatges de Proença, de Vianes, d'Alvernya e de Limosi, e d'altres terres qui llur son de pres, le[s] quals parlen per cas. Empero, si tu trobes en cantar proençal[e]s alcun mot que sia frances o catalanesch, pus hom aquell mot diga en Proença o en una d'aquelles terres qui han lengatge covinent, los quals lors son pres, aquells motz potz pausar o metre en ton trobar o en ton cantar ; e si ayso fas, no potz dir per axo que sia fals. E de les damunt ditz motz potz pendre eximpli per aquestz : *pais, vassaus,* e d'altres motz qui son frances e lemosi ; axi com *dona o castell, saber, haver,* e motz d'altres qui son catalans e proençals, mes en los cantars son mes proençals que altres » ([83]).

L'opposition entre catalan et provençal, comme entre provençal et français, ne peut être plus claire.

20. De même, Lluís d'Averçó — juge, avec Jaume March, du Consistori de la Gaia Ciència de Barcelone, fondée par le roi Jean Ier ([84]) —, oppose, dans son *Torsimany,* rédigé vers la fin du XIVe siècle ([85]), le limousin, langue par excellence de la poésie. au catalan, qu'il croyait être la forme linguistique de la prose. Nous avons déjà vu qu'une telle distinction correspondait à la réalité de ce qui se produisait alors en Catalogne.

Averçó écrit ceci : « Jo no·m servesch en la prezent obra, per duas rahons, dels lenguatges que los trobadors en lurs obras se servexen ; la primera és com prosaichament lo present libre jo pos, e en lo posar prosaich no ha nesesistat a servir-se dels lenguatges ja ditz, per tal com no són diputatz de servir sinó en obras compassadas [= versifiées] ; l'altra rahó és que si jo·m servia d'altre lenguatge sinó del català, que és mon lenguatge propri, he dupte que no·m fos notat a ultracuydament [= outrecuidance], car, pus jo són català, no·m dech servir d'altre lenguatge sinó del meu » ([86]).

21. Nous avons déjà remarqué que la langue occitane dont se servaient les poètes catalans du XIVe siècle et de la première partie du XVe ne possédait ni la qualité ni la relative pureté de celle des troubadours des XIIe et XIIIe siècles, et cela au point que je me suis permis de parler d'un occitan ou provençal catalanisé et même d'un catalan occitanisé ou provençalisé, dénominations qui ont été généralement acceptées par les spécialistes de la poésie catalane du moyen âge.

---

(83) *Ed. cit.,* 78-79.
(84) Sur ce Consistori de Barcelone, voir Rubió i Balaguer, *Hist. lit. hisp.,* III, 734-740, et Riquer, *Hist. lit. cat.,* I 565-577.
(85) Voir « *Torcimany* » de Luis de Averçó, *Tratado retórico gramatical y diccionario de rimas, Siglo XIV-XV,* Transcripción, introducción e índices por José María Casas Homs, Nota preliminar por Jorge Rubió Balaguer (Barcelona 1956). Voir aussi, du même éditeur, *Luis de Averçó, tratadista de la lengua,* dans *Congr. Ling. Rom. Barc.,* II, 317-325,
(86) Averçó, *Torcimany, éd. cit.,* 17.

Il faudrait néanmoins éviter de faire un usage abusif du dernier
de ces termes, et surtout on devrait avoir toujours à l'esprit, avant de
l'utiliser, qu'il y a lieu d'examiner avant tout l'intention linguistique
de l'écrivain, même si sa méconnaissance partielle de l'occitan, ou sa
maladresse, ne lui a pas permis de réussir dans l'emploi de la langue
qu'il s'était imposé volontairement. Aujourd'hui non plus nous n'ose-
rions affirmer qu'un écrivain catalan qui tenterait de rédiger en
espagnol sans y réussir (problème de substrat ?) [87], a écrit dans un
catalan hispanisé.

X

22.   Mais laissons cette servitude linguistique périphérique de la
Catalogne du moyen âge et passons rapidement à l'« expansion outre-
mer » de la langue catalane, s'il m'est permis de m'exprimer ainsi.

Vers le milieu du XIIᵉ siècle, le comte Raymond Bérenger IV a
reconquis les contrées de Tortosa et de Lleida (= Lérida), qu'on appelle
la Nouvelle Catalogne, et a arrondi ainsi le territoire qui sera plus
tard connu sous le nom de Principat de Catalunya ou simplement de
Principat [88]. Moins d'un siècle plus tard, un très jeune roi, Jacques Iᵉʳ,
a mené à bien la conquête de Majorque et celle de Valence, et cela a
permis d'achever l'intégration nationale des pays catalans [89].

Entre la prise de Barcelone, au commencement du IXᵉ siècle, et la
conquête sur les Arabes de ces derniers royaumes — conquête suivie de
leur incorporation à la Couronne des comtes de Barcelone, devenus
aussi entre temps rois d'Aragon —, quelques siècles se sont écoulés,
pendant lesquels la langue catalane a achevé sa formation.

23.   Quelle était la langue parlée alors dans les contrées récemment occupées par les conquérants catalans ?

Bien que soumises à la domination sarrasine, elles étaient des pays
romans ; à côté de la langue des dominateurs — qui était la langue de
l'administration, de la science, de la culture —, on y parlait donc
un prolongement du latin vulgaire de la province « tarraconensis »,
qu'on connaît, du fait de la dénomination prise par les chrétiens restés

---

(87) Delfí Dalmau, dans son *Poliglotisme passiu* (Barcelona 1936), présente
      quelques textes en espagnol écrits par d'illustres écrivains contemporains
      dont l'origine catalane apparaît avec évidence dans la langue (voir
      pp. 21-23). Le fait n'est pas d'aujourd'hui. Rubió i Balaguer rappelle
      (*Hist. lit. hisp.*, V, 223-224) les difficultés des écrivains catalans du XVIIIᵉ
      siècle à s'assimiler la langue espagnole : « En las cartas castellanas de
      Finestres asoman bastantes catalanismos y al mismo Capmany no dejó
      Alcalá Galiano de echarle en cara, no sin apasionamiento, que su caste-
      llano "no podía blasonar de natural y fluido, vicio, éste de todos los
      escritos de un hombre cuyo verdadero idioma era el catalán, y en cuyas
      obras aparecía el castellano como traído con violencia". »
(88) Soldevila, *Hist. Cat.*, I, 139 sq.
(89) Soldevila, *Hist. Cat.*, I, 213-219.

en pays musulman après l'occupation de la Péninsule par les Arabes, sous le nom arabe de *mustá'rib*, adapté sous la forme *mozárabe* en espagnol, *mossàrab* en catalan.

On croyait, et c'est ainsi que le fait a été exposé plus d'une fois, que le mozarabe était un langage uniforme, étendu dans toute l'Espagne musulmane, mais on a pu préciser dernièrement que ni le latin primitif d'Hispanie ni, à plus forte raison, la langue qui en est issue ne pouvaient être et n'ont été uniformes [90]. Mais il y a plus encore. Nous savons que le mozarabe de Lleida, qu'on commence à connaître grâce surtout à S. Gili i Gaya [91], était identique, ou presque, au catalan des conquérants, tandis que le mozarabe de Valence, dont les traits essentiels ont été peu à peu précisés dans des études récentes de Sanchis i Guarner [92], présentait en face du catalan des différences remarquables.

Voyons-les brièvement :

1) *ai* > *ai* (cat. *e*) : *fornayr, febrayr, Moraira, *Lombayr* (> *Llombai*), **Petrayrs* (> *Patraix*), *colombaire* (*forner, febrer, morera, llomer, pedrers, colomer*).

2) *-u(m)* > *o* (cat. zéro) : *Muro, Campello, Pinello, Llombo, Gorgos, Tollos.*

3) *-p-, -t-, -k-* > *p, t, k* (cat. *b, d, g*) : *Ripelles, gapra, qatena, Patró, txigala, xoqro* (*Ribelles, cabra, cadena, Padró, cigala, sogre*).

4) *c^{e,i}* > *tx* (cat. *s*) : *txigala, Xella* (pron. *čę́la*), *panitx, ratxim* (*cigala, cella, panís, raïm*).

5) *mb, nd* > *mb, nd* (cat. *m, n*) : *Llombo, colombaire, merenda, orandella, pregonda* (*llom, colomer, berena, oronella, pregona*).

6) *nn* > *n* (cat. *ny*) : *Cabanes, Canet, Panàguila.*

7) *-n* > *n* (cat. zéro) : *qapón, qamtxón, fullíyin, víben, plantàyin* (*capó, camisó, follí, víme(t), plantatge*).

Malgré ces différences fondamentales entre le catalan des conquérants et le mozarabe de Valence, celui-ci a exercé une grande influence sur la langue importée dont il est devenu un substrat résistant. « Aquest parlar mossaràbic valencià — comme a dit Sanchis i Guarner — malgrat el seu esmorteïment havia de contribuir activament per a la transformació de l'idioma català importat del Nord pels conquistadors

(90) Voir pour tout cela *El mozárabe peninsular*, dans *ELH*, I, 291-342, de Manuel Sanchis Guarner, qui se rapporte à la bibliographie essentielle.
(91) Cf. Samuel Gili Gaya, *Notas sobre el mozárabe en la Baja Cataluña*, dans *Congr. Ling. Rom. Barc.*, II, 483-492.
(92) Outre les travaux cités dans les notes 26 et 91, voir *Introducción a la Historia lingüística de Valencia* (València 1950) ; *Els parlars romànics anteriors a la Reconquista de València i Mallorca*, dans *Congr. Ling. Rom. Barc.*, II, 447-482 (reédité à València en 1961), et *La llengua dels valencians* (València 1967).

i imprimir a la llengua [posterior] dels valencians la seua fesomia caracteritzada » (^{93}).

XI

24. L'époque de Jacques Ier est marquée à la fois par la fin de l'ancienne expansion de la Catalogne en direction des terres occitanes et par l'aboutissement de la conquête de Majorque et de Valence, pays incorporés définitivement au domaine linguistique catalan. D'autre part, toute nouvelle conquête de territoires musulmans dans la Péninsule Ibérique devenant désormais impossible du fait de l'occupation définitive de Murcie par les Castillans (^{94}), il ne restait d'autre alternative à l'essor catalan que la Méditerranée. Et c'est sur ces voies que nous voyons s'acheminer les nouvelles étapes de l'expansion politique catalane.

Rubió i Lluch, qui, à côté de sa personnalité de grave professeur, en possède une autre comme chanteur enthousiaste des gloires catalanes du moyen âge, a résumé comme suit cette expansion : « Ella [la langue catalane] s'anticipà a ses germanes, les famoses llengües castellana y portuguesa, en sa expansió ultramarina, y s'extengué per totes les mars y península del que era allavors nostre llach mediterrani, portada triomfalment per les ascones dels almogàvers, o les fitores dels nostres almiralls » (^{95}).

Et Rubió i Lluch précise qu'à aucun autre moment de l'histoire la langue catalane n'a connu une si grande expansion politique et géographique. On parlait catalan, dit-il, dans cinq Etats de la Méditer-

---

(93) Sanchis Guarner, *La llengua dels valencians,* 118 sq.

(94) Il faut rappeler que Murcie, prise aux Maures par Jacques Ier, fut livrée ensuite par celui-ci à Alphonse X de Castille en vertu du traité de Cazola intervenu entre Alphonse Ier de Catalogne-Aragon et Alphonse VIII de Castille (cf. Soldevila, *Hist. Cat.,* I, 230-231 et Sanchis Guarner, *La llengua dels valencians,* 129-131). Murcie avait été d'abord peuplée de Catalans. Muntaner le raconte : « E con la dita ciutat hac presa, poblà-la tota de catalans, e aixi mateix Oriola e Elx e Alacant e Guardamar, Cartagènia e los altres llocs ; si que siats certs que tots aquells qui en la dita ciutat de Múrcia e·n los davant dits llocs són, són vers catalans e parlen de bell catalanesc del món, e són tots bons d'armes e de tots fets » (*Crònica,* éd. E.B., I, Barcelona 1927, p. 45) ; et on y fait aussi allusion dans la *Crònica del rey Don Alfonso X* : « e porque no podia haver gentes de la su tierra que los poblasen, vinieron e poblaron muchos catalanes de los que eran venidos a poblar en el reino de Valencia » (cité par Soldevila, *Hist. Cat.,* I, 231). On ne s'étonnera donc pas du grand nombre de traits catalans qui peuvent être observés dans le murcien actuel (cf. Justo Garcia Soriano, *Vocabulario del dialecto murciano,* Con un estudio preliminar y un apéndice de documentos regionales, Madrid 1932).

(95) *Discurs del vis-president del Congrés,* Dr. D. Antoni Rubió y Lluch, dans *Congr. Ll. Cat. Barc.,* 81. Un recueil, de destination populaire, de fragments d'ouvrages de Rubió i Lluch se rapportant à la langue catalane a été édité par Rosalia Guilleumas, *La llengua catalana segons Antoni Rubió i Lluch* (Barcelona 1957).

ranée, soumis à des dynasties catalanes : dans le noyau péninsulaire de la Confédération (Principat et Valence), dans les royaumes indépendants de Majorque-Roussillon et de Sicile, dans les duchés demi-indépendants d'Athènes et de Néopatrie ; et même, quoique pour peu de temps, à la cour de Clarence, capitale de la principauté d'Achaïe ou du Péloponnèse ([96]).

25. En Sicile, depuis que Pierre le Grand, fils et successeur de Jacques Ier, s'en empara (1283), et jusqu'à la fin du XVe siècle, l'usage du catalan fut constant, à côté du sicilien, dans les chancelleries de Palerme et de Messine.

Mieux encore. On sait que la ville d'Agosta était peuplée de Catalans et que ceux-ci avaient une si grande influence à Catane qu'on a pu désigner cette ville comme « caput et protectrix omnium catalanorum ». La langue catalane était connue en divers endroits de l'île au point qu'il était même possible aux étrangers de l'apprendre là-bas ; tel a été le cas, comme le rappelle Rubió i Lluch ([97]), de Gautier de Brienne, dernier duc d'Athènes, dont Ramon Muntaner dit que, du fait d'avoir été élevé à Agosta, « parlava catalanesch » ([98]).

Nul doute que ces contacts entre catalan et sicilien ont dû provoquer des interférences entre les deux langues. Rubió affirme que « en el dialecto siciliano moderno se sorprenden aún muchos vocablos de nuestra lengua » ([99]) et renvoie à l'introduction de Conrado Avolio à l'étude du sicilien ([100]). Alberto Aversa a d'autre part annoncé dans sa communication sur l'*Influsso della lingua e della civiltà catalana sulla lingua e cultura della Sicilia*, présentée au Congrès des romanistes de Barcelone ([101]), qu'on était en train d'étudier ces influences au Centro di Studi Filologici e Linguistici Siciliani, mais j'ignore si ces études ont abouti à des travaux concrets ; ils seraient sans conteste les bienvenus pour l'histoire de la langue catalane.

26. L'essor du catalan en Sardaigne est mieux connu, grâce

---

(96) Cf. Guilleumas, *op. cit.*, 36.

(97) Cf. *Del nombre y de la unidad literaria de la lengua catalana,* Discursos leidos ante la Real Academia Española en la recepción pública del Dr. D. Antonio Rubió y Lluch el día 23 de marzo de 1930 (Barcelona 1930) 32.

(98) Cf. Muntaner, *Crònica,* éd. cit., VI (Barcelona 1951), 106. Dans sa citation de Muntaner, tirée d'une autre édition basée sans doute sur un autre manuscrit, Rubió i Lluch transcrit « feyas amar a Catalans e parlava en catalanesch », tandis que l'édition de l'Editorial Barcino dit « fenyia's d'amar catalans ... », ce qui est tout à fait différent.

(99) Rubió i Lluch, *Del nombre ...,* 32.

(100) Conrado Avolio, *Introduzione allo Studio del dialetto siciliano* (Noto 1882), qu'il ne m'a pas été possible de consulter.

(101) Paru dans *Congr. Ling. Rom. Barc.,* II, 617-618.

surtout aux études du grand maître Max Leopold Wagner, un des romanistes les plus complets qui aient existé ([102]).

La lente occupation du pays par les Catalans, à partir de 1322, finit par l'incorporation de l'île à la Confédération catalano-aragonaise en 1324, après la conquête de Cagliari par l'infant Alphonse, fils de Jacques II ([103]). La Sardaigne resta unie aux pays catalans jusqu'en 1720, date à laquelle elle fut annexée au Piémont d'après les clauses du traité d'Utrecht ([104]).

Le faux Bernat Boades ([105]) nous renseigne, avec une évidente exagération, que « lavors » — c'est-à-dire, après la conquête — le roi « gità de Càller tots los naturals sarts, e va mètrer-hi catalans en loch d'aquells ; e en moltes altres bandes d'aquella ylla n'i varen romandre, e per ço pàrlan la lengua catalana molt polidament axí com fos en Catalunya » ([106]). « La lengua catalana » — écrit Wagner, naturellement avec plus de précision — « cundió pronto en las ciudades, sobretodo en Cáller (Cagliari), donde antes, prescindiendo del dialecto sardo nunca desarraigado, se hablaba el italiano introducido por los pisanos, como aún hoy día lo testifican las palabras tomadas en préstamo del antiguo toscano » ([107]).

Le catalan était devenu, en réalité, comme en Sicile, sinon la langue officielle — ce concept serait un anachronisme au moyen âge — du moins la langue de la chancellerie en Sardaigne et le moyen linguistique prédominant, au point d'avoir encore été employée dans le dernier parlement qui se tint à Cagliari en 1699 ([108]).

« No cesó el uso del catalán en Cerdeña » — poursuit M. L. Wagner — « después de la reunión de los reinos de Aragón y Castilla (1469).

(102) Voir surtout *Los elementos español y catalán en los dialectos sardos*, dans *RFE* IX (1922) 221-265, et *El catalán en los dialectos sardos*, dans *Congr. Ling. Rom. Barc.*, II, 609-616. Voir aussi M. L. Wagner, *La lingua sarda : Storia, spirito e forma* (Berna, s.a.), et A. Griera, *Els elements catalans en el sard*, dans *BDC,* X (1922) 140-145.
(103) Cf. Antonio Arribas Palau, *La conquista de Cerdeña por Jaime II de Aragón* (Barcelona 1952) 191 sq., et Soldevila, *Hist. Cat.*, I, 325 sq. En comparant la domination catalane de la Sardaigne avec celle de la Sicile et celle, ultérieure, de Naples, Soldevila écrit que la domination de la Sardaigne avait « l'avantatge d'exercir-se damunt d'un país, a la llarga, més fàcilment assimilable, que podia esdevenir com una extensió de Catalunya i que en certa manera ho aconseguí : allò que no fou aconseguit ni a Sicília ni a Nàpols, o sigui deixar un nucli persistent de catalanitat, fou aconseguit a Sardenya » (*ibid.*, 337).
(104) Cf. Francisco Elias de Tejada, *Cerdeña hispánica* (Sevilla 1960), 201 sq.
(105) Dans son *Libre de feyts d'armes de Catalunya*, A cura d'Enric Bagué (Barcelona 1930 sq.) (cf. plus haut, n. 9).
(106) Boades, éd. cit., IV, 169.
(107) Wagner, *El catalán en los dialectos sardos*, 610. Cf. aussi *La lingua sarda*, 183-184.
(108) Les « Atti dei Parlamenti o Cortes di Sardegna » sont conservés en trente-trois volumes à l'Archivio di Stato di Cagliari. On en a commencé récemment l'édition. Voir, pour leur contenu, Antonio Marongiu, *I parlamenti di Sardegna nella storia e nel diritto pubblico comparato* (Roma 1932).

Los virreyes, que, a partir de esta fecha, no eran catalanes sino en muy raros casos, siguen publicando los "pregones" en lengua catalana, como antes. Pero poco a poco el español se abre camino ; sin embargo, se continúa todavía empleando el catalán en los pregones, y no es sino a partir de 1643 cuando el español se usa exclusivamente en las leyes y decretos. Esto prueba que el catalán había echado raíces sólidamente, sobre todo en la capital y en la parte meridional de la isla. Tanto es así que, aún en 1738, cuando Cerdeña ya pertenecía a la casa de Saboya, los marqueses de Quirra tuvieron a bien decretar en lengua catalana las prerrogativas que concedieron a sus vasallos. Que el catalán se comprendiera y se hablara también en los pueblos de la llanura — junto a la lengua autòctona, por supuesto — lo prueban las numerosas palabras catalanas usadas en el sardo campidanés. Unicamente a principios del siglo XVIII, el español va suplantando paulatinamente al catalán también en el Sur de la isla, como lengua oficial y general » ([109]).

Wagner précise encore que le catalan, bien connu dans le sud de la Sardaigne, a eu une moindre influence au nord où, jusqu'au XVIIe siècle, on faisait usage plutôt du latin et du sarde et où, à partir de cette époque seulement, on peut constater une influence non catalane, surtout espagnole ([110]).

La ville d'Alguer (Alghero) mérite une mention à part. Elle a été repeuplée de Catalans lorsque Pierre le Cérémonieux (1354) voulait briser définitivement la résistance tenace et les fréquents soulèvements du pays ([111]). Les descendants de ces occupants catalans maintiennent encore aujourd'hui la langue apportée dans cette ville, connue aussi sous le nom de Barceloneta 'petite Barcelone' — Balsaruneta en alguerais —, et il faut s'étonner de la persistance de cet îlot linguistique d'à peu près 25.000 habitants, entouré de sardophones, où l'italien est la langue officielle et qui se trouve, depuis des siècles, sans relations régulières et directes avec sa métropole linguistique et culturelle ([112]).

La catalan parlé à Alghero a été étudié par plusieurs chercheurs ([113]) et tout particulièrement, d'une façon excellente, par Hein-

---

(109) Wagner, *El catalán en los dialectos sardos*, 610, et *La lingua sarda*, 185.
(110) *Ibid.*
(111) Soldevila, *Hist. Cat.*, I, 369-372.
(112) Pour l'Alguer, voir les livres récents de Pasqual Scanu, *Alghero e la Catalogna* (Cagliari 1964) et d'Antoni Ballero de Candia, *Alghero cara de roses* (Cagliari 1961).
(113) P. E. Guarnerio, *Il dialetto catalano d'Alghero*, dans *AGI*, IX (1886), 261-364 ; G. Morosi, *L'odierno dialetto catalano di Alghero in Sardegna*, dans « Miscellanea di filologia e linguistica in memoria di N. Caix e A. Canello » (Firenze 1886), 312-333 ; M. Milà i Fontanals, *La llengua catalana a Sardenya*, dans « Obras completas », III (Barcelona 1890), 547 sq. ; P. E. Guarnerio, *Brevi aggiunte al lessico alguerese*, dans *Congr. Ll. Cat. Barc.*, 165-167 ; J. Palomba, *La gramàtica del dialecte modern alguerès*, dans *Congr. Ll. Cat. Barc.*, 168-169 ; Giandomenico Serra, *Aggiunte e rettifiche algheresi all'Atlas Lingüìstic de Catalunya* [tomes I-III], dans *ID*, III (1927), 197-216.

rich Kuen ([114]), mais on regrette qu'une grande partie des matériaux rassemblés par ce dernier reste encore inédite.

On est bien renseigné, d'autre part, sur les influences réciproques entre le catalan et le sarde, grâce toujours principalement à M. L. Wagner ([115]). On sait que la terminologie des arts et des métiers, de la cuisine, des poissons, de l'administration, de l'église, des vêtements, etc., dans les dialectes sardes du sud est pleine de mots catalans (*bardúffa, bartsólu, pikkaperdéri, fustéri, ferréri, sabbatéri, mollu* (avec *l*), *kossu ess águ* 'forat de l'agulla', *manša*, etc.) ([116]). On sait aussi que le catalan d'Alghero est rempli d'éléments sardes ([117]).

Mais il faut souligner que les éléments catalans du sarde ne viennent nullement du dialecte d'Alghero, comme on a souvent voulu le supposer, mais de la première occupation catalane ; on ne trouve, en effet, aucune influence du catalan d'Alghero sur les dialectes sardes voisins, dont les usagers ne comprennent pas le catalan, tandis que la plupart des alguerais parlent aussi le logudorien ([118]).

On ne dit plus, en Sardaigne, de quelqu'un qui ne sait pas s'exprimer : « no šidi su gadalanu » ('il ne sait pas le catalan') ([119]), mais les traces bien nettes que le catalan a laissées partout en Sardaigne témoignent des relations très intimes entre les deux langues.

27.   La troisième étape de cette expansion linguistique catalane à travers la Méditerranée a eu pour centre la Grèce, lieu des fameux exploits de la « Gran Companyia Catalana », appelée aussi « Francorum exercitus in Romaniae finibus comorantis ».

On connaît bien l'origine et les divers épisodes de ce passage des Catalans en Orient ; ces événements ont été minutieusement rapportés par le grand chroniqueur de l'époque Ramon Muntaner, un de leurs

---

(114) H. Kuen, *El dialecto de Alguer y su posición en la historia de la lengua catalana*, dans *AORLL*, V (1932) 121-177, VII (1934) 41-112.

(115) Voir les études citées dans la note 102.

(116) Cf. Wagner, *El catalán en los dialectos sardos*, 611 sq., et *La lingua sarda*, 195 sq.

(117) Voir Antoni Ciuffo, *Influències de l'italià i diferents dialectes sards en l'alguerès*, dans *Congr. Ll. Cat. Barc.*, 170-182 ; A. Griera, *Els elements sards en el català d'Alguer*, dans *BDC*, X (1922) 133-139.

(118) Cf. Wagner, *El catalán en los dialectos sardos*, 610, et *La lingua sarda*, 188 sq.

(119) Cf. Wagner, *El catalán en los dialectos sardos*, 616.

héros ([120]), et ils ont été de nos jours étudiés très largement par le maître Rubió i Lluch ([121]).

On sait qu'après la paix de Caltabellotta (1302), qui a mis fin à la lutte pour le royaume de Sicile, les *almogàvers* catalans qui avaient combattu sous les drapeaux du roi Frédéric, sont restés oisifs. Un de leurs chefs, Roger de Flor, a offert alors ses services à l'empereur de Constantinople, Andronic Paléologue, menacé par les Turcs. De là la conquête du duché d'Athènes, dominé à l'époque par des seigneurs francs (1311), et plus tard celle du duché de Néopatrie. Ces deux duchés, qui formaient en réalité une république militaire, ont d'abord été mis sous la dépendance de la couronne de Sicile — entre les mains des princes de la maison de Barcelone — mais sous peu, à l'époque de Pierre le Cérémonieux, ils se sont rattachés directement à la Catalogne (1377).

Comme le souligne Rubió i Lluch, on ne comprend pas « que una República militar, después de tres lustros de separación y abandono total de su metrópoli, llevando en su seno elementos heterogéneos y de distintas procedencias, y sujeta durante más de sesenta años a la dependencia de los Reyes de Sicilia, se conservara tan catalana en medio del contacto íntimo y contínuo de dos pueblos vencidos, el franco y el griego, y de la persistente inmigración siciliana, que con fines políticos anexionistas promovía sin cesar, hasta excitar la desconfianza de los catalanes, el Estado político soberano » ([122]).

C'est un fait qu'au contraire de la forte hellénisation subie par les deux autres peuples qui ont aussi été les maîtres de la Grèce du moyen âge — les Français, dont la domination s'étend de 1204 à 1311, et les Italiens, depuis 1388, année où les domaines catalans sont devenus la possession des Florentins Acciajouli, jusqu'à 1458 —, les Catalans de

(120) Voir l'édition citée, tome VI (Barcelona 1951), ainsi que la publication fragmentaire qui se rapporte à *L'expedició dels catalans a Orient* (éd. Ll. Nicolau d'Olwer, Barcelona 1926). Cet extrait a été publié aussi en italien : *La spedizione dei Catalani in Oriente,* a cura di Cesare Giardini (Milano 1958).

(121) Voir les divers travaux parus surtout dans les « Anuaris » de la Section Historique-Archéologique de l'Institut d'Estudis Catalans, ainsi que son *Diplomatari de l'Orient català (1301-1409) : Col·lecció de documents per a la història de l'expedició catalana a Orient i dels ducats d'Atenes i Neopàtria* (Barcelona 1947), avec une riche bibliographie. (Une liste des travaux de Rubió i Lluch a été publiée en tête du 1er tome de l'« Homenatge a Antoni Rubió i Lluch », Barcelona 1936.) On ne peut pas négliger, à ce propos, les excellents résumés de Ll. Nicolau d'Olwer (*L'expansió de Catalunya a la Mediterrània oriental,* Barcelona 1926, 2e éd. Mexico 1954) et de Kenneth M. Setton (*Catalan Domination of Athens : 1311-1388,* Cambridge/Mass. 1948).

(122) A Rubió i Lluch, *La lengua y la cultura catalanas en Grecia en el siglo XIV,* dans « Homenaje a Marcelino Menéndez Pelayo en el año vigésimo de su profesorado : Estudios de erudición española con un prólogo de D. Juan Valera », II (Madrid 1899), 98.

Grèce ont conservé d'une façon tenace les traits caractéristiques de leur personnalité et surtout leur langue.

Rubió i Lluch nous apprend que l'extension et la survivance du catalan dans les duchés grecs sont attestées par un grand nombre de documents qui nous sont parvenus malgré les vicissitudes de l'histoire et dont certains sont rédigés en langue catalane, tandis que d'autres nous fournissent de l'information sur son usage. Il souligne l'importance du nombre et la qualité de ces documents ; il s'agit du recueil peut-être le plus remarquable en langue vulgaire de l'époque de la domination étrangère en Grèce, qui se soit conservé jusqu'à aujourd'hui [123].

Ces divers documents — parmi lesquels les célèbres *Capítols d'Atenes* [124] — ont été analysés et étudiés par Rubió i Lluch dans de magnifiques travaux dont il faut mentionner notamment *La lengua y la cultura catalanas en Grecia en el siglo XIV* [125] et *La llengua catalana a Grècia* [126].

En dépit des phrases grandiloquentes du cardinal Joan Margarit qui, au parlement de Barcelone en 1454, parlait de la Catalogne comme de la nation « qui aquella vetustíssima e famosíssima Athenes, d'on és eixida tota la elegància, eloqüència e doctrina dels grechs, e aquella Neopàtria, havia convertides en sa lengua cathalana » [127], en dépit aussi de ceux qui croyaient, comme le docte marquis de Llió, de l'Acadèmia de Bones Lletres de Barcelona (1756), que la langue catalane « en Grecia permaneció muchos años, de que aun se conservan resquicios en las asperezas del país, como en las ciudades vestigios de nuestras fortalezas » [128], la réalité est que le catalan n'a pas réussi à s'enraciner parmi les Grecs, comme il avait réussi à le faire d'une certaine façon en Sicile et surtout en Sardaigne.

C'est encore Rubió i Lluch qui dit le mot juste sur ce point : malgré les témoignages de la conservation du catalan en Grèce pendant plus de quatre-vingts ans, « no cal pas que ningú's pensi que la llengua catalana hagués arribat a arrelarse entre'ls grechs. Aquêts no han après may l'idioma de llurs dominadors, tant si han estat els romans de Sila y de Metellus, com els franchs de Villehardouin y de la Roche,

---

(123) Cf. Guilleumas, *La llengua catalana segons Antoni Rubió i Lluch*, 40-41.
(124) Ed. par Rubió i Lluch, *Diplomatari*, doc. CCCXCI (pp. 473-479).
(125) Cf. n. 122.
(126) Communication présentée au Congrès International de la Langue Catalane tenu à Barcelone en 1906, et publiée dans *Congr. Ll. Cat. Barc.*, 235-248.
(127) *Parlaments a les Corts catalanes*, Text, introducció, notes i glossari per Ricard Albert i Joan Gassiot (Barcelona 1928), 209. Une nouvelle édition, critique, de ce mémorable discours de Joan Margarit, par R. Aramon i Serra, se trouve sous presse, dans le tome II des Actes du Congrès d'Histoire de la Couronne d'Aragon tenu à Majorque en 1955.
(128) *Observaciones sobre los principios elementales de la Historia*, dans *MRABLB*, I (1756) (cité par Rubió i Lluch, *La llengua catalana a Grècia*, 236).

els catalans d'Alfons Frederich, els turchs de Bayacet o els venecians. Tant és aixís que ab tot y el llarch domini d'aquêts últims, que en alguns punts arribà fins a les darreries del XVIIIè sigle, ni al Negre-pont, ni a Corfú, ni a Creta, ni a les colònies del Peloponès s'ha format un dialecte mixte grech-italià. Lo mateix pot dir-se del francès. En un pais en que'l llatí no va triomfar, era impossible que ho logressin el francès, l'italià ni menys 'l català » ([129]).

Pourtant, ne peut-on trouver aucune trace du lexique catalan dans le grec de l'époque ou dans le grec moderne ? Aux byzantinistes et aux spécialistes du grec moderne, doublés de romanistes, de répondre à cette question ([130]).

28. Il nous reste à rappeler l'épisode de la conquête de Naples par Alphonse le Magnanime (1443) ([131]). Ce royaume est resté seulement quinze ans sous la couronne du souverain de Catalogne, puisqu'à la mort du roi (1458), il est passé aux mains de son fils naturel Ferrante, napolitain, et non à celles de Jean II, héritier des royaumes et domaines qui formaient la Couronne de Catalogne-Aragon ([132]). D'autre part, il ne faut pas oublier qu'à la cour d'Alphonse, à Naples, ce n'étaient pas les Catalans qui avaient de l'ascendant, mais surtout, étant donné l'origine castillane du roi, les Castillans, venus déjà dans l'entourage de son père, le roi Ferdinand, intronisé en Catalogne-Aragon après la sentence de Caspe ([133]).

---

(129) *La llengua catalana a Grècia,* 242-243. Rubió souligne encore, plus loin, le fait *curieux,* dit-il, que la domination catalane « sembla que no feu may ús públich del idioma helènic » (p. 244). Par contre, nous ne pouvons pas passer sous silence le témoignage sur l'extension de l'usage du catalan en Grèce que fournit un document de 1383, dans lequel Pierre III demande à l'empereur byzantin que « in Constantinopoli unum grecum in consulem [des catalans] eligant quemcumque voluerint, cum plures sint inibi suffi-cientes et boni, litteras et linguam nostram [sc. le catalan] scientes » (Rubió i Lluch, *Diplomatari,* p. XXXIX). Voir d'autres notices sur la langue catalane en Grèce dans *Diplomatari,* pp. XXXVII sq.
(130) Rappelons toutefois ce que nous dit Rubió i Lluch, *La llengua catalana a Grècia,* 247 : «...bé podem afirmar que en el terrer llingüistich la nostra influencia no's deixà sentir ni de molt en el poble grech, com respecte de les llengues francesa y italiana».
(131) Voir Soldevila, *Hist. Cat.,* II, 50 sq.
(132) Soldevila rappelle que, malgré ces faits, « el català fou, correntment, al costat del llatí i de l'italià, llenguatge de la cancelleria [à Naples], i fins cap al 1480 els comptes i cèdules de la tresoreria foren redactats en el nostre idioma» (*Hist. Cat.,* II, 57).
(133) « Invece abbondano per quel tempo i monumenti della poesia castigliana nata sul suolo di Napoli : castigliana, e solo per piccola parte catalana, perché Alfonso, come si è detto, figlio de principe castigliano, educato egli stesso in Castiglia, era piutosto castigliano che catalano ; e come, quando suo padre venne in Aragona e Catalogna, lo accompagnavano parecchi poeti di Castiglia, cosi la sua corte di Napoli fu uno dei luoghi principali nei quali si compiè la fusione letteraria e linguistica delle varie popolazioni di Spagna precorrimento dell'unificazione politica » (Bene-detto Croce, *La Spagna nella vita italiana,* 2e éd., Bari 1922, p. 46).

Ce n'est pas tout. Lorsque, plus tard, Naples s'unit de nouveau aux royaumes « deçà mar » ('en deçà de la mer'), comme on disait, c'est en 1504, sous le règne de Ferdinand le Catholique ; mais alors, la conception d'empire méditerranéen que le roi pouvait avoir était assurément très différente de celle de Pierre le Cérémonieux au XIVe siècle, avec tout ce que cela devait comporter pour la possibilité d'expansion de la langue.

29. Deux siècles de prédominance catalane dans divers pays de la Méditerranée, qui n'ont cependant pas réussi, sauf peut-être en Sardaigne, à imposer des traces durables de la langue des conquérants... Ce n'était pas encore l'époque des grandes aventures d'outre-Atlantique, qui devaient ouvrir de vastes possibilités d'expansion à d'autres langues, mais resteront fermées aux Catalans par leurs nouveaux souverains, d'une dynastie étrangère, qui leur interdiront d'y prendre part ([134]).

Les mots des langues méditerranéennes qui ont pénétré dans le catalan n'ont certes pas été introduits par des guerriers ou par des représentants de l'autorité royale ou encore par ceux qui se seraient installés dans les contrées d'outre-mer, mais sans nul doute par des navigateurs et des marchands, c'est-à-dire par des éléments de rapports éphémères.

Il reste beaucoup à faire dans ce domaine, mais on possède déjà quelques études qui constituent un excellent point de départ. Ainsi, dans *Les relacions amb Grècia reflectides en el nostre vocabulari*, J. Coromines ([135]) essaie de grouper tous les termes maritimes que le catalan doit au grec (*panescalm, escàlem, embornals, estamenera, arjau, ormejar, nòlit* et encore d'autres) et d'établir une liste de mots divers (comme *conquilla, prestatge, calaix, pampellugues, melangia*) dont l'étymologie, jusqu'alors inconnue, serait aussi, d'après l'auteur, d'origine hellénique. De même, il ne faut pas oublier les travaux de B. E. Vidos ([136]) — imprécis quelquefois, mais toujours dignes d'être pris en considération — sur l'expansion du vocabulaire nautique italien, dont l'intérêt est certain pour nos études.

XII

30. Mais revenons maintenant — après cette longue incursion dans les pays de ce que plusieurs historiens ont voulu appeler l'« empire

---

(134) Cf. Soldevila,, *Hist. Cat.*, II, 171 sq.
(135) Paru dans « Homenatge a Antoni Rubió i Lluch », III (Barcelona 1936) 283-315 (= *EUC*, XXII). Voir aussi les travaux (cités par Coromines) de G. Baist, *Katalanisches auf den Sporaden*, dans *RHi*, VII (1900), 20-21, et de D.C. Hesseling, *Les mots maritimes empruntés par le grec aux langues romanes* (Amsterdam 1903).
(136) Voir surtout *Storia delle parole marinaresche italiane passate in francese : Contributo storico-linguistico all'espansione della lingua nautica italiana* (Firenze 1939).

catalan du moyen âge » — au point d'où nous sommes parti, c'est-
à-dire au foyer de la langue catalane, là où elle s'était formée lentement et où, presque sans les premiers tâtonnements habituels de toute
manifestation littéraire naissante, nous voyons se développer une
littérature apparue soudain comme parfaitement constituée, grâce sans
doute à la personnalité et à la force de ce grand Catalan de Majorque
qui savait tout, qui a parcouru le monde entier alors connu et qui
s'appelait Ramon Llull ([137]).

Toute une longue série de noms surgit après lui, noms qui se
rattachent, pendant les XIIIe-XVe siècles, aux divers genres littéraires
en prose — la poésie ayant formé, comme nous l'avons dit, un monde
à part jusqu'à peu près la moitié du XVe siècle.

On connaît assez bien cette période de la littérature catalane. Elle
a été étudiée par de nombreux savants, dont les travaux ont pu être
mis à contribution dans deux excellents ouvrages de synthèse : les
récentes histoires littéraires signées par Jordi Rubió ([138]) et par Martí
de Riquer ([139]).

Il nous suffit de renvoyer à ces magnifiques livres pour une
information complète sur les auteurs et leurs œuvres, ainsi que pour
des commentaires sûrs.

31. J'aimerais néanmoins attirer votre attention sur la qualité de
la langue dont tous ces écrivains se servaient.

On a voulu signaler il y a quelque temps que l'uniformité qu'on
peut observer dans la langue écrite de la plupart de nos auteurs était
due à l'existence d'une sorte de *koiné* littéraire et administrative qui
aurait été cuisinée pour ainsi dire dans la chancellerie royale et même
dans celle d'autres organismes politiques ([140]). La vérité qu'il pourrait
y avoir dans cette affirmation — et on ne saurait la nier — ne peut
cependant pas à mon avis expliquer d'une manière satisfaisante la
diversité de langage qu'on trouve sans aucun doute entre le style

---

(137) Voir les *Orientacions bibliogràfiques sobre Ramon Llull i el lul·lisme,* de
Miquel Batllori, à la fin du tome II des « Obres essencials » de Ramon
Llull (Barcelona [1960]), pp. 1359-1376. Consulter aussi A. M. Badia i Margarit, *Els orígens de la frase catalana,* dans *AIEC,* 1952, pp. 43-54, et
Rudolf Brummer, *L'importance de la prose dans la formation de la langue
littéraire catalane,* dans « VIII Congresso Internazionale di Studi Ro-
manzi (1956), Atti », II, 91-96.
(138) *Literatura catalana,* dans *Historia general de las literaturas hispánicas,*
dirigée par G. Díaz Plaja (Barcelona 1949 sq).
(139) *Història de la literatura catalana* (Barcelona 1964 sq.).
(140) Voir Corominas, *Las Vidas de Santos rosellonesas* (cf. n. 150), 127, suivi
par Badia, *Gr. hist.,* 65-67. Riquer, *Hist. lit. cat.,* I, 14, en tire des conclusions sans doute exagérées : « quan » — dit-il — « des de finals del segle
XV la Cort es fixarà al centre d'Espanya, es perdrà l'element primordial
que unificava i regia el català, el qual molt aviat donarà evidents mostres
de vulgaritat, casolanisme i fragmentació dialectal » ; v. aussi *ibid.,* II,
335 sq.

complètement scientifique (à côté de l'effusion de son œuvre mystique) d'une partie des livres de Ramon Llull ([141]), la narration vivante de Ramon Muntaner ([142]), le ton populaire de Francesc Eiximenis ([143]) et la prose si classique de Bernat Metge ([144]), pour ne citer que quelques noms.

Il faudrait, pour arriver dans cette question à des conclusions valables, pouvoir s'appuyer sur des études sérieuses de la langue de chacun de nos écrivains du moyen âge. Mais pour cela il faudrait avoir de bonnes éditions critiques, et celles-ci, pour la plupart des auteurs, manquent encore. On a certes, grâce surtout à la collection « Els Nostres Clàssics », des éditions correctes, qui nous font oublier les anciennes éditions fautives auxquelles on avait recours il y a encore peu de temps ([145]), mais ce dont on dispose en ce moment ne suffit pas pour une appréciation linguistique juste et définitive.

---

(141) Par exemple : « L'arismètic consira quantitats discretes moltiplicades de discretes quantitats reals en semblances fantàstiques, de les quals moltiplica nombre lo qual posa en figures qui aquelles quantitats signifiquen certes ; e per açò consira un e la sua figura, e dos e la sua figura, e .x. e la sua figura, e .xx. e la sua figura, e .C. e mil e lurs figures, e en axí de les altres ; e consira los assituaments de les figures segons que estan denant o detràs en l'art d'alguarisme. E encara, consira los assituaments de les substàncies, axí com les pedres d'on és feta la torre, lo nombre de les quals desira saber, e en axí de les altres coses qui a la art se pertanyen ; a la qual art ve a fi si del ordenament desús e de les formes primeres qui estan en los arbres naturals, sab conexença haver ; car en axí apar l'àbit d'arismètica en aquelles formes, com ymage en lo mirall, com sia açò que nombre numeral sia ymage vista en nombre real e de coses veres singulars e distinctes, e l'ombra d'aquelles aparega la sua semblança. » (Ramon Llull, *Arbre de Ciència*, I, éd. Salvador Galmés, dans « Obres originals », XI, Palma de Mallorca 1917, p. 217). — Voir aussi n. 70.

(142) Voir n. 71.

(143) Par exemple : « E nota ací que comunament la embriaguea percut la lengua, axí que l'hom no pot bé formar ço que vol dir, ne diu ço que dir volrria, cant és embriach ; ans si vol dir "borraç" dirà "terraç", e si vol cridar a negú "pare" dirà "paye", e si vol dir "ca" dirà "carn", e si vol dir "olla" dirà "ampolla", e si "fogaça" dirà "taça", e si "veure" dirà "beure", e semblants misèries. Emperò ha-n'i alscuns, e pochs, que cant seran bé avinaçats, hauran tantes de paraules que no lexaran parlar a negú : tant parlaran e burlaran. E aytals se pensaven que fossen los sants apòstols aquells malvats de juheus, dels quals havem, *Actuum .II.º*, que, com los dits sants hagueren reebut lo sant Esperit e parlaren totes lengües altament glorifican Déu, deyen los juheus que eren embriachs de most calt. Emperò monsènyer sent Pere los ensenyà clarament que gran malicia deyen, car aquella ora de tèrcia hom jueu no havia menjat ne begut, ne en aquell temps no·s podia trobar most, car era temps de cinquagèsima. » (Francesc Eiximenis, *Terç del Crestià*, III, éd. Martí de Barcelona et Feliu de Tarragona, Barcelona 1932, pp. 279-280).

(144) Voir n. 72.

(145) Pour un jugement sur les éditions des anciens textes catalans réalisés jusqu'à présent et pour la confiance qu'elles méritent, voir R. Aramon i Serra, *Les edicions de textos catalans medievals*, dans *Congr. Ling. Rom. Barc.*, II, 197-266.

On devrait donc préparer des éditions comme celle de Bernat Metge par Martí de Riquer ([146]), où l'étude de la langue et du style n'a pas été oubliée, mais à laquelle il aurait été utile de joindre un glossaire étendu. Dans l'introduction consacrée à la langue de Metge, on peut par exemple prendre connaissance de l'abondance de latinismes dans *Lo Somni*, non seulement de ceux auxquels on pouvait s'attendre et qui sont restés pour la plupart dans la langue moderne (*auctoritat, cogitació, corrupció, eloqüència, dubitació, il·literats* et grand nombre d'autres), mais aussi de latinismes tout à fait inattendus (comme *claudicar* 'coixejar', *inhibí* 'prohibí', *prodicionalment* 'traïdorament', etc.) ([147]).

On possède, certes, une étude remarquable sur la langue de Ramon Llull par A. M. Badia i Margarit et F. de B. Moll ([148]), mais cette étude n'a pas pu être fondée sur des éditions sûres, établies avec toute la rigueur philologique désirable, puisqu'elles n'existent pas ([149]). On possède, aussi, quelques autres monographies, ou de simples notes, sur la langue des écrivains médiévaux : sur celle de la version catalane du *Flos sanctorum* du manuscrit de Paris — texte qui d'ailleurs reste toujours inédit —, par J. Coromines ([150]) ; sur celle d'Arnau de Vilanova, par Miquel Batllori ([151]) ; sur celle de la version de la *Questa del Graal*, par J. M. d'Oleza ([152]) ; sur la syntaxe de Bernat Metge, sur la langue de la traduction de la *Commedia* de Dante par Andreu Febrer et d'autres textes et sur celle de *Curial e Güelfa*, par Alfons Par ([153]) ; sur la langue de *Tirant lo Blanch*, par M. de Riquer ([154]), et quelques autres.

---

(146) *Obras de Bernat Metge,* Edición crítica, tradución, notas y prologo por Martín de Riquer (Barcelona 1959).

(147) *Op. cit.,* pp. *162 sq.

(148) Dans les *Obres essencials* de Ramon Llull citées plus haut (n. 137), tome II, pp. 1299-1358. Voir aussi, pour la langue de Ramon Llull, Riquer, *Hist. lit. cat.,* I, 336 sq.

(149) Cf. mes observations sur le caractère des « Obras de Ramon Lull » et des « Obres originals de Ramon Lull », dans *Les edicions...,* pp. 205 et 215-217.

(150) Juan Corominas, *Las Vidas de Santos rosellonesas del manuscrito 44 de París,* dans *AILUC,* III (1943) 126-211.

(151) Joaquín Carreras Artau et Miguel Batllori, *La patria y la familia de Arnau de Vilanova : A propósito de un libro reciente,* dans *AST,* XX (1947) 5-71, spécialement pp. 23-34 par M. Batllori.

(152) *Zur Bestimmung der Mundart der katalanischen Version der Graalsage* (Barcelona 1928) ; le texte de la *Questa* avait été publié par Vincenzo Crescini et Venanzio Todesco, *La versione catalana de la Inchiesta del San Graal...* (Barcelona 1917).

(153) *Sintaxi catalana, segons los escrits en prosa de Bernat Metge* (Halle/S. 1923) ; *Acotacions lingüístiques y d'estil a clàssichs menors catalans,* dans *AORLL,* IV (1931) 171-187 ; «*Curial e Güelfa*» : *Notes lingüístiques y d'estil* (Barcelona 1928). — Voir aussi, du même auteur, *Notes lingüístiques y d'estil sobre les inscriptions y cartes de Catalunya anteriors al segle XIVᵉ* (Barcelona 1924).

Cependant, un nombre assez important de grandes figures de l'époque de la littérature catalane considérée comme classique n'ont pas attiré jusqu'à présent l'attention des linguistes : ni Jacques Ier, ni Ramon Muntaner, ni Francesc Eiximenis, ni saint Vincent Ferrer, ni Joan Rois de Corella, ni d'autres poètes ou prosateurs, d'une valeur semblable à celle des auteurs dont les noms viennent d'être signalés, n'ont suscité des commentaires ou des études systématiques sur leur langue et leur style ([155]).

On pourrait faire la même remarque en ce qui concerne les influences de l'occitan, de l'italien et du français sur le catalan au moyen âge, influences qui ne pouvaient pas ne pas s'être exercées étant donné les étroits rapports littéraires, dont on a si souvent parlé ([156]), entre ces langues.

32. En revanche, on a commencé l'examen de l'*Ars dictandi* sur la prose catalane à partir de la deuxième moitié du XIVe siècle, et il faudra le poursuivre sans défaillance.

Rubió i Lluch avait déjà signalé l'importance des secrétaires et d'autres fonctionnaires de la chancellerie royale dans la littérature catalane ([157]). Marçal Olivar, éditeur d'un épistolaire rhétorique en latin, échangé entre plusieurs de ces fonctionnaires ([158]), se pose pour la première fois d'une façon précise la question de l'étendue et des conséquences de ces exercices humanistes. Il est logique, dit Rubió i Balaguer, que ces écrivains qui tâchaient, suivant Pétrarque, d'écrire en un latin cicéronien, « un cop habituats a un estil de llatinitat refi-

---

(154) Joanot Martorell et Joan Martí de Galba, *Tirant lo Blanc,* Text, introducció, notes i index per Martí de Riquer (Barcelona [1947] ; cf. spécialement pp. *158-*174 (*La llengua i l'estil del «Tirant lo Blanc»*).

(155) A consulter toutefois les remarques sur la langue des auteurs qui figurent dans quelques volumes de « Els Nostres Clàssics » parus après la dernière guerre civile espagnole — notamment dans l'édition de Bernat Desclot par Miquel Coll i Alentorn (Barcelona 1949-1951), I, 107-115 et V, 217-222, dans celle d'Ausiàs March par Pere Bohigas (Barcelona 1952-1959), V, 189-200, et dans celle d'Andreu Febrer citée à la n. 81 —, ainsi que le précieux registre de mots dans l'édition du *Spill* de Jaume Roig par R. Miquel i Planas (Barcelona 1929-1950), et les commentaires linguistiques contenus dans l'*Hist. lit. cat.* de Riquer (cf. n. 139).

(156) On trouvera les références bibliographiques dans les histoires littéraires citées plus haut (cf. notes 138 et 139).

(157) Voir, par exemple, son *Estudi sobre la elaboració de la Crònica de Pere el Cerimoniós,* dans *AIEC,* III (1909-1910) 519-570.

(158) *Notes entorn la influència de l'Ars dictandi sobre la prosa catalana de cancelleria de final del segle XIV : El ms. Y-129-7 de la Biblioteca Colombina,* dans *EUC,* XXII (1936) 631-653. Olivar y dit : « Si tenim present, ara, que entre els secretaris i escrivans reials de les darreries del regnat de Pere el Cerimoniós i dels dos regnats subsegüents, figuren noms prestigiosos dins el camp de la nostra literatura, no sembla pas arriscat d'afirmar que, en part, la transformació que s'opera aleshores en la prosa literària és deguda a la ciència llatina del redactar, i que si es produí un ambient propici a aquell canvi estilístic, això fou degut, entre altres causes, al fet que en la cúria règia s'aplegava un estol d'excel·lents dictadors ».

nada, s'assagessin instintivament a aplicar certes normes de clausulació i certes formes cultes de lèxic a la redacció en vernacle » ([159]).

C'est le même savant qui résume les principaux traits par lesquels cette transformation de style, caractéristique de la Renaissance, s'est manifestée en catalan : « *a*) per una imitació de les regles del *cursus*, adaptant-les en allò que era possible al català, tan ric en mots aguts i monosíl·labs, per la qual cosa apareix la moda d'introduir transposicions forçades en l'ordre natural de la frase, o bé a la fi d'ella són preferides les transformacions oxítones per tal d'imitar la cadència del *planus* ; *b*) per una desviació de l'ús d'aquell ritme propi de l'art dictatòria, la qual cosa porta a recercar cadències més amples i ja no concentrades només a la fi de frase ; el resultat és a vegades una veritable cadència de vers de quatre accents, ja sigui amb ritme iàmbic..., ja amb ritme anapèstic... ; *c*) pels cultismes de llenguatge, dels quals totes les llengües modernes reberen una tan gran incorporació al segle XV » ([160]).

Une étude complète de la pénétration, de la persistance, de l'évolution et de la disparition des mots savants dans la prose catalane du XIVe et du XVe siècles ne sera possible qu'après un examen minutieux des riches fonds documentaires des archives des pays catalans, notamment des archives royales de Barcelone. Cet examen devrait être réalisé en même temps que l'analyse linguistique des ouvrages littéraires d'esprit renaissant et des traductions contemporaines du latin, faites soit directement, soit à travers l'italien ou le français ([161]). Il est

---

(159) Jordi Rubió i Balaguer, *La cultura catalana del Renaixement a la Decadència* (Barcelona 1964), 17. Il se demande aussi si ce changement de style ne pourrait pas avoir une autre cause : « Fóra possible que en aquesta nova modalitat estilística del nostre Renaixement, també l'hagués influïda la prosa del Boccaccio, i aixi ha estat acceptat vagament per algú. És cert que fou conegut i traduït a Catalunya des dels temps de Bernat Metge, i la seva influència, fóra temerari de negar-la en absolut » (*ibid.*, 18). Et il poursuit : « No crec, però, que fos una causa determinant ni prou general. L'inici de la nova modalitat, el trobem, com ja he dit, en documents en català que deixen veure ben clar al dessota el to d'un formulari en llatí i ho confirmen algunes peces documentals que ens han arribat en versions contemporànies formulades en llatí i en català. La influència de la prosa italiana fou un element d'acció concomitant, però posterior a la preocupació llatinitzant dels secretaris » (*ibid.*, 19). Toutefois, une étude sur les traductions de Boccace en catalan et sur l'influence linguistique de ses œuvres italiennes sur la langue catalane est encore à faire, et il serait hasardeux de se prononcer définitivement sur ce problème.

(160) *Ibid.*, 18. Rubió i Balaguer nous offre quelques exemples de constructions latines dans sa communication *Influència de la sintaxi llatina en la cancelleria catalana del segle XV*, dans *Congr. Ling. Rom. Barc.*, II, 357-364, ainsi que dans *Guillem Ponç, secretari del rei Martí, contemporani de Bernat Metge*, dans *ER*, IX (1961) 67-84, avec, dans les deux travaux, de pénétrantes observations.

(161) De même une étude de la langue des traductions de l'italien serait souhaitable à cet égard. Signalons ici que Curt J. Wittlin a entrepris une étude soignée de quelques textes classiques traduits en catalan (cf. *La traducció catalana anònima de les « Històries romanes » I-VII de Titus Livi*, sous presse dans *ER*, XIII).

regrettable que la plupart des documents transcrits et publiés comme
pièces justificatives dans un grand nombre de travaux historiques ne
puissent pas être retenus pour les études linguistiques à cause du
manque de rigueur dans la transcription ([162]).

33.   La production des écrivains de l'ancien royaume de Valence à
l'époque de la dynastie des Trastàmara mériterait aussi une attention
spéciale. Divers faits, non seulement d'ordre politique, aujourd'hui
bien étudiés ([163]), ont été à la base du transfert, à cette époque, de la
capitale littéraire catalane de Barcelone à Valence.

La langue de ces auteurs est très intéressante et présente des
caractéristiques très nettes et distinctives, comme on peut le constater
si l'on compare, par exemple, le style vivant et populaire de saint
Vincent Ferrer ([164]) avec la prose de Joan Rois de Corella ([165]), pleine
de latinismes et torturée par l'hyperbate, ou avec la richesse et la

---

(162) Cf. le chapitre *Els textos no literaris* dans mon travail *Les edicions de
textos catalans medievals*, 252 sq. Sous l'impulsion et la direction de mon
cher et regretté maître Francesc Martorell, on avait préparé, dans un but
philologique, l'édition de quelques recueils de lettres de chancellerie ; ils
n'ont pas pu être publiés jusqu'à présent, à cause surtout de la mort prématurée de Martorell et à cause de la guerre civile et de ses conséquences ;
le projet de ces recueils n'a cependant pas été abandonné.

(163) Voir par exemple Soldevila, *Hist. Cat.*, II, 73, 123-124.

(164) Par exemple : « Altre exemple, de la bona dona. Sapiau que en la ciutat
de Roma eren dues nobles persones en matrimoni ; e veus que·l marit
hun dia fo a consell, e, quan parlave, los qui li estaven entorn, tots se
tapaven lo nas (tan fort li pudie l'alende !), en tant que ell se·n mara-
vellave, dient : "E què haveu ?", "Què havem ? L'alende vostre put tan
fort, que no·u podem sofferir". Ell dix : "Bee !". E axí ell torne a casa
sua, pensant : "Com pot ésser açò que ma muller no m'ho hagués dit,
que tant de temps ha que som en una". Finalment, ell fo a casa, tot ple
de ira ; e dix la muller : "Com veniu axí, senyor ? Desplaer vos han
fet ?". Dix ell : "Vós me haveu posat en vergonya". "Yo ?". "Hoc, vós".
"E com ?". "Yo só stat en consell, etc. E vós no·u sabíeu, açò ? Vós o sabeu
bé, car tants anys ha que som abduys e quantes vegades la mia boqua
s'és ajustada ab la vostra. Vós o devíeu mills saber, e m'o devíeu dir".
Ella respòs : "Hee, senyor ! Yo bé·u sabia, mas cuydava·m que tots los
hòmens o havien axí com vós. E alre : que tot quant ha en lo vostre cors,
tot m'és dolç e no pudent". O, que bonea de dona ! Açò diu sent Gregori,
qui fa testimoni de castedat e de caritat. Mas, veus com o suportave !
Donchs, vosaltres, vullau-vos suportar. » (Sant Vicent Ferrer, *Sermons*,
II, éd. Josep Sanchis Sivera, Barcelona 1934, p. 120).

(165) Par exemple : « E si vostra sobrexçellent bellea, vallejada e defesa del
mur de honestat, a ells se presenta, de cruels vos infamen ; e si benigna-
ment vostra afabilitat los remunera, de no castes vos inculpen ; e cascú
d'ells en tan alt grau de follia se constitueix, que penssa alguna singu-
laritat possehir, sol per la qual, e no per altra, vostra honestat se deu
perdre. O, inefable demènçia, passant comú estil de paraules ! Si de
vosaltres viciosament desigen, prenguen de les no bones excellència de
gran bellea. Si virtuosament vos amen, inclites senyores sens nombre
trobaran, que, ab acabament de virtuts, los faran de verdadera amistat
graçiós present » (Joan Rois de Corella, *Trihunfo de les dones*, dans
Obres, éd. R. Miquel i Planas, Barcelona 1913, p. 133).

fraîcheur du lexique, plein d'apports ruraux, de Jaume Roig ([166]) et d'autres auteurs satiriques (qui devraient constituer le sujet de recherches approfondies).

De même, la dénomination de *valenciana prosa*, en usage durant cette période et interprétée très diversement par les historiens de la littérature et les linguistes, devrait être définitivement éclaircie.

XIII

34. Le XVIe siècle est d'un grand intérêt pour l'histoire de la langue catalane. Il présente — et il en est de même pour les deux siècles suivants — une série de changements dans la structure des pays catalans, et ces changements ont eu naturellement de fortes répercussions d'ordre culturel ([167]).

On parle de décadence : décadence politique, décadence sociale, décadence intellectuelle ([168]). Et, comme corollaire, décadence littéraire et, surtout, linguistique.

On a essayé de préciser les causes de cette décadence, que beaucoup d'historiens veulent trouver de préférence dans l'union des couronnes de Catalogne-Aragon et de Castille sous un seul souverain. Bien

---

(166) Par exemple :

« Hauré ordir,　　　　　　　si temps me sobra,
puix me·n enpaig,　　　　　he me·n recort,
aquest meu scaig　　　　　sols per confort
de parlament,　　　　　　he per retraure,
curt, flach, fallent,　　　　no lexar caure
a fil per pua ;　　　　　　los qui treballen,
la forga sua,　　　　　　　juguen e fallen
stil e balanç　　　　　　　(huns mates baten,
serà·n romanç :　　　　　los altres maten :
noves rimades,　　　　　tots enguanats,
comediades,　　　　　　　de seny torbats,
amphorismals,　　　　　　a ses requestes
ffaçessials,　　　　　　　çerquen les festes,
no prim scandides ;　　　troben la mort),
al pla texides　　　　　　ffaré·ls report :
de l'algemia　　　　　　　serà consell
he parleria　　　　　　　de home vell,
dels de Paterna,　　　　　ja scarmentat,
Torrent, Soterna.　　　　puix atentat,
Prenent mà·n obra,　　　si·l volen pendre. »

(Jaume Roig, *Spill*, éd. R. Miquel i Planas, Barcelona 1929-1950, vv. 672-711.)

(167) Cf. Soldevila, *Hist. Cat.*, II, 195 sq.

(168) Cf. Rubió i Balaguer, *La cult. cat. del Renaix. a la Dec.*, 107 sq., 131 sq. — Nous trouvons un témoignage de la conscience qu'on avait d'une certaine décadence, dans Alexandre Ros, *Cataluña desengañada* (Naples 1644), qui, en parlant de la langue catalane, dit que « nuestro descuido la a dexado envejecer en su pobreza, sin que aya autor en ella que merezca en este tiempo el título de clásico » (cité par Rubió i Balaguer, *Hist. lit. hisp.*, IV, 495).

3

qu'il s'agisse d'une union personnelle, cette union a conduit, d'après
Rubió i Lluch, à la disparition de la nationalité politique catalane et à
sa fusion dans la toute puissante monarchie espagnole ([169]). Dans les
milieux littéraires, la pénétration, dans les pays catalans, de la littérature espagnole à l'époque de sa plus grande splendeur — littérature
diffusée même par des imprimeurs catalans — a été aussi considérée
comme un des faits qui ont provoqué l'adoption partielle de la langue
envahissante à certains endroits, un quasi-silence à d'autres et, de
toute façon, la soumission de toute manifestation littéraire, rédigée
dans la langue du pays, à l'influence linguistique de l'espagnol.

Mais on ne saurait affirmer que tout le monde se trouve complètement d'accord avec cette interprétation. Rubió i Balaguer, qui a
souvent répété qu'il ne croit pas « en constel·lacions malèfiques » ([170]),
nous dit, en se référant au processus de la décadence : « No es que
decaiga la literatura por agotamiento de las energías vitales del país,
ni por desaparición de sus castas cultivadas, sino por paulatina aunque
incesante desconfianza en el uso de la lengua propia, es decir, en su
valor como vehículo de expresión literaria » ([171]).

La problématique externe de la langue pendant les XVIe-XVIIIe
siècles a été mise en relief surtout par Rubió i Balaguer dans des pages
magnifiques et pleines de vues nouvelles, insérées dans les chapitres
sur la littérature catalane de l'*Historia general de las literaturas
hispánicas* ([172]). En revanche, l'étude de la langue en soi, celle des faits
internes et des changements subis en ce temps-là, est encore à faire ([173]).

35.   Le catalan a continué encore à être pendant bien des années
le véhicule d'enseignement et c'est par son intermédiaire que les
écoliers commençaient l'apprentissage du latin ([174]). Il est resté la
langue des documents officiels jusqu'à l'avènement des Bourbons sur
le trône d'Espagne. Mais c'est un fait que les ouvrages écrits en
espagnol par des auteurs du pays devenaient de plus en plus nombreux

---

(169) Cf. Guilleumas, *La llengua catalana segons Antoni Rubió i Lluch*, 52.

(170) *La cult. cat. del Renaix. a la Dec.*, 157.

(171) *Hist. lit. hisp.*, IV, 495.

(172) Tome IV, p. 495 sq., et V, p. 215 sq. Voir aussi, pour ce qui concerne
l'ancien royaume de Valence, M. Sanchis Guarner, *Els valencians i la
llengua autòctona durant els segles XVI, XVII i XVIII* (València 1963).

(173) G. Colon Domenech rappelle que « no sabemos nada de la lengua que se
escribió [en Catalogne] durante cuatro siglos, de la que casi nadie se ha
ocupado con miras al estudio lingüístico y en especial lexicográfico »
(*Catalanismos*, dans *ELH*, II, 205). Et il souligne que le fait que pendant
ces siècles « la lengua catalana queda abandonada a sí misma, sin el
sostén de una literatura o unas clases directoras que la encaucen »,
« confiere a esa lengua un interés especial para el investigador que se
ocupe de la biología del lenguaje » (*ibid.*, p. 234, n. 114).

(174) Mais cf. Elies Serra i Ràfols, *La introducció del castellà com a llengua
d'ensenyament*, sous presse dans *ER*, XII.

et que les textes qu'on rédigeait encore en catalan révélaient de plus en plus l'influence linguistique espagnole ([175]).

Il suffit de feuilleter n'importe quel livre de cette époque pour constater tout de suite sa pauvreté lexicale et le nombre extraordinaire de barbarismes qu'il contient : ainsi, dans les premières pages du recueil de 1703 de l'œuvre de Vicenç Garcia, le plus célèbre poète catalan du XVIIᵉ siècle, s'offrent à notre regard des mots et des formes tels que *hazanyas, risa, alguazils, qual* 'com', *siquiera* 'tan solament', *olvit, locuras, requebrets* (= esp. *requiebros*), *remedia* 'guareix', *recato, barato, quiçà* 'potser', *lisonja, asseat, desditxa, brio, cuydado, grangeava, cego, angustia, cuerda* 'assenyada', *medra,* et beaucoup d'autres ([176]).

Mais quels ont été le degré et la rapidité de la pénétration de ces mots, de ces formes verbales, des ces tournures syntaxiques, de ces habitudes phonétiques du castillan dans la langue catalane à cette époque appelée époque de décadence ?

Il nous faut répéter une fois de plus que ni éditions critiques ni études linguistiques d'aucune sorte ne sont, pour cette période à notre disposition ([177]). D'autre part, nous sommes certains que, sous cette langue littéraire remplie d'hispanismes, il existait une langue vivante

---

(175) Cf. Rubió i Balaguer, *Hist. lit. hisp.,* IV, 510.
(176) *La armonia del Parnàs, més numerosa en las poesias varias del atlant del cel poètic, lo Dr. Vicent Garcia, rector de la parroquial de Santa Maria de Vallfogona...* (Barcelona, Rafel Figueró, 1703). Faudrait-il rappeler ici, pour nous rendre compte de la dégradation subie plus tard par la langue catalane, la note de Francesc Narcís de Cilla au début de ses *Dominicas o pláticas morals sobre los sagrats Evangelis per cada una de las dominicas del any* (Manresa 1824) : « Pruden Lector : atvertesquia, que los termes castellans que encontria, v.g. *cuyo, momento, imenso, imortal,* y molts altres, no son errades de imprenta, sino voluntat del autor » ? (cf. Nicolau, *Introducción,* « Estudio » IX (1915) 487). Ou bien, encore, le propos de la Sociedad Económica de Amigos del País de Majorque qui, en 1835, voulait entreprendre la préparation d'un dictionnaire majorquin-espagnol afin de « contribuir por su parte a la generalización del habla nacional [= castillan] entre nosotros y a la desaparición en lo posible del dialecto mallorquín a lo menos en el trato de las personas cultas, la cual mira como un paso hacia la mayor civilización de la provincia » ? (cf. J. Melià, *La Renaixença a Mallorca,* Palma de Mallorca 1968, pp. 29-30).
(177) Cf. Rubió i Balaguer, *Hist. lit. hisp.,* IV, 532 : « Debería estudiarse esta castellanización tanto en la sintaxis como en el vocabulario, que es donde resulta más detonante. La traía a veces como de la mano la imitación de la imagería culta propia del siglo, para la cual los escritores catalanes no hallaban modelos en su antigua literatura ». Il ajoute qu'on ne doit pas croire « que pasarán inadvertidos los estragos que producía tal imitación servil del lenguaje » et reproduit ces vers de Francesc Fontanella d'une critique d'une poésie de concours :
    « mançana, temprana, erisso,
    y loriga diu després,
    vocables que Cathalunya
    ha jurat que no·ls coneix. »

qui se maintenait fraîche et riche ([178]), or il serait souhaitable d'essayer d'en préciser les caractéristiques, surtout à l'aide d'analyses linguistiques des chansons traditionnelles de l'époque — qu'on a heureusement recueillies et qui nous ont été transmises dans diverses collections ([179]) — et des documents privés, lettres, livres de comptes, etc., qui auraient pu se conserver.

36. Il faudrait encore examiner à fond et préciser un autre fait : comment s'est accentuée, du point de vue linguistique, la différenciation dialectale dans la littérature catalane pendant ces siècles ? Et dans quelle mesure sont intervenus dans cette différenciation les événements politiques qui ont conduit, après la Guerre de Séparation, à la séparation définitive du Roussillon, incorporé dès lors à la France ([180]), et, après la Guerre de Succession, à la séparation de l'île de Minorque, passée temporairement à la couronne britannique de même qu'à la France ([181]), et à l'isolement des colonies sardes par rapport au noyau national ? ([182])

XIV

37. Nous avons rappelé que le catalan s'était maintenu comme langue de chancellerie et que toute la documentation officielle a continué à être rédigée en catalan. Cependant, depuis le commencement du XVIIIe siècle, un changement radical est survenu.

En 1700 — premier geste ostensible de persécution de la langue par les Bourbons — il a été décidé que les actes des notaires, de même

---

(178) En commentant l'œuvre de Josep Romaguera, Rubió i Balaguer précise qu'il « escribía una lengua que bien poco debía de parecerse a la que hablaba. Aquella lengua viva era sin embargo muerta para él. La lengua literaria, el *estilo*, como él dice con otra intención que Ausiàs March, no podía tener, para los hijos del culteranismo, ningún punto de semejanza con el habla vulgar » (*Hist. lit. hisp.*, IV, 552).

(179) A rappeler Francesc P. Briz, *Cansons de la terra : Cants populars catalans,* 5 tomes (Barcelona 1866 sq.) ; M. Milà i Fontanals, *Romancerillo catalan* (Barcelona 1882) ; M. Aguiló i Fuster, *Romancer popular de la terra catalana : Cançons feudals i cavalleresques* (Barcelona 1893) ; *Obra del Cançoner Popular de Catalunya : Materials,* 3 tomes (Barcelona 1926 sq.) ; Josep Massot i Muntaner, *Aportació a l'estudi del romancer balear, ER,* VII (1959-60) 63-155.

(180) Voir P. Fouché, *Phon. hist.* et *Morphol. hist.*

(181) La domination britannique de Minorque au XVIIIe siècle a eu pour conséquence certains anglicismes qui se maintiennent encore dans le parler populaire de l'île, comme : *boinder* (bow-window), *escrú* (screw), *fàitim* (fighting), *mèrvol* (marble), *moguin* (mahogany), *pinxa* (pilchard), *quep* (cap), *xaquèns* (shake hands), etc. Cf. Angel Ruiz i Pablo, *Rastre que varen deixar en el llenguatge menorquí les dominacions ingleses,* dans *Congr. Ll. Cat. Barc.,* 345-349, et F. de B. Moll, *Els parlars baleàrics,* dans *Congr. Ling. Rom. Barc.,* II, 131.

(182) Pour la perte de conscience de l'unité linguistique catalane et l'apparition de dénominations comme langue valencienne, langue majorquine, etc., cf. Rubió i Lluch, *Del nombre y de la unidad literaria de la lengua catalana,* 21 sq.

que les sentences des tribunaux, seraient rédigés en français dans le Roussillon. Peu de temps après, en 1707, l'ancien royaume de Valence ayant été soumis à Philippe V, celui-ci y a aboli les anciens usages et privilèges et a imposé l'espagnol comme langue officielle. Une décision semblable survient à Majorque en 1715, et le Principat est obligé en 1716 de rédiger les causes de l'Audience en espagnol. Plus tard encore, en 1768, une disposition royale oblige à adopter aussi l'espagnol comme langue d'enseignement, et en 1772 il est exigé que tous les commerçants tiennent leurs livres en espagnol [183].

38. Au moment où les catalanophones, qui maintiennent toujours très vivant l'usage oral de leur langue, semblent ne plus tenir à utiliser le catalan comme langue littéraire, le déclenchement d'une persécution ouverte du catalan éveille, comme le souligne Rubió i Balaguer — et on ne peut pas ne pas être surpris par ce paradoxe —, « un interés vindicativo de su nobleza, y no puramente arqueológico, que había de ser uno de los fermentos de la *Renaixença* » et « los mismos eruditos que abandonaban su cultivo, se interesaban por su estudio » [184].

Ce nouvel intérêt est à l'origine d'une série d'éloges — « défenses et illustrations », si vous voulez — de la langue catalane qui, en même temps qu'elle était considérée comme « un idioma antíguo provincial, muerto hoy para la República de las letras, y desconocido del resto de Europa » [185] et comme un « idióma rancio y semi-muerto » [186] par un des grands historiens du XVIIIe siècle, attirait l'attention d'un nombre toujours croissant de catalanophones fiers de la parler et cherchant à découvrir, dans l'antiquité, ses titres de noblesse [187].

XV

39. L'histoire la plus récente de la langue catalane est mieux connue du fait qu'elle va de pair avec l'histoire de la littérature, et cela nous permet de ne pas nous y attarder.

---

(183) Cf. Rubió i Balaguer, *Hist. lit. hisp.*, V, 219 sq., et Soldevila, *Hist. Cat.*, III, 1 sq.

(184) *Hist. lit. hisp.*, V, 215-216. — De nos jours on a pu voir aussi que la persécution d'une langue et d'une culture (et celle que le catalan a subie depuis 1939 a été plus forte et plus raffinée que jamais) aboutit toujours à des résultats tout à fait opposés à ceux qu'on en attendait.

(185) Antoni de Capmany i de Montpalau, *Memorias históricas sobre la marina, comercio y artes de la antigua ciudad de Barcelona*, II (Madrid 1779), Apéndice, p. 54.

(186) Antoni de Capmany i de Montpalau, *Código de las costumbres marítimas de Barcelona, hasta aquí vulgarmente llamado Libro del Consulado* (Madrid 1791), p. XXXVII.

(187) Antoni Comas a commencé l'étude et la publication de ces éloges. Voir *Les excel·lències de la llengua catalana* (Barcelona 1967) et *Una defensa de la llengua i de la literatura catalanes de la darreria del segle XVIII* (sous presse dans *ER*, XII). — Rubió i Balaguer nous renseigne sur les mouvements de défense de la langue à Barcelone et à Valence, « más solemne y sentimental en sus manifestaciones en Cataluña, más erudito y pragmático en Valencia » (*Hist. lit. hisp.*, V, 229).

Qu'on se souvienne seulement du mouvement de la *Renai-xença* ([188]), auquel ont contribué les inquiétudes *pre-renaixentistes* de la fin du XVIIIe siècle et du commencement du XIXe, les suites de la Révolution Française et de l'invasion par l'armée de Napoléon des pays catalans — incorporés pendant un laps de temps à l'Empire —, le Romantisme, les mouvements de révolte populaire et sociale, les *Jocs Florals,* etc. ([189]).

Cette période est mieux connue, certes, mais nombre de faits et de problèmes d'ordre linguistique sont encore à étudier : la conception de la langue littéraire au XIXe siècle dans les pays catalans, la lutte de tendances littéraires et linguistiques, l'opposition entre la langue de culture et le « català que ara es parla », les hispanismes de la langue littéraire, la langue des chansons populaires, les diverses tendances graphiques, la réforme grammaticale de la fin du XIXe siècle et du commencement du XXe, l'apport des grandes régions (surtout de Majorque et de Valence) à la langue commune, la langue et le style de Verdaguer et d'autres grands auteurs, le renouvellement de la langue littéraire contemporaine par les traductions d'auteurs classiques et étrangers et par la connaissance du catalan médiéval, et beaucoup d'autres encore.

DISCUSSION

M. Colon. — Je voudrais insister sur le grand travail qui reste à faire. Je le dis d'une façon un peu brutale : aucun auteur catalan n'a été bien étudié, ni ceux qui ont écrit en provençal, ni ceux qui ont écrit en catalan. Lorsqu'on dit qu'on a étudié tel auteur, cela signifie qu'on a fait quelques considérations sur sa langue, mais une étude linguistique sérieuse nous manque.

M. Aramon a parlé du problème de la langue à Valence. Or, M. Sanchis Guarner a donné tous les traits qui différencient — ou différencieraient — le mozarabe de Valence de celui de Lleida (Lérida). C'est vrai. Mais il faudrait nous mettre d'accord sur beaucoup de choses, notamment sur les questions de -*mb*-, de -*nd*-, de -*n* final.

Si vous avez lu, par exemple, les *Dialogues de Saint Grégoire,* vous avez constamment trouvé des mots en -*n* ; or, c'est un texte qui n'a pas été écrit à Valence.

---

(188) Le catalan, comme on le sait bien, fait une nette distinction entre *Renaixement* (Renaissance humaniste des XIVe-XVe siècles) et *Renai-xença* (mouvement d'éveil de l'esprit catalan et de renaissance de la litté-rature au XIXe siècle).

(189) Voir Manuel de Montoliu, *Manual d'història crítica de la literatura cata-lana moderna* : Primera part (1823-1900) (Barcelona 1922).

-*mb*-, -*nd*- maintenus à Valence ? Quelques exemples, quelques faits isolés ; il n'y a pas de système. Cela ne nous mène pas très loin.

-*o* final conservé : je n'y crois pas du tout ; j'ai étudié la langue de Valence au XIIIe siècle (je suis en train de préparer une édition des *Furs*) et je ne trouve jamais -*o* final conservé.

Cuquello est peut-être un castillanisme.

-*p*-, -*t*-, -*k*- sont peut-être des faits de conservatisme ; -*ai*- également ; de même *c* > -*ĉ* final (*càrritx, txigala* . . .).

Qu'est-ce que nous connaissons de la langue de Valence ? Presque rien. On veut en faire une espèce de langue à part : or, depuis le XIIIe siècle, c'est le catalan, le même catalan que celui du Nord. Martín de Riquer, dans son édition du *Tirant lo Blanc,* parle d'un « mossàrab valencià », « mossàrab espanyol », et il prend comme exemple *coixo* « boiteux », face au catalan *coix.* Or, la forme catalane normale était *ranc* ; *coix* ou *coixo* sont des castillanismes. *Coixo* a été emprunté ; ensuite, par une espèce de catalanisation, nous avons perdu -*o* final et, si à l'époque du *Tirant,* on a employé *coixo,* ce n'était pas du mozarabe valencien.

Je suis reconnaissant à M. Aramon de nous avoir dit ce qui reste à faire.

D'abord, il est nécessaire d'éditer les textes comme il faut. Les textes qui paraissent ont de plus en plus de fautes de transcription. Je pourrais vous en donner des exemples. Nos éditeurs devraient apprendre un peu de paléographie et un peu de linguistique et ensuite parler en connaissance de cause, sans faire des généralisations.

M. Badia. — Y a-t-il quelqu'un de plus optimiste ?

M. Straka. — Je voudrais dire un mot sur la parenté entre le catalan et l'occitan et souligner cette parenté. M. Aramon a rappelé ce qu'un auteur ancien pensait des faits qui rapprochent ces deux langues et de ceux qui les différencient. Parmi ces derniers, il est évident que plusieurs ne les différencient pas en réalité. Je prends au hasard quelques oppositions que M. Aramon a écrites au tableau. Ainsi, l'opposition *vey* (en provençal) : *veig* (en catalan).

M. Aramon. — Ce n'est pas moi qui les oppose. C'est un auteur du XVe siècle qui a traduit du provençal en catalan.

M. Straka. — Je sais bien, mais cette question est en rapport avec une autre à laquelle vous avez aussi fait allusion. En provençal, les deux formes coexistent comme en catalan ; elles appartiennent à différentes zones dialectales. De même, à côté de la forme *aicel* ou *acel,* on trouve également en provençal, comme en catalan, *aquel(l).* A côté de *grieu,* on a aussi — et surtout — *greu,* comme en catalan ; là encore, le catalan est tout à fait proche du provençal : en provençal il n'y a pas de diphtongaison non plus, mais on a des diphtongues devant les voyelles finales -*u* et -*i,* or ces diphtongues ont aussi existé en catalan.

Voilà quelques remarques que je voulais faire sur le plan phonétique et qui montrent, me semble-t-il, que l'ancien provençal était plus proche du catalan que ne le laissent penser les exemples tirés d'un auteur ancien. Il en est de même quant au lexique.

M. Aramon. — Il me faut souligner de nouveau que j'ai fait simplement allusion à un écrivain catalan, Guillem de Masdovelles, qui avait l'intention d'écrire ses poésies en occitan, et au fait que son neveu, Joan Berenguer de Masdovelles, qui a essayé de transposer son texte en catalan, ait mis comme correspondances lexicales *guay/bell,* etc.

M. Colon. — La question du provençal et du catalan ! M. Aramon a dit que c'était une question byzantine. C'est une question qui a été posée et à laquelle on n'a pas apporté de solution. Nous sommes en présence d'une langue qui, comme M. Straka vient de le dire, se rapproche beaucoup du provençal, et il faudrait une explication à ce fait. Mais, quand nous parlons du provençal, qu'est-ce que cela veut dire ? Est-ce l'auvergnat, le languedocien, le parler à l'Est du Rhône ? Nous trouvons presque toutes les solutions selon les dialectes.

M. Straka. — J'ajoute que — comme vous le disiez tout à l'heure à propos du catalan — pour l'ancien provençal, il y a aussi presque tout à faire. Il faudrait voir à quoi correspondent ces alternances. Sont-elles dialectales ? Est-ce autre chose ?

M. Colon. — Et les manuscrits qui nous ont transmis les compositions des troubadours ? Où ont-ils été copiés ? Le *FEW* dit par exemple que tel mot se trouve attesté en 1240 ou en 1284 parce qu'il figure chez tel auteur, mais le manuscrit où a-t-il été copié ? Par qui ? Mais je reviens à mes moutons. Vous avez dit que *solell* n'existait pas en catalan. Mais *solell* existe à Majorque, n'est-ce pas, M. Veny ?

M. Veny. — Il existe à Majorque et il a une forte vitalité à Eivissa (Ibiza), avec le sens de « rayons solaires ».

M. Colon. — Je dirais que le catalan était une langue qui s'est arrêtée à la fin du XVe siècle dans ses positions naturelles, politiques, etc. Une langue sans chance de devenir une langue, et qui a vécu un peu « sauvageonne ». Cette langue aurait pu, dans d'autres circonstances politiques, arriver à des solutions différentes, et si aujourd'hui *sol* a triomphé sur *solell,* que se serait-il passé s'il n'y avait pas eu tel événement historique, si la Catalogne avait penché du côté de la Provence au lieu de pencher du côté de la Castille ? Je crois que, là, il y a aussi un problème à étudier.

M. Badia. — Quelques observations. Je crois tout d'abord, qu'il ne faut pas être pessimiste comme M. Colon. M. Straka vient de poser la question dans des termes très généraux. Même pour le provençal, il manque presque tout. Et pour l'italien ? et pour l'espagnol ? N'y a-t-il pas partout beaucoup à faire ? Il vient de paraître une édition du *Libro de Buen Amor* : bon ; cela pose quantité de problèmes. On croyait posséder une édition ou des éditions assez correctes, mais cette nouvelle édition va soulever pas mal de problèmes d'édition, de critique textuelle. Je crois que c'est une chance de pouvoir laisser quelque chose à nos successeurs. Si nous avions tout fait, que pourrions-nous leur laisser ? Ainsi, je pense que, évidemment, il manque beaucoup, mais on a fait aussi quelque chose. Il y a trois ans — et je m'excuse de parler de moi-même — j'ai eu l'occasion de présenter au Congrès de Madrid un exposé, *Où en sont les études du catalan ?*, où je n'ai parlé que des travaux des quinze dernières années. Evidemment, il y a des choses qu'on aurait dû faire mieux, mais on a toujours des points de repère, d'une transition qui doit permettre une continuation des plans d'étude.

M. Colon. — Je m'excuse, mais je n'ai pas dit qu'on n'ait rien fait, sinon que nous n'avons pas de textes bien établis. M. Straka a parlé du provençal. Pour le provençal, il y a le recueil de Clovis Brunel. Je souhaiterais quelque chose de semblable pour le catalan. Je souhaiterais quelque chose de semblable aux *Documentos* de Menéndez Pidal ou à ce que Monaci a fait pour l'italien. Cela, nous ne l'avons pas... Nous avons les *Homilies d'Organyà* ; grâce à l'édition de Molho nous connaissons ce texte. Mais, hélas, tant d'autres textes...

M. Badia. — Les éditions de textes espagnols ne sont pas un modèle à prendre... Je sais bien que, quant aux travaux de cette sorte, on doit faire abstraction de plusieurs aspects, mais je crois que la vision que M. Aramon nous a donnée des études de linguistique catalane à la fin du XIXe siècle et au commencement du XXe, est aussi un peu pessimiste. En effet, nous avions déjà à cette époque le *Grundriss der Romanischen Philologie,* avec une vision remarquable de A. Morel-Fatio, améliorée ensuite par la contribution de J. Saroïhandy, un des pionniers, un des premiers qui soit venu étudier sur place la langue des Pyrénées. Il fournit déjà des informations assez correctes. A cette époque, on parlait certes de l'origine hébraïque du catalan, mais en même temps on trouve déjà quelques constatations assez fondées sur la dialectologie, sur la langue catalane.

Quant au travail de M. Sanchis Guarner, *Factores históricos de los dialectos catalanes,* vous savez tous que l'auteur n'a plus parlé de sa thèse sur la justification de la différence entre le catalan oriental et le catalan occidental ; il s'est tu là-dessus, à ce que je crois, à cause de la publication de *Les arrels de Catalunya* de M. Miquel Tarradell. M. Tarradell, professeur à l'Université de Valence, a discuté les idées archéologiques et ethnologiques de son maître, M. Bosch i Gimpera, et il a démontré, en partant des données tirées des fouilles, qu'il y avait eu partout des Ibères et qu'il y avait eu partout des Indo-européens.

Parfois ce sont les strates différents dans les mêmes cavernes qui démontrent qu'il y a eu et des Ibères et des Indo-européens.

La conclusion de M. Tarradell est très radicale dans ce sens qu'il pense qu'on ne peut pas établir une frontière entre une Catalogne indo-européenne et une Catalogne ibérienne. Je pense que c'est une interprétation un peu exagérée et que tout de même on pourra toujours distinguer une Catalogne à prédominance indo-européenne face à une Catalogne à prédominance ibérienne.

A mon avis, M. Sanchis Guarner s'est tu parce qu'il craignait de s'opposer — il l'a dit lui-même — aux théories et à la vision de ce problème qu'a exposées M. Tarradell. Néanmoins, je crois qu'il faudra tenir compte de son interprétation, et peut-être reviendra-t-on là-dessus quand nous examinerons des problèmes d'histoire de la dialecto-logie catalane.

Quant à -o final, je crois qu'il y a des cas d'-o final, qu'on doit attribuer à un archaïsme, de type mozarabe probablement, surtout dans les noms de lieux (*Muro, Campos, Pego*) qu'on trouve et à Majorque et en Valence. Il s'agit d'un phénomène qui n'a peut-être rien à faire avec les autres cas d'*o* final, mais je pense qu'on peut parler des cas d'*o* final maintenu par suite de l'influence mozarabe. Le valencien fait toujours partie du catalan, nous sommes tous d'accord, et il ne faut pas oublier une phrase de Pompeu Fabra qui disait aux Valenciens : « Pour vous autres Valenciens, il est d'un grand intérêt que vous cherchiez à vous approcher du catalan classique parce que là, il y a des points où nous nous retrouvons tous, parce qu'en ancien catalan tout se ressemble : c'est le point d'union, c'est le point où convergent les différentes variantes ».

Quant aux éditions des documents antérieurs aux textes litté-raires, je voudrais dire un petit mot d'un projet : M. Soberanas et moi-même nous allons préparer, aussi soigneusement que possible, une édition des témoignages en catalan antérieurs à 1250. Mais n'ignorons pas qu'une édition de cette nature pose une grande quantité de pro-blèmes. Nous commettrons sûrement des fautes, même graves, mais ce sera un point de départ, un commencement, bref un instrument de travail.

Je pense que, pour pouvoir établir des nuances dialectales dans l'ancien catalan, il faut évidemment avoir des éditions plus correctes, mais, dès maintenant, on a pu aboutir à certains résultats d'après ce que nous possédons. Il y a déjà longtemps, A. Alcover a apporté des contributions remarquables dans ce sens en partant des documents publiés par Martin Niepage ; il y a sans doute beaucoup de choses à rectifier, mais, en partant de ces textes, on a pu tout de même parler de nuances dialectales. N'oubliez pas non plus la partie consacrée à la langue de Desclot dans le volume d'introduction à l'édition de M. Coll i Alentorn, où on a pu mettre en rapport la langue du manuscrit avec celle du Nord-Est du catalan.

Et moi-même, lorsque j'ai préparé, en collaboration avec M. Moll, une petite étude sur la langue de Ramon Llull, dont l'étendue était très limitée, nous avons dû faire abstraction de pas mal de fiches que nous avions rassemblées. J'espère, un jour, pouvoir publier quelques-uns des matériaux non utilisés à cette occasion. Je suis convaincu que, même dans un auteur comme R. Llull, on peut trouver parfois des majorquinismes, donc des dialectalismes. Je crois que si l'on regardait de près quelques auteurs du moyen âge, on pourrait en tirer des conclusions remarquables en ce sens.

M. Veny. — M. Moll considère les majorquinismes de R. Llull comme des dialectalismes. Mais je crois qu'on peut difficilement parler de dialectalismes au XIIIe siècle, à une époque où le catalan était très peu différencié. Lorsque nous reculons davantage dans l'histoire, la langue était encore plus uniforme. Or, parler des dialectalismes de R. Llull, c'est de notre point de vue actuel, et non du point de vue de son époque. M. Moll a réuni une vingtaine de mots qui, aujourd'hui, ne se trouvent qu'à Majorque ; du point de vue du catalan du XXe siècle, ce sont évidemment des majorquinismes. Mais au XIIIe siècle, ces mots existaient peut-être ailleurs, et il s'agit simplement d'archaïsmes.

A propos du groupe -*nd*- je voudrais confirmer l'affirmation de M. Colon. Si je ne me trompe, il existe un mot dans la partie septentrionale du domaine catalan, *orèndola* « hirondelle », avec -*nd*- (lat. hirundula). Ici il s'agit d'une conservation du groupe -*nd*- dans un territoire assez éloigné du Sud ; peut-être est-il possible que ce soit une influence occitane, mais il est aussi possible que ce soit un archaïsme.

M. Colon. — *Olèndola* pourrait être un castillanisme.

M. Veny. — Aujourd'hui, le mot est dialectal, dans la Garrotxa, Conflent et Vallespir.

M. Colon. — Je ne crois pas à la conservation de -*nd*- en catalan. Un seul cas, une hirondelle ne fait pas le printemps. Dans *olèndola,* l'accent est avant le groupe ; je voudrais des cas comme MANDARE > *manar.*

M. Veny. — Mais c'est un cas qu'on doit prendre en considération.

M. Colon. — Mais un seul mot — même si vous le découvrez dans un document du XIIIe siècle dans cette région où *orèndola* est le représentant de *hirundula* — ne signifie rien du moment que ce fait n'entre pas dans un système.

M. Veny. — Vous cherchez un système dans la langue mozarabe, mais il est très difficile de le trouver.

M. Colon. — Le mozarabe est une chose qui n'existe guère, et puis le fait est trop isolé. Vouloir faire une grammaire mozarabe avec des exemples isolés, voilà ce que je ne veux pas.

M. Badia. — Pas une grammaire, une phonétique. On a essayé de dresser surtout une phonétique mozarabe.

M. Colon. — On ne peut pas dresser un système phonétique du mozarabe, surtout du mozarabe valencien ; je ne me sens pas à l'aise quand j'entends parler de ces Mozarabes valenciens. Je prends des textes de l'époque juste après la reconquête de Valence et c'est du catalan. J'ai vu les *Documents del Justícia,* et leur catalan est un catalan aussi normal, aussi peu mozarabisé que le catalan de Barcelone à la même époque.

M. Badia. — On a tiré les exemples surtout du *Llibre de Repartiments.* On ne peut pas comparer le *Llibre de Repartiments* (dont la valeur est due spécialement aux noms propres, surtout aux noms de lieu) avec ces documents.

M. Veny. — Le mot *vaso* que vous avez étudié à Castellon, d'où vient-il ?

M. Colon. — C'est vrai pour la « ruche ». En latin, il y avait déjà des composés, surtout VASCELLU, mais aussi VASUM, et à Valence on dit encore aujourd'hui *vaso.* Cela m'avait beaucoup frappé de trouver une sonore dans *vaso,* et je croyais à un mozarabisme ; je crois que je l'ai même écrit, mais je me garderai dorénavant d'abuser de cet exemple. Ce mot, je l'ai trouvé vers 1270 déjà à Valence. Mais si vous regardez le *dictionnaire de la Rioja* de Goicoechea, ou même le *dictionnaire* de Navarra de Iribarren et l'ALPI, ou les autres atlas, vous verrez que, dans une grande partie de la Péninsule Ibérique, on dit *vaso,* et alors je commence à douter de cet exemple.

Quant à *-o* final, je ne peux pas l'expliquer dans le cas de *Campos, Muro, Pego.* Mais les autres mots sans *-o* ? C'est une légende. Oubliez que j'ai parlé de mozarabismes et regardez la zone ibérique qui dit *vasum* pour « ruche ». C'était peut-être un castillanisme, car *colmena* aussi apparaît vers 1250. Je crois que c'est le commerce du miel qui a répandu ces mots. Le mot catalan normal est *arna* d'un côté et, puis, il y a *rusc* et d'autres : *suro, casera, caera.* Mais de ces exemples isolés, on ne peut rien tirer. Nous demandons, comme Amado Alonso, des séries ; il faut un système.

Le mot isolé *olèndola* avec *nd* — c'est l'idée qui me vient à l'esprit, car je ne connaissais pas ce mot — pourrait s'expliquer autrement : il est probable que les gens connaissent le castillan *oropéndola* « loriot », et c'est de là que viendrait *nd.* M. Badia ne semble pas d'accord...

M. Badia. — Les paysans ne confondent jamais les noms des oiseaux, ils les distinguent toujours soigneusement.

M. Colon. — Je ne dis pas qu'ils confondent les oiseaux. Ils savent ce que c'est qu'une hirondelle, mais ils avaient dans l'oreille l'*oropéndola* espagnol, qui ressemblait le plus à leur mot. Je voudrais surtout qu'on trouve des mots avec l'accent après le groupe. La forme avec *nd* peut aussi être une forme dissimilée de *-nn-* (c'est aussi le cas du mot esp. *oropéndola*).

M. Veny. — Je puis confirmer ce que M. Colon disait tout à l'heure à propos du caractère non autochtone de *coix(o)* en face de *ranc*. J'ai trouvé ce mot dans un texte de Lleida du XIIIe ou XIVe siècle. On y parle des maladies caractéristiques des régions et des pays, et lorsqu'on parle de la France, on dit : « En França naxen fembres *ranques* ho *çancaylloses* ».

M. Straka. — Je voudrais revenir un instant sur le problème des dialectalismes ou régionalismes dans les anciens textes catalans. Un problème semblable se pose dans la littérature médiévale française. On sait qu'au début et pendant assez longtemps, aucun texte littéraire n'est ni entièrement francien ni entièrement dialectal. Mais, on a des documents non littéraires bien localisés et, d'autre part, on connaît la provenance de beaucoup d'auteurs, voire de copistes, et d'après ces données, on a pu circonscrire, depuis longtemps, beaucoup de traits particuliers relevés dans ces textes, littéraires ou non, comme appartenant à telle ou telle région. Je me pose donc la question suivante : en catalan, dans la littérature ancienne, n'y a-t-il pas des textes dont on connaît les origines régionales et qui manifestent, les uns par rapport aux autres, des particularismes linguistiques bien déterminés ? Evidemment il faut d'abord éditer les textes non littéraires et traiter les textes littéraires avec toute la précision philologique et linguistique. Alors je m'imagine qu'on devrait arriver à circonscrire, sans se référer uniquement aux faits modernes, tel ou tel fait phonétique, morphologique ou lexical dans les auteurs ou manuscrits anciens selon les régions dont ils proviennent. Je crois que c'est une des tâches capitales des études du catalan ancien.

M. Sugranyes. — C'est dans le même sens que je voulais intervenir. Lorsque nous parlons des différences dialectales, comme M. Badia tout à l'heure à propos de majorquinismes possibles dans R . Llull, il faut faire très attention, car la situation n'est pas du tout la même que dans les textes français. Quand Llull écrivait, le catalan était parlé à Majorque par la population importée, qui constituait une large partie de la population de l'île au lendemain de la conquête chrétienne. Et à Valence, nous trouvons le même problème. Surtout, les rédacteurs étaient des gens dont les ancêtres immédiats, les pères, sinon eux-mêmes, étaient venus d'une région de la Catalogne proprement dite. Il n'y a donc pas que des données strictement linguistiques ; il y a aussi des données historiques qui me semblent importantes pour la question des dialectalismes. Cela me semble une note importante dans cette affaire du catalan dans la zone d'expansion immédiate, la première zone d'expansion outre-mer.

M. Colon. — Je ne crois pas non plus à la possibilité de trouver des dialectalismes chez R. Llull. Nos premiers textes littéraires datent de la fin du XIIIe siècle, mais ce n'est qu'au XIVe siècle qu'on peut parfois cerner de plus près le problème que M. Straka a posé. Je crois que certains auteurs, Antoni Canals par exemple, emploient des mots et des expressions qui les situent dans un territoire déterminé. Le problème se pose d'une autre façon au XIIIe siècle ; là je ne vois pas la possibilité de le faire, parce que nous avons trop peu de textes. A l'aide des textes du XIVe siècle, par exemple *Històries Troianes*, Antoni Canals, Jaume Roig et d'autres (M. Aramon les connaît mieux que personne, car il nous en a parlé au congrès de Barcelone), nous pouvons un peu cerner le problème des faits de dialectologie historique, mais seulement à partir du XIVe siècle, et surtout à la fin du XIVe. Au XVe siècle c'est déjà un autre problème.

M. Sola. — M. Colon a surtout attiré l'attention sur la publication des textes. Mais il existe en Catalogne un ouvrage que les grammaires ne citent jamais : c'est la *Sintaxi* de Par. Pourquoi ne la cite-t-on pas dans les grammaires ?

M. Aramon. — Par a pris comme modèle la syntaxe de Meyer-Lübke, et ce n'est pas ce que Meyer-Lübke a fait de mieux. Il lui a emprunté tous les casiers et il les a remplis de faits catalans au lieu d'établir des casiers appropriés à la langue de Bernat Metge.

M. Solà. — Mais pourquoi les grammairiens ne citent-ils pas, non pas les points de vue de l'auteur, mais les faits qu'il a relevés ?

M. Aramon. — Sans doute parce qu'ils croient que c'est dangereux de citer et d'utiliser cet ouvrage si l'on n'a pas une connaissance très approfondie de la syntaxe du moyen âge. Mais les linguistes et les philologues en font souvent usage...

Pour finir, je constate avec satisfaction que pour l'ensemble des problèmes touchés, tout le monde semble être d'accord.

Toutefois, on a posé la question des rapports entre le catalan et l'occitan au moyen âge. Sûrement, il y a eu des contacts plus étroits entre le catalan et l'occitan qu'entre le catalan et les autres langues romanes ou l'occitan et les autres langues romanes. Mais les Catalans avaient conscience, depuis déjà le moyen âge, de la séparation des deux langues et, par conséquent, lorsqu'on fait des éditions de textes d'auteurs catalans rédigés en occitan, il faut mettre en relief ce qu'on croyait être de l'occitan, d'une part, et, d'autre part, les catalanismes qui se sont glissés dedans. C'est ce que j'ai tâché de faire dans mes petites éditions de la plus ancienne poésie d'origine catalane — comme *Aujats, seyós qui credets Dèu la Payre* — ou des autres *Planys de la*

Verge, etc. Je voulais y souligner la conscience de la langue qu'on croyait écrire — provençal ou catalan — et j'ai remarqué que c'était très clair dans les deux textes primitifs qui existent dans le *Llibre vermell* de Montserrat : un de ces textes est catalan avec quelques provençalismes, mais il est d'intention catalane, tandis que l'autre est provençal avec des catalanismes, mais d'intention provençale. Lorsqu'on fait des éditions d'anciens textes en vers de provenance catalane, il faut dire s'ils sont d'intention catalane ou provençale et expliquer pourquoi. C'est, je crois, une bonne solution pour éclaircir ce problème.

Quant aux éditions de textes en général, j'ai exposé, dans ma communication de Barcelone, ce qu'on avait fait dans le domaine des textes catalans non seulement littéraires, mais aussi documentaires et scientifiques ; ces derniers, il faut le souligner, sont aussi très intéressants aux XIVe et XVe siècles. Mais je voudrais surtout rappeler que beaucoup de ces textes, qui ont été assez bien publiés pour les besoins de l'histoire littéraire, ne sont pas complètement utilisables pour les besoins de la linguistique. Il faut le préciser. Nous ne pouvons pas prendre un mot ou une construction comme une donnée tout à fait sûre dans ces textes, même dans la collection « Els nostres Clàssics ».

Si l'on fait des études de linguistique sur des textes mal établis, cela peut donner des résultats semblables à ceux de Par dans son travail sur *qui* et *que* dans les langues de la Péninsule Ibérique où, en effet, Par est parti, pour le catalan, de textes dont les éditeurs avaient précisément confondu, en les transcrivant, les signes d'abréviation de *qui* et de *que*. Il faut donc faire des éditions tout à fait correctes pour pouvoir en tirer des conclusions linguistiques valables. Il faut le faire encore pour une autre raison : pour éviter que certains linguistes, lorsqu'ils rencontrent, dans les anciens textes, des mots ou des formes qui peuvent contredire leurs conclusions, ne s'écrient pas, comme on a fait plus d'une fois : « le document certes le dit, mais il est sans doute mal publié ». Rappelez-vous l'étymologie de *Catalunya* établie par Aebischer sur **montecatanus* et contestée par Coromines qui croit que, dans la forme *Montcatlan,* transcrite par un archiviste, s'est glissée une faute ; nous aurions donc un paléographe officiel qui se serait trompé et un grand linguiste qui aurait pris ce mot mal transcrit pour une donnée réelle, d'où toute une discussion à ce sujet.

Un autre problème qu'on a discuté est celui des dialectalismes. On a parlé de dialectalismes roussillonnais, précisément au commencement de notre littérature, dans les *Vides de Sants* d'après le manuscrit de Paris. Il ne faut pas oublier qu'il y a au moins deux autres textes — la Chronique de Desclot (d'après le manuscrit le plus ancien) et puis les *Diàlegs de sant Gregori* — qui présentent une langue semblable. Va-t-on accepter que ce sont des textes écrits tous dans le Roussillon ? Tous ces ouvrages ont été copiés quelque part plus tard, et vous savez bien que les copistes transcrivaient en adaptant les textes à leur langue ; on le constate dans les textes de Ramon Llull qu'on possède des XVe et

XVIᵉ siècles : ce n'est plus la langue de Ramon Llull, c'est autre chose. Aussi, dans les manuscrits plus récents des trois ouvrages que nous avons mentionnés, nous voyons que la langue est tout à fait différente de celle de l'original ou des versions plus anciennes. Alors, les copistes étaient-ils d'une autre région ? Ou bien est-ce simplement une question d'époque ? Il faudrait le voir de plus près. Il faudrait pouvoir disposer de documents purement historiques de l'époque — documents sans prétention littéraire — pour savoir si *pòbol*, par exemple, et d'autres mots qui y apparaissent sont des mots primitifs qui ont ensuite changé ou de vrais dialectalismes. J'ai des doutes sur ces dialectalismes. Il faudrait aussi voir, pour une époque postérieure, ce qu'il y a dans les ouvrages groupés sous le titre de *Cançoner Satíric Valencià* : est-ce la langue des habitants de l'Horta de Valence ? Quelle langue parlaient-ils ? On devrait étudier, dans ces poésies, les mots de la langue vivante, et non de la *koiné* littéraire ou des dialectes littéraires. Quant aux majorquinismes de Lull, tout simplement, je n'y crois pas.

Je ne voulais pas, dans mon exposé, présenter un tableau de ce qu'on a fait de plus mauvais. On a fait beaucoup de choses, et certaines ont été très bien faites. Mais pour pouvoir établir une véritable histoire, une ligne suivie de l'histoire de la langue catalane, il nous manque des textes bien établis, des études linguistiques sur les documents, sur les auteurs, etc., et surtout une vue des couches sociales lorsque la langue a déjà évolué (XVIᵉ-XVIIᵉ siècle) et celle de la langue populaire qui n'a pas de projection sur la langue écrite, sur la littérature. Il faut faire encore tout cela et j'espère que nos jeunes chercheurs voudront nous aider dans cette tâche.

Orthographe et grammaire catalanes

par

Joan Solà

(Barcelone)

En 1913 l'Institut d'Estudis Catalans a publié des *Normes ortogrà-fiques* destinées à unifier l'écriture de la langue qui se trouvait alors en pleine euphorie renaissante; on écrivait jusqu'alors selon des critères variés et sous une forte influence du castillan, la seule langue enseignée dans les écoles depuis quatre siècles. En 1917, le même Institut a édité le *Diccionari ortogràfic*, rédigé sous la direction de Pompeu Fabra, qui avait été d'ailleurs l'auteur principal des *Normes*. Depuis bien des années, il travaillait alors à réformer notre langue tant dans les domaines lexicologique, orthographique, morphologique que dans celui de la syntaxe. Ce *Diccionari* offrait une nouvelle rédaction des *Normes*, plus précise, et qui fut rapidement acceptée par tout le monde, malgré quelques résistances isolées. Ainsi, Pompeu Fabra a atteint le but que beaucoup d'autres (tant en Catalogne que dans d'autres pays) avaient visé en vain : non seulement d'unifier l'orthographe, mais encore de la rénover, moderniser, de lui donner une physionomie qui lui soit propre tout en la rapprochant des autres langues de culture.

En 1918 a paru la *Gramàtica catalana* officielle du même Institut, que l'on doit aussi à Fabra. Enfin, c'est en 1932 que Fabra a publié le *Diccionari general de la llengua catalana*. Le travail de réforme du catalan arrivait à sa fin : une seule personne l'avait mené à bien. Les spécialistes qui connaissent ce travail n'hésitent pas à le qualifier de savant, d'immense, de prodigieux. Nous célébrons cette année le centenaire de la naissance de cet homme remarquable, père du catalan moderne, et il nous semble qu'il convient de lui rendre hommage en ce Colloque International de Linguistique Catalane.

*

1. Nous nous proposons de traiter ici les problèmes suivants de l'orthographe catalane : a) diphtongues et triphtongues, b) tréma, c) un aspect de l'accentuation graphique : celui qui sert à distinguer les mots homographes ; d) un aspect partiel de l'emploi d'apostrophe.

2. Quand deux voyelles faisant partie de mots différents se trouvent en contact, on peut les prononcer comme appartenant soit à des syllabes distinctes (hiatus : « si obres » [sióbrəs]), soit à une seule syllabe (synalèphe : « estava obert » [əstábəubért]), ou encore on peut ne prononcer qu'une seule d'entre elles (élision : « ¿ què agafes ? » [kəgafəs]). Si les voyelles appartiennent à un même mot, elles peuvent également constituer deux syllabes différentes (hiatus : « lle-ó »), ou une seule syllabe (diphtongue ou triphtongue : « ai-re », « Al-guai-re »), ou encore être réduite à une seule voyelle (synérèse : « guar-da(a)-gulles »).

3. Quand il n'y a pas d'élision, la mise en contact des voyelles produit au moins des phénomènes d'adaptation ou d'altération de leur lien ou de leur mode d'articulation. D'une façon générale, ces phénomènes revêtent une importance particulière quand une des voyelles fait partie de la série extrême : *i* ou *u*. C'est alors que les spécialistes parlent de consonnes, semi-consonnes, voyelles et semi-voyelles. Les systèmes graphiques de nos langues tentent de s'adapter à l'optique de la phonétique, en utilisant les signes suivants : *y, j, i* ; *w, v, u*.

4. Le catalan faisait usage de *j* pour le phonème prépalatal fricatif sonore de *Jordi*, et de *v* pour le phonème bilabial de *via*, et ne connaissait pas la graphie *w*. Pompeu Fabra supprima le *y*. Ainsi, notre système ne dispose que des graphies *i, u* pour les deux phonèmes et leurs variantes dans les deux séries mentionnées au § 3. Fabra essayait ainsi d'équilibrer la double série et d'en simplifier l'orthographe [1], car l'usager ne distingue pratiquement pas entre consonnes, semi-consonnes, voyelles et semi-voyelles : pour lui, l'*u* de *meu* ne diffère pas de celui de *meua*, ni l'*i* de *noi* de celui de *noia*. En nous appuyant sur cette réalité, nous appellerons désormais (en nous référant au catalan) « *voyelles* » *ouvertes* les signes *a, e, o*, et « *voyelles* » *fermées* les signes *i* et *u*, quelle que soit leur position [2]. Plusieurs motifs nous

---

(1) *Dicc. ort.,* p. 15.
(2) Les manuels de grammaire catalane ne se sont d'ailleurs jamais mis d'accord sur l'usage et sur la portée respective de ces termes. Aujourd'hui, si l'on examine ces manuels (sauf Fabra, *Gr. cat., pòst.*), on n'arrive pas à savoir avec exactitude, par exemple, combien de diphtongues il y a en catalan et quelles sont ces diphtongues. D'un point de vue plus scientifique, seul Badia, *Gr. hist.,* 28, 30, 31 et note 4, 37, 38 VIII et note 3, nous donne un système complet. Il propose, conjointement pour le catalan et le castillan, quatre phonèmes avec les variantes suivantes :

	consonnes	semi-cons.	voyelles	semi-voy.
série palatale	/y/	[j]	[i]	[i̯]
série vélaire	/w/	[w]	[u]	[u̯]

/i/ ‿‿‿‿‿‿‿‿‿‿‿‿‿‿‿

/u/ ‿‿‿‿‿‿‿‿‿‿‿‿‿‿‿

D'après Badia, [j] (castillan « *cielo* ») n'existe pas en catalan (telle est aussi la doctrine adoptée par tous depuis Nonell et Fabra), sauf peut-être dans *miau*, prononcé [mjaṷ] ou [miaṷ] (*Gr. hist.,* 28 IV). En revanche, /w/ en position intervocalique n'existe pas en castillan (cependant, le dictionnaire de Casares donne le mot *sauale*) (v. note 11).

encouragent à adopter cette solution : a) des auteurs éminents ([3]) reconnaissent qu'il n'y a pas de grande différence, dans la pratique, entre les variantes précitées des séries palatale et vélaire ([4]) ; b) le catalan n'a qu'un signe pour chaque série ; c) Fabra, dans sa grammaire posthume (2 et note), adopte définitivement ce point de vue.

5. A l'intérieur d'un mot donné, telle ou telle prononciation réelle ou théorique provient principalement de l'étymologie, et, comme nous le verrons, la place de l'accent tonique y est d'une grande importance. Il arrive très souvent que la langue parlée articule mal, ou peu clairement, ou encore hésite ; c'est alors que divers points de vue entrent en jeu : celui de l'étymologie (éloignement du latin), celui de l'esthétique (infidélité aux traits caractéristiques de la langue), celui de la pédagogie (difficultés disproportionnées à l'intérieur du système graphique), celui de la phonologie (il faut savoir si telle ou telle articulation est ou n'est pas pertinente) ([5]). Le grammairien se trouve au centre de ces points de vue et doit trancher la question : nous avons besoin de savoir quel doit être le domaine de l'apostrophe, du tiret, du tréma, de la fusion ou de l'élision. Le catalan moderne est en partie redevable de sa physionomie à ces phénomènes. Parmi tous ces points de vue, nous pensons que le côté pédagogique n'a pas reçu toute l'attention qu'il mériterait dans certains aspects de l'actuel système graphique. Nous avions la tentation d'intituler cet exposé « ORTHOGRAPHE, GRAMMAIRE ET PÉDAGOGIE ». L'aspect de la pertinence ou non-pertinence de certaines articulations n'a pas été non plus suffisamment pris en considération, ainsi que nous le verrons.

1 - DIPHTONGUES ET TRIPHTONGUES

6. Il est fréquent que la prononciation dans un mot donné soit

---

(3) Martinet, 3-21 ; cf. Alarcos, 96 à 100.
(4) Cela ne veut pas dire que, du point de vue scientifique, il n'y ait pas de limite, même absolue, comme Straka l'a démontré : « sous l'effet du renforcement de l'énergie articulatoire, la consonne se ferme et la voyelle s'ouvre. Inversement, sous l'effet de l'affaiblissement articulatoire, la consonne s'ouvre et la voyelle se ferme » (page 35). De sorte que nous en tirons les résultats suivants (page 41) :

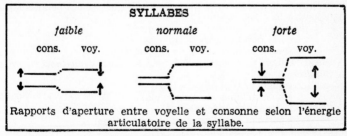

Rapports d'aperture entre voyelle et consonne selon l'énergie
articulatoire de la syllabe.

(5) Est pertinente, par exemple, l'articulation de deux i de mots différents : /iʝfá/ « i hi fa » ≠ /ifá/ « i fa » ou « hi fa » ; mais probablement elle ne l'est pas si ces deux i appartiennent à un seul mot : [əstudíi] = [əstudíj] ?

peu claire ou qu'elle hésite. En revanche, il semble qu'elle soit mieux
définie quand il s'agit d'une rencontre de deux mots. De sorte qu'à
partir de cette constatation nous pourrions peut-être préciser les traits
caractéristiques de la langue en ce qui concerne la prononciation syllabique ou asyllabique de telle ou telle rencontre de voyelles ; ou, du
moins, elle nous serait d'un grand secours. Nous ne pensons pas qu'il
soit possible de tout résoudre en suivant ce chemin, car il peut y avoir
des superpositions des aspects étymologiques et physiologiques, comme
le démontrent ces articulations réelles : [kjətut] « quietud », [ənsiám],
[əbiát] « enciam, aviat », [grásjə] « gràcia ».

Mais une étude de cette question nous fait ici défaut, malgré son
indéniable importance. Certains auteurs nous présentent un bref aperçu
du problème, mais il est toujours notoirement insuffisant pour en
déduire un système ([6]).

7.   Tant que les choses en seront là, le grammairien devra partir
d'un point de vue pratique pour élaborer la graphie. En catalan, en ce
qui concerne les voyelles à l'intérieur d'un mot, ce point de départ
pratique est le suivant :

a) deux voyelles ouvertes ne forment pas de diphtongue ;

b) l'*h* intervocalique indique une prononciation dissyllabique ([7]) ;

---

(6) Les auteurs suivants évoquent le problème : Nonell, 108-111 ; Serra-Llatas,
10-14 ; Marvà, *Curs,* 422 ; Moll, *Gr. hist.,* 237 ; Sanchis, *Gr. val.,* 102 ; Badia,
Gr. hist., 31, 39 ; Marvà, *Exerc.,* Prosòdia IX 4. Voici ce qu'ils en disent
(Marvà, *Exerc.,* loc. cit.) :
    « a) Quan una de les vocals és neutra (*a* o *e* febles) : elisió d'aquesta
vocal. (...) « quinze homes » [quin-zo-mes], « camí estret » [ca-mis-tret],
« una amiga » [u-na-mi-ga], « no els veig » [nols-veig].
    b) Quan la segona és una *i* o una *u* febles : formació de diftong.
(...) : « això i molt més » [a-xoi-molt-més], (...) « qui ho diu ? » [quiu-
diu ?], « sentí un soroll » [sen-tiun-so-roll], « li ho donaré » [liu-do-na-ré],
« serà inútil » [se-rai-nú-til] (...).
    c) Quan la primera és una *i* o una *u* febles : conversió d'aquesta pri-
mera vocal en consonant. (...) : « hi haurà ball » [iau-rà-ball], « no hi
aneu » [no-ia-neu], (...) « cau en terra » [ca-uen-te-rra]. »
    Ils ne parlent pas de [i] + [i], [u] + [u]. Ils entendent implicitement
qu'il ne peut y avoir de synalèphe quand celle-ci donnerait une diphtongue
non prévue dans la liste que nous dresserons au § 8. Les poètes qui ignorent
cette théorie sont légion ; la plupart des disques et des chansons populaires
manquent à la règle. Exemples :
— J. M. de Sagarra, *La mort de Joan de l'Ós* :
        « i la dona, si gosa si no gosa,
        li allarga un tros de pa » [ljəlárgə].
— Disque Edigsa C. E. 4 : Orfeó Lleidatà, *Cants espirituals negres* :
    Chanson *Al cel* :
        « quan jo va*gi al* cel » [žjal]
        « jo*iós* aclama*ré a* Déu » [rja]
    Chanson *Gronxa'm, estel daurat* :
        « porta'm des *d'ací* fins al cel » [djasi]
    Chanson *Vós sou, Senyor* :
        « jo penso *en* vós » [swen]
(7) Principe qui n'est pas explicitement formulé dans les grammaires ; mais
voyez Fabra, *Dicc. ort.,* pp. 14-15.

c) l'*i* et l'*u* précédés d'une consonne et suivis d'une voyelle ne forment pas de diphtongue croissante ; seules exceptions : [kwa], [kwe], [kwi], [kwo] ; [gwa], [gwe], [gwi], [gwo], notées *qua, qüe, qüi, quo* ; *gua, güe, güi, guo* ([8]) ;

d) dans toute autre position, *i* et *u* non muets ([9]) forment une diphtongue avec la voyelle précédente ou avec la voyelle suivante. Voyons donc quelles sont les diphtongues et les triphtongues du catalan ([10]).

8. A) *Diphtongues croissantes* ([11]) :

    a) q/g + ua   quatre, aigua
             üe   qüestió, aigües
             üi   obliqüitat, pingüí

---

(8) Le castillan a les bases *b* et *c* précisément à l'envers (Seco 305 *d*, 307 *f*). En français un *h* intercalé indique aussi un hiatus (*Larousse* 37).

(9) Sont muets l'*u* de *quedar*, etc., et l'*i* de *roig*, etc. Mais en catalan occidental et en valencien, l'*i* de *peix*, etc., ne l'est pas. Cet *i* a été et demeure l'objet de discussions aussi violentes qu'absurdes, parce que le catalan oriental ne le prononce pas, tandis que la grammaire officielle (Fabra, *Gr. cat.*, 1) qui est, à bien des égards, basée sur le parler de Barcelone, considère le groupe -*ix*- comme digraphe, c'est-à-dire comme une graphie du phonème /š/. Par contre, Sanchis, *Gr. val.*, 100, abandonne cette thèse et pense qu'il y a une triphtongue dans le mot *guaix*. Dans les désinences verbales du catalan occidental et du valencien, cet *i* est justement le seul son qui compte : catalan oriental « beneeix » [bənəeš] ; catalan occidental et valencien « beneïx » [beneíš].

(10) Ce compte de diphtongues et de triphtongues correspond absolument à ce que nous venons de dire dans la note précédente et au critère pratique, *visuel*, adopté par Fabra, *Gr. cat.* (*pòst.*), 2 et note, le seul auteur qui ait osé adopter ce critère (et encore seulement dans ce dernier ouvrage). Aujourd'hui, dans les cours et lors des examens de catalan, on insiste avec une constance particulière sur la connaissance des diphtongues, mais selon les bases classiques (on ne considère pas *peix, duia*, etc., comme diphtongue), et la désorientation des élèves (et d'autres) est évidente.

(11) Le catalan possède les séries *kw-/ku-/gw-*, mais il n'a pas *gu-* ; et les séries *ki-/gi-*, mais il n'a pas *kj-/gj-* :
    1. kw^1/kw-'   quan, quocient
    2. kú-/ku^1/ku-'   cua, agropecuari, cuereta
    3. gw^1/gw-'   guant, aguantar
    (4. gú-/gu^1/gu-'   gúa, argüir, güienès)
    (5. kj^1/kj-'   quiet, quietud)
    6. kı-/kı^1/ki-'   esquio, esquiés, quiosc, esquiaria
    (7. gj^1/gj-'   ??)
    8. gi-/gi^1/gi-'   guio, Guiu, guiés, guiaré.
Il paraît bizarre que la 5e série fait défaut. La 7e série n'est pas représentée, faute de mots qui l'illustrent (du moins n'en avons-nous trouvé aucun). La 4e série est peu représentée et, par conséquent, la graphie des mots qui la composent n'est pas prévue : *gúa* (*DGLC*) est une graphie contraire au système catalan (cf. *pua, cua*) ; *argüir* [gwi] (d'après le *Dicc. ort.*) va à l'encontre de l'étymologie (latin *ar-gu-e-re*), de la réalité de la langue parlée (qui prononce *ar-gu-ir*) ; Isabel de Villena écrivait *arguheixen, DCVB*) et de notre système prosodique verbal (c'est le seul verbe en [-wi] monosyllabique ; mais cf. note 17, *enaigüir*) ; *güienès* (dialecte de la langue d'Oc, d'après « Tele-estel » du 30 juin 1967, page 30) semble devoir se

          uo   quota, linguodental

b) (h)i-/-(h)u-   ianqui, hiena, iode, iugoslau ; uè ! uocs ! ([12])

c) -i-/-u-   noia, peuet, duia

B) *Diphtongues décroissantes :*

ai / au	aire, caure
ei / eu	reina, seu
- -/ iu	riu ([13])
oi / ou	noi, nou
ui / uu	lluita, duu

C) *Triphtongues* (articulation monosyllabique de « diphtongue croissante + voyelle fermée ») :

iai / iau	iai, miau ([14])
- - -/ ieu	veieu
- - -/- - -	
ioi /- - -	hioide ([15])
- - -/- - -	
uai / uau	guaitar, guaix, guau ([16])
uei / ueu	argüeix ([17]), obliqüeu, creueu
- - -/ uiu	argüiu ([17])
- - -/- - -	
- - -/- - -	

---

prononcer [guiənès] (cf. « conduïa » [kunduiə]), mais en revanche nous ne saurions comment graphier une articulation [guyənès].

    Le catalan n'a pas, comme le castillan, les diphtongues croissantes « consonne + i/u + voyelle ». Cependant, cette théorie, à laquelle tout le monde applaudit, n'est peut-être pas très satisfaisante si nous l'examinons à la lumière de ce que nous disons aux §§ 6, 15, 16 ; en réalité, Badia admet une articulation [mjaṷ] ou [miáṷ] pour « miau » (*Gr. hist.*, 28 IV) et met en avant le fait dialectal du Pallars [tábbja] « tàpia », auquel nous pourrions ajouter « gàbia », « ràbia », etc., donc tous les groupes posttoniques (« gràcies », « glòria », etc.).

(12) Les auteurs ne mentionnent pas la série *u-*, dont *DCVB* donne des exemples qui d'ailleurs ne sont pas toujours assez clairs : ils représentent une rareté en catalan. Par contre, ils sont courants en castillan (*hueso, huida*).

(13) Il semble que la diphtongue [iị] n'existe pas en catalan sauf en phonétique syntaxique. C'est un problème à résoudre. Mais il faut songer à des mots comme *conill*, dialectalement [kuniị] (cf. *vull* [buị]) et à des cas comme *antiictèric* [ənti(ị)ktèrik].

(14) *Iai* [yaị] d'après *DCVB*. *Miau*, prononcé [mjaṷ], serait d'après Baria, *Gr. hist.*, 28 IV, le seul cas catalan de [j]. (Cf. notes 2, 11.)

(15) *-iói-*, c'est-à-dire [yoị], d'après *Dicc. ort.*, bien que cette articulation ne soit pas conforme à l'étymologie (§ 14 *a*).

(16) *Guaix*, Sanchis, *Gr. val.*, 100. Le dictionnaire Casares indique *guau* comme onomatopée exprimant la voix du chien ; nous croyons que ce mot peut être adopté en catalan, bien qu'il ne se trouve pas dans les dictionnaires.

(17) *Argüir* apparaît comme diphtongue dans le *Dicc. ort.* et *argüiu* compte comme triphtongue chez Marvà, *Curs*, 24. Dans ce cas la prononciation monosyllabique ne s'adapte pas non plus à l'étymologie (cf. note 11). Ce mot est aussi problématique en français (Grevisse, 629 bis, *Larousse,* 37). Un exemple plus sûr pour *uei/uiu* serait *enaigüeix/enaigüiu* (verbe *enaigüir, DCVB*).

2 - EMPLOI DU TRÉMA

9. Délimiter les syllabes et établir s'il y a ou non diphtongue, voire triphtongue, donne la migraine aux savants (car, par exemple, l'usage du tréma et, en partie, de l'accent, en dépend), mais cette question n'inquiète pas le moins du monde les usagers de la langue, sauf s'ils ont à passer des examens (voyez note 10). En revanche, l'emploi du tréma et des accents est un souci constant pour les usagers. Essayons de savoir pourquoi.

10. Quand un groupe de voyelles contiguës devrait s'articuler en principe en une seule syllabe, il peut arriver que, dans tel ou tel mot, la langue parlée ne les articule pas en une seule syllabe, ou qu'elle hésite ([18]), ou encore que l'étymologie s'oppose à l'articulation monosyllabique. Il peut alors devenir nécessaire de marquer clairement l'hiatus

a) parce que c'est un trait pertinent (il affecte le sens ou la compréhension du message) ;

b) parce que c'est un trait esthétique (il affecte la physionomie prosodique).

Il peut aussi arriver qu'il ne soit pas nécessaire de marquer clairement cette articulation.

11. Le castillan ne souligne l'hiatus que lorsque l'accent tonique du mot tombe sur une voyelle fermée du groupe en question (et encore pas toujours). Il le fait alors au moyen de l'accent graphique ([19]). Par exemple : *na-ví-o, la-úd, le-í-ais, bú-o*. Il ne s'inquiète donc pas de l'étymologie ou de certaines hésitations : il ne prend pas en considération la pertinence, ou, à tout le moins, il charge les écoles de faire connaître telle ou telle prononciation plus authentique ([20]).

12. Pompeu Fabra pensait que le catalan avait besoin de préciser l'articulation dans tous les cas ([21]) : aussi bien en position tonique qu'en position atone, que cela réponde à une prononciation réelle ou à l'étymologie, que ce soit là un trait pertinent ou non.

---

(18) Lorsque la prononciation réelle hésite ou est obscure, cela veut dire que la langue n'a pas besoin de préciser parce que ce n'est pas, dans ce cas, un trait pertinent.

(19) Il est bien connu que l'accent graphique présuppose toujours l'accent tonique du mot en castillan et en catalan. Ce n'est pas le cas du français.

(20) Seco, 251-253, 304-305 ; Alonso-Henríquez, 176 ss., 205 ss. ; Navarro, *passim*. Il y a évidemment des problèmes, plutôt prosodiques, que nous ne pouvons pas exposer ici. Le castillan n'emploie le tréma que pour indiquer la prononciation de l'*u* des groupes [gwe], [gwi] (*pingüe, pingüino*). « El uso de la diéresis sólo es preceptivo para indicar que ha de pronunciarse la *u*, en las combinaciones *gue, gui* » (Seco, 308). Mais on peut l'employer, par exemple, en poésie pour indiquer l'hiatus dans des mots comme *süave, jüicio*. Dans ce cas, le castillan met un tréma sur la première voyelle, à l'encontre du catalan (§ 14).

(21) Fabra, *Dicc. ort.*, p. 15.

Voilà un point de départ transcendant que personne n'a jamais eu l'idée de discuter et dont nous pensons qu'il est à la base de la complexité du système du tréma et, pour une partie, de celui de l'accentuation graphique du catalan.

13.   Fabra était ingénieur et introduisit dans notre grammaire l'ordre, la clarté et la logique propres aux sciences exactes. Aujourd'hui nous sommes tous très fiers de ces qualités inappréciables de notre langue. Fabra voulait donc donner de la précision à la prosodie catalane, mais nous pensons qu'il n'y réussit point. Tandis que le castillan peut se contenter de l'accent graphique, puisqu'il ne s'inquiète que des cas toniques, le catalan dût avoir recours au tréma, qui, d'ailleurs, avait déjà été utilisé par quelques écrivains, mais sans discernement [22]. Fabra se rendit compte que, s'il fallait utiliser le tréma dans tous les cas où les voyelles en contact forment l'hiatus, un grand nombre de mots seraient touchés par cette mesure. Il établit alors quelques exceptions raisonnables et simples qui intéressaient de nombreux mots. De plus, quand la voyelle qui devait porter un tréma recevait aussi l'accent graphique (en accord avec les règles spécifiques d'emploi de ce signe), il ne notait que l'accent [23]. Ainsi, il faisait l'économie de nombreux trémas, mais il désorganisait le système et le rendait en quelque sorte plus complexe, en même temps que l'hésitation, qu'il avait voulu éviter, persiste pour de nombreux mots. Le tableau de la page 89 illustre ce que nous avons dit jusqu'ici. (Dans ce tableau on présuppose ce que nous avons dit au § 7 c.)

14.   Commentaire du tableau.

a) *2e colonne*. Lorsque le catalan veut souligner l'hiatus, il utilise toujours le tréma sur la deuxième voyelle, et seulement si celle-ci est un *i* ou un *u* [24]. (Il diffère donc du castillan et du français.) Par conséquent, il lui est impossible d'indiquer de combien de syllabes sont les mots de cette colonne, et le *Diccionari ortogràfic*, à l'encontre de l'étymologie, donne *hia-tus* (latin *hi-a-tus*), *hioi-de* (grec ὑ-ο-ει-δής), de même que *io-de* (grec ἰώ-δης). D'où des hésitations comme celles-ci :

« Palinur, fill *de Iasi* : el mar sol i mena els navilis »
    (M. Dolç, *L'Eneida* V 843 ; articulation : [dəyázi]).
« *de Iulus* » (id., note à I 267-268).
« Pèlias habità en els vastos plans d'Iaolcos »
    (C. Riba, *L'Odissea*, éd. 1953, page 201 ; articulation : [diaólkos]).

---

(22) Le catalan utilise aussi le tréma pour faire entendre l'*u* des diphtongues croissantes *qüe / qüi, güe / güi* (§ 8 A *a*).

(23) Le grec dans ce cas superpose les deux signes (Νερηίδες). Le castillan emploie l'accent pour détruire la diphtongue, bien que cela soit contraire aux règles d'accentuation.

(24) « Per indicar que una *i* o una *u* precedides de vocal no són consonants (com ho són en *noia, cauen*) ni vocals subjuntives (com ho són en *feina, causa*), hom les escriu respectivament *ï* i *ü*, posat que no hagin ja de portar l'accent (...) » (Fabra, *Dicc. ort.*, 25 ; cf. Fabra, *Gr. cat.*, 6 II).

DOMAINE DU TRÉMA SELON LA POSITION DE L'ACCENT TONIQUE

LIMITE D'USAGE donc imprécision →
LIMITE D'USAGE ← donc imprécision

	Voyelle fermée initiale absolue	Groupe prétonique	Voyelle fermée tonique	Voyelle fermée posttonique immédiate	Groupe posttonique
CAST.	hiato / hioides / yodo / huevo	cuneiforme / fluidez / aislar	María / país/países / laúd / oíamos/oías / búho / mohíno	sois / rey	—
CAT.	hiatus / hioide / iode / ué !	cuneïforme / fluïdesa / aïllar	María / país/països / llaüt / oïem/oïes / ahïr	sou / rei	Òrrius / (Joquel) / tròlei

Groupe prétonique — Exceptions

CAST.: coincidir, reunir, auto-, inducción, anticlectérico; oiremos, oiría; duunviro, triunviro

CAT.: * Après préfixe coïncidir, reünir, auto-, inducció, anticlectèric; * Terminals. futur/condit. oirem, oiria; duumvir →, triumvir →

Voyelle fermée tonique — Exceptions

CAST.: limpiaúñas; judaísmo, egoísta; oír

CAT. Exceptions: * Mots composés escura-ungles; * Suffixes -isme/-ista judaïsme, egoïsta; * Terminais. infin./gérond. oïr, oïnt

Voyelle fermée posttonique immédiate

Diphtongue ou imprécision. Le catalan marque l'hiatus dans le subjonctif en -i ***

CAST.: (rall ou) rall, fluido, proteico; tedéum; → duunviro, → triunviro

CAT.: crei, suis, canviïn; rall, fluid, proteïc; Plus tedéum; duumvir, triumvir

EXCEPTIONS
* Terminaisons latines -us/-um: Màrius, médium, linòleum, aquàrium

Groupe posttonique

Le catalan n'a que quelques noms propres et des mots étrangers ou latins non assimilés ***

CAST.: jockey (troie); médium (linóleo), acuario

Il serait intéressant de préciser les cas d'apostrophe : « l'hioide » ou « el hioide » ?

« Ió » (Aristòtil, Constitució d'Atenes, trad. J. Ferran i Mayoral,
F.B.M., 2ª ed.).

Ainsi nous ne pouvons pas marquer avec précision les articulations
suivantes : i-o, i-ó, io ; i-a-ol-cos, ia-ol-cos (qu'il faudrait peut-être
graphier *ïo, ió, io* ; *ïaolcos, iaolcos*).

b) *4e colonne*. Les efforts de précision prosodique n'ont pas eu non
plus de suite pour le groupe prétonique. Un grand nombre de mots ou
de leurs formes flexionnelles sont grevés d'exceptions : aujourd'hui la
plupart des usagers ne savent pas combien de syllabes il y a dans
reivindicar, par exemple.

c) *4e et 6e colonnes*. Les préfixes, les suffixes et les désinences
verbales susnommés sont affectés d'exceptions. Il s'en suit des imprécisions et des fautes d'harmonie, par exemple :

A. egoisme / proïsme

B. *Une syllabe*   *Deux syllabes*
paisatge . . . .   país / països
                                              veí / veïnatge'
proteic   . . . .   proteïna, proteïforme
fluid   . . . .   fluïdesa
heroi   . . . .   heroïcitat
druida   . . . .   druïdessa
(v. col. 8)

C. *Catalan*   *Cf. castillan*
país / països . . . .   país, países
oir, oint / oït . . . .   oír, oído
oïa, oïes / oíem, oíeu / oïen .   oía, oías, oíamos, oíais, oían

d) *8e et 9e colonnes*. Excepté dans le subjonctif en -*i,* le catalan
n'utilise pas le tréma dans ces cas. Ce *fait d'usage* n'est formulé nulle
part ; de sorte que l'on pourrait faire l'économie de l'exception des
terminaisons latines -*us* et -*um* (IEC 6 II.), car l'usager s'en étonne,
habitué qu'il est au *fait d'usage* dont nous parlons, au point qu'il est
très rare de trouver une graphie telle que *Tàmaïs* (M. Dolç, *L'Eneida*
XII, 513). (Ce qui apporte de l'eau à notre moulin : § 16 *a*.)

15.   Lorsque l'étude phonétique dont nous avons parlé au § 6 aura
été faite, il nous semble qu'il faudra tenir compte, si nous devons
reconsidérer ce point de l'orthographe catalane, de ce que nous avons
signalé, à savoir s'il est nécessaire ou non de préciser certaines articulations : s'il s'agit d'un trait pertinent ou non, si l'on peut se passer de
raisons d'ordre étymologique et diachronique. Il nous semble que cette
nécessité dépend en grande partie de la situation du groupe de voyelles
par rapport à l'accent tonique du mot. (Le système castillan part précisément de là.) Voici, p. 91, un tableau des situations possibles de deux
voyelles par rapport à l'accent tonique. (Dans ce tableau on ne présuppose rien de ce que nous avons dit aux §§ 7-8.)

SITUATION DE DEUX VOYELLES CONTIGUËS (F + O ou O + F)
EN RELATION AVEC L'ACCENT TONIQUE DU MOT
(O = ouverte ; F = fermée)

		La voyelle fermée est à l'initiale absolue	Autres positions
1	FO		glòries, conspícua, ambigua, noia, duies, rèquiem, tàpia
2	OF		tròlei, anàreu
3	FF		Òrrius, aquàrium
4	FO	Iolant	quietud, guionet, cuereta, diorama, aviador, enciamada
5	OF		ensaïmada, reivindicar, reunir, autoinducció, paisatge, traïdor, agrairia
6	FF	iugoslau	antihistèric, circuïció, acuïtat/ acuitat
7	FO	uè, hiatus, hioide	avió, estació, enciam, suar, adéu-siau, comiat, agropecuari, quota/ cuota, quiet
8	OF		raïm, egoisme, peüc, oïda, boïga
9	FF	hui (Val.)	traduït, beduí, fortuït, piíssim, diürn, demiürg, canvií, altruista
10	FO		gúa (cf. guant), cua (cf. quant), faries, conduíem, agraïa
11	OF		tedèum, introit, coit, rail, joul, xiroi, creïs/creix, remeï/remei, esplaï/esplai
12	FF	sant Iu, ui !	fluid, canviï, conduïu, esquiu [əskíu̯] / esquio [əskíu]

16.   Ce tableau nous montre en particulier :

a) qu'il est difficile, et par conséquent peut-être non pertinent, de préciser l'articulation quand le groupe est posttonique ou prétonique (n°s 1-6) (cf. § 14 d) ; le castillan n'en voit pas la nécessité ;

b) que deux voyelles fermées (n°s 3, 6, 9, 12) méritent une étude à part ; les castillan les considère, « para la práctica de la escritura, como diptongo en todos los casos » (Seco, 306 e) [25], mais en catalan la casuistique est plus dissimulée, au moins au n° 12 (et peut-être au n° 6) ;

c) qu'à supposer que nous arrivions à conclure que, structurale-ment, il est indifférent d'articuler glò-ri-es ou glò-ries (n° 1), a-vi-at ou a-viat (n° 7), di-ürn ou diurn (n° 9), nous trahirions peut-être les traits originaux de la langue, à condition de pouvoir les connaître un peu mieux qu'aujourd'hui [26].

3 - LE PROBLÈME DES HOMOGRAPHES

17.   La distinction des mots homophones ou homographes est un problème qui a toujours préoccupé les linguistes et il semble bien qu'il soit très difficile d'y apporter une solution, surtout dans des langues comme le français ou l'anglais. Il y a des langues (comme l'anglais) qui distinguent graphiquement de nombreux homophones (et à ce moment-là leur orthographe est difficile), ou distinguent phonétiquement de nombreux homographes (mais alors c'est la lecture qui devient malaisée). Les auteurs ne croient pas bon de simplifier l'écriture s'il doit en résulter des mots homographes. Au cours de nombreuses tenta-tives du français pour rapprocher l'orthographe de la phonétique, ce problème en a été un des obstacles les plus importants. Pierre Burney nous donne 24 graphies pour le son d'e ouvert (ε). Si nous opérions l'unification de ces graphies et de tant d'autres, nous nous trouverions face à des phrases semblables à celle que cite le même auteur un peu plus loin : « un jardin où il ni a ni ni ni fleur » [27].

18.   Le castillan, qui possède un des systèmes graphiques les plus commodes et les plus proches du système phonétique [28], présente de

---

(25) En conséquence, le castillan écrit huir, restituir, jesuita, viudo, diurno, veintiuno ; casuístico (parce que ce mot a l'accent tonique sur l'antépé-nultième, et non pour détruire la diphtongue qui subsiste), benjuí (parce qu'il a l'accent tonique sur la dernière ; la diphtongue demeure aussi). Le castillan, lui aussi, présente des problèmes théoriques (Navarro, 149-150, Seco, 251).

(26) En réalité ce problème intéresse de nombreux points du catalan et des autres langues. Nous pouvons le poser ainsi : quelle valeur faut-il accorder aux traits considérés comme originaux d'une langue, quand ils ne sont pas pertinents ?

(27) Burney, 38 et 111-112 respectivement.

(28) Lausberg, vol. I, p. 28.

nombreux homographes ; pour les distinguer il a recours à l'accent graphique (ex. : « no *sé dónde* ha ido »), de sorte que, dans cette langue, l'accent graphique a trois missions : mettre en évidence la voyelle tonique du mot ; marquer l'hiatus dans certains groupes de voyelles ; distinguer des homographes.

19. Le catalan a un système graphique bien plus simple que le français (il ne possède que huit phonèmes vocaliques qu'il représente à l'aide de cinq signes et n'a que très peu de lettres muettes), mais il a une grande quantité d'homographes. A cet égard, il est bien plus proche du castillan. Au moment de l'unification de l'orthographe catalane, il y a 55 ans, le castillan nous a influencé notablement dans ce domaine. Le catalan a eu recours aussi à l'accent graphique ([29]). Dans notre langue, l'accent graphique sert donc à signaler la voyelle tonique du mot (si cette voyelle est un *e* ou un *o*, il en indique également le timbre ouvert ou fermé) ; à marquer l'hiatus dans les cas que nous avons vus au § 13 (usage beaucoup plus restreint qu'en castillan) ; à distinguer des homographes. Nous allons maintenant parler de ce dernier point en prenant en considération uniquement le catalan, encore que la plupart de nos observations soient également applicables au castillan.

20. Nous croyons que c'est un des aspects de notre orthographe qui mériterait d'être allégé et qui pourrait l'être sans grande difficulté. Le nombre d'homographes accentués selon la grammaire officielle est de 90 ([30]) (en comptant les formes flexionnelles) ! Nous avons analysé ces mots un par un et nous sommes arrivé à la conclusion que nous venons d'énoncer. Il serait bien entendu fastidieux d'énumérer ici ces mots et d'en discuter ; en revanche, il sera utile de faire à ce sujet quelques remarques générales, en accord avec la vision fonctionnelle et moderne des faits linguistiques : vision fonctionnelle opposée à la vision classique qui était plutôt morphologique. Cette vision est plus économique et, en fin de compte, plus pédagogique.

21. L'usage de l'accent dans le cas qui nous occupe suppose les conditions suivantes :

a) que le mot affecté ait quelque homographe ([31]) ;

b) que les homographes fassent partie d'une même catégorie syntaxique (ou que, de fait, ils puissent en faire partie facilement), c'est-à-dire qu'ils soient interchangeables dans une phrase ;

c) que, dans un pourcentage notable de cas, le contexte ne permette pas de saisir le sens, du moins avec une rapidité suffisante ;

d) que ces mots soient d'un usage suffisamment commun et fré-

---

(28) Ce fait est antérieur à Fabra (cf. note 38).

(30) Fabra, *Gr. cat.*, 4 ; *Exposició*, 4. La liste est identique dans les deux ouvrages.

(31) En fait il n'en devrait avoir qu'un (cf. note 36).

quent pour qu'il vaille la peine de les prendre en considération et de
surcharger l'orthographe.

22.   Or :

a) de ces 90 mots, seize n'ont pas d'homographe : ils portent un
accent parce qu'ils sont dérivés d'autres mots qui en portent aussi [32] ;
ce critère n'est cependant pas toujours appliqué ... [33] ;

b) la majorité de ces homographes ne peuvent être confondus
syntaxiquement, parce que ces mots appartiennent à des catégories
syntaxiques aussi distinctes que, par exemple, le substantif et l'article
partitif (*pèl*, fr. « poil », et *pel,* fr. « pour », « par le »), ou encore parce
que leur place dans la phrase est totalement différente (*vós*, pronom
fort, et *-vos,* pronom enclitique) ;

c)   quelques-uns (environ 15) sont des mots d'un domaine très
spécialisé ou d'un usage très restreint, des mots dialectaux ou même
totalement inconnus (du moins ne les avons-nous jamais trouvés).

23.   Ces constatations, et d'autres qu'il n'est pas nécessaire d'ajouter ici, démontrent que la liste a été établie avec peu de discernement :
les points de vue, phonétique, syntaxique, morphologique, sont confus
ou peu raisonnés ; on a prêté attention à certains homographes et on
n'a pas tenu compte d'autres, aussi (ou aussi peu) importants que ceux
qu'on a choisis, etc. [34]. En conséquence, les listes établies par différents grammairiens ne coïncident pas : les uns y insèrent davantage de
mots, d'autres moins. Et encore tel ou tel auteur pense-t-il qu'il faudrait
distinguer tel autre mot, ce qui plonge le lecteur dans une confusion
encore plus grande [35].

24.   Insistons sur le point de vue pédagogique. Il faut bien reconnaître qu'une telle méthode crée une difficulté plus grande que celle
qu'on prétend éviter, puisque l'écrivain et le lecteur doivent s'arrêter
chaque fois un instant pour se demander : « lequel des deux homographes porte un accent ? », et cela surtout lorsque, au lieu de deux, il y
en a trois, quatre ou davantage [36], ou lorsqu'il s'agit de mots peu
utilisés, etc. Comme le soulignent Burney et Ferrer Pastor, le plus
souvent on ne trouverait pas de difficultés si ce n'était que le grammairien fait tout pour qu'on les trouve, en faisant écrire au tableau des
mots isolés.

---

(32) Liste des mots : *cóms* (←cóm) ; *adéu, adéu-siau, semidéu, semidéus*
(←déu) ; *renét, renéta, renéts, renétes, besnét, besnéta, besnéts, besnétes*
(←nét, néta) ; *repèl, contrapèl* (←pèl) ; *subsòl* (←sòl).

(33) *Món,* mais *mons* ; *sòl* et *subsòl,* mais *entresol.*

(34) Exemples : nous accentuons *véns, vénen* (présent du verbe *venir*) pour les
différencier des homographes du verbe *vendre,* mais nous n'accentuons pas
l'imparfait de ce même verbe, bien qu'il puisse, lui aussi, se confondre
avec l'autre verbe. Nous ne distinguons pas deux mots aussi fréquents que
set (fr. soif) et *set* (fr. sept). Etc.

(35) « No és un amor furtiu el que *cóva* » (M. Dolç, *L'Eneida,* IV, 171).

(36) La série de *déu* comprend 16 mots parmi les formes flexionnelles et les
dérivés. A quoi bon d'accentuer *un* de ces mots ? Les autres se confondront.

25. Les grammairiens, pour étayer la nécessité de ces distinctions, ont recours, le plus souvent, à des phrases artificielles, grotesques et, dans la majorité des cas, ils arrivent à démontrer le contraire, à savoir que la phrase est limpidement claire sans le moindre accent. Voici quelques phrases tirées des deux livres qui actuellement jouissent, dans le domaine de l'enseignement et dans le domaine scientifique, d'un grand prestige : le *Curs* de Marvà et la *Gramàtica* posthume de Fabra ([37]) (nous soulignons les mots inclus, positivement ou négativement, dans la liste d'homographes) :

a) *Phrases artificielles.* 1. « Hi ha *deu deus* d'aigua gemada ; no *deu* faltar mai aigua en aquesta població » (M). 2. « *Deu es* complau en els homes de cor *net*, — sense replecs ni *secs* traïdors » (M).

b) *Autres phrases.* 3. « Val *mes* un *te que* dos *te* daré » (M). 4. « Aquelles *dones* cada dia *venen* a la plaça i *venen tot* el *que* tenen » (M). 5. « Va repartir *tots* els *seus bens* entre els *nets* i *netes* » (M). 6. « Una bola de *seu*. Les campanes de la *seu*. Ell *seu* a l'ombra. *Tot* això *es seu* » (F). 7. « *Si* el *venen* els el compraria. Uns *venen* i els altres *se*'n van » (F). 8. « Un *sol* fèrtil. El *sol* i el *subsol*. La llum del *sol*. Està *tot sol*. Ell *sol* anar-hi cada dia. » (F). 9. « Tinc *son*. Va tenir un *son* tranquil. *Tots* hi *son*. » (F).

c) *Quelques observations.* Phrases 4 à 7. Le verbe *vendre* ne peut être confondu, à l'intérieur d'un texte, avec *venir* ; le premier, transitif, admet un complément direct ; l'autre, intransitif, est généralement suivi d'un locatif. — Phrase 5. Sur le mot *bens*, voyez note 38.

26. Jusqu'à présent, un seul auteur s'est penché sur cette difficulté de notre orthographe : Francesc Ferrer Pastor, dans son *Diccionari de la rima*. Il propose de ne distinguer que 12 mots de la liste (*és, sé, té, féu, vós, nós, mòlt, sí, més, què, ós, sòl*), et parle avec sévérité, en deux longues pages, de l'inutilité de cette liste et des graves inconvénients qu'elle crée pour l'enseignement, pour les imprimeurs, pour la mécanographie, etc. ([38])

(37) Marvà, *Curs*, 400 ; Fabra, *Gr. cat. (pòst.)*, 7.
(38) Il vaut la peine de faire connaître un extrait de ce texte :
« Aquest fet engrescava molt els antics i així Carles Ros ja dreçava llistes d'homògrafs i en els primers temps de la Renaixença es volia posar un accent diferent a cadascun dels dos homògrafs : *dòna* i *dóna, òs* i *ós, mòra* i *móra, fòra* i *fóra*, etc. (...)
« (...) tot això convertiria la nostra llengua escrita en *una llengua d'accents*, tan enutjosos en la vida moderna (impremtes, mecanografia, ensenyament, etc.) (...). Més tard hom reduí la llista de mots accentuats (...), si bé la reducció no fou tan dràstica com calia. Especialment en certs substantius els diacrítics són encara pertorbadors per a l'ensenyament i caldria considerar-los només potestatius. La nostra opinió és francament favorable a la supressió d'alguns diacrítics en casos com en els mots *Déu, bé, món, són, sóc, véns, mà, sèu, què* (no interrogatiu), etc., etc. (...)
« un examen crític d'aquesta segona *llista llarga* ens inclina a proposar que l'ús daquests diacrítics siga únicament potestatiu (...). La raó dels diacrítics no és la distinció semàntica del significat, (...) sinó

Pour simplifier ce problème (comme tant d'autres de la grammaire), peut-être serait-il plus rentable de mettre en éveil la sensibilité des élèves et leur goût de la langue, la conscience du danger des ambiguïtés à certains endroits, etc., au lieu de les effrayer et de leur donner des solutions mécaniques, très difficiles à retenir et peu humaines.

4 - UN PROBLÈME DE L'EMPLOI DE L'APOSTROPHE

27.   Le traitement des voyelles appartenant à des mots différents caractérise d'une manière notoire une langue par rapport à une autre. A cet égard nous pensons qu'il serait utile de comparer le catalan, le castillan et le français. Quand il y a élision d'une voyelle, il se peut que l'orthographe ne marque pas ce fait (comme c'est le cas du castillan), ou bien qu'elle le marque (comme le font le catalan et le français, au moyen de l'apostrophe). On pourrait penser qu'il n'y a là qu'un simple problème d'orthographe sans importance, mais il n'en est pas ainsi. Si nous notons toujours l'élision, nous pouvons défigurer par trop le texte. Et si, au lieu d'éliminer une voyelle, on en élimine une autre, il se peut, comme nous allons le voir, qu'on porte atteinte à la prosodie de la langue.

28.   Le catalan s'identifie au français en n'employant l'apostrophe que dans certains mots faibles, mais il s'en écarte sur deux points :

a) le catalan n'utilise l'apostrophe que pour les articles el (lo), la, la préposition de et les pronoms faibles ; le français y ajoute (-)que, ne et si (dans s'il) ;

---

la correcta lectura dels mots aïllats posats en la pissarra. (...) fora de la pissarra o de l'enumeració aïllada dels mots, els substantius difícilment es poden confondre amb les formes verbals o els adverbis (...). Un mot com bé porta accent per l'existència d'un altre be purament dialectal, no general, onomatopeic, d'ú raríssim, mentre que bé, usadíssim, encara porta accent com a residu del vell costum acastellanat d'accentuar els monosíl.labs acabats en vocal : Plá, Bó, Pí, etc. (...). El diacrític de véns, vénen només és una facilitat de lectura per a certs lectors i un entrebanc i complicació innecessària per a altres, i hi ha qui accentua véns, vénen de vendre...
« (...) la distinció gràfica [de véns, vénen i vens, venen] és tan innecessària com en venia i venia, ja que el sentit d'un verb el dóna la frase abastament. (...)
« Proposar una simplificació de l'ús de l'accent diacrític no és gens desenraonat, almenys en la llista dels substantius el seu ús podria ser només potestatiu. En guanyaria l'ensenyament, les correccions, la impremta, la mecanografia, etc. Molts cursets de gramàtica queden reduïts a l'aprenentatge memorístic d'una llista de distincions diacrítiques inútils en mots poc usats o de vocalisme homòfon en moltes comarques, i els exercicis, a les consabudes i artificioses frases dels llibrets a base d'homògrafs, frases esdevingudes ideals per a perdre el temps amb banalitats ; o la feina de molts correctors es reduïx a posar una garbera d'accents diacrítics en cada pàgina (llengua d'accents...) i després manca temps a uns i a altres per fixar l'atenció en les coses més importants. » (Pages XXXII-XXXVIII.)

b) quand deux pronoms faibles se suivent et chaque fois que c'est possible, en catalan c'est le second des deux qui est chargé d'un apostrophe (*se'n va, se n'anà*), ce qui correspond à notre prononciation moderne normale ([39]), tandis qu'en français c'est le premier pronom qui prend l'apostrophe (*s'en va, s'en alla*).

Sans tenir compte des détails, nous pouvons dresser le tableau comparatif suivant :

PETIT TABLEAU COMPARATIF DE L'APOSTROPHE EN CATALAN ET EN FRANÇAIS

1.	la	l'			la	l'	
2.	de	d'			de	d'	
3.	el	l'			le	l'	
4.		del	de l'adroguer			du	de l'épicier
5.		al	a l'			au	à l'
6.		pel	per l'				par l'
7.		cal	ca l'				chez l'
8.		ME'N vaig	ME N'oferí			M'EN vais	M'EN offrit
9.		TE'N	TE N'			T'EN	T'EN
10.		SE'N	SE N'			S'EN	S'EN
11.		M'HI veig	M'HI oferí			M'Y	M'Y offrit
12.		T'HI	T'HI			T'Y	T'Y
13.		S'HI	S'HI			S'Y	S'Y

Le catalan reste harmonieux jusqu'au numéro 10, si nous estimons que les pronoms ne se fondent pas l'un dans l'autre ni ne se contractent (*me'l*), comme c'est le cas de l'article (*del*), étant donné que sémantiquement les pronoms sont, par rapport à l'article, plus importants. Le français est graphiquement harmonieux à partir du numéro 8.

30. L'emploi de l'apostrophe serait un des points les plus simples de l'orthographe catalane, s'il n'existait pas quelques mesquineries qui viennent le compliquer plus qu'il ne convient. Nous n'examinerons qu'une de ces mesquineries pour qu'on voie à quel point l'orthographe peut devenir complexe quand, pour la raffiner, on ferme les yeux sur les autres réalités de la langue.

31. Il s'agit du mot *la*, en tant qu'article ou pronom. La grammaire normative actuelle nous dit que ce mot ne doit pas prendre l'apostrophe dans les cas suivants et pour les raisons qu'on indiquera :

---

(39) Le catalan articule *sen-và, se-na-nà* (com « pensà » = pen-sà, « sanarà » = sa-na-rà), c'est-à-dire dans les groupes « SE'N va », « SE N'anà », l'*n* du deuxième pronom est celui qui est hésitant : il est logique qu'on mette un apostrophe à ce deuxième pronom.

a) Devant *(h)i-/(h)u-* atones. Les grammairiens ne s'expliquent pas sur cette question ([40]) : selon l'opinion commune, transmise oralement et en quelque sorte implicite dans les grammaires (sauf Fabra, *Gr. l. cat.*, 101), la prononciation l'exigerait. Mais il n'est pas du tout certain que la prononciation actuelle marque toujours cet hiatus. Les élèves des cours de langue en portent des témoignages indiscutables. En fait, le problème est beaucoup plus complexe et profond : la langue parlée hésite entre l'élision, la diphtongue et l'hiatus aussi bien pour *la* que pour *lo* et *de,* et pas seulement devant *i* ou *u* atones ([41]). Ce même phénomène se trouve chez les classiques du moyen âge ([42]).

b) Il n'y a pas non plus d'apostrophe « davant certs noms com *la anormalitat, la asèpsia* (per tal de diferenciar-los a la pronunciació de *la normalitat, la sèpsia*) » (Marvà, *Curs*, 133). Le législateur n'a pas vu que, si la raison en était valable, il ne faudrait pas mettre l'apostrophe non plus à *de* qui se trouve dans les mêmes conditions. Mais il se trouve qu'en catalan l'articulation est la même, avec ou sans apostrophe ([43]).

c) On ne met pas non plus d'apostrophe « en altres casos (rars) en què la pronúncia exigeix *la* » ([44]). Ces cas rares sont : « davant *host, ira* i *una* (hora del rellotge), davant de les vocals : *la e, la u* » ([45]).

32.   En réalité ce n'est pas la prononciation qui réclame ces exceptions et exceptions d'exceptions. Il y a pour celà une raison bien simple qui n'a rien à voir avec l'écriture. La langue *parlée* ressent le besoin d'articuler avec clarté, pour ne pas risquer que le message soit

---

(40) Marvà, *Curs,* 133 ; Badia, *Gr. cat.,* 100, 2 (où il dit que « son posibles *l'idea, l'unitat,* etc., pero son siempre preferibles las [otras] soluciones », note 3) ; Fabra, *Gr. cat.,* 27 ; Sanchis, *Gr. val.,* 151 a, 257. Fabra, *Gr. l. cat.,* 101, dit qu'on distingue ainsi le masculin (*l'innocent*) du féminin (*la innocent*). Mais cet argument n'est pas convaincant, car l'ambiguïté se produit dans beaucoup d'autres cas (cf. *l'agafo, l'elegant,* etc.).

(41) Nous ne pouvons pas préciser la portée du phénomène et moins encore ici, à cause du manque d'une étude spécifique. Quant à l'article *la,* il est possible que l'hiatus se produise encore plus souvent devant une voyelle forte : cf. *la India, la URSS, la ONU, la illa, la host, la ira, la una* (soit « hora del rellotge », § 31 c, soit pronom).

(42) Cf. Par, *Sintaxi,* 202, 276, 277, 279, 280, 281, etc. (*lo, de*), 1216 (article *la*), 1208, 1209 (pronoms *la, lo*). Id. *Anotacions,* p. 467 (article *la*). Corominas, 32 b (article *la, de,* avec une étude sur ce phénomène).

(43) Deux voyelles neutres en contact (*de* + *a-, la* + *a-*) causent l'élision (Marvà, *Curs,* 400 a) (cf. note 6 a). Par conséquent, « la normalitat », « la anormalitat » et « l'anormalitat » s'entendent indifféremment ; de même « de normalitat », « de anormalitat » et « d'anormalitat ».

(44) Fabra, *Gr. cat.,* 27 ; Badia, *Gr. cat.,* 100, 2.

(45) Marvà, *Curs,* 133.

ambigu ([46]), ce qui (comme le précise Badia) ([47]) se produit surtout avec les mots monosyllabiques, les sigles, etc. ([48]). Mais l'orthographe, destinée à la vue, n'est jamais ambiguë dans ces cas-là.

L'on pourrait croire que tout cela et bien d'autre détails concernant l'apostrophe ne méritent pas l'attention que nous prêtons ici à cette question. Mais ceux qui se consacrent à l'enseignement de la langue savent qu'il y a là un obstacle psychologique de taille pour les élèves. Il est bien regrettable que l'un des points les plus faciles et les plus harmonieux de notre orthographe se trouve entaché de petitesses de cet acabit.

5 - CONCLUSION

L'orthographe de la plupart des langues est très difficile, au point que, dans certaines, la langue écrite arrive à être tout à fait différente de la langue parlée.

L'orthographe du catalan et du castillan est relativement simple, si on la compare à celle du français ou de l'anglais, par exemple. Cela n'empêche pas qu'il y ait aujourd'hui, chez nous, une affreuse psychose orthographique. L'orthographe est devenue à peu près la seule préoccupation des cours de langue. C'est surtout vrai pour le catalan, qui a été privé d'enseignement officiel et a même été persécuté à partir de 1939 : les cours de catalan, jusqu'à présent clandestins, aujourd'hui seulement tolérés, se réduisent à peu près à l'enseignement de l'orthographe. On ne voit pas que l'orthographe est d'autant plus difficile qu'on lui accorde plus d'importance, qu'on la sépare de son contexte linguistique et qu'on en fait un but au lieu d'en faire un outil. Nous sommes effrayés de constater qu'on ne sait pas s'exprimer, qu'on ne sait composer que des phrases banales. Mais, dans les concours par exemple, cela n'a pas grande importance ; au contraire, on vous éliminera automatiquement pour une faute d'orthographe et vous aurez perdu à cause de cela une place qui vous aurait permis de gagner honnêtement votre vie.

Voilà donc un magnifique champ d'étude pour les grammairiens,

---

(46) Cf. « És un cas nou i irregular » / « és un cas nou i regular » ; « és difícil d'escriure l'escena » / « és difícil descriure l'escena » ; « té por d'aportar » / « té por de portar » ; « s'oposen » / « suposen » / « s'ho posen » ; « la tensió » / « l'atenció », etc.
(47) Badia, Gr. cat., 239, note 4 : « Ante un monosílabo no se reduce de a d' ». Mais il hésite lui-même (Problemes, notes 337, 350, 356, 374, etc.), comme tout le monde, en catalan et en français, et non seulement devant une voyelle, mais devant toutes les lettres de l'alphabet : « Canvi d'o tancada » (Coromines, cité par Badia, Problemes, note 304), « l'r » (Serra-Llatas, p. 14 et d'autres) ; français : « la chute d'm final », « d'o ouvert », « que l'a se rapproche fort de o », « la durée de a », « de e ouvert » (Grévisse, pp. 50-51) ; « de extremus » (Larousse, 36) ; « l'h empêche la liaison de n » (Saussure, 133), etc.
(48) [lonu] (L.O.N.U.) n'est pas la même chose que [laonu] (la ONU), etc.

les linguistes et les professeurs : alléger l'orthographe. Ne prétendons
cependant point résoudre, à l'aide de moyens purement graphiques, les
problèmes qui relèvent plutôt de la syntaxe. La langue est un organisme qui s'explique et se tient en même temps. Nous ne pouvons
considérer séparément l'orthographe, la morphologie, la syntaxe et la
prosodie. Ce serait assassiner la langue, la rendre inintelligible.

Il est bien triste d'avoir à le dire, mais chez nous personne ne s'est
encore posé cette question élémentaire : quel but voulons-nous atteindre avec les cours de langue ? Voulons-nous faire connaître et aimer
la langue, apprendre aux élèves à s'en servir, ou bien cherchons-nous
à torturer nos élèves à l'aide de pièges et d'une inutile casuistique, à
seule fin de pouvoir les recaler aux examens de fin d'année ? Que
nous sachions, seul Alexandre Galí, dans ses *Lliçons de llenguatge* et
dans son *Introducció a la gramàtica,* s'est posé chez nous et a su
résoudre ce dilemme.

Efforçons nous donc de faire de l'écriture un outil au service de la
langue (un des biens les plus précieux de l'homme), et non un instrument de torture.

DISCUSSION

M. Badia. — Il est curieux de constater que toujours les problèmes
de l'orthographe passionnent plus que les autres parties de l'étude du
langage...

M. Colon. — Je voudrais seulement dire que c'est une preuve
d'optimisme de proposer des changements orthographiques aujourd'hui,
lorsque le catalan se trouve dans une situation tragique. Il faut être
jeune pour cela. Moi, j'ai dû apprendre l'orthographe catalane, et je
l'ai apprise ; je ne pense pas que ce soit une chose tellement difficile.
Vous trouverez des problèmes orthographiques aussi dans d'autres
langues (en anglais, en français, etc.). Je suis donc contre tout changement en catalan. Je ne vois pas pourquoi on devrait simplifier. C'est à
l'école qu'on doit apprendre la différence entre *bé* et *be.* Ce qui nous
manque c'est l'enseignement officiel du catalan : voici ce que nous
devons réclamer, ce que nous devons obtenir, plutôt que de procéder
à des changements. Nous voulons qu'on apprenne le catalan à l'école
aux enfants. Les Français, lorsqu'ils commencent à apprendre des
exceptions comme « chacal », « bal », « carnaval », etc., n'ont pas une
tâche plus facile que nous. Mais on leur apprend la langue depuis qu'ils
sont très petits, tandis que nous ne pouvons pas le faire. Nous voulons,
nous devons exiger qu'on nous apprenne, à l'école, quand nous sommes
enfants, notre langue à nous. Ensuite, nous pourrons penser à introduire des changements. Je suis d'accord avec M. Solà sur quelques-uns

des points qu'il a traités (pas sur tous), mais je le répète : le plus urgent c'est l'enseignement.

Je ne voudrais pas affirmer que toutes les normes orthographiques et grammaticales de Fabra m'aient plu : il y en a quelques-unes que je ne devrais pas tolérer en qualité de Catalan occidental... Mais nous devons les accepter, étant donné que nous devons nous entendre tous ; nous parlons tous la même langue.

Quant à Ferrer Pastor, ce méconnu, d'après M. Solà, je dois dire que c'est peut-être mon compte rendu qui est méconnu. Je lui ai consacré 40 pages dans une revue.

M. *Solà.* — Je voulais dire : méconnu dans la grammaire. Avant cet auteur, et jusqu'à présent, aucune grammaire ne s'est posé une question sur le problème de l'accentuation des homographes.

M. *Colon.* — Toutes les langues ont des complications, des « chinoiseries » : l'anglais, le français, l'allemand, l'italien, et même l'espagnol qui est une langue plus claire, mais ces langues ont la possibilité d'être enseignées depuis l'école élémentaire. Nous ne pouvons pas enseigner le catalan... Alors je crois que c'est un peu perdre nos énergies de nous disputer à cause de *vénen/venen*... Dans cet exemple que vous ne jugez pas pertinent : « aquelles dones cada dia vénen a la plaça i venen tot el que tenen », je trouve que le catalan a une solution tout à fait pertinente... Prononcez le mot *interes*. A Majorque, à Valence : *interés* avec [e], à Barcelone, *interès* avec [ɛ]. Il faut une norme et moi, Valencien, je renonce à *interés* et j'accepte *interès*.

Nous revenons — j'ai cette impression — aux années 1913-1917 au cours desquelles on se disputait au sujet de toutes ces questions de la « Reforma ortogràfica ». Pourquoi y revenir ? Fabra a imposé les normes que vous avez qualifiées de mathématiques.

M. *Solà.* — Ce n'est pas Fabra qui a imposé certaines choses. On peut avoir l'impression que j'ai attaqué Mestre Fabra, mais ce n'est pas cela que j'ai voulu faire.

M. *Colon.* — J'ai eu l'impression, en vous écoutant, que nous revenions aux querelles de 1917. Les gens qui voulaient écrire *ch* à la fin du mot ! à quoi bon ?

M. *Solà.* — C'est un autre point de vue. Si l'on écrit *y* ou *i*, ce n'est pas un trait pertinent qu'on marque. Pour vous, c'est une question personnelle. Pour moi il y a ici une question de pertinence ou non pertinence. Il n'est pas pertinent d'écrire *y* ou *i* parce que l'écriture est toujours destinée à la vue, pas à la prononciation. Si vous mettez un apostrophe dans certains cas (*l'unió*, *l'anormal*), il n'est pas possible de tomber dans la confusion. C'est plus clair et plus pédagogique de mettre l'apostrophe parce qu'il n'y a pas d'exception.

M. Colon. — Si le catalan était dans une autre situation, je serais le premier à vous appuyer, mais aujourd'hui, je trouve que c'est le moment le moins bien choisi pour des changements.

M. Solà. — Je ne veux pas changer l'orthographe. J'ai étudié un problème. Peut-être jetera-t-on cette étude au panier...

M. Colon. — Non ! votre travail est très intéressant. Sur la plupart des points je suis d'accord avec vous. Mais ce que je ne voudrais pas c'est que maintenant on commence à lancer « il faut changer ça ».

M. Badia. — Je crois qu'il y a ici un malentendu. Pour ceux qui, encore hier, ne connaissaient pas M. Solà, je dois le présenter comme un des meilleurs professeurs de catalan à Barcelone ; ses cours ont une bonne renommée chez nous. M. Solà n'oserait jamais, à cause des conditions pénibles dans lesquelles le catalan se trouve aujourd'hui, faire de la publicité aux propositions de cette sorte. Il est venu à un colloque scientifique pour exposer quelques réflexions qui pourraient être prises en considération le jour où il serait possible de songer à améliorer notre orthographe ; mais — il vient de le dire — il n'a pas la prétention de commencer une bataille semblable à celle de 1914-1917. Je crois qu'il est sage que, dans les actes de ce colloque, nous disposions dès maintenant d'éléments de jugement pour le jour où la possibilité se présentera d'étudier une révision ou une amélioration de l'orthographe catalane. On ne jetera pas au panier cette contribution qui repose d'ailleurs sur un fondement logique du point de vue de la structure. De sorte qu'il y a eu ici un petit malentendu quant au but de la conférence de M. Solà.

M. Straka. — Est-ce qu'on marque en principe les variantes phonétiques ou uniquement les phonèmes ?

M. Badia. — Ici il ne s'agit pas d'un élément d'unité minimale ; nous retrouvons ici les différences entre le catalan oriental et le catalan occidental ; mais il n'y a pas d'opposition phonologique entre *interés/interès*.

M. Straka. — On ne voit pas bien où est le véritable problème. Pourriez-vous l'expliquer, peut-être, pour éclairer les non catalanistes ?

M. Badia. — Dans le cas des variantes de *e* en catalan, il y a beaucoup de mots où le catalan oriental a [ɛ], tandis que le catalan occidental a [e] (on en parlera à propos du rapport sur les dialectes catalans). Mais, étant donné qu'il fallait avoir une seule orthographe, les occidentaux ont dû faire abstraction de leur prononciation. L'exemple le plus caractéristique est celui de *València* que nous orthographions, à Barcelone, avec accent grave : *València* ; mais si l'on avait établi l'orthographe de ce mot en partant de la prononciation des Valenciens eux-mêmes, il aurait fallu écrire *Valéncia*, car en valencien on prononce avec [e] fermé.

M. Sanchis Guarner a justifié pourquoi il accepte d'écrire *València* (et il propose toujours cette solution) ; il dit que c'est tout simplement un acte de discipline des occidentaux qui ont accepté l'orthographe des Catalans de Barcelone, parce qu'il aurait été insensé d'avoir deux orthographes différentes pour un même mot. Mais je souligne que, dans le rapport de M. Solà, les cas comme *interès/interés* n'ont pas été présentés.

M. Colon. — Mais la question de l'opposition *bé/be* ! Là, il y a une différence phonologique fondamentale, et il faudrait la maintenir.

M. Badia. — M. Solà ne s'oppose pas à ce qu'il n'y ait pas de différence phonologique, cela ne dépend pas de lui ; on dira *vénen* [*venen*] en opposition à *venen* [*vɛnen*].

M. Colon. — La graphie doit refléter au moins les oppositions *ós/os, bé/be*. Je tiens à dire que toutes les langues du monde connaissent des cas de difficultés semblables.

Si, en 1913, M. Solà avait pu proposer certaines de ses remarques, je suis sûr que Fabra, qui était un esprit ouvert, les aurait acceptées. A l'époque, Fabra a lutté contre une quantité d'ignorants. Mais aujourd'hui, quand le catalan n'est pas enseigné chez nous et que nous faisons ce colloque à Strasbourg, ces propositions ne sont pas d'actualité.

M. Solà. — Je pense qu'à tout moment on peut faire une réflexion scientifique. Cela n'a rien à voir avec la situation de la langue à l'époque. Ce sont deux choses tout à fait différentes.

M. Aramon. — Je voudrais d'abord faire allusion à la remarque de M. Colon au sujet de l'enseignement de la langue catalane. Ces jours-ci vient de paraître une nouvelle grammaire de Pompeu Fabra : *Introducció a la gramàtica catalana*. J'ai écrit quelques mots de préface où l'on peut lire : « Mentre hom espera que l'estudi oficial i sense restriccions del català sigui restablert definivament en la totalitat dels centres docents de les terres on la nostra llengua és naturalment parlada, tal com les corporacions acadèmiques catalanes, fent-se just ressò d'un incessant clam popular, han sol·licitat fa poc més d'un any al Ministeri corresponent, no serà en veritat gens inescaient de posar a l'abast d'aquells qui se senten espontàniament impel·lits a la perfecta coneixença gramatical de llur parla els manuals en tots els graus que els facilitin la consecució d'aquest anhel ». C'est pour cela qu'on a publié ce livre.

Il y a, dans tout ce débat, quelque chose de byzantin. Je crois qu'aucun débat sur l'orthographe n'aboutit à rien. On sait que le français, langue la plus sûre et la plus cultivée des langues romanes, a — depuis cinquante ou cent ans — des problèmes semblables. On devait faire une réforme de l'orthographe, mais on ne l'a pas faite. Pourquoi ? Parce que ce n'est pas nécessaire. Comme le disait M. Colon, les enfants apprennent l'orthographe parce que celle-ci est une façon de nous faire comprendre ; ils apprennent à mettre tel signe pour pouvoir exprimer par écrit ce qu'on veut dire. C'est égal si l'on écrit un *e*, un *ai* ou autre chose. C'est une question d'habitude.

Avant l'établissement des *Normes ortogràfiques* de l'Institut, il y avait des dizaines d'orthographes catalanes. Je crois que les règles qui présidaient à ces différentes orthographes avaient toutes quelque chose de raisonnable. Mais ce qu'il fallait, c'était d'avoir une orthographe unifiée. C'est ce que Fabra et l'Institut ont réalisé. Depuis 1913, on possède une orthographe catalane. Il y a toujours des personnes qui écrivent d'une autre façon : par exemple Francesc Mateu a employé toujours son orthographe ancienne, du moyen âge — qu'il a imposée aux publications des *Jocs Florals* jusqu'en 1934 —, et elle n'était pas exactement celle de Miquel i Planas, ni celle de Par. On parlait hier de l'édition de *Curial e Güelfa* faite par Miquel i Planas et Par ; vous pourrez voir, dans la préface de cette édition, qu'il y a deux orthographes : Miquel i Planas écrit d'une façon (*verb*, par exemple), tandis que Par écrit d'une autre (*verp*). Est-ce qu'on peut l'accepter ? Il y a de petites choses à réformer, mais il faut avouer que la solution de Fabra, pour beaucoup de problèmes, est la seule possible. Par exemple, M. Solà a fait allusion ici à l'usage du tréma et l'a comparé avec celui du tréma en castillan. La comparaison n'est pas possible parce que la structure du castillan et celle du catalan sont différentes en ce qui concerne la diérèse et la synérèse.

On aurait pu faire appel à d'autres solutions. On aurait pu, pour simplifier, mettre toujours un accent aigu pour marquer les hiatus, mais quelquefois on doit aussi signaler l'accent et il faudrait mettre l'accent aigu deux fois. Que devait-on faire dans ce cas ? Nous aurions, par exemple, en suivant cette règle, *agraít, agraím* avec accent, mais on a aussi *agrair,* et ici, on s'est dit que l'accent aigu sur *i* n'était pas nécessaire, parce que, dans les infinitifs, *a* et *i* sont toujours séparés. Dans le cas d'*a-gra-it,* il faudrait donc mettre un signe quelconque — accent aigu peut-être, comme je disais. Mais il y a des cas où ce ne serait pas possible, comme dans le dérivé *a-gra-i-ment,* où l'accent tonique est sur *e,* et non sur *i.* Or *a* et *i* doivent être séparés. On a accepté, par conséquent, dans tous les cas, le tréma (*agraït, agraïm, agraïment*).

Pour le castillan, dans ce dernier cas, il n'y aurait pas eu de problème parce que les deux voyelles se fondent en une syllabe.

M. Solà. — Je crois que vous partez d'un point de vue différent du mien. Vous expliquez comment on peut indiquer au lecteur qu'il y a deux syllabes. Je ne pose pas cette question. Je me demande pourquoi on doit indiquer au lecteur que, dans tel cas, il y a deux syllabes. Qui sait s'il y a ici deux syllabes ? Et de plus, cette distinction est-elle toujours pertinente ou non ?

M. Aramon. — Il y a des cas où un *ai* fait diérèse et d'autres où il ne la fait pas. Il faut le signaler, et cela non seulement à ceux qui parlent déjà le catalan comme leur langue naturelle, mais aussi à ceux qui veulent l'apprendre et pour qui la graphie indique la prononciation. On enseigne le catalan aux étrangers et il faut donc une graphie claire : indiquer la diérèse est plus clair que de laisser les deux voyelles en contact sans aucune indication.

M. *Solà.* — Je crois qu'on confond ici deux points de vue. M. Aramon se demande si nous voulons montrer qu'à tel endroit il y a deux syllabes, et comment le faire. Je suis d'accord avec lui sur ce point, mais j'ai posé un problème plus profond : le problème de savoir toujours combien de syllabes il y a. C'est pour cette raison que je vous ai donné le tableau du « domaine du tréma ».

M. *Aramon.* — Je crois qu'il faut mieux laisser de côté, en catalan, pendant beaucoup d'années, tous ces problèmes de graphie qui n'ont aucune importance. Sous la République, tous les enfants savaient bien la grammaire, parce qu'ils l'apprenaient depuis les premières années à l'école. Il n'y avait aucun problème de graphie pour eux : *bé* s'écrit avec un accent, et cela n'a rien à voir avec la langue. C'est une convention.

M. *Colon.* — A. Thomas voulait, avec d'autres, changer l'orthographe française ; il avait des raisons pour cela, l'orthographe française est beaucoup plus compliquée que la nôtre. Mais ses projets n'ont pas abouti. Il en a été de même, quand Ronjat a écrit « grammaire istorique » sans *h*. Les correcteurs remettaient un *h*. L'orthographe est à apprendre à l'école, mais comme malheureusement nous n'avons pas d'écoles, nous ne devons pas compliquer les choses.

M. *Solà.* — Je vous prie de discuter mon point de vue, et non de demander l'enseignement du catalan à l'école.

M. *Colon.* — Mes étudiants suisses veulent savoir si *agraïment* forme, comme en espagnol, une diphtongue *ai* ou non. Si l'on admet le tréma, ils le sauront. Je crois que nous parlons sur des plans différents. Vous êtes à Barcelone, en contact avec des gens qui veulent apprendre l'orthographe et nous autres ici nous sommes avec des linguistes qui s'occupent de ces questions. Un linguiste reste indifférent devant toutes ces histoires d'orthographe. Mais un trait phonologique pertinent doit être exprimé dans l'orthographe.

Vous avez parlé du problème de « la anormalitat », etc. Combien de fois ces mots sont-ils utilisés ? Combien de fois les voyez-vous écrits ?

M. *Solà.* — Justement pour cela. Pourquoi mettre dans la tête des enfants des problèmes comme ceux-ci, s'il s'agit de problèmes qui ne valent pas la peine ?

M. *Aramon.* — Il y a aussi le problème de l'apostrophe. M. Solà a dit qu'au moyen âge, il n'y avait pas d'apostrophe. On écrivait les mots

ensemble. C'est vrai, et c'est précisément une grande difficulté pour
les éditeurs de textes. C'est pour cela que nous ne sommes pas d'accord
avec Miquel i Planas, qui transcrit les mots unis tels qu'ils se trouvent
dans le manuscrit ; il faut les séparer pour que le lecteur comprenne
rapidement. On peut indiquer dans l'introduction ou dans des notes
comment c'est écrit dans le manuscrit, mais on doit séparer les mots :
l' avec apostrophe suivi de mot qui commence avec voyelle, ou
aquest'ànima. Dans ce dernier exemple, on prononce un seul *a*, prononciation qui se reflète dans la graphie des manuscrits (*aquestanima*),
mais il a été décidé qu'il fallait -*a* final dans l'ortographe moderne. On
doit donc apprendre que, lorsqu'un mot, qui se termine par *a* (*aquesta*),
est suivi d'un autre qui commence par *a*, *e*, etc., le premier *a* disparaît
dans la prononciation. Il faut l'enseigner aux élèves ; il faut leur dire
que cela ne se marque pas dans l'écriture. On pourrait le marquer,
mais il y aurait beaucoup de complications. Il faut marquer graphiquement l'élision seulement dans les cas fixés par Fabra : l'article et la
préposition.

Il faut savoir que le castillan a aussi des cas semblables, comme
mir(e) usted, pong(a) en el sitio, par(a) (e)l gato, etc. On doit écrire en
catalan ce signe externe qu'est l'apostrophe seulement dans des cas
comme l'article où l'on ne peut pas mettre *el animal*, mais *l'animal*,
parce que c'est la prononciation. Il n'y a pas d'autre façon de faire.

Je défends donc l'orthographe de Fabra et je veux souligner qu'il
n'est pas besoin de s'occuper de l'orthographe pendant au moins cent
ans.

M. Solà. — Il ne s'agit ni de dix ans, ni de cent ans. Il s'agit d'une
révision synthétique, totale. Après, on verra si l'on doit changer quelque chose ou non.

M. Aramon. — Un autre problème auquel M. Colon a fait allusion
est celui de *interés/interès*, etc. En fixant l'orthographe, il fallait
signaler certains timbres vocaliques dans des mots à l'aide des *é* ou *è*,
ó ou *ò*. Il y a eu des difficultés parce que les divers dialectes catalans
ont quelquefois des prononciations différentes. Souvent, en majorquin
on prononce *ə*, en catalan du Principat *ɛ* et en valencien *e*. Comment
écrire ? On a décidé que le dialecte central (de Barcelone et des
environs), qui comprend presque la moitié des catalanophones, aurait
la priorité et qu'on marquerait dans l'orthographe les accents d'après
la prononciation de Barcelone. Les Valenciens peuvent prononcer
comme ils veulent, mais on doit partout écrire *è* lorsqu'à Barcelone on
prononce *ɛ*.

Pour les Barcelonais, pour les habitants de Sabadell, de Terrassa,
de Mataró, de Manresa, etc., il n'y a pas de problème parce qu'on
entend *ɛ* ou *e* et on écrit l'accent d'une façon ou d'une autre. Mais que
doit-on faire pour ceux de Lleida (Lérida), de Valence et d'autres
régions ? Fabra a fixé des règles qu'il faut apprendre. Sans doute,

c'est difficile, mais si les enfants l'apprennent à 7 ou 8 ans, il n'y a plus de difficultés par la suite. Ces règles sont à retenir par ceux qui n'appartienent pas au catalan central.

M. Solà. — Jusqu'ici nous sommes d'accord totalement.

M. Aramon. — La réglementation des accents a des causes linguistiques et, par conséquent, il est possible de revoir la question de temps à autre. C'est possible en français, en anglais ou en espagnol. Mais en catalan, pour des raisons pratiques, il vaut mieux ne pas soulever à présent le problème.

M. Solà. — Je ne suis pas d'accord avec vous.

M. Aramon. — Je persiste à penser que cela vaut mieux, parce que beaucoup de personnes ne connaissent pas encore l'orthographe. Si tout le monde la savait bien, on pourrait discuter, mais maintenant, cela conduirait à la même situation qui existait jadis, lorsqu'il y avait trente orthographes. Il faut avoir une seule orthographe qu'on ne discute pas.

M. Haensch. — Si je prends la parole c'est pour vous exposer le point de vue d'un étranger à qui le catalan est cher et qui l'enseigne depuis longtemps. Evidemment, M. Solà a raison de montrer les incohérences du système orthographique par rapport au système phonétique. Là, il y a en effet des choses qui, à première vue, nous choquent.

Mais je crois qu'il faut faire, comme l'a signalé M. Badia, une différence stricte entre le point de vue purement descriptif, scientifique, et le point de vue normatif, pédagogique.

L'orthographe de nos langues modernes a été fixée plus ou moins au XVIe siècle. On a fait un choix, et le choix est toujours arbitraire. On veut réformer l'orthographe en Allemagne ; on a proposé d'écrire *philosophie* avec *f*. On peut le faire, mais il y a une raison qui s'y oppose : si l'on le fait, le système s'écroule, ou bien il faut changer tout le système. Or, à l'heure actuelle, comme l'ont dit les orateurs précédents, on ne peut pas changer ce système.

Réfléchissez un moment à ce qui se serait passé si Fabra n'avait pas fait cette codification avant la guerre civile. Est-ce que le catalan existerait encore aujourd'hui comme langue littéraire ? Est-ce qu'il aurait été possible de maintenir cette unité que d'autres langues régionales envient au catalan ? Pensez au galicien, au basque et même au rhétoroman, où il n'y a pas cette unification. Je crois que même si le système de Fabra a des défauts — et là je suis tout à fait d'accord avec M. Solà — il a beaucoup de mérites. Moi-même j'ai dû apprendre ces « chinoiseries », et je les ai apprises aussi à mes élèves de l'Université de Munich ; je peux vous assurer qu'ils ont parfaitement appris tout cela (évidemment ce sont des romanistes), et quand nous faisons une dictée, il leur suffit d'un tout petit moment pour saisir si *dona* est « la femme » ou « il donne » ; ils assimilent les quelques petites règles qu'il faut connaître en 3 ou 4 semaines.

Moi aussi je suis tout à fait d'accord avec M. Solà en ce qui concerne ses arguments. Il est regrettable qu'il y ait certaines incohérences dans le système de Fabra. Mais je crois qu'il faut accepter ce système orthographique comme monolithique et comme sacro-saint parce que, si vous ouvrez une première brèche dans ce système, c'est l'anarchie qui se produira. Au bout d'un mois, vous aurez une centaine de propositions et tout le système sera détruit. Tout en reconnaissant que ce système n'est pas parfait et qu'il est arbitraire, comme tous les systèmes d'orthographe, je crois donc qu'il faut l'accepter. Pour ce qui est des homophones, certes, ce sont des chinoiseries, mais cet aspect du problème n'est pas essentiel. D'ailleurs, la langue française est extrêmement riche en homophones, or comme le signale M. Ullmann dans son *Précis de sémantique française,* on les distingue précisément par le contexte et par l'opposition dans la phrase.

En catalan, nous n'avons même pas besoin d'accents, là je suis d'accord avec M. Solà, ce serait alors le même système graphique qu'en français où on ne distingue pas les mots d'origines différentes qui ont la même prononciation. On pourrait donc se passer de ces accents, mais pour des raisons pédagogiques et pratiques que je viens d'exposer, il est préférable de ne pas y toucher maintenant. Le français a, lui aussi, ses problèmes ; par exemple *Liége* est devenu *Liège,* mais le français pouvait se permettre le luxe d'apporter cette modification, parce que c'est une langue consolidée à tous points de vue, tandis que le catalan ne l'est pas.

Alors, je crois que toutes les remarques de M. Solà sont utiles dans ce sens qu'elles ont une valeur pédagogique. Elles nous montrent des faits précis et attirent l'attention sur tout ce qui est incohérent. Le seul point sur lequel on peut être ou ne pas être d'accord est la question de savoir s'il faut le changer ou non. S'il s'agit de démontrer seulement, pour des raisons scientifiques et pédagogiques, que ces incohérences existent, je suis d'accord ; mais, je crois que, pour des raisons dont on a déjà parlé, il vaut mieux ne pas rouvrir le débat des années 1914 à 1917 et laisser le système intact. Je vous redis, d'après mes expériences personnelles, qu'on arrive à faire assimiler l'orthographe au bout de quelques semaines et que les étudiants, dans des dictées très difficiles, mettent tous les accents très correctement. Nous devons être reconnaissants à M. Solà d'avoir signalé ces incohérences, mais je crois qu'il ne faut pas réveiller le lion qui dort, parce que ce serait l'anarchie dans l'orthographe. Le système actuel est sans doute déficient, mais il se tient et il a le grand mérite d'exister.

M. Maissen. — Je voudrais dire deux mots à la défense de M. Solà. Du point de vue psychologique, je pense que son attitude reflète justement l'acquisition d'une habitude qu'on adopte devant une langue. C'est-à-dire, on a entendu ici des arguments qui démontrent une attitude défensive de la langue, et ils représentent la seule habitude possible à l'égard de ce que vous avez appelé l'optimisme.

M. Colon. — M. Solà est optimiste parce qu'il pense qu'aujourd'hui on peut faire des changements.

M. Maissen. — On ne peut pas tomber dans un complexe freudien. Il faut le surmonter, et ce qu'a fait M. Solà, c'est une contribution à cette attitude.

Heureusement le sursilvan, langue la plus importante des dialectes romanches, a eu deux Pompeu Fabra qui ont fait la réforme de la langue. Ils étaient plutôt historiens de la langue. Il y a eu beaucoup de détracteurs, et maintenant, on est très content. Dans tous les dialectes romanches, le problème des signes diacritiques est très important. Mais nous avons une vingtaine d'écoles pour apprendre tout cela aux élèves. Du reste, on ne trouve pas deux accentuations différentes ; dans notre langue, il y a beaucoup de phonèmes, mais les enfants les apprennent chacun avec un seul accent.

A moi, en tant que Romanche, l'orthographe catalane apparaît comme une lutte d'accents : sur presque chaque 3ᵉ ou 4ᵉ mot, un accent. Je crois que là, un peu d'économie ferait très bien. Y a-t-il impossibilité de faire une révision dans ce sens ?

M. Colon. — Ce serait une complication.

M. Maissen. — Par exemple, si parmi les Catalans, un groupe dit *interés* et l'autre *interès,* pourquoi ne pas éliminer l'accent ? Nous avons aussi ce mot en romanche, et il existe de petites différences entre les dialectes. Je ne demande pas une élimination complète des accents, mais quelquefois cela allègerait peut-être la graphie. Pourquoi faut-il écrire *València* avec è ?

M. Colon. — On lirait en accentuant sur *i.* Nous autres Catalans, nous avons appris généralement d'abord le castillan, et le castillan, dont les règles d'accentuation sont enviables (je crois qu'il n'y a aucune langue qui ait une accentuation aussi claire), n'accentue pas toujours de la même façon que le catalan. Si vous écrivez en catalan *interes* sans signe diacritique, on prononcera, d'après le castillan, *intéres* en accentuant sur le pénultième, mais on ne prononcera pas [interès]. Il en est de même par exemple pour le castillan par rapport à l'italien. Ainsi en italien, *atmosfera* avec l'accent sur *e,* et en espagnol *atmósfera.* Si vous ne mettez pas d'accent, l'étudiant ne saura pas qu'en castillan il faut dire *atmósfera.*

M. Sugranyes. — Il me paraît nécessaire que l'orthographe reflète le plus possible la complexité phonétique de la langue. Par conséquent, tout ce qui permet de distinguer non seulement les phonèmes, mais aussi leurs variantes, me semble important et je crois que ce serait très grave d'y renoncer ; du moment que nous avons la chance de pouvoir distinguer par écrit *ós* et *os,* nous devons le faire. Ce que je regrette, c'est que nous n'ayons pas de signe permettant de distinguer le timbre vocalique dans d'autres positions ; dans des cas comme *primavera* [priməberə] et *primavera* [priməbɛrə] aucun signe ne peut marquer la qualité de la voyelle *e.* Et pourtant il serait très utile de l'avoir.

Gardons de grâce les cas où l'orthographe nous permet de signaler ces différences, qui ne sont pas des nuances, mais des éléments essentiels dans le système de la langue. Je demanderais donc la complexité de l'orthographe parce qu'elle me semble extrêmement utile.

Dans sa conclusion, M. Solà a exprimé des idées très intéressantes sur la nécessité de combattre le complexe, le mythe de l'orthographe : en effet, les cours de catalan devienent essentiellement, pour la plupart de nos compatriotes, des cours d'orthographe et c'est un grand mal. Les personnes qui sont passées par un cours de catalan écrivent correctement, mais disent par exemple *tinc que anar* ; cette faute qui n'existait pas il y a quelques années, s'est répandue maintenant même parmi les gens cultivés. Il y a des tas de gens qui écrivent correctement au point de vue de l'orthographe et qui font des fautes de ce genre. Alors là je suis tout à fait d'accord avec M. Solà : mettons davantage l'accent sur les problèmes de syntaxe, sur les problèmes lexicologiques, afin que l'enseignement de la langue soit vraiment total ; c'est extrêmement important.

Mais je suis contre la plupart des arguments avancés, car je souhaite une orthographe précise, et non simplifiée.

M. Solà. — Justement, c'est pour préciser la prononciation que Fabra a réintroduit le tréma. Mais ce que j'ai voulu faire aujourd'hui ce n'est pas attaquer le système de Fabra, mais aller plus loin. Je me suis demandé si le système du tréma établi par Fabra était nécessaire ou non. En effet, le tréma est-il pertinent ou non dans certaines positions par rapport à l'accent tonique ? Je ne demande qu'une chose aux signes orthographiques : d'exprimer uniquement des faits pertinents. S'il ne s'agit pas d'un trait pertinent, il n'est pas nécessaire de le marquer. Vous pouvez le voir dans le tableau concernant le tréma ; c'est le tableau qui parle, pas moi.

De plus, ce tableau indique qu'il y a deux limites du tréma, deux groupes de mots par rapport à l'accent tonique, à gauche et à droite du domaine du tréma.

M. Aramon. — Les étrangers, lorsqu'ils apprennent le catalan, veulent savoir comment ils doivent prononcer. Dans le cas de *interès* c'est clair à cause de l'accent. Dans la langue commune, langue que les étrangers doivent apprendre, ce mot a un ɛ ouvert, et c'est pour cela qu'on a mis l'accent grave ; c'est pertinent.

M. Colon. — Dans *interes* sans accent, on ne saurait même pas lequel des deux *e* doit être accentué. Ce serait le cas de l'italien.

M. Sugranyes. — A propos de la pertinence, je crois qu'au contraire, tous ces phénomènes sont extrêmement pertinents. C'est là que je ne suis pas d'accord avec M. Solà. Dans tous ces cas, c'est justement la pertinence que je défends. Il faut regretter, me semble-t-il, que, par exemple, dans l'orthographe italienne, on ne marque pas l'accentuation.

Pour celui qui n'est pas de langue italienne, mais qui l'apprend, c'est une grande difficulté de savoir s'il faut accentuer *farmácia* ou *farmacía*.

Soyons heureux d'avoir trouvé des solutions à ce problème, surtout dans le cas des homophones. Pour ce qui est des homophones, les exemples que M. Solà nous a donnés en disant qu'ils n'étaient pas pertinents, me semblent au contraire parfaitement pertinents. Le cas de *vénen* et *venen* est absolument clair ; la phrase est tout à fait ambiguë si l'on ne note pas l'accent. De même dans le cas de *sèu* et *seu*.

M. Solà. — S'il s'agit d'un mot isolé, oui.

M. Sugranyes. — Non. *Tot això és seu* et *Tot això és sèu* sont deux phrases complètement différentes. Je crois que, même dans des phrases, malgré le contexte, les mots peuvent être ambigus si le timbre n'est pas marqué.

M. Metzeltin. — Le portugais distingue les deux, l'accent tonique d'une part, et d'autre part, la différence de timbre entre *e* et *ę*, etc., simplement par l'accent.

M. Colon. — Martinet a attiré l'attention sur les déplacements de l'accent en espagnol et dans les langues de la Péninsule Ibérique : *líquido - liquído - liquidó*. Ces différences doivent être notées.

M. Straka. — L'accent, en tant que signe diacritique, peut indiquer la place de l'accent d'une part, et d'autre part, le timbre de la voyelle. Bien sûr, le français n'a pas besoin de marquer la place de l'accent parce qu'elle est immuable. Mais, combien il serait utile d'avoir, dans l'orthographe française, des graphies ou des signes systématisés pour indiquer le timbre ! Si une correspondance entre l'orthographe et la prononciation existait, on n'assisterait pas à la transformation ou, si vous préférez, à la dégradation actuelle de la prononciation. C'est parce que, précisément, le timbre vocalique n'est pas exprimé dans la graphie, on entend aujourd'hui tantôt, dans la prononciation populaire, un *é* fermé en finale à la place d'un *è* ouvert, par exemple dans *bonnet, jamais, je porterais*, tantôt, dans la prononciation cultivée, au contraire un *è* ouvert au lieu d'un *é* fermé dans *je sais, il sait, gai, je porterai*. Je félicite donc nos amis catalans d'avoir, dans leur orthographe, la possibilité de marquer non seulement la place de l'accent, ce qui est indispensable, comme en espagnol — et plus spécialement par rapport à l'espagnol, puisque l'accent n'est pas toujours sur la même syllabe —, mais aussi le timbre de la voyelle par un signe diacritique. En fait, grâce aux accents aigus et graves, vous pouvez exprimer par écrit le timbre fermé et ouvert des voyelles accentuées, et c'est un grand avantage qu'il faut conserver. Seules les voyelles inaccentuées ne peuvent pas être précisées par écrit quant à leur timbre, puisque l'accent en tant que signe diacritique, qu'il soit aigu ou grave, marque aussi la place de l'accent tonique dans le mot ; mais cet aspect du problème me paraît, étant donné surtout le caractère du vocalisme catalan inaccentué, relativement peu important. De même, l'emploi du tréma, même dans les mots qui ne s'opposent pas phonologiquement à d'autres mots par ailleurs identiques dans lesquels il n'y a pas de diérèses, est une très bonne chose et doit être conservé, voire perfectionné, pour des raisons orthoépiques. Pour ces raisons, une bonne orthographe ne doit d'ailleurs pas se limiter à exprimer seulement des oppositions phonologiquement pertinentes.

En somme, si l'on compare les déficiences de l'orthographe française, considérées du point de vue de la prononciation, à l'orthographe catalane établie par Fabra, celle-ci apparaît bien supérieure. Bien sûr, elle est toute récente par rapport à l'orthographe française, et elle a été établie par un spécialiste. Son système de signes diacritiques, qui rappelle celui de l'orthographe mistralienne, est, sans aucun doute, très heureux. Peut-être pourra-t-on le perfectionner dans quelques cas, le rendre plus systématique encore, mais surtout il ne faut pas éliminer ces signes sous un faux prétexte d'« économie », de simplification de l'aspect visuel de la graphie ; ils me paraissent d'une grande valeur non seulement pédagogique, mais aussi linguistique.

M. Solà. — Je suis complètement d'accord avec ce point de vue de M. Straka.

M. Straka. — Là où il y a des insuffisances, perfectionnez-les dans la mesure où il est possible de toucher à un système. Evidemment, toucher à un détail du système, cela risque parfois de faire écrouler tout l'ensemble. C'est d'ailleurs le cas de l'orthographe française. Elle aurait bien besoin d'être réformée, et je serais volontiers partisan d'une réforme très radicale. Mais finalement, elle est difficile à réaliser. Une réforme minimale ne servirait à rien, elle n'aboutirait à aucun système cohérent. Une réforme radicale poserait avant tout un grave problème économique : il faudrait réimprimer ce qui a été publié antérieurement. D'autre part, entre les modifications qu'on pourrait faire en catalan et la réforme de l'orthographe française, si l'on la fait un jour, il y aurait une différence fondamentale extra-linguistique. La réforme de l'orthographe française ne serait pas seulement une affaire de linguistes et d'hommes de lettres, ce serait une affaire d'Etat sur laquelle l'Assemblée Nationale devrait se prononcer. Chez vous, ce n'est pas pour le moment — puisque le catalan n'est malheureusement pas une langue officielle — une affaire d'Etat, mais seulement une affaire d'intellectuels, d'hommes de lettres, de linguistes, de philologues.

Ne retouchez donc le système de Fabra qu'avec prudence, là où il a vraiment besoin d'être perfectionné, à un moment psychologiquement et politiquement propice ; dans l'ensemble, ce système me paraît absolument remarquable.

M. Badia. — Nous venons de constater que les thèmes d'orthographe passionnent les hommes beaucoup plus que les autres. Je tiens à dire, d'abord, qu'il sera très utile de retrouver, dans les actes de ce colloque, toutes les considérations de M. Solà ; je lui avais demandé de nous exposer ces points de vue dans l'espoir qu'on pourra en tenir compte un jour, de même que les anciens travaux d'A. Thomas seront peut-être utiles un jour pour l'histoire de l'orthographe française.

Ensuite, je pense que nous devons avoir toujours le droit de traiter librement n'importe quel sujet concernant la langue au niveau de la recherche, sinon je n'aurais pas inscrit au programme de ce colloque celui qu'on vient de traiter. Nous devons avoir toujours l'indépendance de choisir n'importe quel sujet pour une discussion à un niveau très élevé, au niveau universitaire.

Enfin, je serais plus prudent quant à l'engagement de ne rien modifier pendant cent ans ou deux cents ans... Nous ne savons pas ce que nos successeurs feront. Il n'est pas sûr qu'ils continuent à considérer notre orthographe comme la seule correcte, la seule possible, car il est fort probable que la langue catalane subira des transformations importantes. Je ne vous conseille donc pas d'engager nos successeurs, parce qu'il y aura des moments où il sera peut-être plus sage de modifier un aspect ou un autre de notre orthographe, ou simplement de rapprocher davantage la langue et sa représentation graphique.

Phonétique et phonologie catalanes

par

A. M. Badia Margarit

(Barcelone)

I - DESCRIPTION DES SONS (PHONÉTIQUE)

1) *Bref compte rendu bibliographique*

1. La linguistique catalane a disposé très tôt d'un manuel de phonétique, de B. Schädel, où l'on trouvait des descriptions des sons de la langue (¹). Ce livre ne présente plus pour nous qu'une valeur documentaire à cause de son ancienneté et des connaissances acquises depuis. C'est à Pere Barnils que nous devons les bases d'une phonétique catalane scientifique : Barnils avait appris chez l'abbé Rousselot, à Paris, les méthodes de travail que la phonétique expérimentale pratiquait alors (on travaillait avec le kymographe et le palais artificiel), et à l'aide de ces méthodes, il a réuni des matériaux sur le catalan et les a interprétés (²). Malheureusement, son œuvre est restée inachevée

---

(1) B. Schädel, *Manual de fonètica catalana* (Cöthen 1908). Les travaux de J. Arteaga Pereira, *Spécimen catalan d'après la prononciation normale*, dans *Le Maître phonétique*, IX (1904), et *Ullada general a la fonètica catalana*, dans *Congr. Ll. Cat. Barcelona*, 445-465, ainsi que les *Textes catalans avec leur transcription phonétique*, publ. par Pere Barnils (Barcelona 1915), sont aussi des introductions qui n'ont plus aujourd'hui qu'une valeur documentaire.

(2) P. Barnils, *Sobre fonètica catalana. Vocals*, dans *BDLLC*, IV (1908-1909) 261-269, 277-282, 293-298 (et *AORLL*, VI (1933) 3-20) ; *Etudes de prononciations catalanes à l'aide du palais artificiel*, dans *Revue de phonétique*, II (1912) 50-64 ; III (1913) 268-278 (et *AORLL*, VI (1933) 21-36 et 37-46) ; *L'articulació de la K i la G mallorquines*, dans *BDC*, III (1915) 73-79 (et *Estudis Fonètics*, I (Barcelona 1917) 75-82, et *AORLL*, VI (1933) 51-57) ; *Sobre la quantitat de les vocals tòniques*, dans *ER*, I (1916) 15-28 (et *AORLL*, VI (1933) 67-78) ; *Les consonants dites semi-sordes*, dans *ER*, I (1916) 7-15 (i *AORLL*, VI (1933) 59-66) ; *Nasalitat i nasals*, dans *Estudis Fonètics*, I (1917) 201-211 (et *AORLL*, VI (1933) 79-88 ; *Sobre l'articulació de p, t, k*, dans *Estudis Fonètics*, I (1917) 221-236 (et *AORLL*, VI (1933) 99-112) ; *Articulacions alveolars condicionades*, « Miscelánea Filológica dedicada

pour trois raisons. D'abord, à cause de l'orientation ultérieure de Pere
Barnils qui s'est tourné vers l'application de la phonétique à la patho-
logie du langage et à l'enseignement aux sourds-muets, ce qui l'a
éloigné beaucoup de sa vocation primitive. Deuxièmement, à cause de
la suppression du laboratoire de phonétique qu'il avait réussi à fonder
au sein de l'Institut d'Estudis Catalans ; cette suppression a entraîné,
pour des motifs extra-scientifiques, la destruction d'une partie des
instruments du laboratoire. La troisième raison a été la mort prématurée de Barnils, au moment où sa formation et sa maturité permet-
taient d'attendre tant de ses recherches : il mourut en 1933, à l'âge de
51 ans. Néanmoins, la contribution scientifique de Pere Barnils, qui
repose sur des matériaux de première main, élaborés par lui-même, a
été, pendant longtemps, la seule source de nos renseignements sur les
sons du catalan ([3]).

Aussi, lorsque M. F. de B. Moll et moi-même avons entrepris nos
ouvrages de synthèse de linguistique catalane ([4]), malgré la trentaine
d'années qui s'était écoulée depuis la parution des travaux de phonétique de Pere Barnils, n'avons-nous eu d'autre possibilité que de partir
des données qu'il avait rassemblées. Personnellement, j'avais fait,
certes, un séjour à Coïmbre, où j'avais travaillé, auprès de M. Armando
de Lacerda, sur les sons du catalan ([5]) ; mais la façon dont j'avais
examiné les sons du catalan était très éloignée du point de vue que
j'ai adopté dans ma grammaire historique, et cela m'a empêché de
prendre en considération les données « cromographiques » de M. de
Lacerda ([6]). Je voudrais préciser, par ailleurs, que j'avais décidé

---

a D. Antonio M. Alcover...» (Mallorca 1932) 347-351 (et *AORLL,* **VI** (1933)
175-178) ; [*Pronunciacions normals catalanes*], *AORLL,* **VI** (1933) 163-174
(collection de fragments extraits d'un livre du même auteur, dont le titre
est *Defectes del parlar,* Barcelona 1930). On comprend pourquoi l'*AORLL*
a consacré à Pere Barnils un volume « in memoriam », où tous ses travaux
ont été réunis ; outre ceux que je viens de mentionner, on y a inséré aussi
ses études de dialectologie et autres études.

(3) Ses travaux ont influencé les systèmes de transcription du *BDC,* I (1913),
5-6, et de l'*ALC,* et même du *DCVB,* I, pp. XXII-XXV (1ʳᵉ éd.) (2ᵉ éd.,
pp. LXXIX-LXXX) (voyez F. de Moll, *El nostre novell sistema de transcripció fonètica,* dans *BDLLC,* XIV (1925) 152-157).

(4) Badia, *Gr. Hist.* ; Moll, *Gr. Hist.* ; la première est de 1951, la seconde, de
1952.

(5) J'ai travaillé avec M. Lacerda pendant l'été 1945. Nous avons cru tous les
deux que la meilleure façon de m'introduire dans sa méthode était de
préparer, en collaboration avec lui, une étude qui serait une contribution
positive à la connaissance d'une langue, à savoir le catalan. Le résultat en
a été l'ouvrage : Armando de Lacerda-A. M. Badia Margarit, *Estudios de
fonética y fonología catalanas* (Madrid 1948).

(6) En réalité mon séjour à Coïmbre correspondait à mon orientation initiale
qui était la phonétique expérimentale, mais pour plusieurs raisons, je n'ai
pas persévéré dans cette voie. Quant au livre préparé en collaboration avec
M. Lacerda, il offre des données présentant un intérêt certain pour le
catalan, mais très éloignées de l'objet de ma grammaire historique. Il suffit
de rappeler que la méthodologie de l'école de Coïmbre, très attentive à la
« qualité » des sons, ne tient presque pas compte des articulations, tandis
que, dans ma grammaire historique, je pars des articulations pour en

d'accorder une place importante, dans mon ouvrage, à la description des sons du catalan et aux conditions qui en modifient les articulations (assimilations, sonorisations, désonorisations, phénomènes de phonétique syntaxique, etc.) ; en conséquence j'y ai inséré beaucoup d'exemples. Or, malgré mes vérifications personnelles de tous les exemples donnés, mon information reste largement fondée sur les acquisitions de Pere Barnils.

Heureusement, ces dernières années, des changements importants se sont produits dans ce domaine. Il m'est très agréable de le rappeler dans cette Université de Strasbourg, et je le fais avec une grande reconnaissance, en mon nom et au nom de tous ceux qui se consacrent à la linguistique catalane. C'est ici qu'en 1965 j'ai préparé 162 courtes phrases, en combinant les mots de façon à ce que tous les sons du catalan y figurent dans leurs différentes positions, et ma prononciation de ces phrases a été fixée sur des films radiologiques, exécutés à la Radiologie Centrale de la Faculté de Médecine de Strasbourg, en même temps qu'elle a été enregistrée simultanément au magnétophone ; en outre des films représentant la pression des lèvres ont été faits à l'Institut de Phonétique de la Faculté de Lettres. J'insiste sur ces renseignements, non pas — bien sûr — parce que j'ai servi de sujet (sujet bien patient, vous pouvez le croire), mais parce que désormais la phonétique catalane pourra être étudiée, à l'aide de ces documents, sous un jour nouveau. Ainsi, grâce à cette utilisation des méthodes les plus récentes de la phonétique expérimentale, la phonétique catalane va désormais subir une véritable révolution. Mieux encore : elle est en train de la subir. Je pense à certaines réalisations en cours, comme les travaux de M. Ramon Cerdá ([7]).

arriver à la description des sons ; pour cette raison, je n'y ai même pas mentionné les *Estudios*. En 1950, j'ai travaillé encore, dans le domaine de la phonétique expérimentale, à l'Université de Zurich, au Laboratoire de Phonétique dirigé par Eugen Dieth, dont le sous-directeur était M. Rudolf Brunner, romaniste. J'y ai fait des expériences au kymographe pneumatique (traditionnel) et au kymographe électrique, et j'ai gardé, de ce séjour, de nombreux kymogrammes de sons catalans. A Zurich on m'a fait un palais artificiel, et j'ai obtenu systématiquement tous les palatogrammes possibles des articulations catalanes, que je n'ai pas publiés. Dernièrement j'ai cédé ces matériaux à M. Ramon Cerdà, dans l'espoir qu'ils pourront lui être utiles, du moins pour établir des comparaisons, dans ses travaux de phonétique catalane.

(7) Cf. sa thèse de doctorat *Aportación al estudio experimental del timbre vocálico en catalán, Bases para una normofonética catalana de conjunto* (soutenue à Barcelone, le 4 juillet 1967). Cette thèse, bâtie sur les matériaux que j'avais enregistrés moi-même à Strasbourg, a été élaborée pendant un long séjour de M. Cerdà à Madrid, où il a travaillé au Laboratoire de Phonétique Expérimentale du « Consejo Superior de Investigaciones Científicas », sous la direction de M. Antonio Quilis. L'ouvrage va paraître à Madrid, sous le titre *El timbre vocálico en catalán*. Autres travaux de Ramon Cerdá : *L'estructura vocàlica del català comú modern*, dans *ER*, **XII** (1963-1968) 65-117 ; *Les fricatives pre-palatals catalanes* et *Táctica y productividad en la fonología del catalán* (ces deux études sont sous presse).

Pere Barnils avait une préparation scientifique suffisante pour rédiger un ouvrage de synthèse. Mais il est resté au stade de travaux monographiques, et jusqu'à présent, nous ne disposons pas de manuel de prononciation qui, dépassant le vieux livre de Schädel, décrive les sons du catalan et leurs combinaisons, ainsi que les autres aspects de la prononciation, la durée, l'intensité, l'intonation. Je forme donc des vœux pour que, du moment que nous possédons maintenant des données de haute fidélité, la phonétique catalane trouve un chercheur disposé à combler cette lacune grave de notre bibliographie linguistique, et qu'en entreprenant cette tâche, il puisse résoudre les problèmes scientifiques dont je vais exposer maintenant quelques-uns.

2) *Les voyelles*

2.   Les voyelles toniques du catalan, qui représentent sept timbres fondamentaux, sont émises, dans la prononciation courante, distinctement, avec clarté et fixité, sans qu'il y ait, pendant l'émission, des changements perceptibles de qualité vocalique. On sait que, dans l'usage normal, les voyelles ne sont jamais atteintes de nasalité.

Il y a des différences nettes entre voyelles ouvertes et voyelles fermées. Mais ici il faut faire une distinction : il y a des différences d'un côté pour des raisons purement articulatoires (qui sont réglées d'une façon mécanique) et, de l'autre, pour des raisons extra-articulatoires, essentiellement phonologiques (qui s'expliquent par la base étymologique dans tous les cas).

Examinons tout d'abord les différences articulatoires. Ces différences existent entre *i* ouvert / *i* fermé, *u* ouvert / *u* fermé, *a* normal / *a* fermé (soit en avant : *a* palatalisé, soit en arrière : *a* vélarisé). Elles sont provoquées par le contact avec les consonnes immédiatement voisines et par le type de syllabe (les voyelles dans une syllabe entravée par une consonne implosive ont tendance à se prononcer ouvertes) ; il s'agit, d'ailleurs, de différences peu perceptibles, dont le phonéticien se rend compte, mais que l'homme de la rue ne remarque pas [8]. Quant aux variantes d'*a* palatalisé et d'*a* vélarisé, il faut reconnaître que ces nuances, bien qu'elles soient uniquement articulatoires, ressortent davantage (surtout *a* vélarisé) ; l'homme de la rue, même s'il ne sait pas en quoi cela consiste, s'aperçoit que la différence entre *raig* 'rayon, jet' et *rau* '(il) réside, (il) racle' ne se borne pas au son final (dans le premier mot, [tx], dans le second, [u]) et que le *a* de *raig* et celui de *rau* sont deux espèces bien différentes [9].

---

(8) C'est la raison pour laquelle je n'ai pas fait figurer des variantes telles que le *i* ouvert ou le *u* ouvert parmi les sons décrits dans ma *Gr. hist.*, §§ 28 (p. 89), 30 (p. 94) (les *i* et *u* ouverts qu'on y trouve sont, à proprement parler, des variantes dialectales des phonèmes /e/ et /o/). Par contre, les *i* et *u* ouverts ont été dénombrés par Schädel et d'autres.

(9) Les trois nuances de *a* se trouvent indiquées dans ma *Gr. hist.*, § 29, pp. 90-91.

Ces différences articulatoires existent dans le parler qu'on appelle couramment le « catalan commun » et qui repose surtout sur le catalan oriental, plus spécialement sur celui de Barcelone. Mais, que se passe-t-il dans les autres contrées ? Une des séances de ce Colloque sera consacrée toute entière à la dialectologie catalane, de sorte qu'il serait plus logique de poser cette question lors de cette séance. Mais je ne peux m'empêcher de dire, dès maintenant, que les informations dont nous disposions jusqu'à présent étaient très lacunaires ([10]) et que le Nouvel Atlas Linguistique du Domaine Catalan, dont M. Joan Veny vous parlera, est en train de nous révéler beaucoup de faits tout à fait nouveaux (nous ignorons évidemment si, précédemment, on les a décrits maladroitement au point de ne pas les reconnaître dans ces descriptions, ou si l'on ne les a pas remarqués, ou bien s'il s'agit de faits qui se sont produits, au cours de ces dernières années, comme des étapes nouvelles de l'évolution constante de la langue). Je dirai donc seulement que les voyelles fermées *e* et *o* sont plus fermées en catalan occidental qu'en catalan oriental et que, dans ce dernier, le baléare offre les voyelles ouvertes *e* et *o* beaucoup plus ouvertes qu'elles ne le sont dans le reste du domaine.

Les allusions que je viens de faire aux voyelles *e* et *o*, nous conduisent tout droit au second groupe de différences entre voyelles ouvertes et voyelles fermées : différences qui obéissent à l'étymologie du mot et sont aujourd'hui pertinentes du point de vue phonologique. Il s'agit de différences entre *e* ouvert et *e* fermé (*deu* 'dix', avec [ɛ] / *déu* 'dieu', avec [e]) et entre *o* ouvert et *o* fermé (*os* 'os', avec [ɔ] / *ós* 'ours', avec [o]). Etant donné qu'elles entraînent ou peuvent entraîner des changements de signification, on comprend fort bien que ces différences soient nettes du point de vue articulatoire et qu'elles soient saisies systématiquement par tous les catalanophones. En effet, ceux-ci n'entendront jamais 'dix' là où on leur parle de 'dieu', et inversement ; et ils n'entendront jamais non plus 'os' là où on leur parle d''ours', et inversement. Néanmoins, les choses ne sont pas toujours aussi claires qu'on pourrait le croire. J'y reviendrai (§ 14).

3.   Contrairement à ce qui se produit pour les voyelles toniques (que nous avons qualifiées de claires, distinctes et fixes, § 2), les voyelles atones perdent en catalan beaucoup de leurs qualités. L'aboutissement du vocalisme latin dans la langue moderne (en catalan oriental) nous permet de le constater du point de vue historico-évolutif : les voyelles atones sont réduites à trois nuances de timbre : [ə], [i], [u]. La voyelle tonique domine le mot tout entier au point que les voyelles

---

(10) Aussi toutes les descriptions des articulations dialectales que je donne dans *Gr. hist.*, §§ 28-30, pp. 88-95, devraient-elles être soumises à une révision sérieuse, qui pourra bénéficier de l'expérience du nouvel atlas catalan. Tout spécialement il faut supprimer les cartes de la prononciation des voyelles atones *a* et *o* (*Gr. hist.*, pp. 153 et 161) basées sur quelques cartes de l'*ALC*, car elles contiennent de nombreuses inexactitudes (cf. M. Sanchis Guarner, dans *RFE*, XXXVII (1953) 262-263).

atones deviennent inarticulées. Dans l'élocution académique on les prononce toujours, mais le langage courant les omet très souvent, beaucoup plus souvent sans doute qu'on ne le pense généralement. Leur disparition est surtout sensible dans les proparoxytons, après la syllabe tonique : *típica* 'typique' se prononce [típ'k'] (nous en possédons des preuves très claires sur bandes magnétophoniques).

Dans les autres positions atones, les voyelles sont soumises à la même tendance, mais leur disparition n'est pas aussi spectaculaire qu'après l'accent. Je voudrais faire ici deux remarques. Voici la première : en catalan, ce qu'on appelle le « coup initial » (ou « attaque ») semble être assez net, et cela fait que la voyelle atone en syllabe initiale peut conserver, dans certaines conditions, son articulation, par exemple : *cosmopolita* [kuzm'pulítə]. Deuxième remarque : en raison de sa nature articulatoire, le *r* intérieur absorbe souvent une voyelle atone précédente : *severitat* 'sévérité' se prononce : [səb'ritát]. Cette action du *r* a une telle force qu'elle peut même neutraliser le « coup initial » : *veritat* 'vérité' se prononce : [b'ritát]. Mais, en réalité nous sommes encore très mal informés sur toutes ces particularités : comme je le disais tout à l'heure, il nous manque, pour établir la prosodie de la langue, un traité de prononciation qui tienne compte de tous ces cas (et d'autres que je n'ai pas la possibilité d'énumérer).

Je voudrais souligner encore un autre point intéressant de la prononciation des voyelles atones. Nous avons vu que le vocalisme atone du catalan oriental s'était réduit à trois voyelles : [ə], [i], [u]. Néanmoins, la voyelle *e* a maintenu dans certains cas son articulation antérieure (sans devenir [ə]) : en hiatus avec *a* tonique (*teatre* 'théâtre' ne se prononce pas [*təátrə], mais [teátrə]) et à la finale où, dans certains mots, on ne prononce jamais [ə], mais toujours [e] : *frase* 'phrase' se prononce couramment [fráze], et non [*frázə] (qu'on devrait prononcer, semble-t-il). Le premier cas n'est pas difficile à expliquer : c'est une dissimilation [ə-á] > [e-á] (*teatre*) qui évite une prononciation gênante. Le second cas n'est pas aussi clair ; on dit qu'il y a peu de mots avec -*e* final, qu'ils sont presque tous des mots savants (*base, prole*, etc.) et qu'ils ont subi l'influence du castillan, langue officielle. Au fond, il doit y avoir une raison plus déterminante. En effet, observons la voyelle -*o* qui, en barcelonais, devient [u] en position atone : *portar-ho* 'le porter' se prononce [purtáru] ; or cette voyelle *o* n'offre pas d'exemples parallèles de dissimilation (*coordinació* est prononcé [kuurdinəsió] ou [kurdinəsió] jamais [*kourdinəsió] ou [*koordinəsió], malgré l'espagnol « coordinación »), et elle ne se maintient pas non plus à la finale (cat. *monjo* 'moine' se prononce [mɔnju], tandis que l'espagnol « monje » se termine en -*e*), même dans les castillanismes (l'esp. *duro* 'monnaie de 5 pts.' se prononce en catalan [dúru]). Il se peut que l'influence scolaire soit une raison suffisante du maintien d'-*e* à la finale (dans *frase, base, prole*). Tout se passe comme si l'on se disait, en tenant compte de l'orthographe : nous écrivons -*e* à la finale de ces mots, il faut donc y prononcer le -*e*. Mais, à vrai dire, je ne serais pas surpris si, un jour, on en fournissait une explication d'ordre phonétique intérieur, propre au système. Malgré tout, je pense qu'une bonne prosodie catalane doit essayer de corriger la prononciation [-e] dans ces mots (*frase,* etc.) au profit de [-ə] qui correspond à cette position.

Le maintien de *-e* (non prononcé [-ə]) dans les cas mentionnés m'invite à rappeler que le catalan occidental distingue soigneusement entre *a* et *e* atones et entre *o* et *u* atones (cette dernière distinction est observée aussi à Majorque). L'expérience des enquêtes du Nouvel Atlas Linguistique du Domaine Catalan nous a appris toutefois que, sur ce point aussi, d'importantes modifications articulatoires sont en train de se produire. Nous ne pouvons pas nous sentir satisfaits en répétant un principe précédemment établi et transmis par la tradition scientifique. Maintenant on s'est aperçu que la voyelle neutre [ə], qui a fait son apparition en Alt Urgell et en Andorre, tend à se propager à d'autres contrées occidentales, même dans le Segrià (donc à Lleida même). Il faut avouer que la distinction entre *a/e* et entre *o/u*, qui demande plus de tension que leur prononciation dans le catalan oriental, continue à être caractéristique, pour le moment, des parlers occidentaux. Une fois de plus, nous enregistrons donc une différence articulatoire remarquable au sein de la langue catalane. Et plus qu'articulatoire : la tension plus grande des voyelles atones occidentales empêche leur disparition dans les cas que nous avons mentionnés comme typiques du catalan oriental. Bien entendu, ces voyelles occidentales n'atteignent jamais la tension des voyelles correspondantes de la langue espagnole.

3) *Les combinaisons de voyelles*

4. Les combinaisons de voyelles (à l'intérieur du mot et en tant que phénomène de phonétique syntaxique) présentent un problème très délicat et très complexe de la prononciation du catalan. Nous ressentons à ce sujet le manque d'une étude sérieuse de prosodie. Je vais donc me borner à poser le problème, à commenter quelques exemples, à suggérer quelques orientations de recherches.

Il faut tout d'abord reconnaître que nous ne savons pas encore exactement quelles sont, parmi les voyelles catalanes, celles qui créent des diphtongues. Précisons : nous savons bien qu'il existe des diphtongues qu'on appelle « décroissantes » (terminés en *i, u*) : *ai, ei* (c'est-à-dire [ɛi] et [ei]), *oi* ([ɔi] et [oi]), *ui, au, eu* ([ɛu] et [eu]), *iu, ou* ([ɔu et [ou]), et même *ii* [íi] et *uu* [úu] ; les groupes qu'on écrit *ui, iu* (et que l'espagnol prononce plutôt comme des « diphtongues croissantes » : *wi, yú*) ([11]) appartiennent, en catalan, au type de « diphtongue décroissante », qui paraît correspondre plus aisément au système catalan.

---

(11) Alarcos, *Fonol. esp.,* § 98, p. 157, attache beaucoup d'importance à la prononciation des diphtongues espagnoles *ui, iu,* aussi bien « décroissantes » que « croissantes », tandis que Navarro, *Pron. esp.,* §§ 149-150, pp. 166-169, ne parle que de l'hiatus *u-i, i-u* ou de diphtongue « croissante », comme solutions propres à la langue espagnole.

Mais que se passe-t-il pour les « diphtongues croissantes » ? Les seules diphtongues de ce genre qui existent en catalan sont celles qui commencent par *u-* après *k, g* (*quan* 'quand', *guanyar* 'gagner'), mais nous nions l'existence de « diphtongues croissantes » commençant par *i-* ; en effet, un mot tel que *ciència* 'science' se compose de quatre syllabes : [si-ɛn-si-ə], et ce traitement est par conséquent tout à fait différent de celui de la prononciation espagnole, dans laquelle ce même mot n'a que deux syllabes : [θyen-θya] ([12]).

J'aimerais bien examiner ce point. Aujourd'hui, parmi les gens cultivés (personnes qui se trouvent sous l'influence de la langue officielle espagnole) et, plus encore, parmi ceux qui parlent le catalan comme langue acquise (des immigrés, ou des enfants d'immigrés ou de ménages mixtes), on entend très souvent la prononciation castillanisante de diphtongue : *emoció* 'émotion' prononcé [ə-mu-syó] ; elle finit par devenir la seule prononciation qu'on puisse saisir. Par contre, à la campagne, où l'on maintient des habitudes articulatoires non contaminées, on entend couramment [ə-mu-si-ó]. Pour cette raison, et par suite d'une longue tradition de la langue écrite, la grammaire normative du catalan interdit la prononciation d'*i* + voyelle comme diphtongue ; la prononciation correcte doit séparer l'*i* et la voyelle suivante dont chacune appartient à une syllabe différente ([13]).

Or voici quelques considérations que je voudrais soumettre à votre appréciation :

1) En réalité, la langue ancienne hésite souvent sur ce point. Toutefois, étant donné le caractère synchronique de cet exposé, je ne vais pas m'étendre sur cet aspect, dont les précisions n'apporteraient d'ailleurs rien de nouveau aux connaisseurs des textes catalans du moyen âge.

2) La langue littéraire moderne présente aussi de nombreuses hésitations. Et ne croyez pas qu'il faille recourir à des écrivains de second ordre. Verdaguer, qui possédait le sens de la langue comme peu d'autres, a écrit un vers que presque tous les Catalans savent par cœur : « Vora la mar de Lusita*nia*, un dia » ([14]) et où l'on est forcé de lire : [-tá-nyəun-di-] ou mieux encore : [-tá-nyun-di-], avec une diph-

---

(12) Voir, par exemple, ma *Gr. hist.*, § 28, p. 89.

(13) Voir, entre autres : Fabra, *Gr. cat.* (pòst), § 4 (pp. 3-4) ; Fabra, *Converses filològiques*, I (Barcelona 1954) 53 et 89 ; Badia, *Gr. cat.*, I, § 25, p. 63.

(14) J. Verdaguer, *L'Atlàntida*, première strophe de l'introduction (et du poème). Dans l'édition de l'« Ilustració Catalana » (Barcelone [s.a.], p. 17), « Lusitania » ne porte pas l'accent (selon l'orthographe en vigueur, il faut écrire : « Lusitània ») et est suivi d'une virgule. Voici cette strophe (dans l'orthographe modernisée) :

> « Vora la mar de Lusitània, un dia
> los gegantins turons d'Andalusia
> veren lluitar dos enemics vaixells ;
> flameja en l'un bandera genovesa,
> i en l'altre ronca, assedegat de presa,
> lo lleó de Venècia amb sos cadells. »

tongue qui s'oppose à la prononciation que nous appelons pure. Il serait facile d'en multiplier les exemples, de Verdaguer ou de n'importe quel auteur. Il faut reconnaître que la poésie catalane moderne ne résisterait guère à un examen prosodique pour peu rigoureux qu'il fût.

3) Comme je l'ai indiqué, les diphtongues tenues pour incorrectes [ə-mu-syó] (emoció), [pa-syεn-syə] (paciència), etc., sont aujourd'hui très répandues parmi les catalanophones. J'ai même constaté que de nombreux Catalans sont surpris quand on leur dit que la prononciation [ə-mu-syó] est une façon de castillaniser le langage.

4) Dans les dialectes, on a enregistré quelquefois des diphtongues commençant par i-, notamment dans le catalan d'Alguer et dans le parler pyrénéen du Pallars ([15]). A ces endroits, ce traitement doit être déjà ancien et autochtone, et on ne peut pas songer à y chercher une influence castillane moderne.

5) On accepte généralement quelques cas isolés : a) l'onomatopée miau ou mieu (le cri du chat) se prononce en une seule syllabe : [myáu], [myεu] ; b) un mot comme fiasco (d'origine italienne, certes, mais qui figure dans le DGLC) ne peut se prononcer qu'avec une diphtongue : [fyás-ko] ou [fyás-ku] (il serait inconcevable de décomposer le mot en (fi-ás-ko)) ; c) les mots avec i- initial fournissent, pour des raisons de phonétique syntaxique, des exemples de « diphtongues croissantes » avec i-, et ce fait doit être accepté : dans des phrases telles que han portat iode '(ils) ont porté du iode', és un iambe '(c')est un ïambe', il serait absurde de vouloir prononcer deux syllabes, *i-o ou *i-a ; d) nous trouvons, dans la prononciation habituelle barcelonaise, des cas pareils de jo (prononcé ailleurs [jó], mais à Barcelone [yó]) ou ja (barc. [yá]) : ho he fet jo 'c'est moi qui l'ai fait', barc. [we-fet-yó] ; t'han cridat ja dos cops 'on t'a déjà appelé deux fois' ; [-dàt-ya-] ; là on ne pourrait pas décomposer non plus en i-o, i-a.

6) A l'intérieur du mot, il existe certaines diphtongues atones, où la prononciation correcte en deux syllabes : peremptorietat 'péremption' [pə-rən-tu-ri-ə-tát], obligatorietat 'qualité d'obligatoire' [u-bli-gə-tu-ri-ə-tát] serait gênante et lourde à en juger par la prononciation la plus habituelle de ces mots avec la réduction de la diphtongue en i : [pə-rən-tu-ri-tát], [u-bli-gə-tu-ri-tát]. Tout cela est significatif ([16]).

7) Il y a enfin des cas de phonétique syntaxique. Quand l'i (atone) se trouve en contact avec une voyelle tonique subséquente, on maintient habituellement l'hiatus : no li és escaient 'cela ne lui va pas'

---

(15) Kuen, Alguer - I, p. 140 ; Joan Coromines, El parlar de Cardós i Vall Ferrera, dans BDC, XXIII (1935) 252-253.

(16) Evidemment, il faut distinguer des nuances : certains mots offrent, semble-t-il, quelque résistance à la réduction, par exemple arbitrarietat, qu'on entend souvent avec la diphtongue incorrecte : [ər-bi-trə-ryə-tát], tandis que d'autres réduisent la diphtongue d'une façon constante : simultàniament ne se prononce que [si-mul-tà-ni-mén] dans le langage courant.

[-li-ez-ǝs-] ; *ni ell mateix* 'même pas lui' [ni-ell]. Quand la voyelle suivante n'est pas accentuée, la prononciation la plus normale pratique la réduction de toute la syllabe en *i* : *a mi em sembla* 'moi, il me semble' [ǝ-mim], *si et diu això* 's'il te dit ceci' [sit], et le problème a simplement disparu. Un type d'élocution plus calme maintient l'hiatus : [ǝ-mi-ǝm], [si-ǝt]. Mais, entre ces deux extrêmes, il n'est pas rare d'entendre précisément la prononciation diphtonguée : [ǝ-myǝm], [syǝt]. Il existe un vers d'une chanson populaire (*a tu qui et treurà* 'toi, qui va te faire (danser)', de *L'Hereu Riera*) qui permet soit la prononciation que j'ai appelée normale [ǝ-tu-kit-], soit la prononciation incorrecte avec la diphtongue [ǝ-tu-kyǝt], mais qui, à cause du rythme de la chanson, ne pourrait être prononcée de la façon correcte [ǝ-tu-ki-ǝt], parce que, dans ce cas, il y aurait une syllabe de trop.

5. Si nous réfléchissons sur les données précédentes, nous pourrons en déduire que les Catalans ne sont nullement incapables de prononcer des diphtongues commençant par *i-*. Nous éprouvons plutôt trop de tendance à le faire. Autrement, le maintien de l'hiatus à l'intérieur des mots, comme dans *emoció* [ǝ-mu-si-ó] ou *ciència* [si-én-si-ǝ], est bien justifié par l'histoire de la langue, par la prononciation dans les régions les plus pures et par la tradition de la langue écrite. Que faut-il en penser ?

Je me demande alors pourquoi on a séparé les cas de *i* des cas de *u* ; on aurait dû les traiter en respectant le parallélisme évident qui existe entre ces deux articulations extrêmes. Il y a, bien sûr, des raisons pour lesquelles ce parallélisme a été abandonné, et j'y reviendrai tout à l'heure. Mais essayons d'abord de mettre en rapport les cas de *i* + voyelle avec ceux de *u* + voyelle. Il est évident qu'il existe deux sortes de combinaisons de *u* + voyelle : 1) dans un premier groupe de mots, le *u* forme une diphtongue avec la voyelle suivante : *quatre* [kwá-trǝ], *ungüent* [un-gwén], *quadern* [kwǝ-dérn] ; 2) dans un second groupe, le *u* seul forme la syllabe en formant l'hiatus avec la voyelle suivante : *actuar* [ǝk-tu-á], *suor* [su-ó], *pèrdua* [pér-du-ǝ]. Personne n'a jamais prétendu, à ma connaissance, qu'on doive prononcer, dans ce dernier cas, une diphtongue. Mais personne n'a jamais mis en doute non plus la correction des diphtongues dans le premier cas (*quatre, ungüent, quadern*). La distinction des deux groupes de *u* + voyelle a permis de résoudre les cas de phonétique syntaxique selon les tendances profondes de la langue : étant donné que *u* peut commencer une diphtongue, la constatation nous a satisfaits pleinement et nous ne nous sommes aucunement souciés de reconnaître qu'une phrase comme *tu ets aixi* peut se prononcer de trois façons différentes : [tu-è-tzǝ-xí], [tu-tzǝ-xí] ou [twè-tzǝ-xí]. Ou bien encore la phrase *portar-t'ho avui* : [pur-tàr-tu-ǝ-búi], [pur-tár-tu-búi] ou [pur-tàr-twǝ-búi].

Seule une étude parallèle des combinaisons *u* et *i* + voyelle pourra résoudre la question. Les mots *accentuació* [ǝk-sǝn-tu-ǝ-si-ó], *devalua-*

ció [də-bə-lu-ə-si-ó], etc., montrent qu'on ne peut pas traiter séparément les cas d'*i* et les cas d'*u* : ces cas sont différents, certes, quant à l'articulation (*i* palatal - *u* vélaire), mais ils constituent un même type de rencontre vocalique, à savoir « voyelle extrême » + « voyelle moins fermée » (à remarquer aussi que « voyelle extrême » signifie ici 'son vocalique qui se trouve déjà à la frontière des sons plus fermés, en partie consonifiés'). Nous ne pouvons donc faire aucune différence entre

les cas de *u* :	et	les cas de *i* :
suau [su-áu]	et	*rient* [rri-én]
vàlua [bá-lu-ə]	et	*gràcia* [grá-si-ə]
quatre [kwá-trə]	et	*fiasco* [fyás-ko]
ho ha escrit [wàs-krít]	et	*hi he estat* [yès-tát]
oest [west] ([17])	et	*iode* [yó-də]

Voilà donc deux situations absolument identiques. Ce parallélisme va nous permettre de décider, à l'aide du même parallélisme, des cas mentionnés de phonétique syntaxique : si personne ne se scandalise d'entendre [twe-tzə-xí] (de *tu ets així*) ou [pur-tàr-twə-búi] (de *portar-t'ho avui*), « parce que, en catalan, il est normal que *u* commence une diphtongue », de même personne ne doit s'étonner d'entendre [syət-díu] (de *si et diu això*) ou [-kyət-] (de *a tu qui et treurà*). S'il est tout à fait normal d'entendre *tu ara sues molt* 'maintenant tu transpires beaucoup' (avec le premier *u* diphtongal et le second en hiatus : [twà-rə-su-əs-mól]), il ne doit pas être moins normal d'entendre *torni aviat* 'rentrez tôt' (avec le premier *i* diphtongal et le second en hiatus : [tòr-nyə-bi-át]).

De cette façon nous dégageons trois principes de phonétique catalane, qui sont tous évidents et qui paraissaient contradictoires : 1) l'hiatus à l'intérieur du mot, phénomène autochtone ayant une longue tradition dans la langue ; 2) la forte tendance à pousser jusqu'au bout les réductions et les absorptions provenant de la liaison ; 3) le parallélisme constant entre les deux articulations extrêmes, palatale (*i*) et vélaire (*u*).

Voici encore une dernière question, d'importance secondaire du

---

(17) Les cas de [w-] à l'initiale de mot sont très peu nombreux en catalan. Le *DCVB* contient de nombreuses formes dialectales (*uardar* 'garder',, *uanyar* 'gagner' ; *uastre* 'olivier sauvage', *uella* 'brebis', *uí* 'aujourd'hui', *uit* 'numéro 8', et beaucoup d'autres), qui ne nous intéressent pas maintenant. Des mots tels que *oasi* 'oasis' commencent par une voyelle en hiatus ; d'autres, comme *oidà* (interj.), par une voyelle suivie d'un *i* semi-voyelle, etc. Je pense que *oest* doit être prononcé en une syllabe, à cause de son origine (anglo-saxon *west*, à travers le fr. *ouest* qui n'est pourtant pas toujours monosyllabique) et à cause de l'intermédiaire espagnol qui, au moment de son importation, à la fin du XVe siècle, présente des formes sans équivoque : *güeste, huest, vest, vuest, oest*, etc. D'autres mots avec [w-] à l'initiale, par ex. *oòspora* (et tout un groupe de mots dont le premier élément est *oo-*, qui signifie 'œuf' en grec), sont des mots trop scientifiques.

point de vue descriptif que nous avons adopté ici (mais dont l'importance n'est pas négligeable si l'on examine les choses du point de vue de la phonétique évolutive). Pourquoi a-t-on séparé les cas de *i* de ceux de *u* ? Pour deux raisons : 1) parce que, malgré le fait que le *yod* et le *w* (en latin vulgaire et en roman primitif) présentaient des situations parallèles au départ, le *w* a pu conserver son articulation, ce qui est bien connu en phonétique historique, tandis que le *yod* a disparu après avoir engendré d'autres sons (palatales. sifflantes), ce qui n'est pas moins connu en grammaire historique ; 2) parce que, le *yod* ayant disparu, les combinaisons de *i* + voyelle dans des mots savants (-*ione*, -*tione, -ntia,* etc., ainsi que quelques cas isolés, comme *ambiente(m), quietu(m),* etc.) ont subi, en catalan, l'influence de la prononciation diphtongale du castillan (comparez la haute fréquence des diphtongues résultant de la diphtongaison du *e* ouvert en latin vulgaire : *pie, miedo,* etc.) ; cette influence s'est fait sentir sur de nombreux mots.

Le manuel de prononciation, dont nous déplorons l'absence pour le moment, devra projeter de la lumière sur ce point si délicat. On devra essayer d'établir, autant pour *i* que pour *u,* les cas d'hiatus, les cas de diphtongue et les cas d'hésitation. Ainsi, j'espère que, dans les traités de prononciation, on ne continuera plus à supprimer une articulation qui est de toute évidence catalane.

6.   On dira peut-être que j'ai consacré trop de temps à la prononciation de l'*i* + voyelle, mais je pense qu'on a reconnu qu'il s'agissait d'un point vraiment important. D'ailleurs, les diphtongues étudiées jusqu'ici n'épuisent pas le problème des combinaisons de voyelles ; il en reste beaucoup d'autres. J'ai déjà dit (§ 4) à quel point cet aspect de la prononciation du catalan était délicat et complexe. Aussi la lecture à haute voix, si l'on veut suivre des règles qui ne se contredisent pas, pose-t-elle quantité de problèmes. Beaucoup de personnes, pour faciliter la compréhension et pour éviter tout « ruralisme », ont tendance à lire sans pousser jusqu'au bout, jusqu'aux dernières conséquences, les lois concernant la liaison des sons en contact. Cette tendance m'a toujours semblé peu recommandable pour deux raisons : 1) d'abord, parce qu'elle contribue à séparer la langue écrite et la langue parlée, deux formes de langue qui se trouvent déjà trop écartées l'une de l'autre ; 2) deuxièmement, parce que cette tendance dénature le concept de la prononciation d'une langue, comme si l'on pouvait en jouer librement. Ce qu'il faut c'est étudier quelle est la prononciation la plus pure, la plus typique (en tenant compte. bien entendu, de toute une série de formes linguistiques selon les différentes situations idiomatiques) et en établir les principes, bien que ce type structural de la prononciation soit plus difficile à saisir et bien qu'il puisse paraître rural. Il n'y a pas de doute que le cat. *passejar* [pəsəjá] est plus clair si l'on le prononce avec les voyelles castillanes : [*pasejá], et qu'il le sera encore plus si l'on fait entendre le -*r* final : [*pasejár], mais il est tout aussi évident que [*pasejár] n'est plus catalan (du moins pas de Barcelone).

Je viens de dire que la lecture de n'importe quel fragment de texte pose toujours des problèmes. Après avoir rassemblé bon nombre d'observations, je peux affirmer que, le plus souvent, on entend un type de lecture où apparaissent, mêlées, des règles prosodiques contradictoires : deux voyelles consécutives qu'on vient de lire en maintenant l'hiatus sont prononcées en diphtongue quelques lignes plus loin et, à un autre endroit du même texte, vous les entendrez réduites à un seul son. En général, il manque une ligne de conduite dans la solution des phénomènes de rencontres vocaliques. Quand il s'agit d'un texte poétique, les choses devienent beaucoup plus graves encore, car l'inconséquence modifie le rythme du vers, à moins que le poète lui-même n'ait commis des incartades prosodiques. Je n'exagère pas : tous ceux qui connaissent un peu la poésie catalane moderne savent qu'il est indispensable de bien préparer la récitation, si l'on ne sait pas au préalable comment le poète a résolu les combinaisons des voyelles.

Voici donc que le catalan, qu'on peut prononcer (comme n'importe quelle autre langue) à un rythme calme au niveau duquel la question de combinaisons de voyelles ne se pose pas, présente le plus souvent une forte tendance à combiner les voyelles atones avec les voyelles toniques. Or, à cause de la grande différence qui existe entre l'articulation des deux sortes de voyelles (§ 3), les voyelles inaccentuées, plutôt que de se combiner avec les voyelles toniques, tendent à disparaître. De même, lors qu'il s'agit de deux voyelles atones, elles se réduisent le plus souvent à une seule.

7. On constate tout d'abord que deux voyelles identiques se réduisent à une seule voyelle : *coordinar* se prononce [kur-di-ná]. Mais cette réduction se fait aussi quand ces voyelles sont différentes, à condition qu'elles soient atones toutes les deux : *incoherent* se prononce, le plus souvent, [in-ku-rén], *extraordinari* [əs-trur-di-ná-ri], *caurà* [ku-rá], même *agrairé* [ə-gri-ré]. Toutefois, il est difficile de préciser : presque chaque solution est un cas d'espèce ; il ne faut pas oublier que le ton, le niveau et la situation socio-linguistique demandent aussi des solutions articulatoires différentes. On peut voir les exigences particulières de chaque mot en choisissant trois mots qui contiennent, tous les trois, la succession *e-i* (voyelles atones) : *simultaneïtat, corporeïtzació* et *deïficar*. J'ai observé leur prononciation dans de nombreux cas et, d'après mes observations, je peux affirmer que, dans un même type de diction (langage courant, des gens cultivés), *simultaneïtat* présente presque toujours la réduction *e-i* > *i* : [si-mul-tə-ni-tát], *corporeïtzació* ne se réduit que dans certains cas : [kur-pu-ri-tzə-si-ó], tandis que, le plus souvent, on dit [kur-pu-rəi-tzə-si-ó], et *deïficar* ne se réduit jamais : [də-i-fi-ká].

Nous voyons donc qu'il est bien difficile d'établir des règles. Il faut recueillir beaucoup de matériaux, non pas d'une façon empirique, comme je le fais depuis quelques années, mais systématiquement et scientifiquement. Il semble néanmoins que, du moins à titre provisoire, on puisse dégager quelques tendances articulatoires de la langue d'aujourd'hui. Les voici :

1) Deux voyelles atones consécutives. S'il s'agit de [ə-ə], il y a réduction à [ə] : *a casa estic bé* 'à la maison je suis bien' [ə-kà-zəs-tik--bé] ; *torna a entrar* 'il entre à nouveau' [tòr-nən-trà]. Si l'une des deux voyelles atones est [ə] et l'autre est une voyelle fermée (*i, u*), c'est cette dernière qui est prononcée (*i* ou *u*) : *és o casa i no sap res* 'il est chez lui et il ne sait rien' : [è-zə-kà-zi-no-sàp-rέs] ; *a casa ho faré* 'je le ferai à la maison' : [ə-kà-zu-fə-ré]. Si la voyelle fermée (*i, u*) est la première du groupe, on entend une « diphtongue croissante » dont nous avons déjà parlé (§ 5) ([18]).

2) Groupes « voyelle neutre » [ə] + voyelle tonique. Dans ce cas, c'est la voyelle tonique qui demeure en absorbant la voyelle atone : *la porta és oberta* 'la porte est ouverte' [lə-pòr-te-zu-bεr-tə] ; *la primera illa* 'la première île' [lə-pri-mè-ri-llə] ; *la casa alta* 'la maison haute' [lə-kà-zál-tə] ; *és una cosa útil* 'c'est une chose utile' [è-zu-nə-kɔ́-zú-til] ; *una bona obra* 'une bonne œuvre' [u-nə-bɔ̀-nɔ́-brə]. Si la voyelle atone est une voyelle fermée (*i, u*), il se produit une diphtongue croissante (§ 5). Si l'ordre du groupe est voyelle tonique + voyelle atone, la voyelle tonique absorbe [ə] : *el capità arriba* 'le capitaine arrive' [əl-kə-pi-tà-rrí-bə] ; *ha de venir avui* 'il doit venir aujourd'hui' [à-də-bə-ni-búi] ; *el cafè anima* 'le café anime' [əl-kə-fὲ-ni-mə] ; *des del cantó es veu bé* 'du coin on voit bien' [dez-dəl-kən-tóz-bεu-bé]. Mais si la voyelle atone est un *i* ou *u*, une diphtongue décroissante apparaît généralement : *el capità hi serà* 'le capitaine y sera' [əl-kə-pi-tài-sə-rá] ; *el capità ho diu* 'le capitaine le dit' [əl-kə-pi-tàu-díu] ; *ha de venir un dia d'aquests* 'il doit venir un de ces jours' [à-də-bə-níun-di-ə-də-kεts] ; *el cafè ho provoca* 'le café provoque cela' [əl-kə-fὲu-pru-bo-kə] ; *des del cantó ho veuré* 'du coin je le verrai' [dez-dəl-kən-tòu-bu-ré].

3) On comprend que la combinaison de deux voyelles toniques reste en dehors de nos observations. Deux voyelles toniques en contact se maintiennent toutes les deux. Mais la tendance à la réduction est en catalan si forte qu'on peut noter quelques cas de disparition de la voyelle tonique dans des formes du verbe *ésser* 'être' ; ces formes, bien que toniques, sont toujours appuyées, et cette position favorise la disparition de leur voyelle dans le voisinage immédiat d'une autre voyelle tonique plus indépendante : *el pa és bo* 'le pain est bon' [əl-

---

(18) Il semble que cette règle soit moins universelle à l'intérieur du mot : [ə-u] se réduisent certes à [u] : *enraonar* 'parler' [ən-rru-ná] ; *plourà* (verbe *ploure* 'pleuvoir') et *plaurà* (verbe *plaure* 'plaire') se confondent dans la prononciation en [plu-rá] (ces deux formes se confondent aussi avec *plorar* 'pleurer') ; *caurà* 'il tombera' : [ku-rá], etc. ; mais [ə-i] ne se réduisent pas et forment une diphtongue dans *esblaimat* 'pâli, décoloré [əs-bləi-mát], *flairar* 'flairer' [fləi-rá] (je n'ai jamais entendu [*əs-bli-má], [*fli-rá], qui ne seraient même pas compris) ; néanmoins, cette diphtongue doit se trouver sous la même influence générale, car la réduction ne nous étonne déjà plus dans *agrairé* 'je remercierai' [ə-gri-ré].

pàz-bɔ́] ; *el pi és alt* 'le pin est haut' [əl-pì-zál] ; *el senyor és amb vos* 'le seigneur est avec vous' (*de l'Ave Maria*) [əl-sə-nyò-zəm-bós].

4) Je vais encore rendre compte d'une réduction qui, dans une autre langue, serait impossible ou presque. Le groupe constitué par voyelle atone + *i* ou *u* + voyelle atone peut se réduire à *i* ou *u* (bien que, du point de vue syllabique, ces derniers sons aient une fonction consonantique) : *porta-ho a casa* 'porte le à la maison', prononcé très lentement : [pɔ̀r-tə-wə-kà-zə], devient couramment : [pɔ̀r-tu-kà-zə] (par l'intermédiaire de [pɔ̀r-tu-ə-kà-zə], § 5) ; ou bien *comença i acaba* 'commence et termine', prononcé très lentement [ku-mèn-sə-yə-ká-bə], se prononce couramment [ku-mèn-si-ká-bə] (par l'intermédiaire de [ku-mèn-si-ə-ká-bə], § 5).

Les données présentées jusqu'ici permettent de voir que les combinaisons de voyelles (et, souvent, leurs conséquences : les réductions et les disparitions) constituent un chapitre très important de la prononciation du catalan. On comprend combien toutes ces combinaisons et disparitions peuvent intéresser la signification des mots et des phrases. Si nous entendons [e-llin-dí-kə], seul le sens du contexte nous dira si l'on a voulu dire *ell indica* ou *ella indica* 'il (ou elle) indique'.

Je vais terminer l'étude des voyelles par la transcription d'une phrase qui pourrait être prononcée par n'importe quelle personne parlant catalan. Pourtant, selon une première impression, on ne dirait pas qu'elle est catalane : [li-dè-rək-sə-lén]. Cela correspond à *la idea era excel·lent* 'l'idée était excellente'. J'ai vérifié cette prononciation de la bouche de personnes qui parlent un langage non contaminé et considéré comme commun, de personnes même éminentes.

Cette prononciation est une conséquence des tendances dont je viens de parler. Elles sont autochtones, authentiques, typiquement catalanes. Une réflexion ne manque pas de s'imposer. Devons-nous accepter, dans la langue correcte, cette façon de prononcer qui égare un peu et peut même créer des malentendus, mais qui n'est qu'un développement de tendances propres à la langue ? Si nous devons lui tracer des limites pour sauver la compréhension et ne pas nous éloigner trop de la forme écrite, quel critère ou quelle ligne de conduite doit présider à l'établissement de ces limites ? En marquant ces limites, ne toucherons-nous pas, très vite, à certaines caractéristiques essentielles du système de la langue ? Ne nous écarterons-nous pas une fois de plus de la façon la plus naturelle de nous exprimer ?

Nous n'en finirions jamais avec ces questions et ces doutes. Il faut étudier à fond tous ces points, introduire les résultats de cette étude dans les manuels scolaires, fixer les normes en vue de la lecture des textes en prose et en vers. Il faut examiner les données fournies par la langue ancienne et classique, lire avec extrême attention les grands poètes modernes, écouter des enregistrements de la diction académique et, surtout, de la prononciation familiale, populaire et même vulgaire.

Tout cela nous permettra de réaliser une étude exhaustive des articulations du catalan, isolées et dans la chaîne parlée.

C'est ainsi seulement qu'il sera possible d'établir les différents groupes de combinaisons de voyelles : *a*) les synalèphes impossibles en catalan ; *b*) les synalèphes violentes, non recommandées, mais tolérables ; *c*) les synalèphes normales, recommandées, voire obligatoires.

4) *Les consonnes*

8. Nul n'ignore que le catalan combine les propriétés consonantiques qui existent dans d'autres langues romanes, par exemple : les fricatives -*b*-, -*d*-, -*g*- qui existent en castillan, la sonorisation des sifflantes à la liaison que connaît le français, les articulations sifflantes affriquées, sourdes et sonores, qu'on trouve en italien.

Le catalan possède les trois paires de « sourde » et « sonore », dans l'ordre labial (*p/b*), dans l'ordre alvéodental (*t/d*) et dans l'ordre vélaire (*k/g*). Mais les sonores, dans la plupart des situations ne sont plus prononcées comme occlusives, mais comme fricatives. Toutefois, ces articulations fricatives sont plus tendues que leurs correspondantes espagnoles qui disparaissent avec une relative facilité. En catalan, bien qu'on enregistre quelques exemples de disparition des fricatives, ces cas sont beaucoup moins fréquents qu'en espagnol (à l'exception de plusieurs parlers occidentaux où ce phénomène s'observe plus souvent, à cause d'une moindre fixité articulatoire de ces consonnes) ([19]). Quand les consonnes sonores se trouvent à la fin du mot, elles deviennent sourdes : en face de *sabia* 'il savait' (verbe *saber*) avec -*b*-, *sap* 'il sait' avec -*p*. Les articulations finales -*p*, -*t*, -*k* sont implosives et ne se font entendre avec explosion que dans une prononciation plus emphatique.

La langue catalane, qui a maintenu pendant des siècles la distinction entre *b* (bilabial) et *v* (labiodental), ne la pratique plus actuellement dans la majeure partie de son domaine ; presque partout *beure* 'boire' et *veure* 'voir' sont donc prononcés de façon identique. Néanmoins, il y a de remarquables zones de conservation de la différence entre *b* et *v* : ainsi le valencien (excepté le parler central ou « apitxat », zone autour de Valence), le baléare, le parler du Camp de Tarragona et la ville d'Alguer (en Sardaigne) distinguent ces deux consonnes. Je ne sais pas si, telle quelle, mon affirmation ne peut paraître trop osée, mais on a l'impression que la distinction entre *b* et *v* n'est pas très enracinée dans la langue d'aujourd'hui. Au Camp de Tarragona, ce fait a été vérifié : là, la distinction entre *b* et *v* a commencé à s'effacer, ainsi qu'on peut s'en rendre compte en comparant la prononciation des différentes générations actuelles : les jeunes ont abandonné pratiquement cette distinction.

---

(19) Voir ma *Gr. hist.*, §§ 69-70, pp. 178-182.

Il y a une articulation au moyen de laquelle on peut presque toujours caractériser avec précision une langue ou un système consonantique : le *s*. On sait que le *s* catalan est apico-alvéolaire et que, malgré son appartenance à l'ordre « dental », l'effet acoustique qu'il produit en fait un son plus ou moins palatalisé.

On sait aussi que le *s* est un des éléments essentiels de l'ensemble des sifflantes. En catalan, cet ensemble forme un véritable système, où se combinent dentales et palatales, affriquées et fricatives, sourdes et sonores ; ce sont les [s], [z], [ts], [tz], [x], [j], [tx], [tj]. Dans un de mes travaux j'ai essayé de représenter graphiquement ce système au moyen de la figure qui suit ([20]) :

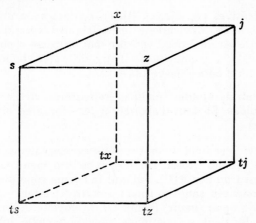

Du point de vue phonétique, il existe un parallélisme constant entre les articulations représentées dans cette figure géométrique formée par l'intersection de six plans différents dont chacun correspond à une caractéristique articulatoire :

1) plan antérieur - dentales : [s], [z], [ts], [tz] ;
2) plan postérieur - palatales : [x], [j], [tx], [tj] ;
3) plan supérieur - fricatives : [s], [z], [x], [j] ;
4) plan inférieur - affriquées : [ts], [tz], [tx], [tj] ;
5) plan latéral gauche - sourdes : [s], [ts], [x], [tx] ;
6) plan latéral droit - sonores : [z], [tz], [j], [tj].

Les plans 1 - dentales et 2 - palatales correspondent à la localisation (point d'articulation) ; les plans 3 - fricatives et 4 - affriquées, au mode d'articulation ; les plans 5 - sourdes et 6 - sonores, au rôle que jouent les cordes vocales (glotte).

L'ensemble de ces huit sons possède quelques caractéristiques communes, dont les plus importantes sont les trois suivantes :

(20) **Badia**, *Problemes*, 269-297.

1) Les sourdes [s], [ts], [x]. [tx] en finale de mot, suivies, dans la phrase, d'une voyelle ou d'une consonne sonore, deviennent elles-mêmes sonorisées : [z], [tz], [j], [tj]. On dit *pas* 'pas' [pás], mais *pas animat* 'pas animé' [pà-zə-ni-mát] ; *fuig* 'il fuit' [futx], mais *fuig de seguida* 'il fuit tout de suite' (fùtj-də-sə-gí-də].

2) Les sonores [z], [tz], [j], [tj] qui, à la suite d'alternances morphologiques, se trouvent en finale de la chaîne phonique, deviennent désonorisées : [s], [ts], [x], [tx]. On dit *fosa* 'fondue' [fó-zə] (participe féminin du verbe *fondre*), mais au masculin *fos* 'fondu' [fós] ; *estotja* 'il abrite dans un étui' (forme du verbe *estotjar*) [əs-tó-tjə], mais substantif post-verbal *estoig* 'écrin, étui' [əs-tótx].

3) Les fricatives [s], [z], [x], [j], en contact avec une articulation occlusive antérieure, deviennent les affriquées correspondantes [ts], [tz], [tx], [tj]. De *servar* 'conserver' [sər-bá] on passe à *observar* 'observer' [up-tsər-bá] (et même [u-tsər-bá]) ; de *xàfec* 'ondée' [xá-fək], à *aquest xàfec* 'cette ondée' [ə-kɛ-txá-fək].

9.   Je voudrais ajouter quelques remarques sur l'articulation des consonnes liquides. Et, tout d'abord, sur les vibrantes, simple (le *r*) ou multiple (le *rr*).

On sait que le -*r* final de mot se conserve en valencien, mais tombe en général en catalan. Aussi, l'orthographe, qui maintient ce -*r* amuï, est-elle souvent trompeuse ([21]). Suivant la norme générale, les infinitifs sont donc prononcés sans -*r* final : *cantar* 'chanter' [kəntá] ; *córrer* 'courir' [kórrə] ; *venir* 'venir' [bəní]. Or, la voyelle de l'infinitif, devenue ainsi finale, peut se combiner avec la voyelle initiale du mot suivant (§§ 4-7) : *cantar una cançó* 'chanter une chanson' [kən-tàu-nə-kən-só] ; *córrer una mica* 'courir un peu' [kó-rru-nə-mí-kə] ; *venir aviat* 'venir tôt' [bə-ni-bi-át]. Toutefois, lorsque l'infinitif est suivi d'un pronom enclitique, le -*r* final réapparaît à Barcelone et dans quelques autres contrées (mais pas partout) : *cantar-la* 'la chanter' [kən-tár-lə] ; *venir-hi* 'y venir' [bə-ní-ri] (cette réapparition ne se produit pas, par dissimilation, quand la racine possède un *rr* ou *r* : *córrer-hi* 'y courir' se prononce couramment [kó-rri]). De même, les noms (substantifs et adjectifs) perdent le -*r* final : *cavaller* 'chevalier' [kəbəllé] ; *madur* 'mûr' [mədú], mais ce -*r* est conservé dans deux cas : 1) dans nombre de monosyllabes, comme *mar* 'mer' [már], *cor* 'cœur' [kór], etc., tandis qu'il disparaît dans d'autres monosyllabes comme *flor* 'fleur' [fló], *clar* 'claire' [klá], etc. ; 2) dans plusieurs mots savants, comme *tresor* 'trésor' [trəzór] ; *sospir* 'souspir' [sus-pír]. Parmi les outils grammaticaux, le -*r* de la préposition *per* tombe souvent devant consonne liquide (*l*), et ce fait, combiné avec la disparition des voyelles atones, produit très souvent, voire habituellement, la confusion de *per* 'par' et de *per a* 'pour',

---

(21) Pour plus de détails sur la prononciation du -*r* final, voir Sanchis, *Gr. val.*, § 77 (pp. 88-89), et aussi ma *Gr. hist.*, § 100 (pp. 226-228) et Moll, *Gr. hist.*, §§ 128-129 (p. 120).

de sorte que [pə-lə-mè-bə-jər-má-nə], par exemple, peut correspondre
à *per la meva germana* 'par ma sœur' comme à *per a la meva germana*
'pour ma sœur'. Inutile de souligner à quel point cette confusion
peut troubler aujourd'hui un aspect important des rapports grammaticaux [22].

Le *l* typique du catalan est alvéolaire (ce qui veut dire que, si nous
ne prenons en considération que quatre champs ou ordres articulatoires, le *l* est dental), mais il est en même temps articulé à l'aide d'un
élargissement de la partie postérieure de la cavité buccale, de sorte que
l'effet acoustique qu'il produit est celui d'un son vélaire. Il se rapproche donc du *ł* russe. Malgré cela, il n'est pas rare aujourd'hui d'entendre un *l* alvéolaire pur, sans résonance vélaire, c'est-à-dire une
articulation identique à celle du castillan, sous l'influence de l'école et
des moyens de diffusion de la parole (radio, télévision), ainsi que du
grand nombre d'immigrés ou d'enfants d'immigrés et de ménages
bilingues. Ces facteurs propagent une articulation peu authentique. A
la campagne on n'entend que le *l* catalan.

Quant aux contacts entre consonnes et voyelles, j'en ai déjà parlé
(fricatives -*b*-, -*d*-, -*g*-, surtout entre voyelles ; sonorisation des sifflantes, § 8). J'ajoute seulement qu'entre deux voyelles, les consonnes
occlusives, liquides et nasales se prononcent sans modification et qu'à
la rencontre de deux mots, toute consonne, qu'elle soit finale du premier mot ou initiale du second, fait partie de la même syllabe que la
voyelle subséquente. Ainsi, une chaîne phonique telle que [fè-tə-xí]
peut correspondre soit à *fet aìxí* 'fait ainsi', soit à *fer teixir* 'faire
tisser' ; la prononciation en est toujours la même. Le même phénomène
se produit, comme je viens de le dire, pour les liquides et les nasales.
Imaginons deux exemples contenant la consonne *l* dans les deux positions en question : 1) -*l* final du premier mot (*vol*) + voyelle initiale du
second mot (*i*) : *sembla que vol i dol* 'il a l'air de vouloir et de regretter' ; 2) *l* à l'intérieur d'un mot, entre voyelles (*voli*) : *ara cal que voli
doncs* 'maintenant il faut qu'il s'envole donc' :

> *sembla* [kə-bɔ̀-li-dɔ́l]
> *ara cal* [kə-bɔ̀-li-dɔ́ns].

Le *l* est toujours le même. Refaisons cette expérience avec la nasale *n* :
1) *fent ús d'un privilegi* 'en faisant usage d'un privilège', 2) *fer nusos
no li plau* 'il n'aime pas faire des nœuds' :

> [fè-nu-z] *d'un privilegi*
> [fè-nu-zuz] *no li plau.*

Le *n* est aussi le même dans les deux cas.

A propos de la phrase *fent ús*, que je viens de citer comme exemple, il faut rappeler qu'après la consonne *n*, à la fin du mot, on conserve

---

(22) On en parlera à une autre séance de ce Colloque, cf. *Morphosyntaxe catalane* (quatrième communication).

parfois un -*t* archaïque (étymologique) qui ne se fait entendre que dans certains syntagmes : *quant és* ? 'combien est-ce ?' se prononce : [kwàn-tés] ; *sant Antoni* 'saint Antoine' [sàn-tən-tó-ni]. Aujourd'hui, la langue tend à ne plus prononcer ce -*t* et on entend parfois : [kwà-nés] et [sà-nən-tó-ni]. Mais ce -*t* étymologique se maintient solidement dans les noms de nombre de 21 à 29 : *vint-i-u* [bìn-ti-ú], *vint-i-dos* [bìn-ti-dós], etc. ; des prononciations comme [*bì-ni-ú], [*bì-ni-dós], etc., ne seraient pas comprises ([23]).

5) *Les combinaisons de consonnes*

10. Nous avons vu (§§ 4-7) que les combinaisons des voyelles constituaient un point délicat et complexe de la phonétique catalane et que les principes fondamentaux qui régissent ces combinaisons n'avaient pas encore été suffisamment éclaircis. Il en est de même, en grande partie, pour les combinaisons des consonnes. Schädel et Arteaga Pereira ont fait jadis (§ 1) des tentatives remarquables de transcriptions phonétiques catalanes. Plus récemment, M. Moll et moi-même nous y sommes revenus ([24]). Mais les choses ne sont pas encore tout à fait claires.

Etant donné que les voyelles finales latines autres que *a* ont disparu, le catalan conserve nombre de mots se terminant par une consonne. Ces consonnes entrent en contact, dans la chaîne parlée, avec les consonnes initiales des mots suivants, et ces rencontres modifient sensiblement leur prononciation (par rapport à celle qu'elles ont, par exemple, en position intervocalique). Les grandes conséquences phonétiques de ces contacts sont les assimilations, les géminations, les absorptions et les affrications. Dans ma grammaire historique, j'ai essayé d'établir les cas qui me paraissaient les plus caractéristiques de la prononciation barcelonaise du catalan. Ces cas avaient été tous entendus par moi-même et, ensuite, vérifiées ; je n'en ai inventé aucun. J'ai cependant omis d'ajouter des notes indiquant à quel niveau de langue (familial, voire vulgaire) et dans quel *tempo* (plutôt assez animé) j'avais relevé les exemples de déformations particulièrement remarquables des consonnes catalanes. M. Joan Coromines les a combattus, en prétendant que je présentais des échantillons du parler « enfantin » qui ne correspondraient nullement à la prononciation la plus courante ([25]). Je ne suis pas venu ici pour faire l'apologie de mes transcriptions ; mais nous sommes venus tous pour traiter, entre autres, de ce point de la prononciation du catalan. Or, il y a déjà dix-sept ans que mon livre a paru, et, pendant ce temps, j'ai eu de nombreuses occasions d'entendre

(23) Pour des informations plus détaillées, cf. ma *Gr. hist.*, § 39, p. 112.
(24) Voir ma *Gr. hist.*, §§ 32-39, pp. 96-113, et le texte de J. Maragall en transcription phonétique, § 40, pp. 113-117.
(25) Joan Corominas, *De gramàtica històrica catalana : a propòsit de dos llibres*, dans « Studia Philologica et litteraria in honorem L. Spitzer », editerunt A. G. Hatcher-K. L. Selig (Berne 1958) 124-125.

des prononciations spontanées correspondant à celles que j'avais moi-
même provoquées en faisant des expériences en vue de la rédaction de
mon livre ; ces constatations m'ont rassuré.

Examinons quelques assimilations. L'une d'elles est acceptée par
tout le monde : celle de sonorité. Lorsqu'une consonne sourde est suivie
d'une consonne sonore, la première devient aussi sonore : *cap gos*
'aucun chien' [kàb gós] ; *tot bé* 'tout bien' [tòd-bé] ; *poc dur* 'peu dur'
[pɔg dú] ; les assimilations des sifflantes, déjà mentionnées (§ 8), appartiennent à cette même catégorie. Par contre, on a mis en quarantaine
les assimilations du point d'articulation : dans une élocution moins
soignée, les groupes de consonnes dans les expressions que je viens de
citer peuvent atteindre un nouveau degré d'adaptation : *cap gos* [kàg-
gós] ; *tot bé* [tòb-bé] ; *poc dur* [pɔd-dú]. Ces assimilations ne se limitent
pas aux occlusives ; elles s'étendent à d'autres consonnes, notamment
nasales : *com se fa* 'comment fait-on' [kɔmsə-fá] devient très souvent
[kɔn-sə-fá] (le *m* labial se fait *n* alvéodental en s'assimilant au *s*). De
cette façon une phrase prononcée [fèny-júntə] (avec *n* palatalisé [ny]
par assimilation au *j* palatal) peut correspondre aussi bien à *fem junta*
'nous tenons une séance' qu'à *fent junta* 'en tenant une séance'. De
même [fèŋ-kə-mí] (*n* assimilé à *k*) peut exprimer *fem camí* 'nous mar-
chons' et *fent camí* 'en marchant', etc. Une assimilation est bien caractéristique du catalan : celle de l'occlusive *g* à la nasale suivante, par
ex. dans *digne* prononcé [díŋnə]. On comprend que de nombreuses
assimilations sont possibles dans ces diverses directions et que, dans
l'ensemble, elles défigurent beaucoup les sons primitifs. C'est ce mécanisme général de l'assimilation, plutôt que ses réalisations elles-mêmes,
que plusieurs linguistes n'acceptent pas (cette situation peut être comparée au problème de l'acceptation des voyelles atones déformées,
§§ 4-7).

Précisons davantage. Outre le caractère de l'élocution (familial,
voire vulgaire), d'autres raisons, d'ordre phonétique (comme une plus
grande proximité articulatoire), favorisent certaines assimilations qui
apparaissent ainsi plus aisément que d'autres. Personnellement je me
suis appliqué à observer, avec toute mon attention, les phénomènes
d'assimilation et, en faisant abstraction du sens de la phrase, j'ai trouvé
beaucoup plus d'assimilations que ne le pensent d'autres linguistes
dont la plupart les nient. J'ai entendu des personnes très cultivées
prononcer avec assimilation : *aquest mes* 'ce mois' [ə-kɛm-mes] au lieu
de [ə-kɛd-més] ; *ara han fet llum* 'maintenant on vient d'allumer'
[à-ram-fèll-llum] au lieu de [à-ram-fèd-llum], etc. Je souhaite seulement qu'on soumettre à un examen expérimental cet aspect de la prononciation du catalan, pour dissiper les doutes à ce sujet.

11. On a pu voir, dans les exemples que je viens de donner, que
la gémination des consonnes est une première conséquence du phénomène d'assimilation : la première consonne, au moment où elle adopte
le point d'articulation de la seconde, devient articulatoirement iden-

tique à celle-ci et donne naissance à une géminée : [ə-kèm-més] contient
deux *m* [mm] comme résultat de *t* + *m* (*aquest mes*), etc. La gémination
caractérise les assimilations aux consonnes liquides : *tot l'acte* 'tout
l'acte' [tòl-lák-tə] (comme *atlas* [àl-ləs]) ; *set llops* 'sept loups' [sèll-llóps]
(comme *espatlla* 'épaule' [əs-páll-llə]. Mais en réalité elle s'étend aussi
à toute sorte d'autres groupes de consonnes : *advent* [əb-bén], etc.

L'absorption est une autre conséquence de l'assimilation des consonnes. Ce phénomène a lieu spécialement pour les sifflantes, et on
comprend que sa réalisation suppose une certaine affinité articulatoire
entre les deux sons en contact. Cela se produit, par exemple, quand un
s est suivi d'une autre sifflante : le *s* disparaît alors, absorbé dans la
sifflante subséquente : *dos zeros* 'deux zéros' se prononce [dò-zè-rus] ;
dos ximples 'deux sots' [dó-xím-pləs] ; *dos jardins* 'deux jardins' [dò-
jər-díns] ; *dos sous* 'deux sous' [dó-sóus] ; mais *dos ous* 'deux œufs' se
prononce [dò-zóus] sous l'effet de la loi de sonorisation à la liaison (§ 8).

Une dernière conséquence de l'assimilation est l'apparition d'une
consonne affriquée ; c'est le résultat du contact entre une occlusive et
une continue (spirante ou sifflante) : *tot sol* 'tout seul' [tòtsól] ; *cap xoc*
'aucun choc' [kàtxók] ; *tot foradat* 'tout troué' [tòtfurədát].

Je ne puis m'empêcher de terminer cet aperçu sur la prononciation
des consonnes catalanes d'une façon identique à celle dont j'ai terminé
mon exposé sur les voyelles. Il est urgent que nous disposions d'un
manuel qui, tout en rejetant les apriorismes, soit le résultat de toute
une série d'observations scientifiques et d'expérimentations. Ce manuel
devra nous fournir une description sérieuse des consonnes de la langue
d'aujourd'hui dans toutes leurs situations. D'autre part, il faut nous
poser les mêmes questions que précédemment (§ 7). Si la langue se
réalise sous le signe des assimilations que nous avons décrites, pouvons-
nous assigner des limites à ces assimilations ? Il est évident que, si l'on
répond affirmativement à cette question, c'est pour diminuer la
distance entre la forme écrite et la forme parlée de la langue. Mais,
alors, il faut se demander à nouveau quel critère ou quelle direction
doit présider à l'établissement de ces limites. En marquant ces limites,
ne toucherons-nous pas, très vite, à certaines caractéristiques qui
tiennent de l'essence même du système de la langue ? Ne nous
écarterons-nous pas, ici aussi, de la façon la plus naturelle de nous
exprimer ?

Il faut entreprendre avant tout des recherches minutieuses sur les
consonnes catalanes dans toutes leurs positions et dans toutes leurs
combinaisons. Il faut aussi écouter des enregistrements magnétophoniques de tous les types d'élocution, académique, familial, populaire,
vulgaire. Ce n'est qu'à l'issue de ces recherches qu'on arrivera à suffisamment définir les caractères du consonantisme catalan et qu'on
pourra aussi établir différentes catégories de contacts entre consonnes :
a) assimilations impossibles en catalan ; *b*) assimilations violentes, non

recommandées, mais tolérables ; c) assimilations normales, recommandées, voire obligatoires.

II - FONCTION DES SONS (PHONOLOGIE)

1) *Bref compte rendu bibliographique*

12. L'étude des aspects fonctionnels et significatifs des sons est, dans la linguistique catalane, très récente. Il suffit de remarquer que les grammaires historiques de M. Moll et de moi-même, parues en 1951 et 1952, et qui voulaient être, outre une présentation d'ensemble de la matière, des synthèses de la bibliographie de l'époque, n'ont pas recueilli, dans leurs pages, des points de vue phonologiques. M. Moll n'en dit rien ; quant à moi, je n'ai fait à ce sujet que des remarques très vagues, qu'il aurait sans doute mieux valu ne pas écrire. Le grand mérite d'avoir publié les premiers travaux sur la phonologie catalane revient à M. Alarcos Llorach ; ces travaux sont très estimables ([26]). En partant de cette base et de quelques autres publications parues au cours de ces dernières années ([27]), et en tenant toujours compte des articulations de la langue, on pourrait entreprendre dès maintenant un travail de synthèse sur les phonèmes du catalan. J'assignerais à ce travail d'ensemble trois buts : 1) d'établir la distinction entre les sons et les phonèmes de la langue, 2) d'orienter les catalanophones en vue de la solution de certains cas de confusions et de combinaisons des sons

---

(26) Emilio Alarcos Llorach, *Sistema fonemático del catalán*, dans *Archivum*, III(Oviedo 1953) 135-146 ; *La constitución del vocalismo catalán*, dans «Studia Philologica, Homenaje ofrecido a Dámaso Alonso...», I (Madrid 1960) 35-49 ; *Algunas consideraciones sobre la evolución del consonantismo catalán*, dans «Miscelánea homenaje a André Martinet, Estructuralismo e historia», ed. por Diego Catalán, II (La Laguna 1958) 5-40, etc.

(27) Je pense, entre autres, à celles de Joaquim Rafel i Fontanals, *Hacia un replanteamiento estructural de la fonética histórica catalana* (mémoire de licence ès-Lettres, 1967, texte dactylographié, Université de Barcelone) et *La «u» catalana d'origen consonàntic*, dans *ER*, XII (1963-1968) 179-211; Concepció Lleó, *Hacia una gramática fonológica del catalán* (mémoire de licence ès-Lettres, 1966, texte dactylographié, Université de Barcelone) et *Problems of Catalan Phonology* (Seattle 1970) («University of Washington Studies in Linguistics and Language Learning», VIII), 62 pages ; Mario Saltarelli, *Fonología generativa dell' algherese* (à paraître dans les Actes du XII⁰ Congrès de Linguistique et Philologie Romanes, tenu à Bucarest en 1968). Je pense aussi à la *Phonologie du catalan* de F. Palau-Martí (thèse de la Sorbonne, à paraître). La note de R. J. Di Pietro, *Los fonemas del catalan*, dans *RFE*, XLVIII (1965) 153-158, est d'une valeur très discutable. Qu'on me permette d'ajouter quelques contributions personnelles : *Algunes normes de prosòdia catalanes, segons les rimes de Carles Riba*, dans «Festschrift Walther von Wartburg zum 80. Geburtstag, 18. Mai 1968», herausgegeben von Kurt Baldinger, I (Tübingen 1968), 593-610 ; étude déjà mentionnée *Problemes* ; *L'alternance «sourde»/«sonore» dans les réalisations de /s/ en catalan*, dans «Phonétique et Linguistique Romanes, Mélanges offerts à M. Georges Straka», I (Lyon-Strasbourg 1970), 32-42 ; et quelques autres que je citerai dans ce qui suit, au fur et à mesure que mon exposé en aura besoin.

(§§ 4-7, 10-11), et 3) de faire de la lumière sur la phonétique historique du catalan.

2) *Les phonèmes vocaliques*

13. On sait que les voyelles catalanes constituent un système triangulaire de quatre degrés d'aperture, divisé en articulations antérieures et postérieures (à l'exception de la voyelle la plus ouverte, *a*, qui se trouve au sommet des deux lignes articulatoires) [28]. En voici la représentation :

i		*u*	1er degré
e		*o*	2e degré
	ɛ	*ɔ*	3e degré
	a		4e degré
antérieures		postérieures	

Un exemple typique en pourrait être la série suivante de mots :

antérieures	*sic* [sik] 'sic'
	cec 'aveugle' = *séc* 'pli' [sek]
	sec [sɛk] 'sec' ; 'je suis assis'
moyenne	*sac* [sak] 'sac'
postérieures	*soc* [sɔk] 'galoche', etc.
	sóc [sok] 'je suis'
	suc [suk] 'jus'.

Dans les sept mots [29], dont chacun a une signification différente, l'unique élément de singularisation est le timbre de la voyelle. Le reste (le *s*- initial, le -*k* final) est identique. C'est une preuve de la valeur phonologique et fonctionnelle des sept voyelles. En conséquence, ces sept voyelles se comportent tout autrement que les *i* ouvert et fermé, les *u* ouvert et fermé et les *a* palatalisé et vélaire ; leurs nuances, dont nous avons parlé, ne modifient jamais le sens du mot. Or, cette fois-ci, le sens des mots dépend de la voyelle adoptée : [sék] et [sέk] possèdent des significations différentes ; de même [sók] et [sók]. Il est donc évident que les sept voyelles ont une valeur fonctionnelle : il suffit de substituer n'importe laquelle de ces voyelles à une autre pour que le sens du mot change.

---

(28) Les différences articulatoires qui se produisent dans le « champ de dispersion » de la voyelle *a*, sur la ligne antérieure (*a* palatalisé) et sur la ligne postérieure (*a* vélarisé) (§ 2), ne sont jamais significatives : ce sont toujours des variantes phonétiques d'un phonème unique /*a*/ que, pour cette raison, je fais figurer au sommet des deux lignes. Il va sans dire que les cas de *i* ouvert sont des réalisations concrètes du phonème /*i*/, et que les cas de *u* ouvert le sont du phonème /*u*/ (§ 2) ; ces nuances d'ouverture ne sont jamais fonctionnelles, parce qu'elles sont réglées mécaniquement par le contact avec les sons immédiatement voisins.

(29) Tous les mots de la série figurent dans *DGLC*, où l'on pourra vérifier leurs définitions.

De ce que nous venons d'exposer, il ressort clairement que les deux *e*, ouvert et fermé, sont deux phonèmes différents et que les deux *o*, ouvert et fermé, le sont aussi. Je le souligne, car ces deux cas ont besoin d'être mis en évidence pour deux raisons :

1) Parce que, sauf là où ces voyelles portent l'accent graphique, une seule graphie (*e* et *o*) sert à représenter les deux phonèmes : /ɛ/ et /e/ d'un côté et /ɔ/ et /o/ de l'autre ; *pebre* 'poivre' se prononce avec *e* ouvert : [pébrə], tandis que *llebre* 'lièvre' avec *e* fermé : [llébrə] ; de même *pobre* 'pauvre' a un *o* ouvert : [pɔbrə], mais *sobre* 'enveloppe' à un *o* fermé : [sóbrə]. On ne peut donc pas savoir, en partant de la seule orthographe, s'il faut prononcer une voyelle ouverte ou fermée ; il faut l'apprendre par l'usage (ou bien, naturellement, par la phonétique historique dont les raisons ne sont cependant comprises que par les linguistes et trompent même assez souvent ceux-ci).

2) Parce que la langue officielle espagnole peut faire croire à tort qu'en catalan (comme, d'ailleurs, en castillan), il n'y a pas de différence significative entre les phonèmes vocaliques d'aperture moyenne. En espagnol, *seco* 'sec' et *lego* 'laïque' ont le même *e* (*e* moyen, tendant à être fermé, typique du castillan), tandis que les mots correspondants en catalan ont l'un un *e* ouvert : *sec* [sɛk] et l'autre, un *e* fermé : *llec* [llék]. De même, en espagnol, les mots *toca* 'il touche' et *boca* 'bouche' ont le même *o* (*o* moyen, presque fermé), mais en catalan, l'un a un *o* ouvert : *toca* [tɔ́ka], et l'autre, un *o* fermé : *boca* [bókə].

Pour mieux faire ressortir ces différences, fonctionnelles et significatives, voici quelques paires d'exemples des deux *e* et des deux *o* :

/ɛ/	opposé à	/e/
deu [déu] 'dix'	/	*déu* [déu] 'dieu'
fe [fé] 'foi'	/	*fer* [fé] 'faire'
ceba [sébə] 'oignon'	/	*seva* [sebə] 'sienne'
te [té] 'thé'	/	*té* [té] 'tiens', 'il a'
venen [bénən] 'ils vendent'	/	*vénen* [bénən] 'ils viennent'

/ɔ/	opposé à	/o/
os [ós] 'os'	/	*ós* [ós] 'ours'
mol [mɔ́l] 'il moud'	/	*molt* [mól] 'beaucoup', 'très'
mora [mɔ́rə] 'maure'	/	*móra* [mórə] 'mûre (fruit)'
dona [dɔ́nə] 'femme'	/	*dóna* [dónə] 'il donne'
son [sɔn] 'sommeil'	/	*són* [són] 'ils sont'

J'ajouterais, en passant, une suggestion en vue d'une amélioration des dictionnaires catalans. On devrait y faire figurer, dans tous les mots, les timbres ouverts et fermés des voyelles, à moins que celles-ci ne portent l'accent graphique. Cette amélioration aiderait beaucoup les catalanophones et ne serait pas trop difficile à réaliser, en dépit de quelques cas concrets, malaisés à résoudre.

14. Il est donc clair que les oppositions ε/e et ɔ/o sont bien réelles, en catalan, du point de vue phonologique. Il subsiste toutefois quelques problèmes sérieux que je ne peux pas passer sous silence. Tout d'abord, il y a, malgré ce que nous venons de voir, des cas de confusion entre ε et e et entre ɔ et o. Si l'on écoute attentivement, il n'est pas rare de constater que beaucoup de personnes, même parmi les plus cultivées, confondent les deux timbres. Les formes verbales *fem* 'nous faisons' et *feu* 'vous faites', qui ont un e fermé, bien justifié par l'étymologie et la phonétique historique, sont prononcées souvent avec une voyelle ouverte : on entend des hésitations entre [fém] (correct) et [fέm] (incorrect) et entre [féu] (correct) et [fέu] (incorrect). Toutefois, s'il n'y avait que ces deux cas de confusion, ce ne serait pas trop grave ; ces cas peuvent s'expliquer par l'analogie, étant donné que toutes les formes verbales exprimant « nous » et « vous », sauf dans la classe en -*ir*-, ont à l'indicatif présent -*em*, -*eu* avec e ouvert : *cantem* [kəntέm], *canteu* [kəntέu], etc.). Mais, en réalité, les hésitations entre ε/e et ɔ/o atteignent beaucoup de mots, aussi bien chez des gens cultivés que chez des personnes sans culture : le nom du fruit *móra* 'mûre' se prononce [mórə] au lieu de [mɔ́rə], ce qui est d'autant plus grave que *mora* [mɔ́rə], avec un o ouvert, est le féminin de *moro* [mɔ́ru] 'maure' (cf. § 13) ; on confond, dans une même prononciation [bótə], deux mots différents : *bota*, avec o ouvert, qui signifie 'botte' et *bóta*, avec o fermé, qui signifie 'tonneau'. J'en pourrais établir une liste assez longue ([30]). On ne saurait nier, dans tous ces cas, l'influence de la langue officielle espagnole, la seule qu'on apprenne à l'école et qu'on entende à la radio et à la télévision, et qui constitue un substrat linguistique important pour la plupart des catalanophones d'adoption et des enfants d'immigrés ou issus de ménages mixtes. En effet, l'espagnol ne fait pas de distinction entre ε et e et entre ɔ et o, et il contribue, sans doute, aux confusions en question. Qu'on se souvienne de l'incapacité des hispanophones de distinguer, en français, le futur et le conditionnel : « je ferai/je ferais », incapacité rappelée récemment par M. Alarcos Llorach ([31]).

Je pense cependant que l'espagnol n'a pu avoir une influence aussi forte, capable d'effacer un des traits les plus caractéristiques du vocalisme catalan. Certes, de nombreux catalanophones ne sonorisent pas non plus, sous l'influence du castillan, le -*s* de liaison et prononcent *els homes* 'les hommes', avec [s] sourd : [əl-só-məs], au lieu de [əl-zó-məs] avec [z] sonore (§ 8). Mais, malgré cette prononciation castillanisante, le catalan continue à posséder toujours ce trait caractéristique de sa phonétique qu'est le [z] de liaison ; l'absence de ce [z]

---

(30) Cf. mes travaux *Algunes mostres de les igualacions* ε = e ɔ = o *en el català parlat a Barcelona*, dans « Philologische Studien für Joseph M. Piel » (Heidelberg 1969) 24-29 ; *Les vocals tòniques E i O en el català de Barcelona, Assaig d'anàlisi fonològica de la situació actual,* dans ER, XII (1963-1968) 119-172.

(31) Alarcos, *Fonol. esp.*, § 94, p. 149.

chez quelques-uns ne pèse pas suffisamment du point de vue sociolinguistique pour qu'on en remarque l'absence dans l'ensemble de la
langue. Dans le cas de confusion des ε et e et des ɔ et o, sans qu'on
puisse nier la possibilité de l'influence castillane, il doit y avoir une
autre cause, plus profonde. Voici un fait qui, à mon avis, vient confirmer ma supposition : dans les rimes des poètes catalans, on trouve
assez fréquemment des [ε] pour [e] et des [ɔ] pour [o], et inversement.
Je n'ai pas relevé ces confusions seulement chez des poètes de second
ordre, mais aussi chez nos grands poètes modernes ; si l'on peut démontrer que les rimes de Verdaguer, le grand reconstructeur du langage
poétique à la fin du siècle dernier, reposent sur la langue écrite et que
c'est pour cette raison qu'elles ne tiennent pas compte des différences
entre ε et e et entre ɔ et o, il existe des confusions nettes de ces timbres
vocaliques chez Josep Carner et chez Carles Riba qui sont aussi de
grands poètes, très exigeants d'ailleurs pour la langue ([32]). Il doit y
avoir par conséquent une cause d'ordre intérieur qui pousse la langue
vers la confusion des voyelles moyennes.

15.   Je voudrais attirer l'attention sur un trait d'ordre intérieur
qui contribue avec force à la confusion des ε et e et des ɔ et o et que
j'ai appelé moi-même prédominance des timbres ouverts (ε et ɔ) dans le
champ des phonèmes d'aperture moyenne ([33]). En effet, les timbres
ouverts ε et ɔ semblent assumer une sorte de rôle de représentation des
deux voyelles moyennes : le /ε/ et le /e/ seraient représentés par le e
ouvert ; le /ɔ/ et le /o/, par le o ouvert. Cela paraît évident, à mon
avis, si l'on tient compte de ce qui suit :

1) les noms des cinq voyelles fondamentales sont toujours énoncés
ainsi : [á], [é], [í], [ɔ́], [ú]. Personne n'a jamais prononcé, dans ce cas,
e fermé [é], ni o fermé [ó], du moins pas en catalan de Barcelone ; en
catalan occidental les choses se passent autrement, mais là l'encadre-
ment dans le système tout entier est différent ;

2) en prononçant le latin, les Catalans ouvrent les e et les o jusqu'à
en faire des voyelles identiques aux [ε] et [ɔ] catalans ;

3) les castillanismes acera, apoi, etc., sont prononcés avec les timbres ouverts [ε] et [ɔ] ;

4) les noms propres castillans sont prononcés par les Catalans avec
[ε] et avec [ɔ] : Orense se dit [urɛnse] et Soria se dit [sɔ́riə] ; ou bien

---

(32) J'ai étudié les rimes de huit poètes catalans modernes ; cf. *Les oppositions
        phonologiques ε/e et ɔ/o du catalan dans les rimes des poètes modernes*,
        dans « Actele celui de-al XII-lea Congres International de Linguistica
        si Filologie Romanica », I (Bucarest 1970) 341-374. Ces confusions sont déjà
        anciennes : on en trouve beaucoup dans les chansons populaires tradition-
        nelles, cf. mes *Rimas vocálicas anómalas en el cancionero popular catalán*,
        dans *Cuadernos Hispanoamericanos*, LXXX (nos. 238-240) (Madrid 1969)
        (= « Homenaje a Don Ramón Menéndez Pidal »), 275-292.
(33) Cf. *Predominio de las vocales abiertas E y O en el catalán de Barcelona*,
        dans *RFE*, XLIX (1966) 315-320.

Pérez se dit [pérǝs] (cf. le nom de famille *Peris,* qui a aussi [ɛ]), comme
López se dit [lópǝs] (cf. le nom *Llopis,* avec [ɔ]) ; de même, on prononce
les noms étrangers avec la voyelle ouverte ;

   5) les noms de lieux de Catalogne eux-mêmes, dès qu'on en ignore
la prononciation authentique, tombent sous l'effet de cette tendance et
se prononcent couramment avec *e* ou *o* ouvert ; nous avons entendu
tous, je pense, *Móra d'Ebre* avec [ɔ] (au lieu d'*o* fermé) ; *Riudellots,*
bien que ce nom contienne le nom de *llot* 'boue' qui a toujours *o* fermé,
est prononcé souvent avec [ɔ] : [rriudǝllóts] ;

   6) la prononciation des noms de marques commerciales confirme
encore la même tendance : *Profiden* et *Omo* font entendre, à Barcelone,
[ɛ] et [ɔ].

   Cette sorte de rôle de représentation des voyelles ouvertes a pu
peser dans l'évolution des sons en catalan oriental, et il est possible
qu'il contribue encore aux confusions des *ɛ* et *e* et des *ɔ* et *o* qu'on note
aujourd'hui à Barcelone (§ 14).

   16. Nous avons déjà vu (§ 3) que le vocalisme atone était, en
catalan oriental (basé sur le barcelonais), d'une grande simplicité :
les sept voyelles toniques se réduisent à trois sons :

$$[i] \qquad\qquad [u]$$
$$[ǝ]$$

   Il serait exagéré de partir de ces trois voyelles atones pour caractériser le vocalisme catalan du point de vue phonologique. Pourtant,
cela ne semble pas être l'avis de M. Palau Martí qui voudrait réduire
le nombre de phonèmes vocaliques de la langue à ces trois voyelles
atones du barcelonais ; d'après lui, les autres voyelles constitueraient
des espèces d'« hyper-phonèmes » : /*a*/, /*ɛ*/ et /*e*/ seraient des « hyper-
phonèmes » du phonème /*ǝ*/ ; de même, /*ɔ*/, /*o*/ et /*u*/ seraient des
« hyper-phonèmes » du phonème /*u*/. Je sais bien que M. Palau Martí
se fonde sur la fréquence des voyelles catalanes, or il est certain que la
fréquence pèse beaucoup dans le fonctionnement de la langue. Son
point de vue est donc très respectable ; on relève, en effet, beaucoup
plus d'occurrences de [ǝ] que de [a], [ɛ] et [e] réunis, et parmi les
voyelles postérieures, [u] apparaît aussi beaucoup plus souvent que [ɔ]
et [o] réunis.

   Toutefois, je pense qu'on ne peut pas accepter la théorie tri-
phonématique des voyelles catalanes, et cela pour trois raisons :

   1) Raison historique. Au moment de la constitution des langues
romanes, les voyelles atones se prononçaient, semble-t-il, avec les
mêmes caractéristiques que les voyelles toniques (excepté la tension
articulatoire que suppose l'accent) ; ce n'est que plus tard, par suite de
la diminution de leur tension, que les voyelles atones ont acquis, dans
certaines langues plus que dans d'autres, des propriétés nouvelles

(amenuisement des nuances distinctives, relâchement articulatoire, etc.) qui ont complété ainsi, du côté du vocalisme inaccentué, la structure phonologique de chaque langue. N'oublions pas que nos grammaires historiques essaient de dater en catalan, avec plus ou moins de précision, les confusions graphiques des *a* et *e,* qui se produisent très tôt, et ensuite celles des *o* et *u.*

2) Raison géographique. Nous avons tous une idée claire de l'unité de la langue catalane ; nous ne pouvons donc pas accepter un schéma d'interprétation des voyelles qui laisse sans explication plus d'une moitié du domaine linguistique catalan. Si nous l'acceptions, nous séparerions de ce domaine tout le catalan occidental (qui, avec des nuances différentielles remarquables, conserve cinq voyelles atones : *a, e, i, o, u*) et une grande partie du baléare (qui conserve quatre voyelles atones : *ǝ, i, o, u*) ; ces deux grandes régions de la langue resteraient ainsi étrangères au système vocalique exposé.

3) Raison psycholinguistique. La conscience idiomatique des catalanophones est claire : ils ont tous le sentiment que le système dont ils se servent en parlant se compose de cinq voyelle au moins. Je dis « au moins » parce que, malgré les réserves exprimées ci-dessus (§§ 14-15), tout le monde se rend compte que la langue distingue *ɛ* et *e,* ainsi que *ɔ* et *o,* de sorte qu'à vrai dire, tout le monde a le sentiment que le système possède, non pas cinq, mais sept voyelles. En tout cas, du point de vue de la conscience des catalanophones, il y a cinq voyelles « au moins », jamais trois. On sait que l'orthographe des langues a tendance à devenir phonologique : voyez donc comment l'orthographe catalane fait correspondre au son [ǝ] soit *a* soit *e,* et au son [u] soit *o* soit *u,* et ces graphies différentes nous orientent quant à la prononciation de ces voyelles dans les parlers qui les distinguent (catalan occidental, baléar).

On pourra m'objecter que, dans la description synchronique d'un système linguistique d'aujourd'hui, on ne doit pas faire intervenir des considérations d'ordre génétique. De même, quant à la seconde raison, on pourra dire qu'il suffit de reconnaître que, dans certaines zones du domaine, le système se réalise en faisant appel aux « hyper-phonèmes »; nous aurions ainsi un exemple clair de la « norme linguistique » qui s'oppose aussi bien au « système de la langue » qu'au « parler concret », et ce serait un cas d'application de la distinction établie par M. Coseriu. Mais, malgré ces deux objections, je pense que les trois raisons exposées (surtout la troisième, « psycholinguistique ») nous empêchent d'admettre la théorie « tri-phonématique » des voyelles catalanes.

Il reste enfin une question à résoudre. Le son vocalique que nous appelons neutre, c'est-à-dire le [ǝ] du catalan oriental peut-il être considéré comme un phonème de la langue ? On n'oublie pas que M. E. Alarcos Llorach a résolu cette question : d'après lui, la voyelle [ǝ] n'est pas une entité phonématique, ce n'est qu'une réalisation des phonèmes /a/, /ɛ/ ou /e/, associée à la position inaccentuée ([34]). Cela veut dire que n'importe lequel de ces trois phonèmes, s'il se présente dans une syllabe qui ne porte pas l'accent, ne peut se réaliser que comme [ə] ; la voyelle [ə] est donc un allophone des trois phonèmes. Pourtant, dans un cas, la voyelle neutre semble avoir une valeur fonctionnelle claire : dans les monosyllabes. Par conséquent, le son [ə] doit être considéré comme un véritable phonème de la langue dans les monosyllabes où il s'oppose à n'importe quelle autre voyelle : ainsi, le groupe de pronoms atones *se'l* [səl] s'oppose à *sal* 'sel' [sál] (et à *salt* 'saut' dont la prononciation est la même), à *cel* 'ciel' [sél], à *sol* 'soleil', 'seul' [sól], etc. ; il suffit de substituer le son [ə] à [a], à [ɛ] ou à [ɔ], et la signification du mot en est modifiée. De même, *pal dret* 'pieu droit' [paldrét] et *pel dret* 'tout droit, par le chemin le plus court' [pəldrét], dont les significations sont différentes, ne se distinguent que par [a] ou [ə] de la première syllabe. Cela veut dire que, dans ces exemples, la voyelle neutre [ə] a la même valeur fonctionnelle de singularisation que les autres voyelles, /a/, /ɛ/, /e/, ainsi que /ɔ/ qui, elles, sont évidemment des phonèmes de la langue. Entre *jo sé que dibuixa* [kə] 'je sais qu'il dessine' et *jo sé què dibuixa* [kɛ] 'je sais ce qu'il dessine', la seule différence est encore l'alternance *kə/kɛ*. Il est hors de doute que tout cela nous oblige à accorder une valeur de différenciation phonologique au son /ə/ ([35]).

Il est facile de comprendre que le cas que nous venons d'examiner ne se reproduit pas dans la zone des voyelles postérieures, car là, il n'apparaît, en position inaccentuée, aucune articulation nouvelle (comparable à [ə] en face des /a/, /ɛ/ et /e/) ; là, les trois phonèmes /ɔ/, /o/, /u/, lorsqu'ils se trouvent en position inaccentuée, se réalisent tous comme l'un des trois, à savoir /u/ qui, de ce fait, devient « archiphonème ». Ainsi le /ɔ/ de *flor* 'fleur' [flɔ́] se prononce [u], dès qu'il devient atone : *florit* 'fleuri' [flurit] ; de même le /o/ de *por* 'peur' [pó] se prononce [u] dans la même condition : *poruc* 'peureux' [purúk] ; enfin le /u/ de *pur* 'pur' [pur] continue à être [u] en position non accentuée : *puresa* 'pureté' [purɛzə].

17. J'aborde maintenant l'un des chapitres les plus délicats de la phonologie catalane : la fonction de *i* et de *u* en tant qu'éléments de diphtongue. Dans ce cas, appartiennent-ils au « champ de dispersion » des voyelles correspondantes *i* et *u* ? Existent-ils indépendamment comme phonèmes ? Ou encore, sont-ils des allophones des consonnes correspondantes *y* et *w* ? Si tout mon rapport doit être considéré comme sujet à discussion (c'est pour discuter que nous nous sommes réunis, n'est-ce pas ?), je ne traiterai des fonctions qu'on peut attribuer à *i* et

---

(34) E. Alarcos Llorach, *Sistema fonemático del catalán*, dans *Archivum*, III (Oviedo 1953) 138.

(35) Cf. mon article *Función significativa y diferencial de la vocal neutra en el catalàn de Barcelona*, dans *RFE*, XLVIII (1965) 79-93.

à *u* que sous toute réserve, et seulement sous forme d'un premier essai d'hypothèse ([36]).

Tout d'abord, il faut voir si les diphtongues sont « mono-phonématiques », ou si les voyelles qui les forment sont deux phonèmes différents, bien que combinés. Les diphtongues catalanes sont des combinaisons de voyelles qui, dans un même type et dans un même ordre de combinaison, peuvent être, dans certains cas, effectivement des diphtongues, mais ne le sont pas dans d'autres cas, lorsqu'elles appartiennent à des syllabes différentes. Cela indique, selon les lois de phonologie, que de telles combinaisons ne sont pas « mono-phonématiques », mais une somme (ou une combinaison) de deux phonèmes différents. Soit les diphtongues croissantes du catalan : celles qui commencent par *y* sont très rares, [ya], [yɛ], [yɔ], etc. (§ 4) ; les diphtongues commençant par *w* sont celles qui suivent *q* ou *g* orthographiques (§ 5). Mais l'immense majorité des cas de *i* + voyelle et de *u* + voyelle ne sont pas des diphtongues : les deux sons restent rattachés à des syllabes différentes, par ex. dans *guiar* 'guider' [gi-à], *suar* 'transpirer' [su-á]. Les combinaisons de voyelles d'un même type, se présentant dans un même ordre de croissance et, par conséquent, apparemment identiques, se répartissent donc entre la prononciation diphtonguée et la prononciation dissyllabique.

Nous retrouvons ce double traitement dans le cas des diphtongues décroissantes : devenues finales de mot (et elles peuvent occuper toutes cette position), elles disparaissent lorsqu'elles sont suivies d'un mot commençant par voyelle.

Exemples :

diphtongues maintenues :   diphtongues disparues :

espai 'espace' [əs-pái]   mais :   *espai estret* 'e. étroit'
                                           [əs-pà-yəs-trɛt]

remei 'remède' [rrə-mɛ́i]   mais :   *remei eficaç* 'r. efficace'
                                           [rrə-mɛ̀-yə-fi-kás]

llei 'loi' [lléi]   mais :   *llei antiga* 'l. ancienne'
                                           [llɛ̀-yən-ti-gə]

noi 'garçon' [nɔ́i]   mais :   *noi animat* 'g. animé'
                                           [nɔ̀-yə-ni-mát]

avui 'aujourd'hui' [ə-búi]   mais :   *avui és festa* 'a. c'est fête'
                                           [ə-bù-yès-fés-tə]

cau 'il tombe' [káu]   mais :   *cau a terra* 'i. t. à terre'
                                           [kà-wə-tɛ̀-rrə]

aneu 'vous allez' [ə-néu]   mais :   *aneu a casa* 'v. a. chez vous'
                                           [ə-nɛ̀-wə-kà-zə]

_____

(36) Pour tout ce que je dis sur /i/ et /u/, il est indispensable de consulter le livre d'Alarcos, *Fonol. esp.*, §§ 96-100, pp. 150-160.

viu 'il habite' [bíu]   mais : *viu aci* 'il h. ici' [bì-wə-sí]

sou 'vous êtes' [sóu]   mais : *sou amics* 'v. e. des amis'
                                         [sò-wə-míks]

D'autre part, les diphtongues formées par la phonétique syntaxique, et qui sont très fréquentes (§§ 4 fin ; 5-6), mettent en relief le caractère « bi-phonématique » de ces combinaisons autant du point de vue fonctionnel (dans *tu ets així* 'tu es ainsi' [twè-tzə-xí] tout le monde distingue le *u* de *tu* du *e* de *ets,* bien qu'ils forment une diphtongue) que du point de vue du type d'élocution (étant donné qu'il existe trois prononciations possibles : [tu-etz], [tutz], [twetz], v. § 5). A mon avis, cela prouve sans aucun doute qu'en catalan, les diphtongues n'ont pas de valeur de phonèmes de par eux-mêmes, mais doivent toujours être décomposées fonctionnellement en deux phonèmes différents.

18.   Etant donné que les diphtongues sont des combinaisons de deux phonèmes, essayons d'avancer un peu plus dans notre recherche. Les voyelles se présentent combinées, dans les diphtongues, avec un élément plus fermé, palatal (*y* ou *i* : *y* explosif, s'il commence la diphtongue; *i* implosif, s'il la termine) ou vélaire (*w* explosif ; ou *u* implosif). Or, il faut se demander si ces éléments (*y*, *w* ; *i*, *u*) sont des phonèmes de par eux-mêmes ou s'ils sont des allophones d'autres phonèmes.

Nous savons (§§ 4-5) que la prononciation spontanée de *i* + voyelle et de *u* + voyelle est dissyllabique, à l'exception de quelques cas, très rares, de *y* semi-consonne et de [kw] ou [gw] + voyelle où, le plus souvent, on prononce une diphtongue. On remarque donc tout de suite une différence nette entre ces dernières diphtongues et la plupart des autres diphtongues.

Les diphtongues qui apparaissent pour des motifs de phonétique syntaxique sont caractérisées par une grande diversité de prononciation :

1) lorsqu'elles appartiennent à la syllabe tonique, elles sont prononcées effectivement comme des diphtongues : *vingui ara* 'venez maintenant' [bìn-gyá-rə] ; *té una casa* 'il a une maison' [tèu-nə-kà-zə] ; mais, si la diction est un peu plus soignée, elles cessent d'être diphtongues et aboutissent à deux syllabes différentes : *ni ell mateix* 'ni lui-même' [ni-èll-mə-téx] ; *té idees bones* 'il a de bonnes idées' [tè-i-dɛz-bò-nəs] ;

2) lorsque les diphtongues appartiennent à une syllabe non accentuée, la prononciation est encore plus variable, car, outre la possibilité de les séparer entre deux syllabes (*a*), on note aussi la prononciation diphtongale (*b*) et même la réduction à *i* ou à *u* (*c*) :

1. *i* + voyelle : *si et sembla bé* 'si (ceci) te paraît bien :
              a) [si-ə-tsèm-blə-bé]
              b) [syə-tsèm-blə-bé]
              c) [si-tsèm-blə-bé]

2. u + voyelle : *fes-ho entendre* 'fais le comprendre :

    a) [fè-zu-ən-tén-drə]
    b) [fè-zwən-tén-drə]
    c) [fè-zun-ten-drə]

3. voyelle + i : *la carta indica por* 'la lettre indique (qu'il a) peur :

    a) [lə-kàr-tə-in-dì-kə-pó]
    b) [lə-kàr-təin-dì-kə-pó]
    c) [lə-kàr-tin-di-kə-pó]

4. voyelle + u : *a casa ho faig* 'à la maison je le fais' :

    a) [ə-kà-zə-u-fátx]
    b) [ə-kà-zəu-fátx]
    c) [ə-kà-zu-fátx] [37].

Il y a donc toute une gamme de solutions (hiatus, diphtongue, réduction) qui semble parler en faveur de l'interprétation selon laquelle ces diverses possibilités sont toutes des variantes combinatoires des voyelles i et u : en conséquence, il s'agirait d'allophones des phonèmes /i/ et /u/. Je pense que, parmi tant de possibilités de réalisation, un seul fait articulatoire se réalise avec fixité et clarté : le y et le w des diphtongues croissantes (que j'ai déjà mises à part) ; les y et w ont une articulation de semi-consonne beaucoup plus fixe, ne se réduisent pas à une voyelle en catalan commun et ne sont interchangeables avec aucun autre type articulatoire succédané [38].

Pour ce qui est du reste, il faut reconnaître que, dans la mesure

---

(37) Cf. les cas semblables (bien qu'il s'agisse de diphtongues à l'intérieur des mots) que j'ai mentionnés précédemment : *peremptorietat* (§ 4), *incoherent, agrairé, caurá* (§ 7).

(38) Tout cela est pleinement valable en syllabe accentuée : *quatre* ne serait pas compris si l'on prononçait [*kútrə] ; et si nous entendons [ká-trə], il s'agit d'un autre mot : *catre* 'grabat, couche' ; il faut donc prononcer [kwá-trə]. Il en est de même pour i, bien que là, comme toujours, il y a très peu d'exemples : *fiasco* ne pourrait pas être prononcé [*fis-ko] ni [*fás-ko] (on ne comprendrait pas) ; il faut dire [fyás-ko]. Toutefois, en dehors de la syllabe tonique, il est incontestable qu'on enregistre des prononciations déconcertantes à l'intérieur des mots. *Quaranta* se prononce régulièrement [ku-rán-tə] (ce cas ne pose donc aucun problème : il ne s'agit plus de la semi-consonne w, mais simplement de la voyelle u, et c'est toujours ainsi). Mais ce sont des mots tels que *qualitat* 'qualité', *guarniment* 'parure', *guanter* 'gantier', etc., qui déconcertent (Badia, *Gr. hist.*, § 54, III, p. 152). C'est pour cette raison que j'insiste tellement et que je ne peux jamais en parler en termes catégoriques. D'autre part, je rappelle que je pars du catalan de Barcelone tout spécialement ; je n'ignore pas que les dialectes réduisent souvent les deux sons en conservant précisément l'élément le plus fermé : *pacienci* 'patience' [pə-si-ɛn-si], (pour *paciència*), *quatre* [kó-trə], etc.

où l'on peut évaluer la prononciation la plus courante d'aujourd'hui, nous nous heurtons à un grand manque de précision. Il se produit, nous venons de le voir, des hésitations entre différents types d'articulation (hiatus, diphtongues, réductions coexistent dans les mêmes situations phonétiques) et il devient difficile d'établir ce qui est véritablement fonctionnel, car même les règles classiques de la phonologie ne sont appliquées que conditionnellement. Par exemple : il n'est pas facile d'affirmer si les sons en question (*i* et *u*) se présentent combinés entre eux dans la prononciation catalane (je pose donc la question de savoir s'il y a des diphtongues **yí, *wú, *íi, *úu*). On sait que la phonologie se sert de ce phénomène pour démontrer que tout son de la langue est en même temps un phonème du système : si deux sons qui ont une affinité articulatoire (tels que *y* et *i*, par exemple, ou *w* et *u*) peuvent se trouver au sein d'une même diphtongue, tout en se distinguant et en s'opposant l'un à l'autre, ils se confèrent mutuellement une indépendance phonologique et on peut parler de deux phonèmes différents. Or, la question sur un point, qu'on considère d'ailleurs comme très élémentaire dans les réflexions phonologiques sur une langue ([39]), doit rester, pour le moment du moins, sans réponse en catalan. Elle reste sans réponse précisément à cause des hésitations et des contradictions que nous avons relevées et que nous allons examiner sur quelques cas précis.

Je présente donc des exemples de ces combinaisons de *i* et de *u*, dont nous ignorons si elles forment des diphtongues ou non, d'abord à l'intérieur du mot, ensuite au contact de deux mots :

1) A l'intérieur du mot : a) Dans cette position, il n'existe pas un seul exemple de « diphtongue présumée » **yi*. — b) Par contre, il y en a de **wu* (diphtongue croissante) ou, pour mieux dire, il y en a eu du point de vue historique : on pense qu'il a dû y avoir des formes telles que **àrduu* (il existe le fém. *àrdua*), mais la langue a réduit *uu*, dans ces quelques cas, à la seule voyelle *u* (masc. *ardu*) ou a supprimé le premier *u* (masc. *oblic* / fém. *obliqua*), etc. — c) Comme cas de **íi* (diphtongue décroissante), je peux mentionner la forme verbale *fíi* (subjonctif présent de *fiar* 'fier') ; théoriquement on prononce cette forme avec deux syllabes [**fi-i*], mais en réalité il semble qu'elle se transforme en une diphtongue décroissante [fíi]. — d) Comme cas de **úu* (décroissant), nous avons la forme verbale *duu* (indicatif présent de *dur* 'porter') : il s'agit théoriquement d'une diphtongue (cf. les cas parallèles, avec une voyelle tonique différente : *cau* 'il tombe', *beu* 'il boit', etc.), mais pratiquement la diphtongue se réduit à une seule voyelle : [dú]. Même la grammaire préceptive reconnaît cette prononciation étant donné qu'on accepte les deux graphies, *duu* et *du*, toutes les deux correctes.

---

(39) Il s'agit de la règle IV de Trubetzkoy, rappelée par Alarcos, *Fonol. esp.*, § 97, p. 153.

2) Contacts par phonétique syntaxique ([40]). Dans ces cas, la prononciation la plus habituelle semble pratiquer la réduction à [i] ou à [u]. — a) Cas de *yi (diphtongue croissante) : *vingui immediatament* 'venez immédiatement' : on devrait séparer les deux syllabes, du moins en théorie : [*bin-gi-im], ou bien, conformément à ce que nous avons vu (§ 5), faire une diphtongue : [*bin-gyim]; en réalité, la prononciation courante pratique la réduction à [i] : [bin-gim-mə-di-à-tə-mén). — b) Cas de *wu (diphtongue croissante) : *dir-t'ho humilment* 'te le dire humblement' ; la prononciation n'est pas [*dir-tu-u-mìl] (comme on pourrait s'y attendre théoriquement), ni [*dir-twu-mìl] (d'après ce que nous avons dit, § 5), mais avec réduction : [dir-tu-mìl-men). — c) Cas de *ii (diphtongue décroissante) : *aquest canari i dos més* 'ce serin et deux de plus' ; on ne prononce pas de diphtongue [*rìi-doz], comme on pourrait le croire, mais on réduit les deux *i* à un seul : [kə-nà-ri-doz-més]. — d) Cas de *úu (diphtongue décroissante) : *el ferro ho fa* 'le fer fait cela' ; là non plus il n'y a pas de diphtongue [*rrùu-fá], comme on pourrait s'y attendre, mais on prononce une seule voyelle [u] : [fé-rru-fá].

19.   La situation est donc loin d'être claire ; il est évident qu'on a besoin d'études articulatoires et rythmiques sur les combinaisons de voyelles en catalan. Je dirais qu'une situation aussi peu claire nous invite à voir, dans toutes les réalisations phonétiques mentionnées (hiatus, diphtongue et réduction), de simples variantes combinatoires ; elles ne seraient donc qu'allophones de deux seuls phonèmes, les voyelles fondamentales /i/ et /u/. J'y ajouterais toutefois une exception : les semi-consonnes y, w, initiales de diphtongues croissantes (*fiasco, miau-mieu, quatre, ungüent*), précisément parce que ces cas ne participent pas à la confusion générale (bien que, comme nous l'avons vu, § 18 note, même ces cas présentent parfois des situations déconcertantes) ; la fermeture articulatoire qui caractérise les articulations y, w, ainsi que la constance et la fixité de leur apparition, me permettent d'affirmer : 1) d'une part, qu'il faut séparer le y et le w des autres articulations (parce qu'elles sont toutes interchangeables et peu précises) et, 2) d'autre part, qu'il faut considérer le y et le w comme appartenant aux phonèmes /y/ et /w/ de la langue (§ 21), dont ils seraient par conséquent de simples allophones.

Le reste de ces articulations se grouperait autour de /i/ et de /u/. Le phonème /i/ se réaliserait, selon les situations, comme *i* voyelle, comme *i* semi-voyelle (implosive) ou comme *y* consonne (et cette consonne *y* deviendrait donc l'« archiphonème » de la voyelle et de la consonne). Parallèlement, le phonème /u/ serait réalisé, selon les

___

(40) Pour ne pas trop allonger un exposé que de toute façon on ne peut pas considérer comme définitif, je passe sous silence les cas de phonétique syntaxique où l'accent frappe l'élément le moins fermé. Je pense à des phrases telles que *des d'ahir hi sóc* 'depuis hier j'y suis', ou bien *algú ho sap* 'quelqu'un le sait' ; là, on ne fait jamais, semble-t-il, la réduction [i], [u], on maintient l'hiatus [í-i], [ú-u] ou on prononce une diphtongue [íi], [úu].

situations, comme *u* voyelle, comme *u* semi-voyelle (implosive) ou comme *w* consonne (et ce *w* serait ainsi l'«archiphonème » qui neutraliserait voyelle et consonne).

Reprenons, maintenant, ces mêmes considérations, mais d'un point de vue différent ([41]). La différence la plus remarquable entre la consonne *y* et la voyelle *i* et entre la consonne *w* et la voyelle *u* est, pouvons-nous dire, plutôt une différence de fonction que celle de nature articulatoire ; c'est la différence qui existe entre consonne, qui ne peut pas former une syllabe par elle-même, et voyelle qui peut elle seule constituer une syllabe. Il s'agit d'une différence basée, non sur un trait distinctif, mais sur la fonction qui est bien différente dans chaque cas. Alors, les semi-consonnes appartiendraient aux « champs de dispersion » des consonnes /y/ et /w/ dont elles seraient des allophones, tandis que les autres articulations seraient allophones des phonèmes vocaliques, soit de /i/, soit de /u/.

Je ne peux pas cacher mes doutes et les réserves que je dois faire moi-même à propos de l'explication que je viens de donner (rappelons-nous le cas de *fii* et les cas semblables). Mais vu l'état actuel des études sur le vocalisme catalan, j'ose croire que nous avons saisi une réalité et que cette réalité pourra servir de point de départ correct (du moins je l'espère) à d'autres développements ultérieurs. Nous avons en effet constaté que, sauf le cas des *y* et *w* semi-consonnes à l'intérieur des mots, dans toutes les autres situations, quelle que soit la solution qui l'emporte dans chaque cas concret (hiatus, diphtongue, réduction), la possibilité de prononcer la voyelle (*i* ou *u*) existait pratiquement toujours. C'est cette constatation qui m'a permis d'arriver à la conclusion, provisoire certes, mais conclusion tout de même, que la règle générale veut que tout se concentre autour de la voyelle /i/ ou autour de la voyelle /u/.

Les deux cas d'exception (*i* + voyelle à l'intérieur du mot, mais dans très peu de mots, et *kw* + voyelle et *gw* + voyelle) seraient, je l'ai déjà dit, des allophones des consonnes /y/ et /w/. On s'étonnera peut-être d'une telle séparation, étant donné surtout qu'elle n'est pas tout à fait claire et évidente (§ 18, note). Mais j'ai déjà passé beaucoup de temps à faire comprendre le caractère spécial, qui n'est pas partagé par le reste des cas, de ces deux cas d'exception. On peut établir un parallélisme entre ces semi-consonnes *y* et *w* (bien que je pense surtout à la vélaire *w*) et les phonèmes consonantiques /l/ et /r/ ([42]), et ce

---

(41) Alarcos, *Fonol, esp.*, § 98, p. 154.

(42) On sait que ce parallélisme a été dégagé par quelques linguistes pour renforcer leurs arguments en faveur de l'interprétation des semi-consonnes et semi-voyelles palatales de l'espagnol comme allophones de la consonne /y/. Voir Alarcos, *Fonol. esp.*, § 98, p. 157. Précisément les raisons, très bien établies d'ailleurs, que M. Alarcos Llorach y oppose, pour l'espagnol, sont décisives si l'on les applique au catalan ; mais pour le catalan, les mêmes raisons acquièrent une valeur contraire, étant donné qu'elles appuient mon idée qu'en catalan il y a des semi-consonnes qui sont des allophones des consonnes /y/ et /w/. Voir le texte ci-dessus.

parallélisme ne semble pas pouvoir être nié à en juger par des oppositions comme les suivantes : *quota* 'quote-part' / *clota* 'creux fosse' ; *quan* 'quand' / *clan* 'clan' ; *guants* 'gants' / *glans* 'glands' ; *guant* 'gant' / *gran* 'grand' ; *guanyat* 'gagné' / *grenyat* 'moulé (en parlant du pain)' ([43]).

En catalan, nous sommes en présence de traitements bien différents de ceux de l'espagnol. En espagnol, il y a une raison de nier le parallélisme entre /y/ et /l/ ou /r/ : c'est que le /y/ peut occuper la troisième place dans un groupe de consonnes « pré-nucléaires » (cf. esp. *prieto, embriagar*, etc.), tandis que ni le /l/ ni le /r/ ne peuvent jamais occuper cette position syllabique. Au contraire, en catalan le parallélisme est beaucoup plus exact : ni le *i* ni le *u* ne peuvent occuper cette position : *embriagar* 'enivrer' a, en catalan, quatre syllabes : [əm-bri-ə-gá] ; un mot comme *cruent* 'sanglant' en a deux [kru-én] (§ 5), etc. Et surtout, nous avons en catalan quelques oppositions que je considère comme décisives : *quota/cuota* (ce dernier mot est un péjoratif de *cua* 'queue') ; si *quota* se distingue de *cuota*, c'est parce que, dans le premier mot, on a une semi-consonne *w* (le groupe *quo-* est donc monosyllabique), tandis que, dans le second, on a une voyelle *u* (le groupe *cuo-* est dissyllabique) : [kwɔ́-tə]/[ku-ɔ́-tə]. Ou bien, dans le domaine de la palatale : *miau* (ou *mieu*) (onomatopée) (§ 4) s'oppose à *m'hi-hau (portat)* (dialectal) ou *m'hi heu (portat)* (du catalan commun) 'vous m'y avez (porté)', et cette opposition vient de la façon de prononcer *i* dans ces deux cas ; l'onomatopée a toujours une semi-consonne [myau, myéu] (une syllabe), tandis que la forme verbale *m'hi heu* permet, comme nous l'avons vu, deux prononciations différentes, selon la situation et la diction : il peut y avoir semi-consonne [myèu-pur-tát] (une syllabe dans *m'hi heu*) ou voyelle [mi-èu-pur-tát] (deux syllabes dans *m'hi heu*). Ainsi — et nous l'avons déjà dit — dans la pluralité de solutions, la voyelle (*i*) est toujours possible. Je crois que ces dernières oppositions sont très claires : elles empêchent de considérer le catalan et l'espagnol comme équivalents sur un point qui sépare les deux langues : l'appréciation phonologique différente de quelques cas de *i* + voyelle et de *u* + voyelle dans l'ensemble des articulations constituant les diphtongues.

3) *Les phonèmes consonantiques*

20. Il n'est pas facile d'établir un système équilibré de phonèmes consonantiques du catalan. Même aujourd'hui, bien que nous disposions de toute une série de matériaux concernant les oppositions des con-

---

(43) Dans la série des palatales, il ne semble pas y avoir d'exemples (par suite du nombre très exigu de cas de *y*). Qu'il me soit permis d'apporter un exemple « par approximation », où il faut faire abstraction de l'accentuation du mot (et de ce qu'il en résulte, à savoir que *a*, au moment où il devient atone, se transforme en *ə*) : *fiasco/flascó* 'flacon'.

sonnes ([44]), les choses ne sont pas tout à fait claires. Mais il faut essayer d'y apporter un peu de lumière. En laissant de côté, pour le moment, les « sonantes » (liquides et nasales), et aussi la paire *y-w* (qui présente des problèmes particuliers, §§ 18-19), et en nous bornant provisoirement aux occlusives, fricatives et sifflantes, voici le système consonantique du catalan, tel qu'il a été établi par M. Alarcos Llorach ([45]) :

Interruptes :	Labiales	Dentales	Palatales	Vélaires
occlusives sourdes	/p/	/t/	—	/k/
occlusives sonores	/b/	/d/	—	/g/

Continues :				
fricatives sourdes	/f/	/s/	/x/	—
fricatives sonores	—	/z/	/j/	—

Si cette présentation est correcte, on voit tout de suite que ce système n'est pas régulier. Il s'agit pourtant d'un système bien caractéristique de la majorité des langues romanes, qui sont nées sous un grand poids de l'ordre articulatoire dental (dentales et alvéolaires) par suite de facteurs étymologiques bien connus. Le catalan se range donc du côté de ces langues qui ont conservé ce poids. Néanmoins, on ne manquera pas de constater, dans ce système, des séries de phonèmes dont le contraste fait naître des corrélations essentielles pour la langue. Les voici ([46]) :

1) occlusives sourdes : /p/, /t/, /k/ ;

2) occlusivo-fricatives (occlusives qui se réalisent très souvent comme fricatives) : /b/, /d/, /g/ ;

3) continues sourdes : /f/, /s/, /x/ ;

4) continues sonores : /z/, /j/.

Ces séries produisent certaines corrélations significatives dont la plus importante est celle qui oppose les sourdes et les sonores, aussi bien là où la qualité d'occlusive ou de fricative reste indifférente (p/b, t/d, k/g), que là où l'articulation est constamment fricative (s/z, x/j).

J'ai déjà dit que M. Alarcos Llorach se bornait, dans sa présentation des phonèmes consonantiques du catalan, aux occlusives, fricatives et sifflantes, parce que ces consonnes présentent des problèmes intéressants à discuter. Il va sans dire qu'on doit inclure, parmi les phonèmes catalans, les nasales (*m, n, ny*) et les liquides aussi bien

---

(44) Voir mon article *Problemes* ; la plus grande partie de son contenu est consacrée à faire contraster des exemples de consonnes ayant une fonction significative.

(45) E. Alarcos Llorach, *Sistema fonemático del catalán,* dans *Archivum,* III (Oviedo 1953) 135-146), et *Algunas consideraciones sobre la evolución del consonantismo catalán,* dans « Miscelánea homenaje a André Martinet, Estructuralismo e historia », ed. por Diego Catalán, II (La Laguna 1958) 35. Je réduis les dentales /t/ et /d/ et les alvéolaires /s/ et /z/ à un seul groupe de dentales.

(46) Badia, *Problemes,* § 284, p. 325.

latérales (*l, ll*) que vibrantes (*r, rr*). Par contre, M. Alarcos Llorach refuse d'attribuer la qualité de phonèmes aux affriquées sifflantes : *ts, tz, tx, tj*. D'après lui, aucun de ces sons ne constitue une unité minimale différenciatrice qu'on exige d'un son pour être considéré comme un phonème ; les affriquées se présenteraient comme des sons composés aux catalanophones dont le sens idiomatique les apprécierait comme une somme de deux sons combinés. Ainsi, il ne serait pas question d'un phonème */ts/, mais de /t/ + /s/, ni d'un */tz/, mais de /t/ + /z/ ; de même, */tx/ et */tj/ ne seraient que la somme de /t/ + /x/ et de /t/ + /j/. En principe on se sent disposé à accepter le point de vue de M. Alarcos Llorach, parce que cette façon de voir simplifie les choses, et nous savons que la représentation d'un système est d'autant plus acceptable qu'elle est plus simple (à condition qu'elle rende compte de tous les sons du système). En outre, étant donné que le catalan possède les quatre phonèmes sifflants fricatifs (*s, z, x, j*), il serait tout à fait logique de penser que les affriquées correspondantes (*ts, tz, tx, tj*) sont le résultat de la combinaison des fricatives avec un autre élément, occlusif (*t*).

21. Nous venons de voir ce qu'on peut établir en opérant avec la logique. Mais on ne peut pas laisser de côté les usagers du système, les catalanophones. Or il semble que ceux-ci ne se rendent compte du caractère composé de ces phonèmes que dans le cas de *ts*, où ils distinguent un /t/ et un /s/ pour les deux raisons suivantes :

1) il n'existe que deux exemples de *ts* intérieur : *potser* 'peut-être' et *lletsó* 'laiteson', et ces deux mots évoquent assez clairement leur formation : *pot* 'il peut' + *ser* 'être' d'une part et, d'autre part, le mot de base *llet* 'lait' ;

2) à la finale de mot, le son -*ts* se trouve beaucoup plus souvent, mais uniquement dans des pluriels de mots terminés en -*t* (*dits*, pluriel de *dit* 'doigt' ; *tots*, pluriel de *tot* 'tout'), ou dans les formes de la 2e personne des verbes en -*t* (*pots* 'tu peux', de *poder* 'pouvoir', qui fait *pot* à la 3e personne ; *bats* 'tu bats', de *batre* 'battre', qui fait *bat* à la 3e personne, etc.) ([47]).

Cette situation nous permet d'accepter, pour *ts*, l'interprétation de M. Alarcos Llorach : *ts* n'est pas une « unité minimale différenciatrice » qu'on exige pour qu'il y ait un phonème, et il peut être décomposé systématiquement en /t/ + /s/.

Par contre, je vois tout autrement le caractère des trois autres affriquées (*tz, tx, tj*) ([48]). Tout d'abord, elles sont beaucoup plus fréquentes que *ts* dans les mots catalans. D'ailleurs les catalanophones ne peuvent jamais « deviner » que ces trois sons sont susceptibles d'être décomposés en un élément occlusif (*t*) et un élément fricatif (*z, x,* ou *j*). Les données d'histoire linguistique du catalan, la comparaison avec le

(47) Badia, *Problemes*, §§ 266-271, pp. 298-306.
(48) Badia, *Problemes*, §§ 272-283, pp. 306-321.

consonantisme de l'espagnol et avec celui du français, le mécanisme des neutralisations des sifflantes palatales à la fin du mot, la preuve de l'orthographe fournie par des gens peu cultivés et l'application de ce que M. André Martinet appelle « intégration phonologique » sont des facteurs qui parlent tous en faveur de l'interprétation « monophonématique » des trois affriquées *tz, tx* et *tj*. Etant donné que je m'en suis occupé naguère, on me permettra de ne pas entrer dans les détails ; le lecteur pourra consulter mon étude, mentionnée déjà plusieurs fois.

Toutefois, je ne tiens pas pour close la discussion des sifflantes affriquées. Moi-même, je me laisserais gagner par les résultats d'une analyse purement structurale et j'irais volontiers jusqu'à nier l'existence des *tz, tx* et *tj* en tant que phonèmes de la langue. Pourtant, la réalité et l'exploitation directe de la langue nous enseignent qu'on ne peut pas bâtir des théories qui ne s'appuient pas sur des réalités incontestables ; or, la réalité nous dit que ceux qui se servent de la langue opposent les affriquées et les fricatives (*tz/z, tx/x, tj/j*) et qu'ils ne possèdent pas d'éléments de jugement pour penser que les affriquées se composent de deux articulations simples. Si nous envisageons donc ainsi le problème posé, je crois que nous pouvons comparer le cas des affriquées à celui de l'opposition *r/rr*. Nous acceptons volontiers qu'il existe une opposition phonologique entre /r/ et /rr/ ([49]), et refusons de considérer l'*r* multiple /rr/ comme une composition de /r/ + /r/, or des raisons assez semblables devront nous empêcher d'admettre que les affriquées (*tz, tx, tj*) se composent d'un élément occlusif (*t*) et d'un élément fricatif (*z, x, j*). En conclusion, je suis de l'avis qu'il faut plutôt accepter le caractère phonématique des trois sifflantes affriquées (*tz, tx, tj*).

Les deux articulations continues sonores *y* et *w* jouent à première vue un rôle différent de celui des voyelles correspondantes *i* et *u*. Nous avons déjà vu (§ 19) que les différences entre *y* et *i* et entre *w* et *u* sont surtout d'ordre fonctionnel : *y* et *w* sont des consonnes (elles ne peuvent pas former de syllabe de par elles-mêmes), tandis que *i* et *u* sont des voyelles (dont chacune peut, elle seule, se constituer en syllabe). La fonction consonantique des deux sons *y* et *w* est évidente ; pour s'en convaincre, il suffit de prendre en considération la possibilité que ces deux sons ont de commuter avec d'autres consonnes à l'intérieur du mot en position intervocalique ; cette position ne pourrait jamais être occupée par les voyelles /i/ ou /u/, si grande que soit l'affinité articulatoire entre *y* et *i* ou entre *w* et *u*. Voici quelques exemples d'oppositions de *y* ([50]) : *veia* 'je voyais' / *befa* 'moquerie' ; *noies* 'filles' / *noces* ; *noia* 'fille' / *nosa* 'gêne' ; *duia* 'je portais' / *dutxa* 'douche' ; *boia* 'bouée' / *boja* 'folle' ; *deien* 'ils disaient' / *deuen* 'ils doivent' ; exemples d'oppo-

(49) Badia, *Problemes*, § 203, p. 280.
(50) Badia, *Problemes*, §§ 31 (p. 235), 59 (p. 243), 66 (pp. 244-245), 73 (p. 246), 86 (p. 250), 93 (p. 252). On y trouvera beaucoup plus d'exemples.

sition de *u* ([51]) : *riuen* 'ils risent' / *rifen* 'ils tirent au sort' ; *cauen* 'ils tombent' / *cacen* 'ils chassent' ; *peuada* 'traces, empreinte du pied' / *pesada* 'pesée' ; *encauar* 'encaver' / *encaixar* 'encaisser' ; *atrauen* 'ils attirent' / *atraquen* 'ils accostent' ; *preuar* 'apprécier' / *pregar* 'prier'. Cette situation des *y* et *w* (on pourrait en citer beaucoup plus d'exemples) est simplement incompatible avec celle des voyelles *i* et *u*. Les *y* et *w* n'ont pas de rapport avec les voyelles et constituent les phonèmes consonantiques /y/ et /w/.

Cela n'empêche pas, toutefois, que les voyelles *i* et *u* (phonèmes /i/ et /u/) se réalisent parfois, pour des raisons de phonétique syntaxique, à l'aide d'une même articulation que les consonnes, donnant lieu ainsi à ce qu'on appelle « neutralisation » des oppositions : dans *llargada i amplada* 'longueur et largeur' le *i*, phonologiquement voyelle /i/, se réalise en se prononçant comme une consonne : [llər-gà-də-yəm-plá-də], de sorte que le /y/ est ici un « archiphonème » qui neutralise la voyelle /i/ et la même consonne /y/ ; ou bien dans *cau a terra* 'il tombe par terre', le *u*, phonologiquement voyelle /u/, se réalise en se prononçant comme une consonne : [kà-wə-té-rrə], ce qui revient à dire que le /w/ est l'« archiphonème » de la voyelle /u/ et de la même consonne /w/. Mais tout cela n'empêche pas une existence séparée des voyelles /i/ et /u/ d'un côté et des consonnes /y/ et /w/ de l'autre.

22. Nous avons discuté toutes les possibilités quant à l'appréciation fonctionnelle des sons consonantiques. Nous en arrivons à conclure que le système consonantique du catalan est constitué, à notre avis, par 23 phonèmes qui, rangés selon les quatre ordres de localisation et distribués en six modes articulatoires (dont trois sont subdivisés) forment le tableau suivant ([52]) :

1 - Interruptes (occlusives et affriquées) :	Labiales	Dentales	Palatales	Vélaires
sourdes	/p/	/t/	/tx/	/k/
sonores	—	/tz/	/tj/	—
2 - Occlusives (réalisées aussi comme fricatives) :				
sonores	/b/	/d/	—	/g/
3 - Fricatives et sifflantes :				
sourdes	/f/	/s/	/x/	—
sonores	—	/z/	/j/	—

(51) Badia, *Problemes*, §§ 32 (p. 235), 61 (p. 243), 68 (p. 245), 85 (p. 249), 97 (p. 253), 99 (p. 254). On y trouvera également beaucoup plus d'exemples.
(52) Badia, *Problemes*, § 285 (p. 326).

4 - Continues :

(sonores)	—	—	/y/	/w/

5 - Sonantes nasales :

(sonores)	/m/	/n/	/ny/	—

6 - Sonantes liquides
(sonores) :

latérales	—	/l/	/ll/	—
vibrantes	—	/r/, /rr/	—	—

En récapitulant, nous dirons donc qu'il y a : 1) 4 phonèmes dans l'ordre labial (*p, b, f, m*) ; 2) 9 phonèmes dans l'ordre dental (*t, tz, d, s, z, n, l, r, rr*) ; 3) 7 phonèmes dans l'ordre palatal (*tx, tj, x, j, y, ny, ll*) ; 4) 3 phonèmes dans l'ordre vélaire (*k, g, w*). Remarquons l'abondance des articulations moyennes (plus accentuée dans les dentales que dans les palatales), qui est d'ailleurs un trait caractéristique des langues romanes.

J'ai présenté les 23 phonèmes consonantiques du catalan répartis selon quatre localisations articulatoires (en réunissant les dentales *t/d* et les alvéolaires *tz/s/z/n/l/r/rr*) avec l'intention de les distribuer selon les principes du « binarisme » de Jakobson, divulgués chez nous par M. Alarcos Llorach [53]. On sait que le « binarisme » permet de combiner le point d'articulation comme base de classement et le principe des oppositions « dicotomiques », c'est-à-dire à deux pôles. La distribution et le classement des sons selon le point d'articulation, qui est très important (ils s'appuient sur une propriété qui, de plusieurs points de vue, est la plus typique de tous les sons), ont un inconvénient : les oppositions qui en découlent sont, non pas bi-polaires, mais multi-latérales, de sorte qu'une labiale, par exemple, s'oppose en même temps à une dentale, à une palatale, à une vélaire, etc. On comprend que les oppositions « dicotomiques » sont plus excluantes que les oppositions multilatérales : en dicotomie, chaque élément en opposition ne s'oppose qu'à son contraire, à celui du pôle opposé. La combinaison des deux critères a été établie par Jakobson qui a substitué des nuances dans la dimension acoustique aux différences articulatoires.

Il y a deux bases pour classer les sons : 1) la forme du résonateur bucal, 2) la localisation dans ce résonateur.

1) Selon la longueur du résonateur, les consonnes peuvent être *graves* (résonateur long et indivis) : consonnes articulées aux deux extrêmes de la cavité buccale (*labiales* et *vélaires*), et *aiguës* (résonateur divisé en deux résonateurs courts) : consonnes articulées au milieu de la cavité buccale (*dentales* et *palatales*).

2) Selon la localisation dans le résonateur, les consonnes peuvent être *diffuses* (résonateur des articulations avancées, qui provoque une

---

(53) Alarcos, *Fonol. esp.*, §§ 42-46 (pp. 76-81), 108 (pp. 170-171).

prédominance de la cavité pharyngienne) : consonnes antérieures (*labiales* et *dentales*), et *denses* (résonateur des articulations reculées, qui provoque une prédominance de la cavité buccale) : consonnes postérieures (*palatales* et *vélaires*).

Ainsi toutes les différences peuvent être réduites à deux principes de « dicotomie ». Par le premier, les consonnes à timbre *grave* (*labiales* et *vélaires*) sont opposées à celles de timbre *aigu* (*dentales* et *palatales*). Par le second, les consonnes à résonance *diffuse* (ou d'articulation antérieure) (*labiales* et *dentales*) sont opposées à celles de résonance *dense* (ou d'articulation postérieure) (*palatales* et *vélaires*). On peut en dresser une représentation graphique :

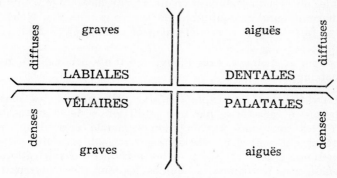

Si nous acceptons les principes du « binarisme », les traits de localisation des consonnes peuvent être réduits à des propriétés de résonance et, au lieu de plusieurs ordres de localisation, opposés multilatéralement, nous aurons « deux » traits différentiels qui opposent bilatéralement les consonnes *graves* (*labiales* et *vélaires*) aux consonnes *aiguës* (*dentales* et *palatales*) et les consonnes *diffuses* (*labiales* et *dentales*) aux consonnes *denses* (*palatales* et *vélaires*).

Appliquons ces principes aux consonnes catalanes. En laissant de côté les 7 sonantes (classes 5 et 6 du tableau ci-dessus), nous pouvons grouper les 16 autres consonnes de la façon suivante ([54]) :

1 - Selon la *longueur* du résonateur :

    a) consonnes *graves*   /p/, /b/, /f/ (labiales)
                                   /k/, /g/, /w/ (vélaires)

                                  Total : 6

    b) consonnes *aiguës*   /t/, /tz/, /d/, /s/, /z/ (dentales)
                                   /tx/, /tj/, /y/, /x/, /j/ (palatales)

                                  Total : 10

---

(54) Badia, *Problemes*, §§ 4 (pp. 219-220) et 285 (p. 326).

2 - Selon la *localisation* dans le résonateur :
  a) consonnes *diffuses*   /p/, /b/, /f/ (labiales)
                /t/, /tz/, /d/, /s/, /z/ (dentales)
                Total : 8

  b) consonnes *denses*   /k/, /g/, /w/ (vélaires)
                /tx/, /tj/, /y/, /x/, /j/ (palatales)
                Total : 8

M. Alarcos Llorach a appliqué les principes du « binarisme » aux phonèmes consonantiques de l'espagnol ([55]). Le catalan présente, dans l'ensemble, un système moins mûr qui résiste davantage à une distribution harmonieuse et équilibrée de ses consonnes ([56]). Nous allons essayer de faire un peu de lumière dans ce champ (§§ 23-24).

23. Pour le moment, examinons les « traits pertinents » des consonnes catalanes ([57]) :

1) La différence *interrupte/continue*. Elle oppose les sons dont l'articulation se caractérise par une interruption de la sortie de l'air expiré et les sons dont l'articulation demande une sortie de l'air constante et qui sont donc des sons prolongeables. Cette différence sépare nettement les occlusives et les affriquées des fricatives. Elle sépare aussi, dans le champ des liquides, les vibrantes (interruptes) des latérales (continues) (v. ci-dessous le trait nº 5, et surtout la note 58).

2) La différence *sourde/sonore*. Elle oppose les sons émis sans vibrations des cordes vocales et les sons qui exigent essentiellement (et indépendamment des cas de phonétique syntaxique) cette vibration.

3) Les différences de localisation, réduites aux quatres ordres articulatoires fondamentaux (labial, dental, palatal, vélaire) et polarisées, du point de vue du « binarisme » (§ 22), sur la double opposition de *grave/aiguë* (phonèmes avec résonateur long et indivis / phonèmes avec deux résonateurs courts) et de *diffuse/dense* (phonèmes avec prédominance de la cavité pharyngienne / phonèmes avec prédominance de la cavité buccale).

4) La différence *orale/nasale*. Elle oppose les sons articulés avec le voile du palais relevé (de sorte que l'air expiré ne peut sortir que par la bouche) et les sons pour lesquels le voile du palais est baissé (ce qui permet le passage de l'air expiré par les fosses nasales, c'est-à-dire sons dont l'articulation se caractérise par l'intervention du résonateur complémentaire nasal).

(55) Alarcos, *Fonol. esp.*, § 108 (pp. 170-171).
(56) Badia, *Problemes*, § 286 (pp. 327-331).
(57) Badia, *Problemes*, § 287 (pp. 332-333).

5) La différence *liquide/non liquide*. Elle oppose les consonnes qui possèdent, outre les traits consonantiques normaux, certaines propriétés vocaliques et les consonnes qui n'ont pas des propriétés de ce genre ([58]).

6) La différence *tense/molle*. Elle accompagne toujours l'opposition *sourde-sonore* (nº 2), dont elle n'est qu'un trait « redondant » ; pourtant cette différence devient « pertinente » dans le champ des vibrantes ([59]).

CONSONNES GRAVES			CONSONNES AIGUËS				
Ordre labial			Ordre dental				
DIFFUSES / Ordre labial				z [5]			Liquides — DIFFUSES / Ordre dental
		f	s [4]		l [7]		
	m	b		d [3]	n [6]		
			tz [2]				
		p	t [1]			rr r [8]	
DENSES / Ordre vélaire		k	tx				Ordre palatal / DENSES
			tj				
	g			y	ny		
		w	x		ll		
			j			Liquides	
Ordre vélaire			Ordre palatal				
CONSONNES GRAVES			CONSONNES AIGUËS				

---

(58) On sait que les consonnes liquides (*l, ll, r, rr*) combinent un caractère vocalique et un caractère consonantique (cf. Alarcos, *Fonol. esp.*, § 47, pp. 81-83). Dans l'ensemble des liquides, on peut distinguer clairement deux groupes, les latérales (*l, ll*) et les vibrantes (*r, rr*) : *a*) pour les latérales, bien qu'il y ait une obstruction du passage de l'air expiré au milieu de la cavité buccale, l'air sort d'une façon *continue* par les côtés ; *b*) pour les vibrantes, il y a une véritable *interruption* totale du passage, soit une fois (*r*), soit plusieurs fois (*rr*). Ainsi on comprend maintenant que le trait nº 1 (différence *interrupte/continue*) (voir ci-dessus dans le texte) puisse s'appliquer aux liquides.

(59) « Cuando el número de interrupciones producidas en la articulación de las vibrantes cobra valor diferencial, tenemos, como en español o catalán, una

24. En reprenant tous les facteurs qui déterminent la prononciation des consonnes catalanes et tout spécialement les « traits pertinents » que nous venons de préciser (§ 23), je pense qu'on peut en conclure que le système consonantique catalan est du type carré, et qu'en conséquence, il peut être interprété à l'aide des principes du « binarisme ». Bien que certaines difficultés ne m'échappent pas, je me permets de reproduire ici, p. 159, la représentation graphique que j'ai essayé d'en donner dans un travail antérieur ([60]) :

oposición *r/rr,* que se distingue simplemente por el contraste *flojo/tenso* » (Alarcos, *Fonol. esp.,* § 47, p. 83). Il est donc évident que, pour les vibrantes, l'opposition *tense* (*rr*) (comparable aux *sourdes*) / *molle* (*r*) (comparable aux *sonores*) possède une valeur significative, c'est-à-dire qu'elle est « pertinente », car elle détermine une opposition phonologique ; cf.: *vari* 'varié' / *barri* 'quartier' ; *pare* 'père' / *parra* 'treille' ; *mira* 'il regarde' / *mirra* 'myrrhe' ; *fóra* 'il fût' / *forra* 'épaisseur' (Badia, *Problemes,* § 203, p. 280).

(60) Badia, *Problemes,* § 288, p. 333. Nous pourrions le représenter aussi d'une façon plus intuitive, au moyen de cette figure géométrique (cf. *ibid.,* § 288, p. 334) :

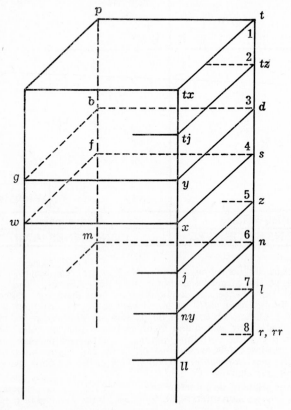

Je voudrais enfin appliquer toutes les oppositions possibles du système consonantique catalan à chaque pièce du système, à chaque consonne en particulier. Voici les cas concrets que je crois pouvoir citer ([61]) :

1) Opposition *interrupte/continue* (§ 23, n° 1, ainsi que n° 5 et note ; tableau : n°s 1, 2 et 8 pour les interruptes, et 3, 4, 5 et 7 pour les continues) ([62]) :

1 - *p/f* : *apamar* 'mesurer par empans' / *afamar* 'affamer'
2 - *t/s* : *bóta* 'tonneau' / *bossa* 'bourse'
3 - *tz/z* : *guitza* 'ruade' / *guisa* 'il cuisine'
4 - *tx/x* : *cotxe* 'voiture' / *coixa* 'boiteuse'
5 - *tj/j* : *assetjar* 'assiéger' / *assajar* 'essayer'
6 - *tj/y* : *gatge* 'gage' / *gaia* 'gaie' (fém. de « gai »)
7 - *k/w* : *paquet* 'paquet' / *peuet* 'petit pied'
8 - *rr, r/l. ll* : *parra* 'treille' / *pala* 'pelle' ; *parra* 'treille' / *palla* 'paille' ; *pera* 'poire / *pela* 'peau (d'un fruit)' ; *fira* 'foire' / *filla* 'fille'.

2) Opposition *sourde/sonore* (§ 23, n° 2 ; tableau : n°s 1 et 4 pour les sourdes, et 2, 3, 4, et 5 pour les sonores) :

1 - *p/b* : *capa* 'manteau' / *cava* 'cave'
2 - *f/b* : *rafal* 'hangar' / *raval* 'faubourg'
3 - *t/d* : *bata* 'tablier' / *bada* 'il est distrait'
4 - *t/tz* : *treta* 'enlèvement' / *tretze* 'treize'
5 - *s/z* : *caça* 'chasse' / *casa* 'maison'

---

(61) Badia, *Problemes,* § 289, p. 335. Je renvoie ci-dessus à la fois aux traits pertinents des consonnes (§ 23, dont je mentionne le numéro correspondant, de 1 à 6) et à la représentation graphique de ces mêmes consonnes (tableau de la p. 159 dont je mentionne les chiffres désignant les petits cadres en lignes pointillées, n°s 1 à 8). Les exemples d'oppositions à l'intérieur du mot (entre voyelles) sont tirés de mon étude *Problemes,* passim (§§ 9-263, pp. 229-293) ; ici j'en ai choisi un pour chaque opposition, pour d'autres exemples on pourra consulter mon étude. Dans les exemples que je présente, je fais abstraction de tous les autres traits de prononciation (*a = e* et *o = u* en syllabe non accentuée ;*b = v,* etc.) : l'unique fait articulatoire qui permet de distinguer les deux mots en opposition est la propriété consonantique que je mets ici en opposition corrélative ; le reste des deux mots se prononce toujours de façon identique.
(62) On remarquera que, parmi les exemples qui suivent, aucun ne concerne les paires *p/b, t/d, k/g.* A l'intérieur des mots, l'opposition « interrupte/ continue » est évidente : *capa* 'manteau' / *cava* 'cave' ; *bata* 'tablier' / *bada* 'il est distrait' ; *vaca* 'vache' / *vaga* 'grève' ; dans ces cas, les consonnes *b, d, g* sont des fricatives, c'est-à-dire des continues, de sorte qu'il semble que les oppositions « interrupte/continue » doivent être valables dans ces trois paires. Mais, à l'initiale, les conditions changent ; il y a certes des oppositions significatives : *palla* 'paille' / *balla* 'il danse' ; *tos* 'toux' / *dos* 'deux' ; *cosa* 'chose' / *gosa* 'il ose' ; mais *b, d, g* sont des occlusives (aussi « interruptes » que les sourdes *p, t, k*). On peut en conclure que l'opposition entre *p/b, t/d, k/g* est celle de « sourde/sonore » (pour cette raison, je les inclus sous le n° 2), mais que *b, d, g,* consonnes sonores, restent indifférentes à la corrélation « interrupte/continue », parce que leur articulation, soit occlusive soit fricative, est réglée mécaniquement par le contexte.

6 - *s/d* : *missa* 'messe' / *mida* 'mesure'

7 - *tx/tj* : *botxa* 'boule' / *botja* '(nom de différentes plantes)'

8 - *tx/y* : *dutxa* 'douche' / *duia* 'il portait'

9 - *x/j* : *baixi* 'qu'il descende' / *vagi* 'qu'il aille'

10 - *x/y* : *baixeta* (dim. fém. de *baix* 'bas') / *baieta* 'linge, torchon pour nettoyer le sol'

11 - *k/g* : *vaca* 'vache' / *vaga* 'grève'

12 - *k/w* : *paquet* 'paquet' / *peuet* 'petit pied'.

3) A - Opposition *grave/aiguë* (§ 23, n° 3 ; tableau : n°s 1, 3, 4 et 6 pour les graves, et 1, 2, 3, 4, 5 et 6 pour les aiguës) :

1 - *p/t* : *sopa* 'soupe' / *sota* 'dessous'

2 - *p/tz* : *supura* 'il suppure' / *sutzura* 'saleté'

3 - *k/tx* : *fica* 'il met' / *fitxa* 'fiche'

4 - *k/tj* : *picor* 'démangeaison' / *pitjor* 'pire'

5 - *b/d* : *roba* 'robe' / *roda* 'roue'

6 - *g/y* : *segó* 'son' (du blé) / *saió* 'terrain cultivé'

7 - *f/s* : *bifi* 'lippu' / *vici* 'vice'

8 - *f/z* : *befar* 'moquer' / *besar* 'baiser'

9 - *w/x* : *encauar* 'encaver' / *encaixar* 'encaisser'

10 - *w/j* : *veuen* 'ils voient' / *vegen* 'qu'ils voient'

11 - *w/y* : *deuen* 'ils doivent' / *deien* 'ils disaient'

12 - *m/n, ny* : *cama* 'jambe' / *cana* 'canne (mesure de longueur)' ; *cama* 'jambe' / *canya* 'roseau'.

3) B - Opposition *diffuse/dense* (§ 23, n° 3 ; tableau : n°s 1, 2, 3, 4, 5, 6 et 7 autant pour les diffuses que pour les denses) :

1 - *p/k* : *copa* 'coupe' / *coca* 'sorte de tarte'

2 - *t/tx* : *botí* 'butin' / *botxí* 'bourreau'

3 - *t/tj* : *feta* 'fait' / *fetge* 'foie'

4 - *tx/tz* : *botxinejar* 'tourmenter' / *botzinejar* 'grommeler'

5 - *tz/tj* : *sutze* 'sale' / *sutge* 'suie'

6 - *b/g* : *viva* 'vivante' / *biga* 'poutre'

7 - *d/y* : *espadat* 'escarpement' / *espaiat* 'espacé'

8 - *f/w* : *rifen* 'ils tirent au sort' / *riuen* 'ils risent'

9 - *s/x* : *caça* 'chasse' / *caixa* 'caisse'

10 - *z/j* : *raça* 'race' / *raja* 'il coule'

11 - *m, n/ ny, l, ll* : *cama* 'jambe' / *canya* 'roseau' ; *goma* 'gomme' / *gola* 'gorge' ; *cama* 'jambe' / *calla* 'il se tait' ; *pena* 'peine' / *penya* 'rocher' ; *bona* 'bonne' / *bola* 'boule' ; *mina* 'mine' / *milla* 'mille' (mesure).

4) Opposition *orale/nasale* (§ 23, n° 4 ; tableau : n°s 3 pour les orales et 6 pour les nasales) :

1 - *b/m* : *cava* 'cave' / *cama* 'jambe'

2 - *d/n* : *dida* 'nourrice' / *dina* 'il dîne'

3 - *y/ny* : *reia* 'il riait' / *renya* 'il gronde'

5) Opposition *liquide/non liquide* (§ 23, n° 5 ; tableau : n°s 7 et 8
pour les liquides, et 1, 2, 3, 4, 5 et 6 pour le non-liquides). Elle apparaît
dans tous les cas où il y a une liquide d'un côté (*l, ll, r, rr*) et une autre
consonne quelle qu'elle soit de l'autre, pourvu que celle-ci ne soit pas
une liquide. C'est-à-dire : *l, ll, r, rr* / autre consonne *(p, b, f, m* ; *t, tz,
d, s, z, n* ; *tx, tj, y, x, j, ny* ; *k, g. w).* Je présente les exemples en partant
de chaque liquide :

1 - *l/* cons. non liquide : *l/p* : *talar* 'couper' / *tapar* 'couvrir' ; *l/b* :
vila 'ville' / *viva* 'vivante' ; *l/f* : *mola* 'meule' / *mofa* 'moquerie' ; *l/m* :
cala 'baie' / *cama* 'jambe' ; *l/t* : *cola* 'colle' / *cota* 'cotte' : *l/tz* : *cela*
'il cèle' / *setze* 'seize' ; *l/d* : *vila* 'ville' / *vida* 'vie' ; *l/s* : *escala* 'escalier'
/ *escassa* 'réduite' ; *l/z* : *velar* 'voiler' / *besar* 'baiser' ; *l/n* : *vila* 'ville' /
vine 'viens' (impératif) ; *l/tx* : *ala* 'aile' / *atxa* 'flambeau' ; *l/tj* : *pala*
'pelle' / *patge* 'page' (masc.) ; *l/y* : *tela* 'toile' / *teia* 'torche' ; *l/x* : *belar*
'bêler' / *baixar* 'descendre' ; *l/j* : *bola* 'boule' / *boja* 'folle' ; *l/ny* : *pila*
'pile' / *pinya* 'pomme de pin' ; *l/k* : *sola* 'seule' / *soca* 'souche' ; *l/g* :
pila 'pile' / *piga* 'grain de beauté' ; *l/w* : *molen* 'ils meulent' / *mouen*
'ils meuvent' ;

2 - *ll/* cons. non liquide : *ll/p* : *escollir* 'choisir' / *escopir* 'cracher' ;
ll/b : *colla* 'groupe' / *cova* 'caverne' ; *ll/f* : *ballar* 'danser' / *befar* 'se
moquer' ; *ll/m* : *calla* 'tais-toi' / *cama* 'jambe' ; *ll/t* : *malla* 'maille' /
mata 'il tue' ; *ll/tz* : *guilla* 'renard' / *guitza* 'ruade' ; *ll/d* : *falla* 'faille' /
fada 'fée' ; *ll/s* : *vella* 'vieille' / *vessa* 'il déborde' ; *ll/z* : *colla* 'groupe' /
cosa 'chose' ; *ll/n* : *folla* 'folle' / *fona* 'fronde' ; *ll/tx* : *cullera* 'cuillère' /
cotxera 'remise' ; *ll/tj* : *solla* 'il sale' / *sotja* 'il observe' ; *ll/y* : *espellar*
'écorcer' / *espaiar* 'espacer' ; *ll/x* : *amollar* 'céder' / *amoixar* 'caresser
(un animal)' ; *ll/j* : *falla* 'faille' / *faja* 'faîne' ; *ll/ny* : *balla* 'il danse' /
banya 'corne' ; *ll/k* : *talla* 'il coupe' / *taca* 'tache' ; *ll/g* : *filla* 'fille' /
figa 'figue' ; *ll/w* : *callen* 'ils se taient' / *cauen* 'ils tombent' ;

3 - *r/* cons. non liquide : *r/p* : *cara* 'visage' / *capa* 'manteau' ; *r/b* :
cera 'cire' / *ceba* 'oignon' ; *r/f* : *mora* 'maure' / *mofa* 'moquerie' ; *r/m* :
suma 'somme' / *sura* 'il flotte' ; *r/t* : *nora* 'belle-fille' / *nota* 'note' ;
r/tz : *marina* 'marine' / *metzina* 'poison' ; *r/d* : *hora* 'heure' / *oda* 'ode' ;
r/s : *móra* 'mûre' / *mossa* 'fille' ; *r/z* : *parar* 'arrêter' / *pesar* 'peser' ;
r/n : *veritat* 'vérité' / *vanitat* 'vanité' ; *r/tx* : *despara* 'il dessert' /
despatxa 'il dépêche' ; *r/tj* : *mira* 'il regarde' / *mitja* 'demie' ; *r/y* : *dura*
'dure' / *duia* 'il portait' ; *r/x* : *fera* 'fauve' / *feixa* 'platebande' ; *r/j* :
rara 'rare' (fém.) / *raja* 'il coule' ; *r/ny* : *cara* 'visage' / *canya* 'roseau' ;
r/k : *cera* 'cire' / *seca* 'sèche' ; *r/g* : *amara* 'il imprègne' / *amaga* 'il
cache' ; *r/w* : *moren* 'ils meurent' / *mouen* 'ils meuvent' ;

4 - *rr/* cons. non liquide : *rr/p* : *sorra* 'sable' / *sopa* 'soupe' ; *rr/b* :
serra 'scie' / *ceba* 'oignon' ; *rr/f* : *verra* 'truie' / *befa* 'moquerie' ; *rr/m* :

porra 'massue' / *poma* 'pomme' ; *rr/t* : *torre* 'tour' / *tota* 'toute' ; *rr/tz* : *arribar* 'arriver' / *etzibar* 'jeter' ; *rr/d* : *narrar* 'narrer' / *nadar* 'nager' ; *rr/s* : *gorra* 'casquette' / *gossa* 'chienne' ; *rr/z* : *forra* 'il fourre' / *fosa* 'fondue' (part. de *fondre*, au fém.) ; *rr/n* : *errar* 'errer' / *anar* 'aller' ; *rr/tx* : *corre* 'il court' / *cotxe* 'voiture' ; *rr/tj* : *mirra* 'myrrhe' / *mitja* 'demie' ; *rr/y* : *terra* 'terre' / *teia* 'torche' ; *rr/x* : *corre* 'il court' / *coixa* 'boîteuse' ; *rr/j* : *barri* 'quartier' / *vagi* 'qu'il aille' ; *rr/ny* : *barra* 'barre' / *banya* 'borne' ; *rr/k* : *borra* 'bourre' / *boca* 'bouche' ; *rr/g* : *serrar* 'scier' / *segar* 'faucher' ; *rr/w* : *serren* 'ils scient' / *seuen* 'ils sont assis'.

6) Opposition *tense/molle* (§ 23, n° 6 ; tableau : n° 8 pour la tense et pour la molle). Elle apparaît dans *rr/r* : exemple : *parra* 'treille' / *pare* 'père' ; *mirra* 'myrrhe' / *mira* 'il regarde'.

25.   Je ne voudrais pas terminer cet exposé sur les fonctions des consonnes catalanes sans faire une brève allusion aux cas de neutralisation. On sait qu'il existe un moyen sûr de mesurer la cohérence d'un système phonologique : c'est le nombre des oppositions bilatérales, privatives, proportionnelles et neutralisables que possède le système. Or, le consonantisme catalan présente quelques neutralisations systématiques qui en font un ensemble assez cohérent.

Nous ne trouvons pas, en catalan, des neutralisations d'ordre purement articulatoire, du moins nous ne les trouvons pas aussi souvent qu'en espagnol ([63]). En effet, si nous comparons le catalan et l'espagnol, nous constatons qu'en espagnol, le -*ll* et le -*l* à la fin de mot se neutralisent dans l'archiphonème -*l* ; c'est de là que vient la prononciation déformée des noms propres catalans, tels que *Sabadell, Maragall*, prononcés en espagnol spontanément : [sabadél], [maragál] ; de même le -*m* et le -*n* à la finale sont neutralisés dans -*n*, et les -*ñ* et -*n* le sont également dans -*n*, de sorte que le -*n* final est en espagnol l'archiphonème de -*m*, -*n* et -*ñ*. Dans tous ces cas, le catalan maintient à la finale les articulations effectives, telles qu'elles existent à l'intérieur des mots, et ces articulations conservent leurs valeurs fonctionnelles et significatives : *coll* 'cou' / *col* 'chou' ; *som* 'nous sommes' / *són* 'ils sont' ; *ban* 'ban' / *bany* 'bain' ([64]).

Par contre, on constate une identité entre le catalan et l'espagnol : la neutralisation de *r/rr* aussi bien à l'initiale (où l'archiphonème est *rr*) qu'à la finale (où l'archiphonème est *r*), de façon qu'en catalan, comme en espagnol, l'opposition *r/rr* n'existe qu'à l'intérieur du mot : *mira* 'il regarde' / *mirra* 'myrrhe' ; *vari* 'varié' / *barri* 'quartier'

---

(63) Il est évident qu'en catalan, il existe des neutralisations de cette sorte à la suite des exigences du contact mécanique entre les sons consécutifs : *som bons* 'nous sommes bons' et *són bons* 'ils sont bons' se prononcent d'une même façon : [sòmbɔns], c'est-à-dire le *m* est l'archiphonème qui neutralise l'opposition *m/n*, lorsque le son suivant est une labiale. Ce fait est bien connu, et on le retrouve souvent dans les langues romanes.

(64) Badia, *Problemes*, §§ 169 (p. 272), 147 (p. 268), 188 (p. 277).

etc. ([65]). Toutefois, cette neutralisation n'entraîne pas un changement d'articulation, mais celui de mode articulatoire : la différence entre *r* et *rr* est celle de « *tense/molle* » (§ 24, n° 6).

Cela nous conduit aux neutralisations catalanes les plus fréquentes en fin de mot : les oppositions bilatérales primitives de sonorité (sourde/ sonore) sont neutralisées parce que les consonnes sonores deviennent sourdes, de sorte que la sourde est l'archiphonème qui annule l'opposition de sonorité et de non-sonorité. Ce phénomène se produit pour les occlusives et pour les sifflantes. Neutralisation des occlusives :

1) l'opposition *p/b*, courante à l'initiale (*palla* 'paille' / *balla* 'il danse') et à l'intérieur (*capa* 'manteau' / *cava* 'cave'), est impossible à la finale où le *-b* devient *-p* : on dit *(el) cap* 'la tête' (substantif ; diminutif : *capet*, etc. : phonème /p/), de même que *(ell) cap* 'il tient' (verbe *caber* : *cabem, cabia*, etc., phonème /b/) ([66]) ;

2) l'opposition *t/d*, courante à l'initiale et à l'intérieur (*tos* 'toux' / *dos* 'deux' ; *bata* 'tablier' / *bada* 'il est distrait'), est neutralisée à la finale (*-d* = *-t,* confondus en *-t*) : le *-t* de *pot* 'pot' (substantif ; diminutif : *potet* ; phonème /t/) et celui de *pot* 'il peut' (verbe *poder* ; phonème /d/) se prononcent tous les deux comme [t] ([67]) ;

3) l'opposition *k/g* (*cala* 'calanque' / *gala* 'gala' ; *vaca* 'vache' / *vaga* 'grève') devient nulle à la finale : *ric* neutralise le /k/ de l'adjectif *ric* 'riche' (fém. *rica*) et le /g/ du verbe *(jo) ric* 'je ris' (cf. *ell rigué, jo rigués*, etc. ([68]).

En second lieu, observons la neutralisation des sifflantes :

1) l'opposition *s/z* (*cel* 'ciel' / *zel* 'zèle' ; *caça* 'chasse' / *casa* 'maison') devient impossible à la finale ([69]) : *(jo) fos* 'je fusse', *(ell) fos* 'il fût' sont des formes verbales auxquelles correspondent des formes du

---

(65) Badia, *Problemes,* § 203 (p. 280). Quant à la vibrante *r-* à l'initiale et à la finale, cf. ce que j'en ai dit ailleurs : « així, un mot com el grec ϱυΘμός (llatinitzat en *rhythmus*), que, tenint una sola *r*, ha estat adaptat al català amb /r/ sempre que és interior (*eurítmia, eurítmic, eurítmicament*), quan, per trobar-se en la seva forma primitiva no prefixada, ha esdevingut inicial en català, ha adquirit la /rr/ que encapçala el mot *ritme* : això ens prova que en posició inicial en català només hi ha /rr/, mai no hi ha /r/. En posició final també hi ha neutralització de /r/ i /rr/, però ara és a favor de la primera : un mot com *torre* (del llatí *turre*) conserva, d'acord amb l'etimologia, la seva /rr/ ; però en esdevenir final (nombrosos noms de lloc es diuen *Tor, La Tor, Palau Sator, Sant Esteve de la Tor, Castelló de Tor*), la /rr/ es converteix en /r/, perquè és l'única articulació que admet el català en aquesta posició ; tenim doncs, sempre el fonema /rr/ en posició inicial, i el fonema /r/ en posició final. Per als materials adduïts, vegeu el *DCVB* s.v. *ritme, eurítmia, eurítmic, eurítmicament* (per als tres darrers hom hi pot veure la notació fonètica habitual, no amb /rr/, sinó amb /r/), i *torre* i *tor* » (Badia, *Problemes,* § 2, pp. 216-217).

(66) Badia, *Problemes,* § 9, p. 229.
(67) Badia, *Problemes,* § 34, p. 236.
(68) Badia, *Problemes,* § 96, p. 253.
(69) Badia, *Problemes,* § 103, p. 255.

même verbe avec un /*s*/ intérieur (*fossis* 'tu fusses', *fóssim* 'nous fussions', *fóssiu* 'vous fussiez', *fossin* 'ils fussent'), de sorte que toutes ces formes, y compris celles de *(jo) fos, (ell) fos*, sont des réalisations du phonème /*s*/ ; mais *fos* se prononce exactement comme *fos* 'fondu', participe du verbe *fondre*, dont le fém. est *fosa*, avec /*z*/ (cf. l'opposition *fossa* 'fossé' / *fosa* 'fondue') ; cette équivalence *fos*=*fos* montre que le /*s*/ est l'archiphonème qui neutralise, à la finale, l'opposition *s/z* ;

2) la sifflante dentale /*tz*/ n'a pas de correspondant sifflant sourd [70] ; toutefois, si un mot contenant -*tz*- à l'intérieur avait la possibilité de présenter ce *tz* en finale, il est évident que cette affriquée ne s'y réaliserait pas comme une sonore [-tz], mais comme une sourde [-ts] ;

3) dans l'ordre articulatoire des palatales, il existe des oppositions *tx/tj* et *x/j* ; la première apparaît couramment à l'intérieur : *botxa* 'boule' / *botja* '(nom de différentes plantes)' [71] ; la seconde, à l'initiale et à l'intérieur : *xoc* 'choc' / *joc* 'jeu' ; *eixut* 'sec' / *ajut* 'aide' [72] ; mais il n'y a pas d'exemples de ces oppositions à la finale, parce que ni le -*tj*, ni le -*j* ne sont possibles dans cette position : là, ces deux sifflantes sont neutralisées par la sourde /*tx*/, de sorte que cet archiphonème devient le point de confluence de trois phonèmes : /*tx*/, /*tj*/ et /*j*/ [73]. Exemples : à la forme verbale *esquitxa* 'il éclabousse' (phonème /*tx*/) correspond le substantif déverbal *esquitx* 'éclaboussure', avec -*tx* final ; au féminin *mitja* 'demie' (phonème /*tj*/) correspond le masc. *mig* 'demi' [mitx], avec -*tx* final ; au féminin *roja* 'rouge' (phonème /*j*/) correspond le masculin *roig* 'rouge' [rrɔtx], avec -*tx* final. Le son /*tx*/ est donc l'archiphonème qui neutralise, à la finale, *tx/tj/j*.

En conséquence, la neutralisation d'occlusives et de sifflantes sonores par les sourdes correspondantes, à la finale, est une caractéristique de la phonologie catalane, qui manifeste ainsi toute sa cohérence.

---

(70) Nous avons déjà vu (§ 21) que l'affriquée sourde *ts* ne pouvait pas être considérée comme phonème, parce que l'usager de la langue dispose d'éléments de jugement pour reconnaître que le son [ts] se décompose systématiquement en deux phonèmes : /*t*/ + /*s*/. Voir Badia, *Problemes*, §§ 266-271, pp. 298-306.

(71) On ne peut pas donner d'exemples de l'opposition *tx/tj* à l'initiale, parce que *tj*- n'existe pas en catalan dans cette position (Badia, *Problemes*, § 125, p. 261).

(72) Badia, *Problemes*, § 130, pp. 263-264.

(73) Badia, *Problemes*, § 278, pp. 312-314.

DISCUSSION

M. Solà. — Du point de vue descriptif que vous avez adopté, la question suivante se pose. Il y a en catalan des diphtongues croissantes dans *qua, qüe, qüi, quo* et dans *gua, güe, güi, guo* ; mais le système orthographique n'est pas complet. Au q de *qua, qüe, qüi, quo* (première série) on oppose un c dans des oppositions comme *quatre* [kwatrə] / *cua* [kuə], *quota* [kwotə] / *cuota* [kuotə] (péjoratif de *cua*). L'orthographe catalane a bien résolu ce cas. Mais (dans la deuxième série) nous n'avons pas de solution graphique satisfaisante pour le mot *gua* [guə], opposé à *guant* [gwan]. Fabra n'aurait jamais accentué graphiquement l'*u* d'un mot comme *gua* : c'est le cas de *pua, cua.*

M. Aramon. — La diérèse est exceptionnelle entre *u* et *a* après *g.* Mais que signifie *gúa* ?

M. Solà. — C'est un mot rare : nom d'une mesure. Je veux seulement dire que nous n'avons pas de graphie systématique.

M. Aramon. — Vous oubliez que l'orthographe catalane est tributaire de celle du latin. Or, *gúa* est un mot local qui n'est presque plus en usage (en ancien catalan on trouvait *goa*). Des problèmes d'accentuation semblables se posent pour certaines formes personnelles du verbe majorquin *aguar* (*agúo, agúes,* etc.), accepté par l'Institut dans le Dictionnaire Fabra sur proposition de M. Coromines, à côté d'*agusar.* Aussi, dans des textes dialectaux majorquins, on trouve [gúyəs] 'agulles'. Comment le transcrire ? On n'y a pas pensé parce que cela dépasse le cadre de l'ortographe catalane. C'est une expression tout à fait locale, comme *gúa,* comme *ell agúa.* Pour [gúyə] il y avait deux solutions : *gúia* (qui ne ferait pas de confusion avec *guia*) ou *guya* avec un *y* aberrant (la graphie *guïa* étant exclue). Mais ce mot n'appartient pas à la langue commune. En français aussi, il existe des mots dialectaux ou des mots très rares, et on les met dans le contexte de l'orthographe française.

M. Solà. — Peut-être la langue n'a-t-elle pas toujours besoin d'une solution orthographique.

Une autre question. Nous avons *qua, qüe, qüi, quo* et *gua, güe, güi, guo,* mais nous n'avons pas *quia, quie, quii, quio* et *guia, guie, guii, guio* ? Il n'y a peut-être qu'un mot qui contienne une diphtongue croissante commençant par *qui* : c'est *quiet.* Selon Fabra, il faut articuler [kiet], mais on articule [kjet] partout. Les autres mots qui contiennent la diphtongue croissante commençant par *qui* sont des mots étrangers. Par exemple, dans *quiosc,* ce n'est pas une diphtongue ; *quiosc* est partout articulé avec hiatus. De même *esquiar.*

M. Aramon. — Il s'agit toujours d'un *i* voyelle, pas d'un *yod.*

M. Solà. — Certains cas sont tout de même douteux. Ici, il y a une

autre limite de l'orthographe catalane. Nous avons justement des mots
tels que *guió* 'trait d'union', *guiar* 'guider'. Comment faut-il les prononcer ?

M. Aramon. — Ce sont nettement des voyelles. Dans tous les infinitifs on fait une séparation de *i* et *a*.

M. Solà. — Et pourquoi pas *gu-iar* ? qui le sait ? L'orthographe ne
le dit pas. Il y a un autre cas qui est un problème aussi en français et
en espagnol. C'est un mot très curieux que Fabra transcrit *argüir* et il
dit qu'il faut prononcer [wi].

M. Colon. — Il voulait dire que ce *u* était prononcé. Mais je crois
que nous parlons de deux choses différentes. M. Solà confond la phonologie avec l'orthographe.

M. Solà. — Le *Diccionari ortogràfic* dit qu'il faut prononcer avec
diphtongue.

M. Aramon. — Il n'est pas possible de mettre *u* et *i* ensemble dans
ce cas sans tréma ; on prononcerait [ərgi].

M. Solà. — Il n'y a pas moyen de savoir si ce mot, quand vous
l'analysez dans un texte, est un dissylabe ou un trisyllabe.

M. Aramon. — Tous les candidats au baccalauréat savaient avant
la guerre que les voyelles en contact de tous les infinitifs terminés en
-air, -eir, -oir, -uir se prononçaient sans exception en deux syllabes.
Comme le dit M. Colon, le tréma sur *u* indique seulement que cet *u* est
prononcé.

M. Solà. — Mais justement le *Diccionari ortogràfic* enseigne que
ce mot a une diphtongue.

M. Colon. — Mais non. Fabra voulait dire seulement qu'il fallait
prononcer ce *u*.

M. Solà. — Si vous consultez le *Diccionari ortogràfic* de 1917, il
vous apprend qu'il faut orthographier *argüir* et prononcer [ərgwi].

M. Colon. — Je crois qu'au lieu de critiquer Fabra qui a fait une
grande œuvre, il faudrait faire quelque chose de semblable à ce que
Daniel Jones à fait pour la prononciation anglaise. Alors nous saurions
à quoi nous en tenir. Critiquer un ouvrage fait en 1917 avec des critères
phonologiques d'aujourd'hui, est un peu anachronique.

M. Solà. — Je soulève des problèmes pour qu'on puisse voir où
sont les difficultés du catalan actuel. Je ne critique rien. Je ne veux
rien détruire.

M. Straka. — Votre discussion me fait penser à des ambiguïtés
semblables de l'orthographe française : *languissant* avec *gi* en face de
linguistique avec *güi*. Ou encore *quadrilatère* avec *kwa* en face de

quatre et beaucoup d'autres mots où *qua-* se prononce *ka*. L'orthographe est exactement la même. Bien sûr on entend parfois la prononciation *lēgistik* ou *kadrilater,* mais ce sont des fautes. Dans toutes les langues, une même graphie reflète, dans certains cas, deux phonèmes ou groupes de phonèmes, deux prononciations différentes. L'idéal serait que l'orthographe exprimât tout de façon systématique. En pratique, il y a des graphèmes qui, à côté de leur valeur générale, ont, dans certains mots, une valeur particulière. On l'apprend, tout simplement.

M. *Solà.* — Et la graphie *ch,* comment l'articuler ?

M. *Straka.* — On prononce *k* dans certains emprunts, faits notamment aux langues classiques. Ces mots sont à retenir, et c'est tout. L'orthographe ne peut pas indiquer fidèlement toutes les différences de prononciation. Dans toutes les orthographes, on trouve aussi des graphies qui correspondent à des prononciations depuis longtemps périmées : la graphie se conserve, tandis que la prononciation évolue. Ainsi l'orthographe française reflète à peu près la prononciation de l'époque de Philippe-Auguste, parfois même celle du latin. Or, en face de notre orthographe et de beaucoup d'autres, celle de Fabra me paraît tout à fait remarquable. S'il y a des insuffisances, on peut les améliorer, mais les cas que M. Solà a signalés ne me paraissent pas suffisamment graves pour qu'on y touche. Ce sont, me semble-t-il, des exceptions qu'on peut facilement retenir.

M. *Aramon.* — Le maître doit les savoir et les faire connaître aux élèves. C'est la seule solution. Il est inutile de discuter sur l'orthographe.

En revanche, je crois qu'il y a beaucoup d'autres choses qui ne sont pas du domaine de l'orthographe dans la communication de M. Badia et dont on pourrait parler.

M. *Haensch.* — Je voudrais faire quelques remarques, non pas en catalanophone, mais en catalanophile.

Il faut distinguer ici plusieurs problèmes. D'abord, il y a ce manque de logique du système orthographique en face du système phonétique. La seule possibilité d'éviter ces flottements serait de créer des signes diacritiques supplémentaires.

D'autre part, ce qui m'a beaucoup intéressé dans l'exposé de M. Badia c'est la prononciation un peu flottante surtout des combinaisons de voyelles. S'agit-il d'une évolution récente sous l'influence du castillan ? Je crois que non. S'agit-il donc d'une tendance inhérente à n'importe quelle langue pour des raisons d'économie ? S'il en est ainsi, je pense qu'il faut séparer très nettement ce phénomène des cas où se fait sentir l'influence castillane qui est très forte sur le catalan non seulement dans le lexique, mais même au point de vue phonétique. En effet, il y a des cas comme par exemple *setmana* où, sous l'influence castillane, on prononce [semana]. Tout au contraire, la prononciation des combinaisons de voyelles peut simplement refléter une tendance au moindre effort, à l'économie linguistique. Aussi peut-on se demander si des prononciations comme *ciencia* en 2 syllabes au lieu de 4, ou *Joan* en une syllabe au lieu de *Jo-an* ne s'imposeront pas à la langue, d'autant plus que l'influence castillane s'ajoute à cette tendance à l'économie. Mais, à mon avis, il faut distinguer les influences espagnoles et les tendances qui, inhérentes à n'importe quelle langue, se manifestent aussi en catalan.

Je crois que les plus grandes difficultés de la prononciation catalane sont, non pas tellement dans le mot isolé, mais dans la chaîne parlée parce que là les combinaisons changent le plus et les prononciations sont le plus différenciées à l'intérieur du mot. Certes, un dictionnaire comme celui de D. Jones pour l'anglais ou celui de Warnant pour le français serait utile pour le catalan, par exemple dans le cas des voyelles comme dans *flor* et *mort* ; il ne serait nullement superflu, comme ce serait le cas pour le castillan. Mais en plus de la phonétique du mot isolé, il y a la phonétique syntaxique.

Maintenant je voudrais aborder quelques faits que M. Badia n'a pas mentionnés mais qui entrent peut-être dans le cadre de son exposé. Par exemple « être » s'écrit *ésser,* mais tout le monde dit *ser,* et même des écrivains modernes écrivent *ser.* Alors, tout en admettant l'aspect conservateur de l'orthographe, je me demande si, à un moment donné, il ne faut pas laisser tomber les signes qui ne se prononcent plus. Vous avez aussi le cas de *arbre* où tout le monde fait la dissimilation *abre* et personne ne prononce *arbre.* Là également, on a la possibilité, tout en restant dans une ligne conservatrice, d'adapter la graphie à la prononciation. Dans tous les cas cités par M. Badia, il y a deux possibilités sur le plan pédagogique ou normatif : soit adapter la graphie à la prononciation, soit imposer une prononciation adaptée à la graphie. Alors, je crois qu'il y a des cas où vraiment le catalan ne perdrait rien de sa rigueur et de son système, s'il abandonnait quelques graphèmes superflus qui, en réalité, ne répondent plus à aucun son dans la chaîne parlée.

Un autre phénomène qui m'a beaucoup frappé dans le catalan moderne, et auquel on n'a pas fait allusion, est ce que j'appelle ironiquement « le catalano-portugais » ; il s'agit de mots espagnols terminés en -o qui devient -u. Certains mots ont historiquement une voyelle d'appui, comme *ferro, burro,* etc., mais il y a tous les autres comme *membrillo, cotxo,* etc. C'est un phénomène important qui est tout à fait contraire à l'esprit de la langue. On dit simplement que ce n'est pas correct, mais je crois qu'il faudrait en tenir compte tout de même dans les études de phonétique ; cela donne au catalan une sonorité tout à fait portugaise et anti-catalane.

Finalement, ce qui m'a encore frappé, ce sont certaines formes modernes du barcelonais et je me demande si elles doivent être considérées comme absolument vulgaires et être bannies, comme *v(e)urem*, *sats*, au lieu de *veurem, saps*.

M. Ineichen. — Mon intervention est purement théorique, et la constatation qui s'impose à la suite de cette discussion (peut-être engagée) est la suivante : Il y a d'abord la nécessité de marquer graphiquement l'accent tonique ; c'est le cas de *farmàcia*. Mais il y a, sur un autre plan, l'accent graphique qui indique en même temps des qualités vocaliques ; c'est le cas de *interés* (ou *interès*), cas susceptible par ailleurs de signaler des différences dialectales qui s'opposent à des tendances normatives. Ceci posé, on admettra qu'il est techniquement difficile de trouver un système cohérent.

M. Badia. — Il y a le problème de [ə]. Est-ce un phonème ou non ? M. Alarcos Llorach avait — semblait-il — tranché la question : étant donné que le [a], le [ɛ] et le [e], trois phonèmes du catalan, se prononcent comme [ə] en position inaccentuée, il n'y aurait pas de phonème [ə], mais le [ə] serait toujours soit [a], soit [ɛ], soit [e] associés à la position inaccentuée ; le [ə] ne serait donc qu'une réalisation d'un des trois phonèmes mentionnés. Néanmoins, il y a le cas des monosyllabes atones, dont les [a], [ɛ] et [e] ne peuvent pas devenir inaccentués : les monosyllabes atones n'ont évidemment pas d'accent. D'autre part, lorsque l'unique voyelle d'un monosyllabe atone est un [ə], celui-ci ne peut être prononcé autrement que [ə]. Sinon, ces monosyllabes ne seraient plus ce qu'ils sont : *pel* 'par le' (*per* + *el*) et *pel* [pɛl] 'poil' ne peuvent pas se confondre, ne peuvent pas se substituer l'un à l'autre : *pel dret* [pəldrɛt] et *pal dret* [pàldrɛt], qui ont des sens bien différents, ne se distinguent que par *ə/a*. Alors, dans le cas des monosyllabes atones, il semble qu'il faille admettre que le [ə] possède une certaine valeur fonctionnelle et distinctive. Encore un exemple : *jo sé que dibuixa* 'je sais qu'il dessine' s'oppose à *jo sé què dibuixa* 'je sais ce qu'il dessine', seulement par la prononciation [ə] ou [ɛ] du *e* de *que* ou *què*.

C'est l'accent qui oblige en fait les sons d'adopter soit la forme d'*á, ɛ́* ou *é*, soit celle d'*ə*. L'accent est le déterminant du phonème, il provoque ou empêche la présence de *ə* dans le mot, de sorte que le timbre de la voyelle est une conséquence — un élément redondant —, conséquence forcée du déplacement de l'accent, et plus encore dans le cas de *jo sé que dibuixa* et *jo sé què dibuixa*, car ici, en plus de l'accent, il y a l'intonation. Alors la présence d'*ə* ou d'*a, ɛ, e*, est une conséquence forcée de ce qu'Alarcos Llorach appelle les prosodèmes.

M. Straka. — Pour ce qui est du problème de *ə*, je suis tout à fait d'accord avec M. Badia : c'est un phonème en catalan. Sa démonstration est très convaincante. En français, on a aussi discuté pour savoir si le *ə* était un phonème ou non, et je suis de l'avis de M. Gougenheim qui le considère comme un phonème malgré le rendement très faible de sa valeur oppositionnelle (*je ne : jeune*). Pour reconnaître à un son du langage le statut de phonème dans une langue, il n'est pas nécessaire qu'il y ait des couples de mots par ailleurs identiques. Certes, dans *crever, prenez : crève, prennent,* ou dans *enlever : enlève,* on pourrait dire que *ə* est une réalisation de *è* en position inaccentuée, mais on peut y voir tout aussi bien une double opposition *e : ε* et *-e : -zéro.* D'autre part, en prononçant des mots tels que *parlement, sacrement, appartement,* etc., on ne peut pas supprimer le *ə* et on est bien obligé de constater qu'il existe au même titre que les autres phonèmes de ces mots. Mais je reviens sur le problème de *ə* catalan. Etant donné que les voyelles postérieures *o* et *u* se réalisent en position inaccentuée comme *u,* j'aimerais savoir s'il n'existe pas des cas — couples de mots par ailleurs identiques — où le *ə* inaccentué s'oppose à ce *u.* Je ne suis évidemment pas en mesure d'y répondre, mais je me permets de poser cette question. Ce serait naturellement la preuve la plus simple de l'existence de *ə* en tant que phonème.

Ma seconde remarque concerne l'ouverture des *e* et *o* fermés qui se produit semble-t-il même au détriment de l'opposition de sens, comme dans *mora : mora.* Je crois que, dans tous les mots cités, ces voyelles se trouvent en position antéconsonantique. Cette ouverture se produit-elle aussi en finale absolue ?

M. Badia. — Non. Parmi les exemples mentionnés, il n'y a aucun cas d'ouverture à la fin du mot. En revanche, dans le couple *bota : bóta,* on entend assez souvent *bota* prononcé avec [o] fermé [botə].

M. Straka. — Cette ouverture (dans *móra,* etc.) a donc lieu pour *e* et *o* uniquement devant une consonne ?

M. Badia. — Mais dans le cas *flor* < FLOREM, nous avons [flɔ] : en catalan on ne prononce pas le *-r* à la fin de mot.

M. Straka. — Vous avez dit que vous ne croyiez pas à l'influence espagnole sur cette ouverture des *e* et *o* fermés devant consonne, et je suis convaincu que là encore vous avez raison. A mon avis, il s'agit d'une tendance inhérente à la phonétique catalane, tendance physiologique générale qui peut se manifester dans n'importe quelle langue. En français, dès le XIIe siècle, tous les *e* fermés se sont ainsi ouverts devant consonne (dans *creste* 'crête', *elle,* suff. -ITTA, etc.). Plus tard, sans doute à partir du XVIe siècle, les *o* et *œ* fermés ont été soumis à leur tour à cette tendance qui continue toujours à agir. Ainsi en position antéconsonantique, il n'y a pas de *e* fermé en français, et il y a de moins en moins de *o* et de *œ* fermés. A l'époque classique, on disait encore *il abandonne* avec *o* fermé ; parmi mes professeurs, quelques-uns conservaient *o* fermé dans *atone, téléphone* ; aujourd'hui, on prononce de plus en plus avec *o* ouvert même les mots tels que *zone, icône, albatros, Calvados,* etc. C'est donc la même tendance naturelle que celle qui apparaît actuellement en catalan.

M. Badia. — La tendance à ouvrir les *e* et *o* dans la langue courante d'aujourd'hui est vraiment très forte en catalan. J'ai même constaté que, très souvent, un mot maintient la voyelle fermée tant que son sens est bien compris, mais quand il fait partie d'un syntagme, d'une locution, et qu'on perd la conscience de son sens primitif, la voyelle s'ouvre. Ainsi, pas mal de personnes emploient l'expression *per (a)mor* 'en raison de, à cause de', par exemple dans *per'mor del seu germà*, en prononçant *(a)mor* avec un *o* ouvert. Ils ignorent que ce mot *mor* est le même que *amor* 'amour', qui a, en catalan, un *o* fermé. Il s'agit d'un cas de rupture de signification, à cause de la locution *per (a)mor de*, et, dans ce cas, dans *(a)mor*, détaché sémantiquement du mot qui signifie 'amour', on ouvre la voyelle tonique. Il y a donc un contraste entre *amor* 'amour' (*o* fermé), et *amor* faisant partie d'une locution (*o* ouvert). En effet, nous disons toujours *amor* avec *o* fermé (le substantif), mais dans l'expression en question, le *o* est déjà ouvert. Il y a même des personnes qui m'ont dit : « mais quand nous disons *per mor de Déu,* cela ne signifie pas 'la mort de Dieu' ? » Cette tendance à ouvrir les voyelles est donc très nette dans la langue.

M. *Straka.* — Et c'est sans aucun doute une tendance de phonétique générale à ouvrir les voyelles devant consonne, et non une influence du castillan. Mais ce qui pose un problème c'est l'ouverture de *o* en finale absolue, comme dans *flo(r)*. S'il s'agissait là aussi, d'une tendance inhérente à la langue, elle serait contraire aux tendances générales.

M. *Colon.* — Lorsque j'entends les Parisiens prononcer avec un *o* fermé : *la gauche, on va sur la Côte,* et lorsque, au contraire, à Toulouse j'entends, avec un *o* ouvert : *gauche, côte,* je me demande s'il n'y a pas une continuité géographique entre la tendance catalane (chez nous, on parle du général de Gaulle [dǝgɔl]) et cette même tendance dans le Midi de la France.

M. *Straka.* — J'y ai pensé tout à l'heure, mais la prononciation méridionale avec un *o* plus ou moins ouvert est un vieux phénomène — le Midi ne distingue pas bien les voyelles fermées et ouvertes — tandis qu'en catalan, cela semble être, si j'ai bien compris, quelque chose de récent.

M. *Badia.* — Mais il y a la loi de $e > \varepsilon$: *cadena* avec un *e* ouvert $<$ CATĒNA ; *e* fermé latin est devenu *e* ouvert en catalan oriental depuis longtemps, c'est une loi fondamentale de phonétique catalane.

M. *Veny.* — Il faut savoir si ces *e* ouverts ne proviennent pas d'un *ǝ* comme en majorquin où c'est une évolution directe, et non par un *e* fermé. Aujourd'hui en majorquin, par exemple *pǝrǝ* passe directement à *pérǝ*, dans certaines localités.

M. *Badia.* — Ceci serait la prononciation du « latin majorquinais », disons, où on aurait assimilé le *e*, depuis le premier moment, avec *ε* ouvert. Que *ǝ* a été le passage entre le *e* fermé du latin vulgaire et le *e* ouvert du cat. oriental, personne n'en doute : le point de départ a été (je l'avais cru, au moins jusqu'à aujourd'hui) *e* fermé ; le son de transition aurait été *ə* comme en majorquin.

M. Straka. — Vous avez trouvé cette ouverture, je crois, dans des rimes des poètes catalans modernes ? Mais ne faudrait-il pas voir si l'on la trouve aussi à une époque plus ancienne ?

M. Aramon. — On trouve des confusions de voyelles ouvertes et fermées.

M. Straka. — Alors, cette ouverture n'est pas tout à fait moderne.

M. Aramon. — Rappelez-vous ce que je disais hier à propos de la vocalisation dans les poètes catalans qui écrivaient ou voulaient écrire en provençal : ils étaient attaqués parce qu'ils ne savaient pas « rimas afilar », c'est-à-dire, parce qu'ils confondaient des *e* et *o* ouverts et fermés.

M. Colon. — A la fin du XVe siècle, on ne voulait plus écrire en provençal et pourtant, la poésie « Bella, de vós só amorós », par exemple, confond les *e* ouverts et fermés.

M. Badia. — Je dirais qu'il y a eu un processus historique, transformation des articulations fermées en ouvertes, mais qu'aujourd'hui, il y a une tendance plus répandue qui touche toutes les voyelles, y compris les voyelles moyennes *e, o* qui ont tendance à s'ouvrir davantage.

M. Straka. — Dans ces conditions — et je reviens sur le cas de *flo(r)* avec *o* ouvert — ne pensez-vous pas que l'ouverture de *o* ait tout simplement commencé à l'époque où l'on prononçait encore -*r* final et qu'il ne s'agisse donc nullement d'une tendance à ouvrir *o* en finale absolue ? Cela me paraît vraisemblable.

M. Colon. — Nous gardons encore *r* à Valence. Mais, à propos de ce que je disais tout à l'heure sur la continuité géographique entre l'ouverture des voyelles dans le Midi de la France et en Catalogne, je suis obligé de me contredire. Dans le diocèse de Gérone, FONTEM > *font,* est prononcé avec *o* fermé (comme en ancien provençal), il y a donc une barrière entre le catalan et le Midi de la France.

M. Badia. — Le diocèse de Gérone est une zone tout à fait spéciale en ce qui concerne la prononciation des voyelles et dans ce cas concret, c'est une zone qui agit comme une barrière.

M. Aramon. — Et cet *o* se ferme encore plus en roussillonais, jusqu'à *u, fun,* comme *pun* (pont), etc.

M. Straka. — C'est un cas particulier de fermeture des voyelles devant les consonnes nasales. Cette fermeture ne contredit pas la tendance générale à ouvrir les voyelles en position antéconsonantique. Il faut nettement séparer les deux phénomènes.

M. *Badia*. — Il y a des noms géographiques, dont j'ai une liste semblable à celle de *Riudellots*, et que j'ai entendus plusieurs fois avec o ouvert. Beaucoup de personnes prononcent *Mora* (c'est un toponyme botanique) avec un o ouvert, ce qui fait que ce nom ressemble alors au féminin de *moro* 'arabe'. Il y a donc plusieurs noms qui sont touchés par cette tendance, mais il y en a qui ne le sont pas.

M. *Straka*. — Un autre phénomène me paraît encore obéir à une tendance de phonétique générale : la transformation de la diérèse en synérèse. Là encore, une évolution semblable a eu lieu en français, et aujourd'hui en catalan il ne peut s'agir que d'une tendance inhérente à la langue et reflétant une tendance générale à l'économie phonétique, ainsi que M. Haensch l'a déjà très bien remarqué.

Maintenant, pour ce qui est de l'aspect articulatoire des consonnes catalanes, le travail que vous avez fait faire d'après les radiofilms exécutés à Strasbourg, et que vous avez mentionné tout à l'heure, a-t-il déjà été publié ?

M. *Badia*. — Pas encore. M. Cerdà a terminé la partie concernant les voyelles, et c'est cette partie qui va être publiée sous peu.

M. *Straka*. — Est-ce que vous savez déjà, d'après ces films, quel est le caractère de *l* catalan ? Est-ce un *l* qu'on appelle « dur » (ou faussement « vélaire »), ou bien est-ce un *l* cacuminal ?

M. *Badia*. — On ne peut pas le dire encore. Mais M. Cerdà est en train de travailler sur les consonnes.

M. *Straka*. — Cela m'intéresse beaucoup. A Majorque, par exemple, dans le mot *palo* (sorte d'apéritif), il me semble, d'après le mouvement de la pointe de la langue, que c'est un *l* nettement cacuminal.

M. *Badia*. — Cette région fait partie de l'ancien monde méditerranéen : Sicile, Sardaigne, Majorque...

M. *Straka*. — Je sais bien. Mais ce domaine s'étend assez loin sur le continent, au Nord jusqu'à Naples, à l'Est jusqu'en Albanie, et à l'Ouest, on a relevé des traces des cacuminales dans une région du Nord de l'Espagne — en léonais, je crois. La tendance à la cacuminalisation des apicales a même dû passer par-dessus les Pyrénées jusqu'en Gascogne, où -ELLU > -et s'explique de cette façon. Il ne serait donc pas surprenant de trouver des traces des cacuminales, notamment *l* et *n* cacuminal en Catalogne.

M. *Aramon*. — Un mot sur la prononciation disons « normale » du catalan et sur le problème que la métrique et la rime posent par exemple chez Verdaguer. Lorsque Verdaguer crée des rimes fausses ou compte les syllabes à la castillane et non selon l'usage catalan, on ne doit pas perdre de vue que Verdaguer, comme tout le monde à l'époque, avait fait ses études en espagnol. Il a dû apprendre différentes règles de versification que nous-mêmes nous avons apprises lorsque nous préparions le baccalauréat. Or, je crois que Verdaguer a quelquefois appliqué ces règles, apprises au Séminaire de Vic en castillan, sur son excellente prononciation du catalan. J'en suis même sûr. De même si l'on examine ses rimes en *e* et en *o*, on constate qu'il mélange les timbres fermés et ouverts ; en composant ses vers, il « voyait » seulement les voyelles et ne les « entendait » pas. Et je crois aussi que cela reflète, chez lui, une influence du castillan, où il n'y a pas de différence des deux timbres. J'avais commencé à étudier tout cela avant la guerre, sans pouvoir terminer ce travail, mais il faudrait le reprendre. La langue de Verdaguer devrait être étudiée à fond, et je crois que l'étude de la versification est essentielle pour des études de phonologie.

M. Straka. — Chez Victor Hugo, on trouve par exemple la rime *arôme : Rome,* mais je ne crois pas qu'à son époque on ait pu prononcer encore *Rome* avec *o* fermé ; c'était la prononciation des XVIIe et XVIIIe siècles. De même, pour ce qui est de l'hiatus : quand il en avait besoin, il ne se gênait pas de couper le mot *pied* en deux syllabes : *pi-ed.* Dans le premier cas, on pourrait penser à la rigueur qu'il s'agit d'un archaïsme, mais faire la diérèse dans *pied,* c'est tout à fait arbitraire ; cette prononciation n'a jamais existé. On voit donc que, parfois, Victor Hugo n'écoutait pas non plus et faisait des vers seulement pour les yeux.

M. Aramon. — Verdaguer faisait rimer *fe(r)* avec *porte(r)* parce que, dans les deux mots, il y a un *r* qui ne se prononce pas. Mais on ne trouve jamais la rime, *seré : fe(r),* ce qui veut dire qu'il ne rimait pas pour l'oreille, mais pour les yeux.

M. Colon. — Lorsque nous examinons les rimes des poètes italiens, par exemple de Pétrarque, on trouve couramment des *o* ouverts à la rime avec des *o* fermés, et pourtant dans sa langue, en toscan, il y a une différence phonologique entre les deux timbres. La même chose chez les poètes portugais du XVIe siècle ; là, on pourrait dire que c'est une influence castillane. Je n'en sais rien. Mais chez Pétrarque ? La question des rimes est donc une arme à double tranchant. Je suis content que M. Straka nous ait rappelé le cas de Victor Hugo.

M. Badia. — Les rimes anciennes en portugais, J. Mattoso Camara les attribue à l'influence espagnole.

M. Colon. — Voilà quelque chose que je ne comprends pas. Nous avons dit hier que la poésie lyrique était placée en Castille sous l'influence du galicien-portugais. Or, si nous n'avons pas fait de poésies, comment aurions-nous réussi à imposer aux Portugais des rimes ? La question des rimes est très intéressante, mais je ne sais pas si cela peut nous aider à résoudre toutes les questions de phonétique.

M. Badia. — En catalan la situation est très confuse en général.

M. Aramon. — On trouve vers 1929 *glauca* qui rime par exemple avec *auque* ; c'est une rime riche d'un poète moderne. Elle ne serait pas possible chez Verdaguer qui n'entendait pas les rimes, mais les voyait, et cette rime parfaite ne se voit pas.

D'autres problèmes se posent aussi au moment où on commence a hésiter entre diverses prononciations. Il aurait été possible de stabiliser ces prononciations si on n'avait pas modifié l'orthographe en ce qui concerne les pronoms en position enclitique J'ai connu, dans mon enfance, une orthographe antérieure à celle des Normes de l'Institut ; j'ai même mélangé, pendant mes années d'études, deux ou trois orthographes alors en usage. Lorsqu'on lisait les textes des chansons populaires, on les lisait en ancienne graphie, dans laquelle elles étaient publiées. Mais quand l'orthographe de l'Institut a supprimé la possibilité d'écrire les pronoms *m* (= *me*), *t* (= *te*), *l* (= *lo*), etc., ajoutés aux mots terminés en voyelle, autres que les verbes — par exemple à la fin de *qui, jo*, etc., qu'on devait écrire *qui em, jo et* et prononcer [qui m] [jo t] — ceux qui ne savaient pas très bien l'orthographe et n'avaient pas l'habitude de réciter ont commencé à prononcer *quiem, joet*, ce qui était une prononciation tout à fait inexplicable en catalan.

M. Badia a cité la prononciation [a miem] dans *a mi em sembla*. Je crois que c'est la prononciation de ceux qui savent lire, mais qui ne connaissent pas exactement les règles de lecture, règles que les maîtres doivent apprendre aux élèves. A l'école nous avons joué du théâtre en vers, et on nous apprenait quand on devait faire une diérèse, quand on devait faire une synérèse, etc. Je crois que cela devrait être le devoir des maîtres d'aujourd'hui d'apprendre à lire ; alors il n'y aurait plus de prononciations *a miem.*

M. Badia. — Je crois qu'il faut dire *a miem sembla.*

M. Aramon. — Il est possible de faire entendre l'*e* s'il y a un arrêt : *a mi, em sembla ;* sinon, cette combinaison aboutit à *a mi'm sembla.* Je crois que la langue écrite dans l'orthographe de l'Institut a eu une grande influence sur ceux qui ne connaissent pas bien la grammaire quant aux prononciations comme *tuets*, car la prononciation normale est, comme on sait bien, non pas [tuets], mais [tu ets] ou en prononciation rapide [tuts]. Dans beaucoup de mots, comme au moyen âge, lorsqu'il y a deux voyelles en contact, l'une des deux se perd : *extraordinari* se dit couramment *extrordinari*. On a cité *vurà*. Ce sont des prononciations rapides, peut-être vulgaires, mais toujours authentiques.

Je voudrais aussi vous demander si certains mots tout à fait savants, comme *simultaneïtat, corporeïtzació, deïficar,* sont très courants dans la langue, et si l'on peut les prendre comme exemple de la prononciation normale. Je crois que ce sont seulement des érudits qui parlent de *corporeïtzació.*

M. Badia. — J'ai entendu ces mots plusieurs fois dans des lectures.

M. Colon. — J'ai été tout le temps d'accord avec M. Aramon, mais cette fois-ci, je ne le suis pas. A propos de *consciencia,* etc., je voudrais poser une question à M. Straka : faut-il critiquer la prononciation avec synérèse et continuer à exiger *con-ci-en-ci-a* ? Je crois qu'en français aussi, *ien* dans *conscience* comptait pour deux syllabes au XVIIe siècle.

M. Straka. — C'est exact, et les poètes, par tradition, comptent toujours deux syllabes, sauf quand cela ne leur convient pas ; alors, ils comptent ce *ie* pour une seule syllabe, comme dans la langue parlée. En effet, dans la prononciation courante tout à fait correcte, personne ne dit plus, depuis longtemps, *con-sci-en-ci-eux,* mais [kɔ̃-sjã-sjø]. C'est une évolution normale de la diérèse en synérèse, dont j'ai parlé tout à l'heure.

M. Aramon. — En français, il y a eu le passage de ę en *ie,* qu'il faut prononcer comme une diphtongue (par exemple *pied*), et non comme le faisait Victor Hugo en séparant *i-e*. Mais, il y a d'autres mots qui régulièrement avaient *i-e* : *con-sci-en-ce*.

M. Straka. — C'était en effet la prononciation de l'époque classique, du moins dans la langue littéraire, où la diérèse et la synérèse dépendaient de l'étymologie. Mais déjà Thomas Corneille trouvait cette répartition archaïque et artificielle. A l'époque moderne, le critère étymologique ne joue absolument plus dans le français parlé, même au niveau très soigné.

M. Aramon. — Je voulais expliquer seulement que, si l'on a prononcé une diphtongue comme le faisait V. Hugo en séparant *i* et *e,* c'est sans doute à cause de l'existence des mots où ces deux voyelles se séparaient, mais il ne savait pas exactement dans quels mots cela se faisait.

M. Straka. — Vous voulez dire qu'il a fait une sorte d'hypercorrection. Je serais d'accord si, à d'autres endroits, *pied* ne comptait pas chez lui pour une seule syllabe. Là où il a fait de ce mot un dissyllabe, il l'a fait arbitrairement pour les besoins du rythme.

M. Aramon. — En catalan populaire, il n'y a pas de problèmes de confusion. C'est seulement dans les villes, parmi les gens qui ont fait des études, que se trouvent des synérèses. Peut-être cette prononciation va-t-elle se répandre.

M. Badia. — Le Pallars et l'Alguer fournissent d'autres exemples.

M. Straka. — Dans un type de mots où normalement la combinaison *i, ou, u* + voyelle a abouti à une synérèse, on maintient parfois l'ancienne diérèse même dans la langue parlée. Il s'agit de mots et, surtout, de formes verbales, sur lesquels agit l'analogie de mots apparentés ou d'autres formes du même verbe, où *i, ou* ou *u* est accentué. Ainsi, *lier, louer,* qui sont normalement monosyllabiques, sont parfois prononcés *li-er, lou-er* d'après *je lie, tu lies, il lie, je loue, tu loues, il loue,* etc. En fait, la diérèse n'existe en français moderne qu'après les groupes consonne + *r* ou *l,* par exemple dans *ouvri-er, meur-tri-er, tabli-er* (ancienne synérèse étymologique), *pri-er, oubli-er* (ancienne diérèse). Partout ailleurs, l'hiatus (la diérèse) s'est transformé en synérèse.

M. Colon. — Si le français a effectué cette transformation, le catalan peut se permettre d'en faire autant, et pour l'expliquer, nous n'avons pas besoin d'avoir recours au castillan. C'est donc une évolution normale.

M. Straka. — Parfaitement.

M. Aramon. — Deux petites remarques encore : 1º Je suis d'accord avec Coromines pour certains problèmes de passage *m > n.* 2º Est-ce qu'on dit *fẹm, fẹu* ou *fẹm, fẹu* ? Pourquoi faire la distinction *feu/féu,* avec accent sur la forme du passé ?

M. Badia. — C'est régulier : FACIMUS > FAIMUS, et puis normalement A + Yod > ẹ fermé ; dans FACTIS également. *Féu* (FECIT) est un cas de singularisation orthographique. C'est normal : A + Yod > ẹ partout, sauf une petite zone du Nord-Ouest du domaine catalan.

Tout à l'heure, on a soulevé la question de *ésser* et *arbre.* Dans mon exposé, je n'ai pas touché une seule fois aux problèmes d'orthographe. J'obéis aux règles, mais je n'en propose pas. Si l'on me dit un jour qu'on n'écrira plus *arbre,* mais *abre,* alors j'écrirai *abre.* Mais la prononciation *abre* est tout à fait normale, elle est le résultat d'une loi de phonétique historique catalane : quand il y a trois consonnes dont la première et la troisième sont identiques, la première disparaît : DIES MERCURI > *dimecres* (au lieu de *dimercres*). C'est donc normal qu'on prononce *abre.*

M. Colon. — Nous pourrions garder *r* en l'honneur des Roussillonnais.

M. Aramon. — L'Institut accepte les deux formes *ésser* et *ser,* avec préférence pour *ésser.*

QUATRIÈME COMMUNICATION

Morphosyntaxe catalane

par

A. M. Badia Margarit

(Barcelone)

I - LE CYCLE NOMINAL

1) *Bref compte rendu bibliographique*

1. Les études grammaticales, peut-on dire, disposaient vers 1900, de trois sortes de travaux : 1) d'une série de contributions dues à des romanistes étrangers (parmi lesquelles je signale le traité sur le catalan dans le *Grundriss* de Gröber et la partie consacrée au catalan dans la *Grammaire des langues romanes,* de W. Meyer-Lübke) (¹) ; 2) de nombreuses grammaires catalanes contenant des règles en vue de l'enseignement de la langue ; toutefois, il faut reconnaître qu'en général, c'étaient des ouvrages très insuffisants (²) ; 3) des premiers travaux de grammaire de Pompeu Fabra, qui faisaient espérer beaucoup de lui, mais qui, naturellement, étaient encore loin de ses grandes contributions ultérieures (³).

A partir de 1900, les campagnes en faveur de la langue catalane, menées par Mossèn Alcover et par le groupe barcelonais de « L'Avenç »,

---

(1) A. Morel-Fatio, *Das Catalanische,* dans le « Grundriss der Romanischen Philologie », I (Strasbourg 1888) ; W. Meyer-Lübke, *Grammaire des Langues Romanes,* trad. fr. par E. Rabiet, 4 vol. (Paris 1890-1900).
(2) Quelques exemples : P. J. Nonell, *Anàlisis morfològich de la llengua catalana antiga comparada ab la moderna* (Manresa 1895) ; *Gramàtica de la llengua catalana* (Manresa 1898) ; A. Tallander [A. Bulbena], *Lliçons familiars de Gramàtica catalana* (Barcelona 1898) ; M. Grandia, *Gramàtica etimològica catalana* (Barcelona 1901) ; *Gramàtica preceptiva catalana* (Barcelona 1905) ; A. Bulbena, *Lliçons de llengua catalana literaria tradicional* (Barcelona 1907) ; J. Bardina, *Gramàtica pedagògica de la llengua catalana* (Barcelona 1907).
(3) P. Fabra, *Ensayo de Gramática de Catalán moderno* (Barcelona 1891) ; *Conjugació del verb català* (Barcelona 1891) ; *Contribució a la Gramàtica de la llengua catalana* (Barcelona 1898) ; *Tractat de Ortografia Catalana* (Barcelona 1904), etc.

et leur conséquence, le raffermissement politico-culturel du peuple
catalan, ainsi que, simultanément, le développement des études de
linguistique romane en Europe, ont conduit à une amélioration remarquable de la bibliographie linguistique sur le catalan par rapport à ce
qu'elle avait été dix ou quinze ans auparavant. Je signalerai, là encore,
trois sortes de travaux : 1) les actes et mémoires du Congrès de la
Langue Catalane, tenu à Barcelone au mois d'octobre 1906 (⁴) ; 2) quelques travaux de Pompeu Fabra, qui accusaient un progrès, notamment
au point de vue de sa formation personnelle (⁵); 3) plusieurs ouvrages et
contributions de linguistes étrangers, comme la nouvelle édition du
traité sur le catalan dans le *Grundriss* (dont l'ancien texte d'A. Morel-
Fatio a été refondu par J. Saroïhandy), la grammaire de Foulché-
Delbosc, etc. (⁶).

En 1912 a paru la *Gramática* de Fabra, rédigée en espagnol, qui,
au point de vue scientifique, est son meilleur ouvrage grammatical (⁷).
Même aujourd'hui, cette grammaire reste une description excellente de
la langue. On y trouve constamment le souci de la description et celui
de la comparaison avec l'espagnol.

Pompeu Fabra a publié, en 1918, sa *Gramàtica Catalana* (⁸). Ce
livre, réédité plusieurs fois, marque un premier pas vers la grammaire
prescriptive, voire vers la codification et l'unification de la grammaire.
Il s'agit d'un ouvrage très bien élaboré, mais on y fait déjà attention
plus à la norme qu à la description. Et cette voie, celle de la grammaire
prescriptive, ne sera plus abandonnée par Fabra. La grammaire de
1918 a donné naissance à toute une série de publications, de tous les
niveaux, où l'on diffuse la doctrine grammaticale en vigueur (⁹). Cette

---

(4) *Congr. Ll. Cat. Barc.*
(5) P. Fabra, *Les e toniques du catalan,* dans *RHi,* XV, 1906 ; *Le catalan dans
la « Grammaire des Langues romanes » de W. Meyer-Lübke, et dans le
« Grundriss der romanischen Philologie »,* dans *RHi,* XVII, 1907 ; *Qüestions d'ortografia catalana, Congr. Ll. Cat. Barc.* ; *Qüestions de Gramàtica
Catalana* (Barcelona 1911).
(6) A. Morel-Fatio et J. Saroïhandy, *Das Catalanische,* dans le « Grundriss der
Romanischen Philologie » 2ᵉ éd., I (Strasbourg 1904-1906), 841-877 ;
R. Foulché-Delbosc, *Abrégé de grammaire catalane* (Barcelone 1902).
(7) P. Fabra, *Gr. l. Cat.*
(8) P. Fabra, *Gr. Cat.* (1ʳᵉ éd. 1918 ; 7ᵉ éd. 1933).
(9) P. Fabra, *Gramàtica Catalana (curs mitjà)* (Barcelona 1919) ; *Converses
filològiques* (Barcelona 1954-1956) (10 vol. ; c'est l'édition la plus complète
et la plus systématique) (il y a encore de petites brochures de vulgarisation des principes de la grammaire, parues dans la « Col. lecció Popular
Barcino ») ; E. Vallès, *Lliçons de gramàtica catalana* (Barcelona 1915) ;
Curso práctico de gramàtica catalana (Barcelona 1933, 2ᵉ éd. 1950) ;
A. Rovira i Virgili, *Gramàtica elemental de la llengua catalana* (Barcelona 1916) ; Marvà, *Exerc.* (Barcelona 1927-1930) (7 vol.) ; *Curs pràctic
de gramàtica catalana* (Barcelona 1932) ; *Curs* ; C. A. Jordana, *El català
i el castellà comparats* (Barcelona 1933) ; B. Montsià [C. A. Jordana],
El català en vint lliçons (Barcelona 1934) ; J. Calveras, *Consultes de
llenguatge* (Barcelona 1933) ; J. Miracle, *Gramàtica catalana* (Barcelona
1938, 2ᵉ éd. 1951).

orientation des travaux de grammaire s'est répandue très vite à Valence (je pense aux noms de Fullana, Revest, Salvador et Sanchis Guarner) ([10]) et aux îles Baléares (grâce à M. Francesc de B. Moll) ([11]). Grâce à eux tous, on a assuré l'unité de la langue, tout en respectant les principales particularités du valencien et des parlers baléariques. Parmi les grammaires à l'usage des étrangers (comme celle de Huber), il faut rappeler le livre de J. Gili ([12]), qui est remarquable.

Au cours des dernières années de sa vie, Pompeu Fabra (décédé en 1948) a encore préparé une nouvelle grammaire qui a paru après sa mort, en 1956 ([13]). C'est une troisième conception de la grammaire catalane (la première ayant été celle de la description :1912 ; la seconde, celle de la prescription : 1918) ; elle est enrichie de beaucoup de locutions et d'idiotismes, mais elle est moins systématique que les précédentes. Aujourd'hui, le besoin d'enseigner le catalan a eu pour conséquence la parution de beaucoup de manuels de grammaire catalane, à tous les niveaux, que je dois toutefois passer sous silence ([14]).

Quant aux études de grammaire historique, je vais me borner à signaler un petit nombre de travaux : après toute une série de contributions à la morphologie et à la syntaxe, la première synthèse moderne de morphologie a paru en 1924 ; consacrée au roussillonnais, elle embrasse en réalité tout le domaine catalan ; je pense au livre de Pierre Fouché ([15]). Cet ouvrage a été suivi, parfois précédé, de plusieurs

---

(10) Ll. Fullana, *Gramàtica elemental de la llengua valenciana* (València 1915) ; *Compendi de Gramàtica valenciana* (València 1921) ; Ll Revest, *La llengua valenciana, Notes per al seu estudi i conreu* (Castelló 1930) ; G. Renat i Ferrís, *La conjugació dels verbs en valencià* (Castelló 1933) ; C. Salvador, *Lliçons de morfologia valenciana* (València 1935) ; *Qüestions de llenguatge* (València 1936) ; *Gramàtica valenciana* (València 1951, 2a ed. 1952) ; Sanchis, *Gr. Val.*

(11) J. Busquets, *Curs pràctic d'ortografia* et *Elements de gramàtica* (Mallorca 1931) ; F. de B. Moll, *Rudiments de gramàtica preceptiva per a ús dels escriptors baleàrics* (Mallorca 1937) ; *Gramàtica catalana, referida especialment a les Illes Balears* (Mallorca 1968) ; Llorenç Vidal, *Petita ortografia mallorquina* (Mallorca 1958).

(12) J. Huber, *Katalanische Grammatik, Laut- und Formenlehre, Syntax, Wortbildung* (Heidelberg 1929) ; J. Gilli, *Catalan Grammar* (Londres 1943, 3e éd., Oxford 1967).

(13) P. Fabra, *Gr. Cat.* (pòst).

(14) Outre les rééditions récentes des ouvrages déjà signalés, je vais me borner à quelques indications très sommaires : R. Folch i Capdevila, *Gramàtica popular de la llengua catalana* (Barcelona 1953) ; *Signe, Normes pràctiques de gramàtica catalana*, per Albert Jané (collaborateurs : Josep Ibàñez, Enric Gual, Ma Eugènia Dalmau) (Barcelona 1962) ; Roser Latorre, *Primer curso de catalán* (Barcelona 1966) ; A. Jané, *Gramàtica essencial de la llengua catalana* (Barcelona 1967) ; Artur Martorell, *Guiatge per a parlar i escriure bé el català* (Barcelona 1968) ; J. Llobera Ramon, *El català bàsic* (Barcelona 1968) ; *Pràcticas de catalán básico* (Barcelona 1969) ; Alexandre Galí, *Lliçons de llenguatge* (Barcelona 1967-1968) (2 vol.); *Faristol* (texte : Ll. López del Castillo ; direction : J. Tremoleda) (Barcelona 1966) ; J. Rafel i Fontanals, *Gramàtica catalana* (curs elemental per a infants) (Barcelona 1969).

(15) Fouché, *Morphol. hist.*

études qui visaient à des objectifs concrets dans ce domaine ([16]). Quelque temps plus tard, Mgr A. Griera a essayé de donner une grammaire historique de l'ancien catalan ([17]). Enfin, beaucoup plus récemment, M. F. de B. Moll et moi-même, nous avons publié, presque simultanément, deux ouvrages de synthèse de linguistique catalane où nous tenions à résumer la bibliographie courante, à tirer des informations de sources documentaires et à interpréter les lignes d'évolution de la langue catalane ([18]).

Je ne peux terminer ce petit compte rendu sans rappeler ma grammaire catalane, rédigée en espagnol (1962) ([19]). J'ai essayé d'y combiner le point de vue descriptif avec la comparaison entre catalan et espagnol. J'ai tenu à ce que la description marquât mon livre ([20]) ; il faut toutefois reconnaître que cette description reste prisonnière des habitudes caractéristiques de l'école de Pompeu Fabra. Il aurait fallu trouver des chemins nouveaux, notamment sur le terrain de ce qu'on appelle aujourd'hui la description morpho-syntaxique.

Voilà ce que je voudrais donc faire ici. Il s'agit d'essayer une méthode. Je vais traiter quelques points, parmi lesquels il y a les plus fondamentaux. Je ne les présenterai que sous forme de sujets à discuter ([21]).

2) Le genre des noms (substantifs et adjectifs)

2.   Le genre des noms pose nombre de problèmes. Et tout d'abord, celui de la signification des noms par rapport au genre lui-même ([22]). En premier lieu, il y a les mêmes différences qu'en latin, qu'on retrouve plus ou moins dans toutes les langues romanes ; il s'agit de l'emploi de deux noms à base étymologique différente :

---

(16) T. Forteza, *Gramática de la lengua catalana* (Mallorca 1915) ; J. Corominas, *Las vidas de Santos rosellonesas del manuscrito 44 de París, AILUC*, III (1943) 126-211 ; on pourrait indiquer d'autres travaux encore.

(17) A. Griera, *Gramàtica històrica del català antic* (Barcelona 1931).

(18) Badia, *Gr. hist.* ; Moll, *Gr. hist.*

(19) Badia, *Gr. Cat.*

(20) Je pense que, dans ma grammaire, on peut remarquer que les critères linguistiques, réalistes, s'imposent aux normes grammaticales, plus théoriques ; tous les faits qui ne s'accordent pas avec les préceptes de la grammaire portent l'indication [n.a.], c'est-à-dire non admis.

(21) Après la rédaction de ma communication, j'ai pris connaissance (en été 1968) des *Problems in Catalan Phonology*, by *Concepción Lleó*, thèse pour le degré de Master of Arts à l'Université de Washington, à Seattle, Wash. (1968), dont le directeur a été le Prof. Sol Saporta. J'ai eu la satisfaction de constater que ce travail, fondé exclusivement sur les méthodes les plus récentes, coïncide assez souvent avec ma façon de décrire les faits et que nos deux interprétations aboutissent presque toujours à un même résultat.

(22) Pour tout ce qui suit, cf. ma *Gr. Cat.*, I, §§ 85-86, pp. 132-134.

> *home* 'homme' / *dona* 'femme'
> *oncle* 'oncle' / *tia* 'tante'
> *pare* 'père' / *mare* 'mère'
> *gendre* 'gendre' / *nora* 'belle-fille'
> *cavall* 'cheval' / *euga* 'jument'.

En face de ces cas, d'autres substantifs ne possèdent qu'une seule forme pour les deux genres : nous trouvons cette situation pour les noms de métiers et d'occupations :

> *copista* 'copiste' : *el copista* / *la copista*
> *apòstata* 'apostat' : *l'apòstata* (*ell* ou *ella*)
> *homicida* 'homicide' : *l'homicida* (*ell* ou *ella*).

Il en est de même pour beaucoup de noms d'animaux, où le même nom sert à désigner le mâle et la femelle : *rossinyol* « rossignol » ; s'il faut préciser davantage, on dira *un rossinyol mascle* ou *femella*.

Les noms cités jusqu'ici se réfèrent à l'un ou à l'autre genre grammatical, parce qu'il s'agit de noms de personne ou d'animaux. Mais, le plus souvent, les substantifs manquent de toute raison intrinsèque d'être, par rapport à leur signification, du genre masculin ou féminin. Par exemple :

> genre masculin : *llibre* 'livre' ; *gra* 'grain' ; *llençol* 'drap (de lit)'
> genre féminin : *casa* 'maison' ; *sabata* 'soulier' ; *fira* 'foire'.

On comprend bien que la raison du genre qu'ils ont repose sur des motifs d'étymologie et de grammaire historique ; le catalan, comme d'ailleurs les autres langues romanes, n'était pas libre de choisir le genre des mots.

Il existe aussi des mots qui ont des significations différentes d'après le genre qu'on leur accorde. Par conséquent ces mots remplissent déjà une fonction grammaticale : il faut qu'ils se trouvent dans un contexte ou, au moins, qu'ils soient déterminés par l'article ou par n'importe quel autre déterminatif indiquant le genre. Exemples :

> *el son* 'acte de dormir' / *la son* 'envie de dormir'
> *el llum* 'lampe' / *la llum* 'lumière'
> *el fi* 'objectif' / *la fi* 'fin'
> *el còlera* 'choléra' (maladie) / *la còlera* 'colère' (état psychique)
> *el vocal* 'membre' (d'un comité) / *la vocal* 'voyelle'
> *el guia* 'guide' (personne) / *la guia* 'guide' (livre).

Dans d'autres couples de mots, l'un paraît être obtenu sur l'autre, avec changement du genre grammatical, par l'addition de la désinence -*a*, typique du féminin, à un nom masculin, ou par la suppression de cet -*a* dans un nom féminin. Exemples :

> 1) *cuc* 'ver' / *cuca* 'bestiole'
> *ganivet* 'couteau' / *ganiveta* 'couperet'
> *parell* 'paire' (choses) / *parella* 'paire' (personnes)

2) *bóta* 'tonneau' / *bot* 'oudre'
   forca 'fourche' / *forc* 'glane' (d'aulx)
   molla 'mie' (du pain) / *moll* 'moelle'.

Les substantifs catalans sont en général du même genre grammatical que leurs correspondants espagnols, et c'est bien compréhensible, étant donné l'origine commune (latine) des deux langues. Néanmoins, nombre de substantifs diffèrent par leur genre (il est à remarquer que, dans ces cas, le catalan se range presque toujours du côté du français). Voici une liste de substantifs masculins en catalan et féminins en espagnol ([23]) :

catalan (masculins)	espagnol (féminins)	français
l'avantatge	« la ventaja »	'l'avantage' (masc.)
el corrent	« la corriente »	'le courant' (masc.)
el costum	« la costumbre »	'la coutume' (fém.)
l'escafandre	« la escafandra »	'le scaphandre (masc.)
el fel	« la hiel »	'le fiel' (masc.)
el front	« la frente »	'le front' (masc.)
el llegum	« la legumbre »	'le légume' (masc.)
el pendent	« la pendiente »	'le penchant' (masc.) ou 'la pente' (fém.)
el senyal	« la señal »	'le signal' (masc.)

En revanche, les substantifs suivants sont féminins en catalan et masculins en espagnol :

catalan (féminins)	espagnol (masculins)	français
l'anàlisi	« el análisis »	'l'analyse' (fém.)
la calor	« el (y la) calor »	'la chaleur' (fém.)
la dent	« el diente »	'la dent' (fém.)
la fi ([24])	« el fin »	'la fin' (fém.)
l'olor	« el olor »	'l'odeur' (fém.)
la pols	« el polvo »	'la poussière' (fém.)
les pólvores	« los polvos »	'la poudre' (fém.)
la resplendor	« el resplandor »	'le resplendissement' (masc.)
la suor	« el sudor »	'la sueur' (fém.)
la vall	« el valle »	'la vallée' (fém.)

La différence entre « masculin/féminin » est exprimée, dans d'autres cas, au moyen de suffixes. Le plus usité est *-essa* [ɛsə] (parfois *-esa* [ɛzə], avec *-z-* sonore) pour indiquer le féminin :

sastre 'tailleur' / *sastressa* 'femme tailleur, couturière'
duc 'duc' / *duquessa* 'duchesse'

---

(23) Cf. ma *Gr. Cat.*, § 86, 5, p. 134.
(24) *La fi* (fém.) se distingue du masculin *fi* (*el fi*) 'le but'.

sacerdot 'prêtre' / sacerdotessa 'prêtresse'
princep 'prince' / princesa 'princesse' ([25]).

Parfois ce suffixe est imposé par le besoin de clarté. Par exemple, la paire *mestre/mestra* se distingue parfaitement en catalan occidental (étant donné que la prononciation des voyelles finales conserve les différences d'articulation) ; mais en catalan oriental (y compris le parler de Barcelone), *mestre* 'instituteur' (masc.) et *mestra* 'institutrice' (fém.) se confondent en [mɛstrə] (parce que les voyelles atones *a, e* y deviennent [ə]). Or, le besoin de distinguer le masculin et le féminin a provoqué l'adoption du suffixe *-essa* pour marquer le féminin : nous trouvons donc *mestressa*, à côté de *mestra* ([26]).

D'autres suffixes sont moins usités. On peut mentionner les suivants : 1) *-iu* à l'aide duquel on forme les féminins de *emperador* 'empereur', *actor* 'acteur' et *institutor* 'instituteur' : *emperadriu, actriu* et *institutriu*. — 2) *-ina* qui s'emploie pour former les féminins de *rei* 'roi' (*reina*), *heroi* 'héros' (*heroïna*) et *gall* 'coq' (*gallina* 'poule'). Enfin, dans quelques cas, le féminin est le nom primitif sur lequel on a formé le masculin en ajoutant le suffixe *-ot* (typiquement masculin) : de *bruixa* 'sorcière', on a tiré *bruixot* 'sorcier' ; d'*abella* 'abeille', *abellot* 'frelon' ; de *perdiu* 'perdrix', *perdigot* 'perdrix mâle' ; le mari de la *dida* 'nourrice' est le *didot*, etc.

3. La formation du féminin des substantifs et des adjectifs à deux finales obéit aux mêmes règles. La première constatation à faire est qu'en principe, le masculin a la marque zéro, tandis que le féminin est une forme marquée, et que la marque en est *-a*. Il s'agit d'ailleurs d'un trait commun aux langues romanes ([27]). Exemples du traitement général :

Substantifs : *noi* 'garçon' / *noia* 'fille'
                gat 'chat' / *gata* 'chatte'
                cistell 'corbeille, panier' / *cistella* 'gros panier'
                tron 'trône' / *trona* 'chaire' (à l'église) ([28])

Adjectifs : *trist* / *trista* 'triste'
             dolç / *dolça* 'doux'
             prim / *prima* 'mince'
             savi / *sàvia* 'sage'.

----

(25) A vrai dire, le suffixe dont je parle ici possède [s] sourd ; c'est pourquoi on l'écrit avec -*ss*- double. Mais il faut reconnaître qu'il y a constamment des confusions, surtout dans ce sens que [s] sourd devient habituellement sonore : [z]. Cf., pour des exemples, ma *Gr. Cat.* I, § 85, 2, p. 132. Dans *princesa*, la forme correcte a précisément [z] sonore.

(26) Pourtant, la solution *mestressa* qui sauve l'opposition *mestre* (masc.) / *mestra* (fém.) peut entraîner, à son tour, de nouvelles confusions, étant donné que *mestressa* signifie aussi 'patronne' (fém. d'*amo* 'patron').

(27) Pour ce qui suit, cf. ma *Gr. Cat.* I, § 85, 1, pp. 131-132.

(28) Il ne faut pas s'étonner que les deux mots en opposition (masc./fém.) soient très différents, sans relation sémantique suffisante. Je tiens à me borner ici aux différences formelles.

Ou bien, si le masculin se termine en -*e* ou -*o* atone, la marque -*a*
du féminin se substitue aux -*e, -o* du masculin (bien que, dans le cas
de -*e*, étant donné la fusion des -*e* et -*a* = [ə] en barcelonais, il n'y ait
pas de différence entre masculin et féminin dans la langue parlée).
Exemples :

> *pobre* (masc.) / *pobra* (fém.) 'pauvre'. Prononcé toujours [pɔbrə]
> *ample* (masc.) / *ampla* (fém.) 'large'. Prononcé toujours [amplə]
> *monjo* (masc.) 'moine' / *monja* 'religieuse'. Prononcés : [-u]/[-ə]
> *flonjo* (masc.) / *flonja* (fém.) 'mou'. Prononcés : [-u]/[-ə].

Toutefois, ce traitement général ne s'applique aussi simplement
qu'à peu de cas. Le plus souvent, le féminin, au moment où il acquiert
la marque -*a*, a besoin de l'accompagner de quelques autres sons ou de
modifier la consonne finale de la forme masculine qui est au point de
départ (cf. § 4).

Le premier cas ([29]). La marque -*a* est précédée d'autres sons (il
s'agit donc de véritables éléments « sous-jacents ») qui, dans la plupart
des cas, sont indiqués par l'orthographe ou existent dans d'autres
formes du mot (au pluriel, dans des dérivés, etc.), et qui réapparaissent
devant le -*a* du féminin comme des véhicules nécessaires à la manifestation de cette marque. Nous allons voir trois sortes de consonnes
accompagnant le -*a* de la marque :

a) Le -*t* (dans -*nt*). Le mot *parent* 'parent' se prononce à Barcelone
[pərén], sans le -*t* qui apparaît dans la forme écrite. Si l'on tient
compte aussi des dérivés (par exemple : *parentiu* 'parenté', *parentela*
'parentage', etc.), on ne s'étonnera pas que le féminin de *parent* [pərén]
soit *parenta*. Il en est de même pour les exemples suivants (adjectifs) :
au masc. *content* [kuntén] 'content' correspond le fém. *contenta* (cf.
acontentar 'contenter') ; masc. *dolent* [dulén] 'mauvais' / fém. *dolenta*
(cf. *dolenteria* 'méchanceté') ; masc. *sant* [sán] 'saint' / fém. *santa* (cf.
santedat 'sainteté'), etc. ([30]).

b) Le -*r*. On sait bien que le -*r* final ne se prononce pas, en général,
en catalan. Le mot *forner* 'boulanger' se prononce donc [furné] ; pourtant, le féminin est *fornera* (cf., outre l'orthographe, le diminutif du
masculin : *forneret*). D'autres exemples (adjectifs) : *primer* [primé]
'premier' / *primera* (cf. *primeria* 'le premier temps') ; *clar* [klá] 'clair' /
clara (cf. *claredat* 'clarté') ; *dur* 'dur' / *dura* (cf. *duresa* 'dureté'), etc. ([31]).

c) Le -*n*. L'immense majorité des masculins terminés par une
voyelle tonique (et qui n'ont pas de *r* graphique) prennent, pour adopter

---

(29) Cf. ma *Gr. Cat.*, I, § 85, 1, pp. 131-132 ; § 93, 3, p. 145 ; § 94, 1, *b* (note).
(30) Exceptions : les noms qu'on écrit -*nd* (mais qu'on prononce -*n*) ont, au
     féminin, -*nda* : *fecund* 'fécond' [fəkún] / *fecunda* ; *reverend* 'révérend' /
     reverenda, etc. Voyez ma *Gr. Cat.*, I, § 93, 2, p. 144 (note).
(31) Exceptions : les noms qu'on écrit -*rd* (qu'on prononce [rt] avec consonne
     sourde) forment un féminin en -*rda* : *verd* 'vert' [bɛrt] / *verda* ; *absurd*
     'absurde' [-úrt] / *absurda*, etc. Voyez ma *Gr. Cat.*, I, § 93, 2, p. 144 (note).

la marque -*a* du féminin, le son *n* qui relie la voyelle tonique finale à la marque positive du genre (ce son *n* réapparaît, d'ailleurs, au pluriel, même au masculin, cf. § 8). Comme dans les cas précédents, le *n* se trouve dans des dérivés, diminutifs, etc. Quelques exemples (de substantifs et d'adjectifs) :

> *germà* 'frère' / *germana* (cf. *germanor* 'fraternité')
> *americà* 'américain' / *americana* (cf. *americanització*)
> *lleó* 'lion' / *lleona* (cf. *lleonera* 'fosse aux lions')
> *cosí* 'cousin' / *cosina* (cf. *cosinet* 'petit cousin')
> *pla* 'plain' / *plana* (cf. *planura* 'plaine')
> *serè* 'serein' / *serena* (cf. *serenor* 'sérénité')
> *dejú* 'à jeun' / *dejuna* (cf. *dejuni* 'jeûne') ([32]).

4. Le second cas est celui où la consonne finale du masculin peut se modifier dans la forme du féminin. Ce phénomène, qu'on trouve dans les noms (substantifs et adjectifs) terminés par une occlusive sourde (-*p*, -*t*, -*k*) ou par une spirante ou sifflante, sourde elle aussi (-*f*, -*s*, -*tx*), est une conséquence du fait que les sonores devenues finales sont neutralisées par les sourdes correspondantes ([33]). De cette façon, la forme du masculin représente assez souvent un état neutralisé d'une consonne sonore (qui s'est assourdie au moment où elle est devenue finale). Il faudra savoir si telle consonne sourde finale du masculin conserve sa qualité de sourde (-*p*-, -*t*-, -*k*- ; -*f*-, -*s*-, -*tx*-) lorsqu'elle devient intérieure par l'addition du -*a*, marque du féminin (autrement dit, s'il s'agit de réalisations des phonèmes /p/, /t/, /k/ ; /f/, /s/, /tx/), ou au contraire, si elle se sonorise dans ce cas, en devenant -*b*-, -*d*-, -*g*- ; -*v*-, -*z*-, -*j*- ([34]) (c'est-à-dire, s'il s'agit de phonèmes /b/, /d/, /g/ ; /v/, /z/, /j/). Pour attribuer chaque son soit à la série sourde soit à la série sonore, il faut tenir compte des mots de la même famille (primitifs, dérivés, diminutifs, etc.). En voici quelques exemples concrets :

a) masculins se terminant par -*p*. Il y en a donc deux sortes :

1 - le -*p* réalise le phonème /p/ :

> *xop* (masc.) / *xopa* (fém.) 'trempé' (cf. *xopar* 'tremper')
> *tip* (masc.) / *tipa* (fém.) 'rassasié' (cf. *atipar-se* 'se rassasier')
> *esquerp* (masc.) / *esquerpa* (fém.) 'hagard' (cf. *esquerpot*) ;

2 - le -*p* réalise le phonème /b/ :

> *llop* (masc.) / *lloba* (fém.) 'loup' (cf. *llobató* 'louveteau')

---

(32) A remarquer que le féminin d'*orfe* 'orphelin' (qui ne se termine pas par une voyelle tonique) prend quand même un -*n*- : *òrfena* (cf. ma *Gr. Cat.*, I, § 85, 1, p. 132).
(33) Voyez dans les présents *Actes*, ma communication sur *Phonétique et phonologie catalanes*, § 25.
(34) Pour ce -*j*-, voyez ma *Phonétique et phonologie catalanes*, § 25.

balb [balp] (masc.) / *balba* (fém.) 'transi' (cf. *balbar-se* 's'engourdir')

orb [orp] (masc.) / *orba* (fém) 'aveugle' (cf. *orbetat* 'qualité d'aveugle') ;

b) masculins se terminant par -*t*. Il y en a aussi deux sortes :

1 - le -*t* réalise le phonème /t/ :

petit (masc.)/*petita* (fém.) 'petit' (cf. *petitesa* 'petitesse')

estret (masc.) / *estreta* (fém.) 'étroit' (cf. *estretor* 'qualité d'étroit')

brut (masc.) / *bruta* (fém.) 'sale' (cf. *brutícia* 'saleté') ;

2 - le -*t* réalise le phonème /d/ :

nebot (masc.) / *neboda* (fém.) 'neveu/nièce' (cf. le diminutif *nebodet*)

enfeinat (masc.) / *enfeinada* (fém.) 'affairé' (cf. *feinada* 'beaucoup de travail')

buit (masc.) / *buida* (fém.) 'vide' (cf. *buidar* 'vider') ;

c) masculins se terminant par -*k*. Il y en a encore deux sortes :

1 - le -*k* réalise le phonème /k/ :

sec (masc.) / *seca* (fém.) 'sec' (cf. *secada* 'secheresse')

ric (masc.) / *rica* (fém.) 'riche' (cf. *riquesa* 'richesse')

poc (masc.) / *poca* (fém.) 'peu' (adj.) (cf. *poquedat* 'disette') ;

2 - le -*k* réalise le phonème /g/ :

amic (masc.) / *amiga* (fém.) 'ami' (cf. le diminutif *amiguet)*

groc (masc.) / *groga* (fém.) 'jaune' (cf. *grogor* 'qualité de jaune')

feréstec (masc.) / *feréstega* (fém.) 'sauvage' (cf. *feresteguet)* ;

d) masculins se terminant par -*f*. Il y a très peu d'exemples de cette classe d'adjectifs. Pourtant, et en faisant abstraction du nombre exigu de ses représentants, je vais présenter au moins un adjectif dont le -*f* réalise le phonème /f/ (qui se maintient donc au féminin et dans les dérivés) et un autre dont le -*f* réalise le phonème /v/ (lequel se substitue à *f* au féminin et dans les dérivés) :

1 - le -*f* réalise le phonème /f/ : *mecanògraf* (masc.) / *mecanògrafa* (fém.) 'dactylographe' (cf. *mecanografia* 'dactylographie') ;

2 - le -*f* réalise le phonème /*v*/ : *serf* (masc.) / *serva* (fém) 'serf' (cf. *servir* 'servir') ([35]) ;

e) masculins se terminant par -*s*. Il y en a, de même, deux sortes :

1 - le -*s* réalise le phonème /*s*/ :

> *gos* (masc.) / *gossa* (fém.) 'chien/chienne' (cf. le diminutif *gosset*)

> *espès* (masc.) / *espessa* (fém.) 'épais' (cf. *espessor* 'épaisseur')

> *gras* (masc.) / *grassa* (fém.) 'gras, gros' (cf. *grassor* 'qualité de gras') ;

2 - le -*s* réalise le phonème /*z*/ :

> *espòs* (masc.) / *esposa* (fém.) 'époux' (cf. *esposalles* 'fiançailles')

> *precís* (masc.) / *precisa* (fém.) 'précis' (cf. *precisió* 'précision')

> *francès* (masc.) / *francesa* (fém.) 'français' (cf. *afrancesat* 'francisé') ;

f) les masculins se terminant par une consonne palatale sourde présentent quelques anomalies. Tout d'abord, le -*ix* [-ʃ] final ne réalise que le phonème /ʃ/, de sorte que nous ne trouvons pas l'opposition sourde/sonore (en tout cas, ce serait ʃ/ʒ) ([36]). Ensuite, dans les masculins se terminant par l'affriquée palatale sourde -*tx* [tʃ], cette affriquée peut appartenir à trois phonèmes différents : 1) palatale affriquée sourde /*tx*/, 2) palatale affriquée sonore /*tj*/, 3) palatale fricative sonore /*j*/, car les différences entre les trois phonèmes sont neutralisées, à la finale, par l'affriquée sourde [tʃ], qui en est donc l'archiphonème ([37]). En voici des exemples :

---

(35) Quelques cas de féminin avec -*v*- (-*va*) n'ont pas de correspondance avec -*f*- du masculin. Dans ces cas l'alternance de genre se manifeste au moyen de -*u*/-*va* (qui n'ont donc rien à faire avec -*f*-/-*va*) : *esquiu* (masc.) / *esquiva* (fém.) 'farouche' (cf. *esquivar* 'esquiver') ; *hereu* (masc.) / *hereva* (à côté d'*hereua*) (fém.) 'héritier' (cf. *hereuer* 'celui qui épouse une fille qui n'a pas de frères, qui est donc fille unique), etc.

(36) Tous les masculins se terminant par -*ix* correspondent à des féminins qui maintiennent le [ʃ] : *coix* (masc.) / *coixa* (fém.) 'boiteux / boiteuse' (cf. *coixera* 'boiterie') ; *baix* (masc.) / *baixa* (fém.) 'bas / basse' (cf. *baixesa* 'bassesse'), etc. L'alternance ʃ/ʒ n'est pas possible ici, parce que le -*j*- intérieur (par ex. *roja* 'rouge' au féminin) est neutralisé, lorsqu'il devient final, par l'archiphonème affriqué -*tx* (cf. le masc. *roig* [rɔtʃ]). Voyez la suite, ainsi que ma communication sur *Phonétique et phonologie catalanes*, § 25 (dans ce même volume).

(37) Voyez, outre ma *Phonétique et phonologie catalanes*, § 25, mes *Problemes*, pp. 312, 321. On y trouvera une discussion sur les affriquées et la possibilité de les considérer comme phonèmes, car tout le monde n'est pas d'accord à ce sujet.

1 - le -*tx* réalise le phonème /*tx*/ ([38]) :

> *gavatx* (masc.) / *gavatxa* (fém.) 'français du Midi' (cf. *gavatxó*) ([39]).

2 - le -*tx* réalise le phonème /*tj*/ :

> *lleig* [lletʃ] (masc.) / *lletja* [lletʒə] (fém.) 'laid /laide' (cf. *lletjor* 'laideur')
>
> *mig* [mitʃ] (masc.) / *mitja* [mitʒə] (fém.) 'demi' (cf. *mitjana* 'moyenne')

3 - le -*tx* réalise le phonème /*j*/ :

> *boig* [bɔtʃ] (masc.) / *boja* [bɔʒə] (fém.) 'fou/folle' (cf. *bogeria* 'folie')
>
> *roig* [rɔtʃ] (masc.) / *roja* [rɔʒə] (fém.) 'rouge' (cf. *rogenc* 'rougeâtre').

5.   On sait que la marque -*a* du féminin est prononcée, en catalan oriental, comme une voyelle neutre [ə]. L'orthographe rétablit souvent, entre *e* et *a*, la différence qui, à cause du caractère inaccentué des morphèmes de ce genre, n'apparaît pas dans la prononciation ; en effet, dans la prononciation, *e* et *a* atones se confondent en [ə]. Ce fait a au moins trois conséquences :

a) dans le barcelonais parlé, il arrive assez souvent qu'on ne puisse pas faire la distinction de genre entre deux substantifs dont l'un désigne un homme (écrit avec -*e*) et l'autre. une femme (écrit avec -*a*) ([40]) :

formes	signification	prononciation unique
alumne/alumna	'élève'	[əlúmnə]
deixeble/deixebla	'disciple'	[dəʃéblə]
mestre/mestra	'instituteur, -ice'	[méstrə]
sogre/sogra	'beau-père / belle-mère'	[sɔgrə]

b) à cause de cette confusion des *a* et *e* (prononcés [ə]), le nombre d'adjectifs à finale unique est très élevé dans le catalan oriental parlé ; il va sans dire qu'il est plus élevé que dans la langue écrite. Voici, tout d'abord, quelques adjectifs à terminaison unique aussi bien en catalan écrit que dans la langue parlée ([41]) : *amable* 'gentil', *alegre* 'gai', *solemne* 'solennel', *lliure* 'libre', *jove* 'jeune' (tous avec -*e*, prononcé [ə]),

---

(38) Il y a très peu d'exemples de *tx* appartenant en même temps à la forme masculine et à la forme féminine ; j'en présente au moins un. D'autres cas avec *tx* qu'on peut signaler ne sont pas des adjectifs, mais des substantifs où il n'existe pas de modifications morphologiques.

(39) Ce mot veut dire 'pièce de fer qui sert à fixer provisoirement les cerceaux aux tonneaux'. Ce n'est pas, à proprement parler, un dérivé de *gavatx*, mais il s'agit sans doute d'un mot de la même origine.

(40) Cf. ma *Gr. Cat.*, I, § 85,, 1, p. 132.

(41) Cf. ma *Gr. Cat.*, I, § 94, 1, p. 147.

autant au masculin qu'au féminin), *agrícola* 'agricole', *indígena* 'indigène', *homicida* 'homicide' (tous avec -*a*, prononcé également [ə], aux
deux genres). Voici, maintenant, des adjectifs qui, malgré la différence
que fait l'orthographe entre -*e* (masc.) et -*a* (fém.), se prononcent toujours avec le même son : [ə] ([42]) :

formes	signification	prononciation unique
directe/directa	'direct'	[diréktə]
altre/altra	'autre'	[áltrə]
ample/ampla	'large'	[ámplə]
negre/negra	'noir'	[négrə]
pobre/pobra	'pauvre'	[pɔbrə]

c) la confusion des *a* et *e* [ə] rend nécessaire le recours à des procédés de suffixation plus souvent qu'on ne pourrait s'y attendre. Le
cas le plus fréquent est celui d'-*essa* (formation des noms signifiant des
métiers ou des occupations des femmes). Je n'en signalerai qu'un
exemple que j'ai déjà cité : étant donné que [méstrə] peut signifier en
même temps 'instituteur' (*mestre*) et 'institutrice' (*mestra*), on a tendance, à la campagne, à opposer *mestre* (masc.) / *mestressa* (fém. ([43]).

6.   Adjectifs à terminaison unique. Ce sont en général tous ceux
qui ont les terminaisons suivantes ([44]) :

a) -*aç*, -*iç*, -*oç*. Exemples : *audaç* 'audacieux', *feliç* 'heureux', *feroç*
'féroce'. Néanmoins, il est à remarquer que ces adjectifs, qui sont
certes invariables au singulier, distinguent au pluriel la forme du
masculin et celle du féminin : *audaços* (masc.) / *audaces* (fém.) ; *feliços*
(masc.) / *felices* (fém.) ; *feroços* (masc.) / *feroces* (fém.) ;

b) -*al* (tonique), -*el* (tonique) (avec *e* ouvert) et *il* (tonique ou
atone). Exemples : *cordial, fidel* 'fidèle', *civil* 'civile', *fàcil* 'facile' ([45]) ;

c) -*ar*. Exemples : *vulgar* 'vulgaire', *escolar* 'scolaire' ([46]) ;

d) -*erior* (adjectifs *ulterior* 'ultérieur', *inferior* 'inférieur', etc.) ; il
faut y ajouter les autres comparatifs (*millor* 'meilleur', *pitjor* 'pire',
major 'majeur', *menor* 'mineur') et trois parmi les adjectifs terminés
par -*or* (*tricolor* 'tricolore', *unicolor* 'unicolore', *multicolor* 'multico-
lore' ([47]) ;

---

(42) Cf. ma *Gr. Cat.*, I, § 94, 1, p. 147, note.
(43) Même avec le danger de confusion entre *mestressa* 'institutrice' et *mes-*
tressa 'patronne' (cf. auparavant, § 2, note 26).
(44) Cf. ma *Gr. Cat.*, I, § 94, pp. 146-148.
(45) Il y a des exceptions : *mal/mala* 'mauvais', *paral.lel/paral.lela* 'parallèle',
tranquil/tranquil.la 'tranquille'.
(46) Exceptions : *car/cara* 'cher', *clar/clara* 'clair' ; *avar/avara* 'avare', *rar/*
rara 'rare'.
(47) Le reste des adjectifs en -*or* ont deux terminaisons : *sonor/sonora* 'sonore'
incolor/incolora 'incolore'.

7

e) *-ant, -ent*. Exemples : *elegant* 'élégant', *semblant* 'semblable', *absent* 'absent', *evident* 'évident' ([48]) ;

f) la plupart des adjectifs se terminant par la voyelle neutre [ə] ; au point de vue orthographique, ce [ə] est rendu, en général, au moyen de la voyelle *e*, mais quelques-uns sont écrits avec *a* (cf. § 5, *b*, où on trouvera aussi des exemples) ;

g) ajoutons enfin un nombre réduit d'adjectifs qu'on ne peut pas classer parmi les groupes précédents. Exemples : *gran* 'grand' ; *suau* 'suave' ; *breu* 'bref' ; *lleu* 'léger' ; *greu* 'grave' ; *màrtir* 'marytr', *sublim* 'sublime', *afí* 'possédant affinité', *àrab* 'arabe'.

3) *Le nombre des noms (substantifs et adjectifs)*

7.   Quant à la formation du pluriel des noms, on peut faire une première constatation, qui concerne d'ailleurs toutes les langues romanes occidentales : le singulier a la marque zéro, tandis que le pluriel est la forme marquée, sa marque étant le *-s*.

La marque *-s* du pluriel s'ajoute directement au singulier du nom lorsque celui-ci se termine par une des trois finales suivantes ([49]) :

a) voyelle inaccentuée. Cette voyelle doit être forcément [i], [ə] ou [u] ([50]). Exemples ([51]) :

---

(48) Exceptions : *sant/ santa* 'saint', *atent/atenta* 'attentif', *content/contenta* 'content', *lent/lenta* 'lente', *calent/calenta* 'chaud', *dolent/dolenta* 'mauvais', *valent/valenta* 'hardi', *cruent/cruenta* 'sanglant', et tous les adjectifs formés à l'aide de *-lent* : *corpulent/corpulenta* 'corpulent', *violent/violenta* 'violent', *turbulent/turbulenta* 'turbulent', etc. Il y a plus encore : quelques adjectifs sur *-ant, -ent,* admettent, pratiquement, dans le langage familier, des féminins *-anta, -enta* (qui ne sont pas corrects, bien sûr).

(49) Cf. ma *Gr. Cat.,* I, §§ 87, 1 (pp. 135-136), 95, 1 (pp. 148-149).

(50) Cf. ma communication *Phonétique et phonologie catalanes,* §§ 3, 16 (dans ces *Actes*). Je ne pars pas de l'orthographe, mais des sons; en conséquence, le [ə] peut correspondre à *e* ou à *a* graphique : *taula* (sing.) / *taules* (pl.) 'table(s)', c'est-à-dire [ə]/[əs] ; *blava* (sing.) / *blaves* (pl.). 'bleue(s)' : c'est encore [ə]/[əs]. Cette formation du pluriel peut produire des changements orthographiques : *foca/foques* 'phoque' ; *seca/seques* 'sèche' ; *vaga/vagues* 'grève' ; *anàloga/anàlogues* 'analogue' ; *traça/traces* 'reste' ; *dolça/dolces* 'douce' ; *pluja/pluges* 'pluie' ; *roja/roges* 'rouge' ; *corretja/corretges* 'courroie' ; *obliqua/obliqües* 'oblique' ; *llengua/llengües* 'langue' ; *ambigua/ambigües* 'ambiguë', etc. Cf. ma *Gr. Cat.,* I, §§ 87, 1 (pp. 135-136), 95, 1 (pp. 148-149). On pourrait reprendre les mêmes considérations à propos du fait que le son [u] peut correspondre à *o* ou *u* graphique : *monjo/monjos* 'moine' et *tribu/tribus* 'tribu' sont des cas d'alternance unique [u]/[us].

(51) Quelques noms terminés par *-e* atone possèdent, outre le pluriel *-es,* une forme archaïque en *-ens* (aujourd'hui dialectale) : *home* 'homme' / *homes* et *hòmens ; jove* 'jeune' / *joves* et *jovens ; ase* 'âne' / *ases* et *àsens,* etc. Cf. ma *Gr. Cat.,* I, § 87, 2, p. 136.

crisi/crisis 'crise'
tebi/tebis 'tiède' (au masc.)
casa/cases 'maison'
poeta/poetes 'poète'
bona/bones 'bonne'
febre/febres 'fièvre'
amable/amables 'aimable'
monjo/monjos 'moine'
flonjo/flonjos 'mou'
tribu/tribus 'tribu'

b) diphtongue tonique. Il s'agit nécessairement d'une diphtongue décroissante, c'est-à-dire terminée par -*i* ou par -*u*. Exemples :

desmai/desmais 'évanouissement'
remei/remeis 'remède'
llei/lleis 'loi'
noi/nois 'garçon'
gripau/gripaus 'crapaud'
peu/peus 'pied'
breu/breus 'bref'
ou/ous 'œuf'
pou/pous 'puits'
niu/nius 'nid'

c) consonne (sauf les sifflantes et les groupes de consonnes dont l'une est une sifflante) ([52]) :

tap/taps 'bouchon'
paret/parets 'paroi'
fred/freds 'froid'
lloc/llocs 'lieu'
destorb/destorbs 'embarras'
covard/covards 'lâche'
curt/curts 'court'
profund/profunds 'profond'
salt/salts 'saut'
sang/sangs 'sang'
pal/pals 'bâton'
prim/prims 'mince'
cabdell/cabdells 'pelote'
any/anys 'an'.

8. Toutefois, deux grands groupes de noms (substantifs et adjectifs) ne suivent pas ou, du moins, pas toujours la règle qui veut qu'on

---

(52) Cf. ma *Gr. Cat.*, I, §§ 87, 1 (pp. 135-136), 95, 1 (pp. 148-149). Il arrive parfois que, devant des difficultés articulatoires (comme dans *baf/bafs* 'vapeur, haleine') ou homonymiques (*raig/raigs* 'rayon', la prononciation est unique), le langage parlé adopte le pluriel sur -*os* [us] : *bafos, rajos* (qui d'ailleurs n'est pas correct). Cf. ma *Gr. Cat.*, I, § 87, 1, p. 135.

ajoute tout simplement le -s à la forme du singulier pour obtenir le
pluriel.

Le premier groupe est celui des noms terminés par une voyelle
accentuée. La plupart d'entre eux forment le pluriel en ajoutant [-ns]
au singulier. La nécessité de faire apparaître le -n- devant la marque
-s peut être déduite d'autres mots appartenant à la même famille
lexicologique et qui ont ce -n- ([53]). Exemples ([54]) :

Masculin. / Féminin	Mots apparentés
pa/pans 'pain'	*panificar* 'panifier'
fre/frens 'frein'	*frenar* 'freiner'
bé/béns 'bien'	*benestar* 'bonheur'
camí/camins 'chemin'	*caminar* 'cheminer'
so/sons 'son'	*sonar* 'sonner'
balcó/balcons 'balcon'	*balconada* 'ensemble de balcons'

Quand les noms de ce groupe sont des adjectifs, l'adoption du -n-
devant la marque -s apparaît d'une façon plus évidente encore, car le
-n- existe dans la forme féminine (cf. § 3, c) ([55]) :

Masculin	Fém. (cf. § 3, c)	Pluriel
pla 'plat'	*plana*	*plans* 'plats'
serè 'serein'	*serena*	*serens* 'sereins'
rodó 'rond'	*rodona*	*rodons* 'ronds'
oportú 'opportun'	*oportuna*	*oportuns* 'opportuns'

Pourtant, toute une série de noms terminés par une voyelle accentuée ne prennent pas le -n- devant la marque -s du pluriel. Ce sont les
noms qu'on écrit avec -r final qu'on ne prononce pas. Ces noms
forment le pluriel directement à l'aide de la marque -s ; il s'agit, certes,
de pluriels orthographiés -rs, mais qu'on prononce [s] ([56]). Exemples :

---

(53) Cf. ma *Gr. Cat.*, I, § 87, 2, p. 136.

(54) Il y a beaucoup d'exceptions (ce sont donc des mots dont le pluriel se
forme par la simple adjonction de -s à la forme du singulier) : les noms
des lettres (*a, be, ce*, etc.) et des notes musicales (*do, re, mi*, etc.) ; les
mots invariables lorsqu'ils sont employés comme des noms (*perquè* 'car',
sí 'oui', *però* 'mais', etc.) ; une série de mots : *mercè* 'plaisir' / *mercès* ;
sofà 'sofa' / *sofàs*, *cafè* / *cafès*, *fe* 'foi' / *fes*, etc. Cf. ma *Gr. Cat.*, I, § 87,
2, p. 136.

(55) Cf. ma *Gr. Cat.*, I, § 95, 2, p. 149. Il n'existe que deux exceptions : *cru*
'cru' et *nu* 'nu', dont le pluriel est *crus* et *nus* (bien qu'on entende très
souvent les pluriels analogiques *crusos* et *nusos*, qui d'ailleurs ne sont
pas corrects).

(56) Cf. ma *Gr. Cat.*, I, § 87, p. 136.

Singulier	Pluriel	Mots en rapport
cavaller [-é] / 'chevalier'	*cavallers* [-és]	*cavalleria* 'chevalerie'
plor [-ɔ́] / 'pleurs'	*plors* [-ɔ́s]	*plorar* 'pleurer'
campanar [-á] / 'clocher'	*campanars* [-ás]	*campanaret* (diminutif)
color [-ó] / 'couleur'	*colors* [-ós]	*acolorit* 'coloré'.

Quand les noms de ce groupe sont des adjectifs, l'adoption de la marque -*s*, écrite -*rs*, est suggérée, plus immédiatement encore, par la forme du féminin qui possède · *r*- intérieur (prononcée obligatoirement) (cf. § 3, b). Exemples ([57]) ·

Masculin	Fém. (cf. § 3, b)	Pluriel
clar [á] 'clair'	*clara*	*clars* [ás] 'clairs'
sencer [ɛ́] 'entier'	*sencera*	*sencers* [ɛ́s] 'entier'
entenedor [ó] 'compréhensible'	*entenedora*	*entenedors* [-ós] 'compréhensibles'
segur [ú] 'sûr'	*segura*	*segurs* [ús] 'sûrs'

9. Le second groupe des noms qui ne suivent pas la règle générale (selon laquelle on ajoute simplement la marque -*s* au pluriel) est celui des noms se terminant par une consonne sifflante (-*s*, -*x*, -*tx*) ou par un groupe de consonnes dont la première est une sifflante (-*s*-, -*x*-). Il faut distinguer cinq cas.

Premier cas. Noms se terminant par un [-s] qui est écrit -*ç*. Ils ont un caractère particulier : au pluriel, ils maintiennent toujours la sifflante sourde (c'est donc le [-s] du singulier), mais la marque du pluriel -*s* peut être précédée d'un son de transition, ce qui permet de distinguer le -*s* du singulier et la marque du pluriel : nom terminé par [-s] + son de transition + marque du pluriel [-s], tandis que, dans d'autres cas, la marque du pluriel -*s*, en s'ajoutant à la finale du mot, qui est aussi [-s], se confond avec celui-ci, ce qui ne permet pas de distinguer le singulier et le pluriel.

Il faut établir trois catégories ([58]) :

a) le pluriel des substantifs masculins terminés par -*ç* [-s]. Son de transition : [u] (écrit *o*). Orthographe du morphème : *os*. Exemples :

Singulier	Pluriel
braç 'bras'	*braços* [brasus]
lluç 'merlan'	*lluços* [llusus]
esforç 'effort'	*esforços* [əsfɔrsus]

---

(57) Cf. ma *Gr. Cat.*, I, § 95, 1, p. 148.
(58) Cf. ma *Gr. Cat.*, §§ 87, 3 (p. 136), 95, 3 (p. 149).

b) le pluriel des substantifs féminins terminés par -ç [-s]. Pas de son de transition. La marque -s du pluriel se confond avec le -ç [-s] du singulier : [s] + [s] = [s]. Il n'y a donc pas de différence entre le singulier et le pluriel (le nombre de ce type de substantifs est très réduit et il s'agit assez souvent de mots peu usités, surtout au pluriel). Exemples :

Singulier	Pluriel
falç 'faux'	*falçs* [fáls]
calç 'chaux'	*calçs* [káls]
faç 'face'	*façs* [fás]

c) le pluriel des adjectifs terminés par -ç [-s]. Son de transition : [u] pour le masculin, [ə] pour le féminin, ce qui donne le pluriel masculin [us] (écrit -os) et le pluriel féminin [əs] (écrit -es) ([59]). Exemples ([60]) :

Singulier	Pluriel masculin	féminin
audaç (masc. et fém.) 'audacieux'	*audaços* [-sus]	*audaces* [-səs]
feliç (masc. et fém.) 'heureux'	*feliços* [-sus]	*felices* [-səs]
dolç (masc.) et *dolça* (fém.) 'doux'	*dolços* [-sus]	*dolces* [-səs]

10. *Deuxième cas.* Noms à forme unique en [-s] au singulier et au pluriel. Le catalan possède donc quelques types de substantifs qui demeurent sans changement au pluriel ; ils doivent être prononcés toujours de la même façon. Pourtant, il n'est pas rare que quelques-uns de ces noms subissent, dans le langage courant (familier ou vulgaire), l'analogie des formes différenciées à l'aide de [-us], ce qui montre qu'il existe une tendance à l'adoption d'une marque positive du pluriel. Voici ces mots invariables ([61]) :

a) les féminins. Il n'y a presque pas d'exemples. Les grammaires en donnent un : *la pols* 'la poussière', pluriel *les pols* (bien qu'il s'agisse d'un pluriel peu usité) ([62]) ;

---

(59) Il en résulte que ces adjectifs sont en même temps à une seule terminaison (au singulier) et à deux terminaisons (au pluriel). C'est précisément le contraire de ce qui se produit, du point de vue graphique, pour les adjectifs en -e/-a (masc. *ample* 'large' / fém. *ampla*) qui sont à deux terminaisons, mais se prononcent toujours avec [ə], et qui deviennent des adjectifs à une seule terminaison, même graphique, au pluriel (*amples*) (cf. § 3).

(60) Remarquez que ces pluriels distinguent constamment le masculin du féminin, autant si l'adjectif ne possède qu'une forme au singulier (*audaç*) que s'il possède deux formes (*dolç/dolça*). En réalité, le pluriel du féminin marqué (*dolça*, pl. *dolces*) est un exemple du cas général, cf. § 7, a).

(61) Cf. ma *Gr. Cat.*, I, § 87, 4, p. 137.

(62) Par contre, lorsqu'il s'agit du masculin (*el pols* 'le pouls'), nous avons le pl. *els polsos*, normal d'ailleurs.

b) les masculins polysyllabiques non oxytons. Exemples :

Singulier   Pluriel

el llapis 'le crayon'   *els llapis* ([63])
el cactus 'le cactus'   *els cactus*
l'òmnibus 'l'autobus'   *els òmnibus* ([64])

c) les noms des jours de la semaine qui se terminent par -s :

Singulier   Pluriel

el dilluns 'lundi'   *els dilluns*
el dimarts 'mardi'   *els dimarts*
el dimecres 'mercredi'   *els dimecres*
el dijous 'jeudi'   *els dijous*
el divendres 'vendredi'   *els divendres* ([65])

d) quelques autres noms, comme *temps, fons, pus,* etc. La distinction du singulier et du pluriel n'est pas toujours claire : *el temps* ou *els temps* est très souvent la même chose.

11. *Troisième cas.* Noms (monosyllabes et polysyllabes oxytons) terminés par -s, qui admettent toujours la marque -s du pluriel. Toutefois, cette marque ne se confond pas avec le -s du singulier, parce que l'adoption du second -s exige le son de transition [u], de sorte que le morphème du pluriel est à proprement parler [-us] (écrit -os). Néanmoins, il existe un critère selon lequel ces noms (substantifs et adjectifs) se répartissent en deux classes : c'est le traitement du -s final du singulier. En effet, ce -s qui, à cause de sa position finale, est toujours sourd, peut, devant le morphème -os [-us], soit demeurer sourd (alors le nom, au pluriel, se termine par [-sus]), soit se sonoriser (dans ce cas le nom, au pluriel, se termine par [zus]) ([66]).

Il va sans dire que cette sonorisation ne se produit que pour le -s final devenu intervocalique devant [-us]. Quand le singulier se termine par « consonne + -s », ce -s ne devient jamais sonore. Exemples : *curs* 'cours' / *cursos* [kúrsus] ; *dispers* 'dispersé' / *dispersos* [dispérsus] ; *fals* 'faux' / *falsos* [fálsus]. Remarquons que les dérivés ou les noms apparentés ont toujours -s- sourd (cf. *excursió* 'excursion', *dispersar* 'disperser', *falsedat* 'fausseté').

En général, on peut reconnaître la solution [-sus] ou [-zus] au

---

(63) La tendance à distinguer « singulier/pluriel » se manifeste au moyen du pluriel populaire *llàpissos* (général dans le langage parlé), qui s'appuie sur le pluriel -os [us] (cf. §§ 11-13).

(64) En réalité, ce mot est très peu usité ; à sa place, on emploie couramment *autobús* qui, étant donné qu'il est oxytonique, prend le pluriel en -os : pl. *autobusos* (§ 11).

(65) Cf. les formes du pluriel analogique : *dillunsos, dimarsos,* très vulgaires et très peu répandues.

(66) Cf. ma *Gr. Cat.,* I, § 87, 4, pp. 137-138. Cette différence se reflète dans l'orthographe, qui est -ss- dans le premier cas et -s- dans le second.

moyen des dérivés, diminutifs ou autres mots de la même famille, et dans le cas d'un adjectif, au moyen de la forme féminine correspondante ; ainsi à [-sə] du féminin correspond [-sus] du masculin pluriel (et naturellement [-səs] du féminin pluriel) et à [-zə] du féminin, [-zus] du masculin pluriel ([-zəs] du féminin pluriel). Voyons quelques exemples, répartis en trois groupes :

a) noms substantifs qui maintiennent l'articulation sourde au pluriel, de sorte qu'il s'ensuit l'opposition : sing. [-s] / pl. [-sus] (qu'on écrit -ssos). Ce sont la plupart de ceux qui se terminent par :

1 - -às : matalàs 'matelas' / matalassos (cf. matalasser 'matelassier') ; compàs 'compas' / compassos (cf. compassar 'compasser') ;

2 - -és [-és] : ingrés 'entrée' / ingressos (cf. ingressar 'entrer') ; succés 'événement' / successos (cf. successor 'successeur') ;

3 - -ís : vernís 'vernis' / vernissos (cf. vernissar 'appliquer du vernis') ; pedrís 'banc de pierre' / pedrissos (cf. le diminutif pedrisset) ;

4 - -òs [-ós] : arròs 'riz' / arrossos (cf. arrossar 'rizière') ; terròs 'motte' / terrossos (cf. esterrossar 'émotter') ;

5 - -ós [-ós] : colós 'colosse' / colossos (cf. colossal 'colossal') ; redós 'abri' / redossos (cf. à redossa 'à l'abri') ;

6 - -ús : embús 'engorgement' / embussos (cf. embussar 'engorger') ; barnús 'bournous' / barnussos (cf. le diminutif barnusset);

7 - le mot interès 'intérêt' / interessos (cf. interessant 'intéressant') ([67]) ;

8 - une série de monosyllabes, comme les suivants : nas 'nez' / nassos (cf. le diminutif nasset) ([68]) ; pas 'pas' / passos (cf. passar 'passer') ; gos 'chien' / gossos (cf. gossa 'chienne') ; os 'os' / ossos (cf. ossut 'osseux') ; ós 'ours' / óssos (cf. le diminutif osset) ; cos 'corps' / cossos (cf. le diminutif cosset) ; tros 'morceau' / trossos (cf. trossejar 'dépecer') ; rus 'russe' / russos (cf. Rússia) ;

b) noms substantifs qui sonorisent la sifflante au pluriel, de sorte qu'il s'ensuit l'opposition : sing. [-s] / pl. [-zus] (qu'on écrit -sos). Ce sont les cas suivants :

1 - toute une série d'exceptions aux cas que je viens de menmentionner (sous a) ([69]) ;

---

(67) Le reste des mots en -ès (e ouvert) sonorisent le -s final ; exemple : malentès 'malentendu' / malentesos.

(68) Le -s- (sonore) de nasal pourrait peut-être étonner. Il s'agit d'un mot savant, emprunté au latin, qui n'a donc rien de commun avec la solution proprement populaire : nas/nassot (dim.) ou nassos (pl.) avec [s].

(69) Exceptions (ce sont donc des mots qui sonorisent le -ss- en [z] au pluriel) : gimnàs 'gymnase', avís 'avertissement', compromís 'engagement', encís 'charme', matís 'nuance', país 'pays', paradís 'paradis', permís 'permission', somrís 'sourire', tornavís 'tournevis', espòs 'époux', repòs 'repos', abús 'abus', refús 'refus', obús 'obus', andalús 'andalou', Cf. ma Gr. Cat., I, § 87, 4, p. 138, note (où l'on trouve d'autres exemples).

2 - nombre de monosyllabes dont voici les plus usités (nous retrouvons le [z] dans des dérivés ou mots apparentés) : *gas* 'gaz' / *gasos* (cf. *gasificar* 'gazifier') ; *mas* 'ferme' / *masos* (cf. *masia*) ; *vas* 'verre' / *vasos* (cf. le diminutif *vaset*) ; *mes* 'mois' / *mesos* (cf. *mesada* 'mensualité') ; *bes* 'baiser' / *besos* (cf. *besar* 'embrasser') ; *pis* 'appartement' / *pisos* (cf. le diminutif *piset*) ; *ús* 'usage' / *usos* ; *nus* 'nœud' / *nusos* (cf. fam. *nusar* par *nuar* 'nouer') ; *cas* 'cas' / *casos* (cf. *casual* 'casuel') ; *pes* 'poids' / *pesos* (cf. *pesar* 'peser') ;

c) adjectifs terminés par *-s* (au masculin singulier) qui présentent le même traitement que les substantifs : les uns maintiennent le [s] sans sonorisation devant l'élément du pluriel (orthographe : *-ssos, -sses*) ; les autres sonorisent le [s] en [z], de sorte qu'on les prononce [-zus] (masc.) ou [-zəs] (fém.) (orthographe : *-sos, -ses*).

Pour discerner, dans chaque cas concret, si un adjectif maintient le [s] ou s'il prend le [z], nous sommes constamment aidés par le traitement de cette consonne au féminin. En effet, les adjectifs dont le pluriel est en [-sus] sont ceux dont le féminin maintient la sourde [-sə] (écrit : *-ssa*), tandis que les adjectifs qui sonorisent au pluriel la sifflante, [-zus], sont ceux dont le féminin a, lui aussi, la sonore dans [-zə] (écrit : *-sa*) [70]. Voici quelques exemples de chaque solution :

1 - adjectifs qui maintiennent la sourde [s] : *gras* 'gras' (fém. *grassa*, avec [s] sourd) / *grassos* (cf. le diminutif *grasset*) ; *espès* 'épais' (fém. *espessa*) / *espessos* (cf. *espessor* 'épaisseur') ; *ros* 'blond' (fém. *rossa*) / *rossos* (cf. le dérivé *rossenc* 'tirant sur le blond') ;

2 - adjectifs qui sonorisent [s] en [z] : *ras* 'plat' (fém. *rasa*) / *rasos* (cf. *arrasar* 'aplanir') ; *cortès* 'courtois' (fém. *cortesa*) / *cortesos* (cf. *cortesia* 'courtoisie') ; *formós* 'beau' (fém. *formosa*) / *formosos* (cf. *formosor* 'beauté').

12. *Quatrième cas.* Noms (substantifs et adjectifs) terminés par *-x* = [ʃ], *-x* = [ks], *-sk*, *-st*, *-xt*. Règle générale : au pluriel, on ajoute [-us] (écrit *-os*) à la forme du singulier ; on remarquera que la sonorisation ne se produit pas. Voici quelques exemples [71] :

a) terminaison : *-x* = [ʃ]. Pluriel : [-ʃus] :

1 - substantifs : *peix* 'poisson' / *peixos* ; *boix* 'buis' / *boixos* ;

2 - adjectifs : *baix* 'bas' (cf. fém. *baixa*) / *baixos* ; *fluix* 'lâche' (cf. fém. *fluixa*) / *fluixos* ;

b) terminaison : *-x* = [ks]. Pluriel : [-ksus] :

1 - substantifs : *crucifix* 'crucifix' / *crucifixos* ; *reflex* 'reflet' / *reflexos* ;

_____

(70) Cf. ma *Gr. Cat.*, I, § 95, 4, p. 149 (et note).
(71) Cf. ma *Gr. Cat.*, I, §§ 87, 5 (p. 138), 95, 5 (p. 150).

2 - adjectifs : *convex* 'convexe' (cf. fém. *convexa*) / *convexos* ;
perplex 'perplexe' (cf. fém. *perplexa*) / *perplexos* ([72]) ;

c) terminaison : -*sk*. Pluriel courant : [-skus] :

1 - substantifs : *casc* 'casque' / *cascos* ; *bosc* 'bois' / *boscos* ;
2 - adjectifs : *fresc* 'frais' (cf. fém. *fresca*) / *frescos* ; *fosc* 'obscur' (cf. fém. *fosca*) / *foscos* ;

d) terminaison : -*st*. Pluriel courant : [-stus] :

1 - substantifs : *test* 'pot à fleurs' / *testos* ; *gust* 'goût' /
gustos ([73]) ;
2 - adjectifs : *cast* 'chaste' (cf. fém. *casta*) / *castos* ; *trist* 'triste'
(cf. fém. *trista*) / *tristos* ;

e) terminaison : -*xt*. Pluriel courant : [-xtus] :

1 - substantifs : *text* 'texte' / *textos* ; *pretext* 'prétexte' / *pretextos* ;
2- adjectifs : *mixt* 'mixte' (cf. fém. *mixta*) / *mixtos*.

13. *Cinquième cas.* Noms (substantifs et adjectifs) terminés par
[-tʃ] (écrit -*ig* ou, après -*i*-, seulement -*g*). Ils forment le pluriel, selon
la grammaire normative, en ajoutant la marque -*s* au singulier : *passeig*
'promenade', pluriel *passeigs* ; *mig* 'demi', pluriel *migs*. Pourtant, ce
signe de pluriel, qui est certes bien visible dans la langue écrite, ne
peut pas être perçu dans le langage parlé, car dans la succession de
sons [tʃ] + [s], le -*s* est absorbé par l'affriquée précédente, de sorte
que la prononciation de *passeig* (sing.) et celle de *passeigs* (pl.) sont
tout à fait identiques : c'est toujours [tʃ] qu'on entend. A cause de cela,
le catalan parlé ajoute toujours, ici aussi, un son de transition, c'est-
à-dire le pluriel se forme par l'addition de [-us] à la forme du singulier.
En voici quelques exemples :

1 - Substantifs ([74]) :

Singulier	Pluriel littéraire		Pluriel courant
raig 'rayon'	*raigs* [ratʃ]	ou	*rajos* [-ráʒus] ([75])
passeig 'promenade'	*passeigs* [pəsétʃ]	ou	*passetjos* [-étʒus] ([76])
desig 'désir'	*desigs* [dəzitʃ]	ou	*desitjos* [itʒus] ([77])

---

(72) Il faut remarquer que tous les exemples sont des mots oxytoniques. Les
paroxytons (qui sont d'ailleurs très peu nombreux) prennent seulement
-*s* : *index/índexs, apèndix/apèndixs, hèlix/hèlixs, còdex/còdexs*. Cela veut
dire que, dans tous ces mots, le singulier et le pluriel coïncident dans la
prononciation.
(73) Le pluriel -*sts* est employé pour les féminins en -*st* : *host* 'troupe' / *hosts*,
post 'planche' / *posts*, etc.
(74) Cf. ma *Gr. Cat.* I, §§ 87, 6 (p. 138-139), 95, 6 (p. 150). Dans les exemples
du pluriel courant, je remarque des hésitations qui apparaissent assez
souvent en catalan parlé ; il y en a de deux sortes : entre la consonne
sourde et la consonne sonore, d'un côté, et entre l'affriquée et la fricative,
de l'autre.
(75) Hésitation : *rajos/ratjos* (moins fréquent).
(76) Hésitation : *passetjos/passetxos* (jamais : **passejos*).
(77) De même que pour *passetjos* (note précédente).

2 - Adjectifs :

Singulier	Pluriel littéraire		Pluriel courant
lleig 'laid'	*lleigs* [llétʃ]	ou	*lletjos* [llétʒus] ([78])
mig 'demi'	*migs* [mitʃ]	ou	*mitjos* [mitʒus] ([79])
roig 'rouge'	*roigs* [rrɔtʃ]	ou	*rojos* [rrɔʒus] ([80]).

4) *L'article*

14. **Formes de l'article défini.** Je pense que l'opposition formelle de l'article, si l'on veut la réduire à son expression la plus simple, se trouve dans le nombre : l'article au singulier s'oppose toujours à l'article au pluriel. Nous représenterons au moyen d'un point (.) la place que peut occuper la voyelle [ə]. Selon le genre du nom, cette voyelle sera devant ou derrière la consonne fondamentale *l*. Toutefois, il ne peut y avoir qu'une voyelle au maximum, de sorte que, si la voyelle [ə] se place devant *l*, il n'y en a pas derrière, et vice versa. D'autre part, il peut ne pas y avoir de voyelle du tout : dans ce cas, l'article (au singulier) est constitué seulement par la consonne *l*. En voici donc la représentation :

Singulier	Pluriel
.l.	.l.s

Cette représentation convient à n'importe quelle opposition qu'on puisse imaginer, pourvu que celle-ci soit déterminée au moyen des articles correspondants. Exemples :

Singulier	Pluriel
el pam 'l'empan'	*els pams*
l'odi 'la haine'	*els odis*
l'aigua 'l'eau'	*les aigües*
la idea 'l'idée'	*les idees*
la porta 'la porte'	*les portes*

Si l'on essaie d'établir l'opposition « masculin/féminin » pour chacun des deux nombres (singulier : .l. / pluriel : .l.s), cette tâche ne sera pas difficile dans le cas du pluriel. En effet, au pluriel l'opposition « masculin/féminin » est claire et constante. Exemples :

Masculin	Féminin
els	*les*
els déus 'les dieux'	*les deus* 'les sources'
els sobres 'les enveloppes'	*les sobres* 'les restes'
els ambres 'les ambres'	*les ombres* 'les ombres'
els ídols 'les idoles'	*les idees* 'les idées'

---

(78) De même que pour *passetjos* et *desitjos* (*llejos* est dialectal).
(79) De même que pour *lletjos* (*mijos* est dialectal aussi).
(80) Par contre, ici il n'y a pas d'hésitation : on n'entend jamais *rotjos* ou *rotxos* (ce ne sont que des formes dialectales).

Bien qu'il y ait, dans ces exemples, des ressemblances phonétiques dangereuses entre les mots foimant des paires (*déu/deu* [ε], *sobre* [o]/ *sobra* [ɔ], *ambre/ombra*, *idol/idea*), le sens est toujours clair à cause de l'opposition de genre de l'article (*els/les*).

Au singulier, les choses ne sont pas toujours aussi nettes. Elles le sont, certes, si les noms commencent par une consonne. Exemples :

Masculin	Féminin
el	*la*
el llum 'la lampe'	*la llum* 'la lumière'
el fi 'le but'	*la fi* 'la fin'
el lloc 'l'endroit'	*la lloca* 'la couveuse'
el dia 'le jour'	*la tia* 'la tante'

Dans les exemples que je viens de donner, malgré les affinités des mots mis en parallèle (*lloc/lloca*, *dia/tia*), voire leur identité (*llum*, *fi*), le genre de chaque mot est mis en évidence au moyen de l'article : masculin *el* ou féminin *la*.

Mais les choses deviennent plus difficiles dans le cas des noms commençant par une voyelle. Dans ce cas, on dirait que l'article a perdu une de ses caractéristiques : celle d'indiquer le genre du nom. En effet, si nous entendons une série de noms ayant une structure phonétique semblable, tous déterminés par l'article, nous ne sommes pas capables de reconnaître s'il s'agit de noms masculins ou de noms féminins. Ainsi on entend :

	Le nom	Signification	Genre
[lɔdə]	*l'oda*	'l'ode'	fém.
[lɔmə]	*l'home*	'l'homme'	masc.
[lɔrə]	*l'hora*	'l'heure'	fém.
[lazə]	*l'ase*	'l'âne'	masc.
[larə]	*l'ara*	'l'autel'	fém.
[lalə]	*l'ala*	'l'aile'	fém.

Rien ne nous dit, au niveau de la forme, si ces noms sont du genre masculin ou du genre féminin. Il faut le savoir. Nous pouvons même donner des exemples d'identité totale : *l'avió* 'l'avion' (masc.) et *l'avior* 'la tradition' (mot littéraire) (fém.) se prononcent de la même façon : [ləbió]. Mais il n'est pas nécessaire de faire appel à des mots d'usage restreint (comme *l'avior*), on trouve des cas semblables parmi les mots les plus courants : si nous entendons [láktə] hors de tout contexte, nous ne pouvons pas discerner s'il s'agit de *l'acte* 'action', 'séance', 'acte' (masc.) ou de *l'acta* 'pièce légale', 'procès-verbal' (fém.). Il est évident que, dans tous ces cas, l'article réalise sa fonction (de concrétiser, de singulariser, de se référer), mais ne permet pas de dire si les noms en question sont masculins ou féminins.

Tous les cas de confusion que je viens de mentionner et où *l* détermine autant les masculins que les féminins, deviennent tout à fait clairs si l'on met ces noms au pluriel. Comme je le disais tout à l'heure, au pluriel l'opposition « masculin/féminin » est toujours claire et constante. L'unique procédé efficace pour savoir si un substantif commençant par une voyelle est masculin ou féminin est de le mettre au pluriel. Lorsque, au pluriel, les substantifs « demandent » *els*, ce sont des noms masculins ; s'ils « demandent » *les,* ce sont des féminins. Voyons-le dans tous les exemples précédents :

Singulier (art. masc. = art. fém.)	Genre	Pluriel (art. masc. *els* / art. fém. *les*)
l'oda	fém.	*les odes*
l'home	masc.	*els homes*
l'hora	fém.	*les hores*
l'ase	masc.	*els ases*
l'ara	fém.	*les ares*
l'ala	fém.	*les ales*

et aussi :

l'acte/l'acta	masc./fém.	*els actes/les actes*

En conséquence, si l'on veut savoir à quel genre appartient un nom, la pierre de touche définitive est de le mettre au pluriel. La présence nécessaire du -*s* au pluriel (*els, les*) assure la séparation de l'article et du nom, même si celui-ci commence par une voyelle.

15.   De tout ce qui précède, on peut tirer les conclusions suivantes :

1) au pluriel : l'article est toujours marqué par -*s* ; en même temps, il présente toujours l'opposition de genre : le masc. *els* s'oppose au fém. *les* (masc. *els ídols* / fém. *les idees*) ;

2) au singulier : la distinction de genre n'existe pas lorsque le nom commence par une voyelle (ou *h*-, consonne muette) ; étant donné que l'article devient *l*, il n'y a qu'une seule forme d'article pour les deux genres : *l'* (masc. *l'ase, l'acte*) et *l'* (fém. *l'ala, l'acta*). Mais cette identité disparaît au pluriel (masc. *els ases, els actes* / fém. *les ales, les actes*)[81].

3) dans le langage parlé : à cause de la terminaison des noms en -*a*, -*e* atones (prononcée toujours [ə] à Barcelone et en catalan oriental), il y a beaucoup de cas de confusion (qui ne prêtent pas à confusion en

---

(81) Néanmoins, il faut tenir compte de certaines nuances ; ainsi, certains noms féminins, tout en commençant par une voyelle, ne prennent pas la forme réduite de l'article (*l'*), mais la forme pleine (*la*). Ce sont : 1) ceux qui commencent par *i*-, *u*- atones (précédés ou non de *h*-) : *la idea* 'l'idée', *la unitat* 'l'unité', *la hisenda* 'la fortune, les biens', *la humilitat* 'l'humilité'; 2) les noms des voyelles : *la e, la o*, etc. ; 3) à cause des exigences de la prononciation, *la host* 'la troupe', *la ira* 'la colère', *la una* 'une heure' ; 4) les mots qui portent le préfixe *a*- (*la anormalitat*) à cause de la nécessité de les opposer à leurs antonymes (*la normalitat* 'la normalité'). Voyez ma *Gr. Cat.,* I, § 100, 2, pp. 155-156.

catalan écrit). Ainsi [ləlúmnə] 'l'élève' peut se référer à un garçon (*l'alumne*) ou à une fille (*l'alumna*). La raison en est toujours le fait que le mot commence par une voyelle (cf. n° 3). Là encore, au pluriel il n'y a pas de confusion : *els alumnes/les alumnes*.

Il faut souligner un dernier trait de l'article : les formes du masculin (*el, els*), précédées de prépositions *a, de, per*, se réduisent par contraction en *al, als ; del, dels ; pel, pels*. Exemples : *al bosc* 'dans le bois' (*al*, au lieu de *a + el*) ; *als germans* 'aux frères' (*als* < *a els*) ; *del teatre* 'du théâtre' (*del* < *de el*) ; *dels amics* 'des amis' (*dels* < *de els*) ; *pel camí* 'par le chemin' (*pel* < *per el*) ; *pels núvols* 'par les nuages' (*pels* < *per els*).

Cependant, ces contractions n'ont lieu que devant un nom commençant par une consonne. En effet, quand l'article masculin précède un nom commençant par une voyelle (ou *h-* muet), il n'y a pas de contraction ; nous retrouvons, au singulier, la confusion de l'article masculin et de l'article féminin : *à l'acte* (masc.) = *a l'acta* (fém.) ; *de, per l'acte* (masc.) = *de, per l'acta* (fém.). Mais, comme toujours, la confusion disparaît au pluriel : *als actes* (masc.) / *a les actes* (fém.) ; *dels actes* (masc.) / *de les actes* (fém.) ; *pels actes* (masc.) / *per les actes* (fém.). Voyez tableau p. 207.

II - LE CYCLE VERBAL

1) *Considérations préliminaires*

17. Les formes verbales sont composées : 1) d'un élément (en général invariable, bien qu'il ne le soit pas toujours) qui exprime la signification du verbe, et 2) d'une seconde partie, à flexion, constituée par plusieurs formants dont la fonction est celle d'exprimer les différentes nuances de la conjugaison (mode, temps, nombre, personne). On sait que le verbe possède une riche gamme de fonctions, ce qui implique un ensemble abondant de formes. Comme dans toutes les langues romanes, la base de la conjugaison s'explique en catalan par le latin, mais je ne tiendrai pas compte de ce point au départ, j'essaierai de faire une description exclusivement synchronique de la conjugaison régulière du verbe catalan.

Je fais remarquer, tout d'abord, que je ferai abstraction des formants qu'on appelle « facultatifs » ; ainsi, je ne traiterai pas des infixes (*esmiCOLar* 'détruire en petits morceaux'), ni des préfixes (*DESfer* 'défaire'), ni des suffixes aspectuels (*canTUSSEJar* 'chanter à mi-voix'), etc. Je vais concentrer mon attention sur les formants constants des verbes réguliers.

En partant de l'énoncé des verbes catalans, ceux-ci se répartissent en trois grandes classes ou conjugaisons (que nous indiquerons par I, II, III) :

16. Résumé. Tableau des formes de l'article.

Classes des formes	Nombre	Formes du masculin		Formes du féminin	
		Devant cons.	Devant voy.	Devant voy.	Devant cons.
Formes pures de l'article	Singulier	*el*	(zone de confusion : masculin = féminin) *l'*	*l'*	*la*
	Pluriel	*els*	*les*	*les*	*les*
Formes combinées avec les prépositions *a, de, per*	Singulier	*al* *del* *pel*	*a l'* *de l'* *per l'*	= *a l'* = *de l'* = *per l'*	*a la* *de la* *per la*
	Pluriel	*als* *dels* *pels*		*a les* *de les* *per les*	

I - verbes se terminant par -*ar* (*cantar* 'chanter') ;

II - verbes dont la terminaison n'est ni -*ar* (I) ni -*ir* (III) ;

III - verbes se terminant par -*ir* ([82]) (*sentir* 'sentir').

Les verbes de la classe II peuvent appartenir à leur tour à quatre groupes :

1 - verbes à terminaison atone -*re* (*perdre* 'perdre') ;

2 - verbes à terminaison atone -*er* (*témer* 'craindre') ;

3 - verbes à terminaison tonique -*er* [έ] (*poder* 'pouvoir') ;

4 - verbes terminés par -*r* (*fer* 'faire', *dir* 'dire', *dur* 'porter') ([83]).

La plupart des verbes de la classe III se conjuguent avec l'addition de -*eix*- (d'origine latine, aujourd'hui dépourvu de signification) aux personnes 1, 2, 3, 6 des temps du présent (indicatif, subjonctif, impératif) ([84]). La langue n'a pas de choix sur ce terrain : les verbes *doivent* se conjuguer avec cet -*eix*-. Par exemple *sofrir* 'souffrir' : 1 - *sofrEIXo*, 2 - *sofrEIXes*, 3 - *sofrEIX*, 4 - *sofrim*, 5 - *sofriu*, 6 - *sofrEIXen* (indicatif présent). Pourtant, un nombre réduit de verbes (verbes purs) n'admettent pas l'élément -*eix*- ; ce sont les suivants : *ajupir* 'se baisser', *bullir* 'bouillir', *collir* 'cueillir', *cosir* 'coudre', *cruixir* 'craquer, grincer', *dormir* 'dormir', *eixir* 'sortir', *escopir* 'cracher', *esmunyir* 'glisser', *fugir* 'fuir', *grunyir* 'grogner', *morir* 'mourir', *munyir* 'traire', *obrir* 'ouvrir', *omplir* 'remplir', *pruir* 'démanger', *pudir* 'puer', *retrunyir* 'retentir', *sentir, sortir, tossir* 'tousser' et les dérivés de tous ces verbes.

Nous distingons ainsi la classe des verbes purs (III) et celle des verbes à augmentation (III a).

Si, dans n'importe quel verbe, nous séparons l'élément formel qui nous permet de l'attribuer à une des trois classes (-*ar*, -*re*, -*er*, -*r*, *ir*), nous obtenons la partie qui contient la signification (*cant*-, du verbe *cantar*). Le reste vise à exprimer diverses situations concrètes et présente un grand nombre de possibilités de flexion, que je voudrais examiner, dans ce qui suit, d'une façon systématique : les formes *cant-aré, cant-es, cant-és, cant-àvem, cant-aríeu, cant-in*, etc., sont des exemples d'une conjugaison. Nous allons la décrire.

Note sur la terminologie. D'une façon provisoire, je vais emprunter les noms des temps selon la nomenclature que voici : présent (indicatif ou subjonctif) (*canto, canti*), imparfait (ind. ou subj.) (*cantava, cantés*),

---

(82) Sauf *dir* qui appartient à la classe II (il faudrait le décomposer ainsi : *di-r*, c'est-à-dire le *i* n'est pas désinentiel, mais radical).

(83) Les verbes du groupe 3 sont : *haver* 'avoir', *poder* 'pouvoir', *saber* 'savoir', *soler* 'avoir l'habitude de', *valer* 'valoir', *voler* 'vouloir'. Les verbes du groupe 4 sont ceux que je viens d'énumérer ci-dessus. On comprend que l'immense majorité des verbes de la classe II se terminent soit en -*re* (*perdre*) soit en -*er* (*témer*) (groupes 1 et 2).

(84) Désormais, j'indiquerai les personnes du verbe au moyen des chiffres 1 (*jo*), 2 (*tu*), 3 (*ell*), 4 (*nosaltres*), 5 (*vosaltres*) et 6 (*ells*).

passé simple (*cantí*) et passé périphrastique (*vaig cantar*), futur (*cantaré*), conditionnel (*cantaria*), parfait (indic. ou subj.) (*he cantat, hagi cantat*), plus-que-parfait (indic. ou subj.) (*havia cantat, hagués cantat*), passé antérieur (*haguí* ou *vaig haver cantat*), futur composé (*hauré cantat*) et conditionnel composé (*hauria cantat*).

2) La voyelle radicale

18. Nous appelons « voyelle radicale » d'un verbe (*cantar*) la voyelle qui, après la séparation de l'élément indicateur de la classe à laquelle le verbe appartient (dans *cant-ar*, après la séparation de *-ar*), occupe la dernière place dans ce qui reste : dans *cantar*, la voyelle radicale est, évidemment, celle de la syllabe *cant-* (il n'y en a pas d'autre) ; dans *preparar* 'préparer', c'est celle de *pa* ; dans *plànyer* 'plaindre', celle de *pla-* ; dans *reposar* 'reposer', celle de *-po-* ; dans *ressentir* 'ressentir', celle de *-sent-*, etc. La voyelle radicale est donc celle qui précède la terminaison du verbe, énoncé à l'infinitif.

Autrement dit, la voyelle radicale est celle qui, dans les formes du présent (indicatif, subjonctif, impératif), reçoit l'accent dans les personnes 1, 2, 3, 6, tandis qu'elle devient atone dans les personnes 4, 5 :

	Syllabe atone	Syllabe accentuée	Syllabe atone
1	—	[kán-]	[-tu]
2	—	[kán-]	[-təs]
3	—	[kán-]	[-tə]
4	[kən-]	[tém]	—
5	[kən-]	[téu]	—
6	—	[kán-]	[tən].

On peut bien comprendre maintenant pourquoi nous devons traiter ici de cette voyelle radicale. Une première impression aurait été sans doute qu'étant donné que la syllabe *cant-* appartient à la partie significative du verbe (celle qui exprime l'idée de 'chanter'), la voyelle radicale doit rester indifférente aux transformations morphologiques (qui, toujours selon cette première impression, paraissent se borner à la partie flexionnelle qui vient après *cant-*). Et, en effet, la voyelle radicale reste indifférente à l'appartenance des verbes à l'une ou à l'autre des trois conjugaisons (I, II, III) : elle est compatible avec n'importe quelle classe verbale. Je vais en donner un exemple typique :

I	II	III
botar 'sauter' /	*botre* 'sauter' /	*botir* 'emplir, gonfler' [85].

---

(85) Cet exemple est bien significatif ; pourtant, il n'est pas le meilleur auquel on puisse songer, car *botir* n'appartient pas aux verbes purs de cette conjugaison (classe III), mais à ceux qui prennent l'élément *-eix-* (classe III a), de sorte que les oppositions, au présent, sont comme suit : *boto* (classe I) = *boto* (classe II) / *boteixo* (classe III a). Dans une seule forme verbale on trouve l'identité absolue des trois classes, au passé simple (personne 1) : *botí* (I) = *botí* (II) = *botí* (III).

Bien que chacun de ces trois verbes appartienne à une classe verbale différente, ils ont tous la même voyelle radicale *o*. Et cette voyelle n'a rien à faire avec les modifications morphologiques qui se produisent uniquement après la syllabe *bot-*, en suivant, pour chaque verbe, les principes propres à sa classe.

Toutefois, comme conséquence des alternances d'accent que je viens de signaler (pour *cAnto/cantEm*), et bien que la graphie *a* demeure inaltérée, la prononciation de cet *a* diffère entre les deux positions : [á]/[ə]. Ces différences d'accentuation agissent aussi dans le cas des autres verbes mentionnés (*botar, botre*) : 1 - *boto* [bótu]/4 - *botem* [butém] ([86]). Elles apparaissent en général lorsque la voyelle radicale est un *a, e* (ouvert ou fermé) ou *o* (ouvert ou fermé) à cause de la neutralisation des /a/, /ɛ/, /e/ en [ə], et des /ɔ/, /o/, /u/ en [u] ([87]).

3) *La voyelle thématique et la voyelle désinentielle*

19. Après la voyelle radicale (et après la consonne qui complète la racine, ce qui est le cas le plus fréquent), nous trouvons les éléments de flexion à proprement parler, qui possèdent une quantité de possibilités morphologiques. Ces éléments de flexion présentent une combinaison d'une ou de deux voyelles et de plusieurs consonnes, de sorte que les trois classes du verbe sont en mesure d'indiquer, à travers les formes, les nuances nécessaires de mode, de temps, de nombre et de personne. Nous trouvons, en catalan, comme dans n'importe quelle autre langue romane, plusieurs cas de neutralisation. En voici quelques exemples : 1) neutralisation des classes I, II, III : les terminaisons du futur et du conditionnel coïncident pour les verbes de ces classes ; 2) neutralisation de mode et de temps : 4 - *cantem*, 5 - *canteu* sont les formes aussi bien de l'indicatif présent que du subjonctif présent ; 3) neutralisation de personne : 1 - *cantava* = 3 - *cantava* ; 1 - *dormia* = 3 - *dormia,* etc. Malgré ces cas (et d'autres qu'on pourrait ajouter), les différentes fonctions du verbe sont exprimées au moyen de formes spécifiques.

Examinons, tout d'abord, ce qu'est la voyelle thématique. Et, étant donné qu'il y a assez souvent, en plus de la voyelle thématique, une voyelle désinentielle (cf. ci-dessous, § 21), commençons par les distinguer l'une de l'autre ; je me sers de trois verbes, de la classe I (*cantar*), de la classe II (*perdre*) et de la classe III (*servir*).

	Voyelle radicale	Voyelle thématique	Voyelle désinentielle	Temps
Classe I	2 - cant-	*a-*	res	(passé simple)
Classe II	4 - perd-	*é-*	ssim	(imparf. subj.)
Classe III	1 - serv-	eix-	o	(indic. prés.)

(86) Dans *botir* (III a), il n'y a pas d'alternance *o/u*, car la voyelle radicale est toujours atone et prononcée [u] : 1 - *boteixo*, 2 - *boteixes*, 3 - *boteix*, 4 - *botim*, 5 - *botiu*, 6 - *boteixen*.

(87) Cf. ma *Gr. cat.*, I, §§ 160, 2 (pp. 301-303), 167 (pp. 328-330).

Voici quelques principes permettant de faire la distinction entre la voyelle thématique et la voyelle désinentielle :

1) Lorsqu'il y a, après la voyelle radicale, deux voyelles, la première est la voyelle thématique et la deuxième est la voyelle désinentielle. Certains temps possèdent les deux sortes de voyelles dans toutes leurs formes. Ce sont l'imparfait de l'indicatif et le conditionnel. Exemples :

Classe I - Verbe *cantar* (à l'imparfait de l'indicatif)

	Voyelle radicale	Voyelle thématique	Voyelle désinentielle
1 -	cant-	av-	a
2 -	cant-	av-	es
3 -	cant-	av-	a
4 -	cant-	àv-	em
5 -	cant-	àv-	eu
6 -	cant-	av-	en

Classe II - Verbe *perdre* (à l'imparfait de l'indicatif.)

1 -	perd-	i-	a
2 -	perd-	i-	es
3 -	perd-	i-	a
4 -	perd-	í-	em
5 -	perd-	í-	eu
6 -	perd-	i-	en

Classe III - Verbe *servir* (au conditionnel)

1 -	servir-	i-	a
2 -	servir-	i-	es
3 -	servir-	i-	a
4 -	servir-	í-	em
5 -	servir-	í-	eu
6 -	servir-	i-	en

2) Lorsqu'il y a, après la voyelle radicale, tantôt une voyelle, tantôt deux voyelles, la première (parfois unique) est la voyelle thématique, tandis que la deuxième (quand elle apparaît) est la voyelle désinentielle. Exemples :

Classe I - Verbe *cantar* (au passé simple)

	Voyelle radicale	Voyelle thématique	Voyelle désinentielle
1 -	cant-	í	
2 -	cant-	a-	res
3 -	cant-	à	
4 -	cant-	à-	rem
5 -	cant-	à-	reu
6 -	cant-	a-	ren

Classe II - Verbe *perdre* (à l'imparfait du subjonctif)

1 - perd-	és	
2 - perd-	é-	ssis
3 - perd-	és	
4 - perd-	é-	ssim
5 - perd-	é-	ssiu
6 - perd-	e-	ssin

Classe III - Verbe *servir* (à l'indicatif du présent)

1 - serv-	eix-	o
2 - serv-	eix-	es
3 - serv-	eix	
4 - serv-	im	
5 - serv-	iu	
6 - serv-	eix-	en

3) Lorsqu'il n'y a, après la voyelle radicale, qu'une seule voyelle (qui peut manquer quelquefois), il s'agit toujours de la voyelle désinentielle. Exemples :

a) voyelle unique (après la voyelle radicale), mais constante :

Classe I - Verbe *cantar* (è l'indicatif du présent)

1 - cant-	o
2 - cant-	es
3 - cant-	a
4 - cant-	em
5 - cant-	eu
6 - cant-	en

b) voyelle unique (après la voyelle radicale), mais intermittente :

Classe II - Verbe *perdre* (à l'indicatif du présent)

1 - perd-	o	
2 - perd-	s	(sans voyelle)
3 - perd-		(sans voyelle)
4 - perd-	em	
5 - perd-	eu	
6 - perd-	en	

4) On peut donc dire que la voyelle désinentielle est parfois « préparée » au moyen d'une autre voyelle, voyelle thématique.

5) Dans les temps du verbe où se trouvent, dans une forme ou une autre, les deux voyelles (thématique et désinentielle), la première est plus fixe et plus permanente que la seconde dans toutes les formes du même temps [88]. Par contre, la voyelle désinentielle, lorsqu'elle est

_____

(88) L'élément intérieur -*eix*- (des verbes de la classe III a), qui contient pourtant la voyelle thématique, n'apparaît que dans 4 formes verbales de chaque temps (personnes 1, 2, 3, 6).

précédée de la voyelle thématique, manque assez souvent, notamment aux personnes 1 et 3, dans les verbes des trois classes (I, II et III) ([89]).

Quand la voyelle désinentielle reste seule (c'est-à-dire, quand il n'y a pas de voyelle thématique), elle disparaît quelquefois dans les personnes 2 et 3 (seulement dans les classes II et III, bien que, dans la classe III a, elle ne manque qu'à la personne 3). Pourtant, si elle porte l'accent, elle ne manque jamais (cf. n° 8).

6) La voyelle thématique sert surtout à indiquer la classe (I, II ou III) du verbe ; elle n'est justifiée que par l'étymologie (le cas de l'élément -eix- de la classe III en est la preuve la plus évidente). Par contre, la voyelle désinentielle, sans cesser d'indiquer la classe du verbe, exprime tout spécialement les différences formelles qui correspondent à des fonctions différentes (modes et temps).

7) Pour des raisons de morphologie qui ont déterminé la formation du futur et du conditionnel (infinitif + certaines formes de *habere*), ces deux temps ont une voyelle « de préparation » entre la voyelle radicale et la voyelle thématique (nous l'appellerons « voyelle préthématique »). Cette voyelle correspond, au moins dans l'orthographe, à celle de l'infinitif (qui est *a* tonique pour les verbes I, *e* tonique ou atone pour les verbes II, et *i* tonique pour les verbes III). Le *a* des verbes I, devenu inaccentué, est cependant prononcé [ə] et le *e* des verbes II manque assez souvent. Exemples :

Classe I - Verbes en -*a* (ce *a* devient [ə])

	Voyelle radicale	Voyelle préthématique	Voyelle thématique	Voyelle désinentielle	Temps
1 -	cant-	ar-		*é*	fut.
1 -	cant-	ar-	*i-*	*a*	cond.
2 -	cant-	ar-		*às*	fut.
2 -	cant-	ar-	*i-*	*es*	cond.
3 -	cant-	ar-		*à*	fut.
3 -	cant-	ar-	*i-*	*a*	cond.
4 -	cant-	ar-		*em*	fut.
4 -	cant-	ar-	*í-*	*em*	cond.
5 -	cant-	ar-		*eu*	fut.
5 -	cant-	ar-	*í-*	*eu*	cond.
6 -	cant-	ar-		*an*	fut.
6 -	cant-	ar-	*i*	*en*	cond.

---

(89) Pourtant, elle ne manque jamais à l'intérieur de l'indicatif des verbes des trois classes (I, II, III) (cf. ici même, point 1).

Classe II - Verbes en -*e* (le *e* se maintient)

	Voyelle radicale	Voyelle pré-thématique	Voyelle thématique	Voyelle désinen-tielle	Temps
1 -	tem-	er-		é	fut.
1 -	tem-	er-	i-	a	cond.
2 -	tem-	er-		às	fut.
2 -	tem-	er-	i-	es	cond.
3 -	tem-	er-		à	fut.
3 -	tem-	er-	i-	a	cond.
4 -	tem-	er-		em	fut.
4 -	tem-	er-	í	em	cond.
5 -	tem-	er-		eu	fut.
5 -	tem-	er-	í	eu	cond.
6 -	tem-	er-		an	fut.
6 -	tem-	er-	i-	en	cond.

Classe II - Verbes en *e* (le *e* tombe : pas de voyelle pré-thématique)

	Voyelle radicale	Voyelle pré-thématique	Voyelle thématique	Voyelle désinen-tielle	Temps
1 -	perd-	r-		é	fut.
1 -	perd-	r-	i-	a	cond.
2 -	perd-	r-		às	fut.
2 -	perd-	r-	i	es	cond.
3 -	perd-	r-		à	fut.
3 -	perd-	r-	i-	a	cond.
4 -	perd-	r-		em	fut.
4 -	perd-	r-	í	em	cond.
5 -	perd-	r-		eu	fut.
5 -	perd-	r-	í	eu	cond.
6 -	perd-	r-		an	fut.
6 -	perd-	r-	i-	en	cond.

Classe III - Verbes en *i* (le *i* se maintient)

	Voyelle radicale	Voyelle pré-thématique	Voyelle thématique	Voyelle désinen-tielle	Temps
1 -	sent-	ir-		é	fut.
1 -	sent-	ir-	i-	a	cond.
2 -	sent-	ir-		às	fut.
2 -	sent-	ir-	i	es	cond.

3 - sent-	ir-			à	fut.
3 - sent-	ir-	i		a	cond.
4 - sent-	ir-			em	fut.
4 - sent-	ir-	i		em	cond.
5 - sent-	ir-			eu	fut.
5 - sent-	ir-	i		eu	cond.
6 - sent-	ir-			an	fut.
6 - sent-	ir-	i		en	cond.

Le futur possède donc une voyelle pré-thématique et une voyelle désinentielle. Le conditionnel · voyelle pré-thématique, voyelle thématique et voyelle désinentielle

8) Quant à l'accent, la voyelle thématique est en général accentuée : -av-a, -av-es, -av-a, etc. ; -i-a, -i-es, -i-a, etc. (imparf. de l'indic.) ; -i, -a-res, -à, àrem, etc. (passé simple) ; -és, -ess-is, -és, etc. (imparf. du subj.), etc.

Par contre, la voyelle désinentielle est surtout atone ; elle l'est d'une façon fixe lorsqu'elle est précédée d'une voyelle thématique. Exceptions : les personnes 4 et 5 du présent et toutes les personnes du futur où elle porte toujours l'accent.

C'est donc en combinant la voyelle thématique et la voyelle désinentielle avec le reste des propriétés formelles (consonantiques, d'accentuation) des trois classes du verbe et avec les formants de mode, de temps, de nombre et de personne, que nous pouvons classer n'importe quelle forme verbale.

4) *Rôle de la voyelle thématique*

20. La voyelle thématique sert à indiquer la classe du verbe. Etant donné qu'il y a trois classes, il doit y avoir trois voyelles thématiques : a/e [e]/i ; elles correspondent respectivement aux classes I, II et III.

Toutefois, cette fonction ne se manifeste d'une façon aussi claire et aussi évidente qu'au passé simple. A l'exception de la personne 1 (où s'impose précisément le formant de la personne qui est toujours -i), les cinq autres formes indiquent la classe de chaque verbe, au moyen de a (classe I), de e [e] (classe II) et de i (classe III) :

Classe I	Classe II	Classe III
Verbe *cantar*	Verbe *perdre*	Verbe *sentir*
1 - cant-i	1 - perd-i	1 - sent-i
2 - cant-a-res	2 - perd-e-res	2 - sent-i-res
3 - cant-à	3 - perd-é	3 - sent-i
4 - cant-à-rem	4 - perd-é-rem	4 - sent-i-rem
5 - cant-à-reu	5 - perd-é-reu	5 - sent-i-reu
6 - cant-a-ren	6 - perd-e-ren	6 - sent-i-ren

Cette triple distinction se retrouve pour la voyelle pré-thématique du futur et du conditionnel, mais elle n'y est pas aussi nette, et cela pour deux raisons : 1° la voyelle pré-thématique *a* de la classe I se prononce [ə] et se confond avec le *e* de la classe II, qui se prononce aussi [ə] ; de cette sorte, des différences de graphie *a/e/i* deviennent, dans la prononciation, une distinction binaire : [ə]/*i* :

langue écrite :   1 - cant*a*ré   /   1 - tem*e*ré   /   1 - sent*i*ré
prononciation :   *a* = *e* [ə]   /   *i*

2° le *e* (classe II), bien qu'il soit pré-thématique (*temeré*), disparaît en réalité dans la plupart des verbes de la classe II (*perdré*), de sorte que ces verbes ne possèdent aucune voyelle qui contraste avec celle de I (*a*) ou celle de III (*i*) :

1 - cant*a*ré   /   1 - perdré   /   1 - sent*i*ré
1 - cant*a*ria /   1 - perdria   /   1 - sent*i*ria
[ə]   /   —   /   *i*

La voyelle thématique sert encore à indiquer la classe du verbe à l'imparfait de l'indicatif où cependant l'opposition est réduite à deux pôles : la classe I s'oppose aux classes II et III :

1 - cant*a*va   /   1 - perd*i*a   et   sent*i*a
I (*a*)   II, III (*i*)

Ce type d'opposition binaire permet aussi de contraster les classes verbales à l'imparfait du subjonctif. Mais là, elle groupe les classes I et II, qui s'opposent ainsi à la classe III :

1 - cant*é*s   et   perd*é*s   /   1 - sent*í*s
2 - cant*e*ssis   et   perd*e*ssis   /   2 - sent*i*ssis
              I, II (*e*)   III (*i*)

Enfin, en partant une fois de plus du caractère différentiel de la voyelle thématique, nous relevons un dernier cas où à nouveau les classes I et II s'opposent à la classe III. Il s'agit de l'élément -*eix*- qui contient la voyelle thématique des verbes III (plus exactement des verbes III a qui constituent d'ailleurs l'immense majorité de cette classe) et qui n'existe pas dans les verbes I et II :

1 - canto   et   perdo   /   1 - serv-*eix*-o
2 - cantes   et   perds   /   2 - serv-*eix*-es
3 - canta   et   perd   /   3 - serv-*eix*
1 - canti   et   perdi   /   1 - serv-*eix*-i
2 - cantis   et   perdis   /   2 - serv-*eix*-is
3 - canti   et   perdi   /   3 - serv-*eix*-i
         I. II   III a

5) *Rôle de la voyelle désinentielle*

21. On sait déjà que les fonctions de la voyelle désinentielle ne consistent pas à grouper seulement les verbes en trois classes. La voyelle désinentielle indique aussi les formes spécifiques du mode (indicatif/subjonctif) et du temps. Je laisse pour plus tard (§ 25) la question à savoir quels sont les formants des temps. Je voudrais présenter ici les oppositions de modes telles qu'elles se réalisent à l'aide de la voyelle désinentielle.

Quant à la distinction des trois classes (I, II, III), la voyelle désinentielle y coopère dans les temps du présent :

1) en opposant la classe I (à voyelle désinentielle) aux deux autres classes (II, III) (qui n'ont pas de voyelle désinentielle) dans les personnes 2 et 3 de l'indicafit présent :

$$2 - \text{cant-}es \quad / \quad 2 - \text{perds} \quad \text{et} \quad \text{sents}$$
$$3 - \text{cant-}a \quad / \quad 3 - \text{perd} \quad \text{et} \quad \text{sent}$$
$$\text{I} \qquad\qquad\qquad \text{II, III}$$

2) en opposant les classes I et II à la classe III dans les personnes 4 et 5 des deux présents (indicatif et subjonctif) :

$$4 - \text{cantem} \quad \text{et} \quad \text{perdem} \quad / \quad 4 - \text{sentim}$$
$$5 - \text{canteu} \quad \text{et} \quad \text{perdeu} \quad / \quad 5 - \text{sentiu}$$
$$\text{I, II} \qquad\qquad\qquad\qquad \text{III}$$

En revanche, la voyelle désinentielle est toujours la même pour les trois classes (I, II et III) dans chacun des autres temps. En voici quelques exemples :

a) à l'imparfait de l'indicatif :

1 - cant-av-*a*	1 - perd-i-*a*	1 - sent-i-*a*
2 - cant-av-*es*	2 - perd-i-*es*	2 - sent-i-*es*
3 - cant-av-*a*	3 - perd-i-*a*	3 - sent-i-*a*
4 - vant-àv-em	4 - perd-í-em	4 - sent-í-em
5 - cant-àv-eu	5 - perd-í-eu	5 - sent-í-eu
6 - cant-av-en	6 - perd-i-en	6 - sent-i-en
I =	II =	III

b) au passé simple ([90]) :

2 - cant-a-res	2 - perd-e-res	2 - sent-i-res
4 - cant-à-rem	4 - perd-é-rem	4 - sent-í-rem
5 - cant-à-reu	5 - perd-é-reu	5 - sent-í-reu
6 - cant-a-ren	6 - perd-e-ren	6 - sent-i-ren
I =	II =	III

_____

(90) Je ne note que les personnes qui ont une voyelle désinentielle.

c) au futur ([91]) :

1 - cant-ar-*é*	1 - tem-er-*é*	1 - sent-ir-*é*
2 - cant-ar-*às*	2 - tem-er-*às*	2 - sent-ir-*às*
3 - cant-ar-*à*	3 - tem-er-*à*	3 - sent-ir-*à*
4 - cant-ar-em	4 - tem-er-em	4 - sent-ir-em
5 - cant-ar-eu	5 - tem-er-eu	5 - sent-ir-eu
6 - cant-ar-*an*	6 - tem-er-*an*	6 - sent-ir-*an*
I =	II =	III

d) au conditionnel :

1 - cant-ar-i-*a*	1 - tem-er-i-*a*	1 - sent-ir-i-*a*
2 - cant-ar-i-*es*	2 - tem-er-i-*es*	2 - sent-ir-i-*es*
3 - cant-ar-i-*a*	3 - tem-er-i-*a*	3 - sent-ir-i-*a*
4 - cant-ar-í-em	4 - tem-er-í-em	4 - sent-ir-í-em
5 - cant-ar-í-eu	5 - tem-er-í-eu	5 - sent-ir-í-eu
6 - cant-ar-i-en	6 - tem-er-i-en	6 - sent-ir-i-en
I =	II =	III

e) au subjonctif présent (seulement aux personnes 1, 2, 3, 6) :

1 - cant-*i*	1 - tem-*i*	1 - sent-*i*
2 - cant-*is*	2 - tem-*is*	2 - sent-*is*
3 - cant-*i*	3 - tem-*i*	3 - sent-*i*
6 - cant-*in*	6 - tem-*in*	6 - sent-*in*
I =	II =	III

En outre, la même coïncidence fondamentale (I=II=III) de la voyelle désinentielle existe dans plusieurs formes isolées. Deux exemples suffiront :

a) la désinence -o [u] de la personne 1 de l'indicatif présent : 1 - cant-*o*, 1 - tem-*o*, 1 - sent-*o* (I=II=III) ;

b) la personne 6 de l'indicatif présent : 6 - cant-*en*, 6 - tem-*en*, 6 - sent-*en* (I=II=III).

Quant à la distinction des modes (indicatif/subjonctif), on peut dire que, lorsque la voyelle désinentielle n'est pas accentuée, elle présente une distinction caractéristique ([92]) :

indicatif   /   subjonctif
[ə]   /   *i*

Au contraire, si la voyelle désinentielle porte l'accent, on remarque une variété plus grande :

---

(91) C'est au futur que la voyelle désinentielle est toujours accentuée (cf. § 19, 8).

(92) A l'exception du -o de la 1re pers. de l'ind. prés. où s'impose un trait de temps.

a) au futur, dont la structure est spéciale, nous enregistrons trois voyelles : [á], [ɛ́] et [é] :

                1 - cant-ar-é [e]
                2 - cant-ar-ás [a]
                3 - cant-ar-à [a]
                4 - cant-ar-em [ɛ]
                5 - cant-ar-eu [ɛ]
                6 - cant-ar-an [a]

b) les personnes 4 et 5 des temps du présent restent plus fidèles à l'opposition des classes (I, II / III) qu'à celle des modes (indicatif et subjonctif) :

4 - cant-em	et	4 - perd-em	/	4 - sent-*i*m
5 - cant-eu	et	5 - perd-eu	/	5 - sent-*i*u
: indic = subj.		: indic. = subj.		: indic. = subj.
I, II				III

6) *Le formant du nombre*

22.   Nous ne pouvons présenter qu'un seul formant du nombre dans la conjugaison catalane : le *-n* de la personne 6 ('ils') qui rend systématiquement la valeur du pluriel à la forme de la personne 3 ('il'). Je pars naturellement des formes orales de la langue ; la langue écrite fait une différence graphique entre 3 - *canta* / 6 - *canten* (*a/e*), mais la vraie opposition de ces deux formes est l'absence ou la présence de la marque *-n* : [kántə] / [kántən].

D'autre part, étant donné que la personne 3 de l'indicatif présent des verbes II et III n'a pas de voyelle désinentielle (3 - *perd* ou 3 - *tem*, 3 - *sent*), il ne suffit pas d'ajouter la marque *-n*, qui ne saurait s'appliquer directement à une consonne (**perd+n*, **tem+n*, **sent+n*) ; il se forme une articulation euphonique de transition [ə] qui rend possible l'emploi de la marque : perd-en, tem-en, sent-en.

Exemples de la formation du pluriel (personne 3+*n* = personne 6) :

a) à l'indicatif présent :

Classe I	:	3 - canta	/	6 - cante*n*
Classe II	:	3 - perd	/	6 - perde*n*
Classe III	:	3 - sent	/	6 - sente*n*
Classe III a	:	3 - serveix	/	6 - serveixe*n*

b) à l'imparfait de l'indicatif :

Classe I	:	3 - cantava	/	6 - cantave*n*
Classe II	:	3 - perdia	/	6 - perdie*n*
Classe III	:	3 - sentia	/	6 - sentie*n*

220   A. M. BADIA MARGARIT

c) au futur :

Classe I	:	3 - cantarà	/	6 - cantara*n*
Classe II	:	3 - perdrà	/	6 - perdra*n*
Classe III	:	3 - sentirà	/	6 - sentira*n*

d) au conditionnel :

Classe I	:	3 - cantaria	/	6 - cantarie*n*
Classe II	:	3 - perdria	/	6 - perdrie*n*
Classe III	:	3 - sentiria	/	6 - sentirie*n*

e) au subjonctif présent :

Classe I	:	3 - canti	/	6 - canti*n*
Classe II	:	3 - perdi	/	6 - perdi*n*
Classe III	:	3 - senti	/	6 - senti*n*
Classe III a	:	3 - serveixi	/	6 - serveixi*n*

Si l'on examine ce tableau, on remarquera que j'ai laissé de côté deux temps : le passé simple et l'imparfait du subjonctif. Ils constituent en effet deux exceptions à la règle d'application de la marque -*n* à la personne 6. Cette marque y est, mais dans la formation de ces deux temps interviennent les phonèmes qui les caractérisent : -*r*- dans celle du passé simple et -*i*- à l'imparfait du subjonctif (qui joue, en même temps, le rôle de son euphonique de transition). A ces phonèmes, -*r*- ou -*i*-, la marque -*n* du pluriel s'applique suivant la règle générale (personne 3+-*n* = personne 6). Exemples :

a) au passé simple :

Classe I	:	3 - cantà	/	6 - canta-*r*-*en*
Classe II	:	3 - perdé	/	6 - perde-*r*-*en*
Classe III	:	3 - sentí	/	6 - senti-*r*-*en*

b) à l'imparfait du subjonctif :

Classe I	:	3 - cantés	/	6 - cante-*ss*-*in*
Classe II	:	3 - perdés	/	6 - perde-*ss*-*in*
Classe III	:	3 - sentís	/	6 - senti-*ss*-*in*

Le fait que seule la personne 3 ('il') prenne la marque -*n* pour former le pluriel paraît tout à fait naturel. Le cas des autres personnes (1, 2) est différent ; leur pluriel ne peut pas être obtenu à l'aide de l'adoption d'une simple marque morphologique : la personne 4 ('nous') n'est pas un pluriel de la personne 1 ('je') ; la personne 5 ('vous') n'est pas non plus un pluriel de la personne 2 ('tu') [93]. Les choses sont beaucoup plus nuancées : *nosaltres* 'nous' peut signifier *jo*+*tu* (ou *vosaltres*), ou bien *jo*+*ell(s)* (ou *ella, elles*), ou bien *jo*+*tu* (ou *vosaltres*) +*ell(s)* (ou *ella,elles*). De même, *vosaltres* 'vous' peut signifier *tu*+*tu* (ou *vosaltres*) ou bien *tu* (ou *vosaltres*) + *ell(s)* (ou *ella, elles*). Il s'agit donc de pluriels complexes dont la complexité se reflète précisément

(93) Pottier, *Morph.*, §§ 95-98 (p. 31), 196 (p. 57).

dans l'impossibilité d'être formés par l'addition d'une marque positive à un singulier correspondant présumable. Seule la personne 3 (*ell, ella*) est capable de créer un pluriel de cette nature (personne 6 : *ells, elles*).

7) *Les formants des personnes*

23. Les formants des personnes, dans le verbe régulier, sont constitués, à ce qu'il paraît, par les marques suivantes :

1) personne 2 - -*s*
2) personne 4 - -*m*
3) personne 5 - -*u* (élément final d'une diphtongue) ([94])
4) personne 6 - -*n* ([95]).

1) **Personne 2.** Marque : -*s*. Aucune forme verbale de la personne 2 *tu*) n'est dépourvue de -*s* (sauf celles de l'impératif qui ont partout des caractérstiques spéciales). Même lorsque la voyelle désinentielle fait défaut (ce qui arrive à l'indicatif présent des verbes des classes II et III), le -*s* de la personne 2 ne manque jamais ; 2 - perds (verbe *perdre*, classe II), 2 - sents (verbe *sentir*, classe III). Mieux encore : non seulement toutes les formes de la personne 2 possèdent la marque -*s*, mais il n'existe aucune forme se terminant par -*s* qui n'appartienne pas à la personne 2 ([96]).

---

(94) Cette semi-voyelle *u* suit toujours une voyelle antérieure avec laquelle elle forme une diphtongue décroissante : *cant-eu, sent-iu, perdr-eu, cantàv-eu*, etc.

(95) La marque de la personne 6 est, je le répète, le -*n*, qui est, en même temps, la marque du pluriel (cf. § 22).

(96) Je ne traite ici que du verbe régulier. Je ne parle pas non plus du radical verbal, où il peut y avoir un *s* (cf. 3 - *cus* de *cosir* 'coudre', etc.). Je m'occupe uniquement des désinences du verbe régulier. Toutefois, même là, on pourrait croire qu'il y a des exceptions, du moins une : -*s* à la 1re et à la 3e pers. de l'imparfait du subjonctif (outre la personne 2, bien sûr) :

I	II	III
1 - cant-*és*	1 - perd-*és*	1 - sent-*ís*
2 - cant-ess-*is*	2 - perd-ess-*is*	2 - sent-iss-*is*
3 - cant-*és*	3 - perd-*és*	3 - sent-*ís*

Faudra-t-il admettre que ces cas sont des exceptions ? On sait que là où il y a une voyelle thématique, la voyelle désinentielle (s'il y en a) est celle qui vient après cette voyelle. Cela veut dire que le -*s* des personnes 1 et 3 est un formant du temps (de l'imparfait de subjonctif), et c'est pour cette raison que nous le retrouvons dans toutes les formes :

I	II	III
1 - canté-*s*	1 - perdé-*s*	1 - sentí-*s*
2 - - - - - - ss*is*	2 - - - - - ss*is*	2 - - - - ss*is*
3 - - - - - - *s*	3 - - - - - *s*	3 - - - - *s*
4 - - - - - ss*im*	4 - - - - - ss*im*	4 - - - - ss*im*
5 - - - - - ss*iu*	5 - - - - - ss*iu*	5 - - - - ss*iu*
6 - - - - - ss*in*	6 - - - - - ss*in*	6 - - - - ss*in*

Outre ce [s], qui caractérise le temps tout entier, nous constatons, dans la syllabe suivante (qui contient la voyelle désinentielle), la marque des quatre personnes possédant une marque formelle positive des personnes : 2 - cantess*is*, 4 - cantéss*im*, 5 - cantess*iu*, 6 - cantess*in*. Conclusion : comme désinence, seule la personne 2 se termine par -*s*.

2) **Personne 4.** — Marque : -*m*. Comme dans le cas précédent, il n'y a pas d'exception ; aucune forme verbale de la personne 4 (*nosaltres*) n'est dépourvue de -*m*. Vice versa, aucune forme terminée par -*m* n'appartient à des personnes autres que la personne 4 ([97]).

3) **Personne 5.** — Marque : semi-voyelle -*u* (c'est-à-dire -*u* terminant une diphtongue décroissante). Une fois de plus, toutes les formes de la personne 5 finissent par -*u* semi-voyelle (que la voyelle précédente porte l'accent : *canteu*, ou qu'elle soit atone : *cantàveu*), et vice versa, toutes les formes verbales se terminant par -*u* semi-voyelle sont celles de la personne 5 (à condition qu'il ne s'agisse pas d'une diphtongue apartenant à la racine du verbe : 3 - *creu* 'il croit', du verbe *creu-re* ; 3 - *cau* 'il tombe', du verbe *caure*, etc.).

4) **Personne 6.** — Marque : -*n*. Nous savons que la marque -*n* indique le pluriel de la 3e personne (§ 22). Elle est à la fois typique du nombre (elle signale le pluriel) et de la personne (elle signale la personne 6). Là encore, il n'existe aucune forme verbale de la personne 6 qui ne finisse pas par -*n* et, vice versa, il n'y a aucune forme verbale se terminant par -*n* qui n'appartienne pas à la personne 6 ([98]).

Après avoir examiné les quatre marques positives des personnes verbales, il y a lieu de se demander comment les deux autres personnes (1, 3) se distinguent et si elles se distinguent réellement. On peut dire à ce sujet ce qui suit :

1) très souvent, ces deux personnes (1, 3) ne possèdent aucun élément de différenciation, de sorte qu'on ne peut comprendre que par le contexte ou par référence s'il s'agit de la personne 1 ou de la personne 3. Ce manque de différence formelle se présente aux temps suivants :

a) à l'imparfait de l'indicatif :

1 et 3 :	*cantava*	(classe I)
1 et 3 :	*perdia*	(classe II)
1 et 3 :	*sentia*	(classe III)

b) au conditionnel :

1 et 3 :	*cantaria*	(classe I)
1 et 3 :	*perdria*	(classe II)
1 et 3 :	*sentiria*	(classe III)

---

(97) Même observation que pour la marque de la 2e personne (cf. la note précédente). On pourrait objecter que, dans 3 - *tem* 'il craint', il y a un -*m* qui ne correspond pas à la personne 4. Mais il s'agit d'un *m* appartenant à l'élément radical (*tém-er*), et qui apparaît dans toutes les formes de la conjugaison de ce verbe. Seule la terminaison -*m* caractérise la personne 4 : tem-e*m*.

(98) Même remarque, encore, que dans les deux notes précédentes : comparez 3 - *pon* (du verbe *pondre* 'pondre des œufs') et 6 - *ponen* (où il y a deux *n* : le premier est celui du radical *pon-dre*, le second est le formant de la pers. 6 : pone*n*) ou 3 - *fon* / 6 - *fonen* (verbe *fondre* 'fondre'), etc.

c) au subjonctif présent :

1 et 3 :	*canti*	(classe I)
1 et 3 :	*perdi*	(classe II)
1 et 3 :	*senti*	(classe III)
1 et 3 :	*serveixi*	(classe III a)

d) à l'imparfait du subjonctif :

1 et 3 :	*cantés*	(classe I)
1 et 3 :	*perdés*	(classe II)
1 et 3 :	*sentís*	(classe III)

2) dans les autres cas (c'est-à-dire dans les trois temps qui restent), on distingue la personne 1 de la personne 3 au moyen d'un élément de différenciation caractéristique propre à chaque temps. Il s'agit donc d'un élément appartenant au temps, mais il sert en même temps à opposer les personnes 1 et 3. C'est le cas des temps suivants :

a) de l'indicatif présent :

1 - *canto*	/	3 - *canta*	(classe I)
1 - *perdo*	/	3 - *perd*	(classe II)
1 - *sento*	/	3 - *sent*	(classe III)
1 - *serveixo*	/	3 - *serveix*	(classe III a)

b) du passé simple :

	1 - *cantí*	/	3 - *cantà*	(classe I)
	1 - *perdí*	/	3 - *perdé*	(classe II)
mais	1 - *sentí*	/	3 - *sentí* [99]	(classe III)

c) du futur :

1 - *cantaré*	/	3 - *cantarà*	(classe I)
1 - *perdré*	/	3 - *perdrà*	(classe II)
1 - *sentiré*	/	3 - *sentirà*	(classe III)

8) *Les formants du mode*

24. Le verbe catalan possède une façon assez claire de distinguer l'indicatif et le subjonctif (v. ci-dessus, § 21) et cela à l'aide de la voyelle désinentielle. Nous pourrions l'énoncer ainsi :

Indicatif : pas de *i* / subjonctif : *i*.

En effet, les deux temps du subjonctif adoptent *i* comme voyelle désinentielle et, inversement, cette voyelle désinentielle n'apparaît dans

---

(99) Dans la classe III, le -*i* typique de la personne 1 du passé simple coïncide avec le -*i* qui caractérise cette classe et qu'on retrouve dans ce temps (cf. § 20). Cette coïncidence entraîne la confusion des personnes 1 et 3 :
  1 - *sentí*, avec le -*i* typique de la personne 1 du passé simple, cf. 1 - *cantí* (classe I), 1 - *perdí* (classe II) ;
  3 - *sentí*, avec le -*i* typique de la classe III, opposé à -*à* de la classe I (3 - *cantà*) et à -*é* de la classe II (3 - *perdé*).

aucun temps de l'indicatif (toutefois le *i*, indicateur de la classe III, s'y mêle parfois — bien que cela arrive dans peu de cas).

1) Les deux temps du subjonctif possèdent la voyelle désinentielle *i*. Il en est ainsi partout, à l'exception des personnes 4 et 5 du subjonctif présent (classes I, II) :

a) subjonctif présent :

Classe I	Classe II	Classe III	Classe III a
1 - cant*i*	1 - perd*i*	1 - sent*i*	1 - serveix*i*
2 - cant*i*s	2 - perd*i*s	2 - sent*i*s	2 - serveix*i*s
3 - cant*i*	3 - perd*i*	3 - sent*i*	3 - serveix*i*
(4 - cantem)	(4 - perdem)	4 - sent*i*m	4 - serv*i*m
(5 - canteu)	(5 - perdeu)	5 - sent*i*u	5 - serv*i*u
6 - cant*i*n	6 - perd*i*n	6 - sent*i*n	6 - serveix*i*n

b) imparfait du subjonctif ([100]) :

Classe I	Classe II	Classe III
1 - cantés	1 - perdés	1 - sentís
2 - cantess*i*s	2 - perdess*i*s	2 - sentiss*i*s
3 - cantés	3 - perdés	3 - sentís
4 - cantéss*i*m	4 - perdéss*i*m	4 - sentíss*i*m
5 - cantéss*i*u	5 - perdéss*i*u	5 - sentíss*i*u
6 - cantess*i*n	6 - perdess*i*n	6 - sentiss*i*n

L'exception que constituent les personnes 4 et 5 (classes I, II) (4 - *cantem*, 5 - *canteu* ; 4 - *perdem*, 5 - *perdeu*) doit s'expliquer comme un cas de neutralisation « indicatif = subjonctif », par suite d'un jeu croisé d'analogies, assez compliqué ([101]).

2) J'ai dit que les temps de l'indicatif ne possédaient pas en général, d'une façon systématique. la voyelle désinentielle *i* et qu'on pouvait l'attribuer de ce fait au subjonctif. La voyelle désinentielle a, à l'indicatif, plusieurs timbres, mais elle n'adopte pas normalement celui de *i*. Etant donné cependant qu'on trouve *i* malgré tout dans quelques cas, il faut en expliquer la raison :

a) Le *i* (tonique) apparaît au passé simple : 1 - *cantí* (classe I) ;

---

(100) Il ne faut pas s'étonner que 1 et 3 - *cantés*, 1 et 3 - *perdés* n'aient pas *i* (et que 1 et 3 - *sentís* n'aient pas le second *i* des autres formes : 2 - *sentissis*, 4 - *sentíssim*, etc.). Ce sont des cas où la voyelle désinentielle ne se manifeste pas : nous savons (cf. § 19, 2) que ces deux personnes ne possèdent que la voyelle thématique, tandis que, maintenant, je parle de la voyelle désinentielle qui, sous-jacente ou présente, est toujours *i* à l'imparfait du subjonctif. Ce n'est donc pas une exception.

(101) Voyez, par exemple, ma *Gr. hist.*, § 47, III (p. 128). Nous en avons une preuve dans le fait que les verbes irréguliers opposent souvent « indicatif »/ « subjonctif » à l'aide de quelques caractéristiques consonantiques ; exemples : 4 - *prenem* (indic.) / 4 - *prenguem* (subj.), avec le *g* de 1 - *prengui*, 2 - *prenguis*, etc., 1 - *prengués*, 2 - *prenguessis*, etc.

1 - *perdí* (classe II) ; 1 et 3 - *sentí* (classe III). Précisons, tout d'abord, qu'il s'agit d'une voyelle qui n'est pas désinentielle, mais thématique. De plus, cette voyelle indique soit un temps (plus exactement la personne 1 d'un temps), soit la classe (classe III). Elle remplit ces fonctions — et je le souligne — en sa qualité de voyelle thématique ; ce n'est jamais une voyelle désinentielle.

b) De même, on a un *i* (tonique) à l'indicatif présent des verbes de la classe III (personnes 4 et 5) :

Classe III	Classe III a
4 - sent*i*m	4 - serv*i*m
5 - sent*i*u	5 - serv*i*u

Là encore, il s'agit d'un trait indiquant une classe, entré dans le domaine du temps ; il caractérise la classe III (*-im, iu* en face de *-em, -eu* des classes I et II, cf. § 21, n° 2).

Dans d'autres cas, les caractéristiques formelles permettant de distinguer les modes (indicatif/subjonctif) sont en réalité des propriétés formelles de chaque temps (n'oublions pas que tous les temps appartiennent forcément soit à l'indicatif, soit au subjonctif). Exemple : le *-r-* du passé simple (2 - canta-*r*-es, 4 - cantà-*r*-em, 5 - cantà-*r*-eu, 6 - cantà-*r*-en ; 2 - perde-*r*-es, 5 - perdé-*r*-em, etc. ; 2 - senti-*r*-es, etc.) devient une caractéristique de l'indicatif (étant donné que le passé simple appartient à l'indicatif), mais au départ, c'est une caractéristique du temps, et non du mode. Il en est de même pour le [s] de l'imparfait du subjonctif (1 - canté-*s*, 2 - cante-*ss*-is, 3 - canté-*s*, 4 - canté-*ss*-im, 5 - canté-*ss*-iu, 6 - cante-*ss*-in ; 1 - perdé-*s*, 2 - perde-*ss*-is, etc. ; 1 - sentí-*s*, 2 - senti-*ss*-is, etc.) : ce [s] est typique de ce temps, dont il est la marque, mais il devient, indirectement, le formant du subjonctif. Je n'insiste donc plus sur ces formes ; je les reprendrai dans ce qui suit, en essayant de présenter les temps du verbe catalan du point de vue formel.

9) *Les formants des temps*

25.   Le temps est l'élément verbal le plus marqué. Il a aussi le plus grand besoin de l'être, car il s'agit de pouvoir distinguer jusqu'à 8 ensembles de formes (ou temps grammaticaux) (y compris l'impératif). Nous allons en examiner les caractéristiques formelles.

1 - *Le présent*

a) à l'indicatif et au subjonctif :

1 - la voyelle thématique manque, sauf dans la classe III a, qui a l'élément *-eix-* : 1 - serv*eix*o, 2 - serv*eix*es, etc. (indic.) ; 1 - serv*eix*i, 2 - serv*eix*is, etc. (subj.) ;

8

2 - seule la voyelle désinentielle existe par conséquent et elle est toujours atone (sauf pour 4, 5 : 4 - cantem, 5 - canteu ; 4 - perdem, 5 - perdeu ; 4 - sentim, 5 - sentiu) ;

3 - alternance d'accentuation : formes rhizotoniques (pers. 1, 2, 3, 6) / formes arhizotoniques (pers. 4, 5) ;

4 - les formes des pers. 4 et 5 sont les mêmes à l'indicatif et au subjonctif (4=4 : cantem, perdem, sentim ; 5=5 : canteu, perdeu, sentiu) ;

5 - pour les pers. 4 et 5, il faut grouper les classes de la façon suivante :

I, II/III (4 - em, 5 - eu/4 - im, 5 - iu) ;

b) à l'indicatif (seulement) :

1 - la voyelle désinentielle, lorsqu'elle est atone (à condition qu'il y en ait une), est toujours [ə] (sauf à la pers. 1) : 2 - cantes, 3 - canta, 6 - canten ; 6 - perden ; 6 - senten ;

2 - la voyelle désinentielle de la pers. 1 est -o [u] : 1 - canto, 1 -perdo, 1 - sento ;

3 - les pers. 2 et 3 ont une voyelle désinentielle dans la classe I (2 - cantes, 3 - canta), mais cette voyelle n'existe pas dans les classes II, III (2 - perds, 3 - perd ; 2 - sents, 3 - sent) ; nous la retrouvons toutefois à la pers. 2 dans III a (3 - serveixes), mais pas à la pers. 3 (3 - serveix) ; on peut donc établir : I/II, III (à l'exception de III a, qui est un cas spécial) ;

c) au subjonctif (seulement) :

1 - il y a toujours une voyelle désinentielle, soit tonique (pers. 4, 5), soit atone (pers. 1, 2, 3, 6) ;

2 - lorsque la voyelle désinentielle est atone, elle est toujours *i* (1 - canti, 2 - cantis, 3 - canti, 6 - cantin ; 1 - perdi, 2 - perdis, etc. ; 1 - senti, etc.).

2 - *L'imparfait*

a) à l'indicatif :

1 - les deux voyelles, thématique et désinentielle, sont toujours présentes ;

2 - dans les verbes de la classe I, la voyelle thématique est *a*, et elle est séparée de la voyelle désinentielle au moyen de la consonne -*v*- (1 - *cantava*, 2 - *cantaves*, etc.) ; dans les verbes des classes II, III, la voyelle thématique est *i*, et elle est suivie immédiatement d'une voyelle

désinentielle (qui se trouve ainsi en hiatus avec elle) (1 - *perdia*, 2 - *perdies*, etc. ; 1 - *sentia*, 2 - *senties*, etc.) ;

3 - l'accent tombe toujours sur la voyelle thématique ; il n'y a donc pas d'alternance d'accentuation : 1 - cant*a*va, 2 - cant*a*ves, 4 - cant*à*vem ; 2 - perd*i*es, 3 - perd*i*a, 5 - perd*í*eu ; 3 - sent*i*a, 4 - sent*í*em, 6 - sent*i*en ;

4 - la voyelle désinentielle est toujours [ə] dans les trois classes (I, II, III), qu'elle soit écrite *a* (1 et 3 - cant*a*va ; 1 et 3 - perd*i*a ; 1 et 3 - sent*i*a) ou *e* (2 - cant*a*ves, 4 - cant*à*vem, 5 - cant*à*veu, 6 - cant*a*ven ; 2 - perd*i*es, 4 - perd*i*em, 5 - perd*i*eu, 6 - perd*i*en ; 2 - sent*i*es, etc.) ;

b) au subjonctif :

1 - la voyelle thématique existe toujours, mais la voyelle désinentielle manque parfois (aux pers. 1, 3 : 1 et 3 - cantés ; 1 et 3 - perdés ; 1 et 3 - sentís) ;

2 - conséquence du manque de la voyelle désinentielle : la partie flexionnelle est imparisyllabique (1 - can-tés / 2 - can-te-ssis) ;

3 - l'accent tombe régulièrement sur la voyelle thématique : il n'y a donc pas d'alternance d'accentuation ; cette caractéristique et celle du n° 2 ont pour conséquence que les formes sont soit oxytoniques, soit paroxytoniques ;

4 - la voyelle thématique est séparée de la voyelle désinentielle par un [s] (écrit -*ss*-) ; quand la voyelle désinentielle manque, ce [s] devient final (écrit -*s*) ;

5 - selon la voyelle thématique, on peut regrouper les classes de la façon suivante : I, II/III ; classes I, II : voyelle *e* (1 - cantés, 1 - perdés); classe III : voyelle *i* (1 - sentís).

3 - Le passé simple

1 - il a toujours une voyelle thématique, mais la voyelle désinentielle n'existe pas dans toutes les formes (elle manque aux pers. 1, 3 : 1 - cant*í*, 3 - cant*à*, par rapport aux autres : 2 - cant*a*res, 4 - cant*à*rem, etc.) ;

2 - conséquence du manque de la voyelle désinentielle : la partie flexionnelle est imparisyllabique (1 - *can-tí* / 2 - *can-ta-res*) ;

3 - l'accent tombe toujours sur la voyelle thématique : il n'y a donc pas d'alternance d'accentuation ;

4 - la voyelle thématique est séparée de la voyelle désinentielle par un -*r*- ; quand la voyelle désinentielle manque, le -*r*- disparaît (2 - *cantares* / 3 - *cantà*) ;

5 - le passé simple est un cas clair de la distribution des formes

du verbe en trois classes selon la voyelle thématique : *a* (classe I), *e* classe II), *i* (classe III) ;

6 - la voyelle désinentielle est toujours la même ([ə], écrit *e*) dans les trois classes ;

7 - la voyelle thématique est *i* à la pers. 1 ; aux autres personnes, elle est *a* (classe I), *e* (classe II) ou *i* (classe III).

4 - *Le futur et le conditionnel*

a) aux deux temps :

1 - il existe, après la voyelle radicale, une voyelle supplémentaire qu'on appelle « pré-thématique » ; on l'écrit *a* (classe I), *e* (classe II) et *i* (classe III), mais étant donné que *a* et *e* sont atones, elles se prononcent [ə], de sorte que I = II ; de plus, dans la plupart des verbes de la classe II, le *e* pré-thématique disparaît ;

2 - le reste des formes : voyelle désinentielle et voyelle thématique (cette dernière seulement au conditionnel, car elle manque au futur) sont communes pour les trois classes ;

3 - la voyelle pré-thématique et la voyelle thématique sont toujours séparées par -*r*-, ce qui est une conséquence de la formation historique de ces deux temps ;

b) au futur (seulement) :

1 - la voyelle désinentielle porte constamment l'accent ; il n'y a donc pas d'alternance d'accentuation ;

2 - la voyelle désinentielle se présente sous trois timbres : [é] (pers. 1), [á] (pers. 2, 3, 6) et [έ] (pers. 4, 5) ;

c) au conditionnel (seulement) :

1 - la voyelle thématique est toujours *i* et elle se trouve en hiatus avec la voyelle désinentielle ;

2 - la voyelle thématique porte constamment l'accent ; il n'y a donc pas d'alternance d'accentuation ;

3 - la voyelle désinentielle est [ə], qu'on l'écrive -*a* (pers. 1, 3) ou -*e*- (pers. 2, 4, 5, 6).

5 - *L'impératif*

1 - dans la conjugaison régulière, l'impératif ne présente aucune forme qui ne se trouve pas dans d'autres temps verbaux ;

3 - à cause de sa nature grammaticale, il n'existe pas de forme pour la pers. 1 ; il existe d'autre part quelques formes impropres de l'impératif (parce qu'elles échappent à la signification du temps) : les

pers. 3, 4 et 6 qu'on obtient en empruntant : 1) pour la pers. 3, la pers. 3 du subjonctif présent (3 - *canti*, 3 - *perdi*, 3 - *senti*, 3 - *serveixi*) ; 2) pour la pers. 4, la pers. 4 de l'indicatif présent (4 - *cantem*, 4 - *perdem*, 4 - *sentim*, 4 - *servim*) ; 3) pour la personne 6, la pers. 6 du subjonctif présent (6 - *cantin*, 6 - *perdin*, 6 - *sentin*, 6 - *serveixin*) ;

3 - les formes qu'on peut considérer, à proprement parler, comme des formes de l'impératif, sont les personnes 2 (*tu*) et 5 (*vosaltres*), car ce sont celles à qui s'adressent les ordres ;

4 - à la pers. 2, on se sert de la pers. 3 de l'indicatif présent (2 - *canta*, 2 - *perd*, 2 - *sent*, 2 - *serveix*) ; aussi ces formes sont-elles les seules de la personne 2 qui ne se terminent pas par -*s* (cf. ci-dessus § 23) ;

5 - à la pers. 5, on se sert de la pers. 5 de l'indicatif présent (5 - *canteu*, 5 - *perdeu*, 5 - *sentiu*, 5 - *serviu*).

DISCUSSION

M. Roca-Pons. — De primer, una petita objecció respecte al que ha dit el Sr. Badia sobre el nom, un petit detall. Quan ha parlat de *cistell-cistella*, jo no consideraria femení *cistella* respecte a *cistell* ; em sembla que es tracta d'una diferència derivativa ; *cistella* respecte a *cistell* no és femení com no ho és *porta* respecte a *port*, és clar que la diferència semàntica és molt més gran entre *port* i *porta*, però es tracta d'una diferència de grau.

Respecte al verb, confesso que jo m'hi he dedicat amb molt d'interès ; en parlé doncs uns segons. Jo no coincideixo del tot amb el Sr. Badia. Per a mi cal dividir el verb català en diferents morfemes, si emprem aquest terme com a unitat significativa, genèrica general. Llavors distingir l'expressió morfema que indica la idea verbal, la bàsica que es pot dir lexema també (el que té relacio amb la conjugacio) després els morfemes que indiquen temps, mode, persona, nombre ; en algun cas com per ex. *canta-re-s* em sembla que això és molt clar perquè hom pot separar fàcilment l'arrel, el lexema. Sobre això que per a mi és la indicació de la conjugació, no sempre estic d'acord naturalment : la indicació de la conjugacio no hi és sempre i de vegades, no correspon, és a dir, no és una indicació de cadascuna de les conjugacions sinó que és una oposició entre una, i la segona i la tercera conjuntament ; això per a mi doncs seria la indicacio del temps, en aquest cas, del pretérit simple i la *s* la indicació de la 2e persona i del singular a la vegada. Jo diria que aquestes formes que el Sr. Badia ha posat ací indiquen a la vegada la persona i el nombre

2 - s
4 - m
5 - u
6 - n

és clar, ací hi ha una oposició entre le *n* del plural de 3e persona i la manca de *n* a la 3e singular però la *u* em sembla que és un cas de morfema, tampoc no discuteixo el terme que vostés vulguin emprar, però expressa a la vegada, conjuntament, el nombre i la persona.

Bé, el sistema verbal és una mica complicat, és una mica llarg ; en aquest cas la divisió em sembla senzilla. En canvi, en un cas com *cant-o*, és molt més complicat, ací em sembla que hi ha l'arrel, el morfema lèxic i ací hi ha una *o*, constant en totes les conjugacions, aquesta *o* no té relació amb la conjugació perquè apareix indistintament ; aquesta *o* indica doncs, em sembla, la 1e persona del Present d'Indicatiu.

A la 2e pers. *cante-s*, tindríem la *s* de 2e persona i singular ; aquesta *e* hom pot considerar, la vocal de la conjugació i hom pot dir que, sense altre element, la presència pura de la vocal temàtica o característica és característica d'aquest temps.

El futur, per ex. *cant-a-ré*, em sembla bastant complicat ; a l'arrel jo hi distingiria la vocal temàtica (ací hi ha l'oposició entre 1° et 2° per una banda i 3° per l'altra i *ré* indicació de 1e persona del futur conjuntament). Es clar hi ha altres possibilitats, com la d'aquest americà que considera aquesta *r* com a característica del plural junt amb la *r* de condicional però em sembla que això és una mica discutible. Jo m'inclinaria a creure que *-ré* és indicació de futur amb la persona, conjuntament sense poder fer més distincions, em sembla que *-ré* és ja una unitat morfemàtica.

Per acabar, més que referir-me a les vocals a què s'ha referit el Sr. Badia, voldria dir un mot sobre els morfemes amb vocals i consonants de què consta cada forma verbal. Crec que els fonamentals són el lèxic, el que indica conjugació, el que indica temps i el que indica mode i persona ; ara bé, no sempre es poden distingir fonèticament, algunes vegades van junts ; el mode, nombre i persona van gairebé sempre junts, el mode també pot estar en el de temps i encara hom pot parlar del d'aspecte, que és una mica més complicat.

M. Colon. — Je ne voudrais pas revenir sur l'orthographe, mais il me paraît commode d'avoir une forme écrite *content* en face de la prononciation [kuntén] à Barcelone et [kontént] à Valence ; du point de vue pédagogique, cette forme écrite indique immédiatement aux Barcelonais la forme féminine [kuntentə]. Il en est de même pour *forner* : lorsque nous disons [forner], nous savons déjà le féminin *fornera*, et c'est un avantage. Mais, quand M. Badia dit : « nous avons comme voyelle atone *u, i, ə*, et à *casa*, vous ajoutez *-s, cases* », je me demande comment on pourrait de cette façon, en ajoutant un *-s*, expliquer tous ces problèmes pour l'ensemble de la langue.

Je reconnais que Barcelone est la capitale et que nous devons suivre son usage, mais j'aimerais ne pas trop négliger le reste. Les Roussillonnais ont aussi leur mot à dire au sujet du présent de l'indicatif en -*i*, les Majorquins au sujet de *jo cant* sans *o*, etc. D'autre part, je voudrais contredire mon maître en ceci. Il a dit qu'il exposait le système morpho-syntaxique du barcelonais. Or, la forme *cantí*, *-ares*, n'est pas du barcelonais. Nous a-t-il donc donné une description du barcelonais ou de la langue littéraire ? S'il s'agit de la langue littéraire, nous devons aussi, nous autres occidentaux, être pris en considération. Nous demandons humblement à la capitale de reconnaître l'occidental.

M. Lüdtke. — Je voudrais encore parler de la question concernant *content*, *-a*, et attirer votre attention sur le fait qu'un problème pareil existe en français. Si, par exemple, dans les livres scolaires de français, on apprend des formes comme *vert/verte, long/longue,* on présente les deux formes, ce qui veut dire qu'il faut apprendre deux vocables. Or, je me demande s'il n'est pas possible de présenter, au lieu de deux vocables, ou de deux formes séparées, une seule forme accompagnée d'une « opération ». Et je pense que ce serait possible aussi pour les formes catalanes *content, -a, verd, -a,* etc.

En général, on admet comme principe que la forme la plus courte des deux est la forme de base, mais je trouve que ce n'est pas nécessaire. C'est un principe qui a son unique justification dans la tradition. Je voudrais proposer une autre solution. Par exemple, on indiquerait /*vert*/^{o}, /*lõg*/^{o}, avec un signe opérationnel ^{o}, signe conventionnel auquel je donne la valeur d'une sorte de soustraction ; ce signe voudrait dire que, pour former le masculin, il faut soustraire le dernier phonème, tandis que /*vert*/, /*long*/, sans ce signe indiquerait le féminin *verte, longue.* Si vous avez un adjectif comme /*riʃ*/ il n'y a pas de signe, ce qui veut dire que, pour former le masculin, rien ne change.

Pour le catalan de Barcelone, c'est un peu plus compliqué, parce que, au lieu d'indiquer soit deux formes (*verd, -a*), soit une forme plus un signe opérationnel qui ne suffirait pas, il faut donner une forme de base ; ce sera alors *kuntent^o/-ə* avec deux signes opérationnels, dont le premier sera un signe de soustraction, et le deuxième signifiera qu'il faut ajouter *ə*, le premier se référant au masculin, le deuxième au féminin. C'est une solution plus compliquée, mais qui a sa justification, parce que la réalité linguistique du catalan oriental est plus compliquée que celle du français ou du catalan occidental.

M. Guiter. — A la fi de la vostra comunicació tan interessant, hi ha algunes coses que han despertat la meva atenció més particularment... La vocal de flexió verbal dels infinitius introdueix més que més variants dialectals : tots els infinitius no coincideixen, per ex. pel castellà « *ordeñar* » tenim *munyir / múnyer* ; és un problema de dialectologia. En el mateix sentit, si hem tingut un mal de queixal dolent, amb les seves conseqüències, en dieu « *tinc la galta inflada* » però jo diré « *tinc la galta botada* » i la meva dona dirà « *tinc la galta botida* »... variants dialectals en tot el domini català dels diversos infinitius.

En les formacions romàniques de futur i condicional, la presència
de la vocal característica és una cosa anormal quan es tracta d'una *e*
o d'una *i* ; la cosa normal és el tipus *vindré, tindré* : la *e* i la *i* contra-
finals haurien de caure. Doncs això és una sistematització còmoda,
però molt difícil de justificar només d'un punt de vista sincrònic i
deixant de banda totes les consideracions diacròniques. Aquesta vocal
característica, està clar, és una analogia de la 1ª conjugació ; *cantaré*
sobre *cantar* exigeix una formació *x* sobre *sentir* :

$$\frac{cantaré}{cantar} = \frac{x}{sentir}$$

D'on una formació *sentiré* que no es pot considerar com una formació fonètica en la llengua.

La *n* marca sempre la 3ª persona plural ? *fon* és una 3ª pers. sing. ;
són és una 3ª persona plural : quan es deixa la diacronia sempre hi ha
problemes.

...Els verbs regulars molt sovint són els irregulars... També la
final *i* de les primeres persones del pretèrit *cantí, partí,* és una pertor-
bacio, si es pot dir, de la conjugació ; *cantí* no s'usa pràcticament, justa-
ment perquè és una cosa massa fora de la norma de la conjugació en
-*ar* ; és una analogia també de *sentir*, i està clar que aquestes pertorba-
bacions a València les accepten amb més facilitat ; però, d'una manera
general, la llengua ha buscat una altra solució.

M. Badia. — Je remercie infiniment tous ceux qui ont pris la
parole.

Evidemment dans le cas de *cistell-cistella,* il ne s'agit pas d'un
féminin *cistella* tiré du masculin *cistell* ; il s'agit sans doute, comme le
veut M. Roca-Pons, d'une différence de dérivation. Mais je pense que
c'est peut-être trop de la comparer à la différence entre *port* (lat. *portus*)
et *porta* (lat. *porta*), deux mots tout à fait indépendants du point de vue
étymologique. J'avais mis le couple *cistell-cistella* parce que, du point
de vue des formes, je croyais qu'il s'agissait de ces substantifs féminins
à valeur augmentative dont, entre autres, M. von Wartburg a parlé,
de sorte que, quant à la forme, je pensais qu'on pouvait ajouter ces
cas ; évidemment *cistella* n'est pas le féminin de *cistell*. Mais, étant
donné qu'il y a aussi une opposition formelle évidente entre ces deux
mots, je pense que c'est une raison suffisante pour tenir compte de cet
exemple.

Je suis d'accord que j'ai peut-être minimisé trop la possibilité de
détacher des formants de personne, de nombre, de temps ; je l'ai fait
pour les besoins de clarté, j'espérais que l'exposé serait ainsi plus
évident.

Quant aux temps, j'ai dû abréger mon exposé, qui était trop long, avant de parler des formants des différents temps verbaux, de sorte qu'il y aurait encore beaucoup à dire à ce sujet. M. Roca-Pons le sait mieux que moi. Je dois dire, pour en finir avec ma réponse à M. Roca-Pons, que, si j'avais su qu'il viendrait au colloque, c'est lui qui aurait été chargé de présenter un rapport sur la morpho-syntaxe.

Quant à l'intervention de mon ami G. Colon, j'avoue que j'aurais dû peut-être davantage souligner que je n'avais aucun mépris pour les parlers occidentaux. Toutefois, il fallait commencer par une région, et je me sentais plus à l'aise en commençant par le catalan de Barcelone que si j'avais essayé de décrire le valencien. Les Valenciens auraient même dit : c'est bizarre que M. Badia commence par le valencien. Il était donc plus naturel pour moi de commencer avec la description du barcelonais. Evidemment, la description morpho-syntaxique du valencien, de l'occidental en général, est beaucoup plus commode à présenter, car l'orthographe aide la description des parlers occidentaux plus qu'elle ne le fait dans le cas du barcelonais.

Quant aux cas concrets que M. Colon a cités, celui de *forner*, par exemple, appartient à un des trois cas généraux qui se terminent par une consonne, comme n'importe quel adjectif qui se termine ainsi ; en général il faut ajouter tout simplement un *a*. Pour les Valenciens, *forner* est un des cas généraux.

Quant à [kázə]/[kázəs], c'est en catalan de Barcelone que la description est de ce point de vue plus facile qu'en catalan occidental, étant donné que *a* atone se prononce chez nous de la même façon au singulier et au pluriel.

M. Colon. — Dans la langue parlée . . .

M. Badia. — Il faut toujours commencer par le langage oral. La forme première de tout langage est la forme orale. Dans ce cas, il est très facile de dire aux enfants : au pluriel devant *s* et devant *n*, on écrit toujours *e*, car nous autres Barcelonais nous devons apprendre dans quels cas [ə] s'écrit *a* et dans quels autres il s'écrit *e*. Le cas de pluriel est d'ailleurs un des cas les plus simples, parce que, ici, il n'y a pas d'exception. Au pluriel devant *n*, on écrit toujours *e*, c'est tout à fait simple.

M. Sugranyes. — Je crois qu'on peut ajouter qu'une des raisons qui ont décidé Fabra à choisir -*es*, -*en* dans l'orthographe est justement l'existence des parlers occidentaux. A Barcelone, on l'écrirait avec *a*. C'est tout à l'honneur des occidentaux de nous avoir rappelé quelle était l'orthographe normale.

M. Colon. — M. Badia nous a dit qu'il parlerait du barcelonais, mais un de ses exemples concernait le passé simple, forme qui n'est employée en barcelonais presque nulle part ; elle est littéraire.

De même, dans le mot *cavaller,* le -*r* ne se prononce pas. Vous

avez dit qu'il était sous-jacent au pluriel : alors que le -n de *cami-*
camine apparaît, le *r* de *cavaller* au pluriel n'apparaît pas dans la
prononciation. De quelle façon pouvez-vous donc classer ce cas — du
point de vue de l'orthographe, bien sûr, et non du point de vue phonétique — quant à la formation du pluriel ? Vous ne pouvez pas le
classer parmi les mots terminés par une voyelle non accentuée.

M. *Badia*. — J'avais supprimé tellement de choses dans mon
exposé... J'ai cependant un autre type de noms qui se terminent par
une voyelle accentuée et qui, devant la marque du pluriel, s'écrivent
avec *r* qu'on ne prononce pas en barcelonais (on prononce -*s*) : *cavaller-*
cavallers (comparez le substantif dérivé *cavalleria*), *plor-plors* (comparez le verbe *plorar*). Quand les noms de ce groupe sont des adjectifs,
la graphie -*rs*, lors de l'adoption de la marque -*s*, est suggérée par la
forme féminine correspondante qui possède *r* : *sencer*, fém. *sencera*,
aura au pluriel : *sencers* (masc.) et *senceres* (fém.).

Ici, il faut, comme toujours, distinguer entre l'orthographe et la
prononciation.

J'aurais dû parler de ce problème après les cas d'exceptions constitués par les terminaisons en voyelle tonique : *pa-pans*, *volcà-volcans*,
camí-camins. Ensuite, il y a une autre série d'exceptions dont j'ai fait
abstraction : *mercè*, les noms des lettres (*a*, *be* ...) et quelques mots
invariables (*els perquès*), séries de mots qu'on introduit toujours dans
les grammaires. C'est encore le cas de *cavaller*, *plaer*, etc., qui en
catalan oriental est semblable à *mercè*, *el perquè-s*.

Le passé simple n'est évidemment pas employé par les Barcelonais,
mais les Barcelonais connaissent bien cette forme, parce que quelques
verbes ne se présentent qu'au passé simple (par exemple, *degué* du
verbe *deure*, qu'on n'emploie jamais dans la forme périphrastique).
C'est un des cas qui oblige le barcelonais, même le barcelonais parlé,
à ne pas méconnaître ce temps. Dans la grammaire, on a établi ce
temps, et les Barcelonais ont le choix entre le passé simple et le passé
périphrastique.

M. *Colon*. — On n'entendra jamais *ahir arribí*.

M. *Badia*. — Excepté à la première personne, le passé simple est
beaucoup plus employé dans le langage écrit.

M. *Colon*. — Moi, lorsque j'arrive à la frontière, je n'emploie plus
le passé simple. On n'emploie pas cette forme dans mon dialecte, et je
ne connaissais que *degué*. Je trouve qu'il s'agit d'une question de
méthode. On a voulu faire du dialecte barcelonais le patron de la
langue littéraire.

M. *Badia*. — Je parle du catalan de Barcelone employé autrement
que dans la littérature. Ainsi, si vous lisez *Tele-Estel* — il serait peut-

être un peu exagéré de qualifier de littéraire tout ce qu'on publie là-dedans... ce serait placer la littérature à un niveau un peu bas — vous y trouvez assez fréquemment le passé simple. Et il y a encore un facteur d'analogie, si je peux l'appeler ainsi.

M. Roca-Pons. — On emploie assez le passé simple sous l'influence de la langue littéraire. C'est un fait aussi Mais je crois qu'il est très difficile de séparer ce qui est naturel et ce qui est littéraire.

M. Buira. — Il ne faut pas oublier non plus qu'on trouve le passé simple dans beaucoup de proverbes, et je pense, par exemple, à celui qui dit : « Hostes *vingueren* que de casa ens *tragueren* ».

M. Colon. — Je suis tout à fait d'accord, mais je demande à M. Badia s'il nous décrit ici le barcelonais parlé ou le barcelonais littéraire. Au lieu de voir toute la conjugaison, on me dit : « Hostes vingueren que de casa ens tragueren ».

M. Badia. — Tout le monde comprend.

M. Colon. — On dit aussi : « Hostes vindran que de casa ens treuran ».

M. Badia. — C'est la forme du proverbe espagnol correspondant : « De fuera vendrá quien de casa te echará ». Mais à Barcelone nous disons, en général, au passé simple : « *Hostes vingueren* que de casa ens *tragueren* », et tout le monde comprend.

M. Aramon. — Je crois que M. Colon a raison pour la terminologie ; si par barcelonais on doit comprendre le barcelonais écrit, alors il vaudrait peut-être mieux dire la langue littéraire de Barcelone.

M. Badia. — Je ne pense pas à la langue littéraire ; je préfère parler plutôt de la langue écrite, de la langue qu'on peut écrire, sinon nous nous trouvons en face du concept de « langue littéraire », extrêmement large. Je crois que nous avons tous tendance à identifier « langue littéraire » et « langue écrite », or on a tort, car on emploie très souvent, en écrivant, une langue sans prétention littéraire, sans prétention esthétique.

M. Sugranyes. — Je crois que, dans ce cas, il s'agit d'une analogie presque parfaite avec le français en ce qui concerne la situation actuelle du passé simple à Barcelone. En français, le passé simple est aussi un temps appartenant exclusivement à la langue écrite, sauf dans certains parlers dialectaux, comme en gascon, où l'on l'emploie volontiers, je crois, dans la langue parlée.

M. Colon. — On l'enseigne à l'école en France.

M. Sugranyes. — Mais chez nous aussi.

M. Lüdtke. — Au point de vue théorique, il serait facile de faire la distinction entre deux couches : l'une serait la langue littéraire et l'autre le parler barcelonais. On pourrait faire à la rigueur cette distinction en décrivant le parler barcelonais à l'aide de caractères phonétiques et en écrivant la langue littéraire — langue littéraire en abstrait — à l'aide de lettres communes. Mais alors, il se pose un autre problème : la langue littéraire n'est pas seulement écrite, il faut aussi la prononcer, la lire, et à ce moment-là, il se pose le problème de savoir quelle en est la prononciation modèle. Aujourd'hui on prend pour prononciation modèle la prononciation de Barcelone, tandis que l'orthographe catalane n'a pas été faite pour la prononciation barcelonaise. Au point de vue historique, on pourrait dire que l'orthographe correspond très bien au catalan occidental, qu'elle correspond à des considérations étymologiques, morphologiques, etc.

On pourrait considérer la prononciation barcelonaise comme une espèce de transition entre le catalan typique, c'est-à-dire le catalan occidental, et l'occitan. Ce serait une façon beaucoup plus facile de comprendre les choses. Seulement, la réalité sociologique, réalité d'aujourd'hui, qui veut que Barcelone soit le centre du catalan, bouleverse la situation, et je vois bien que ce serait un peu ridicule de considérer le barcelonais comme un parler de transition. Pourtant, au point de vue purement historique, ce serait la chose la plus facile, la plus naturelle. L'exigence de lier la prononciation barcelonaise à la langue littéraire et à l'orthographe donne lieu à toute sorte de confusions.

M. Colon. — La question de l'orthographe est une question byzantine. Mais en ce qui concerne la description du catalan que M. Badia a faite dans sa grammaire parue chez Gredos, je me suis senti, en la lisant, exclu du catalan ; ce n'est pas ma langue, j'étais presque un des « altres catalans »... Nous autres Valenciens, nous ne nous y voyons pas reflétés. M. Badia dit dans sa préface qu'il a fait une étude du barcelonais, et je suis le premier à saluer une description du barcelonais. Mais il y a deux choses, le barcelonais et la langue littéraire, écrite ou non. Est-ce donc le barcelonais ou la langue littéraire qu'il a voulu nous présenter ?

M. Lorda. — Je voudrais signaler simplement que, dans les cas du passé simple (prétérit), j'imagine fort bien quelqu'un écrivant une lettre et utilisant ce temps : ce qui montre qu'il ne s'agit pas de quelque chose d'exclusif du domaine littéraire. Peut-être pas la première personne, pourtant.

M. Badia. — La première personne résiste davantage. La troisième moins.

M. Guiter. — Je crois que, même si les dialectes occidentaux du catalan n'existaient pas, l'opposition orthographique entre le singulier *casa* et le pluriel *cases*, ou entre le singulier *canta* et le pluriel *canten*, se justifierait, parce que, au fond, toutes les orthographes traduisent un état ancien de la langue. L'orthographe française est le français tel qu'on le parlait au temps de Philippe-Auguste. De même, en catalan, la fermeture du *e* par le *n* ou par le *s* a précédé l'apparition de la voyelle neutre ; on peut dater à peu près du Xe siècle la confusion du *a* et du *e* atones en voyelle neutre.

Par conséquent, cette orthographe se justifie simplement par des considérations historiques, sans qu'il y ait nécessité de recourir à des considérations dialectales. Ainsi, le seul bloc oriental, le catalan barcelorais, roussillonnais et baléare, pourrait-il lui-même admettre cette opposition orthographique, puisqu'elle a existé dans l'orthographe ancienne.

M. Aramon. — On peut ajouter que ce sont des orientaux et des majorquins, Aguiló et Fabra, qui ont imposé cette graphie de *-es, -en*.

M. Roca-Pons. — J'ajoute seulement que, parfois, à Barcelone, l'emploi du passé simple est de bon ton ; il existe une certaine tendance... D'autre part, s'il y avait une radio, une télévision catalanes, l'usage en deviendrait beaucoup plus fréquent, me semble-t-il.

CINQUIÈME COMMUNICATION

Quelques considérations sur le lexique catalan

par

Germà Colon

(Bâle)

1. LEXIQUE ET « SUBAGRUPACIÓN »

1.1. Une langue [1] qui dit *sencer* (< SINCERUS) pour 'entier,
complet', *estimar* (AESTIMARE) pour 'aimer', *carena* (< CARINA)
pour 'crête de montagne', *enyorar* (< IGNORARE) pour 'languir,
éprouver de la nostalgie', *boira* (< BOREAS) pour 'brouillard', *ensi-
nistrar* (< SINISTER) pour 'éduquer', *donzell* (< DOMINICELLUS)
pour 'absinthe', *jove* (< JUVENIS) pour 'bru, belle-fille', *tardor*

---

[1] En plus des abréviations générales de ce recueil, je me sers des suivantes :

Bambeck = Manfred Bambeck, *Boden und Werkwelt. Untersuchungen zum
Vokabular der Galloromania aufgrund von nichtliterarischen Texten.
besonderer Berücksichtigung mittellateinischer Urkunden.* Tübingen
1968 (Beihefte zur *ZRPh*, Nr. 115).

Bonfante = Giuliano Bonfante, *L'Iberia nelle norme areali di Matteo Bàr-
toli,* in « Studi di Lingua e Letteratura Spagnola », Università di
Torino, Publicazioni della Facoltà di Magistero, 31, Quaderni Ibero-
Americani, Torino [1965], pp. 7-60.

Elem. cat. = Germán Colón Doménech, *Elementos constitutivos del español : catalanismos,* in *ELH,* II, 1967, pp. 193-238.

Elem. occit. = Germán Colón Doménech, *Elementos constitutivos del español : occitanismos, ELH,* II, 1967, pp. 154-192.

Haensch = Günther Haensch, *Las hablas de la Alta Ribagorza (Pirineo
Aragonés),* Zaragoza 1960 (*AFA,* Anejo 7*).

« Miscel·lània Fabra » = *Miscel·lània Fabra. Recull de treballs de lingüística
catalana i romànica dedicats a Pompeu Fabra.* Buenos Aires 1943.

Nauton = Pierre Nauton, *Limites lexicales « ibéroromanes » dans le Massif
Central,* in « VIIe Congrès International de Linguistique Romane »,
Barcelona 1955, II, pp. 591-608.

Veny I = Juan Veny Clar, *Paralelismos léxicos en los dialectos catalanes,
RFE,* XLII, 1958-1959, pp. 91-149.

Veny II = Juan Veny Clar, *Paralelismos léxicos en los dialectos catalanes,
RFE,* XLIII, 1960, pp. 117-202.

(< *TARDATIONE) pour 'automne', etc.) ([2]), possède un lexique d'une certaine personnalité. C'est de ce lexique que je vais essayer de vous entretenir, mais des problèmes de toutes sortes rendent malaisée la tâche qui m'a été confiée : d'un côté, des problèmes strictement linguistiques ; d'un autre, des questions historiques.

1.1.1.   Le premier point à aborder est la façon dont on présente le lexique d'une langue. Dresse-t-on des listes de mots pourvus de leurs étyma et évalue-t-on ensuite la fidélité que cette langue a gardée vis-à-vis du latin ? Range-t-on le tout dans un schéma conceptuel ? Faut-il entreprendre l'étude lexicale sur le plan synchronique ou sur le plan diachronique ? Pour ma part, je ne crois pas qu'il soit permis de négliger la dimension historique de la langue.

Ce sont là des prémisses que l'on ne peut éluder si l'on veut mener à bien l'étude du lexique d'une langue quelconque. Encore que l'on parvienne rarement à des solutions satisfaisantes. Je prends donc le risque de ne pas vous satisfaire. D'autant plus que les facteurs d'ordre historique, géographique et politique, qui existent partout, abondent pour le catalan. Il se pose notamment la question, fort débattue, de l'appartenance de la langue catalane à la Gallo-romania ou à l'Ibéro-romania. On a tâché de résoudre ce problème (ou plutôt de s'en débarrasser) en faisant appel à des considérations lexicales.

1.1.2.   On l'a qualifié de « byzantin » ([3]). N'empêche que, byzantin ou non, il est là et qu'en vous le présentant je m'expose à prendre parti, car j'ai là-dessus, comme tous les romanistes et surtout comme tous les catalanisants, mon idée à moi. Si je me borne à constater, par exemple, que pour exprimer la notion de 'rassasié' la langue catalane a le mot *fart*, venant de FARCTUS, et donc qu'elle va de pair avec l'ibéro-roman qui dit *harto* en espagnol ou *farto* en portugais, je ne vous dis là qu'une demi-vérité, car le catalan connaît aussi *sadoll* ([4])

---

(2) On renvoie une fois pour toutes aux ouvrages de lexicographie catalane suivants : *DCVB* d'Alcover et Moll, *Diccionari Aguiló* et *Diccionari Balari*. Chaque fois qu'une forme catalane est citée, même s'il n'est fait mention d'aucune référence, elle a été contrôlée dans les répertoires mentionnés ci-dessus. Il en va de même pour les mots de l'ancien provençal, à propos desquels ont toujours été consultés les dictionnaires de Raynouard *LR* et de Levy *PSW*. Lorsque les formes proviennent d'autres sources, celles-ci sont explicitement indiquées.

(3) Voyez, par exemple, Moll, *Gr. hist.*, p. 33, § 7 : « La cuestión de si el catalán es iberorrománico o galorrománico tiene un fuerte resabio de bizantinismo ; se atribuyó a ese problema una importancia excesiva, que los últimos polemistas han reducido hasta los límites justos ».

(4) Je fais abstraction des différents niveaux stylistiques où se place chacun des composants des couples synonymiques comme *fart - sadoll*, *ocell - au*, etc. Ils ne sont pas indispensables au but que je me propose ici et qui est de présenter dans ses grandes lignes le lexique catalan. Mais dans une étude approfondie il faudrait tenir compte, en plus de ces plans stylistiques, des aspects géographico-linguistiques et chronologiques de ces couples.

    Voici un texte catalan de 1395 : « e leuant li (sc. a Cirus) lo cap de les spatles, mes lo en ·I· odre ple de sanch humana, dient al dit cap *ques*

venant de SATULLUS, ce qui l'apparente à l'occitan *sadol* et même au
fr. *saoûl,* lequel signifiait et signifie encore parfois 'rassasié' ([5]). Si donc
je suis partisan du gallo-romanisme, je choisirai seulement *sadoll*...
C'est une argumentation cousue de fil blanc, mais elle a servi jusqu'à
présent. Le problème dit de la « subagrupación románica del catalán »
a été posé presque uniquement en fonction du lexique, depuis l'époque
de Meyer-Lübke (1925) ([6]) jusqu'à nos jours, où M. G. Rohlfs, dans une
caractérisation générale du lexique roman ([7]) à l'aide de quelques
coïncidences lexicales occitano-catalanes, parvient à sa provocante
conclusion : « Das Katalanische ist in der Hauptsache eine d é p e n-
d a n c e des Provenzalischen ... » ([8])

1.1.3. Le critère lexical suffisait. Des étyma comme AVUNCULUS,
POMA, CAMBA, BULLIRE, MANDUCARE, ADRIPARE, TROPARE,
FORMATICUM, lesquels deviennent en catalan respectivement *oncle,
poma, cama, bullir, menjar, arribar, trobar, formatge* (comparez avec
le français *oncle, pomme, jambe, bouillir, manger, arriver, trouver,
fromage*) autorisaient d'aucuns à ranger le catalan dans l'orbite gallo-
romane, car l'espagnol disait : *tío, manzana, pierna, hervir, comer,
llegar, hallar, queso*... Mais d'autres mots catalans comme *callar,
apagar, despertar, matar* dont l'étymon coïncide avec celui de l'espagnol (cf. esp. *callar, apagar, despertar, matar*) et s'oppose à celui du
français (cf. fr. *taire, éteindre, éveiller, tuer*) apportaient de l'eau au
moulin de ceux qui voyaient dans le catalan une langue ibéro-romane.
La brillante prise de position du regretté Amado Alonso en 1943, qui
demandait de poser différemment le problème ([9]), n'a pas été suivie

sadollas es fartas be de la sanch de que era tan insaciablement assedegat »
(*Llibre anomenat Valeri Màximo dels dits y fets memorables.* Traducció
catalana del XIV[èn] segle per frare Antoni Canals, éd. R. Miquel y Planas,
Barcelona 1914, vol. II, p. 347, lignes 1491-1494).

(5) A propos de SATULLUS, cf. Bonfante, pp. 27-28. — Le glissement sémantique de 'rassasié' à 'ivre' n'est attesté en français que depuis le XVIe
siècle, d'après le *FEW,* IX, p. 250 *b.*

(6) W. Meyer-Lübke, *Das Katalanische. Seine Stellung zum Spanischen und
Provenzalischen, sprachwissenschaftlich und historisch dargestellt,* Heidelberg, Carl Winter, 1925. Cet ouvrage est plus cité que lu : malgré tout le
mal qu'on en dit, il garde une grande valeur, car son auteur possédait une
excellente connaissance de la situation linguistique en Italie et dans les
Gaules, connaissance qui fait parfois défaut aux critiques.

(7) G. Rohlfs, *Die lexikalische Differenzierung der romanischen Sprachen.*
Versuch einer romanischen Wortgeographie. Sitzungsberichte der Bayeri-
schen Akademie der Wissenschaften, München 1954.

(8) *Op. cit.,* p. 92. Voyez mon compte rendu dans ZRPh, LXXIV (1958), 285-294.
Je trouve pour le moins curieux que Manuel Alvar, dans une note à la
traduction espagnole du livre de Rohlfs (*Diferenciación léxica de las
lenguas románicas,* Madrid, C.S.I.C., 1960, p. 152), écarte toute mon argumentation du seul adverbe « sin embargo » et en vienne à déplacer l'optique,
en parlant inopportunément du guaraní, du roumain, de l'albanais et du
basque.

(9) Amado Alonso, *Partición de las lenguas románicas de Occidente* in *Misc.
Fabra,* 81-101, article reproduit dans le livre de l'auteur *Estudios lingüisti-
cos. Temas españoles,* Madrid, Ed. Gredos, 1951, pp. 101-127.Cf. le c. r. de
M. von Wartburg, ZRPh, LXX (1954), 424.

partout et le livre cité de M. Rohlfs est là pour illustrer ce que je
dis ([10]). Que personne ne se méprenne : je n'emploie pas les termes
« gallo-roman » et « ibéro-roman » dans leur sens géographique ou
politique, mais bien dans un sens linguistique. Chaque langue a son
inventaire de signes phonétiques, lexicaux, etc. Il va sans dire que, du
moment où nous avons une langue indépendante, il est aberrant de la
classer comme dépendante d'une autre. Le catalan n'est pas, dans ses
solutions linguistiques, plus dépendant de l'occitan ou du français qu'il
ne l'est de l'espagnol. Ce qu'il faut, et c'est bien là où la linguistique
historique a son avenir, c'est comparer entre eux les choix lexicaux,
morphologiques, phonétiques, etc., de chaque langue. On peut alors
déceler les traits communs et les traits divergents. Il y a dans les
langues de la Romania occidentale une certaine affinité de comporte-
ment qui permet de les grouper entre elles. Dans le domaine du lexique
je pourrais citer comme exemple le traitement sémantique du lat.
RACĒMUS en catalan, occitan et français où il est passé à désigner le
'raisin' même et non la 'grappe'. Ou bien RES comme négation (cat.,
occit. et fr.) face à NATA (esp., portg.).

Je crois avoir pris toutes les précautions nécessaires pour que
personne ne m'accuse de vouloir ranimer une vieille querelle : la querelle byzantine de « la subagrupación románica del catalán ». Le
byzantinisme de cette querelle tenait du fait que notre discipline,
depuis ses débuts et pour des motifs étrangers à la linguistique,
n'accordait pas au catalan une place parmi les langues romanes, dont
on discutait alors si elles étaient neuf ou dix. On voulait ensuite
englober le catalan dans l'aire d'influence de la France ou de l'Espagne.
Tout cela est absurde. Désormais que son indépendance a été reconnue
par tout le monde, il n'y a plus de querelle de « dépendance ». Il reste
maintenant à comparer les solutions de langues autonomes.

1.1.4.   Il faut rechercher un critère o b j e c t i f qui nous soit un
garde-fou contre les dangers de la partialité ou les facilités de la simplification ; que ce critère appartienne, bien sûr, au domaine linguistique
mais ne reste pas étranger aux contingences historiques, si détermi-
nantes dans l'évolution du catalan. C'est une entreprise ardue, et les
écueils sont nombreux. La preuve m'en a été fournie par la lecture du
remarquable article de Jakob Jud, *Problèmes de géographie linguistique romane* ([11]). Jud passe en revue la distribution des mots qui expriment dans la Romania les concepts 's'éveiller' et 'éteindre'.

---

(10) En voici un écho tout récent : « Eine Sonderstellung nimmt das K a t a l a -
n i s c h e ein. Es war anfänglich aller Wahrscheinlichkeit nach nichts
anderes als eine Variante des Provenzalischen » (Helmut Lüdtke, *Geschichte des romanischen Wortschatzes* (Freiburg i./Br., Rombach, 1968),
I, p. 76. Plus nuancée est l'étude de I. Iordan, *Au sujet du lexique des
langues ibéro-romanes,* dans « Revue de Linguistique », III (Bucarest 1958),
141-152, où l'auteur sépare aussi le lexique catalan de l'espagnol et du
portugais. Mais le fait d'établir la présence ou l'absence d'un mot en se
basant sur les données assez incomplètes du *REW* est un inconvénient
méthodologique sérieux.

2. VARIÉTÉ LEXICALE

2.1. Après avoir signalé que le sens intransitif 's'éveiller' était rendu en latin par le verbe déponent EXPERGISCOR, EXPERGISCI, EXPÉRRECTUS SUM et aussi, quoique plus rarement, par EVIGILARE ; que le sens transitif 'éveiller quelqu'un' l'était par EXCITARE, EXPÉRGERE, EXPERGEFACERE, SUSCITARE, Jud montre la distribution pan-romane d'"éveiller" qui serait la suivante :

SE EXCITARE en Dacia, Raetia, Dalmatia, Sardinia, Italie du Nord, Naples, les Pouilles.

SE EXVIGILARE dans le romagnuolo, une partie des Abruzzes et en Sicile (p. 185).

Pour le gallo-roman (p. 186) nous avons dans les Gaules, Belgica et Lugdunensis, *s'esperir* (< *EXPERIRE), verbe réfléchi au sens de 's'éveiller' ; ensuite, *éveiller quelqu'un* (< EXVIGILARE) comme verbe actif et *s'éveiller* comme verbe réfléchi. La Gaule Narbonensis connaît DE EXCITARE (> aprov. *dessidar*) comme verbe actif et réfléchi, mais aussi la solution du Nord *esperir* et celle de l'ibéro-roman *despertar*.

2.1.1. D'après Jud, « le type *despertar* ... est unique dans le vaste domaine portugais-espagnol-catalan du moyen âge » (p. 189). Son noyau serait le verbe du latin vulgaire *EXPERTARE, formé sur le participe *EXPERTU, issu de la simplification du participe classique EXPÉRRECTUS (lequel était devenu *EXPERCTUS d'après l'uniformisation *EXPÉRXI, EXPÉRGERE, EXPÉRCTUS). « Dédaignant d'appeler au secours les verbes *vigilare* et *excitare* — écrit Jud —, on procéda en Espagne à la formation d'un verbe transitif sur le modèle des exemples typiques très anciens comme *canere : cantare, utor : usare, ostendere : ostentare*. Le participe *expertus* fut le point de départ d'un verbe *expertare* qui a été employé comme verbe transitif 'éveiller quelqu'un' et comme verbe réfléchi : 's'éveiller' » (pp. 185-186). Et Jud continue : « Rome a proposé comme héritiers d'*expergiscor* défaillant, blessé à mort, les verbes *se excitare, se exvigilare*. L'Hispania a répondu à la capitale de l'Empire par une fin de non-recevoir et s'est appliquée à rétablir l'ordre dans sa maison sans attendre le précepte de Rome : l'e x p e r t a r e - *despertar* de l'ibéro-latin est le symbole linguistique de l'autonomie de la Province qui se soustrait à la dictature du gouvernement central de Rome » (p. 186).

2.1.2. Dans le même article Jud étudie aussi le concept 'éteindre' dans les langues romanes. Il y constate la survivance de EXSTINGUÈRE, verbe concurrencé surtout par les représentants de TUTARE et PACARE, termes qui, au sens d'éteindre, semblent être des innovations lexicales étrangères à la latinité classique. Le portugais, l'espagnol et le catalan se sont décidés avec *apagar* pour PACARE.

---

(11) *RLiR*, I (1925), 181-236.

2.1.3. Toujours d'après Jud, ces formations ibéro-romanes *despertar - apagar* pour 'éveiller - éteindre' symboliseraient donc la « nova provincialis superbia » (p. 189), blâmée par un sénateur romain de la fin de l'Empire. Elles seraient en quelque sorte l'incarnation d'une prise de conscience du « Provincial », de plus en plus sûr de ses forces, face aux directives de la capitale, de l'Urbs.

L'exposé de Jud est fort brillant et si j'en parle, c'est qu'il est une de ces études lexicologiques qui m'ont fasciné depuis que j'étais étudiant. L'ensemble est assez exact, sauf peut-être lorsque l'auteur considère l'ibéro-roman, constitué par le portugais, l'espagnol et le catalan, comme un bloc trop unitaire. Le catalan emprunte souvent des chemins différents de ceux suivis par les deux autres langues de la péninsule ibérique, nous allons le voir. Je ne m'attarderai pas aux faits portugais et castillans : Jud ne tient pas compte, en ce qui concerne 'éveiller', de la distinction entre *despertar* et *acordar-recordar* qui subsiste encore au XVIIe siècle (cf. *DCEC*, I, 28 a, s.v. *acordar*, II.) ou de l'existence du portg.-esp. *desvelar*.

2.2. Revenant au catalan, je voudrais, pour le concept 'éveiller', mettre en exergue la prohibition lancée à la fin du XVe siècle dans une sorte d'« Appendix probi » intitulé *Regles d'esquivar vocables* et que M. A. Badia a édité en 1950 ([12]). Cette prohibition porte sur le verbe *dexondar* : il faut, nous conseille-t-on, éviter de dire « *dexondar* per *despertar* o *esvellar* ». Ces trois types lexicologiques exprimant l'idée d'éveiller nous mènent d'un côté vers l'ibéro-roman (*despertar*), d'un autre vers le gallo-roman (*esvetllar*) et même vers la création individuelle (*deixondar* ou *deixondir*). Je ne suis pas très sûr de l'étymologie de *deixondar/deixondir,* type qui est attesté en catalan depuis le XIVe siècle ([13]) ; elle n'est pas non plus essentielle pour nos conclusions ([14]). Il faudrait encore citer le verbe *reixidar* et son dérivé *reixidament,* issus de RE + EXCITARE, utilisés par Ramon Llull, mais

---

(12) « *Regles d'esquivar vocables o mots grossers o pagesívols* ». *Unas normas del siglo XV sobre pureza de la lengua catalana, BRABLB,* **XXIII** (1950), p. 146, numéro 125.

(13) Le *Diccionari Aguiló* (III, p. 86 a ; s.v. *dexondar*) cite cet exemple du *Ms. Passió* : « E donà'm aygua per la fas per so que yo be·m dexondàs ». L'édition d'E. M[oliné] y B[rasés] transcrit ainsi : « E dona ayga per la fas // Per so que yo bem dexondas » (*EUC*, III, 1909, p. 349, vv. 1048-49) ; quoi qu'il en soit, la forma *dexondàs* est assurée par la rime.

(14) Joan Coromines, *Algunes lleis fonètiques catalanes no observades fins ara, ER*, III (1951-1952, 228 (et note 10) suppose que *deixondir* est un mot moderne et que *deixondar* doit être secondaire, forgé comme une forme non-inchoative de *deixondir*. Il y voit un représentant de DE-EX-SOMNI-CIRE (cf. aussi *ibid.*, p. 219, note 8). La chronologie s'oppose à cette façon de voir. Au moment de corriger les épreuves, je crois pouvoir dire que la forme première est *deixondar,* laquelle remonte à une base *DE-EX-SOMNITARE.

qui ne semblent pas avoir pris racine en catalan (¹⁵). Nous ne savons
pas si nous avons affaire à un emprunt individuel au provençal ou bien
à une tendance qui n'a pas triomphé. Par conséquent, voici 'éveiller'
représenté au moins par *despertar*, *deixondar* et *esvetllar*, et je fais
naturellement abstraction des variantes dialectales de ces trois types
fondamentaux.

2.2.1. Continuant son exposé, Jud nous dit que la Romania connaît, grosso modo, trois grands types pour exprimer l'idée 'éteindre le
feu, éteindre la flamme' :

EXSTINGUERE (Roumanie, France du Nord, petit territoire de
l'Italie).

TUTARE et variantes (Italie, Rhétie, Sardaigne, France centrale
et méridionale).

PACARE (Péninsule ibérique).

En plus, Burdigala avait créé un *EX-CANDERE (le contraire
logique de CANDERE 'briller') ; Massilia et Nemausum ont recouru à
une formation nouvelle *ADMORTIARE, tandis que Bononia, Mutina
et Rhegium adoptaient un *EXMORTIARE, deux créations qui reposent sur l'image *ignis mortuus est* (op. cit., p. 235).

2.2.2. Or bien, si le catalan dit en effet *apagar*, comme l'espagnol
et le portugais, il a cependant connu d'autres bases lexicologiques qui
ne se sont pas tout à fait imposées mais dont l'existence est confirmée
par d'anciens textes littéraires ou encore par les dialectes modernes.
Ainsi, le célèbre médecin Arnau de Vilanova emploie au commencement du XIVᵉ siècle le couple synonymique *estèyner o apagar* (¹⁶) ;
en plus, *tudar*, qui existe aujourd'hui dans le Roussillon (également
sous la variante *atudar*), est attesté aux XIVᵉ et XVᵉ siècles et il survit
à Majorque dans l'acception secondaire d'"abîmer'. *Amortar* (*el foc*)
comme verbe transitif et *esmorir-se* comme réfléchi nous sont aussi

(15) Le *DCVB* cite pour *reixidar* et *reixidament* (s.v.) un texte du *Llibre de
Contemplació* de Ramon Llull, où ces mots sont accompagnés du synonyme
plus courant : *lo rexidà e'l despertà, rexidament e departament* (il semble
qu'il faille lire *e despertament*, cf. Ramon Llull, *Obres essencials*, Barcelona [1960], II, p. 218 ; cap. LV, § 29 : *reixidament e despertament*).
Dans le *Blanquerna* du même Ramon Llull, manuscrit Piot du XIVᵉ
siècle, nous lisons : « Narpan respos que enaissi lauia uestit son escudier e
que lauia rescidat » (éd. Morel-Fatio, *Ro*, VI, 1877, p. 524 *a*), alors que le
manuscrit de Munich porte *que.l havia despertat* (éd. S. Galmés, *ENC*,
Nr. 50-51, I, p. 272.28), coïncidant avec l'édition princeps de Valence de
1521 : *quel hauia tan mati despertat* (éd. Morel-Fatio, *loc. cit.*, p. 525 *b*).

(16) Dans le *Raonament d'Avinyó* (1310) : «...d'altra part, s'esforçaven de
diffamar-los, e d'*estèyner o apagar* en lo poble la devoció » (éd. M. Batllori,
ENC, Nr. 53-54, vol. I, pp. 204.15-16).

attestés (cf. *DCVB*, s.v.) ; de même, *escantir*, mais il apparaît dans un texte où abondent les provençalismes et nous devient, de ce fait, suspect ([17]).

En conclusion, si le catalan a depuis toujours exprimé les deux concepts 'éveiller' et 'éteindre' par *despertar* et *apagar*, coïncidant ainsi avec le reste de l'ibéro-roman, il se sert également — ce que Jud a omis de dire — de presque tous les autres types lexicologiques qui se partagent la Romania, en particulier la Gallo-romania.

3.   A LA RECHERCHE D'UN CRITÈRE OBJECTIF

3.1.   L'élément d'appréciation impartial que nous exigeons pour cerner les caractéristiques lexicales du catalan, nous pourrions le chercher dans la liste de mots dressée par Jud au commencement de son étude déjà citée et destinée à souligner les divergences qui existent entre l'ibéro-roman d'une part, l'italien et le français d'autre part. Cette liste a l'avantage de n'avoir pas été établie par moi, d'après un choix qui aurait pu être arbitraire ; elle étale sur trois colonnes une série de termes comparés respectivement en italien, en français et en espagnol ([18]). J'y ai ajouté une quatrième colonne pour les mots correspondants en catalan m o d e r n e, afin d'examiner avec vous les écarts ou les similitudes qu'ils présentent par rapport au lexique gallo-italien ou au lexique espagnol :

	Italien	*Français*	*Espagnol*	*Catalan*
1.	cugino	cousin	primo	cosí
2.	fratello	frère	hermano	germà
3.	nipote	neveu	sobrino	nebot
4.	state	été	verano	estiu
5.	sera	soir	tarde	vespre
6.	mattino	matin	mañana	matí
7.	padella	la poêle	sartén	paella
8.	letto	le lit	cama	llit
9.	uccello	oiseau	ave, pájaro	ocell
10.	il cane	chien	perro	gos
11.	prugna	prune	ciruela	pruna
12.	burro	beurre	manteca	mantega

---

(17) *Viatge del vescomte Ramon de Perellós y de Roda fet al purgatori nomenat de Sant Patrici* (fin XIVᵉ siècle, mais publié d'après l'incunable de 1486) : «...e tantost com yo nomenas lo nom de Jhesu Crist, tantost fuy guarit e lo foc *scantit* que no hy resta vna sola beluga» (éd. R. Miquel y Planas, *Llegendes de l'altra vida*, Barcelona, Biblioteca Catalana, 1914, p. 154, ligne 709) ; comparez avec le texte languedocien du XVᵉ siècle : «...may tantost que ieu nomniey lo nom de Jhesu Christ, tantost ieu fory guerit e tot lo fuoc *se escantit* que no y demorec pas una sola beluga» (*Voyage au Purgatoire de Sᵗ Patrice*, éd. A. Jeanroy et A. Vignaux, Toulouse 1903, p. 27, ligne 592).

(18) *RLiR*, I, 181-182.

13. pezzo	pièce	pedazo	tros
14. grigio	gris	pardo	gris
15. caldo	chaud	caliente	calent
16. troppo	trop	demasiado	massa
17. prendere	prendre	tomar	prendre
18. volere	vouloir	querer	voler
19. pregare	prier	rezar	pregar
20. domandare	demander	preguntar	preguntar
21. cercare	chercher	buscar	buscar
22. arrivare	arriver	llegar	arribar
23. parlare	parler	hablar	parlar
24. mangiare	manger	comer	menjar

3.1.1. Dans les numéros 1, 3, 6, 7, 8, 9, 11, 14, 17, 18, 19, 22, 23, 24 le terme catalan coïncide avec la solution franco-italienne opposée à celle de l'espagnol, c'est-à-dire dans 14 cas sur 24, soit un peu plus de la moitié. Dans 2, 12, 15, 20, 21, c'est-à-dire dans 5 cas sur 24, le catalan et l'espagnol font route commune. Tandis que dans 4, 5, 10, 13, 16, c'est-à-dire à nouveau dans 5 cas sur 24, le catalan offre une solution différente et de l'espagnol et de l'italien-français.

3.1.2. Cette perspective n'est qu'en partie fidèle à la réalité. L'image ne deviendra nuancée et méthodologiquement exacte que si nous y projetons les faits occitans et si nous y apportons quelques modifications :

N° 2. Le catalan du moyen âge n'a pas ignoré *frare* (ni *sor*), à côté de *germà* (et *germana*). A défaut d'une étude statistique, l'on pourrait dire, je crois, que *frare* pendant les XIIe, XIIIe et XIVe siècles, peut-être même au XVe siècle est aussi fréquent que son synonyme et rival *germà* [19]. Je reviendrai sur cette question au chapitre 4, spécialement dans la note 35.

N° 4. Outre *verano* l'espagnol connaît *estío*, dénomination plus ancienne, car *verano* a signifié longtemps le printemps ou l'entrée dans l'été, mais pas exactement l'été. Il y a parallélisme entre l'espagnol et le catalan dans la formation d'un [TEMPUS] AESTIVUM (analogique et opposé au [TEMPUS] HIBERNUM) en face des représentants

---

(19) Etant donné le penchant du moyen âge pour les synonymes, il n'est pas étrange de trouver très souvent en catalan le couple *frare-germà*. Par exemple chez Desclot : « ... per l'acostament que era entre ab .II., ço és a saber car éran *frares e germans* » (*Crònica*, éd. M. Coll i Alentorn, *ENC*, Nr. 66, vol. IV, p. 82.26) ; « ... axí com a frares e a germans » (*ibid.*, Nr. 69-70, vol. V, p. 138.18). On rencontre même l'expression *frare germà* (p. ex., dans *Exposició De Civitate Dei*, *BRABLB*, VII, p. 207), à propos de laquelle l'on peut se demander si le lat. GERMANUS 'vrai, authentique' n'a pas gardé, comme en gallo-roman, son sens étymologique ; cf. Adolf Graf, *Zur Geschichte von lat. Frater und Soror im Italienischen und Rätoromanischen mit Ausblicken in die Frühromania*, Diss. Zürich 1955, pp. 30-31.

d'AESTATEM. L'occitan, qui dit *estiu,* se range du côté des langues hispaniques ([20]).

N° 5. *Sera-soir* ne sont pas des traductions fidèles de l'esp. *tarde,* car l'espace de temps que comprend *la tarde* s'étend depuis midi jusqu'au coucher du soleil. Le cat. *vespre,* par contre, correspond bien à *sera-soir.* Le catalan moderne a fait un emprunt à l'espagnol et désigne par *tarda* l'après-midi, le temps compris entre midi et le commencement du soir ; à Valence on dit *vesprada* (= esp. *tarde*), et *tarda* y est inconnu.

N° 8. L'espagnol recourt aussi à *lecho,* évolution parfaite du lat. LECTUM. Il est vrai que *cama* est le mot usuel, tandis que *lecho* appartient au vocabulaire plus élevé ou poétique.

N° 9. La correspondance entre l'esp. *ave-pájaro* et l'it. et le fr. *ucello/oiseau* est juste, l'espagnol disant *pájaro* pour les petits oiseaux et réservant le terme *ave* aux grands ; cependant cette distinction est assez récente et le terme générique est *ave.* A côté d'*ocell,* le catalan emploie *au* et l'a surtout employé au moyen âge ([21]).

N° 10. L'espagnol a connu, à côté de *perro, can* et le mot appartient encore aujourd'hui au niveau élevé du lexique. De même le catalan dit *gos* à côté de *ca,* qui est la seule forme usitée en Catalogne française (*ALPO,* carte 138) et aux Baléares (Veny II, p. 150, § 126).

N° 12. L'ancien catalan dit aussi *burri* (< BUTYRUM) ([22]), mais

---

(20) *FEW,* I, p. 46 *b,* s.v. *aestivus.*

(21) Ce n'est pas tout à fait exact ce que dit le *DCEC,* I, p. 337, note 1 : « Alcover da un ej. de *au* en Lulio y otro en las Costumbres de Tortosa (S. XIII). Conozco otros en el mismo autor (*Doctrina Pueril,* 7, 168, 176, 231) y en el mismo texto jurídico (ed. Oliver, p. 422), y algún otro caso suelto (A. el Capellán, De Amore, p. XXII), pero son raros los autores medievales que emplean el vocablo ». Dans la nouvelle éd. de son volume I, le *DCVB* ajoute un exemple de 1262. Pour ma part, j'en ai plusieurs tirés de Llull non seulement du *Llibre de Contemplació* et de la *Doctrina Pueril,* mais aussi de *Blanquerna* (ed. S. Galmés, *ENC*) :
vol. I, p. 232.14 et 22 [par contre, p. 232.9 : *los auçeyls*] ;
vol. II, p. 191.15 [par contre, p. 188.23 : *aucells*] ;
vol. III, p. 122.11.
   Voyez en outre, Ramon Muntaner, *Crònica,* éd. Barcino, vol. I, p. 42.24 ; Sant Vicent Ferrer, *Sermons,* éd. Sanchis Sivera, vol. II, pp. 35.23, 69.32, 70.15, 126.12, 276.22 ; *Libre dell nudriment he de la cura dels ocels,* éd. Faraudo in « Recull de textes catalans antichs », vol. XII, pp. 11-12.
   Il ne faut cependant pas nier le fait que *ocell* est déjà au moyen âge plus fréquent que son synonyme *au,* mais il est exagéré de dire que *au* se trouve en acat. « con carácter esporádico y algo latinizante » (*DCEC,* I, p. 336 *b*).

(22) Nous trouvons dans la *Crònica* de Desclot (*ENC,* Nr. 64, vol. III, p. 67.24) : « ... carn, e galines, e ous, e formatges, e *burri* e molt d'altre refrescament ». Un document de Perpignan de 1284 contient : « mantega o *bori* » (*DCVB,* s.v.). M. Gual Camarena (*Vocabulario del comercio medieval,* Tarragona 1968, p. 457) interprète ce dernier *bori* comme s'il s'agissait d'"ivoire' (!).

mantega est toujours resté le mot usuel. D'ailleurs la Narbonensis a fait usage de *mantega* (cf. *FEW*, s.v. *MANTAICA).

N° 13. Ici on ne voit pas pourquoi Jud a cru devoir séparer l'esp. *pieza* du fr. *pièce*. L'esp. *pedazo* correspond plutôt au fr. *morceau*. En plus de *tros* (qui semble avoir été emprunté par l'esp. *trozo*) (²³) le catalan possède *peça* et *pedaç* ; le sens principal de *pedaç* est celui de pièce d'étoffe que l'on applique sur une partie abîmée du linge : de là cat. *apedaçar*, fr. *rapiécer*, esp. *remendar*. *Pedas* (et *petas*) vit d'ailleurs en occitan.

N° 14. L'espagnol a emprunté au gallo-roman, sans doute à l'occitan, le mot *gris* ; *pardo* désigne plutôt le 'brun', mais de toute façon il n'est pas attesté en catalan.

N° 15. La coïncidence espagnole-catalane *caliente-calent* est exacte, mais en ancien catalan *cald* est la forme la plus courante jusqu'au XVᵉ siècle ; cependant *calent*, qui existe aussi en languedocien, se trouve déjà chez Ramon Llull.

N° 16. Le catalan connut au moyen âge *trop*, emprunté de même que l'italien *troppo* au gallo-roman, mais *massa* est depuis toujours le terme reçu (²⁴).

N° 17. L'espagnol emploie *prender* dans le sens d'"attacher' et aussi d'"arrêter quelqu'un', tandis que *prendre* est le mot catalan courant ; il se voit aujourd'hui, plus qu'au moyen âge, concurrencé par *(a)gafar*, type lexicologique que l'on rencontre également en occitan (*gafar*) (²⁵).

N° 19. L'esp. *rezar* (venant de RECITARE) signifie 'dire des prières'. Dans ce sens il a été emprunté par le catalan moderne *resar*, lequel figure à côté de *pregar* (²⁶). Jud s'est borné au sens de l'all. *beten*, mais si l'on prenait en considération celui de *bitten*, on constaterait une nouvelle coïncidence du catalan avec l'italien et le français (*pregare / prier*) : cat. *pregar* face à l'esp. *rogar*.

N° 20. Cette correspondance est restreinte au sens de 'poser une question, interroger' (all. *fragen*). Le cat. *preguntar* est récent et sans doute pris à l'espagnol. Il cohabite avec *demanar*, verbe qui, au sens de 'prier, exiger' (all. *bitten um, verlangen*), coïncide avec l'it. et le fr., face à l'esp. *pedir*.

N° 21. En acat., encore dans le Roussillon et aux Baléares et dans

(23) *DCEC*, IV, pp. 611-612.
(24) L'adv. *massa* est aussi courant en aprov. (cf. *FEW*, VI, p. 442 *b* et note 9).
(25) *DCEC*, II, pp. 609-610 ; *FEW*, IV, p. 18.
(26) Bien que le lat. RECITARE n'ait pas pris pied en catalan, certains parlers limitrophes connaissent le type lexical, p. ex., Aiguaviva *redar* (cf. M. Sanchis Guarner, *RFE*, XXXIII, 1949, p. 58).

la langue littéraire moderne on trouve *cercar* ; le cat. *buscar* a été emprunté au castillan au XVIIe siècle ([27]).

N° 22. Une image semblable à celle de l'esp. *llegar* (venant de PLICARE) se reproduit à Valence où l'on a *aplegar* ([28]) qui vit à côté d'*arribar*. Ce verbe *arribar* est le plus courant à Valence et le seul usité dans le reste du domaine catalan actuel. Si Meyer-Lübke (*Das Katalanische*, § 154, pp. 158-159) avait eu connaissance des faits tels

(27) Cf. Veny II, p. 160, § 138 et *ALPO*, cartes 131 et 132. Cette dernière carte donne la traduction de la phrase « nous allons *chercher* des violettes » ; abstraction faite de quelques endroits où l'on a répondu *cúller*, c'est le type *cercar* qui prédomine dans le département des Pyrénées-Orientales. On se demande si la francisation est tellement poussée ou si une question indirecte n'aurait pas donné d'autres résultats. Du côté de la Catalogne espagnole on a répondu par *buscar* à côté de *cullir*. Mais comment la question a-t-elle été formulée en espagnol ? N'aurait-on pas dit par hasard « ... *buscar* violetas » ?

(28) Le catalan *plegar* est attesté depuis 1365, cf. *ZRPh*, LXXIV (1958), 293. Pour APPLICARE, voyez Giuseppe Tavani, *Preistoria e protostoria delle lingue ispaniche*, L'Aquila, Japadre Edit., 1968, pp. 98-99. A remarquer que dans le latin médiéval de la Méditerranée apparaît fréquemment le verbe APPLICARE/ADPLICARE au sens nautique d'"arriver'.

Voici deux exemples, d'abord en latin médiéval de la Catalogne : année 1302 (Barcelone) : « ... quod frater Rogerius pirata Sicilie cum vi. galeis et i. ligno c. remorum *applicuit* partibus Provincie ... (in A. Rubió i Lluch, *Diplomatari de l'Orient Català*, Barcelona, I. d'E. C., 1947, p. 8, doc. num. 7).

année 1329 (Majorque) : « ... navigando et faciendo ipsum viaticum Zipri in dicta insula de Serigo, ubi propter maris fortunam *applicuit,* fuit captum et invasum per homines ipsius insule ... » (*ibid.*, p. 174, doc. núm. 143).

En voici maintenant d'autres tirés d'une longue lettre que le duc Morosini de Crète adresse depuis Candie au duc de Venise en 1329 et dans laquelle il expose des actes de piraterie et rapporte les déclarations de ceux qui en ont été témoins :

« ... dixit quod ... ipse erat castellanus dicti castri et dictum fuit sibi quod quodam lignum Catellanorum *applicuit* in quodam portu vocato Aulomona ... » (*ibid.*, p. 178, doc. 147).

« ... et ibi vocari fecerunt Blaxium Similteluco olim castellano dicti castri et dixerunt sibi quod unum lignum Catellanorum *applicuerat* in quo portu vocato Sanctus Nicolaus Aulomena ... » (*ibid.*, p. 181).

« Yani Banchari ... dixit quod iam sunt anni quatuor vel circa de mense jannuarii quod unum lignum Catellanorum *applicuit* in quodam portu Sancti Nicolai Aulomona ... » (p. 184).

« Hemanuel Patrologo ... dixit quod iam sunt plures anni duobus et vadit per tres annos, ut credit, quod unum lignum Catellanorum caricatum de sclavis *applicuit* ad insulam Citherici in quodam portu vocatu Sanctus Nicolaus Aulomena ... » (p. 185).

« ... et isti ceperunt fugam, sic quod fugendo dictus abbas *applicuit* ibi cum magna quantitate gentium et vidit quod isti Catellani interficiebant homines insule » (p. 186).

En 1299 nous trouvons, près de Maguelonne, cette attestation: « ... dicit naves, galeas, ligna, barcas et alia navigia *applicare,* honerare et exhonerare, intrare et exire, et merces apud Latas portare libere ... Dicit tamen quod navigia grossa non poterant intrare istos gradus ; sed in plagia *applicabant,* et postmodum in caupulis et barquis parvis exhonerabantur, que intrabant dictos gradus, et ibant cum mercibus apud Latas » (Louis Michel, *La langue des pêcheurs du Golfe du Lion,* Paris [1964], p. 44).

qu'ils sont, c'est-à-dire qu'à Valence on dit aussi *arribar,* il se serait épargné quelques hypothèses hasardeuses.

3.1.3. Si nous dressons un premier bilan de ces comparaisons, nous devrons ajouter à l'actif du gallo-romanisme les exemples 2, 15, 20 et 21, ces deux derniers de droit irréfutable (*demanar* et *cercar*). En faveur de l'ibéro-romanisme nous joindrons aux cas évidents les numéros 4, 9 et peut-être — quoique avec des titres moins indiscutables — le 22 (*aplegar*). Nous mettrons à part les numéros 8 et 10, où l'esp. *lecho* et *can* viendrait coïncider avec le type lexicologique des autres langues considérées, et le 13 pour lequel les données manquent d'exactitude.

Bref, sur les 24 mots que comporte notre liste, nous sommes autorisés à ranger 17 types lexicologiques (70,8 %) sous la rubrique gallo-romane et 10 (41,6 %) sous la rubrique de l'ibéro-roman, les numéros 2, 15, 19, 20, 21 et 22 empiétant sur les deux domaines.

C'est de là, du fait d'être en même temps sur les deux volets du tableau, que la langue catalane tire son intérêt. Elle n'offre des voies indépendantes que pour *estiu* (4), *vespre* (5), *gos* (10), *tros* (13) et *massa* (16). Et encore s'agit-il de solutions très peu autonomes puisque, dans l'ensemble de la Gallo-romania, nous les retrouvons toutes et deux d'entre elles (4 et 10) dans l'Ibéro-romania.

4. UN CHAMP SÉMANTIQUE

4.1. Il faut bien avouer que les observations que nous venons de faire portent sur un ensemble de mots choisis objectivement (ils ne l'ont pas été par moi), mais sans relation o r g a n i q u e entre eux.

Si nous prenions un champ sémantique déterminé, le résultat serait peut-être différent. Aussi me suis-je livré à des essais sur plusieurs champs sémantiques : les parties du corps, les maladies, l'agriculture, les accidents du terrain, les phénomènes atmosphériques, etc. Mais je suis toujours parvenu à la même conclusion : une prédominance incontestable des types lexicologiques gallo-romans, à côté de certaines coïncidences avec l'ibéro-roman et de quelques dénominations autochtones.

4.1.1. Je me permets de vous présenter l'un de ces ensembles structurés de notions, celui des noms de parenté. Il offre l'avantage d'être numériquement assez restreint et d'avoir un modèle latin auquel les langues romanes restent en général attachées, surtout en ce qui concerne la parenté primaire ([29]). Voici la liste :

---

(29) On pourrait objecter que la notion de parenté ne répond pas à une réalité l i n g u i s t i q u e, mais qu'elle est conditionnée par des facteurs sociologiques et historiques. Cependant nous pouvons la mettre à profit, puisque nous partons de faits linguistiques latins et que nous étudions leur aboutissement dans les langues romanes.

	ESPAGNOL	CATALAN
1. parents	*padres*	*pares*
2. père/mère	*padre/madre*	*pare/mare*
3. fils/fille	*hijo/hija*	*fill/filla*
4. jumeaux	*mellizos*	*bessons*
5. frère/sœur	*hermano/hermana*	*germà/germana* (*frare/sor*)
6. grand-père grand-mère	*abuelo/abuela*	*avi/àvia* (*padrí*)
7. petit-fils petite-fille	*nieto/nieta*	*nét/néta*
8. oncle/tante	*tío/tía*	*oncle/tia*
9. neveu/nièce	*sobrino/sobrina*	*nebot/neboda*
10. cousin/cousine	*primo/prima*	*cosí/cosina*
11. beau-père belle-mère	*suegro/suegra*	*sogre/sogra*
12. gendre/bru	*yerno/nuera*	*gendre/nora* (-/*jove*)
13. beau-frère belle-sœur	*cuñado/cuñada*	*cunyat/cunyada*
14. parâtre/marâtre	*padrastro/madrastra*	*padrastre/madrastra*
15. beau-fils/ belle-fille	*hijastro/hijastra* (*antenado*)	*fillastre/fillastra*
16. parrain/marraine	*padrino/madrina*	*padrí/padrina*
17. filleul/filleule	*ahijado/ahijada*	*fillol/fillola.*

4.1.2. Voyons les désignations 1º des petits-enfants et 2º des neveux. Le cat. a adopté pour la première la solution ibéro-romane, également acceptée par quelques parlers occitans : NEPTA (au lieu de NEPTIS) > *néta* qui a servi à former un masculin *nét* 'petit-fils' (cf. esp. *nieta/nieto*) [30]. Par contre, pour 'neveux' le catalan n'a pas suivi les innovations de l'Hispania et a maintenu NEPOS, d'accord avec le gallo-roman, mais comme le catalan ne fait pas de distinction entre cas sujet et cas régime, il ne connaît que l'accusatif NEPOTEM > *nebot*, d'où le féminin *neboda*. Cette solution pour 'neveu, nièce' est aussi celle des parlers occitans de l'ouest du Rhône (à l'est se sont imposés les représentants de NEPTIA, cf. fr. *nièce*) [31]. L'ibéro-roman avait de bonne heure renoncé à NEPOS et eu recours à SOBRINUS, étymon qui n'a pas laissé de traces en catalan.

4.1.3. L'innovation PRIMUS pour 'cousin', propre à l'ibéro-roman, n'est pas non plus partagée par le catalan, qui dit *cosí* [32].

4.1.4. Au sens de 'parents (père et mère)', le pluriel ou duel *pares* est connu (quoi qu'en ait dit Meyer-Lübke, *Das Katalanische*, p. 122) en

(30) *FEW*, VII, p. 96 *b*, s.v. NEPTA.
(31) *FEW*, VII, pp. 94 *b*-95 *a*, s.v. NEPOS. Cf. aussi *ibid.*, pp. 96 *b*-97, s.v. NEPTIA.
(32) On connaît l'expression *cosí prim* ; voyez *DCVB*, VIII, p. 873 *b* et *DCEC*, IV, p. 1066*b*.

catalan depuis le moyen âge (doc. de 1330, chez le *DCVB*). Il s'accorde
avec l'esp. *padres,* tandis que cette signification est extrêmement rare
en gallo-roman ([33]).

4.1.5. Pour 'frère' et pour 'sœur' le cat. utilise aujourd'hui partout
germà et *germana,* d'accord sur ce point avec l'ibéro-roman. Ce sont
des formes qui se retrouvent déjà au moyen âge, mais à cette époque
elles sont concurrencées par *frare* et *sor* ([34]). Il nous manque une étude
sur le combat qu'ont livré entre elles ces dénominations, mais je crois
pouvoir affirmer qu'aux XIIIᵉ et XIVᵉ siècles, au moins dans les textes
juridiques, *frare* et *sor* étaient plus fréquents que *germà* et *ger-*
mana ([35]). La nécessité de souligner la parenté spirituelle et surtout le
caractère plus homogène du couple *germà-germana* ont contribué au
triomphe de GERMANUS.

4.1.6. Pour la dénomination des 'jumeaux', nous avons un terme
de type gallo-roman, surtout occitan, *bessó,* inconnu des autres langues
de la péninsule ibérique.

4.1.7. Si pour 'grand-père' et 'grand-mère' le catalan *avi, àvia* se
range du côté de l'occitan, et que cette affinité va même jusqu'à avoir
en commun l'innovation PATRINUS 'grand-père' (*FEW*, VIII, p. 22 et
n. 3 ; Veny, I, pp. 115-116, § 15 ; *ALPI*, carte 8), le couple *oncle, tia*
pour 'oncle' et 'tante' montre bien la situation particulière du catalan :
il va de pair avec le gallo-roman pour le masculin *oncle* (< AVUN-
CULUS, proprement 'frère de la mère'), mais il ne connaît pas AMITA
pour le féminin et dit *tia* (< θεία) avec le reste de l'ibéro-roman.
Ajoutons que l'esp. *tío* a été aussi emprunté par le catalan, spécialement sous la forme diminutive *tiet* ([36]).

(33) *FEW*, VIII, p. 8 et note 2 ; VII, p. 644 et note 8. L'existence du pluriel *els*
      pares en catalan avait été signalée aussi par H. Kuen, *ZRPh*, LII, (1932),
      499. — A propos du duel latin PATRES voyez M. Bassols de Climent,
      Sintaxis histórica de la lengua latina, vol. I, Barcelona, C.S.I.C., 1945, p. 87.
(34) Voyez ici, note 19.
(35) Voici un passage des *Furs de València* (VI-V-3). Le texte, datant de l'épo-
      que du roi Jacques I (XIIIᵉ siècle), est celui du manuscrit de Valence,
      copié en 1329 par le notaire Boronat Péra : « En la linya col·lateral, ço és
      transversal, és lo primer grau *frare* e *sor*, e·l segon grau és fill o filla de
      frare o de sor, e oncle e tia, e·l terçer grau és nét e néta de frare e de sor
      e oncle mayor e tia mayor, ço és frare e sor d'avi e d'àvia, e·l quart grau
      és besnét e besnéta de frare e de sor o frare o sor de besavi o de besàvia,
      e·l quint grau és tresnét o tresnéta de frare o de sor e frare o sor de tresavi
      o de trasàvia, e axí dels altres qui·s seguexen d'aquí enant. »
(36) Rétrograde dans sa partie catalane est le travail de Karl Neubert, *Die*
      Bezeichnungen von Onkel und Tante in den romanischen Sprachen, Diss.
      Erlangen 1969, p. 372. La documentation historique employée par Aebischer
      dans *Annali della Scuola Normale Superiore di Pisa* (1936), base des
      observations de Neubert, est tout à fait insuffisante. Celui-ci aurait pu se
      donner la peine d'ouvrir au moins le *DCVB* (s.v. *tia*) pour trouver des
      exemples plus anciens. Voyez le couple *oncle-tia* dans l'exemple des *Furs*
      de València (note précédente). Il est hors de doute, quoi qu'on en dise, que
      tia est la vieille dénomination catalane.
          En ce qui concerne *tia* en occitan, voyez Blochwitz, *ZRPh*, LXXIX
      (1963), 84. Consultez, en outre, Bonfante, pp. 46-59.

4.1.8.   Pour la belle-famille, une innovation digne d'être soulignée
est celle de *jove* 'bru' (< JUVENIS), que nous retrouvons dans quelques parlers languedociens (cf. *FEW*, V, 93 a ; *RLR*, 26, 55).

4.1.9.   Pour les rapports de parenté que le latin exprimait par
vitricus/noverca et *privignus/privigna*, le catalan, comme ses voisins
du Nord et de l'Ouest, a fait appel à des formations avec suffixe péjoratif *-aster*. Ajoutons qu'il ne participe pas à la composition ANTE-
NATUS (cf. gr. πρόγονος) qu'on rencontre en espagnol et en portugais
(*alnado, antenado* ; *enteado*) ([37]).

4.1.10.   La parenté spirituelle établie au moyen du baptême nous
réserve la création *padrina* 'marraine' grâce à laquelle le catalan évite
la fâcheuse homonymie qui se serait produite avec *madrina* 'sage-
femme'. D'ailleurs le catalan se range à nouveau du côté de la Gallo-
romania où les représentants des diminutifs FILIOLUS, FILIOLA ont
pris la signification de 'Patenkinder' (cf. *FEW*, III, p. 520 b), tandis que
l'esp. et le portg. se sont tournés vers des dérivés de FILIUS : *ahijado,
afilhado.*

4.2.   Résumons-nous : sur 36 types lexicologiques catalans nous
devons en laisser de côté 15, communs à la Gallo-romania et à l'Ibéro-
romania (*pare, mare, fill, filla, sogre, sogra, gendre, nora, cunyat,
cunyada, padrastre, madrastra, fillastre, fillastra, padrí*). Parmi les 22
restants, deux sont propres au catalan : *jove* 'bru' et *padrina* 'marraine'.
Dans 6 cas le catalan concorde avec l'Ibéro-romania (*pares, germà,
germana, nét, néta, tia*), toutefois quelques-uns de ces mots ont laissé
des traces en occitan (*néta, tia*). Dans les 13 derniers cas le catalan se
rallie à la Gallo-romania, surtout à l'occitan (*bessó, frare, sor, avi, àvia,
padrí, oncle, cosí, cosina, nebot, neboda, fillol, fillola*). Cependant, du
point de vue diachronique il nous faudra faire abstraction de *frare* et
de *sor* qui ont succombé devant le couple *germà, germana*. De même
oncle se sent menacé par le castillanisme *tio* (ou *tiet*), lequel a l'avantage de pouvoir s'appuyer sur le féminin *tia.*

4.2.1.   Donc, tout compte fait, les affinités du catalan avec le
gallo-roman sont évidentes et seuls des préjugés extra-linguistiques
empêcheraient de le reconnaître. Qu'une langue romane située dans la
péninsule ibérique soit une langue ibéro-romane, géographiquement
oui. Mais la placer, à ce titre, au même niveau que le castillan et le
portugais, non. Par son lexique le catalan s'apparente beaucoup plus
souvent aux langues de la Gaule qu'aux deux autres langues de la
péninsule. Et il me semble également peu indiqué de parler d'une
« lengua puente ». C'est une métaphore qui pourrait s'appliquer à
n'importe quelle langue par rapport à ses voisines lorsque toutes font
partie du même groupe linguistique. Pourquoi ne pas parler de l'occitan
qui ferait le pont entre le français et le catalan, ou bien de l'espagnol
vis-à-vis du catalan et du portugais ?

---

(37) Friedrich Diez, *Romanische Wortschöpfung*, Bonn 1875, p. 39.

5. LE LEXIQUE CATALAN PARMI LES AIRES CENTRALES

5.1. Une fois prouvée, me semble-t-il, l'affinité lexicale du catalan avec ses voisins gallo-romans, il nous reste à la préciser, à l'évaluer. Je vais vous présenter d'autres exemples, et si vous craignez que leur choix ne soit arbitraire, je vous rappelle que je me suis livré à quantité d'expériences. Pendant la préparation de cette conférence, j'ai soumis presque toutes mes lectures à un jeu infernal, mais passionnant : en examinant tour à tour des textes espagnols, catalans, provençaux et français, j'ai étudié la façon de rendre les mots d'une de ces langues dans chacune des trois autres. Si donc arbitraire il y a — et bien involontairement — dans mon procédé, je crois l'avoir réduit au minimum par le nombre et la diversité de mes investigations. Les certitudes que j'ai ainsi acquises, je voudrais vous les faire partager.

5.1.1. Lorsque nous découvrons une communauté gallo-catalane, demandons-nous d'abord si nous ne sommes pas devant un mirage. Souvent l'élément différenciateur n'est pas le catalan, mais l'espagnol. Donc, cette communauté-là est en quelque sorte passive. C'est au caractère spécifique du vocabulaire ibéro-roman, avec ses archaïsmes étonnants mais aussi avec son dynamisme, qu'elle doit d'exister. Si *badallar, pudir, menjar, bullir, demà, blat, por, guatlla, espatlla* et des dizaines d'autres mots montrent le catalan d'accord avec les autres langues romanes (cf. fr. *bâiller, puer, manger, bouillir, demain, blé, peur, caille, épaule*), c'est à cause de la latinité plus authentique de l'espagnol qui reste attaché à OSCITARE, FOETĪRE, COMEDERE, FERVĒRE, CRAS, TRITICUM, METUS, COTURNIX, HUMERUS. Le catalan possède généralement une latinité moins choisie, tout comme la Gaule et l'Italie. Je renonce, après les nombreux exemples que nous avons cités jusqu'à présent, à faire défiler la longue liste de la latinité hispanique, la liste de AFFLARE, AFRICUS, ALIENUS, ANSER, APTARE, ASSARE, ASSECTARI, AUTUMNUS, etc., ce qui nous a valu *hallar, ábrego, ajeno, ánsar, atar, asar, asechar, otoño*, etc. [38].

5.1.2. Mais les innovations de l'espagnol n'ont pas moins contribué que son côté conservateur à éloigner de la péninsule le catalan. En nous bornant à des étyma latins, nous constatons les forces créatrices de l'ibéro-roman qui se permet CARNARIUS, *CINISIA, CORDA-

---

(38) Il convient d'insister sur cette divergence du lexique catalan d'origine latine face à celui des autres langues de la Péninsule Ibérique. M. Antonio Tovar, dans son discours de réception à l'Académie espagnole rappelait que : « ... se han señalado como arcaísmos lexicos de los dialectos románicos de Hispania : *oír, hermoso, mesa, comer, feo, heder, enfermo, ir, malo, madera, mujer, preguntar, querer* (en los dos sentidos de *amo* y de *uolo*), *trigo, barrer, pedir, ciego, cojo*, casos bien conocidos en que el esp. y el port., no siempre acompañados del cat., mantienen un latín más antiguo que los otros dialectos románicos ». (*Latín de Hispania : aspectos léxicos de la romanización*. Madrid 1968, p. 14). Or, et pour nous en tenir à la petite phrase « no siempre acompañados del cat. », il est à remarquer que dans cette liste ne se trouve aucun archaïsme hispanique qui soit aussi propre au catalan. La liste de M. Tovar deviendrait en catalan *bell, taula*,

RIUS, NOVELLUS, CENTENUM, (RES) NATA, CUMMATERCULA,
AD MINUTUM, *MANEĀNA, *NARICAE, *ORDINIARE, *MATURI-
CATA, *TEMPORANUS, *CORATIONEM, VOTA, *SALVATU d'où
*carnero, ceniza, cordero, novillo, centeno, nada, comadreja, a menudo,
mañana, nariz, ordenar, madrugada, temprano, corazón, boda, salvado,*
face au catalan *moltó, cendra, anyell, vedell, sègol, res, mustela, sovint,
demà, nas, munyir, matinada, prest, cor, noces, breny.* Ces mots et
d'autres, très nombreux, tels que *batre (trillar)* 'battre le blé', *cervell
(seso)* 'cerveau', *codony (membrillo)* 'coing', *braguer (ubre)* 'pis', *colom
(palomo)* 'pigeon', *covar (empollar)* 'couver', *escombrar (barrer)* 'ba-
layer', *filat (red)* 'filet', *escorça (corteza)* 'écorce', *escorxar (desollar)*
'écorcher', *formatge (queso)* 'fromage', *malalt (enfermo)* 'malade',
manxa (fuelle) 'soufflet', *net (limpio)* 'propre', *parlar (hablar)* 'parler',
pujar (subir) 'monter', *rovell (yema)* 'jaune d'œuf', *truja (puerca, cerda)*
'truie', *ullal (colmillo)* 'dent canine' révèlent une latinité différente.

5.1.3.   Entre parenthèses, il n'y a pas que cela pour différencier
le catalan ; il y a aussi ses emprunts au germanique : pensez à *esclatar
(estallar)* 'éclater', *escuma (espuma)* 'écume', *fang (cieno)* 'fange', *melsa
(bazo)* 'la rate', *rostir (asar)* 'rôtir' ; ou bien le contraire, là où le catalan
reste fidèle au type latin alors que l'espagnol a recours au germanique :
bestiar (ganado) 'bétail', *filosa (rueca)* 'quenouille', *pols (sien)* 'tempe',
traure (sacar) 'tirer, sortir'.

5.1.4.   Caractéristique aussi du catalan est sa résistance plus marquée que celle de l'espagnol aux emprunts arabes : *bleda (acelga)*
'blette', *esquirol (ardilla)* 'écureuil', *fins (hasta)* 'jusque', *marmessor
(albacea)* 'exécuteur testamentaire', *oli (aceite)* 'huile', *porc senglar
(jabalí)* 'sanglier', *ramat (rebaño)* 'troupeau', etc.

A ce propos M. H. Kuen (*ZRPh*, LXXXIII, 1967, p. 205) va trop
loin en affirmant que les arabismes de l'espagnol *aceite, aceituna,
alfombra, almohada, aldaba, albañil, ataúd, aldea, hasta, fulano* n'ont
pas leurs correspondants en catalan. La simple existence de *catifa*
« alfombra », *taüt* « ataúd », *aldea* ou *aldeia* « aldea », *balda* « aldaba »
prouve que le problème est plus complexe. C'est pourquoi dans l'état
actuel de nos recherches, nous ne pouvons rien avancer qui soit
définitif.

*menjar, lleig, pudir, malalt, anar, fusta, dona, demanar, voler, blat, escom-
brar* (ou *agranar), ranc.* J'ai fait abstraction d'AUDIRE, MALUS et
CAECUS (cf. par exemple *REW, FEW*, s.v.). Le cat. *coix* (anc. cat. *coixo*,
encore dialectal) est un emprunt à l'esp. *cojo.*

A noter à propos du latin de l'Hispania les travaux, récemment parus,
de Mme Jole Scudieri Ruggieri, *Considerazioni sul latino di Spagna del
secolo IV*, in « Cultura Neolatina », XXIX, 1969, pp. 126-158 et ceux de
M. Antonio Tovar, *Séneca y el latín de España* in « Serta Romanica. Festschrift für Gerhard Rohlfs zum 75. Geburtstag », Tübingen 1968, pp. 133-
139 ; *Catón y el latín de Hispania* in « Philologische Studien für Joseph
M. Piel », Heidelberg 1969, pp. 201-208 ; *Lucilio y el latín de España* in
« Studi linguistici in onore di Vittore Pisani », Brescia 1969, pp. 1019-1031.

Il est indispensable de tenir compte, dans l'un et l'autre domaine linguistique, de l'enracinement des arabismes (aujourd'hui en recul sensible, car maints objets concrets qu'ils désignent tombent ou sont tombés en désuétude) et de leur distribution géographique (la Montaña de Santander n'est pas l'Andalousie et l'Empordà n'est ni Valence ni Majorque). Pour nuancer ce qu'avance M. Kuen, il convient de considérer les faits suivants :

a) lui-même étymon d'origine arabe, vit en espagnol et en catalan : *aljibe - aljub*

b) des étymons différents, mais d'origine arabe se retrouvent dans les deux langues : *azulejo - rajola*

c) il existe un arabisme en espagnol et une autre solution en catalan : *adelfa - baladre*

d) l'inverse est également vrai : un arabisme en catalan et une solution distincte en espagnol : cat. *baldufa - trompo*

e) la distribution géographique des arabismes catalans n'est pas sans intérêt : esp. *altramuz* - cat. mérid. *tramús*, cat. septen. *llobí*

f) des problèmes de sémantique s'imposent : esp. *noria/añora* - cat. ant. *nora*, mais cat. moderne *sénia/sínia*, qui correspond en réalité à l'arabisme espagnol *aceña* « moulin à eau »

g) il y a des cas d'arabismes « secondaires » (mots grecs ou latins passés aux langues romanes à travers l'arabe, à côté des représentants des mots latins). Le latin GYPSUM a donné en esp. *yeso* et en cat. *guix*. Mais à côté de ce dernier, le cat. mérid. connaît *algeps* (l'isoglosse lexicale embrasse également l'aragonais *algepz*, *Fuero de Teruel*, éd. Gorosch, s.v. ; Badía, *El habla del valle de Bielsa*, s.v. *argez*)

h) une même région fait usage de synonymes dont l'un est d'origine arabe et l'autre pas. Ainsi, dans la rédaction des *Furs de València*, du XIIIᵉ siècle, nous rencontrons des couples synonymiques comme *rambla o areny*, *guix o algepç* (voyez éd. G. Colon et A. Garcia, Barcelone 1970, p. 62).

Pour terminer, voici un exemple qui met en relief les lacunes qu'il reste à combler dans le champs de l'arabisme catalan. La documentation qui est utilisée est fort incomplète. L'esp. *almofrej* est attesté selon le *DCEC*, s.v., à partir de *Nebrija* (h. 1945) ; pour la catalan *almofrex* de *Diccionari Aguiló*, suivi par le *DCVB*, s.v., donne un seul exemple de 1472 (antérieur, donc, à l'espagnol bien que cela ne signifie rien). En réalité, nous le trouvons en 1058 déjà (*GMLC*, s.v. *almofrex*) ; de même en 1261 : « adobar *l'almufrex* » (voyez F. Soldevila, *Pere el Gran*, Barcelone 1956, vol. III, p. 445, doc. num. 7).

5.1.5. L'ensemble de ces traits confère au catalan un air de famille avec le reste de la Romania. Le romaniste qui n'est pas hispanisant ne se trouve pas devant cette langue aussi dépaysé que devant l'espagnol ou le portugais. Je dirais même que les réajustements modernes du lexique espagnol contribuent encore à écarter les deux langues. Les innovations du type *retama, rodilla, ventana,* qui ont triomphé à une époque relativement récente sur *hiniesta, hinojo* et *hiniestra,* soulignent l'écart vis-à-vis du cat. *ginesta, genoll* et *finestra.* Et certaines réactions du catalan lui-même qui a laissé tomber *detràs* (esp. *detrás*) au profit de *darrere, enadir* (esp. *añadir*) au profit *d'afegir, sútzeu* (esp. *sucio*) au profit de *brut,* etc., ne peuvent qu'approfondir le fossé.

5.2.1.   Ici je me suis fait, avant que vous ne me les fassiez, deux objections. La première est le choix de l'espagnol comme élément de comparaison. Pourquoi n'avoir pas pris l'aragonais géographiquement contigu ? Parce que l'aragonais aujourd'hui n'existe guère et sa situation au moyen âge, en ce qui concerne le vocabulaire, était presque identique à celle de l'espagnol. Certes, il y a des isoglosses dont il faut tenir compte, comme celle qui embrasse cat. *melsa* et arag. *mielsa* face à esp. *bazo* (voyez ci-dessus 5.1.3.) mais leur nombre n'est pas très élevé.

5.2.2.   La deuxième objection est d'ordre chronologique. On a prétendu que le catalan, qui aurait été une langue gallo-romane à l'époque médiévale, est devenu avec le temps une langue ibéro-romane. Certes, le catalan a connu une relative « hispanisation » : une évolution historique différente aurait fait triompher définitivement, par exemple, *demanar* et *cercar* et l'on n'aurait sans doute pas *preguntar* et *buscar.* Mais cette « hispanisation » n'est pas puissante au point de faire perdre au lexique catalan son caractère propre. Je ne crois donc devoir rien changer à l'orientation de mon exposé, compte tenu des considérations chronologiques ([39]).

Le point de vue méthodologique qu'adoptent les défenseurs de ce prétendu changement du caractère catalan, dû à la chronologie, est absolument faux. Le seul fait sur lequel ils se basent est discutable : le catalan se modifierait, avec le temps, dans un sens « ibéro-roman ». Par contre, ils sont d'avis que l'occitan reste inaltéré, tel le mètre étalon du pavillon de Breteuil, en Sèvres... On connaît fort bien quelle est la situation des parlers occitans, lesquels n'ont jamais représenté un ensemble homogène. Il semble aussi, à en croire ces romanistes, que l'espagnol n'ait jamais changé, c'est au catalan de bouger, seul instable entre des voisins statiquement parfaits. Il serait urgent que notre discipline en terminât, une fois pour toutes, avec pareil arbitraire.

---

(39)   Des études statistiques du genre de celle citée par M. G. Rohlfs (*Die lexi-kalische Differenzierung,* p. 92, note 1) et selon laquelle l'élément commun au castillan et au catalan progresserait au cours des siècles suivant tel ou tel pourcentage déterminé, ces études sont peu faites pour gagner notre confiance.
        Il faudrait ajouter que ce n'est pas seulement le lexique qui caracté-rise une langue. Ainsi, le roumain reste une langue romane malgré le nombre impressionnant d'emprunts lexicaux de toutes sortes.

6. PARENTÉ AVEC LA GALLO-ROMANIA

6.1.   Après avoir établi qu'il y a bien, face à l'espagnol et au portugais, un air de famille entre le catalan et les langues romanes non hispaniques, il faut préciser que, parmi ces dernières, le gallo-roman offre le plus d'affinités. Des phénomènes lexicaux qui lui sont propres existent aussi en catalan.

6.1.1.   Un premier exemple symbolique est l'adverbe d'affirmation employé absolument au moyen âge *hoc* (cf. Meyer-Lübke, *Das Katalanische*, § 110). Ainsi Ramon Lull : « Has pobrea ? -*Hoc*, amor » (*DCVB*, VI, 537 a). *Sí* n'était utilisé que lorsque le verbe était mentionné : « *Sí'ns farem*, dix ell » (ib. IX, 899 a) (⁴⁰). Il faut arriver à la fin du XVᵉ siècle pour que s'impose l'emploi généralisé de l'adverbe *sí* : « Bé'l conexeu ? Senyora, *sí* » (ib. IX, 899 b). Et si l'on parle des langues d'*oïl* et d'*oc*, c'est parce que l'accusatif neutre dans les langues de la Gaule est exprimé par les représentants du lat. HOC. C'est ce que fait exactement le cat. avec son *ho* (*ho veig* = HOC VIDEO) face à l'esp. (*lo veo* = ILLUM VIDEO) et à d'autres langues (it. *lo vedo*) (⁴¹).

6.1.2.   Très souvent, là où la Gaule emprunte un chemin individuel, divergent de celui des autres langues, il y a ce petit bout de territoire catalan qui présente une solution commune avec elle. Ainsi le lat. SEMPER 'toujours' a pris en afr. et en aprov. le sens de 'tout de suite, aussitôt' : cette évolution sémantique, nous la retrouvons dans l'anc. cat. *sempre* (*ER*, VIII, 218, n. 5 ; *FEW*). Le développement de RES et GENS, devenus des négations, est le même en Gaule et en Catalogne ; SUBINDE, dans le sens de 'saepe' est propre aux deux domaines (cf., par contre, l'it. *spesso*, esp. *a menudo*). DEINTUS ne s'est conservé que dans la Gallo-romania et dans le cat. *dins* ; et il est à remarquer que son synonyme DEINTRO (d'où occit. et cat. *dintre*) offre un *i* tonique qui s'oppose aux solutions italienne et hispano-portugaise (*dentro* ; cf. *FEW*, III, 31 a). Pareillement la compo-

---

(40) Au début du XVᵉ siècle les deux adverbes *sí* et *hoc* coexistent, comme le prouve un passage de Sant Vicent Ferrer, *Sermons* : « Vet la rahó : si·l rey de França havie hun fill legítim, e volia donar lo seu realme a hun bastard, no serie follia ? *Sí*. Sus axí és, car la creatura que no és batejada no és filla de Déu per gràcia... ; mas si és batejada, *hoc* » (éd. Sanchis Sivera, *ENC*, vol. I, p. 69). Cet exemple de l'adv. *sí*, employé absolument, est le plus ancien que je connaisse. — Dans le roman *Tirant lo Blanch* (env. 1460 ; édité en 1490) l'auteur Joanot Martorell remplace le *hoc*, qu'il avait employé dans une première rédaction (*Guillem de Vàroich*, éd. P. Bohigas, *ENC*, núm. 57), par un *sí* ; cf. S. Gili i Gaya in *ER*, I, 1947-1948, p. 140.
   A propos de l'usage sporadique (castillanisme ?) de *sí* dans la *Crònica de Jaume I*, voyez M. de Montoliu in *Estudis Romànics*, 2 (Barcelona 1917), 52.

(41) Je ne songe évidemment pas à une phrase française telle que « je *le* vois », mais j'envisage les combinaisons de HOC avec les pronoms personnels (*oïl*, etc.) ou avec certaines prépositions comme AB, PRO, SINE (cf. *FEW*, IV, pp. 441-446, s.v. HOC).

sition INTER + HOC dans le sens de « jusque » vit dans le gallo-roman (*FEW*, IV, 748) et acat. *entrò, tro* ([42]). Le composé IN + DIRECTUS a eu une évolution sémantique parallèle dans tout le gallo-roman et en catalan. Ainsi *endroit/endret* (et *indret*) sont passés de prépositions indiquant la direction à des substantifs signifiant 'le lieu, l'endroit' (*FEW*, III, 91 a et n. 4).

6.1.3.   Ce que nous constatons pour les outils grammaticaux, nous pouvons également le constater pour le reste du lexique. Prenons les repas : en plus de *menjar,* mot qu'on trouve aussi ailleurs, nous disons comme en Gaule *dinar* (anc. cat. *disnar*) pour le repas du midi et *sopar* pour celui du soir ([43]). Et nous mangeons à table *(taula)* assis sur des chaises (*cadires*) et non pas à la « mesa » ni sur des « sillas » ou des « sedie ».

6.1.4.   La Gaule et la Catalogne, après avoir connu, comme une partie de l'Italie, le pré-roman *BRENNOS pour le son du blé, se sont tournées vers le lat. SECUNDUS *son,* cat. *segó, segon* ([44]). Pour 'suie' les deux domaines ont renoncé à FULIGO et ont eu recours à SUDIA et même à STILLICIDIUM (cat. *sutja, estalzim*). Pour 'fumier' ils ont adopté FIMUS (cat. *fem,* afr. *fiens,* aprov. *fens*) et ont laissé LAETAMEN ou STERCUS. Le fr. *souiller* et l'occit. *solhar* trouvent leur correspondant dans le cat. *sollar* (Veny, II, pp. 122-123). Le lat. INDIGNARI ne survit qu'en Gaule et en Catalogne sous ses formes populaires (cf. *FEW*) et il a pris en outre le sens matériel de s'infecter (en parlant d'une plaie, une blessure) ([45]).

---

(42)   En ancien aragonais on rencontre aussi *entro* et *entroa* (cf. Juan Fernández de Heredia, *La Grant Cronica de Espanya,* éd. R. af Geijerstam, Uppsala 1964, glossaire, s.v. ; Manuel Alvar, *El dialecto aragonés,* Madrid, Gredos, 1953, p. 251, § 134). Il est intéressant de noter que Almerich dans cette curieuse *Fazienda de Ultramar* du XIIᵉ siècle emploie toujours *troa* (éd. Moshé Lazar, Salamanca 1965, pp. 44-45 : *troa tierra* 'jusqu'au sol' ; p. 49 : *troa agora* 'jusqu'à présent', etc.).

(43)   Il va sans dire que les glissements sémantiques du français moderne ne nous concernent pas ; voyez M. Höfler, *Déjeuner-dîner-souper. Zur Bedeutungsverschiebung seit der Französischen Revolution,* ZRPh, LXXXIV (1968),301-308.

(44)   H. Lüdtke und G. Colon, *Die Etymologie von fr. son 'Kleie',* dans « Vox Romanica », XXIII (1964), 69-84.

(45)   Afr. *endeignier,* aprov. *endenhar,* cat. *endenyar.* Le catalan connaît aussi le sens matériel d'infecter, quoique le *FEW* (IV, p. 67 et note 4) limite cette acception à la Gaule. L'orthographe officielle est *endanyar-se* (DGLC, s.v.), car on a songé erronément à DAMNUM, oubliant que le résultat normal de ce mot est *dan* et non pas *dany* (castillanisme). L'aragonais possède la forme savante : « *Indignarse la llaga.* Se toma por irritarse y enconarse. Es mui usado en Aragon. Lat. *Plagam irritari. exacerbari.*» (*Diccionario de Autoridades,* s.v.).
    L'exemple le plus ancien du catalan *endenyar* a le sens du lat. DIGNARI : «...que mi e els meus fets *endenyets* aver recomanats...» (doc. de Barcelone de 1306, apud. A. Rubió i Lluch, *Diplomatari de l'Orient Català,* Barcelona, I. d'E. C., 1947, p. 33, doc. núm. 27). Il n'est pas isolé dans la langue, mais les dictionnaires historiques l'ignorent.

6.1.5. Le verbe PONĔRE, qui s'est conservé aussi bien en Italie (*porre*) qu'en Espagne (*poner* ; portg. *pôr*) au sens large de 'mettre, poser', n'a conservé qu'en gallo-roman et en catalan (*pondre*) le sens de 'déposer ses œufs'. Dans le même ordre d'idées, si le cat. dit *covar*, d'accord avec la Gallo-romania (et avec l'Italie, cette fois) pour 'couver', face de nouveau à l'ibéro-roman (esp. *empollar*, portg. *chocar*), pour 'jucher' et 'juchoir' il a *jóc* et *(a)jocar-se*, des germanismes venant, comme en gallo-roman, de JŪK ([46]). Quant à l'œuf, au jaune de l'œuf, le *moyeu*, il a eu ses homologues dans l'aprov. *mojol*, et dans l'acat. *mujol*.

6.1.6. Le verbe fr. *trier* 'séparer, discerner, choisir', dont l'étymon est assez controversé (cf. l'explication surprenante du *FEW*, s.v. *tritare*), n'a son équivalent que dans l'occit. et le cat. *triar*, avec le même sens.

6.1.7. Le lat. EXPLICITUM, participe d'EXPLICARE, a donné en fr. *exploit* ; en cat. *esplet* 'récolte',, sens qu'on retrouve aussi en languedocien (*FEW*, III, 331 a).

6.1.8. Le 'loriot' est désigné dans les deux domaines par des représentants de AURELUS, tandis qu'ailleurs ont survécu des continuateurs du lat. GALBULUS (Italie) ou sont apparues des formations nouvelles (esp. *oropéndola* ; portg. *verdelhão*, etc.). Et la coïncidence va si loin que, si le fr. applique en outre le nom de *loriot/compère-loriot* à l'orgelet, le catalan désigne, lui aussi, sous un même nom (*mussol*) l'orgelet et un oiseau. Je ne me risquerai pas à parler de formations jumelles, mais le hasard est remarquable ([47]).

6.2. Nous avons déjà fait allusion à des « etyma » pré-romans et germaniques. A propos des premiers, je voudrais signaler le groupe formé par les représentants du gaulois RUSCA : fr. *ruche*, aprov. *rusca*, cat. *rusc* et *rusca*. L'énigmatique *LISCA 'carex, laiche' a développé un autre sens 'tranche' qui a été partagé par le fr. *lèche*, l'aprov. *lesca* et le cat. *llesca*. Mentionnons encore le cat. *gebre*, apparenté à la famille du fr. *givre*, d'origine pré-latine.

---

(46) Bien que les dictionnaires historiques n'avancent pas des exemples très anciens, les attestations depuis le XIVᵉ siècle sont abondantes. Cf. *jocar-se* en 1361 in *Epistolari de Pere III* (éd. R. Gubern, *ENC*, Nr. 78, pp. 184-185) ; *la jocha de todons*, texte de Morella de 1370, (éd. Sánchez Adell, in « Boletín de la Sociedad Castellonense de Cultura », XXXIV, 1958, p. 92). Le *FEW* (XVI, p. 290 b-291 a) voudrait séparer les formes gallo-romanes de celles de la Catalogne et du Piémont ; cela semble bien hasardeux.

(47) Voyez ma note *El griego masaliota y los ornitónimos : acerca del francés* compère-loriot *y del alemán* Pirol *'oropéndola'*, *ZRPh*, LXXX (1964), 269-282, spéc. pp. 271 (note 5) et 282. Le portugais dit *terçol* ou *torçol* (Morais). Serait-il vain d'y chercher un rapport avec *terçô* 'oiseau de proie, sorte de faucon' ? La question reste posée pour ceux qui voient dans certaines dénominations de l'orgelet quelque chose de plus que des vicissitudes du lat. HORDEOLUS.

6.2.1. Parmi les germanismes nous pouvons citer les continuateurs du francique *WAIGARO (cat. *gaire, guaire*) ou de *LAIþ (cat. *lleig*). Il est fort probable que soit également germanique l'origine du fr. *crapaud*, de l'occit. *grapal, grapaut* et du cat. *gripau* et de sa variante *grapal*.

6.3. Parmi les processus parallèles mais indépendants entre eux, nous signalerons le remplacement progressif des descendants du lat. EXIRE (cf. afr. *issir*, cat. *eixir*) par *sortir*, verbe qui avait à l'origine le sens principal de 'jaillir, sourdre' (encore aujourd'hui à Valence *eixir* est le mot normal pour 'ausgehen', tandis que *sortir* garde le sens primitif). De façon analogue *COSTATUM a supplanté les représentants de LATUS, employés au moyen âge aussi bien comme substantifs que comme prépositions (cf. afr. *lez*, acat. *lats* ou *llats*).

7. AFFINITÉ AVEC L'OCCITAN

7.1. Les solutions lexicales du gallo-roman et du catalan rapprochent donc étroitement les deux domaines. Mais le lien se resserre plus encore avec l'occitan qu'avec le reste de la Gaule. Une telle communauté n'a de pareille, dans toute la Romania, que celle qui existe entre l'espagnol et le portugais.

On a dit qu'il n'était pas nécessaire que toutes les solutions lexicales catalanes divergentes de celles du reste ibéro-roman remontassent à l'époque du latin impérial ou même à l'époque des Wisigoths : elles pourraient être la conséquence logique des contacts politico-culturels de la « Marca Hispanica » avec ses voisins du Nord [48]. Mais est-il concevable qu'une langue change soudain ses dénominations fondamentales pour suivre une mode ? *Parlar, menjar, taula, bullir, trobar, bell, voler, cercar, cosí* ont-ils pu tout à coup se substituer aux représentants soi-disant autochtones de FABULARI, COMEDERE, MENSA, FERVERE, AFFLARE, FORMOSUS, QAERERE, *BUSK-, SOBRINUS ? Cette hypothèse est d'autant moins vraisemblable que nous savons aujourd'hui, surtout grâce à la toponymie [49], que le catalan est bien le résultat de l'évolution du latin vulgaire de la Tarraconensis et non pas, comme on l'avait supposé, une langue importée par des immigrants venus de la Gaule après la Reconquête.

7.2. Bornons-nous donc à constater les faits tels qu'ils se présen-

---

[48] « No es forzoso que todas estas divergencias aparecieran ya en la época imperial, ni tampoco en la visigótica ; la mayoría debió surgir en el último período de formación de los romances, cuando Cataluña dependía del estado carolingio » in Lapesa, *Hist. l. esp.*, 6ᵉ éd., p. 74. — Voyez aussi Bonfante, p. 47 : « Nessuno, mi pare, pone in rilievo l'importanza decisiva della conquista carolingia per la formazione del catalano : l'impero Carolingio, struttura politica, militare, religiosa, cultura solidíssima, esercitò anche qui un influsso enorme ».

[49] Joan Coromines, *Estudis de toponímia catalana,* I (Barcelona 1965), 29-30.

tent. La plupart des types lexicaux dévoilent une unité catalano-occitane si évidente qu'on est souvent en droit de parler d'un « conti-nuum ». Il suffit de prendre un texte occitan et de le traduire en catalan pour s'en convaincre. Il va sans dire que la ressemblance sera plus frappante avec un texte languedocien qu'avec un texte des régions situées à l'est du Rhône. J'ai eu recours au *Breviari d'amor* de Matfré Ermengau (Béziers 1288) pour la simple raison que nous disposons d'une traduction catalane ancienne ([50]). La comparaison des fragments publiés (400 vers et 34 lignes en prose dans l'original) fait ressortir les divergences suivantes :

TEXTE OCCITAN	TRADUCTION CATALANE
v. 347 *fetge*	*entràmenes*
v. 350 *aip*	*obra*
v. 363 *vezis*	*prop*
v. 387 *gent* compassat	*merevellosament* compassat
v. 399 *capel*	*guarlande*
v. 400 *pinhel*	*ram*
v. 414 *no-s ferma*	*no està plantat*
v. 424 *a bando*	*aytantes*
v. 441 *talen*	*volentat*
v. 444 *grepir*	*iaquir*
v. 453 tener *prest[a]*	tenir *aparellada*
v. 460 *testa*	*cap*
v. 470 *barat*	*mala obra*
v. 496 *no-s ferma*	*no està format* [sic]
p. 66 *depenh*	*pintat*
p. 66 *romp*	*trencha*
p. 67 *que dissen*	*qui devalla*
p. 67 *establi*	*creà*
p. 67 part *senestra*	part *esquerra*
p. 67 *peyssos*	*peys.*

7.2.1. Cependant un examen plus poussé nous oblige à réduire le nombre des écarts, car le catalan possédait et possède encore bien des types lexicologiques occitans auxquels l'auteur de la traduction a préféré d'autres mots. Par exemple, *fetge* (v. 347), *gent* (v. 387), *talen(t)* (v. 441), *prest* (v. 453), *barat* (v. 470), *rompre* (page 66), *dessendre* (page 67), *senestre* (page 67), *establir* (page 67). Inversement l'occitan possède, de son côté, la plupart des types représentés dans la colonne catalane : bornons-nous à mentionner le participe *pintat* (au lieu de

(50) P. Barnils, *De la traducció catalana del Breviari d'amor,* in « Estudis Romànics (Llengua i Literatura) », I (1916), 47-71. Barnils se sert pour le texte occitan de l'édition Azaïs (Béziers-Paris, 1862-1881). Je laisse de côté les nombreux problèmes que pose la tradition manuscrite de l'œuvre de Matfré Ermengau.

depenh) pour prouver ce que nous avançons ([51]). Sans être trop exi-geants nous admettrions comme occitans les mots : *aip* (v. 350), *vezis* (v. 363), *capel* (v. 399), *pinhel* (v. 400), *grepir* (v. 444), *se fermar* (v. 414), *a bando* (v. 444), *depenh* (page 66), *peyssos* (page 67). J'ai dit s a n s ê t r e t r o p e x i g e a n t s, car une réserve s'impose : le catalan connaît aussi *vezis, capel, fermar, bandó,* même s'il les emploie dans un sens différent de celui que leur donne Matfré Ermengau. Au fond, la liste se réduit à *aip, pinhel, grepir, depenh* et *peysso(n)s,* cinq termes que l'on pourrait attribuer en propre à l'occitan. Et cinq termes recueillis dans un texte assez long.

7.3. Les convergences dont nous parlons se manifestent dans toutes les sphères, aussi bien dans le lexique concret de tous les jours que dans le lexique abstrait. Elles intéressent surtout les métaphores sémantiques à travers lesquelles un étymon commun latin, pré-roman ou germanique, s'est maintenu. Je m'arrêterai un moment, et de préférence, à quelques exemples de métaphores formées sur la base d'un étymon latin et qui m'ont semblé les plus instructives. Je renonce, pour des raisons de brièveté, à celles qui n'offrent rien de frappant ou de pittoresque. Rien moins que courants sont des types lexicologiques comme NEQUAM (> aprov., acat. *nec* 'caché') ([52]), NEGLECTUS (> *nelet* 'tort, défaut'), CROCUM (> *groc* 'jaune'), SUBITO (> *sobte* 'soudain'), CAPUT (> *cap,* employé comme négation, *FEW,* II, 336 b et n. 20).

7.3.1. Sans grand intérêt aussi sont les étyma latins qui ont subi dans les deux domaines les mêmes transformations de forme et ont abouti ensuite à des résultats identiques, telle la métathèse *FITICU (pour FICATUM) > *fetge* 'le foie', la dissimilation vocalique aprov. *trébol,* cat. *tèrbol* < *TŬRBŬLUS 'trouble' (*FEW,* s.v., § 2) ou bien encore *ASTULA (pour ASSULA) > *ascla* 'éclat de bois', *JU-NICA (pour JUNIX) > *jónega* 'génisse', etc.

7.3.2. Parfois même, des mots latins accusent dans leurs solutions catalano-occitanes un air de famille plus prononcé là qu'ailleurs : DUX (cf. *FEW,* s.v., II) pour indiquer la 'source' ; les représentants de DEXTRALIS pour la 'hache', ceux de NAUSEA pour un 'obstacle', ceux d'AFFIGERE pour 'ajouter', ceux formés sur ADJACENS qui passent à l'occitan *aizina* et au cat. *aïna/eina* avec le sens de 'instru-ment, ustensile' (*FEW,* I, 31 ; Bambeck, p. 159) ; ceux de FUSTIS, dont la forme féminine *fusta* a pris, ailleurs aussi mais surtout en occitan et en catalan, la place du latin LIGNUM ; ceux formés sur CAPUT, comme *cabussar, acabussar* 'plonger dans l'eau la tête en avant' (*FEW,*

(51) *FEW,* VIII, p. 428, s.v. *PICTARE ; J. Coromines, *El que s'ha de saber de la llengua catalana,* Palma de Mallorca [1954], p. 20.
(52) *PSW,* V, p. 374. En anc. cat. l'expression est toujours *ternir nech* ; aux attestations du *DCVB* (VII, p. 722 *a*) ajoutez : *Set savis* (éd. Mussafia, v. 2841) et *Clam d'amor* (apud J. Massó Torrents, *Repertori de l'antiga literatura catalana,* Barcelona, 1932, p. 398).

II, 335 et n. 6 ; Bambeck, p. 23) ; ceux de REPLERE d'où *reblir* 'remblayer' (cf. *FEW*, s.v. ; Nauton, p. 603 ; Bambeck, p. 191 ; *DCVB*, s.v.).

7.4. Arrêtons-nous maintenant à quelques considérations sur des images identiques issues d'un étymon latin.

7.4.1. Le 'persil' est désigné dans presque tout l'occitan (excepté en auvergnat, en gascon et en limousin) par l'étrange formation LOLIUM + VIRIDE (aprov. *jolvert, jurvert*, etc., cf. *FEW*, V, 401 a), où l'on ne voit pas très bien ce que vient faire l'ivraie (LOLIUM) ; le catalan a le même composé *julivert*, etc. (*ALPO*, carte 414).

Civada, dérivé du latin CIBUS 'nourriture' a pris dans les deux domaines la signification d''avoine', alors que le mot correspondant signifie en esp. et en portg. 'orge' ([53]).

Le 'coquelicot' est aussi bien en occitan qu'en catalan une petite rose : cat. *rosella* et pour les formes occitanes cf. *FEW*, X, 479 b ; *ALPO*, carte 154.

Le 'thym' est connu par FERICULA, dérivé de FERUS 'sauvage' : aprov. *ferigola*, etc. (*FEW*, III, 464-465 ; Nauton, p. 602), cat. *farigola, frigola*.

L'image d'un petit clou, CLAVELLUS, pour désigner le 'clou de girofle' et ensuite 'œillet' est identique : occit. *clavel*, cat. *clavell* ([54]).

Le latin FRACTURA 'rupture, fracture, solution de continuité', dont les formes héréditaires vivent seulement dans la Gallo-romania et en Catalogne, a abouti aussi bien en aprov. *frachura, fraiture* (*FEW*, III, 744) qu'en catalan *fretura* (d'où le verbe *freturar*, etc.) à la signification de 'manque, disette'.

Le latin FASCIS 'faisceau' est à la base de la métaphore qu'emploient l'aprov. *faissuc* (*FEW*, III, 429 b et n. 5) et le cat. *feixuc* pour désigner l'adj. 'lourd'.

Quelqu'un touché d'un mauvais vent, d'une AURA, est en occitan un *aurat* et en cat. un *orat*, c'est-à-dire un 'fou' ([55]). Par contre quelqu'un de malin, d'habile (lat. HABILIS) risque de devenir, selon l'emploi qu'il fait de son habileté, *àvol* 'méchant, mauvais' (*DCEC* ; Nauton, p. 600). Mais celui qui est ADAPTUS deviendrait 'joli', au dire de Meyer-Lübke ([56]). Je crois que l'origine est quelque peu différente : le latin ADAPTARE dans l'acception de 'plaire' ainsi que la forme

---

(53) L'occitan et le catalan poussent la coïncidence phonétique jusqu'à présenter un *ci-* commun, alors qu'il faudrait s'attendre à *ce-* ; cf. esp. *cebada*, portg. *cevada*.
(54) *Elem. cat.*, pp. 224-225, § 51.
(55) *Elem. cat.*, pp. 225-226, § 53.
(56) *REW*₃, num. 146. Comparez ce qui est dit par M. de Montoliu in *EUC*, VI, 1912, pp. 285-86.

réfléchie SE ADAPTARE pour 'trouver plaisir, prendre goût' et, logi-
quement, 'tomber amoureux', ne vivent que dans l'aprov. *(se)azautar* et
dans l'acat. *altar, altar-se* ; les adjectifs verbaux sont *azaut/alt* 'joli,
gracieux'. L'étude des exemples, surtout des exemples catalans d'*altar-se,* aurait dû mieux orienter Meyer-Lübke.

TALENTUM a restreint son sens classique de 'désir, aptitude' à
celui de 'faim, appétit' : *la talent.* Remarquez le passage au féminin ;
le mot *talien* 'appétit' existe aussi en sursilvain, mais il est masculin
(cf. J. Veny, *RLiR,* XXI, 1957, 124-129).

Le latin LEVIS 'léger (de poids)' en est venu à signifier en occit.
leu et en cat. *lleu* 'tout de suite' (cf. *FEW,* V, 290 ; *DCVB,* s.v., 6e acception). Contrairement à ce qu'affirme l'*FEW,* les représentants catalans
de LEVIS ont aussi le sens de 'facile (à faire)' comme les représentants
occitans et franco-provençaux (*ER,* VIII, 217, n. 3).

La formation latino-vulgaire *ADIMPERARE, d'où l'aprov. *azem-
prar* 'user, profiter de', est attestée non seulement dans le Midi de la
France, comme le prétend l'*FEW* (I, 30-31), mais aussi en cat. où
aemprar, emprar et dérivés (p. ex., *empriu*) ont connu une grande
vitalité ([57]).

Le latin GLADIUS qui aboutit aussi bien en occitan qu'en catalan
à *glai* 'épée' (sens aujourd'hui vieilli) est arrivé par métaphore au sens
de 'effroi, épouvante' ; les dérivés *esglai, esglaiar,* etc., sont également
fort répandus (*FEW,* V, 144-145 ; *DCVB,* V, 344-345 et VI, 311).

7.5. Nous acquerrions la même certitude d'une parenté entre
l'occitan et le catalan si nous analysions les mots d'origine pré-romane
ou germanique. Mais, outre les problèmes étymologiques auxquels nous
devrions faire face, nous disposerions d'éléments en apparence moins
convaincants. Car, pour tel mot du superstrat germanique, nous
sommes toujours en droit de soupçonner l'influence tardive d'une
langue sur sa voisine. Ce sont des considérations qui nous mèneraient
au-delà du temps dont nous disposons. Je renvoie donc à l'étude de
M. J. Hubschmid dans le volume I de l'*ELH* pour les correspondances
pré-romanes du type aprov. *gaunhas,* cat. *ganyes* 'ouïes du poisson' ;
voyez-y également les correspondances occitanes des mots catalans
llècol, avenc, balca, banya, briant (pp. 145-146). M. Hubschmid constate
que, parmi les mots d'origine celtique qu'il a étudiés, le nombre le plus
élevé se trouve en Catalogne, « cuyo léxico muestra tantas relaciones
con la Galorromania » ([58]).

---

(57) *GMLC,* s.v. ADIMPERARE ; J. Beneyto Pérez, *Significato storico dell'
        empriu,* in « Revista di Storia del Diritto Italiano », V (Bologna 1932), 1-19.
(58) Page 149. Voyez, d'un point de vue différent, J. Coromines, *Sobre els
        elements pre-romans del domini català,* in *Congr. Ling. Rom. Barc.,* I,
        401-416.

7.6.   Parmi les mots d'origine germanique, je me bornerai à citer le verbe *amagar,* qui vit aussi ailleurs avec la signification de 'menacer' mais qui a pris le sens caractéristique de 'cacher' dans les deux domaines. J'insiste sur l'urgence d'étudier à fonds les germanismes du catalan de façon à en terminer avec le procédé commode de tout expliquer par le gallo-roman. Comment peut-on justifier, par exemple, que le cat. *braó* (acat. *brahó*) 'biceps' soit emprunté à l'aprov. *brazon* 'id.' (cf. *FEW,* I, 490 a) ? J'y vois plutôt l'évolution phonétique normale, et en catalan et en occitan, du germanique *BRĀDO. Ces cas sont nombreux, et le catalanisant reste souvent fort étonné de voir qu'on fait venir de l'occitan, sans se gêner le moins du monde, des mots catalans fondamentaux de la langue, tel *turmell* 'cheville' (depuis le XIIIᵉ siècle), attestés parfois avant l'occitan qui en serait la source (⁵⁹).

7.7.   Dans le groupe des mots d'origine inconnue, j'aimerais m'arrêter à l'aprov. *somsir, sonsir* 'précipiter (dans un abîme), engloutir', dont certaines formes présentent une variante en *a* (*sancir*) et d'autres la substitution de la nasale par la liquide (*solsir*). Cette famille a été rangée par quelques linguistes sous *SUBMERSIRE (Gamillscheg, *EWFS*) (⁶⁰), par d'autres sous SUBSIDERE (A. Thomas ; cf. *FEW,* XII, 344-45 ; *ibid.,* 352-53). Je ne crois à aucun des deux étyma, mais je trouve intéressantes les formes aragonaises : *sumsirse* 'encogerse ; reducirse en volumen ; generalmente se dice de los comestibles', *sumsido* 'lo mermado y aún seco, por la acción del calor o la del tiempo' (Borao), Segorbe id. (Torres Fornes), Alta Ribagorza *sulsi(r)se* 'consumirse' (Ferraz), Villar del Arzobispo *sulsise* 'consumirse, deteriorarse, destruirse las paredes ; enflaquecerse, extenuarse ; rehogarse una vianda', *sulsida et sunsida* 'desprendimiento de terreno' (Llatas). Ces formes aragonaises se trouvent à la frontière catalane et ne sont que la continuation d'une aire cat. *solsir, solsir-se, salsir, somcir* 'engloutir, submerger, s'effondrer' (*DCVB,* s.v. ; *Aguiló* ; *EUC,* XIV, 1929, p. 295 *b*), fort bien représentée depuis le XVᵉ siècle.

7.8.   Rapidement nous citerons, d'origine controversée, l'aprov.

---

(59)   « Wohl aus dem occit. entlehnt sind kat. *turmell* (seit ca. 1275, Llull), bask. *tsurmio, tsurnio,* s.v. Schuchart Z 36, 38 » (*FEW,* XVII, p. 404 *b*). Bienvenue la précaution d'ajouter ce « wohl » ; pour tout dire, un représentant de la famille que le *FEW* range sous *thrum (anfrk.)* 'stummel' n'est pas attesté en ancien provençal. — Voyez encore *Elem. occit.,* pp. 160-161, § 5.
       M. A. Lanly a signalé (*RLiR,* XXVIII, 1964, 166-76) l'existence dans le patois occitan du Plateau d'Ussel (Corrèze) du verbe *əstrümälà* formé sur *trümé* et susceptible, d'après lui, d'expliquer l'anc. fr. *estrumelé* qu'on trouve, entre autres textes, dans un passage d'*Aucassin et Nicolette.* Il insiste à juste titre sur l'intérêt qu'a la « linguistique externe » pour la connaissance de l'ancien français. Dans le cas dont il s'occupe, M. Lanly eût été bien inspiré de mettre aussi à profit le cat. *turmell* et ses dérivés *desturmellar* et *esturmellar.* Faut il dire que la considération de plusieurs langues romanes est une prémisse essentielle ? Et non seulement pour bien connaître l'ancien français.
(60)   Au moment où ces lignes sont rédigées, la deuxième édition du *EWFS* n'est pas encore parvenue à la lettre S-.

bleze 'mèche de lampe' correspondant au cat. *blè/blese* (cf. Bambeck, pp. 151-153) ; aprov. et acat. *pot* 'lèvre' (d'où la forme dissimilée *petó* 'un baiser' en cat.) (⁶¹) ; aprov. et acat. *vànova* et *vànoa* 'sorte de courte-pointe' (*FEW*, XIV, 162-163) ; aprov. et cat. *flassada* ou *flaçada* 'cou-verture de laine' (*FEW*, III, 589 ; *DCEC*, s.v. *frezada* ; Bambeck, pp. 157-158) ; aprov. *lagui*, acat. *llagui* 'fatigue, peine, gêne', et dérivés (*BDC*, XXII, 1934, 240 et 244) ; aprov. et cat. *empeltar* 'greffer', dont la discussion étymologique nous entraînerait par des chemins sinueux, probablement par celui du prétendu grec massaliote. Je terminerai cette énumération par l'énigmatique *rai* (*aco rai!*, *això rai!* 'peu importe') (⁶²) dont les explications aussi nombreuses que fantaisistes vont de pair avec les formes inexactement rapportées (⁶³).

7.9.   Je n'allongerai pas la liste des mots communs à l'occitan et au catalan, enracinés dans le patrimoine des deux langues et dont l'étymologie est inconnue ou discutée. Si l'on en découvre plus tard l'origine, il restera toujours leur communauté. Car je crois pouvoir affirmer, en conclusion à ce chapitre, qu'il n'y a pas de types lexicolo-giques « ibéro-romans » où le catalan coïncide seulement avec le castillan et s'oppose à l'occitan. Face à des étyma « hispaniques » comme *callar* 'taire', *despertar* 'éveiller' et d'autres, le correspondant occitan existe ou a presque toujours existé (⁶⁴).

8.   CONTRASTE AVEC L'OCCITAN

8.1.   Mes affirmations, dans ce débat, ont des allures fort tran-chantes qui leur vaudront, c'est possible, d'être nuancées, voire

---

(61) Aux exemples du *DCVB* (VIII, p. 801 *a*, s.v. *pot* 2.), on peut ajouter celui-ci : « E los lochs del baysar és : la bocha, e les molls de la cara, e los pots, e los ulls, e·l front, e les orelles ... » (*Speculum,* fol. 50 *d* ; reproduction de R. Miquel y Planas, *Aplech de receptaris*, Barcelona [1917]). En tenant compte de ces formes et du *potó* 'baiser' des Pyrénées-Orientales (*DCVB*, VIII, p. 807, s.v. *potó* 2.), point n'est besoin de chercher d'autres explica-tions au cat. *petó* (*DCVB*, VII, p. 534).

(62) *FEW*, X, p. 27 et note 13, s.v. RADIUS. Il faut dire que l'anc. catalan *ray*, cité (*ER*, III, 1951-1952, p. 332 ; cf. *Misc. Fabra*, p. 167) comme apparaissant dans la traduction catalane du *Decameron* (giorn. IX, nov. 8), repose sur une faute de transcription de l'éd. Massó Torrents (p. 539) : le manuscrit unique de la Biblioteca de Catalunya porte *say* (fol. CCLXXXIIII v°). Donc, ni le catalan ni l'occitan ne connaissent d'attestations m é d i é v a-l e s de cette expression.
Il serait temps d'abandonner l'étymologie RADIUS. Je reviendrai ailleurs sur cette question.

(63) En ce qui concerne les mots d'origine inconnue, est-il besoin d'insister sur l'utilité que présente pour les chercheurs la connaissance des faits lexicaux communs aux deux langues ? Plus d'une bévue pourrait être évitée, si le catalanisant était au courant de ce qui se passe en occitan ; et le proven-çalisant tirerait profit à regarder un peu plus du côté catalan.

(64) L'exception la plus importante est celle du verbe *apagar* 'éteindre' qu'on dit inexistant en langue d'oc ; mais alors pourquoi Mistral l'atteste-t-il dans son *Tresor dóu Felibrige* ? Cf. *FEW*, VII, p. 455 *a* et note 6.

rectifiées par ceux qui pousseront plus avant l'étude du catalan et de l'occitan. Mais elles traduisent l'impression que j'ai fondée sur l'examen objectif des faits. Loin de moi l'intention de partager les vues utopiques des félibres sur la grande Occitanie ou d'entonner la « Coupo Santo » ([65]). Si j'ai mis en relief les affinités gallo-romanes du lexique catalan, je n'en vois pas moins la nécessité de considérer le catalan comme une langue romane, simplement, qui existe par elle-même et qui sait être indépendante dans ses solutions. Car, aux penchants qu'elle peut éprouver, elle oppose assez de personnalité pour faire cavalier seul et diverger dans ses choix. J'ai pris comme exemple de ce côté non conformiste les dénominations de l'éclair et de l'étincelle. Ce sont des concepts exprimés par des termes occitans qui remontent bien loin dans le temps et qui ne sont donc pas des néologismes dus à l'accablante francisation à laquelle sont soumis les parlers du Midi.

8.1.1. Pour étudier la répartition géographique des désignations occitanes de l'éclair, je me base sur la carte dressée par M. von Wartburg au X⁰ Congrès international de Linguistique romane ([66]). Dans l'Ariège l'éclair est appelé *dalfí* et il semble être une métaphore formée sur DELPHINUS 'dauphin'. Sur les côtes de Provence on dit *lamp*, dont l'extention dans la Romania est assez grande. Dans le Rouergue nous avons *belét*, d'origine gauloise. Dans l'Aude, dans une partie du Hérault ainsi que dans une partie de la Provence, nous trouvons *laucet, rlaus*. Plus au Nord, soit vers le Poitou d'un côté ou vers le franco-provençal (donc fort loin déjà du catalan), existe une famille *eilüsi, éloise, éludzo*, etc., mais elle n'intéresse pas la présente étude.

8.1.2. Pour étincelle le mot occitan le plus répandu est *beluga* (dont l'origine est controversée mais qu'il faut mettre en rapport avec le fr. *bluette*) qui fait défaut en catalan, sauf dans deux textes forte-

---

(65) Il est assez étonnant que le catalan soit étudié parmi les dialectes occitans à côté de l'auvergnat, du provençal alpin, etc., dans le petit livre de M. Pierre Bec, *La langue occitane*, Paris 1967 (Collection « Que sais-je ? », N⁰ 1059), chap. II. C'est un traitement qui ne se justifie pas. Au tableau des langues romanes qui se trouve à la page 10 (chap. I), le catalan figure au nombre des langues gallo-romanes ; l'auteur a eu cependant soin de signaler, à l'aide d'une accolade, que l'ibéro-roman avait quelque chose à voir avec cette langue-là.
   Et que dire du *Dictionnaire des Lettres Françaises. Le Moyen Age* (Paris, Fayard, 1964), où M. l'Abbé J. Salvat consacre un article à chacun des auteurs catalans médiévaux, comme Ausiàs March, Roís de Corella, etc. ? Ces auteurs seraient bien surpris de se retrouver illustrant les lettres françaises.

(66) W. von Wartburg, *La fusion du grec, du gaulois et du latin en occitan*, dans « Actes du X⁰ Congrès International de Linguistique et Philologie Romanes, Strasbourg 1962, publiées par Georges Straka », Paris 1965, I, pp. 3-11 ; la carte occupe les pp. 8-9. — Voyez encore Louis Michel, *La langue des pêcheurs du Golfe du Lion*, Paris [1964], pp. 194-196.

ment provençalisés ([67]). Le type celtique ŬLWO- 'poussière' est à la base des dénominations occitanes *olfa, olba, bolbo,* etc. (*FEW*, XIV, 16 a). Je fais abstraction des représentants du germanique FALA-WISKA 'Funke', car ils ne vivent qu'en franco-provençal et non pas en occitan à proprement parler. Dans la carte 702 de l'*ALEG*, qui a été interprétée par M. J. *Séguy* dans un article de la *Misc. Griera* (II, 353-359), les nombreuses dénominations de l'étincelle sont toutes différentes des catalanes, excepté *purna* dont nous allons nous occuper plus loin.

8.1.3.   Si maintenant nous tâchons de voir ce qu'il en est sous l'angle catalan, nous ne trouvons, face à l'abondance occitane, que le type *llamp* (commun à l'occitan mais connu aussi ailleurs, cf. it. *lampo,* etc.) pour désigner indifféremment l'"éclair' ou la 'foudre', car le catalan ne sépare pas très bien les deux phénomènes (cf. *ALPO*, carte 203), comme l'allemand qui dit 'Blitz', mais contrairement aux autres langues romanes (cf. esp. *relámpago,* it. *lampo, baleno* 'éclair' ; esp. *rayo,* it. *fulmine, folgore* 'foudre', etc.). Aujourd'hui pourtant se dessine une distinction entre *llamp* 'foudre' et *llampec* 'éclair', mais le radical reste le même ([68]).

Pour 'étincelle', à part *centella* (< SCINTILLA) peu usité, nous avons affaire à des formes *volva, olva, olba,* etc., déjà attestées au moyen âge avec une abondance que les données des dictionnaires ne laissent pas soupçonner ([69]) ; elles sont également connues de l'occitan. Ensuite nous trouvons d'autres types, comme *purna, espurna, espira* ou *espura,* et *guspira. Purna* (et dérivés comme *espurna, espurnall,* etc.) est un représentant du lat. PRUNA, qui vit aussi en aragonais et a

---

(67) Voyez le texte cité dans la note 17 du chapitre 2. A propos de la diversité des dénominations de l'étincelle dans les langues romanes, face à l'uniformité de celles qui existent pour le 'feu', voyez Gerhard Rohlfs, *Atlanti linguistici e vocabolari dialetti* dans « Accademia Nazionale dei Lincei », CCCLXVI, 1969, Quaderno N° 111, pp. 36-39 (« Atti del Convegno Internazionale sul tema : Gli Atlanti linguistici : problemi e risultati », Roma, 20-24 ottobre 1967).

(68) Sur *llamp* en catalan et sur la possibilité que cette langue ait connu un représentant de FULGUR, voyez maintenant G. Colon, *Valor del testimonio aislado en lexicología,* dans « Travaux de Linguistique et de Littérature », VII (Strasbourg 1969), 161-168.

(69) A propos de la remarque du *DCVB* (VII, p. 900, s.v. *olva,* 3ᵉ acception), voici quelques textes : *Viatge del cavaller Owein al Purgatori de Sant Patrici* (texte de 1320, publié par R. Miquel y Planas dans *Llegendes de l'altra vida,* Barcelona 1914) : « E vee denant si vna flama molt cruel de pudor de sofre pudent, que exie de ·j· pou, e quaix homens e fembres de foch e nuus, axi com *aolbes* de foch que eren lo sus alt en laer gitats » (p. 21, lignes 600-604) ; « ço diu Sant Agosti : si longua vida los justs per tots temps viuran ; si sobtilesa axi com a *cintilla o olba* en cauar correran » (*ibid.,* p. 30, lignes 924-926). *Visió de Tundal del Monestir de Clares Valls* (texte du XIVᵉ siècle, publié par R. Miquel y Planas dans le même recueil): «... entro que la pell e la carn e los neruis e los ossors se tornauen en *olba* de foch e en flama de foch » (p. 53, lignes 612-614) ; « e en aquella colona hauia molt gran multitut danimes e de dimonis qui, en manera *dolbes,* puyauen ab la flama » (p. 54, lignes 655-657).

atteint les vallées supérieures des gaves béarnais où il est employé en synonymie avec les mots autochtones (cf. Séguy, *op. cit.*, p. 354 ; *FEW,* IX, 491 a ; Haensch, p. 193) ; dans le reste du domaine occitan on n'en trouve pas trace. *Espira* (depuis Ramon Llull) aux Baléares est probablement un représentant de SPIRARE 'souffler' (cf. un parallélisme sémantique dans le gascon *büha* < BUFF- 'souffler', apud Séguy, *op. cit.*, p. 355), tandis que *guspira* ou *gospira* (depuis le XVᵉ siècle) ne semble pas vivre ailleurs qu'en catalan et son rapport avec *espira* n'est pas certain. En roussillonnais, comme dans une bonne partie du gallo-roman vivent des représentants d'EXPELLĔRE (cf. *espilles* ou *bespilles,* apud *ALPO,* carte 224), mais ils n'ont pas réussi à pénétrer dans le reste du catalan ([70])). De même, le type *xàldiga* ou *eixàldiga* occupe une aire très restreinte (cf. *DCVB,* s.v.).

8.2. Ces quelques exemples plus ou moins « lumineux » — auxquels il serait facile d'en ajouter d'autres, ainsi l'occit. *alucar* 'allumer' (*FEW,* s.v. *lucere,* I, 2 a, p. 431 b) ou son opposé *escantir* 'éteindre' ou encore les descendants de FULGOR 'foudre' (*FEW,* III, 841 b), de LUCANUS 'étoile du matin', tous absents des terres catalanes — ces exemples, dis-je, prouvent que les deux langues, au lexique pourtant très proche, ne concordent pas toujours. Nos frontières lexicales ne datent pas d'hier et la liste des mots inconnus du catalan, tels que CANICULA 'chenille', FETA 'brebis', NIGRA 'puce' ([71]), SPINULA 'épingle', *tesson* 'pourceau', ([72]) pourrait bien s'allonger ([73]).

9. INDIVIDUALITÉ DU LEXIQUE CATALAN

9.1. De la même façon que nous avons retenu certains concepts exprimés en occitan à l'aide de vocables différents de ceux qu'emploie le catalan, nous devons maintenant considérer les mots catalans qui paraissent n'avoir jamais vécu en occitan : *enyorar* 'languir' (< IGNORARE) ([74]) et *tardor* 'automne' (< TARDATIONEM) ([75]) ont été cités

---

(70) *FEW,* III, pp. 307-308. M. Guiter, lors de la discussion de ma conférence, aurait voulu tirer les formes des Pyrénées-Orientales de *VESPICULA.

(71) Chez Ramon Llull on trouve une fois le provençalisme *neira* (*DCVB,* s.v.).

(72) J. Séguy, Occitan *tesʻu(n) 'petit porc ; porc',* dans « Etymologica », Tübingen 1958, pp. 699-705.

(73) Enric Guiter, *Algunes infiltracions del lèxic occità en el domini lingüístic català, ER,* I (1947-1948), 153-158.

(74) J'ai justifié l'étymologie IGNORARE > *enyorar* dans ma communication au Congrès de Linguistique romane de Madrid (septembre 1965) ; voyez *Acerca de los préstamos occitanos y catalanes del español* in « Actas del XI Congreso Internacional de Lingüística y Filología Románica. Madrid 1965 », Madrid, C.S.I.C., 1969, p. 1920.

(75) MM. Francesc de B. Moll (*DCVB,* s.v.) et Joan Coromines (*Llegint el* « *Vocabulari Meteorològic Català* » in « Miscel·lània Fontserè », Barcelona 1961, pp. 148-149) ont démontré que le cat. *tardor* vient de TARDATIONEM, avec -r anti-étymologique et purement graphique ; contrairement à ce que j'avais cru dans *RFE,* XXXVII (1953), 201, nous avons le même

au commencement de cet exposé. D'autres mots latins n'ont apparemment laissé de représentants populaires qu'en Catalogne : CATAR-RHUS, CONGEMINARE, DELIRIUM, INDAGARE, ODIARE, PACIFICARE, REPUDIARE ([76]), etc. Nous pourrions ajouter une liste interminable de termes qui ne semblent pas exister ou n'avoir jamais existé en occitan : *aixecar-se, atansar-se, atuell, basarda, congreny, corrua, dèria, eixerit, fer malbé, maldar, neguit, pair, recança, soroll, tarannà,* etc. C'est bien normal : chaque langue a son individualité, son lexique à soi. Le catalan, avec ses archaïsmes et ses innovations, affirme sa propre personnalité linguistique.

9.2. Il y aurait bien des manières d'envisager le problème du lexique catalan. La plus traditionnelle, celle que j'ai suivie, est de poser la question de son gallo-romanisme ou de son ibéro-romanisme. Mais je m'en voudrais de ne pas mentionner quelques aspects sous lesquels l'examen gagnerait en intérêt. L'on peut considérer les rapports du catalan avec ce qu'on appelle le complexe lexical pyrénéen ; c'est une façon de voir qui a été souvent à la mode, concrétisée par des titres comme « El catalán, habla hispánica pirenaica » ([77]), etc., et beaucoup de linguistes l'ont défendue. Je dois avouer que, tout en admettant l'existence de certaines coïncidences lexicales pyrénéennes isolées, je suis absolument opposé à cette théorie. Les connaissances un peu plus larges que nous avons aujourd'hui de l'ancien catalan ([78]), les monographies dialectales abondantes dans les dernières années et les atlas récemment parus nous démontrent que les exemples sur lesquels on a étayé cette doctrine ne résistent pas à un examen sérieux. C'est un mirage, comme celui de la « lengua puente » : les langues voisines ont un lexique plus proche que celui des langues géographiquement éloignées, un point c'est tout. Parler de communauté lexicale pyrénéenne, en y incluant le catalan, c'est faire preuve, à tout le moins, d'une méconnaissance de ce dernier. S'il était question du caractère « pyrénéen » des vocabulaires gascon-béarnais ou haut-aragonais, je me garderais bien d'émettre un jugement catégorique. Nonobstant, l'essai de comparer entre elles des isoglosses lexicales pyrénéennes et catalanes en vaudrait la peine méthodologiquement, ne serait-ce que pour déplacer l'optique sous laquelle nous avons coutume d'examiner le lexique catalan. Il faut dire que dans les rares cas où il s'intègre dans

---

étymon que pour la forme *tardaó ou tardagó* qu'on trouve dans une vaste zone du catalan occidental.

  Quant à la pénétration de la forme catalane en territoire gascon, cf. *FEW*, XIII₁, p. 119 *b* et J. Carrascal Sánchez, *La penetración de la lengua catalana en el dominio gascón, AFA*, XIV-XV (1963-1964), 182-183 (les indications de ce dernier travail ne sont pas toujours très sûres).

(76) D'où cat. *cadarn, congeminar, deler, enagar, ujar, apaivagar, rebutjar.*

(77) C'est le titre d'un article de M. V. García de Diego publié dans la « Miscelánea de Filologia, Literatura e História cultural à memória de Francisco Adolfo Coelho », Lisboa 1950, II, pp. 55-60.

(78) La langue ancienne n'a pas été prise en considération par les dialectologues qui ont parlé de la communauté pyrénéenne.

l'ensemble pyrénéen (*encaterinar, espurna, llaminer,* etc.) ([79]), il s'accorde avec l'aragonais et le gascon, surtout le béarnais. Mais alors, le reste de l'occitan ne partage pas cette parenté et nous avons déjà souligné que les liens de parenté les plus étroits sont ceux qui unissent le catalan à l'occitan.

9.3. Une autre orientation serait l'examen approfondi des éléments d'origine arabe en catalan, en les comparant à ceux du reste de la péninsule ibérique, de la Sicile et même à ceux qui ont pénétré en occitan. Ce problème est difficile et digne d'attention ; les résultats porteraient non seulement sur la position du lexique catalan en tant que tel, mais aussi sur la fragmentation lexicale à l'intérieur même des régions catalanes ([80]).

9.4. Et puisque nous parlons de différenciation au sein de la langue, l'étude des mouvements lexicaux modernes ne manquerait certes pas d'intérêt. Depuis ce qu'on a appelé la « Decadència » (début du XVIe siècle), mais surtout à partir de la « Renaixença » (milieu du XIXe siècle), le nord du domaine — Empordà, Vic — propage ses solutions : il y a un mouvement du Nord vers le Sud, un courant linguistique comparable à la vogue que connaît chaque fois plus au Sud la sardane, danse originaire du comté de Cerdagne, au Nord ([81]). Ce phénomène de pénétration m'a frappé lorsque j'ai étudié le mot *tardor* 'automne', qui vient surtout du diocèse de Gérone et qui peu à peu déloge les vieilles dénominations, telle *primavera de l'hivern* ([82]). Il faudrait également prêter attention à des mots comme *ullal* 'dent canine' ([83]), *àpat* 'repas', *ontocom* 'quelque part' ([84]) et beaucoup d'au-

(79) Cf. *FEW*, II, p. 504 *a*, s.v. CATHARINA ; S. Gili Gaya, *Tesoro lexicográfico*, s.v. *encatalinarse* ; *DCVB*, s.v. *encaterinar*. — *FEW*, IX, pp. 491-492, s.v. PRUNA. — *FEW*, V, p. 134 *b*, s.v. *lambere* ; *DCEC*, III, p. 20, s.v. *lamer*.
(80) La plupart des monographies concernant les éléments arabes du catalan portent sur des aspects étymologiques (Corominas ; Solà Solé). Voyez les considérations méthodologiques d'A. Steiger, *La penetración del léxico arábigo en el catalán y el provenzal* dans *Congr. Ling. Rom. Barc.*, II, 555-570 ; et aussi M. Sanchis Guarner, *Introducción a la historia lingüística de Valencia*, València [1948], 84-98. Sur les éléments arabes dans les langues romanes en général, cf. G.B. Pellegrini, *L'elemento arabo nelle lingue neolatine con particolare riguardo all'Italia,* dans le recueil « L'Occidente e l'Islam nell'Alto Medioevo », Spoleto 1965, pp. 697-790.
(81) Je me réfère au nom *sardana*, venant probablement de **dansa cerdana*, du pays de Cerdagne. Je ne prends pas position sur les théories, plus ou moins hardies, à propos de l'origine de cette danse ; d'ailleurs les études d'A. Capmany ont montré que la sardane n'était pas encore vers la fin du XVIIIe siècle cette danse ordonnée, symbole du « seny » catalan, que nous connaissons aujourd'hui (voyez dernièrement « Serra d'Or », any X, Nº 107, 1968, pp. 661-666). — Ce que je tiens à faire remarquer, c'est l'expansion de cette danse vers les terres du Sud parallèlement à la progression de bien des mots catalans originaires du Nord.
(82) *El concepto « otoño » en catalán y su posición entre las lenguas romances*, *RFE*, XXXVII (1953), 194-215 et *Más acerca del concepto « otoño »*, *RFE*, XXXVIII, (1954), 246-250.
(83) *BDC*, VI, 1918, carte num. 9 (*els ullals*) ; *ALEG*, IV, carte 1234.
(84) Le type *ondacom* attesté en ancien provençal (*FEW*, XIV, p. 32) vit encore dans une partie du languedocien et du gascon ; cf. *ALEG*, III, carte 804.

tres qui réussissent à s'imposer (cf. *entaforar, engavanyar, enfurismar, engirbar, manyac, migrat, penya-segat, penelló, rauxa, tafaner, torb, eixerit, eixelebrat, xai, estri, estripar, aixoplugar, camèlic, endegar, xamós, cofoi, userda*). Mais c'est là un aspect qui regarde d'abord les dialectologues ; aux historiens de la langue reviendrait la tâche de nous expliquer la préférence que les écrivains éprouvent, depuis la « Renaixença », pour le lexique venant du Nord [85].

9.5. Je ne désire pas abandonner le point de vue traditionnel auquel je me suis placé au début de cet exposé, mais je tiens à y apporter quelques faits nouveaux et certaines nuances. Il faut tout d'abord rappeler les affinités du lexique catalan avec celui des Gaules, tout en ayant soin de souligner l'individualité de la langue et les champs d'investigation qu'elle nous réserve encore. Permettez-moi un dernier recours pour souligner cette complexité : je vais maintenant alléguer des types lexicaux qui ont vécu en catalan mais qui sont un héritage de la vieille souche hispanique. Ainsi le latin ALIENUS 'appartenant à autrui' s'est maintenu, on le sait, dans le sarde *andzenu*, esp. *ajeno*, portg. *alheio*. Or, parmi les chansons populaires majorquines recueillies récemment par le P. Rafel Ginard i Bauçà figure le mot *allè*. Comme M. Francesc de B. Moll l'a fait remarquer, nous sommes en face d'un archaïsme conservé aux Baléares, mais dont l'existence en catalan médiéval nous est attestée dans les *Costums de Tortosa* du

---

(85) Une faible réaction se dessine. Voyez, par exemple, le valencien *atzucac* 'cul-de-sac' adopté tout dernièrement par Salvador Espriu (*DCVB*, 2ᵉ éd., s.v) et Isidre Molas (« Serra d'Or », 1970, p. 640) ; J. Gulsoy, *El sentido del valenciano atzucac*, « Romance Philology », XIV (1961), 195-200 et ajoutez-y une autre attestation d'*adzucach* de 1461 (*EUC*, VI, p. 463). Une forme *adzucoch*, s'il ne s'agit pas d'une transcription erronée, figure dans un inventaire des biens d'Ausiàs March datant de 1458 : « Primo, hun alberch situat en la ciutat de Valencia, en la parroquia de Sent Thomas, lo qual affronta ab cases de l'honorable Mossen Miquel Julia, ab cases d'En Besalu e ab dos *adzucochs* » (« Boletín de la Sociedad Castellonense de Cultura », XVI, 1935, p. 135). Une latinisation en ablatif pluriel se trouve dans le document suivant daté de 1406 : « ... Super quodam hospitio ... sito et posito in parrochia Sancti Martini civitatis prefixe (Valentie), confrontato cum via publica, cum duabus *adzucaqueris* et cum domibus Petri Vives, pomerii, et cum domibus Petri Gil, argenterii ... » (A. Pagès, *Auzias March et ses prédécesseurs*, Paris 1912, « Bibliothèque de l'Ecole des Hautes Etudes », fasc. 194, p. 38, note 4). Dans la région du Maestrat on trouve, aussi au XVᵉ siècle, la forme *açucach* (cf. *BSCC*, XLVI (1970), 254).

Un autre cas pourrait être l'usage de plus en plus fréquent de la part des écrivains catalans des mots *coent* et *coentor* dans le sens de l'espagnol « cursi » et « cursilería ». C'est ainsi que Joan Oliver écrit : « ... la més inefable cursileria - o coentor » (in « Serra d'Or », XII, 1970, p. 277). C'est sans doute grâce à Joan Fuster que ces mots valenciens ont fait leur chemin : « Hi ha una paraula en el vocabulari de la capital, « coentor » que ve a ésser sinònima de « cursileria », però que al·ludeix particularment a l'afectació que suposava, en un valencià, de parlar castellà. Els graciosos sainets d'Eduard Escalante presenten una variada galeria de « coents », que feien les delícies de l'auditori teatral del nostre segle passat » Joan Fuster, *Nosaltres els valencians*, Barcelona (1962), 139.

XIIIe siècle et dans la version catalane du *De Amore* d'Andreas Cappellanus (env. 1387) ([86]).

9.5.1.   Les représentants du lat. COTURNICEM 'caille' étaient considérés comme propres à l'ibéro-roman. Les réflexions que fait M. Corominas dans les additions à son *DCEC* (IV, p. 970) sont sévères pour ceux qui, comme M. García de Diego, croient à l'existence de COTURNICEM en territoire catalan. Dans la *ZRPh* (78, 1962, pp. 70-71) j'ai signalé la présence de *codorniu* dans deux ouvrages du XIVe et du XVe siècles. Je puis maintenant ajouter un autre cas de *codorniu* qui apparaît dans la *Tròtula de mestre Johan* ([87]). L'on avait d'abord cru que le catalan possédait seulement le terme à caractère gallo-roman *guatlla* o *guatla*. C'est vrai aujourd'hui, mais au moyen âge le type latin subsistait encore. Il serait permis de supposer que ces exemples aient été le fait de clercs ou de lettrés : ceux-ci en se basant sur des évolutions comme *perdiu* < PERDICEM, auraient forgé analogiquement *codorniu* de COTURNICEM. A mon avis, ce serait vraiment trop beau que cette formation arbitraire eût été faite en accord parfait avec toutes les normes de l'évolution historique de la phonétique catalane. D'ailleurs il reste le nom de famille *Codorniu* ; et maintenant que nous connaissons l'appellatif, le patronyme nous paraît tout à fait clair, sans besoin d'explications compliquées.

9.5.2.   Voici un autre cas : le latin ACIES 'ligne de combat' vit dans l'espagnol et le portugais. Menéndez Pidal (*Cid*, II, 491-92) donne une abondante documentation castillane de *az* ([88]) ; rappelons l'anc. portg. *az, azes*, fort bien attesté ([89]). Et joignons-y les exemples catalans de *aç, atz, atzes* 'ligne de combat, corps d'armée', assez nombreux aux XIIIe, XIVe et XVe siècles (v. L. Faraudo in *Misc. Fabra*, p. 149 ; L. Querol, *Las milicias valencianas desde el siglo XIII al XV*, Castelló de la Plana 1935, p. 216).

9.5.3.   Pour le concept 'oiseau' le latin avait AVIS, mais presque partout on lui a préféré la forme AVICELLUS, diminutif qui supplée à la faiblesse phonétique du simple. Comparez fr. *oiseau*, it. *uccello*, romanche *utschè*, aprov. *auzel*, cat. *ocell*. Seules les langues conservatrices comme le sarde (cf. *ae* 'aigle', *RDR*, IV, 109), le castillan et le portugais (cf. *ave*) se sont maintenues fidèles au type latin AVIS. Or, pendant tout le moyen âge, le catalan a gardé, à côté de *aucell, ocell*, la forme *au*, comme on l'a dit plus haut ([90]).

---

(86) Rafel Ginard Bauçà, *Cançoner popular de Mallorca*. Amb un estudi preliminar per Francesc de B. Moll, I, Malorca (1966) (collection « Els Treballs i els Dies », N° 4), pp. XLVII-XLVIII.

(87) « ... carn de molto prim, e aynels rostits, pols e galines jóvens, cabrits, *codornius* he altres cozes senblants » (fol. 29 *d* ; texte reproduit par R. Miquel y Planas dans son *Aplech de receptaris*, Barcelona [1917]).

(88) *Cid*, vol. II, 491-492 ; *Diccionario Histórico*, s.v.

(89) J. P. Machado, *Dicionário etimológico de língua portuguesa*, Lisboa, Edit. Confluência, 2e éd., p. 360, s.v. *az* ; José Cretella jr., *Dicionário do Português Arcaico*, dans « Jornal de Filologia », São Paulo 1954, p. 47.

(90) Cf. ici note 21.

9.6. Je dois m'empresser d'avouer que des échantillons du genre *allè, codorniu, atzes, au* ne foisonnent pas et qu'ils ne se retrouvent pas dans la langue moderne. Au moyen âge déjà, ces archaïsmes étaient comme acculés et condamnés à l'avance par d'autres mots moins conservateurs et moins « hispaniques ». Ils restent cependant les témoins d'une couche latine qui fut très tôt ensevelie sous une autre plus expansive, plus vigoureuse ; ils n'affleurent plus aujourd'hui que dans certains composés. A propos de ces reliques, rappelons-nous ce qui a été dit du conservatisme aristocratique du lexique ibéro-roman. Le calque du grec μέτρον : μετρίξειν MENSURA / MENSURARE n'a pas réussi à déplacer METĪRE en Espagne (esp., portg. *medir*) ni en Sardaigne ; PĔTĔRE 'exiger' (successeur en latin de POSCĔRE) n'a laissé de traces que dans quelques territoires éloignés (sarde, roumain) et dans l'Hispania (esp., portg. *pedir*), face à l'innovation DEMANDARE. Le lat. MEJĔRE, base de *mear*, n'a pas été évincé en Espagne par l'onomatopée *PIS-. Le catalan va toujours du côté des innovateurs et dit *mesurar, demanar, pixar*.

9.7. Mais à côté de ces solutions normales le catalan a gardé des d é r i v é s qui montrent que le vieux stratum n'était pas si négligeable puisqu'il a réussi à se maintenir d'une façon plus ou moins déguisée dans la langue. Ainsi, outre le verbe *mesurar,* le cat. emploie le substantif *mida* 'mesure linéaire' dont la première attestation, rousillonnaise d'ailleurs, remonte à 1284 (*RLR*, IV, 326) ; nous ne pouvons expliquer cette forme que par le verbe MĒTĪRI, un emprunt à l'esp. *medida* étant exclu à tout point de vue. La famille du verbe catalan *pidolar* 'mendier, demander humblement et avec insistance', fort bien représentée dans tout le territoire, suppose une dérivation à partir de PETĔRE.

9.7.1. Nous savons que le lat. APTARE 'ranger, disposer ; adapter' a pris dans la latinité hispanique — innovatrice cette fois — le sens de 'nouer, lier', d'où l'esp. et portg. *atar*. Ce verbe n'existe pas en catalan, où l'on a *lligar, nuar*. Mais les composés *eixatar* 'dissoudre, détremper dans l'eau' et *deixatar* sont restés vivaces, formés à partir de *(DE)-EX-APTARE ([91]).

9.7.2. Du participe irrégulier MINCTUS de MEJERE ou MIN-

(91) Voyez « Neuphilologische Mitteilungen », XV (1913), 159. Aux exemples du *DCVB* (s.v. *eixatar*) on pourrait ajouter ceux-ci : *Llibre de Sent Soví* (XIVᵉ siècle) : « Si vols fer uruga, pren la dita uruga e ralla la, e, picada fort e puys *exetada* ab bon vinagre, fe·n pastadura... e com serà picada *eixeta* la » (éd. Faraudo, *BRABLB*, XXIV (1951-1952), 23). *Tractat de les Mules* de Manuel Dieç (1450) : « Ayau argent viu e vert scur e oli de lor... e tot asò sia ben mòlt e *exetat*, ben espès, e sia li posat sobre los porrets en axut » (éd. Faraudo, *BRABLB*, XXII, 1949), 40).
Sur le lat. APTARE, cf. le récent article de M. Antonio Tovar, *Séneca y el latín de España* in « Serta Romanica. Festschrift für Gerhard Rohlfs zum 75. Geburtstag » (Tübingen 1968), 135-137.

GERE, Corominas (*BDC*, XXII, 243) fait dériver le cat. *remintolar* 'suinter'.

9.7.3. Pour 'lécher' le latin disposait de LINGĚRE et LAMBĚRE. Le premier a subsisté dans la Romania orientale (*REW*, 5066), et le verbe classique LAMBERE dans des régions conservatrices : portg. *lamber*, esp. *lamer*, sarde *làmbere*. Le reste de la Romania a choisi des créations comme *LAPPARE (d'où, par exemple, le cat. *llepar*) ou même le germanisme LEKKON (cf. *FEW*, XVI, 454-62). Or, le catalan exhibe *llaminar*, *llaminer* (depuis Llull), *llamineria*, *llamí*, formes qui exigent un suffixe en -INARE à partir de LAMBERE et dont l'isoglosse comprend aussi l'aragonais et le béarnais (cf. *FEW*, V, 134 b).

9.8. Ces quelques exemples de conservatisme — affiché ou déguisé —, à côté d'exemples d'une tout autre portée que nous avons signalés au long de cet exposé, établissent la diversité, la polychromie et par conséquent l'intérêt du lexique catalan. Malgré les efforts déjà réalisés dans l'étude de ce lexique, et je tiens à rendre hommage à l'activité de chercheurs comme Aguiló, Alcover, Balari, Moll, Faraudo et Corominas, le travail n'est pas terminé. Les faits que je vous ai exposés demandent des éclaircissements. Pourquoi ce gallo-romanisme ? Pourquoi ces « hispanismes » archaïsants ? Pourquoi ces mouvements lexicaux internes ? Je suis incapable de répondre. Jusqu'à présent la lexicographie historique catalane s'est contentée presque exclusivement de données qui remontent tout au plus à la fin du XIIIᵉ siècle, sans chercher à connaître celles du latin médiéval, antérieures aux Xᵉ et XIᵉ siècles. Le *Glossarium Mediae Latinitatis Cataloniae* n'est qu'au commencement de sa tâche et, surtout, il faudrait combler le fossé qui sépare la latinité catalane tardive inventoriée dans cet ouvrage et les premières manifestations littéraires en langue vulgaire. En attendant, toute explication à propos de la « subagrupación » est hâtive. Aujourd'hui encore, nous sommes mal renseignés sur l'existence de certains étyma catalans. On avait pu dire que le représentant du latin TECTUM ne vivait pas en catalan, sauf dans quelques contrées pyrénéennes de transition vers l'occitan. En 1962 j'avais signalé la présence de *tet* dans la *Visió de Tundal*, texte catalan du XIVᵉ siècle (*ZRPh*, LXXVIII, 90). Maintenant je dispose d'un texte du XIIIᵉ siècle venant de Valence, donc du sud du domaine : « ... refer lo *tet* d'aquela casa, si serà afollat e les parets calçar ... » ([92]). Voilà plus qu'établie l'existence en catalan de ce qui a dû être une strate recouverte.

9.8.1. Dans la revue *ER*, I, 1917, 44-45, M. Griera a étudié le mot *donzell* 'absinthe' et il s'est livré à toutes sortes d'acrobaties pour montrer la dérivation ABSINTHIUM > *donzell* ; d'après lui une solution de continuité entre l'aprov. *aisens* et l'esp. *ajenjo* était impossible (cf. encore L. Spitzer, *Literaturblatt für germanische und romanische Philologie*, XLIII, 1922, p. 201). Or, malgré le silence du *DCVB*, je suis

---

(92) *Furs de València* (III-XIV-4). Voyez la ncte 35.

en mesure de donner plus d'une douzaine d'attestations de l'acat. *aixens, eixens*, lequel, soit dit en passant, vit encore dans le Ribagorça catalan sous la forme *encens* ([93]). L'origine du cat. *donzell* 'artemisia absinthium' il faut la chercher ailleurs, car le type ABSINTHIUM a donné *eixens* ([94]).

9.8.2. M. Griera prétend encore avec un aplomb étonnant, dans son fameux article *Afro-romànic o ibero-romànic* ? (*BDC*, X, 1922, 36), que la « Quaercus bellota » (c'est-à-dire la « quercus ilex ») était limitée au sud et au Portugal et il ajoute « El nom *bellota*, circumscrit a l'espanyol, confirma l'origen meridional d'aquest arbre ». En d'autres termes, *bellota* serait inconnu du catalan. L'argumentation est fallacieuse : même si le terme *bellota* n'existait pas en catalan, la chose existe désignée par le synonyme *gla ou aglà*. D'ailleurs le *DCVB* enregistre le cat. *bellota* depuis 1527, mais au XVe siècle le mot est déjà bien documenté ; et au XIVe siècle, en 1375, Antoni Canals parle de *bellotes o glants* ([95]). Voilà qui est clair, aussi clair que nos lacunes dans la connaissance du lexique catalan ancien ou moderne ([96]).

---

(93) Forme recueillie à Pont de Suert par P. Pont i Quer (cf. F. Masclans i Girvés, *Els noms vulgars de les plantes a les terres catalanes*, Barcelona, I. d'E. C., 1954, s.v).

(94) Nous trouvons *exenç* dans la version Sarriera (1305 env.) d'Arnau de Vilanova (éd. Batllori, *ENC*, Nᵒˢ 55-56, II, p. 119.7) ; *exenç* dans le *Libre de les Medicines Particulars* (XIVe siècle, éd. Faraudo, p. 36) ; *exenz* dans le *Tresor de pobres* (XIVe siècle, apud *Diccionari Aguiló*, s.v.) ; *exenç* dans la traduction catalane du *De re rustica* par Ferrer Sayol (1380 env.). Cette dernière forme est citée par A. Griera, *Tresor de la llengua* (s.v.) [la transcription du contexte ne semble pas très fidèle : il faudrait contrôler le passage]. M. Griera dit que « el nom sembla corrupció d'*ajenjo* » ; cette supposition est gratuite, mais elle s'explique dans la perspective où se place l'auteur : pour celui-ci le représentant d'ABSINTHIUM serait *donzell* ; *exens* dans *Un llibre de menescalia* (XVe siècle, éd. Batllori, *AORLL*, V, 1932, 193) ; *exens e donzell* dans *Flos medic.* (apud *DCVB*, s.v. *donzell*).
      Le catalan *donzell* est attesté depuis la fin du XIVe siècle (*Libre de les herbes* de Macer, éd. Faraudo, *ER*, V (1955-1956), 10 ; et Francesc Eiximenis, *Regiment de la cosa pública*, éd. Miquel y Planas, p. 12, ligne 321 [ce texte d'Eiximenis ne nous est conservé que par un incunable de 1499]). On connaît aussi la variante *donzeu* (*DCVB*, s.v.). L'explication étymologique de Bertoldi (« Archivum Romanicum », XVIII (1934), 416-417) est trop recherchée ; je reviendrai sur la base *dominicellus* dans un prochain article.

(95) *Llibre anomenat Valeri Màximo dels dits y fets memorables.* Traducció catalana del XIVᵉⁿ segle per frare Antoni Canals, éd. R. Miquel y Planas, vol. II (Barcelona 1914), p. 368, ligne 2152.

(96) J'ai déjà parlé de ces lacunes dans *Elem. cat.*, pp. 205-211, §§ 16-26. En voici une preuve de plus : l'Archiprêtre de Hita emploie le mot *codoñate* 'cotignac' dans son *Libro de Buen Amor* (strophe Nᵒ 1334 b : « dïacitrón, codoñate y letüario de nuezes »), et M. Corominas explique dans ses commentaires au texte (Juan Ruiz, *Libro de Buen Amor*. Edición crítica de Joan Corominas, Madrid (1967), 500), qu'il s'agit d'un emprunt au cat. *codonyat*, ce que je crois aussi. Mais comment ce *codoñate* écrit en 1330 ou en 1342 pourrait-il s'expliquer par le catalan dont la première attestation serait de 1412, selon le *DCVB* ? En réalité, l'attestation la plus ancienne

9.9. Une chose est certaine. Lorsque nous examinons le lexique
catalan des XIIIe et XIVe siècles, force nous est de conclure à une
affinité avec celui de l'occitan et tout particulièrement du languedocien. A partir du XVe siècle et surtout du XVIe, on dirait que les choix
lexicaux s'accordent davantage avec ceux de l'espagnol. *Buscar, ofegar-se, matar, casar-se, cansar-se, deixar, preguntar, boda*, etc.,
prennent pied ou consolident leur position à ce moment-là. Je me
garderai bien de dire que tous sont des castillanismes — il y a parmi
eux des mots autochtones —, mais ils ne s'imposent que peu à peu :
matar triomphera d'*auciure*, *deixar* ou *lleixar* de *jaquir*, *ofegar-se* de
negar-se, etc. Les préférences lexicales actuelles cependant restent dans
une certaine mesure conditionnées par celles que le catalan a faites au
moyen âge et qui lui ont imprimé un caractère spécifique : *menjar,
parlar, trobar* (cf. *supra*, § 5.2.2.).

Personne ne conteste l'affinité foncière entre l'espagnol et le portugais : leur lexique est au moyen âge ce qu'il y a de plus proche. Et
pourtant, depuis la fin du XVe siècle, on dirait que le vocabulaire
portugais change de cap ; les deux langues s'éloignent de plus en plus,
l'union originaire devient chaque fois plus lâche : *quedar/ficar, rodilla/
joelho, guisante/ervilha* d'un côté, mais aussi *ciruela/ameixa, niebla/
nevoeiro, calle/rua* de l'autre, pourraient nous amener à réfléchir
sur la perte de l'ancienne uniformité. Or, personne ne mettra en doute
que les options lexicales de l'espagnol et du portugais n'aient pas

nous est fournie par un livre de comptes du roi Jacques II de Catalogne-
Aragon, édité en 1911, mais que les philologues ont toujours ignoré à tort.
Voici ce document de 1302 : «...10 libras de dragea ; item... lb. e mige
de dragea en taula ; item 10 lb. de diacitron ; item, 3 lb de gingebre
confits ; item, dos pots de datils conffits ; item, 3 lb. de pinyonat ;
item, una lb. de torongina ; item 5 lb. e mige de *codonyat* ; item, 7 massa-
pans ; item, un massapa de pan dolça. Los quals conffits liure an A. Messe-
guer, de la cambra del SR.» (in *Libros de Tesorería de la casa real de
Aragón*. Ed. E. González Hurtebise, t. I, Reinado de Jaime II. Libros de
cuentas de Pedro Boyl, tesorero del monarca desde marzo de 1302 a marzo
de 1304. Barcelona 1911, p. 81, núm. 341).
    Si l'on veut bien se donner la peine de contrôler la documentation des
autres mots de ce texte, on remarquera que plusieurs d'entre eux, tout
comme *codonyat*, apparaissent ici pour la première fois, par exemple,
dragea, massapà, pinyonat, pot, torongina...
    Cette note était rédigée depuis longtemps lorsque je trouvai une docu-
mentation aragonaise de 1264,, laquelle remettait en question la priorité
chronologique du cat. *codonyat*. Il s'agit du livre de comptes de l'Infante
Constance de Sicile, bru de Jacques I : « Rebost : Pebre, .III. onzes - .VII.
d. e malla. Gingebre - .III. d. Canella - .III. d. Çaffran, .II. quarterons -
.XVI. d. Mell. .II. libras - .V. d. Sal - .I. d. Figas - .XV. d. *Quodoynhat* -
.IIII. d. Pomas - .II. d. Melgranas - .XII. d. Durasnos - .III. d. Fruyta a
berenda - .IIII. d. Cera, .III. libras, a .XVII.^{én} d., que fan - .IIII. s. .III. d.
Màbil - .III. d.» (cf. Ferran Soldevila, *Pere el Gran, Primera part :
L'Infant*. Barcelone, Institut d'Estudis Catalans, 1956, p. 450, doc. num. 16).
Il faut cependant remarquer que, dans ces comptes, les catalanismes sont
fort abondants et que l'on pourrait même parler d'une symbiose catalano-
aragonaise (voyez encore Soldevila, *op. cit.*, p. 154).

rapproché, une fois pour toutes, les deux langues, bien plus que ne l'ont fait par exemple celles prises par l'espagnol et par le français.

Je ne tire aucune conclusion de l'examen des nombreux cas qui ont été débattus dans cette étude, je constate simplement les faits.

9.10.   Cependant la situation géographique exceptionnelle du catalan ajoute encore aux perspectives que doit ouvrir à tout linguiste le lexique d'une langue quelconque. Le nôtre, passez-moi l'image, est une espèce de tour d'observation dans l'examen circulaire des faits romans en général. C'est parce qu'il l'a pris en considération dans son *DCEC*, que M. J. Corominas a éclairci bien des énigmes étymologiques espagnoles et autres, ou a jeté le doute sur des vérités que l'on croyait acquises. Si M. Lüdtke et moi-même avons réussi à trouver l'étymologie du fr. *son,* qui avait préoccupé les romanistes déjà avant Diez, c'est pour avoir tenu compte des formes catalanes *segon* et *segó.* Inversement, il sera fort salutaire que des explications étymologiques (et même philologiques) françaises, provençales ou espagnoles, considérées jusqu'à présent comme satisfaisantes, dévoilent leur côté faible, vues à travers le prisme du lexique catalan : un lexique qu'il faut cesser de traiter en parent pauvre et aborder avec moins de désinvolture.

DISCUSSION

M. Guiter. — Mon ami Colon me disait ce matin que nous ne serions sans doute pas tout à fait d'accord et je ne voudrais pas le décevoir.

Il pose une question de principe extrêmement grave : celle du galloromanisme du catalan. Il semblait, depuis l'article d'Amado Alonso auquel il faisait allusion dans sa conférence, que cette question était un peu enterrée, liquidée, et cela d'autant plus qu'il y a une question préalable que l'on doit poser à ce sujet : est-ce qu'on peut vraiment parler de galloromanisme ? Bien sûr, géographiquement il s'agit des langues romanes parlées sur le territoire de l'ancienne Gaule. Mais ces langues sont-elles séparées des autres langues romanes par un fossé tellement profond ? Il me souvient qu'à sa conférence d'ouverture du Congrès de Linguistique Romane de Barcelone, il y a donc de cela quinze ans, M. W. v. Wartburg nous disait qu'aucune classification future des langues romanes ne pourrait plus envisager le concept dépassé de galloromanisme, ibéroromanisme, italoromanisme, dacoromanisme, etc., et qu'une classification normale devrait séparer d'abord deux langues fortement aberrantes pour des raisons complètement différentes, le français d'une part, le roumain d'autre part, et puis un groupe de langues relativement homogène, qui fait le tour supérieur du bassin de la Méditerranée occidentale. Nous avons, par conséquent, dans ce groupe, les langues de la Péninsule Ibérique, celles

de la Péninsule Italique et, entre les deux, le pont que nous appellerons, si vous voulez, pont occitan.

Maintenant, cet ensemble est-il un ensemble uniforme ? Bien
entendu, puisqu'on avait trouvé autrefois des raisons de séparer l'italo-
roman de l'ibéroroman, et que ces raisons subsistent, il y a quelque part
une coupure entre les deux ; à mon sens, cette coupure intervient en
pleine Occitanie dans la région du Vidourle qui sépare le languedocien traditionnel du provençal. En effet, les mots d'occitan et d'Occitanie sont fortement critiquables : il n'existe pas une langue occitane.
J'assiste chaque année à la Sainte-Estelle (je vais y aller pour la
Pentecôte prochaine) et j'ai observé maintes fois l'incompréhension
absolue qui existe par exemple entre Gascons et Provençaux : ils
peuvent se parler tant qu'ils le veulent, impossible pour eux de
s'entendre. L'Occitanie est, en définitive, une sorte de résumé de la
Romania : vous avez le gascon qui rappelle par certains traits phonétiques le castillan (disparition des f initiaux), voire le portugais (chute
de n intervocalique) ; le provençal, voisin de l'italien, et qui, à une date
relativement récente, a perdu la marque de pluriel avec s, ce qui
apparaît comme difficilement admissible dans une langue méridionale
de l'Ouest ; le nord-occitan, c'est-à-dire, l'ensemble auvergnat-limou-
sin, qui présente déjà des traits français très accusés, par exemple la
palatalisation des k, g initiaux devant a ; enfin, vous avez le languedocien, qui se rapproche évidemment le plus du catalan. Par conséquent, l'occitan est un domaine de transition ; on ne peut pas parler de
langue unique, bien loin de là.

En face de cette situation occitane, il faut évoquer aussi la situation péninsulaire. Là, j'estime que les thèses de Menéndez Pidal ont
fait leurs preuves. Don Ramon a amplement démontré l'existence d'un
ensemble, autrefois relativement homogène (il y a une vingtaine
d'années, j'ai consacré un article à des traits communs entre le catalan
et le portugais), et le phénomène qu'il appelle « la desidencia cantá-
brica » a pris naissance dans la région de Burgos, d'où, par une fortune
politique invraisemblable, il s'est étendu vers le Sud par la Reconquête,
coupant en deux cet ensemble précédemment homogène. Don Roman
avance de telles preuves, que je crois qu'il est difficile de revenir sur
sa démonstration.

A l'appui de sa thèse, M. Colon a apporté essentiellement, comme
c'était son rôle aujourd'hui, des preuves lexicales. Or les preuves
lexicales sont, bien entendu, les moins solides, et de loin. L'anglais est
une langue germanique incontestablement, et plus de la moitié de son
vocabulaire est roman ; si nous devions nous baser là-dessus pour le
classer, où en arriverions-nous ? Les langues romanes, quand elles sont
en contact, ont toujours fait des échanges entre elles. Je ne dis pas
qu'il n'y ait pas de mots occitans introduits en catalan et vice versa ;
d'ailleurs, dans un article que j'ai publié dans *Estudis Romànics*, il y a
déjà nombre d'années, j'ai étudié justement l'apparition de ces têtes de

pont de mots occitans qui avancent plus ou moins loin sur le domaine
catalan, et qui peuvent se relier entre elles, lorsque les mots en question sont entrés plus anciennement. Mais ceci n'implique aucune
parenté entre les langues. Nous avons emprunté au castillan, nous
autres Catalans, pas mal de mots, à mon sens tous les mots terminés
en -o, quoi qu'en dise Coromines dans un article d'*Estudis Romanics* ;
un mot comme *moço* est incontestablement le castillan *mozo*, car, s'il
était catalan, à partir du latin MŬSTĔU, on aurait *moix* qui existe
effectivement ; *amo* n'est pas moins castillan, avec une origine loin-
taine basque : c'est le nom de la mère « *ama* » qui est passé avec un
sens de « maîtresse de maison », puis a été masculinisé. Inversement,
le cadeau que nous avons fait au castillan est le groupe de mots terminés en -*aje* ; je ne parle pas de mots d'introduction moderne comme
chantaje (on voit tout de suite d'où ils viennent), mais des mots anciens
comme *salvaje*...

M. Colon. — C'est un occitanisme.

M. Guiter. — J'en doute. Incontestablement, *l* implosif était déjà
vocalisé en français (je regrette que M. Straka ne soit pas ici ; d'après
son calendrier la vocalisation remonte au VIIe siècle) ; et par conséquent, il ne peut être question de mots d'importation française. La
majeure partie de l'Occitanie a d'ailleurs *sauvage*. En tout cas, vous
avez un mot comme *linaje*, qui est incontestablement d'origine catalane, car en catalan il y a eu mouillure du son *n*, LINEATICU >
llinyatge, et comme nous avons aussi mouillure de *l* initial, il y a eu
dissimilation d'un phonème mouillé par l'autre : *llinatge*. Le castillan
a fait cet emprunt sans le *ñ mouillé*, ce qui montre nettement qu'il
s'agit d'un emprunt catalan.

M. Colon. — Pas catalan, français ! C'est un terme de la féodalité !

M. Guiter. — Vous avez cité l'exemple des mots terminés en -*l* :
clavel. Remarquez qu'en occitan, *clavel* veut dire toujours « clou ».

M. Colon. — En ancien catalan aussi. Regardez le *Glossarium* de
Bastardas-Bassols.

M. Guiter. — Un autre exemple : castillan *bajel* qui a été emprunté
avec un *ă*, puisque nous avons *x*. Or, en occitan, VASCELLU a donné
vaissel, comme en français *vaisseau*. Il s'agit donc d'un emprunt catalan. De même les mots terminés en -*ete* ; tous ces diminutifs...

M. Colon. — Mais pas tous ! Je vous renvoie à l'étude de González
Oller.

M. Guiter. — Oui, je sais. Mais, comme toujours quand on fait une
thèse, on essais de tirer l'eau vers son moulin ; c'est humain. Il y a
quelques étymologies qui m'ont un peu hérissé, par exemple *vespilla*.
Il s'agit d'une belle métaphore de VESPĪLLA « étincelle qui jaillit du
feu quand on tisonne », « petite guêpe »...

M. Colon. — Loin de là. Je vous renvoie à l'article *expellere* du *FEW*.

M. Guiter. — De même, la *sardana* n'est pas une danse originaire de Cerdagne, où l'on ne l'avait pas dansée jusqu'à ces derniers temps : c'est une danse côtière. S'il y a un mot à mettre en relation avec celui-ci, c'est un mot portugais qui est, en sa forme masculine, *sardão*. Je pense que les indigènes ont vu (c'est un mot préroman) une allure serpentine dans cette danse qui constitue un anneau. Cela n'a sûrement rien à voir avec la Cerdagne parce que la sardane n'y était pas dansée.

M. Colon. — Je remercie M. Guiter de ses remarques. Je suis heureux de partager son avis sur beaucoup de points. Hier, quelqu'un a parlé de l'occitan, et je lui ai demandé ce que c'était que l'occitan. On peut parler du provençal, mais qu'est-ce que c'est que le provençal ? Mes exemples d'aujourd'hui devaient surtout illustrer la communauté du Sud de la France avec la Catalogne. Vous avez rappelé la communication de M. von Wartburg au Congrès de Barcelone. Mais M. von Wartburg n'a donné qu'un seul exemple morphologique, le changement d'accent à l'imparfait : *cantábamus*. Et le reste ? Ce que vous nous expliquez, c'est l'*Ausgliederung* que beaucoup de linguistes n'acceptent plus aujourd'hui. Amado Alonso s'est basé sur l'*Ausgliederung* pour faire sa fameuse « partición de las lenguas románicas de Occidente ». Je suis d'accord que le provençal n'est pas une langue uniforme, pas plus que le catalan. De même, nous ne pouvons pas dire : ceci est le galloroman et ceci est l'ibéroroman ; j'ai dit que c'était une question byzantine. Mais, que le catalan ait des affinités lexicales avec l'occitan, c'est indiscutable ; Menéndez Pidal a raison lorsqu'il sépare le castillan du reste ; je suis d'accord avec vous. Mais si nous voulons savoir si M. X. et moi nous nous ressemblons ou pas, il ne faut pas dire : ils ne se ressemblent pas parce que M. Z. est comme ça ; il faut nous comparer, nous, et pas décrire les autres. De même, nous comparons l'occitan, ou ce qui semble l'être, avec le catalan, et il ne s'agit pas du castillan. Je ne vois rien dans l'explication de Menéndez Pidal qui soit contraire à mon exposé.

M. Camprubi. — J'aimerais savoir sur quels critères se fonde le choix de mots que vous avez retenus. Vous n'avez donné que quelques exemples, vous ne pouviez pas faire autrement. S'agit-il d'échantillons ?

M. Colon. — Jakob Jud avait fait une conférence à Madrid où il avait dit que l'espagnol était une langue qui se séparait de l'italien et du français. Il a donné une liste de mots que je me suis permis de reprendre pour mettre les mots catalans en regard (mots catalans modernes). Il y aurait beaucoup de choses à dire à ce sujet.

Un autre critère serait de prendre des groupes logiques, les noms de maladies, etc.

M. Camprubi. — C'est une question de nombre.

M. Colon. — C'est vrai, mais je suis toujours parvenu à un même résultat. Je ne parle pas de critères phonétiques, morphologiques, etc. On m'a chargé de parler du vocabulaire, et j'ai donc pris les noms de parenté qui me semblaient être un groupe assez réduit, car autrement, si nous avions pris les noms de maladies ou de défauts physiques, etc., nous aurions trop allongé notre exposé. Il nous faut un critère objectif.

M. Guiter. — Je m'excuse, mais un statisticien pourrait faire des objections à cette méthode.

M. Camprubi. — Je l'admets, elle manque de rigueur. Mais est-ce que ces échantillons ne sont pas, eux aussi, soumis au hasard ? Il faudrait prouver en tout cas que ce n'est pas l'effet du hasard que, dans les groupes choisis, les mots catalans se rapprochent davantage des mots occitans. En soumettant ces échantillons à une étude statistique sérieuse, il serait nécessaire d'apprécier les écarts en fonction des lois de la statistique.

M. Colon. — Et sur quelle base allez-vous faire cette statistique ? Base synchronique ou diachronique ? J'ai pris ce que nous avions à notre disposition, le *Breviari d'amor,* et en faisant la comparaison, je suis parvenu à ce résultat qui m'a frappé : dans 400 vers, 5 mots diffèrent et le reste est le même.

M. Camprubi. — Mais qu'est-ce que c'est que cent mots parmi les 20.000, 30.000 . . . ?

M. Colon. — Donnez-moi la recette et je l'appliquerai.

M. Camprubi. — Ce n'est pas moi qui ai fait cette étude. Je soulève seulement des objections du point de vue de la rigueur de la méthode. C'est cela qui m'inquiète.

M. Colon. — Moi aussi.

M. Camprubi. — Peut-être pourrait-on aborder le problème du point de vue statistique en établissant des échantillons je ne sais comment — je ne suis pas statisticien —, de même que pour des sondages d'opinion, il y a des règles permettant d'établir des échantillons.

M. Colon. — Alors, quel occitan et quel catalan allons-nous comparer ? M. Guiter sera d'accord avec moi.

M. Guiter. — C'est une question géographique, et non linguistique.

M. Lüdtke. — Malgré tout ce que vient de dire mon ami Colon, je voudrais encore aborder la question de la *lengua-puente,* car ce qui m'a frappé, c'est sa conclusion. Il me semble certainement juste qu'il se demande si les nombreuses différences qui séparent l'espagnol et le portugais, c'est-à-dire l'ibéro-roman du catalan, peuvent être dues à la

Marca Hispanica, ou s'il ne faudrait plutôt conclure qu'elles remontent à l'Empire Romain et à l'époque visigothique.

Il faut distinguer l'état actuel et les faits historiques : si, aujourd'hui, nous constatons qu'il y a une frontière linguistique nette entre le catalan et l'espagnol et une différenciation au point de vue du lexique, il ne faut pas croire qu'il y ait une coïncidence historique entre ces deux faits. En effet, la frontière actuelle est probablement due à la Reconquête ; on ne peut pas supposer que la différenciation, telle qu'elle s'est produite au temps de l'Empire et au temps des Visigoths, ait donné naissance à une frontière nette. Ce sont donc deux faits historiques différents qui doivent être séparés. Même si, faute de preuves, de documentation, on ne réussit pas à en prouver l'existence, il faut toujours postuler une aire antérieure de transition entre ce qui est le galloroman — auquel appartient le catalan d'aujourd'hui — et ce qui est l'ibéroroman. En conséquence, le problème de *lengua-puente* reste ouvert, mais il faut le replacer dans ses dimensions historiques.

M. Aramon. — Tout d'abord, je voudrais constater que je suis presque entièrement d'accord avec M. Colon. Il a notamment apporté des arguments très précieux en faveur de ceux qui qualifient de byzantine la dispute entre les tenants de la théorie galloromane et ceux de la théorie ibéroromane. Je trouve que parler encore aujourd'hui de tout cela est dépassé.

Ensuite, je voudrais rappeler un petit détail qui m'a amené, il y a bien des années, à parler du byzantinisme de cette dispute. Mon maître Wartburg et, puis, mon maître Gamillscheg m'ont envoyé souvent des thèses de leurs élèves pour en faire des comptes rendus. La plupart des sujets étaient galloromans ou ibéroromans. Mais une chose m'a frappé : lorsqu'on parlait de l'ibéroroman, on devait presque toujours ajouter « sauf le catalan », et lorsqu'on parlait du galloroman, on ajoutait « avec le catalan ». Ce fait prouve que la dénomination de galloroman et d'ibéroroman ne signifie rien. Pourquoi donc ne pas parler de l'espagnol (ou castillan), du portugais, du catalan, du provençal, etc. ?

M. Colon. — Je l'ai déjà dit.

M. Aramon. — D'accord. Vous avez fait un compte rendu de l'ouvrage de M. Rohlfs, et vous y avez dit tout ce que je « prêchais » depuis beaucoup d'années.

Il y a d'autres questions que M. Colon a soulevées sur cette parenté des lexiques catalan et occitan. Malgré les réserves qu'on a faites, je trouve très intéressants les échantillons de mots qu'il nous a donnés.

Quant aux noms de parenté, je peux vous annoncer que nous sommes en train de publier un travail de M. Aebischer sur les noms de parenté en catalan dans leurs relations avec ceux du provençal et du castillan, où sont traités tous les problèmes que cela soulève. Ce travail va paraître dans la *Miscel·lània Fabra* que publieront les *Estudis Romànics.* Le travail d'Aebischer a beaucoup de points communs avec ce que M. Colon nous a exposé ici.

Quant à la *lengua-puente,* je suis d'accord avec M. Colon. Mais ne vaudrait-il pas mieux parler de *dialectes-ponts* ? M. Guiter nous a dit que le vrai provençal était apparenté à l'italien, que le languedocien l'était au roussillonnais, etc. ; ce sont donc des dialectes-ponts, et il en est ainsi partout. Ce ne sont pas des « lenguas-puentes ».

Je sais qu'on a fait des réserves lorsque M. Colon parlait de l'espagnol comme « lengua-puente » entre le portugais et le catalan. C'est une barrière, c'est vrai. Mais si l'on passait du lleidatà à l'aragonais, et puis de l'aragonais au castillan, et puis du castillan au léonais, et puis du léonais au portugais, on verrait qu'il y a beaucoup de « puentes ».

Je suis très content que M. Colon ait parlé en « totalitaire », non pas seulement de la langue moderne, mais de la langue moderne et de la langue ancienne. On ne peut pas s'occuper des noms de parenté en catalan d'aujourd'hui en oubliant tout ce qu'il y avait au moyen âge. A propos de *germà - germana,* il faut dire qu'il y avait aussi *frare* et *sor,* venus du latin. On doit toujours penser à cela. Il est impossible de tenir compte uniquement du catalan moderne.

Et voici encore un détail au sujet des mots *llamp* et *llampec* en tant que synonymes. Maintenant on distingue clairement *llamp* et *llampec.*

M. Colon. — Aujourd'hui, presque partout.

M. Aramon. — Mais il y a les verbes qui sont tout à fait confondus, *llampegar* qui est le plus courant et *llampar* qui veut dire seulement « éclairer ».

M. Colon. — L'*Atlas* de M. Guiter le montre clairement. En demandant le concept « éclair », il a très souvent obtenu *llamp,* alors que nous disons *llampec* normalement. Mais il y a beaucoup de gens qui confondent encore les deux, comme en allemand.

M. Ineichen. — Après les observations que nous venons d'entendre, il est peut-être utile d'apporter la précision que voici : au point de vue de la méthode, l'exposé de M. Colon se veut tout à fait traditionnel. L'idée, notamment, de la classification statistique y est écartée. Mais il y a, si j'ai bien compris, une nuance terminologique très sympathique à mettre en relief. Dans l'exposé de M. Colon, le terme de galloroman est un terme de typologie linguistique au sens strict, dénué des notions extra-linguistiques habituelles (l'*Ausgliederung* est donc abandonnée). Il définit un ensemble de faits linguistiques.

M. Veny. — C'est un petit détail que je voudrais demander en tant que dialectologue. Je voudrais savoir si M. Colon a pris en considération, à propos de l'opposition *primo-prima, cosí-cosina,* les formes dialectales de Tortosa *cosins-prims.*

M. Colon. — Oui, *cosins-prims* et *cosins-segons* qu'on trouve aussi à Barcelone, à Valence, à Lleida et partout. C'est de ce concept que vient l'espagnol et le portugais *primo.*

SIXIÈME COMMUNICATION

Dialectologie catalane

par

Joan Veny
(Barcelone)

1. L'objet de cette communication demanderait, à cause de son étendue, un temps beaucoup plus long que celui qui m'a été accordé. Devant la nécessité de le restreindre, j'ai choisi, pour les traiter, trois sujets précis que voici :

    a) la géographie linguistique aux Pays Catalans ;

    b) l'interprétation de quelques cartes géographico-linguistiques ;

    c) l'esquisse d'une dialectologie médiévale.

Je renonce ainsi à un plan plus ambitieux dans lequel je me serais occupé des frontières (lignes de séparation et zones d'interférences), de la division dialectale et du rôle des dialectes dans la langue littéraire.

I. LA GÉOGRAPHIE LINGUISTIQUE AUX PAYS CATALANS

2. C'est un fait curieux que le domaine catalan ait connu une floraison surprenante d'atlas linguistiques. Il y a *six* atlas qui se sont occupés ou qui s'occupent du catalan, soit de tout le domaine, soit d'une de ses parcelles. Je ne compte évidemment pas les études de Krüger [1] et de Salow [2] sur l'occitan et le catalan, bien qu'elles se basent sur la géographie linguistique et contiennent même quelques cartes dialectales ; elles ne constituent pas des atlas, mais des monographies dont l'objet principal est la fixation de la frontière entre ces deux langues

---

(1) F. Krüger, *Sprachgeographische Untersuchungen in Languedoc und Roussillon* (Hamburg 1913).

(2) K. Salow, *Sprachgeographische Untersuchungen über den östlichen Teil des katalanisch-langedokischen Grenzgebietes*, mit linguistischen Karten von K. Salow und F. Krüger, « Bibliothèque de Dialectologie Romane », nº 1, Hamburg, 1912.

et qui réunissent une quantité de matériaux et des observations linguistiques et — chez Salow — historiques tout à fait remarquables.

3. Cette floraison d'atlas a commencé d'ailleurs antérieurement aux atlas de la plupart des autres langues romanes. Le fait que le catalan du Roussillon appartienne politiquement à la France explique son inclusion dans l'*ALF* de Gilliéron, qui cependant ne comprend que cinq localités de ce domaine. D'autre part, les cours du fondateur de la géographie linguistique, suivis par Antonio Griera à Paris [3], ont sans doute poussé le linguiste catalan à entreprendre l'*ALC*, qui est conçu comme un prolongement méridional de l'œuvre du maître ; les principes dont il se réclame (questionnaire, transcription phonétique, etc.) sont identiques à ceux de l'*ALF*. Il en résulte que l'*ALC* de Griera a non seulement le privilège d'être le premier atlas linguistique de l'Espagne, mais de suivre aussi chronologiquement celui de Gilliéron (de la France et de la Corse). Cette circonstance, parmi d'autres, peut justifier quelques-unes des faiblesses qu'on lui a reprochées. L'œuvre est restée interrompue. Plus récemment, Griera a continué son activité cartographique en élaborant un *Atlas Lingüístic d'Andorra* (= *ALA*) qui embrasse un domaine très restreint et très uniforme linguistiquement et qui n'a sans doute d'autre justification que l'orgueil « national » des Andorrans d'avoir un atlas ; pour les inexactitudes et les erreurs qui s'y sont glissées, je renvoie au compte rendu minutieux de G. Colon [4]. Mais le courage de Griera ne s'est pas arrêté ici ; aidé d'un enquêteur, il a complété l'œuvre — sur toute la Catalogne — qu'il avait commencée une cinquantaine d'années auparavant et dont il avait vu disparaître les matériaux pendant la guerre civile (nous indiquons cette deuxième partie de l'œuvre par le sigle *ALC*-II).

4. L'heureuse idée de Menéndez Pidal d'entreprendre un atlas présentant le profil des trois langues ibéro-romanes, a aussi favorisé l'étude de la langue la plus orientale des trois, bien que l'examen de ses traits les plus particuliers reste quelque peu subordonné à l'intérêt général, global de l'œuvre. On sait que l'*Atlas Lingüístico de la Península Ibérica* (= *ALPI*), dirigé par T. Navarro Tomás, a été réalisé par une équipe de sept collaborateurs ; F. de B. Moll et M. Sanchis Guarner, dialectologues bien connus, se sont occupés du secteur catalan. Un seul volume, de 75 cartes, a paru en 1962. C'est un ouvrage précieux pour l'étude du versant hispanique de notre langue et de sa personnalité par rapport aux autres langues péninsulaires.

L'*ALPI* a l'avantage d'avoir pu bénéficier de l'expérience du *Sprach- und Sachatlas Italiens und der Südschweiz* (= *AIS*), de Jud et Jaberg ; il a adopté une nouvelle méthode qui, entre autres innovations, accorde une place importante à l'aspect ethnographique, négligé dans les œuvres cartographiques antérieures.

(3) « Orbis », VI, n° 1 (1957), 15-17.
(4) G. Colon, *Autour de l'Atlas linguistique d'Andorre*, ZRPh, LXXVII (1961), 1/2, 49-69.

5. Nous avons vu que, grâce à l'*ALF* de Gilliéron, une partie du domaine catalan était représentée, bien que très sommairement, dans le premier grand atlas. Plus tard, une nouvelle entreprise cartographique, le *Nouvel Atlas Linguistique de la France par régions,* dirigé par Albert Dauzat (= *NALF*), a permis une exploration plus poussée de la zone septentrionale du catalan. C'est Henri Guiter qui, avec une équipe de collaborateurs, a mené a bonne fin l'*Atlas linguistique des Pyrénées Orientales* (Paris, 1966) (= *ALPO*) qui, tout en faisant partie du *NALF,* s'en écarte en beaucoup de points. Il a l'avantage de fournir les données non seulement de toutes les communes du département qui correspond au roussillonnnais, mais aussi d'une frange périphérique qui permet

1) d'établir la frontière entre le catalan et l'occitan ;

2) de présenter les empiètements mutuels d'un domaine sur l'autre ;

3) d'étudier la continuité ou, parfois, la rupture entre le roussillonnais et le reste du catalan ;

4) de constater dans quels cas la frontière politique se montre efficace.

6. En 1952, quand on a eu des renseignements sommaires sur l'état où se trouvait la réalisation de l'*ALPI* et quand il semblait aussi que l'auteur de l'*ALC* ne songeait plus à compléter son ouvrage interrompu (858 cartes publiées sur 2.000 prévues), Badia et son élève Colon ont fait connaître au monde scientifique leur projet d'un nouvel *Atlas lingüístic del domini català* (⁵) dont le but était de remplir le vide laissé par l'Atlas de Griera et de dépasser celui-ci grâce aux nouvelles méthodes de la géographie linguistique. Après beaucoup de vicissitudes et de modifications du premier projet (on en verra le plan lors de l'analyse de la méthode adoptée, qu'on comparera à celle des autres atlas), M. Badia et moi-même avons établi le questionnaire et avons commencé les enquêtes en 1964, secondés par d'autres collaborateurs et aidés matériellement par le « Fomento de Investigación Universitaria » espagnol. Bien que l'état présent de la cartographie linguistique catalane ne soit pas le même qu'il y a vingt ans, au moment où l'on a annoncé le nouvel atlas catalan, je crois que le besoin de mener à bonne fin cette entreprise reste valable pour plusieurs raisons :

1) L'*ALPI* n'a pas envisagé l'étude du catalan avec ses problèmes particuliers (cf. § 8) et ne comprend que 95 localités catalanes. De plus, entre la fin des enquêtes et la publication du premier volume qui est phonétique (1962), dix années s'étaient écoulées, et la préparation des volumes suivants, ethnographiques, sera sûrement plus laborieuse ; par conséquent, la publication de cette œuvre se révèle lente.

(5) A. Badia-G. Colon, *Atlas linguistique du domaine catalan,* « Orbis », I (1952), 403-409 ; voir aussi *L'Atlas linguistic del domini català, Congr. Ling. Rom. Barc.,* II, 655-660.

2) L'achèvement inattendu de l'*ALC* de Griera ne présente aucun progrès scientifique. La méthode reste fidèle à l'œuvre primitive des années 1920 (mauvaise distribution des localités, ordre alphabétique, etc.), les inexactitudes foisonnent (cf. § 7), l'aspect ethnographique manque totalement, le questionnaire ne comprend que 500 mots de plus (total 1.356). D'ailleurs, la pause de 40 ans qui sépare les deux parties de l'œuvre peut avoir pour conséquence des résultats peu uniformes et dangereux ([6]).

3) La parution récente de l'*ALPO,* de Guiter, qui ne comprend qu'une partie du domaine catalan et dont le questionnaire est très réduit, n'empêche nullement la réalisation de l'*ALDC*.

4) La méthode que suit l'*ALDC* représente, croyons-nous, du moins dans certains de ses aspects, par rapport aux autres atlas, soit un progrès indiscutable, soit un complément utile.

Nous allons essayer maintenant d'en souligner les principes méthodologiques les plus importants.

7.   A) *Les enquêteurs.*

Griera a suivi l'exemple de Gilliéron en adoptant le principe d'un seul enquêteur. C'est lui-même qui a fait les enquêtes de l'*ALC*-I et de l'*ALA*. Pour l'*ALC*-II, il a même appliqué ce principe d'une manière plus « pure » : un seul enquêteur non linguiste ; en effet, la spécialité du R. P. Pladevall n'est pas la linguistique, mais l'histoire ecclésiastique.

Aujourd'hui on a abandonné ce principe et adopté celui de la pluralité d'explorateurs. Ainsi, les enquêtes de l'*ALPI* ont été réalisées par six enquêteurs qui ont travaillé par équipes de deux (pour le catalan, Moll et Sanchis Guarner) et *simultanément* avec deux sujets. En face de cette dualité des enquêteurs et des sujets, on peut être quelque peu sceptique quant à l'uniformité des phénomènes notés ([7]) malgré l'entraînement préalable des enquêteurs. Voici un exemple des inconvénients de ce travail en équipe. Il est certain que le cat. *clin, clina* 'crinière' se prononce dans la plus grande partie du domaine avec un *l* un peu vélaire qui contraste avec l'absence de cette résonance dans l'*l* du cast. *clin* (*ALPI*, carte n° 53) ; certes, le degré de sa vélarité est moindre que dans *general*, par exemple, mais, par rapport au

---

(6) Nous partageons l'avis de M. Alvar qui affirme : « publicar en 1963 la continuación de un atlas comenzado a imprimir en 1923, pero continuado con explorador y sujeto diferentes, respondiendo a sincronías separadas por casi medio siglo, forzando la encuesta a lo ya impreso, etc., es arriesgarse a recibir demasiadas repulsas » (M. Alvar, *Los Atlas lingüísticos de España,* dans « Presente y Futuro de la Lengua Española », I, p. 1 de l'extrait.)
(7) Cf. Alvar et I. Iordan, *Lingüística Románica* (Madrid, 1967), 465.

castillan, la différence est assez sensible et un atlas aussi précis dans la description des sons que l'*ALPI* (rappelons qu'il emploie 26 signes pour 26 variantes d'*e*) aurait dû rendre compte de ce fait. Le manque de précision (sans intérêt dans des ouvrages qui négligent les réalisations phonétiques trop nuancées) est ici imputable à la division du travail.

L'*ALPO* a eu recours à 21 enquêteurs. Bien qu'il s'agisse d'une aire linguistique relativement restreinte, le nombre élevé de localités explorées justifie une équipe de collaborateurs aussi nombreux ([8]). Ce qui est moins justifié, peut-être, c'est la distribution inégale du nombre d'enquêtes par enquêteur. Trois d'entre eux n'ont fait qu'une enquête chacun ([9]) ; un autre a fait deux enquêtes ; deux ont fait trois enquêtes chacun, etc., tandis que le directeur s'est chargé de 242 enquêtes. Plus d'enquêteurs, et plus de probabilité de divergences dans les résultats, mais pour ce qui est de l'*ALPO,* les dangers étaient moindres qu'ailleurs étant donné la simplicité du phonétisme catalan du Roussillon ([10]).

L'*ALDC* a abandonné le principe d'un seul enquêteur ([11]) et a adopté la solution de quatre enquêteurs chargés chacun de l'aire qu'il connaissait le mieux : Badia (catalan central), Colon (valencien), Companys (roussillonnais) et Veny (baléare et catalan occidental) ([12]) ; on a fait des enquêtes préliminaires à Sant Boi de Llobregat (catalan oriental) et à Cervera (catalan occidental). Mais, Companys étant parti pour Paris et Colon étant devenu professeur titulaire à Bâle, nous sommes restés seuls Badia et moi-même à la tête de l'entreprise. Sur les conseils de S. Sapon, alors professeur à l'université d'Ohio (U.S.A.), et d'E. Companys, qui connaissait l'expérience de l'Atlas de la Gascogne, de Séguy, nous avons décidé d'enregistrer sur bande magnétique une grande partie des enquêtes, et en 1964, nous nous sommes mis au travail. Toutefois, étant dans l'impossibilité de travailler pendant l'année scolaire, et étant donné aussi le grand nombre de points d'enquête prévus (200), nous avons décidé de nous adjoindre d'autres collaborateurs ; ils ont commencé à travailler avec nous et, plus tard, ils ont

---

(8) De même, l'*Atlas Linguistique et ethnographique de la Gascogne* (= *ALEG*), avec ses 163 points, mais un questionnaire plus long, a eu 16 collaborateurs, et l'*Atlas linguistique et ethnographique du Lyonnais* (= *ALEL*), avec ses 75 points, en a eu 6.

(9) Dans l'*ALEG*, 7 enquêteurs n'ont fait chacun qu'une localité. A supposer qu'ils aient fait l'enquête chacun dans son village natal, on tombe dans une atomisation excessive du travail. Bien entendu, cette manière de procéder a aussi des avantages indéniables (voir la fin du paragraphe).

(10) Il faut dire que M. Guiter a exagéré tant soit peu cette simplicité, surtout en ce qui concerne les degrés d'ouverture de la voyelle *e* dans le secteur méridional du roussillonnais *lato sensu*.

(11) Badia-Colon, *L'Atlas lingüístic del domini català,* dans *Congr. Ling. Rom. Barc.,* 658, § 6.

(12) A. Badia, *Estat actual i perspectives de la Geografia Lingüística peninsular,* « Butlletí de la Societat Catalana d'Estudis Històrics », II (1953), p. 31, note 25.

constitué des équipes (13). Puisque, pour une bonne partie des enquêtes
— ou, au moins, pour une partie de chaque enquête —il s'agit d'une
transcription « a posteriori », réalisée à Barcelone, au cabinet de travail
où l'on peut faire répéter les réponses à son gré, sans craindre de
fatiguer le sujet, les dangers que présente la pluralité des enquêteurs
se trouvent diminués. Ce qui importe, c'est d'avoir bien posé la question
et d'avoir demandé le même concept (voir, à ce propos, § 8). Nous ne
faisons appel à la transcription directe (notation immédiate des réponses) qu'après avoir enregistré une quarantaine d'enquêtes de différentes
régions dialectales et après avoir fait beaucoup de séances de transcription en commun ; d'autre part, lors d'une enquête directe, deux
enquêteurs travaillent ensemble : l'un pose des questions au sujet et
transcrit ses réponses, l'autre surveille le texte transcrit, note des
observations, signale des oublis, tâche d'obtenir des réponses aux
questions auxquelles le sujet n'a pas répondu du premier coup, etc. De
cette manière on réduit au minimum le pourcentage de divergences et
on tire le maximum de profit d'un travail en équipe.

Quant au fait que chaque enquêteur enquête essentiellement dans
sa région natale, je crois que ce principe est bon. Si l'enquêteur de
l'*ALC*-II avait bien connu les parlers majorquins, il n'aurait pas
confondu le *dragó* 'gecko' (esp. *salamanquesa*) avec le *llangardaix*
'lézard vert' (14), espèce aujourd'hui disparue de l'archipel, ni laissé
sans réponse la question 'chouette', en majorquin *òliba*, comme en
catalan (15), faisant ainsi croire que cet oiseau nocturne n'existe peut-
être pas aux Baléares.

8. B) *Le questionnaire.*

L'*ALC* s'est servi du questionnaire de l'*Atlas linguistique de la
Corse* (Paris, 1914-1915), de Gilliéron-Edmont, qui est une nouvelle
version de celui de l'*ALF*. Il se composait de 2.000 questions (16) dres-
sées, selon la tradition gilliéronienne, dans l'ordre alphabétique (17).
A cause des circonstances mentionnées (cf. § 3), on n'a publié, de
l'œuvre primitive (*ALC*-I), que 858 cartes ; les cartes de la deuxième
partie (*ALC*-II) correspondent à 417 mots seulement, ce qui fait un
total de 1.276 cartes. La même méthode a été adoptée pour l'*ALA*.

L'*ALPI* a utilisé un questionnaire divisé en deux sections : l'une,

(13) Jusqu'à présent, voici ceux qui ont prêté leur collaboration : Mlles Pons,
     Ros, Lléó, Solano, Montserrat Badia ; MM. Martí et Rafel.
(14) *ALC*-II, carte nº 920.
(15) *ALC*-II, carte nº 1.029.
(16) D'après Griera (*ALC*-II, Pròleg,   ). Mais d'après I. Iordan, 2.886 ques-
     tions (*Lingüística Románica,* reelaboración y notas por M. Alvar, Madrid
     (1967), 444-445).
(17) Cela a provoqué, entre autre, la répétition d'une carte sous deux synony-
     mes (nº 146, *arena* ; nº 1.198, *sorra*).
(18) *ALPI, Introduction,* p. 4. Le questionnaire II G de la 2ᵉ Section n'a pas
     été utilisé. On a réuni près de 2.000 mots à l'aide du questionnaire II E.

phonétique, morphologique et syntaxique, et l'autre, lexicale et ethnographique. En tout, 1.244 questions ([18]), dont moins de 900 concernent
le lexique. Le questionnaire phonétique, élaboré spécialement par
T. Navarro Tomás et A. Alonso, avait pour but de présenter, dans le
cadre roman de la Péninsule, l'évolution des mêmes bases phonétiques,
communes aux trois langues ibéro-romanes ([19]) : ainsi, par exemple, le
type lat. BOVE qui donne port. *boi*, cast. *buey*, cat. *bou* (carte nº 28).
Mais le choix de mots n'a pas toujours été fait avec le même bonheur.
Le catalan se sépare surtout, dans plusieurs cas, du type commun :
ainsi, au cast. et port. *andar* 'marcher' correspond dans notre domaine
caminar ou, au Nord, le gallicisme *marxar* (*ALPI*, carte nº 15) ; mais,
puisque *anar* 'aller' existe comme dérivé phonétique d'*ANDARE, on
aurait pu enregistrer ces variantes, en indiquant, bien sûr, leurs différences sémantiques ([20]). Parfois, cette préoccupation de maintenir le
même étymon est au détriment de l'exactitude : le mot *aixada* 'houe'
(carte nº 22) n'a pas la même valeur partout, sa forme et sa fonction
variant d'après les régions (on espère trouver des éclaircissements des
points comme celui-ci dans le volume ethnographique).

Cette attention aux formes communes aux trois langues a
d'ailleurs empêché l'étude des formes grammaticales particulières du
catalan, et qui empiètent parfois sur l'aragonais, comme par exemple
le pronom *ho* (*fer-ho, dir-ho, ho vols* ?) ([21]).

Certaines questions de l'*ALPI* se révèlent trop vagues et cela fera
des difficultés au moment de cartographier les réponses ([22]).

La méthode mise en pratique a été indirecte (voir plus bas).

Le questionnaire de l'*ALPO* est basé sur celui du *NALF*, sur celui
du *Petit Atlas linguistique d'une région des Landes,* de Millardet (1910),
et sur la connaissance pratique ([23]) que Guiter a sans aucun doute des
parlers roussillonnais. Il est le plus bref (565 questions) de tous les
questionnaires d'atlas employés dans notre périmètre linguistique.
M. Guiter s'excuse en disant : « D'ailleurs le volume usuel de vocabulaire employé par un homme peu cultivé n'est souvent pas très considérable » ([24]). Or, il ne faut pas oublier que le catalan fondamental ([25])
comprend 1.600 mots qui sont sans doute aussi connus (sauf exception)
des personnes peu cultivées, et qu'en dehors des mots abstraits, littéraires, ou appartenant à certaines techniques, le vocabulaire usuel d'un
cultivateur est bien plus riche, dans beaucoup de secteurs sémantiques,

(19) M. Sanchis Guarner, *La cartografía lingüística en la actualidad y el Atlas
    de la Península Ibérica* (Palma de Mallorca, 1953), 45.
(20) G. Colon et H. Lüdtke l'ont signalé dans « Vox Romanica », 24/2 (1965),
    329.
(21) La carte de l'*ALPI* nº 62, *decirlo* (cat. *dir-lo*), se rapporte à un antécédent
    masculin et ne concerne pas le pronom *ho*.
(22) M. Alvar, *Los Atlas lingüísticos de España, op. cit.,* 3.
(23) *ALPO, Introduction.*
(24) *ALPO, Introduction.*
(25) J. Llobera, *El català bàsic,* Barcelona, 1968.

que celui d'un citadin (cf. les noms d'oiseaux, d'herbes, d'arbustes, de travaux de la campagne, etc.). Nous regrettons de ne pas trouver les cartes de certains mots comme *fuseau, essieu*, etc., mais la réduction du questionnaire se trouve compensée par le nombre de localités enquêtées.

M. Guiter a appliqué la méthode directe : il a fait traduire au sujet les mots énoncés, selon la langue officielle de l'endroit, soit en français, soit en espagnol.

Les cartes de l'*ALPO* sont présentées dans l'ordre alphabétique des mots français : on a inséré à part un index de toutes les formes carto-graphiées.

Pour établir le questionnaire de l'*ALDC* (^{26}), nous avons tenu compte des questionnaires de l'*ALPI*, de l'*Atlas lingüístico y etnográfico de Andalucía* (= *ALEA*), du *NALF* et, bien entendu, de notre propre expérience linguistique. Le *Diccionari català-valencià-balear*, d'Alcover-Moll (Palma de Mallorca, 1930-1962, 10 vol.) nous a été d'un grand secours, car il nous orientait rapidement sur l'étendue approxi-mative de certains mots. Il en est résulté, après un travail d'émondage et de sélection d'un côté, d'additions et d'adaptations de l'autre, un questionnaire de 2.016 questions (^{27}) ; toutefois, une même question révèle souvent deux ou plusieurs mots : les questions se référant aux cris d'animaux contiennent le substantif (*bramul, renill, bram*, etc.) et le verbe (*bramular, renillar, bramar*, etc.) ; les six formes verbales de chaque temps sont groupées sous une seule question, etc. Si l'on compare les questionnaires des atlas qui s'occupent du catalan :

ALC	ALA	ALPI	ALPO	ALDC
1.276	1.232	1.244	565	2.016 questions,

celui de l'*ALDC* se présente comme le plus riche de tous, même après la réduction des questions à la suite des enquêtes faites à l'aide d'un questionnaire provisoire ; cette réduction nous a été imposée par la montagne des matériaux que les 200 localités envisagées nous auraient fournis et dont la richesse nous aurait obligés de prolonger outre mesure la durée de la préparation de l'atlas.

A la différence de l'*ALPI*, nous n'avons pas séparé la partie

(26) A. M. Badia i Margarit - J. Veny i Clar, *Atlas lingüístic del Domini Català. Qüestionari* (Barcelona 1965). On a rejeté le principe de la tripli-cité du questionnaire (Badia-Colon, *L'Atlas lingüístic del domini català*, p. 656, § 4), ainsi que l'utilisation de *A Pictorial Linguistic Interview Manual* (= *PLIM*) (Columbus, Ohio, 1957) de S. M. Sapon à côté du ques-tionnaire normal (Badia-Colon-Companys-Veny, *Atlas Lingüístic del Domini Català*, dans « IX Congresso Internacional de Linguística Romá-nica (1959), Actas », III (Lisboa 1962), 122-123) ; en effet, les meilleurs sujets au point de vue de la « pureté » dialectale (sujets mi-analphabets, sujets les plus sédentaires, etc.) n'interprètent pas bien les dessins du *PLIM* et, de plus, le questionnaire et les images constituent deux tech-niques différentes.

(27) La dernière question porte le n° 2.096, mais par une erreur de numérotage, on est passé de la question 1.804 à la question 1.885 (p. 85 du *Qüestionari*).

phonétique de la partie lexicale. Les sujets sont déconcertés quand l'enquêteur, qui a commencé par demander le nom de l'"aigle', passe subitement au 'foie', puis au 'chanvre' et ainsi de suite. En revanche, si ces mots sont incorporés dans le questionnaire lexical, l'enquête a l'air d'une conversation où il y a « continuité » des mots à l'intérieur d'un même groupe notionnel ([28]). Il était plus difficile de faire entrer dans le questionnaire la morphologie, la syntaxe et la phonosyntaxe. Les deux derniers aspects n'occupent d'ailleurs que trois pages du questionnaire. Quant aux faits syntaxiques dialectaux, ils se dérobent facilement à l'observation et il existe toujours le danger de susciter des calques. On a introduit aussi quelques cartes sémantiques : par exemple, le mot *vianda,* posé comme question directe, illustre la polysémie géographique de ce mot qui, d'après les régions, peut signifier 'nourriture en général', 'verdures', 'sorte de potage', 'viande', 'pâtes alimentaires', etc.

Puisqu'il s'agit de plusieurs enquêteurs, nous avons élaboré, à côté du questionnaire imprimé, un autre questionnaire « expliqué », une sorte de « livre du maître », qui comprend la traduction espagnole et française, des définitions de mots susceptibles d'avoir plusieurs acceptions ([29]), les variantes qu'on doit obtenir, etc. ; nous y avons aussi inséré des dessins et des photos. Tout cela pour avoir la certitude que nous avons tous demandé les noms des mêmes choses et des mêmes concepts ([30]).

Comme l'*ALPI,* nous avons recours, pour le lexique, à la méthode indirecte. Elle s'imposait parce que les paysans ignorent les équivalents espagnols (et probablement français) d'une grande partie du vocabulaire spécial contenu dans le Questionnaire. On a de la peine à s'imaginer un paysan des Pyrénées traduire dans son patois des mots espagnols comme *almorta* 'gesse', *albahaca* 'basilic', *musgo* 'mousse'. Mais la méthode indirecte n'est pas exclusive. Tous ceux qui ont quelque expérience d'enquêteur savent très bien que, pour diverses raisons (médiocrité du sujet, surtout), la réponse à certaines questions ne vient pas facilement sur les lèvres du sujet (et, pourtant, on est sûr que ce mot existe !) ; alors, on déforme un peu la phonétique du mot (**fuliguera,* par exemple) et l'informateur vous corrigera (*falguera* 'fougère'), ou encore — et pourquoi pas ? — on donne l'équivalent dans la langue officielle, pourvu qu'on soit sûr qu'il n'y a pas de danger de calque. Quand il s'agit de phonétique syntaxique, nous ne voyons pas d'inconvénient à employer la traduction. Pour la syntaxe, tout en ayant conscience des risques qu'on court, je ne trouve pas d'autres moyens que la traduction pour obtenir des phrases comme *Si jo cantés, ben*

---

(28) Lors de la publication des matériaux, un schéma de phonétique historique pourra renvoyer aux différentes cartes.
(29) Par exemple, *filadora* 'fileuse' ou 'appareil à filer'.
(30) Cf. les réponses à *causa* dans l'*ALPI* (Colon-Lüdtke, « Vox Romanica », 24/2 (1965), p. 329).

aviat plouria 'si je chantais, il pleuvrait bientôt' (n° 2.046 du Questionnaire) ou *Cal ésser agosarats per anar pel món* 'il faut être hardis pour
aller dans ce monde' (n° 2.050 du Questionnaire).

L'*ALPO* s'est servi exclusivement de la traduction du français ou
du castillan, tout en réservant le catalan pour des « explications complémentaires ». Les propos de M. Guiter ne laissent pas de nous dérou-
ter : « si au lieu de *traire* ou de *ordeñar,* l'enquêteur avait demandé
munyir, le sujet lui aurait peut-être confirmé ce mot, compris par
lui-même si son vocable habituel était *mulsir* ; de même, si au lieu de
lézard vert ou de *lagarto,* il avait demandé *lluert,* il risquait d'influen-
cer un sujet disant couramment *llangardaix* » ([31]). Je ne crois pas
qu'un dialectologue conscient pose des questions comme celle-ci : « *Com
en dieu del lluert ?* » ; il procèdera simplement en faisant la description
du reptile et en le comparant à d'autres comme la *sargantana* 'lézard
gris' qui a précédé dans le questionnaire. En tout cas, M. Guiter veut
nous mettre en garde contre l'influence de la langue de l'enquêteur sur
celle de l'enquêté. Nous avons fait quelque expérience à propos de ce
danger pendant nos enquêtes au Pallars : tout en essayant d'imiter le
parler autochtone pour les faits les plus connus (article *lo,* imparfaits
en *-iba : voliba, dormiba,* etc.), nous hésitions parfois et le sujet, contaminé par nous, laissait échapper de temps en temps l'article *el* et
quelque imparfait en *-ia.* Il faut dire toutefois que cette influence se
réduit au minimum si le sujet réunit les conditions à peu près idéales.

Enfin les deux méthodes ont des points faibles. Et je crois que
pour obtenir une « réponse vraiment significative et spontanée »,
comme le prétend M. Guiter, aucune méthode n'est tout à fait valable.
L'idéal, à ce sujet, serait peut-être la méthode du *PLIM,* de Sapon,
basée sur des dessins, où l'enquêteur est pratiquement muet ; mais,
outre les difficultés déjà citées (cf. note 26), cette méthode n'est pas
applicable à tout le questionnaire.

9.   C) *Les points d'enquête.*

a) *Nombre de localités.* L'*ALF* n'a sélectionné que 5 localités
appartenant au catalan du Roussillon. L'*ALA* comprend 6 localités de
la Principauté. Voici le nombre de localités explorées par les autres
atlas :

ALC : 101 (dont 94 catalanes) ;

ALPI : 96 du domaine catalan (dans un ensemble de 528) ;

ALPO : 382 (dont 299 catalanes et 83 occitanes) ;

ALDC : projet de 200 localités approximativement (enquêtes déjà
faites dans 40, réparties entre plusieurs régions dialectales : Majorque,
provinces de Barcelone, Gérone, Lérida, Alacant, Valencia).

(31) *ALPO, Introduction,* p. 3.

Le nombre de points étudiés dans l'*ALC* et dans l'*ALPI*, bien qu'il soit supérieur au nombre de points catalans de l'*ALF*, n'est pas élevé. Souvent des faits linguistiques échappent aux mailles trop larges d'un tel réseau. De ce point de vue, les atlas régionaux ont des avantages certains sur les atlas nationaux [32], surtout, quand il s'agit d'aires d'une grande richesse dialectale, comme par exemple le roussillonnais. Ainsi, *eïna* 'charrue' est passé inaperçu dans l'*ALC* (carte n° 123) [33] ; pour 'chauve-souris', l'*ALC-II* (carte n° 1.130) réunit 5 variantes (les localités du N. de la Catalogne y compris), tandis que l'*ALPO* en donne au moins 11 : *ratapenada, ratapenera, ratapenella, rempenà, rempenat, ratapanarra, rapatanera, ratpelat, ratpenat, ratpener, repenat.*

L'*ALPO*, en sa qualité d'atlas régional, étudie toutes les communes du Roussillon et celles d'une frange de plusieurs kilomètres entourant ce domaine. C'est un idéal cartographique qui n'est réalisable que dans un domaine et pour un questionnaire réduits.

10. b) *Choix des localités*. Le choix des 5 localités catalanes de l'*ALF* a été fait pour des raisons pratiques de communication [34]. L'*ALC* a appliqué un critère plus scientifique quant au roussillonnais, où chacune des divisions naturelles est représentée [35] ; pour le reste du domaine, on lui a reproché d'avoir un réseau de localités plus serré dans le secteur oriental, plus unitaire, que dans le secteur occidental, formé de dialectes très variés, parfois contigus à l'aragonais, ce qui provoque des croisements d'un grand intérêt linguistique [36]. La place réservée, par exemple, à Alacant et Valencia (8 localités en tout) est exiguë, d'autant plus que cette zone, riche en nuances phonétiques, contient une enclave murcienne et un sous-dialecte majorquin et que les parlers valenciens sont coupés par les isoglosses de l'« apitxat ». Pourtant, il ne faut pas trop restreindre les localités du catalan oriental où il y a lieu de fixer les isoglosses du « ieisme », bien variables (cf. §§ 19-20), les traces de l'article dérivé d'IPSE sur la côte, le passage du vocalisme septentrional (*e, o* moyens) à celui du catalan central (différences d'aperture), le rayonnement des ondes à partir de Barcelone, etc. Griera a inclus, au-delà des limites du catalan, 2 localités gasconnes (Vallée d'Aran) et 5 localités aragonaises. Du côté septentrional on avait déjà étudié les points occitans dans l'*ALF* à l'aide du même questionnaire qui a servi de base à celui de Griera.

L'*ALPI* a corrigé soigneusement les lacunes de l'*ALC*. Il a tenu compte des conditions géographiques et historiques dans le choix judicieux des localités, si l'on juge par leur nombre limité. La grande

---

(32) Voir, par exemple, les résultats de la comparaison faite par Alvar entre l'*ALPI* et l'*ALEA* à propos d'*azada* et ses variantes et d'*abeja* et *avispa* (*Los Atlas lingüísticos de España, op. cit.*, pp. 7-9 de l'extrait.

(33) *ALPO, Introduction*, p. 1.

(34) *ALPO, Introduction*, p. 1.

(35) *Ibid.*

(36) K. Jaberg, « Romania », L (1924), 288-289.

utilité de cet atlas est qu'on peut confronter les parlers catalans avec
ceux de filiation castillano-aragonaise (voir la carte nº 4 avec la frontière basée sur la diphtongaison des voyelles latines brèves E, O).

Guiter a eu l'heureuse idée d'inclure dans son *ALPO* toutes les
communes du roussillonnais et de déborder même ses limites dans les
domaines occitan, espagnol et andorran. Ces deux mesures sont très
louables. D'un côté, les isoglosses tracées deviennent plus exactes et on
saisit des faits dialectaux qui avait échappé à une exploraïon peu
serrée (un autre exemple à ajouter à ceux déjà cités, cf. § 9, serait le
« ieisme » provenant de LL latin, voir § 19 c et carte nº 3, qui jusqu'à
présent n'avait pas été remarqué). De l'autre côté, on peut établir avec
plus d'exactitude la frontière avec l'occitan et suivre surtout de près
les infiltrations d'un domaine dans l'autre.

Le réseau de notre *ALDC*, loin d'être déterminé par la géométrie,
a fait l'objet d'une sélection très soignée qui a tenu compte de la
géographie, de l'histoire et de la réalité dialectale. On a prêté une
attention particulière à l'établissement des couples de localités dans
les zones frontalières, pour pouvoir préciser les différences entre elles.
On envisage aussi d'insérer quelques localités hors du domaine catalan.

11.   c) *Types de localités.* L'*ALC* a accordé une attention presque
exclusive aux grandes villes (chefs-lieux de province (8), d'arrondissements (41) et aux villages populeux. Griera voulait, en appliquant ce
critère, détecter le rayonnement des principaux foyers linguistiques.
Mais, si l'on n'y ajoute pas quelques petites localités plus ou moins
isolées, on risque de donner une image qui n'est pas tout à fait réelle
de l'état des parlers d'un domaine et de montrer seulement les points
le plus exposés à un nivellement notable.

L'*ALPI* a réagi contre ce principe et n'a sélectionné que « los
pueblos pequeños, en los cuales el habla y la cultura popular se conservan menos contaminadas de las formas más regulares y modernas
de las poblaciones importantes » ([37]). Le but historique, archaïsant de
l'œuvre, tournée vers les formes les plus pures et les plus traditionnelles, est évident. Cette conception se trouve à l'opposé de celle de
l'*ALC*. L'*ALPI* a même éliminé les villes ([38]). C'est un autre critère,
respectable, mais qui donne, lui aussi, une vue partielle de la réalité
linguistique.

L'*ALDC*, ayant abandonné le projet initial ([39]) d'éviter systémati-

_____

(37) M. Sanchis Guarner, *La cartografía lingüística catalana, Congr. Ling.
      Rom. Barc.,* 651.
(38) Mais, dans l'introduction, on parle du projet d'étendre les enquêtes aux
      chefs-lieux de provinces et à d'autres villes.
(39) Où l'on disait : « evitarem tanmateix les localitats que, degut a llur
      situació isolada, presentin un caràcter lingüístic eminentment conservador
      i aquelles on la infiltració de la llengua oficial haurà estat massa fàcil »
      (A. Badia - G. Colon, *L'Atlas Lingüístic del Domini Català, Congr. Ling.
      Rom. Barc.* § 3).

quement les villages trop conservateurs, a établi un principe éclectique
qui se situe entre ceux de l'*ALC* et de l'*ALPI* : « no buscamos sólo
pueblos recónditos, sino que trabajamos también en capitales y poblaciones importantes » (⁴⁰). Ainsi, à côté des reliques cachées dans les
petits villages, on constatera jusqu'à quel point les villes et les villages
importants subissent l'influence de la langue officielle et, dans certains
cas, du parler barcelonais ; et dans quelle mesure ces nouveaux phénomènes se répandent dans les hameaux et les petits villages de leurs
contrées respectives (⁴¹). Il faut dire, pourtant, que parfois nous avons
dû renoncer à enquêter dans de petites localités isolées surtout pour
deux raisons : 1) manque de courant électrique ; 2) impossibilité de
trouver un sujet convenable dans un village presque vide. C'est ainsi
que nous avons remplacé Vilamur et Gil (Isil) par Sort et Esterri
d'Àneu au Pallars Sobirà.

12.   D) *Les sujets.*

a) *Nombre de sujets.* L'*ALC* ne s'est servi généralement que d'un
sujet, parfois mal choisi, comme celui de Pollença (Majorque), ce qui a
donné lieu à des relevés phonétiques qui ne sont pas en accord avec le
phonétisme des « Pollencins » (⁴²). L'*ALPO* a suivi, en général, la même
méthode ; cela s'explique par la réduction du questionnaire et son
caractère peu spécialisé. Pourtant, dans 32 localités le sujet a été
assisté d'informateurs supplémentaires et dans 5 autres on a eu recours
à deux sujets. Dans ce dernier cas, on aurait voulu savoir quel a été
le rôle des deux informateurs : a-t-on partagé l'enquête entre les deux
ou l'un d'eux s'est-il limité à répondre éventuellement aux questions
que l'autre sujet a laissées sans réponse ?

Quant à l'*ALPI*, les deux enquêteurs ont travaillé *indépendamment*, chacun avec son sujet, et ils pouvaient les échanger pour combler
les lacunes ou pour confirmer les traits les plus caractéristiques. Il est
indubitable que c'est une manière de gagner du temps, mais au détriment de l'uniformité de l'enquête : on ne fait qu'ajouter de nouvelles
divergences (⁴³). Pour notre *ALDC,* on enquête, en principe, auprès
d'un seul sujet, et les quelques lacunes sont comblées à l'aide d'un
autre informateur ; mais, étant donné le caractère spécialisé de certains chapitres d'une part et, d'autre part, l'impossibilité, dans beaucoup de cas, de retenir pendant deux ou trois jours un paysan qui se
trouve au plus fort de sa besogne (⁴⁴) (fenaison, moisson, récolte des
pommes de terre, etc., car c'est précisément en été que nous pouvons

---

(40) Badia-Colon-Companys-Veny, *Atlas Lingüístic del Domini Català,* § 5.
(41) Voir aussi *op. cit.,* § 7.
(42) Cf. Moll, *Els parlars baleàrics, Congr. Ling. Rom. Barc.,* I, 4
(43) Voir l'opinion d'Alvar dans I. Iordan, *Lingüística Románica,* p. 465.
(44) Nous rétribuons le sujet modestement, mais cette somme n'est souvent pas
     suffisante pour le détourner de son travail ; on sait, d'ailleurs qu'une
     enquête est fatigante.

nous consacrer à l'atlas), on a décidé de recourir à plus d'un sujet (⁴⁵). Mais, si on a la chance de pouvoir mener l'enquête sur le parler d'un seul sujet, il est nécessaire de vérifier, par la comparaison de son parler avec celui des autres, s'il est réellement « représentatif ». Lors de notre enquête à Montuïri (Majorque), on nous a présenté un informateur qui, né dans un hameau situé à 5 km environ, vivait depuis longtemps dans cette localité ; mais son articulation mi-palatale des vélaires *k, g* contrastait ostensiblement avec le caractère nettement vélaire du reste des habitants, et on a dû le remplacer.

13. b) *Age des sujets*. On connaît les avantages des enquêtes faites auprès des sujets appartenant à plusieurs générations, à travers lesquelles on peut suivre le dynamisme de la langue : l'éveil timide des formes embryonnaires ou leur imminente consécration chez les uns en face de leur immobilité chez les autres. Mais, dans les atlas linguistiques, il est difficile d'appliquer une telle méthode, puisqu'on se heurte aux écueils du temps et de la surface à explorer. Cependant, on y renonce avec regret, conscient de laisser échapper parfois de riches nuances propres à chaque génération.

Devant l'impossibilité de réaliser une enquête multiple, il est souhaitable, à mon avis, d'adopter un critère uniforme pour ce qui est de l'âge des informateurs. On devrait faire attention à ne pas admettre des sujets trop jeunes, de moins de 20 ans. Là-dessus, ni Griera ni Guiter n'ont été toujours très exigeants. Le premier s'est servi pour l'*ALC*-II de 23 sujets de moins de 25 ans, parmi lesquels il y a des enfants de 15 ans ; le second a accepté une quinzaine d'informateurs (y compris les sujets supplémentaires ou assistants) qui n'avaient pas atteint 20 ans, mais le pourcentage de ceux-ci est réduit par rapport au reste des informateurs qui appartiennent, en majorité, aux générations mûres ou âgées (⁴⁷). Pour l'*ALA*, Griera a limité son enquête à des garçons entre 13 et 19 ans, parce qu'ils «poden donar la llengua catalana en estat de transformació » (⁴⁸) — critère discutable, mais qui a au moins l'avantage d'être uniforme. Ce qui est dangereux est de mêler les résultats obtenus par des sujets d'âge différent. Alors, on pourrait interpréter comme des différences géographiques ce qui est seulement une différence de générations. De plus, le langage, surtout le vocabulaire des jeunes n'a pas encore atteint son plein développe-

---

(45) On a abandonné le projet d'étendre l'enquête, dans 15 localités, à plusieurs générations (Badia-Colon, *L'Atlas Lingüístic del Domini Català*, § 5).

(46) Cf. M. Sanchis Guarner, *La cartografía lingüística...* p. 653.

(47) Si nous prenons en considération trois générations : A. jusqu'à 30 ans ; B. jusqu'à 60 ; C. de plus de 60 ; il en résulte que, grosso modo, 14 % des sujets appartient à la génération la plus jeune, 59 % à la moyenne et 26 % à la plus âgée (nous incluons dans la statistique les assistants et les sujets supplémentaires).

(48) *Introducció*.

ment ([49]) ; il peut encore être sous l'influence d'une mère non autochtone ([50]), la pression de l'école est encore forte, etc.

14. c) *Sexe des sujets* ([51]). L'*ALC* et l'*ALPI* ont montré une préférence nette pour les hommes comme sujets d'enquête. Le caractère rural d'une bonne partie de leur questionnaire explique les raisons de ce choix. L'*ALPO*, cependant, tout en préférant les hommes (238), a accordé une place importante aux femmes (146) ; rappelons que son questionnaire est assez général et, par conséquent, il n'y avait pas d'obstacle à interroger les femmes. L'inclusion des femmes doit s'expliquer par le fait qu'elles ont plus de loisirs, mais nous constatons aussi qu'il s'agit de l'affinité de sexe avec la personne qui enquête : les enquêteuses ont préféré les femmes (54 ont été interrogées, en face de 33 hommes), tandis que les enquêteurs, les hommes (205 hommes interrogés, en face de 92 femmes).

L'*ALDC* se déclare en faveur des sujets masculins pour les mêmes raisons que l'*ALC* et l'*ALPI* ; les femmes ne jouent, en général, que le rôle de sujets supplémentaires (pour répondre à certaines questions concernant les vêtements, les fêtes religieuses, etc.).

15. d) *Lieu de naissance des sujets.* On sait qu'il est indispensable que le sujet soit de la localité étudiée. J'ajoute qu'il est aussi très important que les parents du sujet soient originaires du même village. La mère surtout exerce une forte influence sur le parler de ses enfants ; si elle n'est pas autochtone, quelques-unes de ses habitudes linguistiques seront transmises aux enfants, et bien que ceux-ci trouvent plus tard un agent nivellateur dans leurs contacts sociaux, scolaires, etc., ces habitudes particulières ne disparaissent pas toujours ([52]).

De ce point de vue on pourrait faire des reproches à l'*ALPO* de ne pas avoir noté le lieu de naissance des parents du sujet, ni celui de son conjoint. De même on aurait voulu trouver une information plus détaillée sur son degré d'instruction et sur les voyages qu'il a faits.

16. e) *Métier des sujets.* La méthodologie de l'enquête dialectale

---

(49) « C'est à partir de trente ans qu'un paysan arrive à bien connaître la terminologie des objets » (S. Pop, *La Dialectologie*, I, p. 725). Mais le système phonologique, d'après Martinet, est acquis avant la dixième année (*La prononciation du français contemporain* (Paris, 1945), 244).

(50) Une jeune fille de 17 ans, de Campos (Majorque), dont la mère était de Santanyí, village voisin, linguistiquement différencié, parlait avec les traits phonétiques maternels.

(51) Sur ce problème méthodologique, cf. *Le langage des femmes : Enquête linguistique à échelle mondiale* « Orbis », I (1952), 10-86, 335-384.

(52) C'est un autre inconvénient de l'enquête exclusive auprès des sujets trop jeunes. J'ai une expérience curieuse à propos du problème posé. Je suis du village majorquin de Campos et ma mère est d'une localité voisine, Llucmajor. Eh bien, j'ai eu à lutter, depuis mon adolescence, contre certaines habitudes linguistiques héritées de ma mère (par ex. *butxeca* 'poche' au lieu de *butxaca*).

recommande d'enquêter auprès des sujets peu instruits, parce qu'ils ont gardé, éloignés de l'influence de l'école et de la culture, leur patrimoine linguistique libre de toute contamination. Mais on n'a pas toujours la chance d'en trouver. Edmont, par exemple, a eu recours, dans les localités roussillonnaises, à deux secrétaires et à un employé de mairie [53]. Griera a été, peut-être, le moins scrupuleux de ce point de vue ; on lui a reproché d'avoir admis comme sujets d'enquête des prêtres, des avocats, des pharmaciens, des instituteurs, etc., voire des linguistes (P. Fabra, P. Barnils, lui-même dans sa localité natale, etc.) [54]. L'*ALPO* a préféré, en général, des cultivateurs, des propriétaires, des ménagères, parfois des épiciers, des buralistes ; le nombre de personnes instruites, parmi les informateurs, est très réduit : 2 médecins, 2 instituteurs, 1 institutrice, 1 pharmacien, etc., ce qui pèse très peu, si nous tenons compte du grand réseau de points explorés.

Comme l'*ALPI,* nous nous efforçons de prendre des sujets qui n'ont reçu qu'une formation scolaire très superficielle.

17. f) *Transcription phonétique et enquêtes au magnétophone.* Griera a pris l'alphabet phonétique de Gilliéron sans en faire une bonne adaptation au phonétisme catalan [55]. Sa transcription n'est pas nuancée, comme l'était celle d'Edmont ; elle se rapproche plus de la « langue » [56].

L'*ALPI* et l'*ALPO* se trouvent, quant à la transcription, à deux pôles opposés : le premier, impressionniste, descend jusqu'au détail phonétique le plus insignifiant (il a, avons-nous dit, 26 réalisations phonétiques d'*e*), ce qui s'explique par la spécialité de son directeur, T. Navarro Tomás ; le second, par contre, offre une transcription phonétique très simplifiée (il n'y a que deux variétés d'*e*) qui reflète plutôt la « langue » que la « parole ».

L'alphabet dont nous nous servons pour l'*ALDC* est celui d'A. Badia, dans sa *Gramática histórica catalana* (Barcelone, 1951), avec quelques modifications. Nous tâchons de faire une transcription moins nuancée que celle de l'*ALPI,* mais un peu plus que celle de l'*ALPO.*

Nous avons déjà dit que des enquêtes complètes se faisaient ou avaient été faites dans les localités les plus représentatives de chaque contrée dialectale ; à d'autres points, on n'enregistre qu'une partie de l'enquête, le reste étant réservé à la transcription directe des réponses au questionnaire, et cela pour plusieurs raisons : économie des bandes, manque éventuel de courant électrique, endroit de l'enquête (dans les

(53) Gilliéron-Edmont, *Notice servant à l'intelligence des cartes* (Paris 1902).
(54) M. Sanchis Guarner, *La cartografía lingüística,* p. 653.
(55) Il transcrit comme longues toutes les voyelles accentuées et il n'a pas de signes pour les voyelles *o, e* d'ouverture double. (M. Sanchis Guarner, *op. cit.,* p. 654.)
(56) K. Jaberg, « Romania », L (1924), 278.

montagnes auprès d'un berger ; dans un port, près de la barque du marin, etc.), panne du magnétophone, etc. Quoi qu'il en soit, nous voudrions insister sur les avantages de l'enregistrement au magnétophone. C'est merveilleux que, par un miracle de la technique, nous puissions reproduire les conversations avec nos sujets. « Grâce au magnétophone — dit le Professeur Séguy sans cacher son enthousiasme — l'abolition du passé est aboli. Il suffit de remettre les bobines sur l'appareil. C'est là un fade truisme. Mais tout est là » ([57]). La nouvelle méthode comporte aussi des inconvénients, bien sûr ; mais ses avantages sont indiscutables : l'enquête « in situ » est plus rapide, on ne fatigue pas le sujet en le faisant répéter, on transcrit sans hâte (c'est toute une équipe qui peut intervenir), on peut confronter les bobines qui correspondent à des localités éloignées (on bénéficie ainsi des avantages des enquêtes en zigzag ([58]) sans en augmenter les dépenses) et, surtout, on dispose d'archives sonores de parlers vivants, accessibles à tous les chercheurs qui, de plus, peuvent venir constater, dans la plupart des cas, si la transcription a été correcte ([59]).

18. En conclusion, les principes méthodologiques appliqués à l'*ALDC* sont les suivants :

a) réalisation des enquêtes en équipes de deux chercheurs ;

b) enregistrement au magnétophone de toute une enquête lorsqu'il s'agit d'un parler représentatif ; enregistrement partiel aux autres points ;

c) un seul questionnaire de 2.016 questions ;

d) méthode indirecte pour les questions ; on n'a recours à la traduction que pour la syntaxe et les questions auxquelles on n'a pas répondu par la méthode indirecte ;

e) réseau approximatif de 200 localités qui comprend aussi bien des centres populeux que d'humbles villages ;

f) un sujet ou plusieurs, plutôt âgés, de préférence hommes et, si possible, cultivateurs, ce qui est en accord avec le caractère rural du questionnaire.

II. ÉTUDE DE QUELQUES PROBLÈMES DE DIALECTOLOGIE CATALANE

19. A) Le « *ieïsme* » ([60]).

a) Le ieïsme catalan des provinces de Barcelone et de Gérone et des îles Baléares est bien connu. Il consiste à prononcer [y] le résultat des C'L, LY, G'L, etc., latins (*paia* < *PALEA*, etc., v. les cartes n°s 1, 2

---

(57) J. Séguy, *Atlas Linguistique et Ethnographique de la Gascogne*, Avant-propos du vol. IV, p. 6.

(58) S. Pop, *La Dialectologie*, I, 705-706.

(59) Voir, en général, J. Séguy, *ibid.*

(60) Un bon résumé de la question dans Badia, *Gr. hist.*, pp. 206-210.

et 4), en face de *ļ* issu du lat. LL (*gall* < GALLU, etc.), qui se maintient. Cette différenciation phonétique est parallèle à celle de l'asturien central et oriental, attestée depuis le moyen âge : ast. *aguya* < ACUCULA, *muyer* < MULIERE, etc. ([61]). Toutefois, une grande partie du catalan continental ne prononce que *ļ* : *palla, muller,* etc., comme d'ailleurs l'asturien occidental qui ne connaît que cette palatale latérale ([62]).

b) Dans la zone « ieïste », on connaît parfois, sur le continent, le passage de *y* à *ļ* dû à la dissimilation : *fill, conill,* etc. ([63]). En outre, du côté oriental supérieur de la province de Lérida (localités de Gósol et Sorribes), on prononce *ļ* lorsque la palatale est précédée d'*u* : *mullar* (*muļá*), mais il y a des hésitations : *ulls, uis* ; *fulla, fuia* ([64]). Aux Baléares, nous ne connaissons que *millor* < MELIORE et quelques mots qui ont subi des influences savantes comme *batalla* ([65]) (pourtant, il existe le toponyme *Camp de Sa Bataia,* près de Llucmajor ([66])).

c) L'indubitable affinité phonétique des deux sons explique probablement un « ieïsme » provenant de LL latin, que nous ne connaissions pas et que Guiter nous a révélé dans son *Atlas* : *caya* < CALLA 'tais-toi', *castey* < CASTELLU 'château', *cavay* < CABALLU 'cheval', *cisteya* < CISTELLA, *vedey* < VITELLU 'veau' (cf. carte nº 3 de notre étude). Ces petites zones isolées se trouvent en zone « ieïste » ou sont limitrophes de celles-ci, mais on relève aussi quelques points de *y* dans le Roussillon. Dans le domaine catalan on n'avait signalé ce phénomène que pour quelques localités de Minorque ([67]).

d) Dans la zone « ieïste » des Baléares, à plusieurs endroits, on est parvenu, par un affaiblissement du *y* (*paye* 'paille'), à une élimination totale de l'élément palatal ; ainsi, à Minorque et dans quelques localités de Majorque (Campos, Montuïri, par exemple), on entend [páə] au lieu de [páyə], [cə́əs] 'sourcils' au lieu de [sə́yəs], etc.

e) Sur le continent, Barcelone est « lleïste » : *abella* 'abeille', *agulla* 'aiguille', *cullera* 'cuillère', etc. Néanmoins, certains mots isolés connaissent le « ieïsme » et ont été l'objet d'explications particulières ([68]) : *fiyol* (ou *fiol*) pour *fillol, llentia* pour *llentilla, uyal* pour *ullal, ceyes* pour *celles* (dans un contexte comme *les celles*) seraient dus à la dissimilation des latérales ; *vuy* < VOLEO, pour *vull,* serait une conséquence de l'homonymie avec *bull* < BULLIT (!).

---

(61) A. Zamora Vicente, *Dialectología Española,* 2ª ed. (Madrid 1967), 146-147.
(62) *Ibid.*
(63) Badia, *Gr. hist.,* p. 209.
(64) P. Russell-Gebbett, *The « xipella » subdialect of Catalan in Tuixén and Josa de Cadí ; yeísmo in Gósol and Sorribes,* « Orbis » V, nº 2 (1956), 403-405.
(65) *DCEC.*
(66) Référence à la bataille où est mort le dernier roi de Majorque.
(67) A. M. Alcover, *Una mica de Dialectología Catalana,* BDLC, IV, 268 ; Badia, *Gr. hist.,* p. 188.
(68) Badia, *Gram. hist.,* pp. 206-210.

Ces explications n'ont pas de consistance. Les prétendues dissimilations *ļ...l, l...ļ* ou *ļ...ļ* en faveur d'un *y* manquent de vraisemblance, étant donné que, d'une part, elles n'ont pas lieu dans la plupart des mots qui présentent cette succession de sons (*llomillo* < dér. de *llom, lladella* < *LATELLA, *llombrígol* < ILLU UMBILICULU (ou contaminé par LUMBRICU), *llosella, lloella* < LAUSELLA) et que, d'autre part, elles se réalisent souvent par des voies différentes, par ex. *ž...ļ* (*jolivert* < LOLLIU VIRIDE, cat. occ. *jull* < LOLLIU, *jadriola* variante de *lladriola, jentilla* var. de *llentilla*).

Je crois que, dans l'interprétation de ces faits, il ne faut pas oublier que Barcelone, tout en étant aujourd'hui « ieïste », se trouve dans une zone limitrophe de celle du « lleïsme » ; par conséquent, c'est une zone de transition, et cela s'observe dans les hésitations des localités 739 et 738 (voir carte n° 4 ; Cornellà de Llobregat (loc. 740) manifeste une forte influence barcelonaise). Il est même probable que la grande capitale catalane a appartenu autrefois au « ieïsme » et que, sous l'influence de la langue littéraire, sous celle des immigrants, etc., sa langue a subi un nivellement en faveur de l'articulation « lleïste », ne gardant de l'ancien « ieïsme » que quelques traces (exemples cités ci-dessus), surtout lorsque la palatale était précédée d'un *i* (*fiyol, llentiya*) ou d'un *u* (*uyal, vuy*) ; cette situation est semblable à celle d'une autre zone limitrophe (Gósol, Sorribes) qui connaît elle aussi ces hésitations (cf. §19 b). Puis, le prestige de Barcelone, foyer culturel, centre commercial de toute la Catalogne, a dû propager les ondes de *ļ* dans les villes les plus importantes de cette zone « ieïste » : Terrassa, Manresa, Berga, Vic, Gérone ([69]). Cette propagation aurait affecté les classes supérieures, la masse de commerçants et tous ceux qui étaient en rapports suivis avec la grande ville. Ensuite, les innovations introduites par ces groupes se seraient étendues aux classes modestes. L'absence de villes dans le réseau de localités de l'*ALPI* ne permet pas de repérer sur la carte les îlots urbains de pénétration « lleïste ».

Comparons ce processus avec celui du « ieïsme » castillan qui est historiquement différent et se fait en sens inverse. Là, les villes, devenues souvent « ieïstes », ont été les centres d'irradiation vers la campagne. De même, en France, c'est Paris qui, depuis le XVIIᵉ siècle, devient le foyer du « ieïsme » et empiètera lentement sur le « lleïsme » pour le reléguer dans les zones périphériques ([70]).

f) Sur nos cartes, nous avons tracé, d'après les cartes de l'*ALPI*, les isoglosses qui correspondent à *abeya* 'abeille', *aguya* 'aiguille', *ceyes* 'sourcils', *cuyera* 'cuiller' et *forreyat* 'verrou' (carte n° 4) ; d'après l'*ALA*-II, *fuyes* 'feuilles', *mai* 'gros marteau' et *poi* 'pou' (carte n° 1) ; d'après l'*ALPO,* celles de *daya* 'faulx', *fuyes* 'feuilles', *genoy* 'genou' et

---

(69) Badia, *Gr. hist.,* p. 209.

(70) A. Alonso, *La « LL » y sus alteraciones en España y América,* dans *Estudios lingüísticos. Temas hispanoamericanos,* 2ª ed. (Madrid 1961), 160-161.

miray 'miroir' (carte nᵒ 2). Il en résulte que c'est seulement aux Baléares que nous trouvons une complète coïncidence avec le périmètre de l'archipel. La présence du phénomène est la conséquence d'une colonisation provenant surtout du côté oriental du domaine ([71]). C'est une explication historique.

Mais, quand il s'agit du catalan continental des provinces de Barcelone et de Gérone, nous observons un manque total de superposition des isoglosses. Le phénomène n'a pas de limites fixes, et cette instabilité est due sans doute à la pression du phonétisme barcelonais. Il paraît, à la vue de ces cartes, que c'est une substitution de mots, et non de phonèmes, qui est en train de se réaliser. Dans quelques localités et dans quelques mots — nous l'avons dit — on signale un flottement entre *y* et *ļ*, ce qui confirme notre idée.

20.   Tout cela nous invite à faire quelques réflexions méthodologiques :

1) Pour tracer des isoglosses suffisamment exactes et pour connaître les conditions précises du développement d'un phénomène linguistique donné, on ne peut pas se contenter de relevés que fournit un atlas fondé sur un réseau de localités clairsemées ; il faut avoir recours

a) à des monographies (cas du « ieïsme » de Gòsol et de Sorribes) ;

b) à des atlas régionaux qui représentent des réseaux de localités serrés (cas du « ieïsme » provenant de LL dans l'*ALPO*).

2) Dans l'étude d'un phénomène comme le « ieïsme », l'inclusion des villes, grandes et petites, se révèle nécessaire pour pouvoir assister aux conquêtes « lleïstes » et relever les bastions de résistance. On devrait étudier aussi ces phénomènes « en mouvement » entre les différentes générations (cf. le passage *ŏ* > *ę* aux Baléares, § 21).

21.   B) *Le passage d'ŏ neutre à ę ouvert dans les dialectes actuels.*

On sait que l'E latin fermé a passé à la voyelle neutre *ə* dans la plus grande partie des Baléares : CEPA > *sŏbə* 'oignon'. On suppose que cette phase était commune au catalan oriental et que ce phénomène vient de la langue des colonisateurs. En effet on a pu constater des graphies anciennes qui témoignent de l'existence de cette voyelle au Nord-Est de la Catalogne.

Mais, ce timbre vocalique *ŏ*, si caractéristique de Majorque et des îles-sœurs, est menacé. A certains points, il est en train d'être remplacé par *ę*, comme il est arrivé au moyen âge en catalan oriental. Si nous regardons les cartes *cep* (nᵒ 42), *celles* (nᵒ 41), *cresta* (nᵒ 52) de l'*ALPI*, seule la ville de Mahon, à Minorque, présente la nouvelle solution : *cép*, *cęəs*, *cręsta*. A ce propos, le choix des localités de l'*ALPI* à Major-

---

(71) D'autres traits : article *es, sa* ; noms de personnes majorquins qui correspondent à des noms de villes surtout orientales ; etc.

que et à Ibiza donne une image incomplète du dynamisme de ces dialectes. Mais les monographies peuvent compléter cette information précaire.

Par les études d'Alcover ([72]) et de Moll ([73]), nous savons que les points suivants des Baléares ont remplacé *ó* par *ę* : Binissalem, Alaró, Lloseta, Biniamar (Majorque), Mahon, Alaior, Fornells, Mercadal (Minorque), Sant Antoni, Sant Josep, Sant Agustí, Sant Carles, Ses Salines (Ibiza). Dans d'autres localités il y a hésitation entre les deux sons : à Porreres (Majorque), à Sant Rafel (Ibiza) et dans la ville d'Ibiza (Eivissa) où l'on trouve le nouveau son dans le quartier de « La Penya » (voir carte n° 5). L'origine de cette articulation est, sans doute, moderne. En plus de la fluctuation (*ę* chez les jeunes, *ó* chez les vieux) notée aux points cités, on a recueilli des renseignements auprès de personnes âgées qui avaient vécu cette transformation vocalique et qui ne remonte donc pas, aux Baléares, plus loin qu'au XIXᵉ siècle.

Comment ce fait s'explique-t-il ? Par une influence du catalan oriental ou par une évolution interne du dialecte ?

Voilà un phénomène différent de celui de l'expansion du « lleïsme » de Barcelone dans les villes principales. Là, il s'agissait d'une diffusion d'ondes phonétiques propres à la capitale. Mais, dans le cas de la palatalisation d'*ó* en *ę*, il n'y a pas d'influence de ce genre. Les Baléares sont peu sensibles au parler barcelonais. De plus, nous constatons que le changement s'est opéré ou s'opère, à Majorque, dans de petits villages de l'intérieur de l'île, mais pas à Palma ou dans les chefs-lieux.

On doit en conclure, par conséquent, que le changement est indépendant du catalan continental ; certes, c'est le même changement, mais il a été réalisé plus tard, timidement, avec un retard de plusieurs siècles.

Deux facteurs, l'un phonétique et l'autre phonologique, expliquent cette évolution :

1) La proximité phonétique des deux sons. Alcover parlait déjà d'« una correlació i parentiu proper entre la *ó* i la *ę* » ([74]). L'*ó* baléare accentué et neutre, articulé sans élévation de la partie prédorsale ou postdorsale de la langue ([75]) et avec une certaine aperture ([76]), peut s'avancer légèrement et se palataliser pour donner une voyelle ouverte.

2) Mais je pense que la phonologie peut nous aider à compléter cette explication. Ce qui a favorisé le passage *ó* > *ę* est le fait que le son neutre *ə* n'était pas nécessaire dans le système ; il avait peu de

(72) *Una mica de Dialectologia catalana*, BDLC, IV, p. 218.
(73) *El dialecte de Ciutadella*, « Miscelánea Alcover » (Palma de Mallorca 1932), 401 ; Moll, *Gr. hist.*, p. 73.
(74) *Una mica de Dialectologia catalana*, BDLC, IV, p. 218.
(75) Badia, *Gr. hist.*, p. 92.
(76) Voir la transcription de *cep* (n° 42), *cresta* (n° 52), etc., dans l'*ALPI*.

« rendement », c'est-à-dire le nombre de paires de mots dont l'homonymie est évitée par l'opposition ∂/ę est très restreint. On arriverait difficilement à en réunir une dizaine. En voici quelques exemples :

> sǝt 'soif' / sęt 'sept'
> cǝrra 'crin' / sęrra 'scie'
> dǝu 'il doit' / dęu 'dix'
> sǝu 'suif' / sęu 'cathédrale', 'est assis', 'assieds-toi'
> mǝna 'il mène, emmène' / męna 'mensonge'
> sǝc 'sec' / sęc 'je suis assis'
> vǝl 'voile' / vęl 'remède' (dans l'expression : no hi ha vèl 'il n'y a pas d'autre remède').

Cette liste n'est peut-être pas exhaustive, mais je ne pense pas qu'elle puisse s'accroître beaucoup. Il faut d'ailleurs ajouter que la substitution d'∂ par ę n'entraîne pas, dans la plupart des cas, une homonymie trop gênante : les mots formant ces paires appartiennent dans l'ensemble à des catégories différentes (verbe/substantif), et le mot vèl apparaît seulement dans une expression toute faite, d'usage très limité. En somme, le phonème majorquin /ɔ́/ ne remplit pas une fonction distinctive importante et l'économie de la langue tend à le remplacer. Il s'est produit quelque chose de semblable en français où le phonème nasal /œ̃/ disparaît au profit d'/ɛ̃/ pour une raison identique ([77]).

Quant au fait que la voyelle neutre se trouve supplantée par ę ouvert et non par ẹ fermé, il doit s'expliquer aussi, les facteurs phonétiques mis à part, par des raisons phonologiques. En effet, la série de mots qui s'opposent par les phonèmes ∂/ę est assez longue en baléare, en tout cas plus longue que la série d'oppositions ∂/ẹ. En voici une liste que j'ai établie sans vouloir pousser cette recherche plus à fond :

> serɔ́ 'serein' / ceręr 'cirier' ; pǝga 'poix' / pęga '(il) bat' ; vǝnc 'je vends' / vęnc 'je viens' ; rǝm 'rame' / ręm 'raisin' ; mercɔ́ 'faveur, merci / mercęr 'mercier' ; pǝs 'poids' / pęs 'je pèse' ; rǝia '(je, il) riait', 'soc' / ręia 'roi' (jeu de cartes) ; mǝs 'décidé' / męs (ou més) 'mois, plus' ; llǝu 'avoir du temps, loisir' / llęu 'poumon' ; bǝc '(je) bois' / bęc 'bec' ; pǝra 'poire' / Pęre 'Pierre' ; vǝs 'vois' (emploi restrictif) / vęs 'va' (impératif) ; vǝia 'je voyais, il voyait' / vęia 'vieille' ; fǝ 'foi' / fęr 'faire' ; vǝr 'vrai' / vẹ 'il vient' ; sǝr 'être' / sẹ 'je sais', cer 'acier' ; nǝt 'propre' / nẹt 'petit-fils' ; porǝr 'pouvoir' / porẹ 'je pourrai' ; rǝs 'rien' / rẹs 'je prie' ; etc.

22. C) Catalan occidental junc, catalan oriental jonc.

Depuis Milà i Fontanals, on divise les dialectes catalans en dialectes orientaux et occidentaux, et on prend, comme critère de cette

---

(77) A. Martinet, La prononciation du français contemporain (Paris 1945), 148 ; G. Deyhime, Enquête sur la phonologie du français contemporain, « La Linguistique » (1967), I, pp. 97-108, II, pp. 60, 76-77.

division, l'articulation des voyelles atones *a, e* et *o, u* qui se confondent respectivement en *ə* et *u* à l'Est *(case, pare ; curral, bullir)*, tandis qu'elles restent différenciées à l'Ouest. D'autres traits phonétiques (*ə* < *c* lat. vg. *(cresta)*, articulation de *ś* initial, au lieu de *š* *(śiŋśa)*, apparition d'*i̧* devant palatale *(kói̧š)*, etc.) et morphologiques (désinence -*o* au présent de l'indicatif, article *lo, los*) viennent s'y ajouter et leurs isoglosses forment un faisceau qui sépare le catalan occidental du catalan oriental. De chaque côté, il y a aussi des mots spécifiques, mais là les limites ne sont pas assez précises.

Une différence vocalique supplémentaire, qui oppose les deux parties du domaine, est représentée par les descendants du latin IUNCU : *junc* à l'Ouest, *jonc* à l'Est (voir carte n° 6). Le cas de *junc* dans une partie du roussillonnais doit probablement être interprété comme le résultat d'une fermeture de *jonc*, comme dans *musca*, cat. *mosca, cançú*, cat. *cançó*, etc. ; il faut aussi noter la forme algueraise qui, en tout cas, pourrait avoir été contaminée, dans son vocalisme, par l'italien *giunco*.

Le catalan occidental *junc* est bien attesté dans les textes médiévaux de ces régions. Par exemple : « lo dit prior es tengut de haver rama e *iunchs*, e fer agranar tota la capella e tot lo claustro de fora davant la Capella, hi regar, enramar hi *eniunquar* aquell » (*Llibre apellat « Speculum Prioris » de la Confraria de Sant Salvador de la Seu de Lleida* (1483)) [78].

A la suite de ces faits, il est intéressant de constater que :

1) le traitement anormal de l'U latin, parallèle au traitement castillan [79] — dû peut-être à l'action des deux consonnes -*nk* [80] —, nous offre, dans le cas concret de *junc*, un nouvel exemple, de caractère phonétique, qui s'ajoute à la liste des bases étymologiques communes au catalan occidental et au castillan, établies par G. Colon [81] ;

2) la documentation médiévale témoigne de l'ancienneté de cette différenciation vocalique ; c'est un nouvel indice de la fragmentation dialectale de formes anciennes en catalan (voir III).

23. D) *Deux résultats de la linguistique spatiale dans le catalan.*

a) *Distribution de* sorra *et* arena *'sable'.*

Nous avons dit plus haut que le baléare appartenait, pour des raisons historiques de colonisation, au catalan oriental. La plupart des colonisateurs sont venus en effet des environs de Gérone et de Barce-

---

(78) Edition de J. Altisent i Jové, *AST*, I (1925), 353-380.

(79) En aragonais il y a l'exception du parler d'Echo avec *chonco* (*DCEC*, s.v *junco*).

(80) *DCEC*, s.v.

(81) *El valenciano, Congr. Ling. Rom. Barc.*, I, 146-147.

lone, et par conséquent, les traits linguistiques les plus importants des parlers baléares sont ceux de la zone orientale.

Pourtant, j'ai pu réunir un bon nombre de mots majorquins qui, absents du catalan oriental, réapparaissent dans le catalan occidental. Examinons au moins un cas : celui d'*arena* 'sable' ([82]). Ce mot s'étend sur tout le côté occidental du domaine, ainsi que de l'autre côté, sur les Iles Baléares et l'Alguer, tandis que, pour le même signifié, le catalan oriental possède un autre signifiant : *sorra* (voir carte n° 7).

Arena provient du lat. ARENA 'sable fin' et, avec ce sens, il apparaît chez les écrivains médiévaux (Bernat Metge, par exemple, pour citer un représentant barcelonais). Les aires mentionnées ont gardé le sens primitf.

Sorra dérive du lat. SABURRA 'lest'. En ancien catalan ce mot avait le sens de 'lest, gros sable'. Voyez, par exemple, ce texte : « Estave allí una nau de chistians la cual anave a Nàpols y fent los mariners de la dita nau la çorra de les pedres de la ribera... perquè entre les pedres que son estades per çorra de la nau n'i han posades algunes les quals estaven banyades ab la sanch del dit màrtyr » ([83]). Ce sens, ou un sens très proche de celui du latin, persiste dans le majorquin *sorra* 'lest' (*DCVB*) ([84]), dans le castillan *sorra, zahorra* « arena gruesa que se echa por lastre en las embarcaciones », dans l'aragonais *zaborras* « piedras pequeñas » et dans le canarien *zaorra* « arena gruesa para uso de las obras, caminos, etc. ». Mais en catalan oriental, *sorra* a pris le sens de 'sable en général', peut-être parce qu'on lestait les embarcations surtout avec du sable, peut-être aussi parce qu'on ne sentait pas le besoin de distinguer les deux types de sable et que, par conséquent, l'un des deux signifiants a remplacé l'autre, sémantiquement très proche.

Nous pouvons donc distinguer : 1) des aires archaïsantes, attachées au sens primitif : Iles Baléares et catalan occidental ; 2) une aire qui a réalisé une innovation sémantique : le catalan oriental.

Il me semble indiscutable que, dans le catalan oriental, le type *sorra* a supplanté *arena*. Nous avons vu que ce dernier mot se trouvait chez des écrivains orientaux. Nous devons encore ajouter : 1) des arguments toponymiques : *Arenys de Mar, Arenys de Munt* (province de Barcelone), *L'Areny* (province de Gérone), qui montrent une fossilisation du mot (tandis que dans le même domaine oriental, La Garrotxa, *L'Estanyol de la Sorra* est un étang dont le fond est plein de gros sable (*DCVB*)) ; 2) l'existence d'*arena* dans quelques localités isolées du catalan oriental (Vendrell, Vilafranca del Penedès).

(82) J. Veny, *Paralelismos léxicos en los dialectos catalanes*, RFE, XLIII (1960), 19-21 de l'extrait.
(83) Mestre Hierònim Taix, *Libre dels miracles de Nostra Senyora del Roser*, p. 141, ap. *Diccionari Aguiló*, s.v.

Une substitution semblable de mots a eu lieu en français où vivait, au moyen âge, *araine, areine* (encore aujourd'hui dans certains dialectes provençaux), mais ce mot a disparu devant la pression de *sable* (< lat. SABULUM).

Vu les différentes aires occupées par *arena* et *sorra,* je crois qu'il est logique de conclure que le catalan oriental présente un caractère innovateur (on parlera souvent du catalan central, à l'exclusion du roussillonnais) en face du conservatisme du léridan (aire latérale et isolée), du valencien (aire latérale et plus récente) et du baléare (aire isolée et plus récente). Il existe nombre de mots qui se trouvent dans des conditions semblables ; nous avons expliqué leur distribution géographique en appliquant les normes de la géographie spatiale de M. Bartoli [85].

Observons, au passage, toujours à propos des mots étudiés dans ce paragraphe, que dans l'ensemble de la Romania, la phase ancienne *arena* se maintient dans les domaines extrêmes (Roumanie, Péninsule Ibérique) en face de la forme plus tardive *sabulum* (fr. *sable,* it. *sabbia*) [86]. De même, c'est dans les zones périphériques du Nord et du Sud de la Roumanie que se conserve le type *arina, anina* < ARENA, tandis qu'au centre il a été remplacé par *nisip,* ou *homoc,* mots qui sont respectivement d'origine slave et hongroise [87].

24.   b) *Les noms de l'essieu en catalan :* eix - fusell.

Sur la carte n° 75 de l'*ALPI* (*eje*), nous pouvons étudier la distribution géographique des descendants d'AXE et de FUSELLU dans notre domaine (v. la carte n° 8 de notre étude). Bien que cette carte ne précise pas de quel type d'axe il s'agit, il paraît, d'après les constatations que nous avons faites lors de nos enquêtes pour l'*ALDC,* qu'il s'agit de l'essieu de la charrette.

25.   Descendants d'AXE : *aix, eix* (prononcé *ę̆š, ę̆įš, ę̆į, ę̆įt*), *leix* (avec l'article aggluliné) [88], *lleix* (avec palatalisation de l'article par assimilation à la palatale finale).

Aires : Regne de València, Tortosa, Roussillon.

---

(84) Et peut-être dans le dérivé *sorrer* 'lent, de mouvements lourds'.

(85) Voir notre étude *Paralelismos léxicos...*

(86) M. Bartoli, *Introduzione alla neolinguistica* (Genève 1925), 6-8 ; *Per la storia del latino volgare* (Torino 1927), § 5.

(87) Vidos, *Manual de Lingüística Románica* (Madrid 1963), 77, et bibliographie.

(88) Voir des agglutinations pareilles dans quelques localités andalouses : *léhe* (ALPI, carte n° 75).

Documentation ancienne : seulement depuis le XVIe siècle ([89]).

Documentation ancienne : seulement depuis le XVIe siècle ([89]).

Formes parallèles : port. *eixo*, cast. *eje*, occitan *ais* ([90]).

La grande affinité phonétique d'AXIS 'essieu' avec ASSIS 'ais, planche', qui se confondaient déjà en latin, explique probablement la disparition de l'un des deux mots (pour remédier à l'homonymie), voire l'altération d'AXIS en AXILIS, fr. *essieu* (à travers un dialecte) ou en AXALE, it. *sala, assale* ([91]). Dans la Péninsule Ibérique, AXIS a pu survivre facilement parce que ASSIS 'ais' avait été remplacé par TABULA (cast. *tabla,* port. *tábua*) ou par POSTIS (cat. *post*). Pourtant, AXIS a disparu dans une grande partie du catalan ; nous tâcherons d'en expliquer les causes.

26.   Le mot latin FUSELLU, dérivé du lat. FUSU 'fuseau', a donné en catalan : *fusell, fuell* (avec perte du -*s*- intervocalique sonore), *fuguell* (insertion d'un -*g*-, après la chute du *s,* pour empêcher l'hiatus), *fusillo, fosillo, osillo,* etc. (dans les localités de transition vers l'aragonais).

Aires : provinces de Barcelone, de Gérone, de Lérida, une partie de celle de Tarragone et les Iles Baléares.

Documentation médiévale : depuis le XIIIe siècle (cf. *DCVB*).

Au point de vue sémantique, comment expliquer le passage de FUSELLU (FUSU + un suffixe diminutif, semble-t-il) 'fuseau', objet de petites dimensions, à 'essieu' de la charrette, qui est beaucoup plus long ? Il faut remarquer avant tout qu'il y a plusieurs types d'axes : d'un dévidoir, d'une cloche, d'une meule (à aiguiser, ou de moulin), d'une presse, d'un chariot, etc. Ils ont tous un trait commun qui est leur fonction : celle de permettre à un corps de tourner autour. La forme cylindrique allongée (ou conique) du fuseau et l'emploi qu'en faisait la fileuse en tournant l'instrument pour enrouler le fil, sont la base du transfert de sens. Il est probable qu'en ancien catalan *fus* coexistait avec son dérivé *fusell* pour désigner le 'fuseau' (comparez occ. *fus* à côté de *fusèl* — et de *fusòl,* autre forme diminutive ([92]) —, gascon *hus* et *huzet, uzet,* etc. ([93]), formés avec le même suffixe diminutif -ELLU). Puis, par métaphore et par métonymie, *fusell* et peut-être

(89) Le témoignage le plus ancien apparaît dans le *Lexicon seu Dictionarium* de Nebrija (1585) : « aix del carro » (ap. *Diccionari Aguiló*). La documentation postérieure provient aussi des dictionnaires catalano-latins : « Lo eix. Embollium, ii » ; « eix de carreta. Axis, is » (P. Torra, *Dictionarium seu thesaurus catalano-latinus,* Barcinone, 1653, p. 124, s.v. *carro de portar càrregas* i p. 296, s.v. *eix*) ; « Eix hic axis » (J. Lacavalleria, *Gazophilacium catalano-latinum,* Barcinone, 1695 ?).

(90) Alibert, *Dictionnaire occitan-français* (Toulouse 1966), s.v.

(91) G. Rohlfs, *Estudios sobre Geografía Lingüística de Italia* (Granada 1952), 70-73.

(92) Alibert, *Dict.* s.v.

(93) *ALEG,* IV, carte n° 1.500.

fus ont pris le sens d''axe' : c'est un processus que nous retrouvons dans l'occ. *fus* 'fuseau' et 'pivot' [94] (cf. aussi *fuso* 'axe, essieu' en Sicile, en Corse et au Nord de la Sardaigne [95]). Mais le besoin de préciser ces deux objets différents a poussé la langue à spécialiser *fusell* dans le sens d''axe'. (N'oublions pas que les documents anciens se rapportent au *fusell* d'un dévidoir : il importait de bien distinguer deux pièces, *fus* et *fusell,* qui étaient dans un même champ sémantique d'un travail technique.) Voyez aussi comment en espagnol, à côté d'*huso* 'fuseau', on a formé *husillo* « tornillo de hierro o madera muy usado para el movimiento de las prensas y otras máquinas » [96].

De cette manière, *fusell* a étendu son champ polysémique et a même été appliqué — le chemin était favorable — à l'essieu des charrettes, refoulant progressivement, dans la Principauté et dans les Iles, le mot primitif *eix*.

27. Ainsi, la carte n° 75 de l'*ALPI* nous suggère l'explication suivante :

1) Du point de vue de la stratigraphie linguistique, il est sûr, à notre avis, que les descendants catalans d'AXIS représentent, malgré leur apparition tardive dans les documents, le strat primitif. Cela apparaît clair surtout pour des raisons de linguistique spatiale :

a) Bartoli a énoncé ce principe : « L'area maggiore conserva di norma la fase anteriore » [97]. Si nous examinons l'aire de la Péninsule Ibérique, nous trouvons des descendants d'AXIS dans tout le portugais, dans le castillan et dans une partie du catalan ; c'est l'« area maggiore » qui a conservé la phase la plus ancienne en face de l'« area minore », représentée par la Principauté de Catalogne et les Baléares, qui a innové.

b) L'aire d'*eix* occupe, dans le domaine catalan, deux aires latérales, le roussillonnais et le valencien, qui, une fois de plus, se montrent conservatrices.

c) Contre l'hypothèse d'une influence castillane à l'époque où l'on prononçait *éṣẹ*, il faut tenir compte de la variante *aix* (*áịš*) de Tortosa et de Castelló [98].

2) Le strat *fusell* 'axe', postérieur, mais également ancien (documents du XIIIe siècle), s'est superposé, après un certain temps de coexistence, à *eix* qui, à cause de sa structure monosyllabique et de

---

(94) Alibert, *Dict.*
(95) G. Rohlfs, *Estudios sobre Geografía Lingüística de Italia,* p. 72 et carte n° 22 basée sur l'*AIS,* carte n° 1228.
(96) *DRAE* (Madrid 1939), s.v.
(97) M. Bartoli, *Introduzione alla Neolinguistica* (1925), 11.
(98) Voir la carte n° 8 de notre étude et les points enregistrés par le *DCVB* : Tortosa, Calaceit, Morella, Benicarló, Vinaròs.
(99) Voyez les renforts du roussillonnais *eit* et du valencien *leix, lleix.*

son inconsistance phonétique ([99]) (en face de la forme plus stable du port. *eixo* et du cast. *eje*) a perdu la bataille ([100]) au profit de *fusell*.

III. LA DIALECTOLOGIE MÉDIÉVALE

28. Pendant longtemps on avait été victime d'un mirage : on croyait que le catalan médiéval était une langue d'une grande uniformité linguistique, sans fissures dialectales à l'intérieur de cette prétendue unité compacte. Griera affirmait en 1931 : « Mentre durà la unitat catalana (finals del segle XV) ni el valencià, ni els documents mallorquins, ni els del Rosselló assenyalaren cap característica que hagi d'esser tinguda en compte » ([101]). On admettait même que c'est la perte de la cohésion littéraire entre les différentes régions qui aurait déterminé la désagrégation dialectale à partir du XVIᵉ ou XVIIᵉ siècle ([102]). Mais, en réalité, tout en acceptant un état de langue médiévale assez homogène, il a fallu se rendre à l'évidence que des différences existaient avant le XVIᵉ siècle, bien que ces différences se trouvent étouffées ou diluées parfois par la langue écrite de la Chancellerie. Plusieurs passages d'auteurs anciens témoignent de la conscience populaire d'une fragmentation dialectale plus ou moins profonde et ancienne.

Déjà Mossèn Bernat Fenollar, dans ses *Regles de esquivar vocables o mots grossers o pagesívols* ([103]) (qui sont une sorte d'*Appendix Probi* du XVᵉ siècle), attirait l'attention sur la possibilité de distinguer, au moyen du langage, l'origine régionale et la catégorie sociale des personnes : « No res menys, entre persones de bon ingeni e experiència, fàcilment se coneix dits vocables ésser de Empurdà, o de Urgell, o de Mallorques, o de Xàtiva, o de les Muntanyes, o pagesívols, dels quals no acustumen usar los cortesans ne elegants parladors e trobadors » (nº 173).

Lorsque le Majorquin Francesc d'Oleza parle, dans son ouvrage *Nova art de trobar* (1538), des différentes valeurs phonétiques des voyelles d'aperture moyenne, il affirme à propos de la voyelle *e* : « En la *e* tenim tres maneras de so, com apar en aquesta oració : *Déu* [déu̯] (= 'Dieu'), *deu* [déu̯] (= dix), *deu* [dóu̯] (= 'il doit') » ([104]), et c'est une allusion claire à la voyelle neutre du majorquin.

---

(100) D'une manière semblable le roumain *ai* < ALIUM a perdu du terrain contre *usturoi*, entre d'autres raisons, « à cause de son faible support phonétique » (B. Cazacu - R. Todoran, *Le lexique dacoroumain. Traits spécifiques et aires lexicales* (Bucarest 1965), 22-24).

(101) *Gramàtica històrica del català antic*, Barcelona, 1931, p. 16.

(102) Badia, *Gr. hist.*, p. 66.

(103) A. Badia Margarit, « *Regles de esquivar vocables o mots grossers o pagesívols* ». *Unas normas del siglo XV sobre pureza de la lengua catalana*, BRABLB, XXIII (1950), 137-152.

(104) Ap. *Grundriss Gröber's*, p. 874, et M. Niepage, *Laut und Formenlehre der mallorquinischen Urkundensprache*, RDR, I (1909), 311.

Au commencement du XVIIe siècle, l'historien Pujades insiste sur les variétés linguistiques du catalan et cite des spécimens des différentes prononciations des voyelles : « axí com en Castella hi ha diferència de llenguas entre la nova y la vella, del Manchego al Andaluz, y altres, axí la frazis o modo de parlar en Cathalunya en cada Bisbat és diferent. Y a cada poble li apar que lo seu us de llengua és lo millor ». « Per molts exemples, que podria aportar de altres diccions : y lo usar de las comarcas de las riberas de Hebro y Segre la e y las del Ter la a, y las de Tech y La Tet la o y la u que per no ser més llarch serà bé passarles en silenci » (¹⁰⁵).

Il est donc logique de penser que la plupart de ces différences étaient nées depuis des siècles, mais il est certain qu'au fur et à mesure qu'on recule dans le temps, les parlers devaient être moins différenciés.

29. De bonne heure on a essayé de mettre en relief des traits dialectaux de textes anciens, mais les résultats de ces travaux sont parfois incertains. Ainsi, les graphies comme *matre* pour *metre, drat* pour *dret, podats* pour *podets,* etc., que présente la version catalane de la *Quête du Saint Graal* (¹⁰⁶), ont fait dire à Todesco que le copiste de ce texte était majorquin ; il aurait transcrit le son neutre [ə], qui existe encore aujourd'hui dans la plupart des parlers des Baléares, le plus souvent par a. Il est vrai que Niepage signale la fréquence de cette graphie dans les documents majorquins qu'il a étudiés (¹⁰⁷), mais ce trait seul n'est pas suffisant pour considérer un texte comme majorquin, car le son ə, du lat. vulg. ẹ, a existé aussi, au moyen âge, dans le catalan continental. En effet, dans les *Ordinacions y bans del Comtat d'Empúries,* du XIVe siècle, nous retrouvons des graphies semblables à celles de la *Questa : antra* pour *entra, prase* pour *presa* (¹⁰⁸). C'est à l'aide d'autres traits linguistiques de la *Questa (espícies, bísties, lengo, entreforc,* etc.) qu'on pourra confirmer l'origine insulaire de ce texte (¹⁰⁹).

30. Le travail le plus remarquable de dialectologie catalane médiévale est un travail de Coromines. En 1943 il nous a donné une étude sur la langue d'une version catalane, du XIIIe siècle, de la *Légende dorée* de Jacques de Voragine (¹⁰⁹ᵇⁱˢ) et dans cette étude, à l'aide de quelques traits qu'il a relevés et qui s'écartent du catalan

(105) *Corònica universal del Principat de Cathalunya* (pròleg, ff. 3 et 4) ap. *Grundriss Gröber's,* p. 874, et A. Griera, *Gramàtica històrica del català antic* (Barcelona 1931), 14.
(106) V. Crescini-V.Todesco, *La versione catalana della Inchiesta del San Graal* (Barcelone 1917), LXV-LXVII.
(107) *Laut- und Formenlehre der mallorquinischen Urkundensprache, RDR,* I 1909), 310-311 ; Griera, *Gram. hist. del català antic,* pp. 42-43.
(108) P. Russell-Gebbett, *Mediaeval Catalan Linguistic Texts* (Oxford 1965), 162-163 et 233.
(109) Voir J. de Oleza, *Zur Bestimmung der Mundart der katalanischen Version der Graalsage* (Barcelona 1928).
(109 bis) *Las Vidas de Santos roselloneras del manuscrito 44 de Paris. AILUC,* III (1943), 126-211.

général, il a pu identifier la langue de ce texte avec le « capcinès », sous-dialecte rousillonnais.

Plus tard, on a fait d'autres tentatives en cette direction, mais il s'agit de travaux parfois peu développés. Coll i Alentorn, par exemple, dans l'introduction à l'édition qu'il a donnée de la *Crònica* de Desclot, a consacré quelques pages à une analyse sommaire de la langue, spécialement des archaïsmes et des dialectalismes ([110]). Ainsi, la fermeture d'*o* en *u* (*pum*, cat. *pom*, et des hypercorrections comme *cumó*, cat. *comú*, *Nono* pour *Nunyo*, etc.), certains cas de « ieïsme » (*consey*, etc.), même pour -LL- (*ey* pour *ell*, cf. § 19 c), le présent *estag* (cat. *estic*) 'je suis', des mots comme *soleyl*, etc., entre autres traits, semblent indiquer « un dialecte nòrdic i més aviat de la zona oriental del Pirineu català » (p. 114). L'éditeur de la *Crònica* signale avec raison les écueils que présente ce genre de travaux et la diversité des facteurs dont il faut tenir compte : modifications de la langue par les copistes ([111]), contamination du dialecte de l'auteur par d'autres dialectes et, surtout, nivellement de la « koiné » officielle en usage. A cela, il faut ajouter : possibilité d'une transcription incorrecte et, dans le cas des dialectes septentrionaux, pénétration de mots et de traits linguistiques occitans sous l'influence du voisinage ou du prestige de cette langue.

Nous devons une autre contribution à ce genre de recherches à Francesc de B. Moll qui, dans une remarquable étude sur le vocabulaire de Ramon Llull, a consacré quelques pages aux dialectalismes du Docteur Illuminé, dont quelques-uns sont aujourd'hui propres aux Baléares, tandis que d'autres vivent aussi ailleurs ([112]). Les premiers « en certa manera testifiquen la condició insular del Mestre » (p. 16). De toute façon, il faudra agir avec prudence sur ce terrain. Jusqu'à quel point le catalan de Majorque, quelques dizaines d'années après la conquête de l'île, s'était-il « dialectalisé » ? La distance chronologique est trop courte et on risque de confondre les dialectalismes avec de simples archaïsmes.

En général, les éditeurs de textes procèdent à une recherche de traits différenciels pour parvenir à établir l'aire d'origine de l'auteur étudié. Ainsi, G. Colon a pu démontrer avec toute vraisemblance, grâce à quelques traits plutôt méridionaux : *fargalada* 'lie, sédiments', *quallar* 'coagular', *guiterra* 'guitare', etc., que le compilateur du seul livre d'heures catalan qui nous soit parvenu (XIVe siècle) était originaire de Tortosa ou Morella ([113]).

(110) M. Coll i Alentorn, *Crònica,* I, (Barcelona 1949), 109-114.
(111) Voir à ce propos J. Rubió, *Interrogacions sobre una vella versió llatina del « Libre de Contemplació »*, « Estudis Franciscans », XLVII (1935), 111-119 ; *Sobre la prosa rimada en Ramon Llull*, « Estudios dedicados a Menéndez Pidal », V (Madrid 1954), 308.
(112) F. de B. Moll, *Notes per a una valoració del lèxic de Ramon Llull*, « Estudios Lulianos », I (1957, fasc. 2), 15-17 de l'extrait.
(113) *Llibre d'hores*, a cura de G. Colon (Barcelona 1960), 35-38. *Guiterra* se dit aussi à Majorque, Minorque et l'Alguer.

Notons enfin que l'anthologie de textes médiévaux catalans de P. Russell-Gebbett [114] compte, parmi ses nombreux mérites, celui d'indiquer, bien qu'il s'agisse en général de textes assez courts, les formes aberrantes qui les séparent du catalan « standard » [114 bis].

31. Mais nous continuons à croire qu'il nous manque des études approfondies, semblables à celle de Coromines sur les vies des saints roussillonnais. Convaincu, avec Badia, « que un estudio sistemático de varios autores primitivos catalanes y de testimonios no literarios, nos permitirá continuar el estudio de la dialectología histórica catalana » [115], j'ai essayé de relever les « léridanismes » d'un ouvrage médical du XIVe siècle, le *Regiment de preservació de pestilència*, de Jacme d'Agramont [116], professeur à l'Estudi General de Lérida. Voici les grands avantages que présente cette œuvre pour l'objet de notre étude :

1) Le manuscrit est une copie — unique — faite peu après la mort d'Agramont, survenue vers 1348.

2) Jacme d'Agramont était né à Lérida, ville à laquelle il était très attaché et où il a passé au moins une grande partie de sa vie.

3) Il a écrit son œuvre, non pas pour les médecins, mais pour le peuple, afin qu'il sache ce qu'il doit faire pour se défendre contre le fléau de la peste, et il a demandé qu'on en fît des copies pour les diffuser. Sa préoccupation d'atteindre le peuple se reflète dans l'emploi fréquent des expressions populaires qu'il donne comme équivalents de termes médicaux, par ex. : « *àntrachs* que vol dir mala buaynna o buba negra, *segons vulgar de Cathaluynna* », « una malautia que és apellada bocium, ço és a dir *gotirlons* », « vent septentrional o de *trasmontana* », etc.

Tout cela rend donc cette œuvre très intéressante, et on peut glaner, çà et là, dans l'évidente unité linguistique du texte, des éléments qui témoignent d'une vieille différenciation des dialectes catalans en dialectes occidentaux et orientaux. En voici quelques exemples :

1) Distinction systématique des voyelles atones *e, a (de verí, ma-*

(114) Russell-Gebbett, *op. cit.*
(114 bis) Tout récemment, A.-J. Soberanas a publié le deuxième volume d'une version catalane des *Dialogues* de Saint Grégoire (Barcelone, 1968 ; le premier volume parut en 1931, édité par Mn. Jaume Bofarull). Dans l'appendice linguistique, il attire l'attention sur les nombreux traits dialectaux de la langue du manuscrit A (XIIIe siècle) qui coïncident souvent avec des particularités du N.-E. de la Principauté : *joneyls* 'genoux', des cas de « ieisme », etc. (pp. 177-186 et aussi p. 9).
(115) Badia, *Gr. hist.*, p. 67.
(116) J. Veny, *Interés lingüístico del « Regiment de preservació de pestilència », de Jacme d'Agramont (s. XIV)*, « Actas del XI Congreso Internacional de Lingüística y Filología Románicas », II (Madrid 1968), 1017-1029 ; « *Regiment de preservació de pestilència* » *de Jacme d'Agramont (S. XIV). Introducció, transcripció i estudi lingüístic*, Tarragona, 1971.

nera, etc.) et *o, u* (de *forment, luynnament*, etc.) qui se confondent, au contraire, dans les parlers orientaux depuis le Moyen Age.

2) Evolution à -*e* de l'-A final latin des troisièmes personnes du présent de l'indicatif et du subjonctif, de l'imparfait de l'indicatif et du conditionnel, ce qui coïncide avec la plupart des dialectes léridans ([117]). Exemples :

> présent de l'indicatif : *atermene, agreuge, ebete, demane, porte, demostre*, etc. ;
>
> imparfait : *avie, ere, menaçave, exie, fahie*, etc. ;
>
> présent du subjonctif : *sie, age, dege, face, vuylle, se pusque*, etc. ;
>
> conditionnel : *porie, volrie, farie, serie*, etc.

Pujades devait avoir à l'esprit ce *e* final quand il se référait à « lo usar las comarcas de las riberas de Hebro y Segre la *e* » (cf. § 28). De même les auteurs des *Regles de esquivar vocables* condamnent « *anave* per dir anava » (n° 170) (à côté d'autres dialectalismes comme « ça casa per la casa », etc.) parmi les « vocables los quals manifestament se coneix són de payssos de Catalunya o València diversos dels catalans » (n° 165).

Ce qui est aussi intéressant, c'est que la première personne des temps indiqués (sauf l'indicatif présent) apparaît avec la voyelle -*a* : *sia, aja, diria*, etc. ; or c'est un trait caractéristique, toujours vivant, d'un groupe plus restreint de localités occidentales.

3) Inchoatifs en -*ix*, -*ixen* (indicatif), -*isque*, -*isquen* (subjonctif) pour -*eix*, -*eixen*, -*esca*, -*esquen*. Exemples : *podrix, podrixen, es convertisque*. L'aire actuelle de ces variantes en -*ix* s'étend sur la plus grande partie du catalan occidental et du valencien ([118]). On en avait donné des exemples médiévaux, mais pas du catalan occidental au sens strict.

4) Dans le lexique nous trouvons des mots qui connaissent une extension très vaste dans tout le catalan occidental « lato sensu » : *romer* (cat. or. *romaní*) 'romarin', *oliver* (cat. or. *olivera*) 'olivier', *melic* (cat. or. *llombrígol*) 'nombril', *llangost* (cat. or. *llagost*) 'sauterelle', *pegar-se* (cat. or. *encomanar-se*) 'contaminer', *braçal* 'petit canal d'irrigation', etc.

Mais nous découvrons aussi des mots qui vivent aujourd'hui, non pas à Lérida même, mais dans des villages des zones plus conservatrices du secteur occidental : *alendar* (cat. or. *alenar*) 'respirer', *sangartalla* (cat. or. *sargantana*) 'lézard gris', *tavà* (cat. or. *tàve(c)*) 'taon', *guindola* (cat. commun *guinda*) 'guigne', *trasmontana* (cat. or. *tramuntana*) 'tramontane'.

---

(117) Voir à ce sujet Moll, *La flexió verbal en els dialectes catalans, AORLL*, II (1929), pp. 81-86 qui comprennent la conjugaison de *cantar*.

(118) Voir la conjugaison de *partir* dans Moll, *La flexió...*, pp. 81-85.

Je suis convaincu que les ouvrages techniques écrits dans un but pratique révèlent souvent, à côté de nombreux termes techniques, des aspects linguistiques propres à la région de l'auteur. Ainsi, je suis sûr que, par exemple, une analyse soignée du *Receptari de Micer Johan* [119], du XVe siècle, qui est parsemé, çà et là, de valencianismes, aboutirait aussi à de bons résultats.

Nous voyons donc que le champ de la dialectologie catalane historique commence à être défriché et que des études systématiques portant sur des œuvres bien datées enrichiraient un aspect particulièrement passionnant de notre linguistique historique.

DISCUSSION

M. Colon. — Je ne viens faire aucune critique. Je viens tout simplement dire que j'ai poussé un soupir de soulagement, car je m'étais engagé avec M. Badia à faire les enquêtes du nouvel *Atlas Lingüístic del domini Català*, et je ne les ai pas faites.

Lorsqu'en 1951, je suis arrivé à Louvain, j'ai eu l'occasion de m'entretenir avec Sever Pop de la dialectologie catalane et de la nécessité de continuer. Sever Pop croyait toujours à l'efficacité de l'*Atlas Lingüístic de Catalunya*. A ce moment-là, j'ai eu une correspondance très suivie — parfois deux, trois lettres par semaine — avec M. Badia, et nous avons parlé de la nécessité de faire un nouvel atlas du domaine catalan.

Mais j'ai quitté la Catalogne. Jusqu'à ce jour, j'ai toujours eu l'impression d'avoir manqué à mon devoir de contribuer, dans la mesure de mes forces, à cet atlas.

Je ne viens donc pas critiquer, je viens tout simplement féliciter M. Veny et M. Badia, et me féliciter moi-même d'avoir été si bien remplacé. L'Atlas sera une chose magnifique. M. Veny l'a montré.

Une petite question : Vous avez dit, si j'ai bien compris, que vous enregistriez sur bande les réponses, mais pas les questions, et qu'ensuite, à la maison, vous dépouilliez et transcriviez tranquillement ces enregistrements. Vous êtes-vous rendu compte des dangers de cette méthode ? Etes-vous conscients des imperfections de la technique moderne ? Les magnétophones enregistrent-ils toutes les nuances ? Je crois que le dialectologue doit toujours aller à l'enquête muni aussi d'un crayon et d'un carnet et noter.

M. Veny. — Du danger que M. Colon vient de signaler, nous en sommes pleinement conscients, surtout en ce moment, où nous venons

---

(119) Edition d'E. Moliné y Brasés, *BRABLB*, XIV, nos 54-55 ; pour une étude linguistique il faudra, bien sûr, réviser l'édition.

de commencer la deuxième étape de notre travail, celle des transcriptions. Naturellement, si nous n'enregistrons que les réponses, c'est uniquement pour des raisons économiques ; l'idéal serait évidemment d'enregistrer aussi les questions. Bien sûr, l'enregistrement magnétophonique présente des dangers, mais le système disons traditionnel, qui consiste à noter tout sur place, comporte aussi, à mon avis, beaucoup de dangers. Ce qu'on pourra donc faire, et ce qu'on fait déjà, c'est employer en même temps les deux méthodes : on enregistre sur bande magnétique et, puisque nous sommes toujours deux, l'un des deux a sous les yeux le questionnaire et prend des notes continuellement.

M. Straka. — Si vous permettez, je voudrais ajouter quelques mots sur la méthode d'enquête à l'aide du magnétophone. Je suis tout à fait d'accord avec mon ami Colon. Certes, enregistrer les enquêtes au magnétophone et ensuite seulement transcrire ces enregistrements à la maison, c'est très commode. L'enquête est surtout plus rapide. D'autre part, lorsqu'il s'agit d'une enquête purement lexicale, il n'y a pas de problèmes : on peut facilement déchiffrer les mots ; dans ce cas, la méthode magnétophonique ou de « transcription indirecte », comme on dit parfois, peut rendre de grands services. De même, s'il s'agit d'un récit, il vaut mieux l'enregistrer que de le noter directement en faisant constamment répéter des phrases au locuteur.

Mais cette méthode comporte en revanche des dangers réels sur lesquels je voudrais insister.

Tout d'abord, si les résultats de l'enquête sont destinés à être conservés, il faut faire très attention. Du point de vue technique, la conservation des rubans magnétiques pose des problèmes. J'ai organisé un colloque sur ces questions ici à Strasbourg — Colloque des directeurs d'Archives sonores — et je connais assez bien le problème. Ainsi, il n'est pas recommandé de ranger les bandes dans des armoires métalliques ; de même, il est nécessaire de les dérouler périodiquement et réembobiner pour que les mêmes parcelles magnétiques ne se trouvent pas constamment superposées ; il faut leur faire subir d'autres traitements encore. Autrement, on risque de voir se détériorer ces précieux enregistrements, et au bout d'un certain temps, ils deviennent inutilisables. Ce danger ne menace évidemment pas les textes notés par écrit.

Du point de vue phonétique, je suis absolument convaincu, pour avoir fait des expériences à ce sujet, que le magnétophone ne peut pas prendre toutes les nuances désirables. Si l'on ne connaît pas soi-même à fond le dialecte, on commet, en transcrivant les rubans magnétiques, beaucoup d'imprécisions, sinon de fautes. Il est, par exemple, très difficile de distinguer, d'après des enregistrements magnétiques, les différents *l*, l'*l* vélaire ou dur et l'*l* cacuminal, de même que les phases ultérieure de l'évolution du *l* « vélaire » au moment de sa vocalisation ; au magnétophone, ces nuances se confondent pour l'oreille, et pourtant

il est important de les distinguer. De même, il est très difficile de
reconnaître au magnétophone les différentes variantes de sifflantes et
de spirantes en général, ou encore un début de palatalisation ; on
distingue aussi assez mal les consonnes palatales et palatalisées. Et tout
cela a de l'importance pour nous autres romanistes. Tout à l'heure, je
me suis encore demandé, lorsque vous parliez — mais, bien sûr, vous
connaissez parfaitement l'aspect phonétique de votre domaine d'étude,
ce qui n'est malheureusement pas le cas de tous ceux qui pratiquent la
transcription indirecte — si le *ts* final qui devient *s* n'est pas encore
parfois à un stade intermédiaire ; or, au magnétophone, on peut avoir
l'impression qu'il s'agit déjà d'un *s*, mais si vous écoutez directement
et, mieux encore, si vous observez le mouvement articulatoire, c'est
peut-être encore un *ts* dont la première partie, occlusive, commence
seulement à se défaire. Et je pourrais continuer ainsi, et vous parler
encore de la difficulté à distinguer au magnétophone les différents
timbres vocaliques, etc.

A mon avis, beaucoup trop d'enquêteurs, insuffisamment familiarisés, par la pratique directe, avec les patois sur lesquels ils enquêtent,
mais à l'affût de tout ce qui est moderne, ont fait fausse route en
suivant l'exemple de l'auteur d'une thèse sur l'Algarve, thèse où l'on
relève d'ailleurs des imperfections dues précisément à la méthode de
transcription indirecte. J'avoue que je ne suis pas à l'aise devant les
travaux de dialectologie ou les atlas qui sont le résultat d'une enquête
de ce genre.

Dans le cas de l'Atlas catalan, je suis évidemment rassuré, d'abord
par tout ce que M. Veny vient de nous dire sur la façon dont il combine
l'enregistrement avec la notation directe, et ensuite — et surtout —
parce qu'il connaît à fond, après l'avoir écouté et examiné directement,
l'aspect phonétique des dialectes sur lesquels il enquête. Mais quand
il s'agit d'enquêteurs qui ne sont pas aussi familiarisés avec des parlers
de leur domaine, je suis vraiment très sceptique en ce qui concerne la
valeur phonétique de leurs transcriptions faites d'après les enregistrements magnétophoniques. Je tenais à vous faire part de ma conviction
à ce sujet, qui est très profonde, et que je partage avec Mgr Gardette
avec qui nous avons discuté cette question encore tout récemment.

M. Badia. — Si nous n'étions pas à ce sujet tout aussi convaincus
que vous, nous enverrions n'importe qui faire des enquêtes, tandis que
nous sommes toujours là, pour les enquêtes, soit Veny, soit moi-même,
de sorte qu'en ce sens, il n'y a aucun danger. On pourrait vous montrer
nos cahiers après chaque exploration.

M. Veny. — Je suis certain que l'enregistrement magnétophonique
présente beaucoup de dangers, et M. Straka, comme spécialiste de la
phonétique, est la personne la plus indiquée pour le dire. Certes,
d'autres ne pensent pas de même. Mais j'ai pleine conscience de ces
défauts. Ils apparaissent encore plus, quand nous nous servons de sujets

assez âgés dont la dentition n'est pas tout à fait parfaite. Mais nous
sommes aussi convaincus des avantages de cette méthode (c'est une
arme à double tranchant), avantages énormes du point de vue syntaxique et lexicologique, et il faut dire que notre *Atlas* a un but surtout
lexical. Naturellement, nous tenons compte des différences phonétiques,
mais pas avec cette extraordinaire précision dont fait preuve l'*ALPI*
de Navarro Tomás. Quoi qu'il en soit, nous tiendrons compte de ces
observations et, tout en continuant naturellement avec le magnétophone, nous tâcherons de travailler, puisque nous sommes au commencement, toujours en équipe afin de pouvoir apporter des informations
complémentaires.

M. Guiter. — Je vais faire un plaidoyer pro domo. D'ailleurs ce
que je vais dire, je l'ai dit en grande partie dans l'introduction de mon
Atlas.

Je me suis passé d'avoir un grand nombre d'enquêteurs, comme
vous l'avez dit. A l'époque où j'ai travaillé, il n'était pas possible
d'obtenir, comme ce serait le cas maintenant, des collaborateurs techniques qui m'auraient fait toutes les enquêtes ou à peu près toutes.
J'ai opéré d'une manière artisanale, en me servant de mes étudiants ;
un étudiant, on le garde trois ans ou quatre, avec un peu de chance.
Et, bien entendu, à l'époque où nous avons commencé notre travail, au
début surtout — c'était en 1943 —, les conditions de circulation des
étudiants étaient extrêmement difficiles, nous avions l'occupation alle-
mande, et les Allemands craignaient, s'ils donnaient des facilités de
circulation à des jeunes gens, que ceux-ci n'en profitassent pour passer
la frontière et rejoindre les rangs gaullistes. Il était donc extrêmement
difficile de circuler. Quant à moi, on me faisait un peu plus de confiance (je suis allé à Minorque en 1942 ; j'ai eu aussi à la même époque
un visa pour le Portugal, et je suis revenu chaque fois !). Mais, pour
mon enquête, j'avais une grosse difficulté : c'est que j'ai peu de qualités
de champion cycliste, et la bicyclette était le seul moyen de locomotion
à ma portée. Je n'ai donc pu démarrer d'une manière efficace que
quand nous avons eu à nouveau de l'essence, et quand j'ai pu mettre
ma voiture en marche. Quelques étudiants, pleins de bonne volonté,
faisaient des enquêtes pendant les grandes vacances, mais ensuite, ils
étaient nommés dans un poste quelconque, il m'en arrivait d'autres, et
il fallait essayer d'aller de l'avant avec ceux-ci. C'est ce qui vous
explique que les enquêtes se sont étirées sur 9 ans : j'ai eu trois
générations d'étudiants qui se sont succédées.

Au point de vue de l'extension du vocabulaire, j'ai évité de faire
toute recherche sur le vocabulaire spécialisé qui aurait été réduit à des
zones relativement petites de mon domaine d'enquête. Par exemple, je
n'ai rien demandé du vocabulaire maritime et de la pêche, parce que
je ne l'aurais obtenu que sur la côte ; je n'ai pratiquement rien demandé non plus du vocabulaire de l'élevage : on me l'aurait donné
seulement dans les hauts cantons ; dans la plaine, c'est quelque chose

d'inconnu. Sur le travail de la vigne, je n'ai rien demandé non plus (j'avais publié moi-même un vocabulaire de la culture de la vigne en Roussillon, que d'ailleurs l'Institut d'Estudis Catalans m'a fait l'honneur de publier) ; mais ce vocabulaire n'existe évidemment que dans la basse plaine. Le pays est tellement varié que le vocabulaire professionnel, technique, change énormément. Ainsi le mot *faucille* semblait inoffensif, par exemple en français, parce qu'il est unique. J'ai donc demandé une *faucille*. Qu'est-ce que c'est ? Dans les hauts cantons, c'est un gros instrument, un *volant* qui sert pour moissonner les céréales ; dans la plaine, c'est une petite lame qui sert pour cueillir les raisins, la *guimella* : ce sont deux instruments complètement différents; et puis, recouvrant le tout, nous avons une faucille de dimensions moyennes *el podall*, qui sert pour émonder, pour cueillir de l'herbe pour les lapins sur le bord des fossés, etc. Pour cette « *faucille* », j'ai dû faire trois cartes ; pour le *volant*, je n'avais que la montagne ; pour la *guimella*, au contraire, je n'avais que la plaine. Ceci, je ne pouvais m'amuser à le faire pour un nombre de mots trop élevé. Je le rappelle pour justifier l'absence de tout vocabulaire spécialisé. J'ai cherché des mots communs.

J'ai joué sur le polylinguisme ou, au moins, le bilinguisme des sujets. Comme vous le disiez très bien, je ne pouvais pas demander : « Comment dites-vous un *lluert* ? » Si j'avais employé la méthode de M. Sapon et montré des images, suis-je sûr qu'on n'aurait pas confondu un lézard avec une salamandre ou un triton ? De ces sortes de confusions, nous avons eu d'autres exemples.

Enfin, quant à obtenir un dossier plus complet sur la famille du sujet, les noms du père et de la mère, etc., j'ai déjà eu souvent certaines difficultés pour avoir l'état civil complet du sujet lui-même. En effet, j'ai enquêté au milieu de populations, aussi bien en Espagne qu'en France, qui étaient traumatisées par une guerre civile récente, car il faut bien le dire, dans le Midi, l'épuration française a été pratiquement une guerre civile : les gens qui étaient en place à ce moment-là ont profité de la situation pour satisfaire des rancunes personnelles ; on dénonçait ceux avec qui on était mal, et sans qu'on eût besoin de fournir des preuves, ça marchait toujours. Aussi, aller demander à des gens : « Votre nom, votre âge ... », etc. ; ça commençait mal, parce que c'était exactement comme une enquête policière. En Espagne, j'ai mis en fuite tout un village. Quand je suis arrivé — il y avait un très mauvais chemin, sur lequel je faisais péniblement 10 km à l'heure — dès qu'on a vu ma voiture, cela a été la fuite générale vers les champs ; j'ai pu rattraper une vieille ... Plus tard, vers les années 49-50, les relations internationales n'étaient pas très bonnes entre la France et l'Espagne, et j'ai dû faire plusieurs fois mon enquête en présence de la garde civile parce qu'un citoyen conscient, voyant qu'on posait beaucoup de questions, avait couru avertir le caporal de la garde civile ! Voilà un certain nombre de remarques en défense de mon Atlas.

Maintenant, quant aux autres Atlas que j'avais cités — je ne parle pas du vôtre qui est en cours —, je ne sais pas si les enquêtes ont été toujours entourées de toutes les garanties possibles. Je ne veux nommer personne... mais enfin, j'habite Perpignan, par conséquent je suis en toute première ligne pour voir ce qui se passe en Roussillon. Je me souviens d'un enquêteur qui m'est arrivé et m'a dit : « Je suis extrêmement pressé ; est-ce que vous pourriez me trouver sur place un certain nombre de sujets ? » Je lui ai amené, à l'hôtel, des gens originaires des régions qui l'intéressaient, mais qui habitaient Perpignan depuis déjà longtemps... De même je me souviens d'un autre enquêteur qui a interrogé ma femme sur le parler de la Cerdagne, et à qui j'ai été obligé de dire : « Tu es sûre que tu ne te trompes pas ? » Elle avait appris des roussillonnismes ! Bien que je sois un homme de la plaine, j'ai ainsi joué un rôle dans une enquête sur la Cerdagne.

Pour un autre Atlas, un couple d'enquêteurs a passé exactement 4 jours en Catalogne française !

Pour ce qui est des mots que vous citiez tout à l'heure, je rappelle qu'en roussillonnais, nous avons *melic*, uniquement *melic*, pour le nombril.

A propos du yeïsme, je vous signale que même les *l* mouillés initiaux sont attaqués. Il y a quelque chose qui m'a beaucoup frappé, car, chez nous, nous avons le *l* mouillé ; même quand nous parlons français, nous mouillons les *l*. Le nom du village de Vilallonga de Ter se prononce avec un *l* initial occasionnellement dans le centre du mot, et qui est réduit à yod : je crois d'ailleurs que ce Vilallonga de Ter est une sorte de pôle du yeïsme ; on y remplace les *l* mouillés par des yods d'une manière vraiment frappante.

En ce qui concerne *junc*, je pense que le cas du roussillonnais est à séparer de celui du catalan occidental, parce que le roussillonnais ferme en *u* tous les *o* fermés sans exception, tandis que, pour le catalan occidental, c'est quelque chose d'un peu particulier, un peu à part, qui rappelle le traitement italien : les voyelles moyennes sont fermées quand elles sont suivies d'un *n* + palatale ou d'un *n* + vélaire.

Enfin, je suis entièrement d'accord avec ce que disait M. Straka au sujet des bandes magnétiques. Il faut prendre beaucoup de soin pour leur conservation. Un aimant qu'on laisse en circuit magnétique ouvert — et c'est le cas des bandes magnétiques où il n'y a pas moyen de le fermer — ne se conserve pas. Quand on veut conserver un aimant en fer à cheval, il faut toujours lui mettre une barre de fer en travers, pour qu'il soit en circuit magnétique fermé, sinon il se désaimante spontanément, lentement. Evidemment, pour les bandes magnétiques, il n'y a pas moyen de mettre tous les aimants en circuit magnétique fermé, autrement dit la bande magnétique vieillit fatalement ; son enregistrement se trouve modifié.

C'est tout ce que je voulais vous dire, et je vous félicite pour votre contribution.

M. Colon. — J'ai lu avec beaucoup d'attention la préface de l'Atlas de M. Guiter. Mais je voudrais lui demander un détail. Vous êtes parti en principe du vocalisme roussillonnais, mais vous avez enquêté aussi dans une bande catalane orientale, et là, vous donnez, par exemple, les *e* et *o* accentués sans nous dire si ces voyelles sont ouvertes ou fermées dans la zone non roussillonnaise.

M. Guiter. — Avez-vous observé de grosses différences pour les *e* et les *o* dans cette région ? A l'oreille, je n'ai pas constaté une différence sensible entre les différents *e* et les différents *o*.

M. Colon. — Mais lorsque, par exemple, vous entrez dans le diocèse de Gérone . . .

M. Guiter. — Je m'arrête au Roussillon. Olot est mon point extrême.

M. Colon. — Mais à Olot, il y a des voyelles ouvertes et fermées.

M. Guiter. — Non, à Olot il n'y a pas de voyelles ouvertes et fermées.

M. Colon. — Si, si. Je l'ai constaté à Olot, Besalú, Sant Privat d'En Bas, Sant Joan de les Abadesses, Santa Pau, Banyoles.

M. Veny. — L'opposition de timbre est peut-être moins marquée qu'à Barcelone, par exemple.

M. Colon. — Enfin, une autre question. Je regrette un peu que le nombre de cartes soit si réduit. Je vous comprends (vous l'avez dit à propos de *podall*, etc.), mais ce sont des types lexicaux que nous voudrions connaître et nous ne les connaissons pas. Même s'il y a une carte en partie en blanc, mettez-y au moins ce que vous avez trouvé.

Il y a même des concepts fondamentaux. Hier, nous avons parlé de la foudre et de l'éclair, et cela existe partout ; il y a dans votre Atlas des éclairs de toutes sortes, mais pas la foudre.

Vous avez posé des questions en français en France et en castillan en Espagne. Je me suis demandé comment vous avez posé les questions en Andorre.

M. Guiter. — J'ai demandé aux sujets quelle était la langue qu'ils connaissaient le mieux, étant donné qu'il y a des écoles françaises et des écoles espagnoles ; il n'y a pas d'école catalane en Andorre.

M. Colon. — Mais ne croyez-vous pas qu'il y ait un danger à poser les questions en castillan et à procéder par traduction ? J'ai trouvé dans votre Atlas la préposition *con* « avec » ; je vous assure qu'aucun

Catalan ne l'emploie ; *con* au sens de CUM n'existe pas en catalan. Or, il apparaît, dans votre Atlas, dans la partie où les questions ont été posées en castillan.

M. *Guiter*. — Je suis certain que *con* « avec » n'apparaît pas dans mon Atlas. Mais peut-être pourrait-on le consulter si vous l'avez ici ?

M. *Colon*. — Je vous assure que *con* se trouve dans votre Atlas. Quoi qu'il en soit, vous qui parlez le catalan, pourquoi ne posez-vous pas les questions en catalan ?

M. *Aramon*. — Nous devons nous féliciter de l'exposé de M. Veny, à propos duquel je voudrais souligner l'importance de la chronologie des faits.

Je pourrais vous renseigner sur la perte de *y* dans les environs de Barcelone où $y > l$. Un de mes familiers a vécu cette perte de *y* (*paya*) : les grands-parents de mon cousin disaient *paya*, les parents hésitaient (ils prononçaient *paya* au village, tandis que, lorsqu'ils venaient à Barcelone, ils disaient *paḷa*), mais le fils, mon cousin, du même âge que moi, dit déjà *paḷa*. Je crois qu'il en est de même pour le Penedès, etc. C'est donc un phénomène très récent, et je crois que c'est surtout l'influence de la prononciation de Barcelone qui en est la cause.

Il y a aussi le problème des dialectes au moyen âge. On en a parlé l'autre jour et je ne veux pas y revenir. Mais il me paraît dangereux de vouloir retrouver des dialectes très anciens dans un domaine linguistique aussi petit que le catalan ; cela peut être un mirage. Dans le domaine espagnol, il y a eu naturellement de grands dialectes dès le début, en France et en Italie aussi, mais en Catalogne ? Peut-être, mais il faut être prudent.

Et puis, il y a cette explication phonologique sur laquelle je voudrais faire des réserves.

M. *Guiter*. — Voici la carte « avec », et je n'y trouve pas la moindre trace de *con*.

M. *Colon*. — Je viens de trouver le mot sur la carte « pourvu qu'il ne grêle pas » : *cum tal que*.

M. *Guiter*. — Ce n'est pas un *cum* ! C'est un *quomodo* !

M. *Colon*. — Mais si, c'est le latin CUM (voyez Ramon Llull : « *ab que em dobles mes amors* »). « Cum tal que » ne se dit pas. Qui dit cela ?

M. *Badia*. — Je suis totalement d'accord. Je ne l'ai jamais entendu. Mais on peut l'avoir parfaitement entendu.

M. *Colon*. — De toute manière, si la question avait été posée d'une autre façon, en catalan, je suis sûr qu'on n'aurait pas obtenu *cum tal que*.

M. Guiter. — J'ai demandé *mientras.*

M. Veny. — J'accepte la justification de M. Guiter.

Quant à l'aspect extérieur de la faucille, *podall,* etc., il est regrettable que son Atlas n'ait pas un côté ethnographique pour qu'on puisse voir la forme, les dimensions, etc., de ces outils.

Et quant à la dialectologie médiévale, je suis convaincu que, si nous analysons une série d'ouvrages peu littéraires, on pourra faire quelque chose d'assez systématique. Il y a naturellement une marge d'erreurs possible, mais je pense qu'elle sera réduite surtout si nous travaillons sur des éditions bien faites. Naturellement, j'ai consulté le manuscrit du *Regiment de preservació de pestilència,* et je suis en train d'en préparer une édition qui sera publiée par la « Diputación Provincial de Tarragona ». Je suis sûr qu'une différenciation dialectale existait déjà au XIVe siècle à Lérida, qui avait été conquise longtemps avant les Baléares. C'est un cas très différent de celui de R. Llull à propos de qui, au XIIIe siècle, quelques années seulement après la conquête, il est très difficile de parler de dialectalismes. Mais à Lérida, dont la séparation a dû se produire entre le moment de la conquête et celui où notre texte a été écrit, je pense qu'une différenciation assez remarquable devait exister au XIVe siècle.

M. Lüdtke. — Je ne peux pas me rallier à votre argumentation. Pour affirmer que le domaine était au départ uniforme au point de vue dialectal, vous vous basez sur l'absence de documentation. Les textes écrits ne traduisent pas les variations, et par principe. Alors affirmer qu'il n'y avait pas de variations dialectales, à mon avis, c'est gratuit.

M. Aramon. — Pour ce qui est de la différenciation dialectale, il faut comprendre que c'est seulement au moment où le catalan a pris une certaine extension territoriale qu'elle s'est produite. En Espagne aussi, il a dû en être ainsi pour l'aragonais, pour le léonais, ou encore pour l'andalou, etc. Les comtés catalans, avec Barcelone tout de suite en tête, sont un petit territoire d'où la langue se répand, après quoi il peut se former — un peu plus tard, ne l'oublions pas — des divisions.

Mais la question d'*e* ? Vous avez parlé de la confusion de *e/a* déjà au XIIe siècle. Est-ce que vous pourriez le préciser ?

M. Veny. — Au XIVe siècle au Nord-Est, à l'Empordà.

M. Aramon. — Il faudrait préciser ces changements. On ne peut pas parler avec sûreté de dialectes si l'on ne sait pas à partir de quand il y a eu des oppositions de quelque sorte. C'est au moment où elles commencent, qu'il y a division.

M. Colon. — Je ne suis pas d'accord avec M. Aramon pour une fois. Je crois à l'unité de la langue littéraire catalane ancienne, et je suis d'accord qu'au XIIIe siècle il est un peu difficile de la démontrer. Mais nous devons nous efforcer d'étudier les textes que nous possédons. Au XIVe siècle nous pouvons déjà voir plus clair. Alors, dire par principe que nous ne voulons pas de dialectologie historique, c'est impossible, je m'y oppose.

M. Lüdtke. — Au moment où l'ancienne variation, variation qui avait existé antérieurement à la division du catalan dans tout ce territoire, a disparu, la nouvelle variation était déjà commencée, c'est-à-dire qu'une unité réelle n'a jamais existé.

M. Badia. — Cela nous mènerait trop loin et nous n'avons pas le temps de discuter maintenant ces problèmes. Mais je crois qu'il existe des facteurs historiques typiques et tout à fait clairs dans ce domaine. J'ai sous presse un travail là-dessus et j'espère qu'il pourra contribuer à la solution de ces questions. Maintenant nous ne pouvons pas engager une discussion à ce sujet.

Quant à la méfiance des paysans, nous luttons toujours contre, mais nous avons adopté systématiquement la solution qui consiste à ne demander le nom et l'ascendance du sujet qu'au moment où l'on prend congé de lui, quand nous avons travaillé déjà trois jours ensemble et qu'on a gagné un peu sa confiance ; alors, nous sommes des amis, on nous avait invités à goûter, etc., et les choses vont beaucoup mieux. C'est un petit conseil que je vous donne avant de lever cette séance.

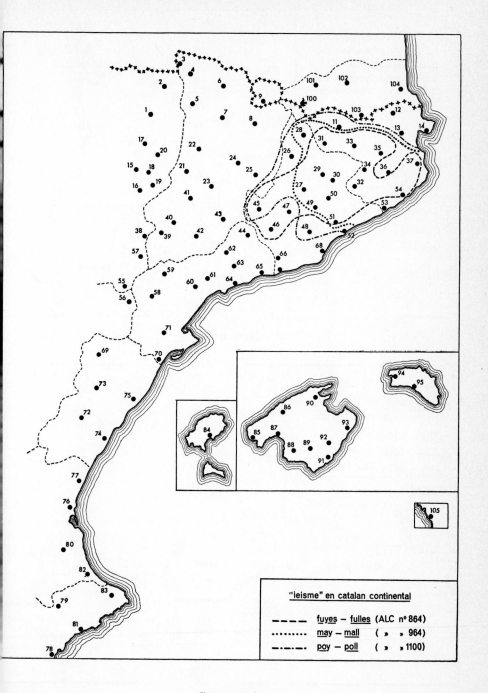

Carte nº 1.

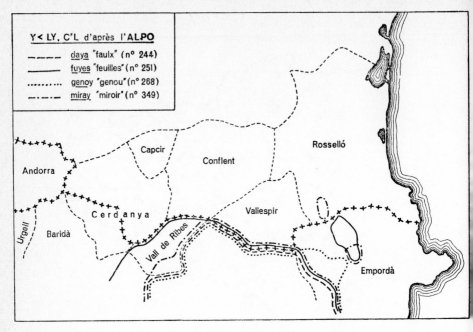

Carte nº 2.

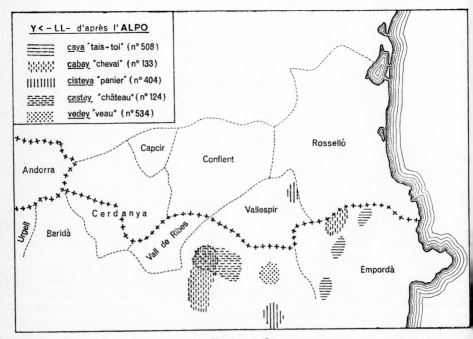

Carte nº 3.

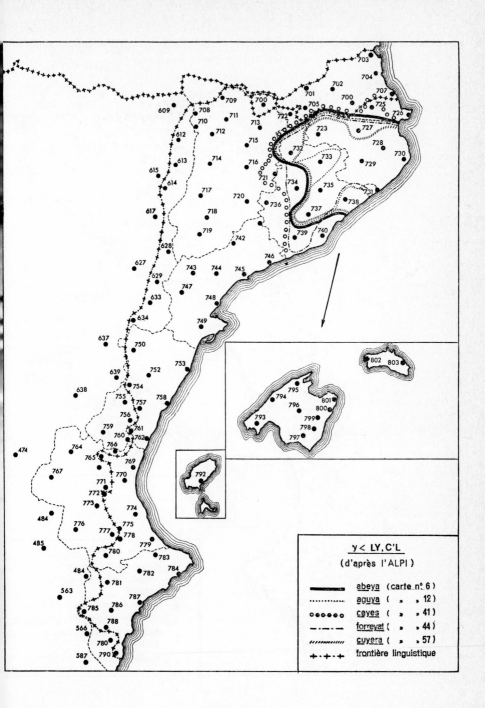

Carte nº 4.

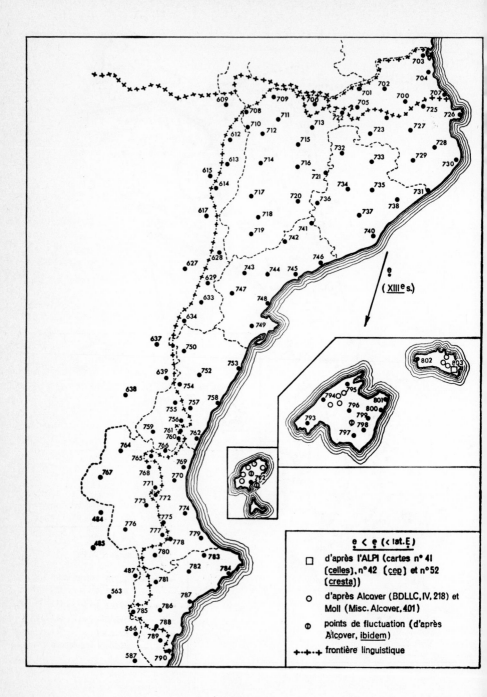

Carte nº 5.

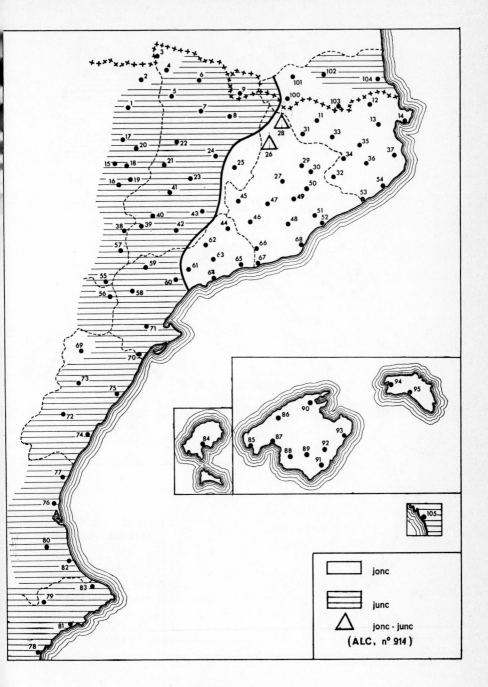

Carte nº 6.

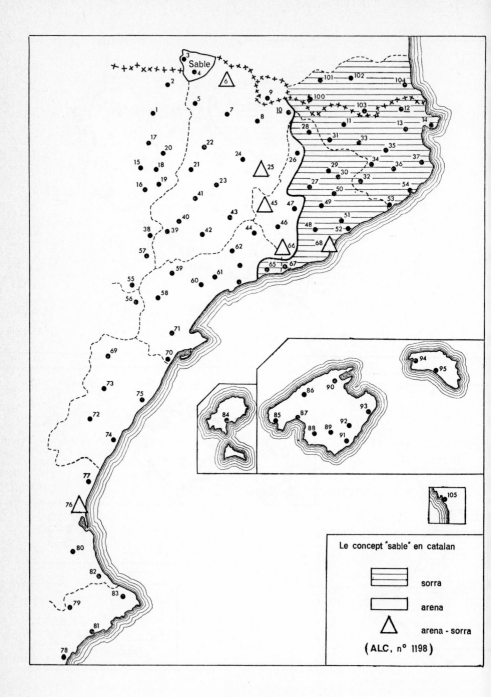

Carte n° 7.

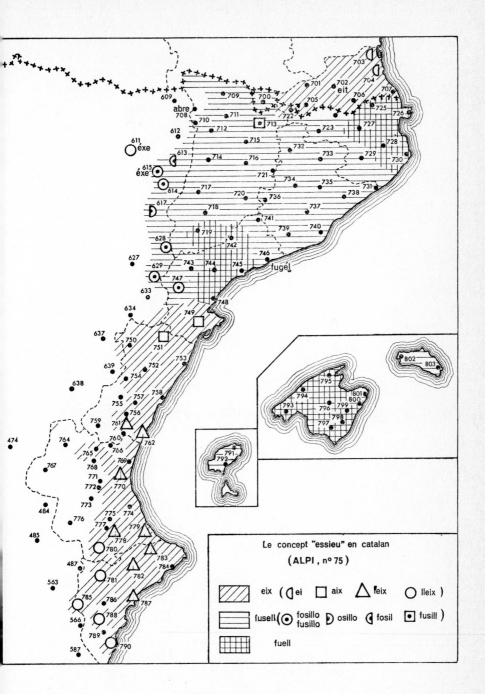

Carte nᵒ 8.

Questions d'onomastique catalane

par

Henri Guiter

(Perpignan-Montpellier)

Dans sa communication du Congrès International d'Onomastique de Florence, en 1961, M. l'Abbé Antoni Pladevall soulignait la vigueur avec laquelle les études toponymiques s'étaient développées sur le domaine catalan après la seconde guerre mondiale : entre 1945 et 1960, il comptait plus de quatre-vingts travaux publiés.

Cette floraison luxuriante poussait de profondes racines — dans les époques antérieures. Dès 1899, Balari Jovany nous donnait ses *Orígenes históricos de Cataluña,* ouvrage important qui laisse une large place à l'onomastique, et qui, bien que vieilli, méritait en 1964 une réédition par les soins de Mgr Antoni Griera, parce qu'il avait fait figure en son temps de travail d'avant-garde.

En 1917, P. Pujol éditait dans « Estudis Romànics » l'*Acte de Consécration de la Cathédrale d'Urgell,* daté de 839, véritable mine de formes anciennes des toponymes catalans pyrénéens. D'une manière générale, l'abondance des sources carolingiennes est la grande chance du curieux de toponymie catalane.

Entre les deux guerre, Mgr Antoni Griera consacrait à l'onomastique une notable partie de son activité, et Paul Aebischer publiait en 1928 ses *Essais de toponymie catalane.* L'activité de ces deux chercheurs s'est poursuivie jusqu'à maintenant ; mais ils ont vu monter autour d'eux une nombreuse génération de chercheurs plus jeunes, parmi lesquels se détachent plus spécialement, par l'ampleur de l'œuvre entreprise, au Principat Antoni Badia Margarit et Joan Coromines, aux Baléares Francesc Moll, à Valence Manuel Sanchis Guarner. Je n'ose me lancer dans la longue énumération, fatalement incomplète, de tous ceux qui cultivèrent cette discipline.

Les chercheurs du domaine catalan ne sont pas tous des Catalans, tant s'en faut ; il faut noter aussi que des travaux plus larges, embrassant toute la Péninsule Ibérique, selon l'exemple de Menéndez Pidal, incluent les pays catalans, et que, d'autre part, certaines études de la zone occitano-provençale ne sont pas sans intérêt pour les curieux de la zone catalane.

Disposant ainsi d'un matériel énorme, difficile à manier et à utiliser dans sa totalité, on voudra bien m'excuser si je me consacre plus particulièrement à la toponymie de la Catalogne du nord-est.

A certains égards, l'optique différera de celle qu'aurait donnée une étude centrée sur Valence ou Majorque, étude dans laquelle la toponymie arabe et la toponymie de Reconquête auraient occupé une si large place.

Mais, par cela même, les provinces nord-orientales, qui ont peu connu l'occupation musulmane et la guerre endémique, ont conservé un faciès toponymique plus archaïque, plus authentique, et donc, peuvent mieux répondre aux questions implicitement posées à la toponymie : nous renseigner sur les strates ethnico-linguistiques anciens de l'occupation du pays. Autre avantage de ce choix : celui de nous faire apparaître les faits de contact, à la frontière occitane, entre deux domaines ethniques et linguistiques voisins.

Je dois ajouter une autre raison, et c'est que les provinces du nord-est sont celles que je connais le mieux, sur lesquelles j'ai directement rassemblé une documentation assez importante, et où il m'est le plus facile d'essayer de faire une synthèse. D'un point de vue pratique, je dispose pour cette région de cartes-canevas, résidus de l'édition de l'*ALPO,* qui me permettent une présentation graphique nette et correcte des faits cités.

Je rappelle que le domaine de l'*ALPO* comprend la partie de la Catalogne annexée par la France en 1659, et ayant constitué alors la province française de Roussillon, avec, tout autour, une frange de territoire large de vingt à vingt-cinq kilomètres, aussi bien du côté du Principat que de celui de l'Andorre ou du Languedoc.

D'une manière générale, les noms de lieux jouissent d'une stabilité particulière, et, plus spécialement, les noms de lieux habités et de rivières, les lieux où l'homme a un accès facile et immédiat ; les noms de montagnes ont une fixité moindre.

Ainsi, le nom de notre petite province, *Rousillon,* est attesté dès le VIe siècle av. J. C. sous la forme *Ruskíno.* Toute l'Antiquité de langue grecque ou latine nous confirme la même forme. Au cours du haut moyen âge il se manifeste une dissimilation du *n* radical par le *n* suffixal : au VIIe siècle, l'Anonyme de Ravenne présente indifféremment *Ruscinone* et *Ruscilone* ; la répartition des diocèses wisigothiques offre la forme aberrante *Rosilona*. Dès le IXe siècle la forme à *l* mouillée fait l'objet d'attestations multiples : en 801 *Ruscellioni*, en 814 *Rossilione*, en 816 *Rosciliona*, etc. De même le nom du *Tec* est l'héritier légitime du *Tichis* de Pomponius Mela et du *Tecum* de Pline.

Cependant, nous savons pertinemment que certains lieux ont été rebaptisés, en général pour complaire aux puissants du jour, — technique qui sévit surtout sur les noms de rues, — :

En 1840, l'agglomération connue depuis le IXe siècle(en 832 *ipsos Bagniles*) sous le noms de *Els Banys d'Arles*, devient *Amélie-les-Bains*. (La reine Amélie, femme du roi français Louis-Philippe, est venue y faire une saison.)

En 1815, le hameau qui s'appelait depuis deux siècles au moins *La Guingueta* ou *Les Guinguetes d'Hix,* se change officiellement en *Bourg-Madame* (Madame, duchesse d'Angoulême, a fait ici son entrée sur le territoire français).

A la fin du XVIIe siècle, on sait dans quelles conditions *Montlouis* remplace la vieille dénomination de *Vilar d'Ovançà* (en 965 *Villar de Auancia*).

Il serait injuste de croire que de telles innovations soient propres à la domination française ; la ville que toute l'Antiquité avait connue sous le nom vénérable d'*Iliberri* (basque ancien *Iliberri*, basque moderne *Iriberri* « Ville neuve »), et qui porte encore ce nom au IIIe siècle sur la table de Peutinger, devient au IVe siècle *Helena* (en 350 *Castrum Helenae*), qui devait donner dès le IXe siècle notre moderne *Elna* ; il s'était agi de rendre hommage à Hélène, mère de l'empereur Constantin, qui régnait au début du IVe siècle.

Hors ces cas d'espèce, la stabilité des toponymes est encore une chose assez relative. Presque à première vue, nous pouvons séparer les noms de lieux catalans en deux grandes catégories :

1° Les noms de lieux préromans, qui sont sûrement vieux de plus de deux millénaires : *Rosselló, Vallespir, Tet, Tec, Adesig, Bulès, Ur, Hix, Err, Enveig, Molig, Polig, Osseja, Naüja, Gorguja, Costuja, Toluges, Saneja, Espirà, Estoer, Cotlliure, Nyer, Tuir, Tues, Tuèvol, Marcèvol, Isòvol, Saltègal, Ardòvol, Arsèguel, Dorres, Beders*, etc.

2° Les noms de lieux romans, qui, non moins sûrement, sont vieux de moins de deux millénaires ; parmi eux dominent les formations agricoles en *-anu : Albanyà, Alenyà, Arsà, Brullà, Clarà, Cornellà, Fullà, Guixà, Llançà, Llupià*, etc., suivies de près par les formations en *-ariu : Boera, Cabrera, Cervera, Colomera, Corvera, Figueres, Fontanera, Formiguera, Junquera, Llobera*, etc., en *-osu : Fontpedrosa, Fontrabiosa, Sallagosa, Falgoses, Campcardós. Neulós*, etc., etc.

En ce qui concerne les noms de lieux romans, postérieurs à la venue des Romains dans notre pays, nous sommes bien sûrs qu'il ne

s'agit pas de toponymes primitifs ; mais nous ne possédons pas la
certitude inverse quant aux toponymes préromans, car il nous est
impossible de savoir, faute de témoignages épigraphiques successifs,
s'ils n'ont pas remplacé des termes employés antérieurement. Ainsi, le
seul fait que l'antique *Iliberri* porte ce nom de « Ville neuve » nous
laisse entendre qu'au même endroit, ou dans un lieu voisin, il existait
précédemment une agglomération humaine plus ancienne.

TOPONYMIE ROMANE

Il est toujours tentant de commencer par le plus facile, et de
garder le difficile pour plus tard. Aussi remonterons-nous le cours du
temps, et commencerons-nous par les formations romanes. Quelle que
soit leur date d'apparition, leur interprétation est en général assez
simple, qu'il s'agisse de *Puigcerdà* (1095), de *Formiguera* (873), de
Prada (843), d'*Elna* (350) ou de *Salses* (P. Mela, Ier siècle). Pour les
formations anciennes se présente toujours le danger qu'un toponyme
préroman ait fait l'objet d'une fausse étymologie populaire, et été
habillé, plus ou moins heureusement, à la latine.

Nous allons examiner maintenant diverses classes de formations
romanes en toponymie.

*

L'hagiotoponymie est relativement tardive. En France, Dauzat la
situe du XIe au XIIIe siècle. En Catalogne, elle semble plus précoce,
ceci pouvant tenir à la multiplicité des lieux de culte. Un coup d'œil
à la carte nous montre que l'hagiotoponymie majeure (affectant les
noms de communes) prédomine à l'orient, vers la côte méditerranéenne.
Quelles sont les sources de ces toponymes ?

1) Quelques noms de monastères carolingiens, ou de leurs dépen-
dances : *Sant Genís les Fonts* (819), *Sant Joan la Cella* (819), *Sant
Andreu de Soreda* (823), *Sant Joan de les Abadesses* (899) ...

2) Des noms de patrons d'églises remplaçant d'autres noms plus
anciens : *Aguzà*, attesté de 873 à 981, laisse la place à *Sant Esteve*
(988) ; *Monedate* (1000) à *Valle Ausoli*, de 1021 à 1120, puis à *Sant Pau
de Fenollet* (1120) ; *Dernacollecta* (839) à *Santa Llocaia* (1283) ...

3) Des noms de villages nouveaux dans les terres de Salanca
gagnées sur la mer ou les étangs ; du nord au sud : *Sant Hipòlit* (1089),
Sant Llorenç de la Salanca (962), *Santa María del Mar* (1197), *Sant
Nazari* (899), *Sant Cebrià* (938) ...

4) Quelques fausses canonisations populaires : le *uillare Mansaldi*
(869) se change en *Sant Marçal* (1319) ; un *Centernaco*, bien attesté de
899 à 1137, est victime de la voyelle neutre, et sa première syllabe est

comprise, comme si elle était *sant* « saint », d'où le moderne *Sant Arnac* (à partir de 1137) . . .

*

Une autre catégorie de toponymies intéressants, est celle qui rappelle la colonisation agricole. Beaucoup de villages romans doivent leur modeste origine à une métairie romaine ou galloromaine. La métairie était désignée par un nom commun, d'abord masculin (*fundus*), plus tard féminin (*uilla*), suivi d'un adjectif dérivé du patronyme du propriétaire. Mais le substantif déterminé devait fatalement souffrir une ellipse, et le toponyme se réduisait ainsi à l'adjectif déterminant, qui en constituait l'élément variable d'un lieu à l'autre, et donc caractéristique et significatif.

Ces adjectifs particuliers dérivaient de l'anthroponyme qui leur servait de racine, au moyen de deux suffixes possibles, l'un -*anu* d'origine latine authentique, l'autre -*acu* dû, à ce qu'il semble, à des influences celtiques. Ex. : *Clarà* de *Claranu* (*Clarus*), *Sirac* de *Cerasacu* (*Cerasus*).

Souvent un autre suffixe précède le suffixe localisateur, le suffixe -*iu* propre aux gentilices. Ex. : de *Urbanus*, *Urban-iu-s*, et *Urban-i-anu*, d'où *Urbanyà* ; de *Lupus*, *Lup-iu-s*, et *Lup-i-anu*, d'où *Llupià*.

Parfois, un troisième suffixe, diminutif ou adjectival, précède encore le suffixe gentilice. Ex. : *Taur-in-i-anu* (*Taurinyà*), *Secund-in-i-anu* (*Serdinyà*), *Prisc-il-i-anu* (*Pesillà*), *Pont-il-i-anu* (*Pontellà*), etc.

Sur le domaine étudié, nous trouvons cent soixante (160) exemples de suffixe -*anu*, et seulement vingt-neuf (29) de suffixe -*acu*. Encore faut-il ajouter que les toponymes en -*acu* sont étroitement localisés vers le nord du domaine : sept (7) au Fenollet, huit (8) à l'ouest du Roussillon, six (6) au nord du Conflent ; leur présence n'empêche pas les toponymes en -*anu* d'être très nombreux sur la même zone : neuf (9) au Fenollet, vingt-et-un (21) en Rousillon, trente-deux (32) au Conflent.

Ces toponymes sont le plus souvent au masculin singulier, cent dix-neuf (119) fois pour -*anu* et vingt-sept (27) pour -*acu* ; ils qualifiaient donc un substantif comme *fundu*. Plus rarement, quinze (15) fois pour -*anu* et une (1) pour -*acu*, nous les trouvons au féminin singulier, qualifiant le substantif *uilla*. En outre -*anu* se présente dix-huit (18) fois au masculin pluriel, et huit (8) au féminin pluriel ; -*acu*, une (1) au féminin pluriel. Il y a lieu de faire des réserves sur les formes féminines de -*acu*, qui se présentent avec des sourdes intervocaliques. Exemple : -*anu*, masculin singulier : *Albanyà*, *Avià*, *Brocà*, *Brullà*, *Clarà*, *Cornellà* . . . ; féminin singulier : *Agullana*, *Castellana*, *Clariana* . . . ; masculin pluriel : *Arenyans*, *Caixans*, *Marians*, *Prullans* . . . ou *Baixàs*, *Caixàs*, *Maurellàs* ; féminin pluriel : *Belvianes*,

Bigaranes, Glorianes...; *-acu,* masculin singulier : *Bossac, Cavanac, Lansac, Nefiac, Trevillac*...; féminin singulier : *Vilamulaca* (?) ; féminin pluriel : *Manyaques* (?).

On remarquera la présence de quelques formes de masculin pluriel de *-anu* en *-às,* et non pas en *-ans.* On les trouve en Roussillon (le Roussillon au sens strict du terme, l'ancien comté, et non la province à laquelle ce nom a été étendu, et encore moins la subdivision de dialectologie catalane) ; trois noms de villages sont terminés en *-às* :

Baixàs, à dix kilomètres au nord-ouest de Perpignan, près de la vallée de l'Aglí ;

Caixàs, à vingt-deux kilomètres au sud-ouest de Perpignan, dans la vallée du Réart ;

Maurellàs, à vingt-cinq kilomètres au sud-ouest de Perpignan, dans la vallée du Tec.

Pour ces trois toponymes nous connaissons des formes médiévales attestées qui sont : *Vila de Beixano* (988), *Chexans* (1020), *Maurelianis* (1128) et *Maurellans* (1250).

L'existence de formes avec un *-n-* désinentiel nous permet d'éliminer deux explications étymologiques de finales en *-às* :

1) Il s'agit pas d'intensifs en *-aceu* du type *El Soleràs, Les Casasses, La Cabanassa.*

2) Il ne s'agit pas non plus d'une finale en *-ars,* réduite à *-às* dans la langue parlée (et aussi dans la graphie française officielle), comme *Millars* (*Miliari* 840) ou *Llinars* (839). C'est le même cas que celui d'*Argelers* ou *Riunoguers,* réduits à *Argelès* ou *Riunoguès.*

La finale *-às* de ces villages roussillonnais s'éclaire, si nous observons la forme prise au XIIIe siècle par le plus méridional d'entre eux, *Maurellans,* et si nous remarquons aussi qu'un village de Cerdagne, *Caixans* (*Kexanos* 839, *Chexans* XIIe siècle) présente une modification analogue du nom du village roussillonnais de *Caixàs.* Soulignons, au passage, une inconséquence du « Nomenclàtor dels Municipis de Catalunya », qui, sans raison valable, orthographie *Ca-* le toponyme roussillonnais et *Que-* le toponyme cerdan.

Le village cerdan de *Caixans* n'est pas isolé par sa terminaison ; un peu plus à l'ouest nous trouvons *Prullans* (*Prulianos* 839) et plus à l'est les trois hameaux de *Vedrinyans* (Cerdagne) *Marinyans* et *Marians* (Conflent).

Les groupes primaires *-ns* se sont partout réduits à *-s* ; mais les groupes secondaires sont restés dans la majeure partie de la Catalogne (*panes* donne *pans*), et ne se sont réduits à *-s* qu'au Capcir et dans la majeure partie du Roussillon et du Conflent. Cette réduction n'affecte que le groupe -*ns* des pluriels, car les groupes secondaires d'origine différente ne la connaissent pas : ainsi *die lunis a donné *dilluns* dans tout le Roussillon et le Conflent, et même à Matamala, le village le plus méridional du Capcir.

Les essais antérieurs pour expliquer *Caixàs* (P. Vidal, 1899 ; A. Salsas, 1889 ; C. E. Brousse, 1955) se référaient tous à « un vieux mot de la langue celtique », sans aucune justification.

Nous voyons, au contraire, que ces trois toponymes s'insèrent parfaitement dans la famille des toponymes en -*anu*, et que les anthroponymies de base sont *Bassus* pour *Bass-i-anos, Cassius* pour *Cassianos, Maurus* pour *Maur-il-i-anos,* avec une évolution phonétique sans aucune complication.

Si nous portons tous ces toponymies en -*anu* sur une carte, nous constatons qu'ils se rassemblent dans des zones d'extension limitée :

1) La zone du Conflent, étendue sur la moyenne vallée de la Tet entre *Oleta* et *Vinça.* Nous trouvons de l'ouest vers l'est : *Sansà* (*Censiano* 1265), *Orellà* (*Oreliano* 1010), *Urbanyà* (*Orbanian* 1140), *Flaça* (*Flacano* 840), *Serdinyà* (*Segdiniano* 840), *Fullà* (*Paulianum* 754), *Cornellà* (*Corneliano* 840), *Rià* (*Arrianum* 840), *Cuixà* (*Cuixano* 845), *Taurinyà* (*Taurinianum* 801) *Clàra* (*Clairano* 840), *Vinçà* (*Vincianum* 840), *Sirac* (*Cirasago* 937).

Il faut remarquer qu'en Conflent les métairies romaines se sont établies avec leur plus forte densité. Chaque vallée des affluents latéraux de la Tet compte une métairie (*Flaçà, Urbanyà, Cornellà*...) ou même deux (*Orellà* et *Sansà, Cuixà* et *Taurinyà*...) ; d'autres sont échelonnées le long de la vallée principale (*Serdinyà, Rià, Vinçà*). On comprend que le fertile Conflent, arrosé par une multitude de ruisseaux (d'où son nom, Confluente), situé dans la fraîcheur d'une altitude moyenne de quatre cents mètres, ait attiré les colons romains.

2) La zone du Fenollet occupait d'une manière similaire le bassin de l'Adesig, affluent de la rive droite de l'Aglí, avec *Arsà, Sornià, Pesillà, Ansinyà,* le long de la vallée principale, *Tullà, Virà, Trillà,* dans des vallées latérales.

A la même altitude moyenne que le Conflent, le bassin de l'Adesig n'est pas aussi riche que la moyenne vallée de la Tet. Maintenant le canton de Sornià est le plus pauvre du département des Pyrénées-Orientales. Le climat ancien pouvait être plus favorable.

3) La zone des Aspres entre le Reart et le Tec. Nous y voyons des toponymes en -*anu, Llupià, Pontellà, Sirà, Passà, Brullà,* et en -*acu, Tarac, Darnac.*

A une altitude moyenne d'une centaine de mètres, les Aspres sont très secs et se dépeuplent ; le Reart et ses affluents sont le plus souvent sans eau. Mais, autrefois, un immense étang couvrait la majeure partie des territoires de Bages, Montescot et Vilanova de la Raó. Bages a été asséché grâce aux efforts des Templiers ; la dernière partie de l'étang, au sud de Vilanova de la Raó, n'a disparu qu'au début de ce siècle. Auparavant, les Aspres bordaient les côtes occidentales et méridionales de cet étang, et pouvaient bénéficier d'un régime climatique plus humide.

4) La zone du Roussillon suivait le cours inférieur de la Tet et la côte de la mer ou des étangs littoraux. En descendant la vallée de la Tet, nous trouvions *Nefiac, Cornellà, Pesillà, Aguzà, Perpinyà* ; et en suivant la côte du nord au sud, *Clairà, Pià, Perpinyà, Tesà, Alenyà, Cornellà del Vercol*. Pour la plupart, ces toponymes sont attestés dès le Xe siècle (*Nisifiaco* 850, *Cornelianum* 951, *Peciliano* 988, *Aguzan* 955, *Perpiniano* 927, *Clarano* 1091, *Appiano* 901, *Tezanum* 901, *Alignano* 904, *Corneliano* 951).

La vocation agricole de la vallée inférieure de la Tet n'a rien d'extraordinaire ; le « Riberal » est très fertile et nourrit une population très dense. La chose qui pourrait nous étonner, c'est qu'il n'y ait pas eu plus de métairies en comparaison du Conflent et du Fenollet. Peut-être la Tet, mal canalisée, à travers la plaine, connaissait-elle des crues qui effrayaient les riverains ? Le long de la côte, les métairies jalonnaient la Voie Domitienne.

5) La zone du bassin du Fluvià et de ses affluents avec *Talaixà, Martanyà, Bastracà, Begudà, Tortellà, Albanyà* (sur la Muga supérieure), *Maià, Borrassà, Esponellà, Crespià, Romanyà, Canyà, Fortià*. La densité des métairies est comparable à celle du Roussillon.

6) Une zone montagneuse sur les cours supérieurs du Llobregat (*Brocà, Bagà, Frontenyà, Borredà*) et du Ter (*Nevà, Ventolà, Fostenyà, Tregurà, Magrinyà*). L'importance de ce groupe ne laisse pas d'étonner, si nous observons que les métairies font totalement défaut en Vallespir, Capcir et Andorre, et sont très rares en Cerdagne et Baridan.

Le fait qui attire le plus l'attention est l'opposition entre la prédominance de -*anu* en Catalogne, et celle de -*acu* en Languedoc, surtout si l'on s'écarte de la mer. Au nord du Puymorens, le Sabartès ne présente que des formations en -*acu* ; au sud, la Cerdagne n'en connaît aucune. Plus à l'est, se dessine bien une pression celtique, en provenance du Perapertusès, et qui, par la vallée de l'Agly put s'infiltrer aux confins du Roussillon et du Conflent.

*

Les toponymes en -*ariu*, -*etu* et -*osu* expriment en général l'abondance de quelque chose à l'endroit nommé. Souvent il s'agira d'une espèce végétale (*Maçaners, Maçanet, Maçanós ; Agrevolera, Agrevolosa ; Avellanet, Avellaneda, Avellanosa* ; etc., Mais ils peuvent indiquer autre chose que des végétaux (*Fontanet, Pedret, Pedreguet, Finestret,* ...) ; et souvent aussi *-ariu* se rapporte à des animaux (*Formiguera, Llobera, Cavallera, Colomera, Cervera, Llebrers, Cabrera, Boera,* ...).

Il faut noter que *-ariu* et *-osu* peuvent intervenir dans un groupe substantif — adjectif sans ellipse du substantif ; tel est le cas de *Vallsera* (*Valle ursaria*), *Vall Llobera, Montferrer, Riuferrer, Bulaternera, Llavanera* (*Valle asinaria*), *Riunoguers*, etc., ou de *Fontrabiosa, Fontmerdosa, Fontpedrosa, Vallventosa*, etc.

Sur la zone d'études de l'*ALPO*, *-ariu* est aussi productif que *-anu* ; nous en avons trouvé cent soixante-et-un (161) exemples. Ici prédomine l'emploi du féminin singulier : trente-et-une (31) fois le masculin singulier, soixante-six (66) le féminin singulier, trente-trois (33) le masculin pluriel, et trente-et-une (31) le féminin pluriel. Exemples :

masc. sing. *Argelaguer, Balaguer, Castanyer, Montferrer, Ravaner, Viver,* ...

fém. sing. *Albera, Boera, Bruguera, Cervera, Colomera, Formiguera, La Menera, Prunera,* ...

masc. plur. *Argelers, Colomers, Massaners, Vivers,* ...

fém. plur. *Banyeres, Basseres, Correres, Figueres, Nidoleres*, etc.

Le suffixe *-etu* est lui aussi bien représenté avec soixante-dix-sept (77) toponymes, dont cinquante-neuf (59) au masculin singulier, quatorze (14) au féminin singulier et quatre (4) au féminin pluriel ; l'usage du masculin pluriel semble inexistant. Au masculin le catalan fait converger en *-et* aussi bien *-etu* que *-ĭttu* : la présence de formes médiévales en *-edo* permet généralement de sortir de doute ; le suffixe *-ĭttu* est d'ailleurs peu représenté. Exemples :

masc. sing. *Albaret, Avellanet, Ceret, Codalet, Fenollet, Ginebret, Rebollet, Roet, Vernet*, etc.

fém. sing. *Beceda, Boixeda, Pineda, Sureda*, etc.

fém. plur. *Noedes, Vernedes*, etc.

Le suffixe *-osu*, qui formait des adjectifs latins, n'a qu'une extension modeste sur notre zone. Nous le trouvons vingt-huit (28) fois, sur lesquelles onze (11) au masculin singulier, seize (16) au féminin singulier et une (1) au féminin pluriel. Exemples :

masc. sing. *Arsós, Ferrerós, Gavarrós, Maçanós, Rabós,* ...

fém. sing. *Avellanosa, Espinosa, Fontpedrosa, Fontrabiosa, Pinosa, Sallagosa,* ...

fém. plur. *Estanoses*.

En Roussillon septentrional, il y a convergence du suffixe masculin singulier *-osu*, et du suffixe pluriel *-ones*, tous les deux aboutissent à *-ós* ; l'examen des formes médiévales ici aussi permet de lever le doute.

*

Par ordre d'importance, les suffixes diminutifs sont *-ellu,* qui apparaît cent onze (111) fois, *-olu, soixante-et-une* (61), *-inu* trente-quatre (34), et *-ittu,* quinze (15).

Le suffixe *-ellu* se présente quarante-sept (47) fois au masculin singulier, vingt-neuf (29) au féminin singulier, dix-huit (18) au masculin pluriel et dix-sept (17) au féminin pluriel. Exemples :

masc. sing. *Cassanell, Candell, Castell, Estagell, Massonell, Rome-nell, Urgell,* ...

fém. sing. *Boadella, Calmella, Garriguella, Pradella, Vernadella,* ...

masc. plur. *Campells, Cistells, Fornells, Portells,* ...

fém. plur. *Campelles, Caselles, Comelles, Salelles, Torrelles,* ...

Il est très difficile, et le plus souvent impossible, de séparer les possibles héritiers de *-iculu,* de ceux de *-ellu.*

Le suffixe *-olu* offre approximativement la même répartition entre nombres et genres : vingt-deux (22) fois au masculin singulier, treize (13) au féminin singulier, quatorze (14) au masculin pluriel, et douze (12) au féminin pluriel. Exemples :

masc. sing. *Estanyol, Monistrol, Montauriol, Palol, Pujol,* ...

fém.. sing. *Cerdanyola, Espunyola, Garrigola, Soriguerola,* ...

masc. plur. *Arbussols, Fillols, Fornols,* ... (*-olos*), *Banyuls,* (*-olis*)

fém. plur. *Bajoles, Banyoles, Falgueroles, Malloles,* ...

Le suffixe *-olu* était atone en latin ; un avancement de l'accent a pris naissance dans les mots où une voyelle d'avant tonique précédait le *o* atone ; fermée en yod, elle ne pouvait conserver l'accent. Il y a eu ensuite extension analogique.

Le suffixe *-inu* présente dix-huit (18) exemples de masculin singulier, huit (8) de féminin singulier, cinq (5) de masculin pluriel, trois (3) de féminin pluriel. Les formations ont un caractère adjectival plus que diminutif. Exemples :

masc. sing. *Agli, Avalrí, Campossí, Maurí, Vilartulí,* ...

fém. sing. *Angustrina, Molina, Ordina, Ullastrina,* ...

masc. plur. *Cadins, Molins,* ...

fém. plur. *Pardines, Salbesines,* ...

Enfin, le suffixe *-ittu* se trouve quatre (4) fois au masculin singulier, six (6) au féminin singulier, deux (2) au masculin pluriel et trois (3) au féminin pluriel. Exemples :

masc. sing. *Calvet, Vilaret,* ...

fém. sing. *Creueta, Oleta, Solaneta,* ...

masc. plur. *Hostalets, Forquets,* ...

fém. plur. *Arletes, Canoetes,* ...

Sans doute faudrait-il ajouter à ce groupe le suffixe catalan *-ils,* rencontré douze (12) fois, et seulement au masculin pluriel : *Cambrils, Carbonils, Estanyils, Fontanils, Nils,* ...

Parmi ces formations diminutives, il en est une qui présente pour les Roussillonnais un intérêt particulier ; c'est le nom du célèbre *Castillet* de Perpignan. Edifié en 1368, sous le règne de Pierre le Cérémonieux, le *Castillet* a eu la fortune d'introduire son nom jusque dans le castillan, qui lui doit *castillete* (le diminutif castillan normal est *castellito*) ; et ceci, en dépit de la présence d'un *i* fort irrégulier, car le diminutif régulier de « castell » en catalan est « *castellet* ». La forme en *i* est attestée dès 1430 : *Castilletum beatae Mariae*. Des textes de la fin du même siècle, lors de la première occupation française, nous permettent de comprendre l'origine de cet *i*. Du 21 décembre 1482, nous avons une autorisation d'alimenter un moulin avec l'eau des « fossos siue ualls baluardorum magne *bastille* uulgo dicte de Nostra Dona del Pont » ; un an plus tard, le 13 novembre 1483, a lieu une réception de travaux « fossarum siue uallorum magne *bastille* nuncupate de Nostre Dona del Pont... et ad latus dicte magne *bastille*,... lindar ante hostium ingressus dicte magne *bastille* factum,... intus baluardum foraneum dicte magne *bastille* ... »

Il n'y a pas de doute : pour les autorités françaises le *Castellet* portait le nom de *Bastille*. Ce mot était relativement nouveau dans la langue française. On en trouve la première trace sous la forme *bassetille* en 1370, lorsque commença la construction de la *Bastille* de Paris. Or, le *Castellet* de Perpignan possédait une situation comparable à celle de la *Bastille* : l'un protégeait la porte Nostra Dona, comme l'autre la porte Saint-Antoine. Cette analogie ne pouvait passer inaperçue pour quelqu'un qui venait de Paris à Perpignan. Tel était le cas des gendarmes qu'en 1426 le gouverneur du Roussillon, Bernat Albert, avait recruté pour aller à l'aide du roi de France Charles VII contre les Anglais ; le cas aussi des Grandes Compagnies françaises, qui faisaient souvent des incursions en territoire catalan, comme celle du Bâtard de Bourbon qui en 1438 vint assiéger Salses. Le terme de *Castillet* représente donc un croisement entre *Castellet* et *Bastille*.

*

Le suffixe *-one* est un peu à part. En toponymie il n'a guère sa valeur traditionnelle d'augmentatif ; très souvent il semble être le résultat d'une romanisation de thèmes préromans terminés en *-o,* comme c'est le cas pour *Canigó, Llo, Rosselló,* ...

Mais si nous ne faisons qu'une classification formelle des toponymes, nous devons tenir compte de tous ceux qui proviennent de formes médiévales en *-one, -ones*. Toute autre classification suppose une étude minutieuse de chaque cas particulier, que nous ne pouvons entreprendre ici.

Le suffixe -*one*, présent soixante (60) fois, n'offre pas, bien entendu, de formes différenciées au féminin. Il apparaît quarante-neuf (49) fois au singulier et quatorze (14) au pluriel. Au pluriel, comme dans l'évolution de -*anos* ou -*inos*, le nord-est du domaine réduit -*ones* à -*ós* ; le sud et l'ouest conservent -*ons*. Exemples :

sing. *Aravó, Calbó, Canigó, Castelló, Daró, Escaró, Llauró, Lliscó, Molló, Odelló, Sautó, Telló, Voló,*...

plur. *Calaons, Madaons, Mesons,*... ou *Agrellós, Aixós, Corbós, Perellós,*...

A propos de -*one*, nous citerons aussi le suffixe -*ona*, qui fit une apparition tardive dans la Romania occidentale. Sur vingt-cinq (25) exemples que nous y connaissons, quinze (15) se trouvent rassemblés vers l'extrémité orientale des Pyrénées. Si la quantité des attestations est peu importante, elle se compense, si nous pouvons dire, par la qualité, car la majeure partie des toponymes affectés jouissent d'une antiquité impressionnante :

TARRAGONA : *Tárraco-ónis* (Pline, Auienus), *Tarrhácon-onos* (Géogr. grecs), *Tarracóna* (Isidore de Séville, 560-636) ;

BARCELONA : *Bárcino-ónis* (Pline, Ausone), *Bárcinon-ónis* (Prudence), *Barchinona* (801, 816, 874,...), *Barsalona* (1300) ;

NARBONA : *Nárbo-ónis* (Cicéron, César, Mela, Pline, Ausone, Auienus), *Nárbon-ónos* ou *Narbón-ónos* (Géogr. grecs), *Narbóna* (Isidore de Séville), *Narbona* (816, 834, 849,...) ;

CARCASSONA : *Carcásso-ónis* (César), *Cárcasum-i* (Pline), *Carcássio-ónis* (Itin. Peutinger), *Carcásso-ónis* (Itin. Antonin), *Carcassóna* (St. Grégoire le Grand, pape de 590 à 604) ;

BADALONA : *Byétulo-ónis* (Pline), *Baetúllo-ónis* (Mela) ;

SOLSONA : *Celsa-ae (Pline), Kélsa-es* (Géogr. grecs), *Celsona* (1000, 1069, 1099, etc.) ;

ROSSELLÓ : *Rúscinon-ónis* (Tite Live, Pline), *Rhoskynos-ou* (Polybe), *Rhouskínon-onos* (Ptolémée, Strabon), *Rúscinus-i* (Auienus), *Rosilona* (Diocèses Wisigoths), *Rosciliona* (816), *Ruscinone* et *Ruscilone* (VIIe siècle Anonyme de Ravenne), *Ruscellioni* (801), *Rossilione* (814, 962,...).

Nous rappellerons que *Isona* est l'ancienne *Iesso-onis* de Pline ; *Ausona* (798, 826, 888,...), devenue depuis Vic, l'ancienne *Ause* des inscriptions ; *Alarona*, devenue depuis Mataró, l'ancienne *Iluro* des inscriptions.

Les autres formations en -*ona* n'offrent pas des témoignages aussi vénérables. A *Guissona* appartient peut-être une partie du matériel attribué à *Isona*. *Cardona* apparaît dès 798 sous la même forme, et *Targasona* en 839. *Llerona* et *Llorona* sont plus tardifs.

Les formes antiques et médiévales que nous pouvons comparer, *Tárraco-Tarracóna, Bárcino-Barcinóna, Nárbo-Narbóna, Carcásso-Carcassóna, Baétulo-Badalóna, Célsa-Celsóna, Iéso-Isóna, Ause-Ausóna,* etc., suffisent à nous montrer que la région ibérique connut vers le VIe siècle une suffixation nominale en *-ona* pour des noms de ville, dont nous ignorons la flexion initiale dans la langue indigène, mais qui ne possédaient sûrement pas un *-a* final, puisque le latin ou le grec ne les avaient pas introduits dans leur première déclinaison. Deux d'entre eux, *Rosselló* et *Mataró,* regressèrent ensuite vers *-one.*

Cette modification n'est pas spéciale à l'Ibérie ; il semble qu'elle ait accompagné l'introduction du latin dans le bassin méditerranéen. Carlo Battisti, dans ses *Sostrati e Parastrati nell'Italia Preistorica,* insiste sur le fait que le suffixe *-ona* a été adapté à des toponymes « qui dans les langues originaires avaient des vocalismes divers ». A *Cortona,* le grec répond par *Kórtona-es,* mais à *Flanona* ou *Dertona* par *Flánon-onos* ou *Dérthon-onos.* Mais *Verona, Flanona, Cremona, Dertona, Ortona, Cortona,* etc., se rencontrent déjà chez les auteurs du début de notre ère (Cicéron, Tite Live, Pline,...), ce qui nous montre que l'Italie avait connu la même évolution que l'Ibérie, mais avec cinq ou six siècles d'avance, pour le moins.

*

Cependant la vie de nombreux toponymes ne se laisse pas enfermer dans ces grandes catégories d'évolutions suffixales. Elle a, parfois, des aspects folkloriques et anecdotiques ; alors, il faut étudier à part l'histoire de chaque nom, sans essayer de faire aucune généralisation. Quelques exemples feront comprendre que ces particularités peuvent ne pas manquer d'intérêt.

La montagne du *Cambre d'Ase,* au sud du Col de la *Perxa,* s'appelait aux IXe et Xe siècles *monte Catella pendente,* et servait de limite entre les territoires des villages voisins. *Catella Pendente* « la petite chienne inclinée », aussi bien que *Cambre d'Ase,* soit en latin décadent « camuru de asino », nous montrent que le profil de cette montagne a toujours évoqué une échine animale, mais que l'animal choisi changea au cours des siècles.

Toujours parmi les toponymes d'origine animale, nous nous arrêterons à un col des Albères, au sud-ouest de Banyuls, le *Coll del Llop.* En 981, l'éminence voisine, limite d'un alleu concédé par le roi Lothaire au duc Gausfred, porte le nom de *Pogium Lupicaga. Pogium* est un barbarisme pour « podium », refait sur le catalan *puig* ; quant à *Lupicaga,* on voit qu'il y est bien question d'un loup, et même de ce que le loup fait là : latin « lupus hic cacat » car il ne fait aucun doute que nous sommes en présence d'une expression romane. Et, si nous avions le moindre doute, l'euphémisme pudibond d'un acte de 1123 le lèverait immédiatement ; la même éminence y est désignée sous le nom de *Digestorium de Lupis* « ah ! qu'en termes galants... »

Une préoccupation du même ordre nous vaut au Xe siècle une anecdote amusante. Il existe sur les chaînons pyrénéens quelques toponymes d'origine préromane, qui ont comme forme actuelle *Queralps* ; le plus connu est le village de la Vall de Ribes, voisin de l'ermitage de Núria. Le même nom désigne un sommet des Albères, près de la Selva de Mar, en Ampourdan : ce sommet servit de limite, en 974, à une donation de terre du comte Gausfred au monastère de Sant Pere de Rodes, donation confirmée la même année par une bulle du Pape Benoit VI, et en 982, par un précepte du roi Lothaire. Comment latiniser, pour l'introduire dans une charte latine, le terme de *Queralps* ? Dès 839, le village de la Vall de Ribes avait pris la forme de *Keros Albos,* et la même expression sortira plus tard, en 1063, pour le *Queralps* qui nous intéresse présentement. Mais au Xe siècle un scribe, peut-être facétieux, eut l'idée d'assimiler *Queralps* à *carall* (un dérivé de *caro,* que tout le monde comprend, ne serait-ce que pour l'avoir entendu comme gros mot), et d'adopter une forme latine *Caralio.* Gros émoi dans les chancelleries ! La bulle papale n'hésite pas à supprimer ce repère malsonnant. Le secrétaire du comte Gausfred le remplace par une longue périphrase : *qui habet inhonestum atque incompositum nomen ; cuius tamen nomen omnibus notissimum est, quem nos propter deformitatem scribere deuitamus* ; il plane comme un regret que ce nom qui brave l'honnêteté, soit, « cependant, très connu de tous ». Quant au rédacteur du précepte royal, il se contente d'écrire imperturbablement : *in sumitatem ipsius montis qui uocatur Caralio.* Peut-être ignorait-il le sens exact de « carall » ? Peut-être le désir de précision géographique l'emportait-il sur les scrupules de bien parler ? Ce qui est sûr, c'est qu'une forme *Caralio* réapparaît en 990, et qu'il s'en est donc fallu de peu qu'un mont *Carall* remplace le mont *Queralps.*

Toujours à propos de toponymes d'origine animale, nous trouvons dans les Albères occidentales, exactement au nord-ouest de Molló, une *Serra de la Fembra morta. Fembra* est la forme catalane régulière qui correspond au latin *femina* ; mais ce mot de *fembra* est sorti d'usage dans la langue moderne. Nous aurions la tentation de comprendre le toponyme comme une « Serra de la femme morte »,... si la même montagne n'était désignée en 947 sous le nom d'*Equa morta,* « la jument morte ». Ceci nous rappelle que catalan « fembra » a suivi la même évolution sémantique que son correspondant castillan « hembra », avec le sens de « femelle » et pas seulement de « femme ».

Dans le cours du XIe siècle, nous voyons changer le nom du col qui sépare le bassin de la Tet de celui du Sègre. Les rares maisons qui s'y dressaient, s'appelaient auparavant « métairies de Pujol ou de Pujó », d'après le nom de leur maître : en 965 *Mansos de Puiol,* en 979 *Manso de Puio,* en 1034 *Mansium de Puio.* Mais, à partir de la fin du XIe siècle, il n'est plus question que de Coll de la Perxa, sans doute parce qu'une perche indiquait le chemin en période de neige : en 1095 *ad Pertiam*, en 1097 *de Pertica Porti*, en 1174 *ecclesiam de Pertica*, en 1258 *Ste. Marie de Pertica*, en 1328 *B. Marie de la Pertxa*, etc.

Parmi les changements de nom, nous avons un exemple curieux à la limite méridionale du Fenollet. Pour un même lieu, nous relevons les formes : en 842 *Iuncariolas*, en 1020 *Iuncherolas*, en 1154 *Ioncheroliis*, en 1329 *Pulchro Statu*, en 1334 *Pulcro Stare*, en 1340 *Joncheroles*, en 1350 *Bello Stare*, en 1395 *Bellestar*, en 1400 *Jonqueroles* et *Bello Stare*. Les dernières formes montrent qu'il s'agit du village actuel de *Belestà de la Frontera* ; et son nom moderne ne s'est pas imposé sans une longue lutte, durant le XIVᵉ siècle, contre la dénomination plus ancienne de *Jonqueroles*.

Ces exemples pourraient se multiplier indéfiniment ; mais encore que curieux, chacun ne pose jamais qu'un cas particulier. Nous n'insisterons pas davantage sur les formations romanes, et passerons maintenant aux préromanes.

TOPONYMIE PRÉROMANE

Encore que cette affirmation contrarie certains Catalans, on n'a pas toujours parlé catalan en Catalogne. Quand nous parlons catalan, nous parlons latin. Le catalan, comme n'importe quelle autre langue romane, est une forme prise par le latin, ou, si l'on préfère, un latin dégénéré, pour avoir été taillé de ses racines et greffé sur des sujets allogènes. L'unique caractère autochtone du catalan, c'est de correspondre à l'évolution historique du latin qui est la sienne propre, et non à celles que le latin connut sur des domaines voisins, et qui ont pu aboutir au portugais, au castillan, au gascon, au provençal, au français, au sarde, à l'italien ou au roumain.

Quand résonna pour la première fois dans notre pays le latin, le futur catalan ? Ceci, nous le savons fort bien, puisque c'est en 218 av. J. C. que les légionnaires de Scipion débarquèrent pour la première fois à Empúries, dans l'intention de prendre Hannibal à revers. Bien entendu, les indigènes ne se mirent pas à parler latin dès cette date : il a fallu des siècles pour que la langue des nouveaux occupants arrive d'abord à être comprise, ensuite à être employée par les anciens habitants de la contrée.

Immédiatement une question vient à l'esprit : ces anciens habitants, avant que le latin ne leur fût imposé par la conquête romaine, quelle langue parlaient-ils ? La réponse peut être formulée avec assurance : sauf quelques réserves pour la côte, où étaient arrivés des envahisseurs relativement récents, nos ancêtres parlaient basque, ou du moins, des dialectes apparentés au basque.

Dès 1918, R. Menéndez Pidal (*RFE*, V, 225-255) avançait une opinion qu'il devait réaffirmer beaucoup plus tard (1952, *Toponimia prerrománica hispana*) : « Il faut supposer, dit-il, que les Ceretans occidentaux qui peuplaient les vallées de la Noguera, et les Ilergètes septentrionaux qui possédaient le territoire de Benabarre, parlaient une langue très semblable à celle de leurs voisins les Vascons ». La carte correspondante nous montre une « limite de la romanisation tardive vers les VIe-VIIe siècles », qui, si elle ne dépasse pas le cours de la Noguera entre Tremp et Sort, s'étire vers l'est au nord de Sort, jusqu'à inclure l'Andorre.

Avec moins de précisions, les mêmes idées sont ressorties chez des auteurs plus récents. Selon A. Tovar (1959, *El euskera y sus parientes*), « le basque n'est pas un corps étranger à l'Europe occidentale, ce qui rapporté à la langue veut dire que le basque est une langue européenne primitive. »

D'autres sont allés plus loin que Menéndez Pidal, sinon dans l'espace, du moins dans le temps. R. d'Abadal (1955, *Els comtats de Pallars i Ribagorça*) pense « qu'il est possible que l'on ait sauté du basque au catalan sans la phase intermédiaire de la latinisation », et ceci « vers la fin du Xe siècle ». J. Coromines (1960, « VIe Congrès de Sciences Onomastiques ») juge « que Menéndez Pidal n'a pas été assez hardi lorsqu'il a cru que la romanisation n'en fut pas postérieure à une date autour de l'année 600 : cette romanisation aurait alors envahi le Pallars et tout le Haut Aragon jusqu'aux limites présentes de la Navarre, tandis que dans la zone au sud-ouest du Pays Basque, entre la Rioja et Burgos, même jusqu'au sud-est de cette ville, le basque a prédominé jusqu'au Xe siècle et n'était pas encore tout à fait éteint au XIIIe.

Or il semble bien que ce manque de synchronie entre les frontières Est et Sud-Ouest du basque est très exagéré, et que le basque des Pyrénées centrales a aussi survécu en partie jusqu'à la moitié du moyen âge. »

Nous voudrions montrer avec des faits de toponymie que le basque fut aussi la langue dominante des Pyrénées méditerranéennes.

*

Sur le domaine basque deux suffixes toponymiques possèdent une fécondité particulière : le suffixe -*ain* et le suffixe -*eta*.

Dans ses *Materiales para una historia de la lengua vasca en su relación con la latina*, J. Caro Baroja estime que le suffixe basque -*ain* résulte d'une évolution phonétique du suffixe latin -*anu* (pp. 55-66). Il appuie cette opinion sur le fait que les toponymes en -*ain* (*Ansoain, Belascoain,* etc.) sont construits sur des anthroponymies, comme leurs correspondants en -*anu* du domaine roman, et devaient être originelle-ment des adjectifs qui indiquaient le possesseur du *fundu*.

Il nous cite soixante-quinze (75) toponymes de ce type en Navarre (p. 67 et sq.) cinq (5) en Guipúzcoa, dans la partie voisine de la Navarra (p. 84), trois (3) en Alava (p. 84), deux (2) ou peut-être trois (3) au Pays Basque Français (note de la p. 84), et deux (2) dans la province aragonaise de Huesca (p. 85, n. 6). Il ajoute au sud de la Navarre (p. 83) seize (16) toponymes en -*in* « qui correspondent à des villages ne parlant déjà plus basque au XVIe siècle », et il pense « que la réduction de -*ain* à -*in* pouvait être due à une forte influence castillane ». En outre, il observe qu'au Guipúzcoa, cinq toponymes en -*aun* doivent être d'anciens toponymes en -*anu* avec une évolution différente de la précédante.

Ceci n'empêche pas la présence de toponymes en -*ano* et en -*ana,* dix-neuf (p. 85) et deux (p. 93) en Navarre, huit (p. 94) au Guipúzcoa, quinze (p. 85) et vingt-quatre (p. 93) en Alava, onze (p. 85) et quatre (p. 95) en Biscaye, toponymes qui dans cette dernière province sont l'unique manifestation des héritiers possibles de -*anu.* La Navarre se révèle comme « la terre classique des -*ain* ».

Tandis qu'il a consacré une cinquantaine de pages au suffixe -*anu,* J. Caro Baroja ne concède que cinq lignes au suffixe -*eta,* tout en le proclamant « le plus intéressant pour nous ». Mais le contexte ne laisse aucun doute : il attribue à ce suffixe une origine latine, « comme dans Elorrieta, Astigarreta, comparables à Acebeda, Avellaneda et autres. »

Durant l'année scolaire 1966-67, j'ai proposé à un étudiant, M. Balmayer, un travail sur la « Dérivation toponymique en ibéroroman ». Laissant de côté les diminutifs, nous étudiâmes et classâmes les dérivés en -*etu,* -*ale,* -*are,* -*osu,* -*ariu,* -*one,* -*ona,* -*anu* et *acu,* sur un domaine étendu à la Péninsule Ibérique et au sud-ouest de la Gaule.

L'usage d'un suffixe suppose un choix inconscient lors de la création du toponyme : on trouve *Pineda, Pinal, Pinar* et *Pinosa* ; *Juncedo, Juncales, Juncares, Juncosa* et *Junquera* ; *Lupiana* et *Loupiac* ; etc.

Comment s'est fait le choix du suffixe ? Y a-t-il prédominance géographique d'un suffixe plus que d'un autre ?

Il fallait comparer entre elles les fréquences relatives d'usage, les quotients, pour chaque province, des représentants d'un suffixe donné par le nombre total de dérivés toponymiques étudiés ; autrement dit, le pourcentage de chaque suffixe dans chaque province.

Ces opérations firent apparaître une faveur particulière de -*anu* sur les Pyrénées centrales et méditerranéennes, et de -*etu* le long de la côte cantabrique. Mais les résultats du Pays Basque étaient faussés par la rareté relative des suffixes romans. Je décidai d'adopter les idées de Caro Baroja comme hypothèse de travail : j'ajouterais au çompte de -*anu* les formations en -*ain*, -*in* et -*aun*, au compte de -*etu* celles en -*eta*.

Je notai alors les provinces (ou départements français), où la somme des formations en -*etu* et en -*anu* dépassait le tiers (soit 34 %) de l'ensemble des formations étudiées. Je trouvai :

Aude (4+47=51), Haute-Garonne (15+20=35), Gers (12+51=63), Hérault (10+52=62), Landes (18+21=39), Basses-Pyrénées (37+16= 53), Hautes-Pyrénées (8+35=43), Pyrénées-Orientales (15+45=60), Alava (13+85=98), Baléares (14+20=34), Barcelona (16+26=42), Burgos (33+8=41), Castellón (27+7=34), Gerona (16+38=54), Guipúzcoa (30+57=87), Huesca (4+31=35), León (34+6=40), Lérida (20+28=48), Logroño (7+29=36), Navarra (20+72=92), Orense (31+4=35), Oviedo (30+4=34), Santander (36+6=42), Tarragona (22+19=41), Biscaye (32+25=57).

A cette liste devraient s'ajouter des portions de provinces, où se rassemblent les toponymes intéressants, le sud de Lugo, le nord de Palencia, le sud de l'Ariège, de la Gironde, du Lot-et-Garonne.

Sur une carte, les provinces ainsi déterminées forment un domaine continu, à cheval sur les Pyrénées, et étiré vers l'ouest sur la Cordillère Cantabrique.

Quand on s'éloigne de ce domaine les valeurs du pourcentage décroissent rapidement pour tomber à moins de 10, aussi bien en Limousin et en Auvergne, qu'au Portugal, en Andalousie ou à Murcie. Au nord de ce domaine, le suffixe le plus favorisé est -*acu* ; au sud, ce sont -*ariu* à l'est et à l'ouest, -*ale* ou -*are* sur la « meseta » centrale.

En allant vers l'ouest, à partir de la Biscaye et de Burgos, -*etu* est quatre fois plus fréquent que -*anu* ; vers la Méditerranée ce rapport est approximativement inversé (mais Tarragona et Castellón font prédominer -*etu*). Autour du Golfe de Gascogne, des Landes à la Biscaye, existe une zone de transition.

Comment expliquer la prédilection de la zone cantabro-pyrénéenne pour les suffixes -*etu* et -*anu*. L'apport de la romanisation étant le même partout, le facteur différentiel qui a dicté le choix ne peut venir que du substrat. Ce facteur différentiel ne peut être que la préexistence dans les parlers cantabro-pyrénéens des deux suffixes -*ain* et -*eta* qui subsistent encore en basque : une faveur particulière devait aller aux nouveaux suffixes romans, -*anu* et -*etu*, qui rappelaient ces suffixes anciens. Le suffixe -*ain* était essentiellement pyrénéen ; le suffixe -*eta* avait une diffusion plus large.

Des influences adstratiques expliquent l'introduction de formes romanes en zone bascophone ; dans les zones romanisées, quelques échantillons de suffixes anciens ont pu survivre, et il n'est pas impossible que les finales en -*én* rencontrées sur les Pyrénées catalanes (Adraén, Ordén, Tuixén, etc.) représentent une évolution locale de l'ancien suffixe -*ain*.

*

L'origine basque de la toponymie préromane peut aussi se manifester avec quelques étymologies particulières, qui ne laissent pas place à une autre explication.

On sait qu'en catalan tous les groupes primaires -*nd*- se sont réduits à -*n*-. Au latin UNDA ou MANDARE correspond le catalan ONA ou MANAR. Tous les toponymes pyrénéens illustrent cette loi : GIRONA de GERUNDA, ESPONELLÀ de EXPONDELIANO, SANT ANIOL de SANCTU ANDEOLU, VALLFOGONA de VALLE FE-CUNDA, etc.

Et lorsqu'on trouve en catalan un groupe -*nd*- (hors le cas de mots savants, comme *mundà*), ce groupe est toujours secondaire. Au latin SEMITA ou LIMITARE correspond le catalan SENDA ou LLINDAR ; correspondance vérifiée aussi par les toponymes pyrénéens : BAJANDE de BAIAMITE, CANDELL de CANETELLU, etc.

Alors, quand nous rencontrons un mot comme ANDORRA, attesté sous cette même forme depuis 839, nous sommes sûrs que le groupe -*nd*- ne peut être primaire, et que nous devons postuler une forme plus ancienne, non attestée, *AMETURRA. Cette forme primitive pouvait avoir été oubliée, faute d'archives, car au IXe siècle nous trouvons déjà BAIAMDE (839) et CANDELLO (872).

La deuxième partie du mot *Andorra*, affectée de l'*s* roman de flexion du pluriel, se trouve un peu plus à l'est, en Cerdagne, dans le nom du village de Dorres (*Edors* en 1011 et 1072, *Dorres* en 1220 et 1342). Les formes anciennes de ce toponyme peuvent dériver phonétiquement du basque *iturri* + *s* « sources », et effectivement il y a de nombreuses sources dans ce village et dans ses environs.

Or, un examen attentif de la carte d'Andorra (au 1/50.000 par Marcel Chevalier) nous révèle que sur le territoire de la paroisse d'Andorra, le Valira reçoit dix petits affluents, trois à droite et sept à gauche. Si nous essayons de traduire en basque « la dix sources », nous obtenons quelque chose comme *Ama-iturr-a* qui nous donne, sans aucune difficulté phonétique le *Ameturra que nous avions restitué. Le traitement *e* de *ai*, est aussi bien basque que roman.

René Lafon nous a indiqué qu'un toponyme *Amiturria* signifiant « l'endroit des dix sources », existe à Galdakano (Biscaye), ce qui confirme mon hypothèse.

*

Un formant important de la toponymie basque est le substantif *bide* « chemin ». Il peut constituer le premier élément d'une expression composée (*Bidegain* « haut du chemin ») ou bien le second (*Iturbide* « chemin de la source »). Le même rôle appartient, vers la Méditerranée, à un formant anciennement attesté avec une sourde, *bite*. Avec les mêmes positions possibles, nous trouvons *Biterri* (le village cerdan de *Beders*, et aussi la ville languedocienne de *Béziers*) ou bien *Karkobite* (Castellnou de *Carcolze* en Baridan), *Olorbite* (*Olopte* en Cerdagne), *Baiamite*, dissimilation de *Baiabite (*Bajande*).

Bien que *Biterri ne soit pas attesté tel quel, on peut démontrer que c'est la forme primitive qu'essayèrent d'adapter à la déclinaison latine, la *Baeterra*, de Mela, les *Beterrae*, *Betarrae* ou *Biterrae* de Pline, la *Biterris* de Saint-Grégoire le Grand. Le *Biterri de Cerdagne apparaît en 839 sous la forme *Biterris*, avec la forme vulgaire du Capbreu, *Beders*, répétée en 890, 983 et jusqu'à l'époque actuelle.

Cet ensemble, *Biterri* nous semble correspondre à *bide erri* « pays du chemin », appellation qui convient évidemment à un nœud de communications comme *Béziers*, mais aussi au modeste *Beders*, à la croisée des chemins qui vont vers la Cerdagne, le Baridan et le Berguedan.

Karkobite, *Olorbite* et *Baiamite* font leur première apparition en 839 dans l'Acte de Consécration de la Cathédrale d'Urgell. Sur le Capbreu, *Karkobite* a déjà la forme *Charcoude*, qu'une fausse régression amènera à *Carcolze* ; *Olorbite*, la forme *Olorbde*, et *Baiamite*, la forme *Baiamde*.

L'interprétation de *karkobite* et de *Baiabite nous semble assez simple. Le premier peut être un *Karrikobite, équivalent du basque *(h)arriko bide* « chemin de la roche » ; ce nom convient à *Carcolze*, qui se situe entre la vallée du Sège et les montagnes d'Andorra, dans un ensemble rocheux imposant, aux confins du Baridan et de l'Urgellet. *Baiabite rappelle le basque *Ibaiabide* « chemin de la rivière », là où le Sègre, qui coulait vers le nord, infléchit sa course vers l'ouest dans la plaine cerdane.

Le cas d'*Olorbite* est phonétiquement plus compliqué. Nous nous rappellerons que le latin *Secundinianu* a pu donner *Segodiniano*, *Segdiniano* et *Serdinyà* ; ici aussi, nous pouvons admettre que le *r* représente un *k* primitif. *Olokobite aurait comme équivalent possible en basque *Oruko bide* « chemin de la métairie ».

*

Le basque forme ses toponymes composés par simple juxtaposition (type *Iturbide* « chemin de la source »), mais aussi avec l'emploi du

génitif de localisation en -*ko* (type *Bekoetxea* « la maison d'en bas »,
Goikouria « la ville d'en haut », *Sarrikolea* « la forge du hallier », etc.).
De telles formations se trouvent aussi sur les Pyrénées orientales.
Nous venons de citer *Carcolze* et *Olopte,* respectivement rattachés
à *Karrikobite et **Olukobite.*

La forme moderne de *Cotlliure* ne nous inciterait pas à classer ce
nom dans cette catégorie, si nous n'en possédions des attestations du
VIIe siècle (Anonyme de Ravenne, Julien de Tolède), sporadiquement
étendues jusqu'au XIe siècle, sous la forme *Kaukoliberri.* Dans la
seconde partie de ce terme, tout le monde s'est accordé à reconnaître
une variante aphérésée de *Iliberri* « ville neuve ». Mais cette « ville
neuve » voisine d'une autre « ville neuve » plus importante (celle qui
deviendrait *Elna*), éprouva le besoin de différencier son nom par un
déterminant au génitif. Le procédé est fort naturel et toujours vivant :
nous trouvons présentement dans le même département, Vilanova de
la Ribera, Vilanova de la Raó, Vilanova de les Escaldes.

Kauko se présente donc comme un génitif basque, mais, comme il
n'existe pas un substantif *kau,* il doit s'agir d'une forme déjà phonétiquement dégradée, que nous ne connaissons qu'à une date assez tardive.
Il y aura eu chute d'une voyelle intérieure entre la consonne qui admet
-*w*- comme résultat, et le -*k*- ; dans un cas de ce genre, un *b* devenu
implosif se transforme en *w* (et peut arriver jusqu'à *l* par fausse
régression, comme dans *malalt, galta,* etc.). L'équivalent basque pourrait être un *(h)abe* « poutre, colonne » ou *(h)obi* « fosse », avec une base
sémantique commune de « étroit, ayant deux dimensions petites par
rapport à la troisième ».

Nous pensons donc qu'à la base du *kaukoliberri* attesté, se trouve
un *Kabikoliberri avec le sens de « Villeneuve de la Calanque », spéci-
fication admissible pour ce petit port encaissé dans une échancrure
d'une côte rocheuse et élevée, face à l'autre *Iliberri,* Elna, qui se dresse
au milieu de la plaine.

A cinq kilomètres au nord-ouest d'Albanyà, le lieu-dit de *Pincaró*
se trouve dès la fin du IXe siècle sous les formes de *Pino Karcone*
(878) et *Piokarone* (881). L'endroit est signalé par un « pin », d'où le
roman *Pino,* précisé par une dénomination plus ancienne, *Karkone.* Le
ravin rocheux très encaissé correspondrait assez bien à l'origine que
laisserait soupçonner la phonétique : *Karriko une* « l'intervalle, le vide
de la roche ».

Rigolisa est un hameau de Puigcerdà, en Cerdagne ; *Rigoreixa,* de
Brocà au nord du Berguedà ; *Rigorello,* un toponyme du territoire de
Vinçà, en Conflent, cité en 967 et disparu aujourd'hui.

Les attestations anciennes de *Rigolisa* sont *Eragolissa* (946), *Rego-
lisa* (948), *Heiragolisa, Airagolisa* (958), *Aragolizam* (985), *Eragolisam*
(1011), *Aragolisa* (1100, 1342). Celles de *Rigoreixa* sont *Regolella* (938),

Regulelo (982), ensemble de formes qui nous a conduit à les rapprocher de l'ancienne attestation des environs de Vinçà. Les nombreuses formes de *Rigolisa* nous montrent qu'il a souffert l'aphérèse d'une voyelle initiale ; il semble que le début du mot ait été *erreko* pouvant signifier « du ravin » ou bien « du brûlé ».

La deuxième partie peut représenter *leze* « abîme, grotte, caverne » sous sa forme définie *lezea*. Si le *z* a été traité comme un simple *s* latin (*basiu* > *bes*), le yod produit par la voyelle d'avant en hiatus, s'intervertit avec elle, et attaque la voyelle précédente, ce qui donne *lisa* ; si le *z* a été traité comme un double *s* latin (*bassiu* > *baix*), le yod palatise le *z,* et la voyelle précédente reste intacte, ce qui donne *leixa.* C'est une question de date d'entrée dans le système roman. Des dilations de type usuel expliquent les variantes. L'ensemble signifie « la grotte du ravin ».

Nous signalions, il y a quelques années («Bulletin Philologique et Historique », 1961, p. 339), l'existence d'un suffixe toponymique atone ancien *-kale* dans quatorze noms, et sa diversification moderne de *-guel* a *-vol.* Nous disions que certains de ces mots, *Ardocale, Arsecale, Astecale, Manecale, Agrecale, Saltecale* (mod. *Ardòvol, Arsèguel, Astèguel, Manol, *Agrèvol* devenu *Planès, Saltèguel*) semblaient présenter comme radical un nom d'animal : *ardi* « brebis », *artz* « ours », *asto* « âne », *mando* « mulet », *aker* « bouc », *zaldi* « cheval ». Il n'est pas impossible, mais cependant fort douteux, que *-kale* provienne d'une marque de génitif *-ko-* suivie de *-ale,* qui a comme sens premier « graine », et comme sens second « aliment ».

Au Congrès d'Onomastique de Munich (1958) nous nous étions intéressés à la famille des toponymes cerdans terminés en *-ja.* Deux d'entre eux, *Barguja,* hameau de Toloriu (Baridan), et *Gorguja,* hameau de *Llívia* (Cerdagne), présentent des formes anciennes *Bargogia* (906) et *Curcuga* (875). Dans *Barguja* nous pensons que l'on peut voir **[I]barko egia* « l'endroit de la vallée » ; dans *Gorguja* nous suggérions de voir **Gorko egia* « l'endroit où le bétail repose », conformément aux conditions économiques modernes ; mais il pourrait aussi s'agir d'un *(I)kurko egia* « l'endroit du signal ». Les voyelles basques ont toujours en roman un traitement de voyelles brèves du latin. Par conséquent, le *o* accentué en roman, au contact d'une voyelle antérieure en hiatus, donc d'un yod, diphtongue, et la triphtongue résultante se monophtongue en *u.* Le cas est le même que *podiat* donnant *puja.*

On pourrait invoquer quelques autres exemples pour montrer que les formations génitives en *-ko* ne sont pas inconnues sur les Pyrénées méditerranéennes.

*

Un autre formant de toponymes basques est le suffixe *-egi* avec le sens de « maison, résidence », comme dans *Jauregui* « maison du seigneur, palais », *Akarregi* « résidence du bouc », *Arzanegi* « résidence du berger »,... La forme définie sera *Jauregia* « la maison du seigneur »,...

Quand la romanisation intervient, la forme définie en *-egia* s'intègre facilement à la première déclination latine, et son évolution phonétique sera celle des mots romans analogues. Comme lat. *fagea* donne cat. *faja*, *-egia* donne cat. *-eja*.

Au contraire, la forme en *-egi* ne rappelle aucune finale de la déclinaison latine ; elle se latinisera par adjonction d'une voyelle thématique *-u*, et le nouveau toponyme en *-egiu* pourra entrer dans la deuxième déclinaison. Ici encore, de même que lat. *fageu* donne cat. *faig*, *-egiu* donnera cat. *-eig*. Il ne faut pas exclure la possibilité d'action entre une voyelle finale de radical et la voyelle suffixale, pour donner *-ig*, *-uig* ou *-aig* (ou bien *-ija*, *-uja* ou *-aja*). Nous venons de voir, un peu plus haut, l'évolution phonétique de *-koegia* vers *-guja*.

Les toponymes de cette catégorie sont nombreux en Cerdagne :

Enveig (*Euegi* 839), *Saig* (*Sag* 890), *Urtx* (*Urg* 1119), *Aja* (*Agia* XIIIe s.), *Barguja* (*Bargogia* 906), *Estaüja* (*Estauga* XIIe s.), *Gorguja* (*Curcuga* 875), *Naüja* (*Anaugia* 839), *Oneja* (*Onnega* 1035), *Osseja* (*Olcegia* 839), *Saneja* (*Exenegia* 839), *Sareja* (*Cereia* 1035), et un peu plus au nord, *Arieja* (*Aregia* 1034).

Mais nous les trouvons aussi plus à l'est, au Fenollet : *Adesig* (*Adadig* 1142) ; en Conflent : *Altanaig* (*Altanag* 1019), *Balaig* (*Flamidium*? 958), *Molig* (*Molegio* 985) ; au Vallespir : *Costuja* (*Custogia* 936) ; au Besalú : *Aguges* (*Agogia* 871) ; et même en Roussillon : *Barreig* (*Barrecio* 1435) ; *Polig* (*Pulig* 983) ; *Toluges* (*Tulogias* 908).

*

Deux ou trois toponymes doivent doivent être étudiés ensemble : le *Vallespir,* canton correspondant à la vallée supérieure du Tec, *Espirà* de Conflent, et peut-être *Espirà* de l'Aglí.

Les premières mentions du *Vallespir* sont *Valle Asperí* (814, 833, 876, 925, 968, 1090), *Valle Asperii* (817), *Valle Asperia* (820, 844).

Très tôt nous voyons apparaître des formes à *i* tonique, *Vallespirii* (965, 1090), dans lesquelles la présence d'une voyelle thématique romane a fermé en yod le *i* final ancien ; celui-ci a agi par umlaut sur de *e* tonique. L'umlaut a même pu régresser jusqu'au *a* de *asperi*, à moins que la graphie *e* ne résulte d'une confusion due à la voyelle neutre.

Le nom d'*Espirà* de Conflent commence à se lire en 953 sous la forme *Asperi,* que nous retrouvons en 974 et 981 ; mais, au siècle suivant, le nom évolue vers *Aspiráno* (1003, 1009, 1011).

Quant au nom d'*Espirà* de l'Aglí, attesté beaucoup plus tardivement, ses premières mentions sont *Aspirano* (1130, 1136, 1142, 1145, 1156) ; mais, en 1248, il se présente avec une forme isolée, *Villa Asperi*. S'agit-il d'une forme ancienne non attestée jusqu'alors ? Ou bien de l'hypercorrection d'un scribe qui connaissait des actes d'*Espirà* de Conflent ? L'apparition historique d'*Espirà* de l'Aglí est trop tardive pour que l'on puisse formuler autre chose que des hypothèses.

De toutes façons, *Asperi* demeure bien attesté dans les noms de *Vallespir* et d'*Espirà* de Conflent. Les toponymes commençant par *Azpe* (variante de *Aizpe*) sont très abondants au Pays Basque : *Azparren, Azpeazu, Azpeola, Azpiri, Azpe, Azpea, Azpeitia*, etc. *Azpe* signifie « sous la pierre ».

La deuxième partie du mot peut correspondre au suffixe *-iri* « près de » (cf. *Azpiri*), ou bien à *erri* « village, pays », et ce ne serait la première fois que serait méconnue l'opposition de *r* simple et *rr* double.

*

A la latitude approximative de Gérone, *Bagur,* est un village ampourdanais situé à deux kilomètres d'une côte rocheuse et accidentée.

Nous possédons peu de documentation ancienne sur *Bagur* ; le nom n'apparaît, ni dans la partie publiée de *Catalunya Carolingia* de R. d'Abadal, ni dans l'*Archivo Condal de Barcelona* de F. Udina, ni dans les *Documents pour l'histoire du Roussillon* de B. Alart. Mais nous l'avons trouvé dans *Marca : ipsum castrum de Begur* (1056).

Dans sa *Guia de la Costa Brava*, Josep Pla consacre sept pages à *Bagur*. Il nous dit : « Les premiers vestiges historiques écrits sur *Bagur* sont de l'époque féodale » ; et il cite une phrase de la *Historia del Ampurdán* de Pella y Forgas, enfant de *Bagur* : « *Bagur* ou *Begur*, comme on l'a écrit jusqu'au siècle passé... ». Il s'accorde donc avec la citation de Marca pour donner *Begur* comme forme traditionnelle du toponyme : c'est là une victime de plus des confusions graphiques dues à la voyelle neutre.

Or, l'ouvrage de Caro Baroja, *Materiales para una historia de la lengua vasca en su relación con la latina,* nous présente deux fois des formes toponymiques en étroite relation avec *Begur*.

Sur une bulle du Pape Célestin III, datée de 1194, figure : « Vallem que dicitur *Baigur* ». Et en note nous trouvons la série « *Bigur* en escritura del 980 ; *Baigur* en 1186 ; *Baigueir* en 1328 ; *Baygueir* en 1395 ; *Vaygurra* en 1446 » ; ici il s'agit des formes romanisées du nom de *Baigorri*, au Pays Basque, soit *Baigorri-u*.

L'identité entre le *Baigur* des Pyrénées occidentales et le *Begur* des Pyrénées orientales est absolue ; au groupe *ai* du latin ou du mozarabe correspond le *e* catalan.

Le *o* tonique a eu le traitement général d'un *o* basque, celui d'un *o* ouvert. Le voisinage d'un yod lui a valu une diphtongaison, et le groupe vocalique complexe qui en résulte, se réduit ultérieurement a *u*. C'est la même évolution que celle du *o* de *coxa* (*cuixa*), *podiu* (*puig*), *oculu* (*ull*), etc.

La correspondance phonétique entre le *Baigur* du diocèse de Bayonne et le *Begur* du diocèse de Gérone, suppose aussi une correspondance sémantique. Le basque *Ibai gorri* « rivière rouge » est assez satisfaisant ; *Bagur* s'étage sur la pente d'un ravin, et Josep Pla nous dit : « La peña tiene un color gris de sombra tocado por un hálito ferruginoso ». Ce souffle ferrugineux vaut à *Bagur* d'être une variante préromane des nombreux *Llobregat* (*rubricatu*) qui se trouvent dans la même région comme noms de rivières.

Dans sa *Toponimia Prerrománica Hispana*, Menéndez Pidal, nous montre que les voyelles préromanes des toponymes ont connu le traitement de voyelles brèves du latin, le *e* de *berri* devenant *ie* dans *Javier*, et le *o* de *gorri*, *ue* dans *Ligüerre*.

Nous avons cherché si l'on pouvait constituer de la même manière une phonétique vocalique des toponymes préromans sur le domaine catalan pyrénéen. Nous nous limiterons à un nombre réduit d'exemples et d'attestations.

Voyelle a

Elle reste normalement intacte : *Bao* (Roussillon) *Baso* (988) basque *baso* « forêt » ; *Llar* (Conflent) *Lare* (865) basque *larre* « pâturage ».

Mais *a* + *y* donne *e* : *Bolquera* (Cerdagne) *Bolcharia* (876) basque *buru(h)arria* « le rocher de la tête » ; *Querroig* (Roussillon) *Cariorubio* (981) basque romanisé *(h)arri-u rubeu* « pierre rouge » ; *Bagur* (Ampourdan) *Begur* (1056) basque *ibaigorri-u* « rivière rouge »,

et *a* + *w* donne *o* : *Lòria* (Andorre) *Lauredia* (839) basque *laur egia* « la quatre crêtes ».

Voyelle o

Elle reste normalement intacte : *Oix* (Besalú) *Ouoxo* (977) basque *otso* « loup » ; *Llo* (Cerdagne) *Alo* (839) basque *lo(n)i* « boue » ; *Osseja* (Cerdagne) *Olcegia* (839) basque *oltz egia* « l'endroit des nuages ».

Mais *o* + *y* donne *u* : *Bagur* (Ampourdan) *Begur* (1056) basque *ibai gorri-u* « rivière rouge » ; *Esdús* (Urgell) *Exeduce* (883) basque *etxetoki-u* « endroit de la maison ».

Voyelle e

Elle reste normalement intacte : *Beders* (Baridan) *Biterris* (839) basque *bide erri* « le pays du chemin » ; *Err* (Cerdagne) *Ezerre* (839) basque *etxe erre* « maison brûlée » ou *etxe erri* « pays de la maison » ; *Canavelles* (Conflent) *Canavelles* (847) basque *gan-a beltz* « hauteur noire » ; *Enveig* (Cerdagne), *Euegi* (839) basque *ebi egi-u* « lieu de la pluie ».

Mais *e* + *y* donne *i* : *Bolvir* (Cerdagne) *Buluer* (925) basque *buru berri-u* « tête neuve » ; *Vallespir, Asperi* (814) basque *azperi-u* « pays sous la pierre » ; *Hix* (Cerdagne) *Hyxi* (839) basque *ezki-u* « peuplier ».

Voyelle u

Elle prend normalement le timbre *o* : *Andorra* (839) basque *ama iturr(i)-a* « la dix sources » ; *Dorres* (Cerdagne) *Edors* (1011) basque *Iturri-s* « sources » ; *Ordén* (Baridan) *Orden* (839) basque *urde* « porc » + *ain* ; *Bolvir* (Cerdagne) *Buluer* (925) basque *buru berri-u* « tête neuve » ; *Bolquera* (Cerdagne) *Bolcharia* (976) basque *buru(h)arria* « le rocher de la tête ».

Mais *u* + *y* donne *u* : *Ur* (Cerdagne) *Ur* (839) basque *uri-u* « pluie ».

Voyelle i

Elle prend normalement le timbre *e* : *Egat* (Cerdagne) *Egadde* (839) basque *iga* « montée » ; *Èllar* (Baridan) *Ellar* (839) basque *il* « difficile (chemin, passage) » ; *Beders* (Baridan) *Biterris* (839) basque *bide erri* « le pays du chemin ».

Mais *i* + *y* donne *i* : nombreux lieux formés sur *il, Illa* (Rossellon, Vallespir, ...) *Ila* (844) basque *ilea* « le difficile ».

*

Nous voudrions confirmer les données de la toponymie par quelques notes d'anthroponymie.

Dans son livre sur *Les Noms de Personnes*, A. Dauzat nous dit : « Au IXe siècle, sur cent noms pris au hasard, on trouvera cinq ou six noms romains comme *Honoré* ou *Loup*, trois ou quatre bibliques ou évangéliques comme *Isaac* ; tout le reste est germanique. Trois siècles plus tard, ces noms germaniques, qui sont depuis longtemps vidés de toute signification, restent encore aussi nombreux, du fait des traditions familiales, de l'usage, de la mode. »

Cette statistique sommaire de Dauzat, qui attribue 90 % de fréquence aux anthroponymes germaniques durant le haut Moyen Age, ne laisse aucune place aux noms préromans, aux noms de substrat. Nous pouvons nous demander si la situation est la même sur les

Pyrénées catalanes, et si nous n'y trouvons aucune trace d'anthroponymes basques.

Pour répondre à cette question, nous avons fouillé les index onomastiques de *Catalunya Carolíngia* de R. d'Abadal, del *Archivo Condal de Barcelona en los siglos IX-X* de F. Udina, et les avons confrontés avec les listes de noms de *Vasconia medieval* de J. M. Lacarra et de *Apellidos Vascos* de Luis Michelena.

Un nom vénérable de l'anthroponymie basque est celui de *Enneko*. Il est déjà documenté sur le bronze d'Ascoli en 90 av. J. C. : trois cavaliers de la « Turma Salluitana » sont déterminés comme *Ennecensis*, « fils d'Enneko » ; un autre se nomme *Enneges filius*. Dans le cours du Moyen Age, *Enneko* a une large représentation sur les documents du Pays Basque : en 1072 un même acte d'achat cite quatorze *Enneko* sur quatre-vingt-un témoins. Le plus connu des porteurs de ce nom est le roi de Navarre, *Enneco Aritza*, « Enneco le chêne » qui règna au milieu du IXe siècle (*Iñigo Arista* des Castillans). Le nom d'*Eneko* est toujours vivant en basque moderne.

Sur l'index onomastique du tome III de *Catalunya Carolíngia*, ce nom sort quarante-huit fois, distançant de loin les noms les mieux représentés : *Dato* vingt-huit fois, *Miró* vingt-six fois, etc. Chacune de ces quarante-huit personnes peut intervenir plus d'une fois : un prêtre de ce nom figure sur neuf actes d'Alaó entre 845 et 847 ; un autre sur cinq actes de Lavaix entre 961 et 981 ; etc. *Eneco* possède, et de beaucoup, la fréquence majeure.

Parmi les documents de l'*Archivo Condal de Barcelona*, les *Enneco* ou *Ennego* ont une fréquence égale à celle des noms les plus employés, comme *Petrus, Borrell, Miro, Sunyer*.

Encore qu'il ne possède pas des titres aussi anciens qu'*Enneco*, *Acenari*, sous sa forme romane *Aznar*, a aussi des attestations impressionnantes. Son représentant le plus célèbre est le comte *Aznar Galindo*, à qui sa francophilie exagérée valut d'être expulsé d'Aragon vers l'Urgell par Enneko Aritza de Navarre. Le sens du basque *Acenari*, devenu *Aceari* après la chute du *n* intervocalique, est « renard ». L'emprunt roman est assez précoce pour avoir précédé la chute du *n*. Une latinisation humoristique a parfois valu à *Aznar* une reconstitution *Asinariu* ; d'autres fois, l'addition d'une voyelle thématique pour insérer le nom dans la déclinaison, fait aussi apparaître un suffixe *-ariu*, romanisé en *-er*.

Sur le même acte de *Vasconia Medieval* qui portait quatorze fois *Enneco*, *Acenari* apparaît vingt-trois fois. Et sur *Catalunya Carolíngia III* les diverses variantes d'*Aznar* correspondent à cinquante personnes différentes. Son extension est donc du même ordre que celle d'*Enneco*.

Dans le domaine catalan il semble que *Acenari* ait pu donner *Isarn* par métathèse. Nous trouvons *Isarnus* en alternance avec *Azna-*

rius ou *Azenarius* pour désigner un même individu. Le patronyme *Isarn* ou *Isern* est toujours bien vivant ; nous avons préféré cependant ne pas faire entrer en ligne de compte les formes du type *Isarn*.

Quant à l'*Archivo Condal de Barcelona*, il présente entre 907 et 976 quinze personnages nommés *Aznar*, ce qui est relativement très important.

Un élément d'anthroponyme abondant, tant sur la liste des cavaliers de la « Turma Salluitana » que sur les inscriptions latines de Gascogne, est le basque *belz* « noir ». Il s'est largement répandu dans la Péninsule avec les nombreux dérivés *Belaco, Velasco, Vasco, Berasco,* . . .

Sur la même liste de témoins de 1072, *Vasconia Medieval* mentionne quinze personnes avec des noms où intervient *belz* : *Azubeliz, Blasco, Belza,* etc.

Sa fonction adjectivale prédispose *belz* à occuper la seconde place dans le toponyme composé, et donc à ne pas figurer à sa place alphabétique dans l'index. Pour cela, il est fort possible que certaines de ses formations nous aient échappé.

Dans *Catalunya Carolíngia III*, dix-sept personnes portent des noms du type *Belasco, Belascut,* etc. ; mais dans l'*Archivo Condal de Barcelona*, entre 872 et 993, les mêmes noms ressortent soixante-neuf fois. La fréquence globale est encore très grande.

Un autre formant caractéristique d'anthroponymes basques est le nom de la « maison », *etxe.* Avec aphérèse du *e* initial, c'est lui qui a donné les innombrables *Javier* ou *Giménez* de la Péninsule. Très douteux dans les textes de l'Antiquité, ses composés se manifestent dès le haut Moyen Age : *Scemeno* (945), *Semenoz* (952), . . . Dans l'acte de 1072 de *Vasconia Medieval*, nous trouvons quatre *Xemen* ou *Xemenones*. Cela semble peu de chose. Mais sur l'index de *Catalunya Carolíngia III* nous trouvons onze *Exemeno*, un *Exemenus* et un *Exebi*, soit treize personnes en tout. Celui de l'*Archivo Condal de Barcelona* nous manifeste huit noms avec *etxe* radical.

On sait qu'au début du XIVe siècle un *Eiximenis* fut un des chefs de la Grande Compagnie Catalane ; au début du XVe siècle un autre *Eiximenis* fut écrivain et évêque de *Perpignan*. Les formations de base *etxe* sont donc bien attestées sur le domaine catalan.

Nous aurions pu faire des décomptes analogues sur tous les *Garcia, Urraca, Mennosa, Amunna, Elo, Galindo, Gamar, Ona, Tota, Manxo, Makarro, Munnio,* presque aussi connus à l'extrémité orientale des Pyrénées qu'à l'occidentale. Nous pouvons affirmer que la Catalogne Carolingienne avait conservé et maintenait bien vivante son anthroponymie préromane. La sauvegarde d'une masse si importante, que l'on ne peut négliger dans une statistique, élargit nos horizons sur l'existence matérielle et la vie culturelle des populations autochtones, tant sous la domination romaine que sous l'occupation barbare.

Mais la vitalité de l'anthroponymie de type basque nous justifie, nous corrobore et nous explique en outre l'importance des formations basques dans la toponymie préromane.

*

Au terme de cette promenade à travers la toponymie catalane, nous pouvons constater que la Catalogne du nord-est, la vieille Catalogne, connaît essentiellement deux strates de formations :

1) Un strate préroman dont à peu près tous les éléments sont explicable par le basque, ce qui semble montrer que les autres alluvions humaines préromanes n'eurent qu'une faible densité. La mieux représentée, la grecque, avec *Empúries, Roses, Lleucata,* etc., peut se compter sur les doigts d'une main.

2) Un strate roman qui semble dater des premiers siècles de notre ère, et dont la suffixation a été influencée par la suffixation préromane, d'où l'abondance de formations en *-anu et -etu.* Plus tard, l'influence gothique ne pèse pas beaucoup plus que la grecque (*Montboló, Caladroer,*...), et l'influence arabe est pratiquement inexistante (*La Mahut ?*).

Plus tard encore, les formations hagiotoponymiques, les formations féodales en *vila* ou *castell,* ne jouent qu'un rôle mineur, en comparaison des deux catégories principales, qui constituent l'ossature de ce rapport. Remarquons cependant que dans ces formations tardives, la postposition de l'adjectif épithète est la règle, et ceci est une manifestation de plus du substrat fondamental.

DISCUSSION

M. Colon. — J'ai suivi avec grand intérêt cette très longue communication, fondée sur une documentation exhaustive.

Je ne connaîs pas le basque, mais je constate que les philologues catalans s'attachent de plus en plus à l'étude de cette langue ; il y a même des philologues catalans qui veulent faire venir le basque du monde romain, il y en a d'autres qui prennent d'autres positions, et on découvre beaucoup de noms basques dans notre toponymie.

Si j'ai bien compris, M. Guiter quand il nous a dit que le suffixe *-anu* vivait surtout dans le Roussillon.

M. Guiter. — Il est répandu dans tout le Sud-Ouest et, chaque fois, c'est un toponyme. En voici la densité avec des marques symboliques : plus de 65 %/o ici. L'auteur de ce travail n'a pas tenu compte de la zone basque. Pour *-anu*, il y a nettement un rassemblement sur les Pyrénées. Vous voyez aussi dans ce travail la densité relative de *-acu*.

M. *Colon.* — Nous nous demandions avec M. Ineichen comment l'expliquer. Il y avait, peut-être, une couche celtique, qui a été ensuite recouverte.

M. *Guiter.* — Cet axe correspond manifestement à une poussée celtique.

M. *Colon.* — Et ensuite, elle aurait été ensevelie chez nous sous une couche *-anu*, n'est-ce pas ?

M. *Guiter.* — Non, je crois que c'est l'inverse : *-anu* est antérieur à *-acu*. Voilà en densité la suffixe *-acu* : la Péninsule Ibérique d'une part et le Sud-Ouest de la France d'autre part. Pratiquement, cela ne passe pas les Pyrénées. C'est une personne extrêmement consciencieuse qui a effectué ce travail, il n'y a qu'à voir le soin avec lequel elle a fait cette carte.

M. *Colon.* — D'autres questions ? M. Badia aura aussi à vous parler de *Maçanet.* Moi, je n'y croyais pas beaucoup non plus.

M. *Guiter.* — Je ne dicute pas le radical, j'ai simplement montré que, sur le même radical, nous avons plusieurs suffixes.

M. *Colon.* — M. Badia vous dira s'il est d'accord avec *maçana*. Je veux dire seulement que la forme MATTIANA « pomme » vit aussi de l'autre côté des Pyrénées comme nom commun, comme nom de fruit.

Une autre question : je suis un peu étonné de vous entendre parler de *-one* comme d'un suffixe augmentatif.

M. *Guiter.* — En règle générale, c'est un suffixe augmentatif, mais je crois bien avoir dit qu'il ne semble pas jouer ce rôle dans les toponymes.

M. *Colon.* — Mais pour moi, Catalan, un *finestró* est une petite fenêtre, un *carreró* est une petite rue, un *castelló* est un petit château : *-one* est donc un suffixe diminutif.

M. *Guiter.* — Un *cabró* n'est pas « una cabra petita », n'est-ce pas ? *-one* a un rôle augmentatif et péjoratif, et cette valeur lui a été attribuée en roman.

M. *Colon.* — Voici encore une autre question. Dans cette communication on a entendu parler de suffixes, et c'est très intéressant. Mais j'en viens à la première partie. J'aurais aimé connaître, à l'aide de la toponymie, votre avis sur la question que j'ai soulevée hier et qu'on avait soulevée depuis très longtemps, à savoir sur le problème de l'Ibéro-romania et de la Gallo-romania à propos de l'appartenance linguistique du catalan. Personnellement, je vais changer désormais ma terminologie et je n'opérerai plus avec ces deux notions ; je parlerai, comme M. Aramon, de la Catalano-romania. Mais grâce à la toponymie et, surtout, grâce à votre documentation, vous auriez pu davantage éclairer ce problème. Ainsi, pour *Aranyó*, vous auriez peut-être pu obtenir des aires lexicales intéressantes. Vous avez parlé de suffixes, et je voudrais connaître davantage les radicaux. De cette façon, nous aurions eu un point de repère précieux, et nous nous serions peut-être compris mieux qu'à propos de *moço*. Nous sommes d'accord que *moço* est un castillanisme. Mais la toponymie pourrait fournir, pour notre problème, des arguments beaucoup plus clairs, beaucoup plus nets. Si je n'abuse pas la patience de l'assemblée et de la vôtre, j'aimerais connaître votre avis à ce sujet.

M. Guiter. — Je ne comprends pas très bien votre question. Une classification où l'on se fonde sur les noms des plantes, c'est de la géo-botanique, et non de la toponymie.

M. Colon. — Vous dites *Aranyó*. Or, à la base, il y a un arbre. Ou *Castelló* : vous avez parlé du suffixe *-one*, mais je voudrais le radical désignant le château. Je crois que là nous pourrions obtenir des données très sûres.

M. Guiter. — Des suffixes, il y en a une douzaine. Si, au lieu de traiter de ces douze suffixes, il fallait parler des 1.200 radicaux, deux heures ne suffiraient pas.

M. Colon. — Alors, prenez-les par groupes logiques.

M. Guiter. — Les noms des plantes sont déjà extrêmement nombreux. Cela vous fait un nombre considérable de radicaux.

M. Colon. — Les noms des plantes que vous trouvez dans le domaine catalan vont-ils du côté des parlers occitans ou du côté des parlers aragonais ou autres parlers ibéroromans ? C'est là le point essentiel.

M. Guiter. — Ça, c'est une question de géographie botanique. Les termes du type *Olivera* vont évidemment en disparaissant au Nord de la zone de l'olivier ; la zone de l'olivier s'arrête très bas dans le domaine galloroman. Si nous montons, il n'y a plus d'*Oliveres*. De même *Figueras*, il n'y en a pas tellement haut, fatalement. Vous interférez donc à ce moment avec la géographie botanique ; chaque plante a ses zones. C'est de la botanique, pas de la linguistique.

M. Colon. — Par exemple, voilà un autre champ sémantique.

M. Badia. — L'habitat, de même.

M. Guiter. — C'est un travail faisable, mais...

M. Colon. — M. Badia a étudié les rapports entre les termes botaniques et la toponymie, c'est pour cela que j'ai parlé de la phytotoponymie. Mais on peut le faire pour l'habitat, pour les animaux, pour beaucoup de choses : *ase* < ASINUM, vous l'aurez des deux côtés ; il y aura d'un côté OVICULA, etc. Vous avez étudié dans *Estudis Romànics* les frontières lexicales, les aires, les passages. Alors, ces radicaux-là m'auraient intéressé.

Je me suis permis de soulever ces questions tout en vous félicitant de la première partie. La deuxième partie ? Je me félicite de voir qu'il y a tant de problèmes.

M. Guiter. — J'ai essayé d'être clair même dans la deuxième partie. Je suis navré si je n'ai pas réussi.

M. Maissen. — Est-ce que vos travaux d'onomastique vont paraître bientôt sous forme d'un ouvrage ?

M. Guiter. — Ils sont tous sous forme de tirés à part. Qui se chargerait de l'édition ? Je me le demande.

M. Maissen. — On pourrait ajouter cet ensemble à l'*Onomastique de la Catalogne*.

M. Guiter. — Vous savez, M. Coromines n'aime pas tellement les aides, ni les renforts.

M. Maissen. — Si votre ouvrage était publié, on aurait une meilleure filiation.

M. Guiter. — Oui, j'en suis certain, car beaucoup de ces tirés à part sont de revues qui n'ont pas une très grande diffusion. Bien sûr, je crois qu'il serait très intéressant que ce fût groupé ; mais un autre problème est de savoir qui s'en chargerait.

M. Maissen. — En mettant ces faits en rapport avec les faits réthiques, on aurait beaucoup de matériel pour une étude comparative. Coromines a mentionné peut-être une trentaine de mots très intéressants de ce point de vue. Je ne parle pas de mots comme *Camprodon,* qui sont des latinismes très fréquents. Mais il y a beaucoup à faire là, en Catalogne.

Une dernière question : *Queralp*. Je pense qu'au moins la première partie s'explique comme une chose qui est en rapport avec la pierre.

M. Guiter. — Incontestablement. Il est clair qu'il faut partir du basque *(h)arri,* qui est un ancien *karri*. Nous somme en présence d'une romanisation avec voyelle thématique *u*, et de **karrium*, avec yod, où nous avons le même traitement que celui du suffixe roman -*arium*, on est passé à *ker* tout à fait normalement.

M. Badia. — Chacun a évidemment ses préférences et, si j'avais été chargé de faire cet exposé, j'avoue que j'en aurais orienté le schéma d'une manière tout à fait différente. Alors, si vous me le permettez, au lieu de faire la critique de tel ou tel point concret de l'exposé de M. Guiter, j'essaierai de faire une esquisse de tout ce qu'on devrait traiter, à mon avis, quand on parle de l'onomastique catalane. J'aurais choisi, comme point de départ, l'état actuel des connaissances fournies par des ethnologues et par des archéologues, parce que je crois que la toponymie doit toujours s'inscrire dans une géographie concrète.

Au cours de la première séance, j'ai parlé d'un livre de M. Terradell. Il existe plusieurs contributions vraiment remarquables de l'école de Bosch i Gimpera qui, à mon avis, nous fournissent le meilleur point de départ pour n'importe quelle sorte de recherches dans le domaine de la toponymie.

En partant de l'état actuel des recherches dans les domaines de l'ethnologie et de l'archéologie, on pourrait entreprendre cette géographie toponymique dont l'absence, dans cet exposé, a été remarquée par M. Colon. Alors, nous aurions obtenu un résultat. Il ne faut pas oublier que la toponymie reflète toujours les couches des différentes cultures qui se sont sédimentées dans n'importe quel domaine ; ainsi, je pense qu'on réussirait à obtenir un aperçu, un ensemble plus logique, et qui nous conduirait à des résultats plus applicables à n'importe quel champ concret, soit à la linguistique elle-même, soit à l'histoire générale du pays, soit à l'histoire de la culture.

Si vous me permettez encore une petite remarque, je crois que, parfois, M. Guiter tombe dans le piège des interprétations faciles. Je pense à des interprétations zoologiques ou botaniques. C'est toujours le chemin le plus facile, à mon avis, et je crois qu'il faut être un peu « zoophobe » et même un peu « phytophobe ». Ces interprétations sont dues généralement aux fausses latinisations, dont M. Guiter a parlé d'ailleurs, et que les écrivains médiévaux avaient forgées en partant du pittoresque des noms de lieux qui sont restés alors avec cette apparence des noms d'animaux ou des noms de plantes. Je donne un exemple. Tout près de Barcelone, nous avons *Viladecans* ; rien ne s'oppose à interpréter ce nom comme « village des chiens » (*cans*), mais si je trouve dans le Répertoire d'Aebischer, par exemple, des personnes qui s'appellent *Canius*, étant donné que la plupart des noms avec *villa* sont soit des *villa* + adjectif, soit des *villa* + nom de personne, je pense que *Viladecans* signifie « ville de M. Canius ». Il y a parfois des cas encore plus remarquables, par exemple *Viladàsens*, dans la zone que vous avez préféré étudier ; si l'on se rapproche de *Viladasens,* on entend la prononciation locale qui n'est pas *Viladàsens* (ce qui nous conduirait à « ville des ânes »), mais *Viladasèns*, et cela nous oblige à rejeter d'emblée l'interprétation zoologique. Et je pourrais citer pas mal d'autres noms de ce genre. De même toute cette famille animale de l'Arche de Noé que vous avez présentée, le loup, le lion, etc., me laisse un peu sceptique.

M. Guiter. — J'ai cité le nom de *Formiguera.* Si vous avez parcouru le Capcir, une chose est extrêmement frappante. Sans doute à cause des neiges très abondantes et du froid de l'hiver, toutes les fourmilières sont couvertes de tas de brindilles très hauts ; ce sont des fourmilières énormes. Alors, qu'une rivière soit appelée *Formicaria,* cela ne m'étonne pas, car ce n'est qu'au Capcir que j'ai été frappé par ces amoncellements énormes qui ont au moins 50 cm. Le dernier ours de Pyrénées orientales a été tué dans le Capcir, et le dernier loup aussi, à une date un peu plus récente : j'ai connu d'ailleurs le vieux louvetier qui l'avait tué. Par conséquent, il est normal qu'il y ait des noms en relation avec l'ours ou le loup, parce que c'est un lieu où ces animaux abondaient.

Enfin, en ce qui concerne le point de vue ethnographique, j'en suis un défenseur convaincu. J'ai suivi de très près les travaux des ethnologues et des archéologues, et j'ai publié pas mal sur la question du substrat, même en dehors des problèmes toponymiques. Seulement, si je me lançais dans ces considérations, je vous demanderais deux heures de plus pour en venir à bout. Je me suis limité à un domaine extrêmement strict de classification des suffixes ; c'est discutable, d'accord, mais c'est le moyen de dire et d'ordonner le plus de choses possibles dans le temps minimum. C'est cette considération qui m'a essentiellement guidé.

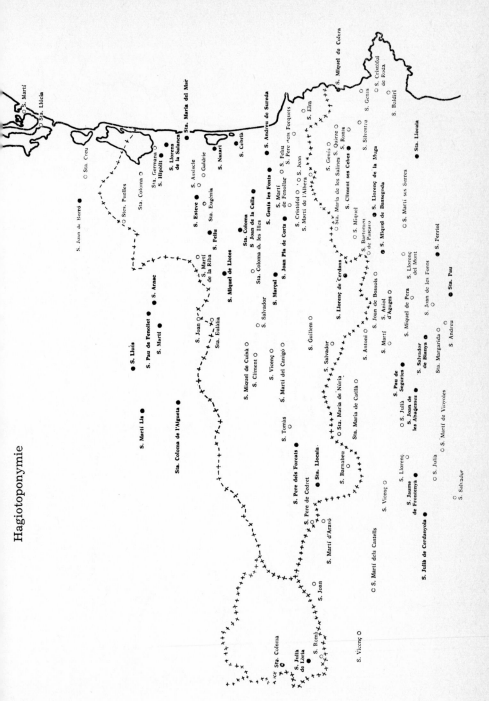

Hagiotoponymie

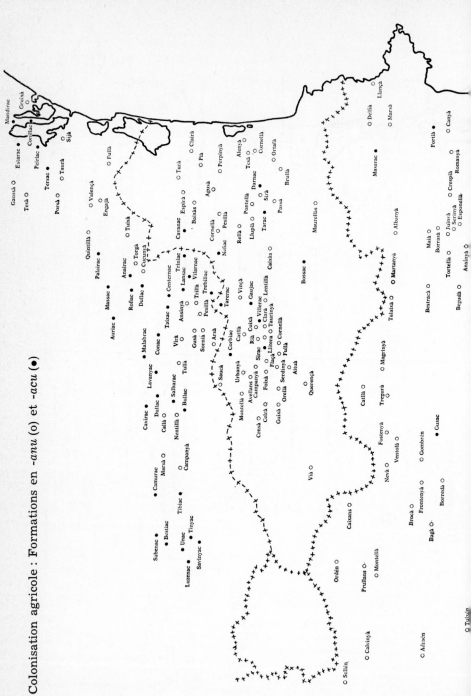

Colonisation agricole : Formations en -*anu* (o) et -*acu* (●)

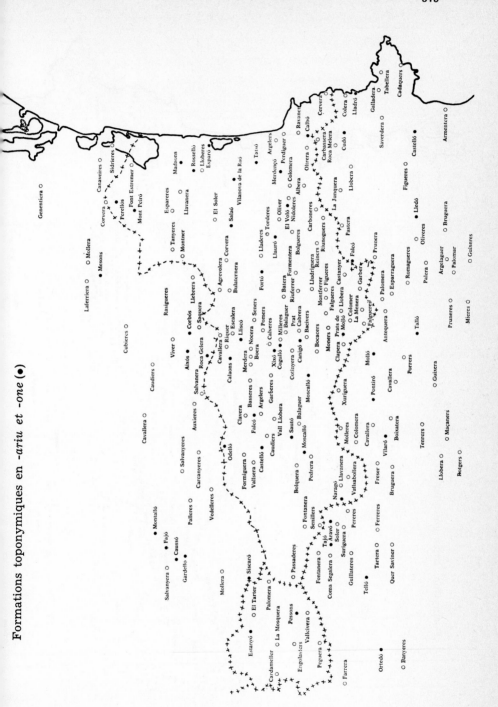

Formations toponymiques en -*ariu et -one* (•)

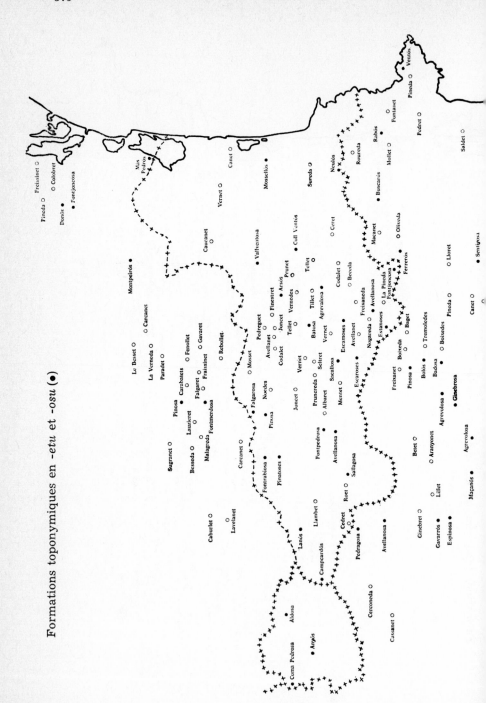

Formations toponymiques en -etu et -osu (•)

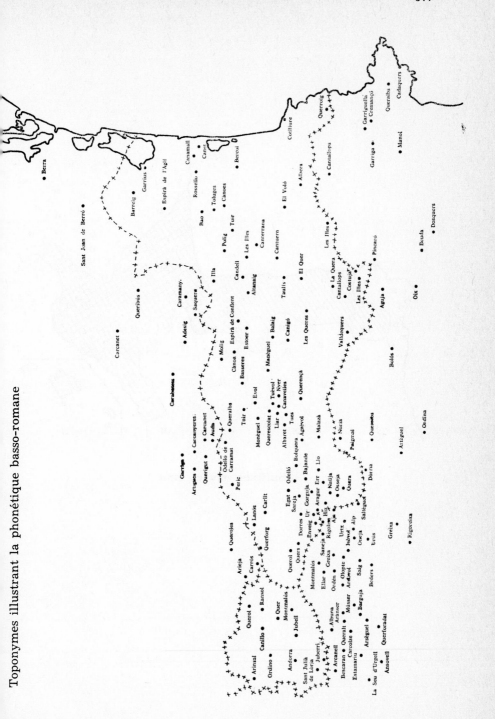

Toponymes illustrant la phonétique basso-romane

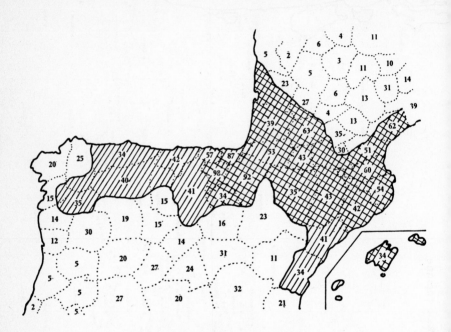

Suffixes -*etu* et -*anu*

Le catalan aujourd'hui

par

A. M. Badia Margarit

(Barcelone)

I - LE VIDE

1) *Introduction*

1. Je ne saurais commencer ce rapport sur la situation du catalan d'aujourd'hui sans une remarque préliminaire sur ce qu'a été mon intention au moment où j'ai décidé d'inclure ce sujet dans un Colloque sur les problèmes de linguistique catalane et de me charger moi-même de cet exposé. Il est évident qu'en traitant de la situation du catalan d'aujourd'hui, il faut se référer souvent à des faits qui, dans un sens ou un autre, sont en rapport avec des événements politiques dont ils ne sont qu'une conséquence. Je voudrais donc dire dès le début, que mon attitude, qu'il sera d'ailleurs facile à vérifier, sera constamment celle d'un homme de science ; toutefois, elle ne sera pas celle d'un spécialiste de la politique ou de la sociologie politico-culturelle, mais celle d'un linguiste, spécialiste de la langue catalane. Nous examinerons donc, non pas des faits politiques et sociologiques, mais les résultats auxquels certains de ces faits ont donné naissance dans un champ linguistique concret, celui de la langue catalane.

Contrairement à ce que j'ai fait dans mes autres rapports présentés au cours de ce Colloque, il m'est tout à fait impossible de commencer cette fois-ci par un compte rendu bibliographique des publications portant sur les conditionnements sociologiques du catalan d'aujourd'hui ou, plus exactement, sur la situation du catalan, aujourd'hui, sous l'effet de ces conditionnements. La bibliographie, si important que soit le sujet, est presque nulle, à l'exception de certaines études très spécialisées dont je rendrai compte tout à l'heure (§ 2). Certes, on pourrait faire appel à la bibliographie concernant les conditionnements politiques et sociologiques eux-mêmes, mais ces publications, qui sont souvent des articles de revues, de périodiques, voire de journaux, ont paru dans des pays très divers et nous n'y avons pas toujours accès facile ; de plus, cette bibliographie porte sur les causes de l'état actuel, tandis que je m'intéresse à leurs effets : à l'état actuel lui-même de la langue catalane. Par ailleurs, l'étude des causes politico-sociologiques relève d'un domaine où je ne suis pas compétent et je ne saurais apprécier ces publications à leur juste valeur scientifique. Je me bornerai donc uniquement au domaine linguistique.

2. Dans ce domaine, il existe tout de même une bibliographie, très modeste, à laquelle j'ai déjà fait allusion. Il est étonnant que nous ne nous soyons pas davantage occupés d'un des sujets les plus intéressants de la linguistique moderne, du contact de deux langues différentes ; en effet, celui qui se produit entre le catalan et l'espagnol sur le territoire linguistique catalan mérite d'être étudié autant chez les individus que dans l'ensemble de la société, et je pense aussi bien à l'influence du substrat catalan sur le castillan parlé par les catalanophones qu'à celle de la langue officielle espagnole sur le catalan parlé soit par les catalanophones de naissance soit par ceux qui le sont devenus par adoption. Jusqu'à ces derniers temps, lorsqu'on s'intéressait chez nous au bilinguisme du point de vue scientifique, il fallait avoir recours aux travaux d'Alexandre Galí [1] ; il s'agit de travaux excellents, mais ils se réfèrent à la situation des années 1920-1930 et, par conséquent, après quarante ans, ils ne sont plus en rapport avec la nouvelle situation linguistique, tout à fait différente sous plusieurs angles. Aujourd'hui, quelques exemples de recherches nous montrent que le bilinguisme est devenu chez nous un sujet de grand intérêt. Je m'y suis intéressé moi-même, et plusieurs groupes de spécialistes sont en train de travailler maintenant dans ce domaine, en examinant surtout le problème de bilinguisme sur le terrain concret de l'école et de l'enseignement [2].

Un autre domaine pose aujourd'hui de véritables problèmes linguistiques d'ordre pratique. Il s'agit de la pastorale liturgique. Suivant la Constitution de Liturgie du Concile Vatican II (promulguée le

---

(1) On pourrait en rappeler plusieurs, mais je pense surtout à sa communication à la Conférence Internationale de Luxembourg sur le bilinguisme et l'éducation (1928). On peut en lire l'essentiel dans ses *Consideracions sobre el bilingüisme* (cf. Alexandre Galí, *Aportació a l'any Fabra* (Barcelona 1969) 59-83).

(2) Cf. A. M. Badia i Margarit, *Llengua i cultura als Països Catalans*, 2ᵉ éd. (Barcelona 1966) 119-157 ; *Some Aspects of Bilingualism Among Cultured People in Catalonia*, dans « Proceedings of the Ninth International Congress of Linguists, Cambridge, Mass. 1962 » (La Haye 1964) 366-373. De même je rappelle ici mon enquête sur le catalan à Barcelone, dont le résultat a été présenté dans *La llengua dels barcelonins*, vol. I (Barcelona 1969), 687 p. On peut consulter aussi les travaux de Lluis V. Aracil et de Rafael Ll. Ninyoles. Une équipe de jeunes chercheurs poursuit actuellement des recherches sur le bilinguisme dans le domaine scolaire et sur la mesure du degré d'intelligence des enfants.

5 novembre 1963), la Parole de Dieu doit être proclamée partout dans la langue du peuple auquel elle s'adresse. Il était donc nécessaire que tout le monde comprît que la « langue du peuple » n'était pas, chez nous, la langue officielle du pays, l'espagnol, mais la langue habituelle et spontanée de la population, le catalan. Cette nécessité a donné naissance à quelques publications ([3]) et a surtout suscité le IIe Congrès Liturgique de Montserrat (du 5 au 10 juillet 1965) qui a consacré une bonne partie de ses délibérations à cet aspect de la liturgie, aujourd'hui si important. On l'a étudié d'un point de vue plutôt théorique dans la Section Philologique, et d'un point de vue pratique (expériences et difficultés) dans la Section de Pastorale. Le premier point de vue, qui nous intéresse en grande partie, a été examiné par trois linguistes, de Catalogne, de Valence et des Baléares ; ils ont essayé d'établir les bases idiomatiques du catalan liturgique en s'efforçant de sauvegarder l'unité linguistique (exigée comme condition par les organismes du Vatican et souhaitée par tout le monde dans les pays catalans), tout en faisant certaines concessions, notamment de morphologie, aux grands dialectes, afin de rendre le langage liturgique plus compréhensible ([4]). Le point de vue pratique (expériences et difficultés) a été posé par des pastoralistes qui ont examiné la réalisation du programme fixé par le Concile, sans écarter de la discussion les difficultés de l'entreprise ([5]).

La situation actuelle du catalan a été exposée, sous des optiques différentes, par M. Joan Coromines et par moi-même ([6]). On peut trouver des renseignements sur plusieurs aspects de cette situation dans d'autres ouvrages, consacrés plus directement à d'autres objectifs, tels que les immigrés à Barcelone, les Valenciens et la langue autoch-

---

(3) A. M. Badia Margarit, *En la llengua del poble*, dans « Serra d'Or », février 1965, pp. 13-14 ; Vicent de Miquel i Diego, *L'Església valentina i l'ús de la llengua vernacla* (Valencia 1964) ; quelques articles dans la brochure *La reforma litúrgica*, « Critèrion », n° 29 (Barcelona 1966), etc.

(4) Voir les actes du *II Congrés Litúrgic de Montserrat* [tenu en juillet 1965], (Montserrat 1967), vol. II. Outre les *Criteris lingüístics als quals han d'ajustar-se els textos litúrgics moderns*, de Justí Bruguera (pp. 181-191), on a traité de leurs applications : *L'ús del vernacle en la litúrgia a les Illes Balears*, par Francesc de B. Moll (pp. 193-205), *Problemes de l'ús del vernacle a València*, par Manuel Sanchis Guarner (pp. 207-210), et *La litúrgia en llengua popular a Catalunya*, par A. M. Badia i Margarit (pp. 211-223).

(5) Voir la Section de Pastorale du Congrès (cf. note précédente), volume I, et tout particulièrement *Problemes pastorals de l'ús de les llengües vives en la litúrgia* par Modest Prats (pp. 389-431), *Resultats d'una enquesta sobre l'ús del català i del castellà com a llengües litúrgiques a les terres catalanes*, par Xavier Polo et Josep Carreras (pp. 465-475), et *La introducció de la llengua catalana en la litúrgia en les diòcesis del país Valencià*, par Vicent de Miquel i Diego (pp. 479-485).

(6) Joan Coromines, *El que s'ha de saber de la llengua catalana* (Palma de Mallorca 1954) (2e éd. 1965) ; A. M. Badia i Margarit, *Llengua i cultura als Països Catalans* (Barcelona 1964) (2e éd. 1966).

tone, les Majorquins dans l'ensemble de la communauté linguistique catalane, etc. (⁷).

3. Le fait que la bibliographie sur le catalan d'aujourd'hui est très réduite crée des difficultés à ceux qui voudraient s'informer sur ce sujet comme matière scientifique de la recherche. D'autre part, nous sommes aujourd'hui — en 1968 — relativement éloignés des faits historiques qui ont eu lieu entre 1936 et 1939 et ont été la cause de la situation actuelle de la langue ; aussi ce recul nous permet-il de traiter ces événements avec autant d'objectivité qu'un tout autre sujet historique. Pour ma part, il ne m'est pas difficile de les envisager comme un chapitre d'histoire ; ils m'ont surpris à la fin de mes études secondaires et n'ont pas eu de répercussion sur le cours de ma vie personnelle. Certes, je venais de vivre, avec tout l'enthousiasme de l'adolescence, un des moments les plus beaux de notre histoire culturelle moderne (pour l'enseignement, les publications, les lettres et les arts, les institutions), et tout jeune que j'étais, j'avais pleine conscience du mouvement collectif auquel j'avais le sentiment d'appartenir. Sous la révolution de 1936 (qui a causé l'échec de tant de choses !) et pendant la guerre civile qui m'a obligé à retarder mon entrée à l'Université et durant laquelle, mobilisé, j'ai vécu des expériences de toute sorte, je me suis rendu parfaitement compte de ce qui avait existé chez nous auparavant et du grand vide qui commençait alors à se créer. Mais je n'avais aucun engagement, culturel ou autre, et je n'ai perdu aucune situation pour être porté à parler plus tard de ces événements avec des ressentiments personnels. Si, au cours de mes études de philologie romane à l'Université, nous nous sommes plaints, mes camarades et moi, du manque total de professeurs compétents — le grand vide n'a pas épargné l'Université —, je dois reconnaître que, tout en fournissant beaucoup d'effort, j'ai trouvé un chemin rapide — il n'y avait personne ! — et sans obstacles dans ma carrière universitaire à Barcelone. Je m'excuse, auprès de ceux qui m'écoutent, de ce témoignage personnel. Mais j'ai cru utile de l'apporter pour faire mieux comprendre les raisons du détachement personnel et de l'objectivité avec lesquels je crois être en mesure d'aborder les événements d'il y a plus de trente ans (⁸).

_____

(7) Francesc Candel, *Els altres catalans* (Barcelona 1964) (10ᵉ éd. 1967) ; Joan Fuster, *Nosaltres els valencians* (Barcelona 1962) (2ᵉ éd. 1964) ; Josep Melià, *Els mallorquins* (Palma de Mallorca 1967) ; M. Sanchis Guarner, *Els valencians i la llengua autòctona durant els segles XVI, XVII i XVIII* (València 1963).

(8) J'ai abordé ce sujet, il y a trois ans, en commentant les travaux sur la langue catalane parus ou réalisés dans les quinze dernières années (1950-1965) ; dans cet exposé, j'ai déjà essayé de mettre en relief quelques aspects de la situation du catalan d'aujourd'hui, et ici, je les reprends tout en les développant (cf. *Où en sont les études sur la langue catalane*, « Actas del XI Congreso Internacional de Lingüística y Filología Románicas, Madrid, 1965 », vol. I (Madrid 1968) 45-101).

Je ne saurais terminer cette introduction sans exposer pourquoi il m'a semblé opportun de consacrer cette dernière séance du Colloque sur le catalan à un sujet qui n'est plus, à proprement parler, linguistique, mais sociolinguistique. Pendant plusieurs jours, nous avons étudié et discuté ensemble une série de questions concernant le catalan : l'histoire de la langue, la grammaire descriptive et évolutive, le vocabulaire — noms communs et noms propres — et les dialectes. Nous nous sommes occupés des problèmes qui restent posés, de l'état actuel des recherches, des méthodes employées ou à employer. Tout cela suppose, naturellement, l'existence d'une langue en plein fonctionnement, une langue qui vit, qui s'exprime par écrit, qui se transmet, qui est enseignée. Or, lorsqu'on apprend que, depuis près de trente ans, le catalan n'a plus de journaux (tandis qu'auparavant il en avait), ou qu'il n'est pas enseigné, ou qu'il l'est, aujourd'hui, dans une proportion si exiguë que cela ne pèse pas dans l'ensemble de la société, on peut se demander à bon droit si les Catalans ou, du moins, ceux qui sont ici ne sont pas victimes d'un mirage et si ce colloque n'a pas eu pour objet une fiction. On peut nous demander si la langue catalane mérite au fond la considération dont elle jouit partout et dont le présent colloque, organisé sur l'initiative de l'Université de Strasbourg, est un nouvel exemple. Bref, on pourrait nous demander pourquoi nous ne jouons pas franc jeu et étudions l'histoire de la langue, sa grammaire, son vocabulaire, ses dialectes, en les détachant de la langue parlée d'aujourd'hui et sans nous occuper du corps vivant de la population qui parle catalan.

Si nous répondions à cette question en affirmant seulement que nous possédons aussi bien une littérature ancienne, qu'on peut comparer avec beaucoup d'autres littératures, qu'une littérature moderne, actuelle, attentive à toutes les tendances et inquiétudes du monde d'aujourd'hui ([9]), ne pourrait-on pas nous répliquer que tout cela appartient à quelques cercles culturels, tandis que la grande masse de ceux qui parlent catalan reste à l'écart de ces manifestations, accepte l'école en espagnol et renonce à écrire en catalan ? Voilà pourquoi j'ai cru, honnêtement, dès le premier jour, qu'un Colloque sur les problèmes de linguistique catalane se devait d'affronter le grand *problème* de la langue catalane d'aujourd'hui : le rapport entre la langue et la société, tel qu'il apparaît comme conséquence de certains faits politiques, sociaux et culturels. Nous allons donc examiner la question à savoir si cette langue dont nous avons étudié les problèmes linguistiques s'appuie réellement sur le peuple qui en est l'unique justification. Essayons de voir quel rôle joue la langue catalane au sein du domaine linguistique catalan.

---

(9) Il suffit d'en donner deux exemples, très récents d'ailleurs : la version de *Les mots* de J. P. Sartre, parue d'abord à Barcelone en traduction catalane et, ensuite, à Madrid, en traduction espagnole ; *La bonne personne de Se-zwan*, de B. Brecht, mise en scène en catalan antérieurement à sa mise en scène en espagnol. On pourrait en citer beaucoup d'autres.

2) *L'« heure zéro »*

4. Qu'il s'agisse de la langue ou de la littérature catalane, l'année 1939 est sans aucun doute une date limite. Elle marque la fin d'une époque dans l'histoire de la langue et le commencement d'une époque nouvelle. C'est cette limite que j'appelle l'« heure zéro » de la langue catalane : un saut brusque de « beaucoup » à « très peu » ou, plus exactement, de « presque tout » à « presque rien ». Il nous faut encore un grand effort de réflexion pour mesurer à sa juste valeur ce point critique de l'histoire de notre langue. Je crois qu'il n'y avait jamais eu un moment adverse aussi dur, pour la survivance même de la langue, que la période qui a suivi immédiatement l'année 1939. L'histoire de tous les peuples trace des lignes sinusoïdales, avec des hauts et des bas, et le peuple catalan, depuis qu'il a perdu sa souveraineté politique, a souvent vécu des époques « basses », qu'il a sû pourtant toujours surmonter. Or, l'année 1939 n'est pas *une* « heure zéro » qu'on pourrait comparer à d'autres moments de l'histoire. Non, 1939 est *l'*« heure zéro » de la langue et de la culture catalanes.

Nous pouvons nous en rendre compte en évoquant le moment que, jusqu'en 1936, nous avions toujours considéré comme le plus bas de toute l'histoire du peuple catalan : l'année 1714, année de la capitulation de la ville de Barcelone devant l'armée de Philippe V. Aucune comparaison n'est possible. Tout d'abord, à cause de la situation politique et spirituelle à l'intérieur du pays : à la différence de la profonde division intérieure de 1939, en 1714, quoiqu'il y eût des Catalans philippistes, l'immense majorité des Catalans étaient unanimes à prendre le parti de l'archiduc Charles, et la « Réunion des Bras » (*Junta de braços*) qui a décidé de continuer la guerre et d'organiser la défense de Barcelone, était véritablement représentative de la volonté populaire. Deuxièmement, on ne peut pas non plus comparer les deux situations quant au caractère de la répression : celle de 1714 a été certes plus spectaculaire : destruction du quartier de Ribera et construction de la Citadelle par un travail forcé, déplacement de l'Université de Barcelone à Cervera, etc., mais elle n'a pas eu la profondeur et l'efficacité qu'allait avoir son parallèle plus de deux siècles plus tard (interdiction *de facto* des manifestations écrites et, en général, publiques de la langue, abolition ou transformation des institutions, dissimulation de ces procédés par des déclarations élogieuses à l'égard du pays, etc.) [10].

En 1939 la situation a donc été tout à fait différente de celle de 1714. Il est facile à comprendre qu'au XXe siècle, par suite de l'étendue de la culture générale (enseignement ; publications ; revues, périodiques et journaux ; cours et conférences), une atteinte à la culture et à la langue a une signification infiniment plus profonde qu'au XVIIIe

---

(10) Ferran Soldevila, *Història de Catalunya*, 2e éd., vol. III, chap. XXXIV (pp. 1127-1167) et surtout chap. XXXV (pp. 1168-1230, notamment pp. 1168-1188). V. aussi Santiago Albertí, *L'onze de setembre* (Barcelona 1964).

siècle et qu'elle touche pratiquement toute la vie du pays. De plus, en 1939, comme je viens d'y faire allusion, les positions à l'égard des événements n'étaient pas aussi claires : par malheur, le pays était scindé en deux par deux grandes idéologies opposées, et dans chacun des deux camps politiques se trouvaient ceux qui non seulement parlaient et pensaient en catalan (on peut dire qu'à cette époque les non-Catalans étaient très peu nombreux chez nous), mais avaient même des responsabilités à la tête d'organismes catalans culturels, politiques, sociaux. Il suffit de rappeler la campagne électorale de février 1936, si énervante et si énervée : elle a été menée presque exclusivement en catalan (il n'y a eu que deux petites exceptions, aux deux côtés des antagonistes : extrême droite et monarchistes d'un côté, syndicalisme ouvrier et anarchistes de l'autre). On n'a pas oublié la grande affiche monumentale qui, suspendue en diagonale aux toits de deux bâtiments au-dessus de la Place de Catalogne à Barcelone, invitait en catalan (bien sûr !) à voter pour le « Front Catalan d'Ordre » : « Voteu el Front Català d'Ordre ». Si je mentionne cet exemple, c'est que les mêmes électeurs qui avaient voté l'ordre « en catalan » se sont rangés, quelques mois plus tard, du côté de ceux qui allaient fermer la porte à toutes les manifestations publiques de la langue catalane.

Non, on ne peut comparer la situation de 1939 avec aucune situation antérieure. A la suite des élections du 16 février 1936 ([11]), le pays est resté partagé, du point de vue civique et politique, en deux grandes moitiés. Mais, peu après, par la révolte de juillet 1936 et la guerre civile (1936-1939), la division du pays est même devenue physique, et sur les deux fronts se trouvaient des combattants catalans qui affirmaient qu'ils luttaient, entre autres buts, pour la Catalogne. En 1939, au lendemain de la guerre civile, on sentait qu'une faille profonde, un véritable abîme, séparait deux façons de vivre « en catalan », deux manières de réaliser cette Catalogne dont on avait parlé les armes à la main. Chacun avait ses raisons à lui, que nous devons respecter d'autant plus que le sang avait été versé des deux côté. On se rend compte que je parle de la situation spirituelle du pays catalan qui n'avait rien à faire, à proprement parler, avec la position que les autorités du nouvel ordre politique allaient adopter à l'égard du catalan. C'est à ce peuple sans unité intérieure que je pense ; son manque d'unité est un des deux grands facteurs de ce que j'appelle l'« heure zéro » du catalan : pays divisé en deux moitiés qui, du moins à l'époque, paraissaient irréconciliables.

---

(11) Lors de ces élections, si l'on ne tient pas compte des partis extrémistes de droite et de gauche, l'*Esquerra Catalana* ('gauche') a obtenu, avec ses alliés, 38 sièges de députés, tandis que la *Lliga Catalana* (de centre-droite) en a obtenus 13. On remarque le grand écart au profit du *Front Popular,* ensemble des partis vainqueurs. Mais il ne faut pas oublier que, quelques mois plus tard, en pleine révolte de juillet 1936, beaucoup de ceux qui avaient soutenu le *Front Popular* par leurs voix, ont abandonné leur position politique au vu de la marche des événements sous la révolution (assassinats, persécutions, vols, manque de toute sécurité).

13

Mais il y avait plus encore. Jusqu'ici je n'ai parlé du catalan et des Catalans qu'en envisageant la situation intérieure du pays. Or, il faut tenir compte aussi et surtout du nouveau régime politique espagnol dont l'attitude, quant au catalan, n'était pas difficile à deviner. Il a constitué le deuxième grand facteur de l'« heure zéro », facteur d'une importance énorme, parce qu'il a déclanché toute une politique de persécution de la langue et de la culture catalanes. Le mot « persécution » que je viens d'employer pourra paraître excessif à certains. En effet, aucune loi générale et spectaculaire n'a interdit l'usage de la langue catalane ; mais une tendance à supprimer l'usage du catalan dans les domaines publics et, par conséquent, dans toute manifestation écrite, a paru évidente, depuis les premiers moments, dans les documents les plus authentiques ([12]). Etant donné cette tendance générale, il n'a pas été difficile de la mettre en exécution sans faire appel à des ordonnances explicites. Certes, l'organisation politico-administrative de la Catalogne (1932-1939) a été l'objet d'une législation particulière, qui a supprimé l'ancienne organisation, mais il n'y a pas eu de loi sur la langue et sur la culture. Pourtant, la fin de la guerre civile a signifié la rupture de toute une tradition culturelle très enracinée et a failli mettre en péril l'existence de la langue elle-même. Plus encore : la position adoptée en 1939 à l'encontre du catalan s'est maintenue pendant des années et, sous certains aspects, bien qu'elle ait été adoucie, se maintient toujours. En conséquence, si l'on y réfléchit bien, ce que j'ai appelé l'« heure zéro » de la culture catalane, est en réalité une « *époque* zéro ».

Je viens de dire qu'il n'existe aucun texte législatif concernant la limitation de l'usage du catalan et qu'en fait, on n'en avait pas besoin. En effet, le jeu a toujours été très subtil, et il suffisait d'appliquer les normes générales relatives à toutes les activités dans le pays pour empêcher toute manifestation de la langue catalane. S'agissait-il de publier un livre en catalan ? Un organisme national, la censure, pouvait en interdire la publication, sans devoir en préciser la cause. Voulait-on organiser une manifestation publique avec interventions en catalan (ce qui aurait été difficile d'imaginer en 1940 ou 1942, et même plus tard) ? Dans tout le pays, il fallait demander l'autorisation, présenter un résumé de chaque intervention, un bref curriculum vitae des personnes qui allaient y prendre part, etc., et un refus n'avait pas besoin d'être motivé. Songeait-on à une conférence ou un cours sur un

---

(12) Ainsi, le Chef de l'Etat, bien qu'il ait toujours été très prudent dans ses déclarations publiques, n'a jamais caché les grandes lignes de sa politique. En voici un exemple tiré d'une déclaration qu'il a faite à l'envoyé spécial du *Jornal do Brazil* (janvier 1938) ; « España se organiza en un amplio concepto totalitario, por medio de instituciones nacionales que aseguran su totalidad, su unidad y su continuidad. El carácter de cada región será respetado, pero sin perjuicio para la unidad nacional, que la queremos absoluta, con una sola lengua, el castellano, y una sola personalidad, la española » (*Palabras del Caudillo : 19 abril 1937 - 7 diciembre 1942* (Madrid 1943), Editora Nacional).

sujet quelconque ? Il fallait se soumettre à toutes les procédures prévues dans ce cas dans le pays entier et qui étaient plus compliquées
encore, car on exigeait une sorte de garantie d'un organisme culturel
officiel. S'agissait-il simplement de « sardanes », danse populaire catalane ? Etant donné que les « auditions de sardanes » se font en plein
air, il fallait une autorisation spéciale, qu'on a systématiquement refusé
de donner pendant des années. Le plus souvent, on refusait l'autorisation demandée sous prétexte de vices de forme dans la façon dont la
demande avait été faite, et c'est encore ce qui était courant partout
dans le pays ([13]).

Une législation spéciale sur le catalan n'était donc pas nécessaire.
Il suffisait d'appliquer les normes générales, valables partout en
Espagne. Toutefois, on a imposé des normes particulières au pays basque
et aux pays catalans en raison de l'existence de deux langues([14]). Depuis
1936, on en a publié plusieurs, mais je ne vais en signaler que quelques-

---

([13]) Il est évident, d'autre part, que ces normes et règles n'ont pas toujours été
appliquées (c'est une caractéristique de la politique et de l'administration
officielle du pays), de sorte que des actes et des publications en catalan
ont pu se faire malgré tout. Mais il n'est pas moins évident que l'existence
de ces règlements a fourni aux autorités une justification du refus de
l'autorisation demandée chaque fois que ce refus leur convenait.
([14]) Voici le texte d'un arrêté (« Orden ») du Ministère de l'Organisation et de
l'Action Syndicale (mai 1938, pendant la guerre civile), qui met en relief
la mentalité de l'époque et le vocabulaire dont on se servait. Ce texte légal
visait d'une façon explicite le Pays Basque, mais peu après il a été appliqué à toute l'Espagne, y compris la Catalogne.
« *Ministerio de Organización y Acción Sindical. — Orden.*
 « Seguramente más por inercia de costumbre que con el ánimo de
« mantener sentimientos ciertamente desaparecidos para siempre y que
« sólo eran alentados por una audaz minoría, que ha sido vencida y ha
« huído de la España Nacional, todavía algunas Sociedades Cooperativas
« de las Provincias Vascongadas mantienen sus títulos sociales o permiten
« circular sus Estatutos o Reglamentos redactados en el lenguaje vasco, si
« bien casi siempre figura unida su traducción castellana.
 « Y siendo absolutamente necesario que el sentimiento Nacional y
« españolista se manifieste sin dudas ni vacilaciones de género alguno y de
« modo especialísimo en el espíritu y en los actos de las entidades rela-
« cionadas con el Estado, hecho éste que no pugna con el respeto que pueda
« merecer el uso de dialectos en las relaciones familiares privadas, previo
« informe del Ministerio del Interior, he dispuesto lo siguiente :
 « 1º Queda teminantemente prohibido el uso de otro idioma que no sea
« el castellano en los títulos, razones sociales, Estatutos o Reglamentos y en
« la convocatoria y celebración de Asambleas o Juntas de las entidades que
« dependan de este Ministerio.
 « 2º Las entidades a que afecta esta disposición procederán a efectuar
« las modifiacaciones oportunas en los referidos nombres, Reglamentos o
« Estatutos, dando cuenta de haberlo realizado al servicio de que dependan,
« de este Departamento, en el plazo máximo de treinta días, a contar desde
« la inserción de esta Orden en el « Boletín Oficial del Estado ».
 Santander, 21 de Mayo de 1938 - II Año Triunfal. Pedro González
Bueno.
 (« Boletín Oficial del Estado, 26 de Mayo de 1938 - II Año Triunfal »,
pág. 7.532).

unes. Parfois ces normes concernaient les cas pour lesquels, apparemment, on ne s'y serait pas attendu ; je pense, par exemple, à un décret ministériel du 16 mai 1940, qui interdit l'emploi de dénominations générales étrangères sur les affiches et les échantillons, dans les annonces, etc. ; en fait, ce décret était dirigé contre l'usage du catalan et du basque à en juger par l'application qu'on en a faite dans les domaines linguistiques catalan et basque et par le préambule où il est dit qu'il faut « déraciner les vices du langage qui, au-delà du domaine de la vie privée, introduisent dans la vie publique des modes étrangères » ([15]). Il devait y avoir bien peu d'Espagnols qui s'exprimaient, dans leur vie privée et au-delà de celle-ci, en français, en anglais, etc., et en tout cas ils n'ont jamais été en tel nombre que cela puisse justifier un décret ministériel. D'autres décrets du gouvernement sont plus nets quant aux langues dont ils interdisent l'usage. Dans celui du Ministère de l'Industrie et du Commerce, du 20 mai 1940, sur les noms

---

(15) Voici encore un autre texte que je reproduis littéralement (« Boletín Oficial del Estado, 17 de Mayo de 1940 », pág. 3.370) :
  « *Ministerio de la Gobernación* — Orden de 16 de Mayo de 1940 por la
  « que se dispone queda prohibido en rótulos, muestras, etc., el empleo de
  « vocablos genéricos extranjeros.
  « No por un mezquino espíritu de xenofobia, sino por exigencias del
  « respeto que debemos a lo que es entrañablemente nuestro, como el idioma,
  « precisa *desarraigar vicios de lenguaje que, trascendiendo del ámbito par-*
  « *cialmente incoercible de la vida privada, permiten en la vida pública la*
  « *presencia de modas* con apariencia de vasallaje o subordinación colonial.
  « Es deber del poder público, en la medida en que ello es posible, reprimir
  « estos usos que contribuyan a enturbiar la conciencia española, desviandola
  « de la pura línea nacional, introduciendo en las costumbres de nuestro
  « pueblo elementos exóticos que importa eliminar.
  « En su virtud, este Ministerio dispone :
  « Artículo 1º — Queda prohibido en rótulos, muestras, anuncios y
  « lugares y ocasiones análogos el empleo de vocablos genéricos extranjeros,
  « como denominaciones de establecimientos o servicios de recreo, industrias
  « mercantiles, de hospedaje, de alimentación, profesiones, espectáculos y
  « otros semejantes.
  « Artículo 2º — En el término de un mes, a partir de la publicación de
  « la presente Orden en el Boletín Oficial del Estado, deberán desaparecer
  « de rótulos y muestras las palabras que actualmente estén incursas en
  « la prohibición que antecede.
  « Artículo 3º — Por los Gobernadores Civiles y los Alcaldes se vigilará
  « el cumplimiento de estas normas y se impondran a los infractores, o se
  « propondrán, en su caso, las sanciones gubernativas que procedan ».
  « Madrid 16 de Mayo de 1940 ».
  (J'ai mis *en italiques* les phrases dont une traduction figure ci-dessus.)

(16) Je me borne à citer la première partie de cet arrêté (« Boletín Oficial del Estado, 30 de Mayo de 1940 », pág. 3.680) :
  « Orden de 20 de mayo de 1940 sobre denominaciones, marcas y rótulos
  « en idioma extranjero.
  « Ilmo. Sr. : Bajo las modalidades de Marca, Nombre Comercial y
  « Rótulos de Establecimiento, existen registrados o solamente solicitados
  « ante el Registro de la Propiedad Industrial, razones sociales, títulos o
  « denominaciones constituídos por palabras extranjeras o *pertenecientes a*
  « *dialectos distintos del idioma castellano, que están en pugna con el senti-*

commerciaux, les marques et les titres des établissements inscrits dans le Registre de la Propriété Industrielle, on indique d'une façon explicite que les « noms appartenant aux dialectes autres que le castillan (ou espagnol) sont contraires au sentiment national et *espagnol* du Nouvel Etat, qui doit être l'expression et la norme de conduite pour tous les bons Espagnols » ([16]). Cet ordre ministériel a été aboli vingt-cinq ans plus tard (en 1964), mais les difficultés légales subsistent encore ([17]). Je rappelle également qu'on a interdit de parler en catalan aux employés et fonctionnaires publics, même hors des bureaux administratifs (arrêté du Gouverneur, c'est-à-dire du Préfet, de Barcelone, du 28 juillet 1940). Toutes ces dispositions sont toujours en vigueur.

Quant à l'usage public du catalan en dehors des circonstances officielles, on a fait des progrès, notamment dans les dix dernières années, mais, à vrai dire, on ne peut jamais deviner quelle sera la réaction des organismes compétents dans chaque cas concret ([18]).

« *miento nacional y españolista proclamado por el Nuevo Estado y que debe* « *ser expresión y norma de conducta de todos los buenos españoles* ».
    « De acuerdo con este criterio y con las prohibiciones [qu'on mentionne, « au nombre de trois, de 1938, 1939 et 1940] ; comoquiera que en ninguno « de estos preceptos se resuelve el caso con relación a propiedad industrial, « es necessaria una disposición concreta referida a esta materia, con el fin « de que no pueda consolidarse a los efectos del uso el derecho reconocido « por registros anteriores, otorgándose un plazo a los concesionarios de « estos registros para introducir en ellos las oportunas modificaciones, a « fin de no perturbar los derechos que de aquéllos pudieran derivarse ni « las garantías declaradas sobre su propiedad ».
    [La partie dispositive interdit l'emploi de toute langue autre que l'espagnol dans ces cas, oblige à présenter les termes traduits dans un délai de deux mois et prévient de la perte de leurs droits tous ceux qui ne le feraient pas.]
    « Madrid 20 de Mayo de 1940 ».
(17) L'arrêté du Ministère de l'Industrie et du Commerce du 21 avril 1964 a supprimé les dispositions légales du 20 mai 1940 (citées dans la note précédente) et des 8 et 22 juillet 1940 (qu'on avait édictées pour éclaircir les premières), ainsi que du 10 mai 1949, et a renvoyé la question de la langue à adopter dans ce genre de dénominations au Statut de la Propriété Industrielle (Décret-Loi du 26 juillet 1929, refondu le 30 avril 1930). Néanmoins, malgré l'apparente libéralisation que ce texte légal apporte, la persécution continue, étant couverte par l'article 203 de ce Décret-Loi (du 26 juillet 1929) qui dit : « Nombres comerciales y rótulos de establecimientos. — Artículo 203 : « Las entidades o ciudadanos españoles no podrán registrar nombres redactados en idioma extranjero ».
(18) En voici un exemple concret. Au mois de janvier 1962, le Gouverneur Civil (« Préfet ») de Tarragone a rappelé à tous les citoyens de la province (= département) que les ordres concernant l'usage du catalan dans des actes et séances publiques n'avaient point été supprimés, et il les a fait insérer à nouveau dans les journaux. L'interdiction du catalan concernait notamment son emploi dans les actes publics, conférences et réunions littéraires. De plus, il a édicté que les ordres du jour de toutes sortes de réunions et les programmes de toutes les cérémonies, y compris celles de caractère religieux, devaient lui être soumis au préalable avec un préavis suffisant, pour obtenir son approbation. Des ordres semblables ont été publiés par les autres Gouverneurs Civils des provinces de langue catalane, surtout de Barcelone.

Les textes légaux contenant des limitations de l'emploi du catalan sont donc effectivement peu nombreux. Il suffisait de partir des normes générales concernant les séances, les réunions, les publications, etc., et de les appliquer à chaque cas précis dans les pays catalans. Mais il y a eu beaucoup de circulaires confidentielles émanant de différents Ministères, de la « Gobernación » (Ministère de l'Intérieur), de l'Education Nationale, de l'Information et Tourisme (Ministère chargé de la censure des publications), etc., et qui, adressées à leurs subordonnés respectifs, Gouverneurs Civils (Préfets de Départements), Chefs de Police ou de la Garde Rurale (la « Guardia Civil »), Délégués de l'Information, etc., ont été retransmises par ceux-ci au moyen de circulaires intérieures, voire verbalement. S'il est possible de consulter un jour les archives de ces organismes officiels, qui ont conservé les arrêtés et circulaires intérieurs des Ministères, on pourra se rendre compte des grands et pénibles efforts qu'on a entrepris pour supprimer la langue catalane dans son propre domaine linguistique, ou pour en gêner gravement l'usage, l'enseignement et la diffusion.

3) *A quoi l'« heure zéro » mettait-elle fin ?*

5. L'année 1939 a mis fin à un des efforts collectifs les plus remarquables en vue de la renaissance d'un peuple qu'on puisse rencontrer dans l'histoire de l'humanité. Sous certains aspects, c'était un effort unique. D'autres que nous l'ont affirmé en rendant hommage au peuple catalan.

A propos du mouvement catalan, on s'étonne parfois de sa pureté, de sa spontanéité, de sa droiture, mais on rappelle aussi volontiers, en faisant valoir le caractère artificiel de tout mouvement pour la reconnaissance de la personnalité d'un peuple, que le catalan n'est devenu langue officielle (plus exactement co-officielle) en Catalogne qu'en 1932, et encore pour des raisons politiques. Dans cette affirmation, il y a quelque chose de vrai : le catalan n'a réussi à être proclamé langue officielle (en même temps que l'espagnol, avec le même statut juridique) qu'en 1932, comme conséquence d'une loi. Cette loi s'appliquait exclusivement à la Catalogne — les anciennes provinces de Barcelone, de Tarragone, de Lleida et de Gérone qui constituaient ensemble le territoire de la « Generalitat de Catalunya » et, en cette qualité, jouissaient à cette époque d'une autonomie politique et administrative — tandis que la reconnaissance du catalan comme langue officielle n'a pas été étendue sur le reste des pays catalans, notamment à Valence et aux îles Baléares. Dans ce sens, il est donc vrai que le catalan est devenu langue officielle à la suite d'une décision politique. Mais cette décision politique est venue simplement reconnaître une réalité : c'était une confirmation, une sanction légale d'un mouvement qui avait plus d'un siècle d'existence et dont les racines remontaient encore plus haut dans le passé. Rappelons-nous le cas d'Andorre, petite principauté au cœur des Pyrénées, dont la langue officielle a toujours été le catalan ;

là, la tradition linguistique s'est maintenue à cause de l'indépendance politique du pays. Or, chez nous, s'il y a eu une action politique du gouvernement espagnol, elle consistait à gêner ou à empêcher, depuis déjà le XVIIIe siècle, toute manifestation du peuple catalan en langue catalane. Ainsi, à vrai dire, la loi de 1932 était une reconnaissance d'une réalité ancienne et un retour à un état de choses juste. On peut en conclure en conséquence que la décision de 1932 ne représente qu'un aspect juridique, formaliste, tandis que la langue, elle (avec l'équation « langue = société »), vient du fond des âges. La raison de ce décalage est tout simplement l'absence de tout instrument politique et institutionnel chez nous depuis la perte de notre indépendance.

Plus de cent ans de vie du mouvement catalan ne permettent pas de parler d'artifice à propos de la reconnaissance du catalan comme langue officielle. Après la décadence des lettres catalanes au XVIe siècle, après les difficultés politiques, sociales et militaires du XVIIe et la destruction des institutions politiques, subséquente à l'année 1714, le peuple catalan a de nouveau fait preuve de sa capacité de réagir qui est sa qualité caractéristique. Tout d'abord, il y a eu renaissance économique à la fin du XVIIIe siècle ; ensuite, c'est la *Renaixença* (« renaissance ») littéraire, qui exaltait la gloire du passé (*Oda a la pàtria,* de B. C. Aribau, 1833 ; restauration des *Jocs Florals* « Jeux Floraux », concours de poésie, 1859 ; *L'Atlàntida,* le grand poème de J. Verdaguer, 1877) ; enfin, on en est arrivé à poser, vers la fin du siècle dernier, toute une série de problèmes, économiques, politiques et culturels, avec la conscience collective d'un « peuple ». Tous ces facteurs ont fait naître, vers 1900, ce que j'ai appelé ailleurs « l'époque de l'enthousiasme » : c'est l'époque de l'apparition de toute sorte d'institutions culturelles, artistiques, archéologiques, musicales, etc., qui se sentaient, avant tout, patriotiques. Mn. Alcover entreprend alors l'« Obra del Diccionari » (littéralement l'« Œuvre du Dictionnaire ») et organise le Premier Congrès International de la Langue Catalane (1906). Tous les partis politiques catalanistes, assemblés, créent le mouvement de la « Solidaritat Catalana » (1905-1910).

Enfin, en nous bornant aux aspects culturels, l'« Institut d'Estudis Catalans » est fondé en 1907, comme une académie scientifique orientée surtout vers la langue, et aussitôt il commence à bâtir les structures de la culture catalane. Je ne dis pas que la culture catalane ait commencé à vivre en 1907, comme une création de l'« Institut », car une culture ne peut pas être créée au moyen d'une institution ; la culture catalane, avec la conscience d'en être une, est très antérieure. Une foule de faits en est la preuve. J'en citerai seulement quelques-uns. En laissant de côté les grandes personnalités, y compris les grands écrivains (qui, tout seuls, ne suffisent jamais à constituer une culture), on remarquera qu'un climat venant des couches profondes de l'âme populaire s'est concrétisé sous forme de nombreuses organisations collectives. C'est ainsi que, vers la fin du XIXe siècle, on a assisté à la constitution d'une série d'associations de caractère général (touristiques et alpinistes, archéologiques, artistiques, musicales) qui répondaient aux besoins du peuple. La « Lletra de convit » (1901) de Mn. Alcover, par laquelle tout le monde a été invité à collaborer à l'élaboration d'un grand dictionnaire catalan, a suscité la formation d'un véritable réseau de correspondants ; on a fondé aussitôt un bulletin de l'entreprise (le « Bolletí del Diccionari de la Llengua Catalana », Majorque, 1902 et ss.). L'« Obra del Diccionari » a obtenu un succès des plus brillants au moment du « Primer Congrés Internacional de la Llengua Catalana » (1906). En raison de l'absence de tout enseignement des matières catalanes à l'Université et, tout spécialement, à la suite du refus de l'Université officielle de s'en charger, on a fondé les « Estudis Universitaris Catalans » (1906). La conscience qu'on avait de la nécessité d'un enseignement supérieur a fait naître le premier « Congrés Universitari Català » (1903). Dans une séance mémorable, tenue le 17 avril 1900 à l'Académie de Jurisprudence et de Législation, on a utilisé officiellement la langue catalane pour la première fois. Le discours présidentiel d'Angel Guimerà à l'« Ateneu Barcelonés » sous le titre *La llengua catalana* avait fait entrer officiellement le catalan dans la vieille institution dès 1896. On voit donc que, dès avant la fondation de l'« Institut d'Estudis Catalans », il existait chez nous beaucoup d'organisations, d'initiatives, de réalisations, dont plusieurs étaient du domaine de la haute culture et de la recherche ou en étaient très proches. Mais il est évident qu'il fallait coordonner tout cela, étant donné surtout que la culture catalane ne disposait pas de ressources officielles dont bénéficient les autres cultures nationales du moment qu'elles peuvent s'appuyer sur une administration d'Etat. Ainsi, le fait que le catalan n'avait pas le rang de langue officielle jusqu'en 1932 rend les réalisations culturelles accomplies chez nous antérieurement à cette date particulièrement méritoires. De même, à l'époque actuelle, les efforts qu'on fait chez nous dans le domaine de la culture sont d'autant plus méritoires que le catalan, outre qu'il a cessé d'être langue officielle du pays, se trouve en proie à des difficultés énormes...

6. A présent, je voudrais rendre compte, d'une façon très condensée, des manifestations de la culture catalane jusqu'à la guerre civile de 1936-1939, et cela autant de leur développement progressif que de leur situation d'ensemble à la veille de la débâcle. Il arrive souvent qu'on nous demande où l'on peut s'informer sur la culture catalane et sa défaite en 1939. Si l'on me posait cette question maintenant, je n'hésiterais pas à recommander la lecture de l'*Histoire de la presse catalane,* de Joan Torrent et Rafael Tasis ; je crois que c'est l'ouvrage qui permet le mieux de se faire une idée, évidemment sous un angle précis, de tout ce que nous avions en 1936 et de ce que nous avons cessé d'avoir après 1939 ([19]).

---

(19) Joan Torrent - Rafael Tasis, *Història de la premsa catalana* (Barcelona 1966), vol. I (924 p), vol. II (813 p.). Pour les renseignements qui suivent, v. aussi les brochures de M. Coromines et de moi-même, citées ci-dessus, note 6.

Dans l'ordre des institutions, l'« Institut d'Estudis Catalans », fondé en 1907, a joué tout de suite un rôle double : d'abord, celui d'une académie, qui rassemble toutes les personnes se consacrant à la haute culture et à la recherche, de sorte qu'en réalité on a établi une véritable « école », dont le prestige scientifique est jusqu'à présent reconnu partout ; le second rôle de l'« Institut » a été celui d'un organisme exécutif chargé de mettre de l'ordre dans toute une série de problèmes où régnait la plus grande confusion et où existaient même des vues opposées. Je pense, par exemple, au problème le plus urgent qui a été celui de la langue ; j'y reviendrai tout à l'heure ([20]). L'« Institut » a été conçu comme une vraie académie, avec le « numerus clausus » des membres ; cette limitation a fait naître, dans différentes spécialisations scientifiques, des sociétés qu'on a appelées « filiales » de l'« Institut ». Ses relations ont été très bonnes avec les Académies et les corps savants fondés antérieurement, même avec ceux qui, à certains moments, représentaient la science la plus conservatrice par rapport à la jeune poussée du nouvel « Institut » ; le cas le plus remarquable dans ce sens a été celui de l'« Acadèmia de Bones Lletres de Barcelona » qui, pourtant, beaucoup plus tard, a fini par adopter le catalan jusque dans le titre de son *Butlletí* ([21]). J'ajoute qu'un organisme d'une nature bien différente, l'Université de Barcelone, qui est un établissement d'Etat, a obtenu, en 1933, une nouvelle organisation autonome qui en a tout à fait transformé le fonctionnement et a permis de renouveler les cadres de ses professeurs. De plus, à l'Université Autonome de Barcelone, le catalan et l'espagnol étaient tous les deux langues officielles, et les cours se faisaient dans les deux langues ([22]).

J'ai dit que la tâche la plus urgente était celle de la fixation de la langue. Grâce à l'« Institut d'Estudis Catalans », dont l'autorité a été universellement reconnue chez nous dès le début, la langue catalane a été normalisée par étapes, ce qui en a fait un instrument organisé,

---

(20) Sur la tâche de l'« Institut », on peut consulter par exemple : *L'Institut d'Estudis Catalans, Els seus primers XXV anys* (Barcelona 1935). Sur ses activités jusqu'à une période plus récente, v. surtout R. Aramon i Serra, *L'Institut d'Etudes Catalanes et son activité linguistique*, « Communications et Rapports du Premier Congrès International de Dialectologie Générale (organisé par Sever Pop, Louvain du 21 au 25 août, Bruxelles les 26 et 27 août 1960) », publiés par A. J. Van Windekens, Quatrième partie (Louvain 1965) 7-20.

(21) La « Real Academia de Buenas Letras de Barcelona » rassemblait entre 1900 et 1920, les hommes de lettres les plus traditionalistes ; elle publiait un *Boletín* (depuis 1901) où paraissaient des articles en espagnol et aussi en catalan (de même en d'autres langues). Pendant la période 1931-1936, l'Académie a changé le titre de sa revue, en le traduisant en catalan : *Butlletí de l'Acadèmia de Bones Lletres de Barcelona* ; deux volumes parus : XV (1931-1932) et XVI (1933-1936). Après la guerre civile (1936-1939), on a repris l'ancien titre de *Boletín* (XVII - 1944).

(22) Universitat de Barcelona, *Anuari 1934-1935* (Barcelone 1934) ; v. spécialement pp. XVII-XIX. Cf. *Conferències sobre la Universitat de Barcelona*, organitzades per l'Associació Professional d'Estudiants de Dret i donades a l'Ateneu Barcelonès (Barcelona 1935).

apte à tout exprimer : on a progressivement fixé l'orthographe (*Normes ortogràfiques*, 1913 ; *Diccionari ortogràfic*, 1917), la grammaire (Pompeu Fabra, *Gramàtica catalana*, 1918) et le vocabulaire (Pompeu Fabra, *Diccionari General de la llengua catalana*, 1932). Par suite des efforts de Pompeu Fabra et de tous ceux qui le secondaient, le catalan a acquis très tôt une diversité de styles dans une unité linguistique ; parmi ces différents styles, il y a lieu de mentionner celui de la prose scientifique, celui du langage de la presse, celui enfin de l'expression courante sans préoccupation esthétique, mais correcte et digne ([23]).

On avait donc une Académie et un moyen d'expression. Il fallait s'occuper encore de l'enseignement de la langue. Mais n'oublions pas que ce travail s'est fait à part et, très souvent, malgré l'opposition des organismes de l'enseignement officiel primaire, secondaire et supérieur; ce n'est qu'au cours des dernières années, durant la période de l'autonomie de la Catalogne, que le catalan a trouvé des chemins plus faciles. En fait l'organisation de l'enseignement du catalan a été une affaire privée. L'« Associació Protectora de l'Ensenyança Catalana » (1914) a organisé des cours, publié des manuels et enfin facilité la grande œuvre d'enseignement de la grammaire catalane. Mais à cette époque, il n'y avait pas une seule association, culturelle, musicale, artistique, technique, professionnelle, confessionnelle, etc., qui ne possédât pas ses propres cours de catalan. D'autre part, dans les périodiques et revues, voire dans les journaux, il existait des rubriques consacrées à la langue catalane, où l'on commentait des points de grammaire difficiles ou douteux.

7. Une influence décisive sur le raffermissement de la culture catalane a été exercée par les publications (livres, brochures, revues).

---

(23) On peut se renseigner sur la méthode de Pompeu Fabra en consultant ses *Converses Filològiques*, véritable journal des difficultés qu'il devait résoudre, jour après jour, dans le domaine de l'utilisation pratique de la langue. L'édition la plus complète en est celle de la « Col·lecció Popular Barcino », 10 petites brochures (Barcelone 1954-1956). De bons collaborateurs ont contribué à l'établissement du vocabulaire, chacun dans son secteur professionnel ; il suffit de citer deux exemples : le *Curs de comptabilitat*, de Ferran Boter i Mauri (Barcelona 1924) (Editorial Pedagògica de l'Associació Protectora de l'Ensenyança Catalana), à l'aide duquel on a essayé de combattre la terminologie castillanisée de la comptabilité, et le *Diccionari de Medicina*, amb la correspondència castellana i francesa, seguit d'un vocabulari castellà-català i un de francès-català. Publicat sota la direcció de Manuel Corachan, per encàrrec de l'Associació de Metges de Llengua Catalana (Barcelona 1936). Pratiquement le gros de l'édition de ce dernier ouvrage est resté en dépôt au « Colegio de Médicos de la Provincia » jusqu'en 1964 ; à partir de cette date, on en faisait cadeau à qui s'y intéressait. Sur ce point, ainsi que sur l'histoire de la « Societat Catalana de Biologia », cf. Joan Colominas, *La Societat Catalana de Biologia, un instrument de cultura*, dans « Serra d'Or », fév. 1967, pp. 35-39. Actuellement, on prépare une mise à jour de ce *Diccionari*, moyennant des fiches préparées par quelque cent médecins qui aspirent à en faire un travail d'équipe.

Il serait tout à fait impossible et de plus superflu de vouloir en dresser ici un répertoire. Il est évident qu'une ville comme Barcelone, toujours pleine d'inquiétudes spirituelles, intellectuelles et artistiques, devait susciter, dès les premiers moments, l'apparition d'auteurs en catalan et de lecteurs en catalan. Et c'est bien cela qui s'est passé. Sur le mouvement d'éditions nous pourrions nous entretenir pendant des heures. Je n'en mentionnerai que quelques secteurs qui, certes, pèsent moins, du point de vue quantitatif, que les ouvrages de création littéraire, mais qui sont indispensables dans une culture et qui marquent même les cultures. Je pense aux éditions des textes anciens et aux traductions. Nous possédons plusieurs collections de textes anciens, assez différentes quant aux critères méthodologiques sur lesquels elles s'appuient. L'édition de textes, comme discipline scientifique, a fait chez nous des progrès remarquables et, de nos jours, c'est M. Aramon i Serra qui en a établi la méthodologie (texte de base, filiation des manuscrits, appareil critique, annotation, etc.) [24]. Quant aux traductions, nous pourrions en parler longuement. Je rappellerai la « Fundació Bernat Metge », bibliothèque de classiques grecs et latins, dont les éditeurs soignent autant l'établissement du texte ancien que la version catalane. Cette grande entreprise culturelle, placée pendant des années sous la direction rigoureuse de Carles Riba, a été une véritable forge de la prose catalane moderne. Nous possédons de bonnes traductions des classiques de la littérature universelle : Homère, Virgile, Dante, Pétrarque, Molière, Gœthe, etc. Dans un laps de quelques années, nous avons eu trois bons traducteurs de Shakespeare (C. A. Jordana, Josep Carner et Josep M. de Sagarra). Toute une collection, « Biblioteca A Tot Vent », qu'on a reprise ces dernières années, avait été fondée en vue de faire paraître en traduction catalane les romans les plus avancés au point de vue esthétique et idéologique. Vers 1930, nous disposions de quatre versions catalanes de la Bible, qui obéissaient à des critères différents de traduction et qui s'adressaient à des couches culturelles différentes de lecteurs : la « Fundació Bíblica Catalana », la « Bíblia » de Montserrat, celle du « Foment de Pietat Catalana » et les versions éparses de Frederic Clascar.

Plusieurs revues de culture générale et de commentaires de la vie intellectuelle (spéculation, recherche, lettres, arts, histoire, politique) satisfaisaient les exigences du public catalan. Je ne pense pas seulement aux revues spécialisées scientifiques et techniques, mais aussi à celles qui relèvent de ce qu'on appelle la « culture générale ». Les deux les plus importantes étaient la *Revista de Catalunya* (depuis 1924) (indépendante) et *La Paraula Cristiana* (depuis 1925) (confessionnelle), toutes les deux mensuelles. Il faut rappeler aussi les *Quaderns d'estudi* (depuis 1915), consacrés à la recherche culturelle et pédagogique. D'un niveau moins élevé était une revue d'information littéraire et artisti-

---

(24) Cf. Ramon Aramon i Serra, *Les edicions de textos catalans medievals,* dans *Congr. Ling. Rom. Barc.*, II, 1, 197-266.

que et d'actualité : *D'Ací D'Allà*. Je cite encore une revue typiquement littéraire et artistique : *Mirador*. Il est impossible de les mentionner toutes : dans l'ensemble des terres de langue catalane, vers 1930-1936, on publiait une centaine de périodiques et de revues. Les journaux ont aussi connu une expansion spectaculaire. Les premiers journaux catalans remontent au-delà de 1900 ([25]), mais la nécessité de refléter des tendances politiques et idéologiques très variées a fait naître successivement de nouveaux journaux et, en 1936, paraissaient, seulement à Barcelone, huit journaux quotidiens en catalan (à côté de journaux en espagnol). En dehors de Barcelone, toute la presse locale en Catalogne était en catalan ([26]). Il y avait aussi des périodiques et des illustrés pour enfants ; je ne vais citer que *En Patufet*, le plus diffusé de tous, qui

(25) *La Renaixensa,* hebdomadaire de 1871 à 1881, a paru comme journal quotidien de 1881 à 1905 ; de même *La Veu de Catalunya,* d'abord hebdomadaire (1891), est devenu quotidien à partir de 1899. Je rappelle aussi un grand journal du commencement du siècle : *El Poble Català,* hebdomadaire de 1904 à 1906, quotidien de 1906 à 1917. Pour tout ce qui concerne la presse catalane (quotidienne ou non ; à Barcelone et ailleurs dans les pays catalans ; générale ou spécialisée ; politique, culturelle, sportive, récréative, etc.), il faut consulter l'ouvrage, déjà cité, de J. Torrent-R. Tasis, *Història de la premsa catalana* (cf. note 19).

(26) En faisant abstraction des publications non quotidiennes et, parmi les quotidiens, de ceux qui paraissaient hors de Barcelone, voici les huit journaux quotidiens qui existaient à Barcelone au mois de juillet 1936, c'est-à-dire à la veille de la guerre civile : *La Veu de Catalunya* (d'abord hebdomadaire ; comme quotidien depuis 1899), *El Matí* (depuis 1929), *La Publicitat* (en catalan depuis 1922) et *La Humanitat* (depuis 1931) qui paraissaient le matin ; *L'Instant* (depuis 1935), *Última hora* (depuis 1935) et *La Rambla* (1936) qui paraissaient l'après-midi ou le soir. Il y a lieu d'y ajouter le *Butlletí Oficial de la Generalitat de Catalunya* (depuis 1931). En outre, tous les lundis (jour où il n'y a pas de presse quotidienne le matin) paraissait le *Full Oficial del Dilluns de Barcelona* (depuis 1931 ; doublé d'une édition en espagnol). Etant donné le manque de stabilité qui caractérise la presse générale et politique de tous les pays, notamment dans des époques troubles et secouées par de grands événements, nous avons eu encore d'autres quotidiens qui n'ont pas survécu jusqu'au mois de juillet 1936, mais ont rempli eux aussi une certaine fonction sous la République espagnole (1931-1936) : *Diari Mercantil* (en catalan depuis 1931 ; a cessé de paraître en 1933) ; *La Nau* (1927-1933) ; *La Veu del Vespre* (fondé au moment où *La Veu de Catalunya* a arrêté l'édition du soir, se limitant à une édition du matin : 1933-1934 ; interrompu à la parution de *L'Instant*). Quotidiens éphémères : *Avui* (1933), *La Ciutat* (1931), *Diari del Migdia* (1931). Voyez l'ouvrage, déjà cité, de J. Torrent et R. Tasis (cf. note 19). Pourtant, il faut dire que ce livre, qui est un véritable trésor de renseignements sur la presse en catalan, a de grands défauts, au point de vue du système et de l'organisation intérieure, et n'a pas d'index bien élaborés. Pour un recensement de la presse à un moment donné, le lecteur se heurte à des difficultés presque insurmontables s'il ignore l'année de la parution du premier numéro ou le titre primitif (dans le cas de changement de titre, ce qui chez nous arrive souvent). Quant à la presse des villes secondaires et de la province, les choses deviennent beaucoup plus compliquées par suite du manque de fixité de ces journaux et revues ; il faut se garder de tirer des conclusions hâtives sur leur nombre dans le pays à tout moment.

avait un tirage remarquable et constituait l'unique école de catalan
pour quantité de personnes de niveau culturel modeste ; encore aujour-
d'hui des gens d'âge mûr en gardent un souvenir ému.

La poésie, depuis le milieu du XIXᵉ siècle, se trouvait à la tête des
lettres catalanes et de la spiritualité du peuple. Elle continuait à
occuper cette place privilégiée en 1936. Le théâtre avait donné des
grandes pièces, traduites en plusieurs langues. Les premières, au
théâtre Romea, de Barcelone, figuraient parmi les événements les plus
marquants de la vie littéraire. Mais le théâtre d'essai et les traductions
et adaptations d'auteurs étrangers comptaient également à cette époque.
Le roman, essentiellement rural pendant un certain temps, a fait son
apparition plus tard, mais de bons romanciers n'ont jamais manqué
et, entre 1920 et 1930, il existait déjà un roman catalan reflétant des
tendances esthétiques fort différentes. Jusqu'en 1936 on organisait des
prix littéraires. On cultivait l'essai, la critique, les récits historiques de
vulgarisation.

Bien que cela dépasse le domaine de la langue, je ne veux pas
terminer cet aperçu rapide de la culture catalane d'avant 1936 sans
ajouter, pour compléter ce panorama, quelques réflexions sur les arts.
Il s'est créé toute une tradition de musique chorale (de l'« Orfeó
Català » aux petits ensembles masculins appelés « Cors de Clavé »,
qu'on trouvait partout, même dans les villes les plus petites), d'opéra
(on disposait très tôt, par exemple, de versions catalanes de Wagner,
adaptées à la musique), de concerts (je fais remarquer que l'« Orquestra
Pau Casals » a commencé chez nous la diffusion de la bonne musique
dans les couches modestes de la société), d'éducation par le rythme
(l'« Institut Català de Rítmica i Plàstica », de Joan LLongueres, s'est
inspiré en grande partie de l'œuvre de Jacques Delcroze), etc. Quant
aux arts au sens courant du mot, on a pris le soin, il y a plus de
soixante ans, d'installer le musée d'art roman au vieux Palais de la
« Ciutadella », et de le transporter plus tard, en 1934, à Montjuïc,
Rappelons aussi l'importance du modernisme à Barcelone, l'étape barcelonaise de Picasso, l'œuvre de Gaudí, les expositions et les revues
d'art, toutes publiées en catalan, etc.

Dans l'ensemble, la culture catalane d'avant 1936 était une culture
modeste, comme il était normal pour un pays de population réduite et
pour des institutions qui ne recevaient jamais d'aide du trésor public,
sauf des organismes administratifs locaux qui n'avaient eux-mêmes
que des budgets réduits. Pourtant, même modeste, la culture catalane,
en 1936, allait de l'avant et progressait vivement. Elle était une culture
jeune, ce qui nous explique non seulement les quelques vides qu'on
peut peut-être y remarquer, mais aussi sa croissance et sa poussée
rapides. Elle était une culture très enracinée dans sa propre terre et,
en même temps, grandement ouverte à l'universalité, vibrant de toutes
les inquiétudes du monde de l'esprit, dès qu'elles apparaissaient, et où

que ce fût ([27]). Enfin, elle était une culture qui décrivait, avec ses caractéristiques, la manière d'être du peuple qui la soutenait. Or, cette culture s'exprimait en catalan. Et elle s'exprimait ainsi, dès les premiers instants, parce que, ainsi, en catalan, elle était née, et, ainsi, en catalan, elle s'était développée. En 1936 cette culture continuait à parler catalan. Voilà pourquoi, lorsque l'usage public du catalan écrit a été totalement interrompu en 1939, la destruction de la culture catalane a suivi le sort de la langue et a été elle aussi absolue.

4) Malaise spirituel

8. Bien que la description qui précède soit très succincte et qu'il ait fallu passer sous silence beaucoup d'aspects intéressants, on a dû s'apercevoir que les cent ans qui s'étaient écoulés depuis 1833 n'étaient pas vides de sens pour les pays catalans. Je dis « pays catalans » parce que, très tôt, la flamme de la Renaixença a gagné Valence et les îles Baléares. Les difficultés et les adversités n'avaient jamais manqué, certes ; mais la culture catalane avait réussi à se constituer et à se développer, et en 1936 elle figurait depuis longtemps, et fort honorablement, à côté des autres cultures européennes. A partir de 1900 environ, on prenait partout en considération la langue et la culture catalanes ; les institutions et les hommes du pays n'avaient pas déçu la confiance qu'on leur avait faite. Ainsi, en 1936, la culture catalane a atteint une certaine maturité. D'autre part, elle n'était pas une culture close, limitée aux activités de la recherche et de la vie littéraire, mais elle s'était répandue, depuis très longtemps, dans les couches populaires de la société et développait des activités à tous les niveaux. Bref, nous l'avons vu (§ 7), elle n'était pas une culture réservée à une élite de la société, mais elle pénétrait dans toutes les couches culturelles et sociales : elle était universelle dans les conditions sociologiques du moment, ainsi que M. Pierre Vilar l'a fait voir d'une façon objective ([28]).

Or, tout cela, tout, a cessé d'un seul coup. Tout est un monosyllabe qu'on prononce sans effort, mais qui, parfois, peut avoir une signifi-

---

(27) A mon avis, cette universalité est en rapport étroit avec le fait que, dans beaucoup de cas, Barcelone et la Catalogne occupaient une position avancée des idéologies et des tendances qui s'introduisaient par Barcelone dans la Péninsule Ibérique. Et je pense que Barcelone aurait maintenu ce poste avancé, même si les Catalans d'il y a près d'un siècle ne s'étaient pas avisés de faire du catalan leur langue écrite habituelle. Je veux dire par là que Barcelone aurait joué ce rôle d'antenne des inquiétudes, même s'il n'y avait pas eu de différence linguistique : nous retrouvons ici l'opposition entre les zones de haut niveau de vie (société industrielle) et les zones se renouvelant moins (société agricole). Néanmoins, étant donné qu'à Barcelone on parlait catalan, ce fait est venu favoriser le catalan, qui devenait ainsi le porte-parole des nouveautés ; celles-ci s'exprimaient donc en catalan avant de s'exprimer en espagnol.

(28) Pierre Vilar, Catalunya dins l'Espanya moderna, vol. I ; Introducció, El medi natural, trad. par Eulàlia Duran de Cahner (Barcelone 1964), pp. 49-61 (« La consciència de grup : una constatació sociològica »), 63-82 (« La cristal·lització del grup : fases històriques i estructures socials » et 83-87 (« El passat antic, la llengua, la raça i la terra »).

cation terrible. Et c'est le cas lorsque nous disons que *tout* ce qu'il y avait dans le domaine de la culture catalane a cessé d'exister en 1939. On a fondé par exemple de nouveaux journaux et hebdomadaires en espagnol, de même que des illustrés pour les enfants. Quant aux institutions culturelles, elles ont été soit supprimées, soit transformées dans leur fonctionnement, soit elles se sont prudemment tues pour éviter l'une et l'autre de ces deux solutions (29). Il y a eu un changement total du panorama culturel. Il va sans dire que les personnes qui sont apparues à la tête des institutions portaient des noms nouveaux, inconnus dans le domaine de la culture catalane, ou bien c'étaient des personnes engagées dans la vie politique nouvellement installée (mais il faut reconnaître que ces personnes ont très souvent empêché que les grandes pertes ne fussent plus grandes encore). En peu de jours on a vu disparaître tout ce qui, jusqu'à ce moment, était écrit en catalan ou, le plus souvent, dans les deux langues : noms des rues, écriteaux et indications de bureaux de l'administration, de transports, de services publics. A la suite d'ordres comminatoires d'urgence, on a dû remplacer, dans le plus court délai, les affiches des maisons commerciales rédigées en catalan et les noms catalans des raisons sociales, même ceux des marques enregistrées. Et, comme si tout cela n'était pas suffisant, on se heurtait partout, notamment dans les bureaux de l'administration, à l'Université, etc., aux affiches qui, pour le cas où vous l'auriez oublié, vous rappelaient que « le bon citoyen ne parle qu'en espagnol » (« el buen ciudadano sólo habla español ») ou vous ordonnaient : « Parlez la langue de l'empire » (« Hablad el idioma del Imperio »)... Il n'y a rien d'étonnant que les étrangers qui connaissaient bien le pays, nous aient dit, en revenant chez nous après 1939, qu'il leur semblait qu'ils n'étaient plus en Catalogne, qu'ils se sentaient dans une autre terre. Je l'ai déjà dit et redit : *tout* avait cessé d'exister.

Si tout a cessé d'exister, il est évident qu'un grand vide s'est produit. En effet, qu'en a-t-il été des hommes de lettres du pays ? Un bon nombre parmi eux sont partis à l'étranger : la France, l'Amérique de langue espagnole et beaucoup d'autres pays les ont accueillis ; d'autres, aussi un bon nombre, sont restés chez nous. De ceux qui sont partis, bon nombre sont rentrés au bout de quelques années. Pour simplifier, je dirais qu'on peut répartir les érudits et les hommes de lettres catalans,

---

(29) Evidemment il y a eu quantité de cas douloureux. Mentionnons en seulement deux : la destruction de l'Ecole de Physiologie de Barcelone (dont le fondateur était August Pi i Sunyer, professeur éminent) et celle du Service Météorologique de Catalogne (créé par Eduard Fontserè, lui aussi un chercheur remarquable). Dans les deux cas, on ne s'est pas borné à supprimer ces institutions, mais on a détruit leurs matériaux scientifiques qui étaient uniques, d'une valeur incalculable. L'histoire se répète, dira-t-on ; en effet, ces événements ressemblaient à ceux que le pays avait subis sous la dictature de 1923-1929 ; je pense à l'affaire du professeur Delauswers (de Psychologie) et à la destruction du Laboratoire de Phonétique Expérimentale de Pere Barnils à l'« Institut d'Estudis Catalans ».

après 1939, en trois grands groupes. Dans le premier, il y avait ceux qui, écrivains, ont changé de langue, de sorte qu'à partir de 1939, ils se sont mis à écrire en espagnol, tandis que d'autres, chercheurs, en même temps qu'ils changeaient de langue, ont changé aussi l'objet de leurs investigations et de leurs travaux de synthèse, en les élargissant au-delà des réalités catalanes. Il va sans dire que cette réaction était « contre nature ». Un second groupe d'hommes de lettres est constitué par ceux qui, après 1939, se sont tus : ou bien ils n'ont plus écrit, ou bien ils ont changé de métier, ou bien, continuant à écrire, ils ont gardé tout ce qu'ils écrivaient en le cachant soigneusement. Encore une réaction « contre nature ». Enfin, il y a un troisième groupe : ceux qui ont poursuivi l'œuvre culturelle catalane, en catalan, mais ... à l'étranger ; pendant des années, les seules revues catalanes qui paraissaient étaient publiées à l'étranger, et c'est encore à l'étranger que quelques maisons d'édition de Barcelone ont pu continuer à faire paraître des livres en catalan. Cette situation, bien que sous un autre jour, était aussi, malgré tout, une solution « contre nature ». Je n'ignore pas que certains hommes de lettres ne peuvent être classés dans aucun des trois groupes et que ce sont souvent ceux-là qui ont travaillé avec le plus d'effort pour la survie de la culture catalane, mais la majorité a suivi, d'une façon ou d'une autre, un des trois chemins en question. Je sais aussi que les problèmes humains sont toujours très nuancés, spéciale-ment quand les grandes lignes idéologiques entrent en jeu, de sorte que chacun a sa propre réaction, et il faudrait par conséquent distin-guer autant de cas que de personnes. Par exemple, il est évident que, dans le premier groupe — celui des écrivains qui ont changé de langue — il y avait, d'une part, ceux qui ont adhéré à la nouvelle situation politique et, d'autre part, ceux qui ont adopté l'unique langue dont ils disposaient pour s'y opposer au contraire. Mais j'espère qu'on com-prendra le sens de mon classement dans ses grandes lignes.

Je n'ai pas besoin d'insister sur le fait que la disparition de presque toute la classe intellectuelle active et dirigeante a été un coup brutal. L'abandon du pays par beaucoup d'entre eux, d'un côté, et la désertion de beaucoup de ceux qui sont restés, de l'autre, ont littérale-ment décimé plusieurs générations de jeunes qui constituaient déjà les cadres actifs de la culture ou qui étaient en voie de se former. Et, par-dessus tout, la répression de tout ce qui était marqué par le catalan ! Voilà une secousse dont il n'était pas facile de supporter les conséquences.

Ce genre d'injustices coûte cher dans la vie des peuples. Une longue époque d'insatisfaction, de mécontentement, de malaise spirituel commençait alors : époque dure pour ceux qui ont conscience de vivre dans une contradiction d'esprit. L'état d'injustice vis-à-vis du catalan existe toujours, bien que — et nous allons le voir — il ait été remar-quablement adouci ; aussi le malaise spirituel persiste-t-il également, et il a même grandi avec l'entrée en scène des couches plus jeunes de la société. Arrêtons-nous un instant à cet aspect du problème.

9. Aujourd'hui, c'est-à-dire au bout de vingt-cinq ans, ceux qui ont vécu la guerre civile ressentent toujours le malaise spirituel dont je viens de parler (§ 8) ; il en est ainsi des hommes des deux camps, qu'ils aient pris les armes ou qu'ils se soient rangés comme partisans d'un côté ou de l'autre. Les uns, ceux qui ont perdu la guerre, ressentent ce malaise parce que, parmi beaucoup d'autres choses qu'ils ont vu s'effondrer, il y avait la langue et la culture catalanes. Les autres, ceux qui ont remporté la victoire, parce que, au fond, ils n'ont jamais approuvé les mesures prises contre la langue et la culture catalanes : les Catalans qui ont accueilli avec soulagement l'achèvement de la guerre parce qu'ils se sentaient « libérés » du manque de sécurité générale (pour employer le terme politique de l'époque), même ceux qui étaient le plus engagés dans le régime politique instauré en 1939, n'ont jamais jugé bonne la nouvelle situation du catalan. D'ailleurs, les mesures prises contre la langue catalane les ont mis en éveil, car aucun d'eux, en embrassant l'idéologie du nouvel Etat, ne s'imaginait un seul instant qu'elle allait détruire les manifestations en catalan qui leur étaient si chères à tous. On peut leur reprocher de s'être tus, alors qu'ils étaient précisément les seuls qui auraient pu parler. Ils peuvent répondre que cela n'aurait rien changé et qu'au contraire, en se tenant cois, ils ont pu jouer parfois le rôle de « pare-choc » pour essayer de sauver quelque chose du grand naufrage. Peut-être chacun a-t-il raison en partie. Mais c'est l'évidence même que tous les Catalans qui avaient vécu le climat public catalan d'avant-guerre ont toujours senti, ensuite, un malaise spirituel profond en ce qui concerne les problèmes catalans.

Les jeunes, c'est-à-dire les fils des mécontents des deux idéologies de 1936-1939, ne se sentent pas à l'aise non plus du point de vue spirituel, quant à la situation du catalan. Ils n'ont pas vécu, certes, l'ancien climat public catalan pour qu'ils puissent en ressentir la nostalgie. Mais ils n'ont vécu non plus aucune époque dure, comme la guerre civile, pour accepter, à l'instar de leurs parents, une situation injuste à l'égard du catalan comme conséquence d'une guerre perdue ou comme un « moindre mal ». Les jeunes ne peuvent pas concevoir qu'on ne leur apprenne pas à écrire en catalan : c'est pourtant la seule langue dans laquelle ils pensent, la seule qu'ils parlent spontanément ! Ils avouent qu'ils ont constamment la sensation d'être des analphabètes en catalan — sans être analphabètes au sens propre du mot — ce qui crée un état psychologique pire encore car il s'agit de personnes ayant une culture suffisante pour s'en rendre compte. Les jeunes gens, bien qu'ils n'aient pas vécu la guerre civile, et peut-être à cause de cela, ressentent donc, eux aussi, un malaise spirituel profond, lorsqu'ils entrent dans la vie catalane, et c'est presque toujours le cas !

Ces deux sources différentes de l'insatisfaction rendent souvent difficile l'entente entre générations. Certains parents qui, en eux-mêmes, ont de grands doutes, ne veulent pas l'avouer, surtout en présence de leurs enfants. Dans d'autres cas, au contraire, les jeunes qui

ne comprennent pas et n'acceptent pas la situation absurde et injusti-
fiée du catalan, ont contribué au changement d'attitude de leurs
parents.

Une atmosphère lourde pèse donc sur les pays de langue catalane.
Depuis bien des années, les catalanophones éprouvent un malaise
spirituel et s'en rendent compte plus ou moins. Or, ce malaise, sans
que personne le confessât, était, depuis le lendemain de la guerre civile,
la meilleure garantie que la langue, si menacée de mort qu'elle fût,
ne périrait pas. Si tous, adultes et jeunes, s'étaient adaptés à la situation injuste qu'on avait créée pour le catalan, celui-ci n'aurait sans
doute pas survécu. Mais, du moment que cette langue « faisait mal »,
c'est qu'elle existait. La douleur que, souffrante, elle infligeait aux
corps des Catalans, devenait de plus en plus aiguë : c'était une preuve
que le peuple qui la parle augmentait sa vitalité, sa force intérieure.
Même aux moments les plus bas de l'« époque zéro », l'observateur
circonspect a pu ainsi toujours découvrir une petite lumière vivante :
la langue catalane n'était pas morte et ne mourra jamais. Elle résistait,
elle tenait toujours. Tôt, très tôt, nous l'avons vue sur le chemin d'une
nouvelle renaissance.

5) *La culture catalane, renfermée*

10. Je l'ai déjà dit (§ 8) : beaucoup d'écrivains catalans, après
1939, se sont tus. Ils se sont tus, ou, tout en continuant à écrire, ils
gardaient soigneusement leurs manuscrits. Cette attitude, bien compréhensible, a fait naître, durant des années, une sorte de littérature de
catacombes. Quand, plus tard, on a autorisé la publication de quelques
livres en catalan, ceux-ci sont restés tout à fait inconnus de la majeure
partie des gens de culture moyenne et, en fait, de l'ensemble de la
masse des catalanophones. En effet, les premières publications étaient
des recueils de poésie à tirage réduit, des rééditions, des travaux de
recherche scientifique de l'« Institut », des traductions du grec et du
latin de la « Fundació Bernat Metge », des poèmes de grands poètes en
éditions bibliophiles, etc. J'en donnerai quelques détails plus loin (§ 12).
Il s'agissait certes d'ouvrages publiés, mais seulement au sens de
« sortis des presses », et non au sens de « rendus publics », car le grand
public ignorait jusqu'à l'existence de ces livres que, d'ailleurs, on
voyait peu exposés chez les libraires. Il y a donc eu quelques publications, mais la littérature catalane continuait à être celle de catacombes par suite des critères qu'on appliquait dans la procédure du
permis d'imprimer (§ 12). Cette situation a duré longtemps, pendant des
années. L'étape la plus dure s'est prolongée jusqu'en 1950 environ.
Mais, à dire vrai, on n'a vu le livre catalan dans la rue que vers 1960.
Pendant ces quelque vingt ans, il n'y a pas eu de signes extérieurs de
notre culture dans la vie sociale du pays. C'est évidemment beaucoup.
Néanmoins, pendant toute cette période, depuis les premiers moments
de la débâcle, et même après qu'on eut réussi à obtenir l'autorisation

de publier une mince littérature en catalan, il y a toujours eu un mouvement littéraire clandestin, à diffusion minime, certes, mais qui a assuré la continuité de nos lettres et qui, en même temps que d'autres facteurs socio-politiques dont je parlerai encore, a permis la réapparition du livre catalan dans le public en 1960. Ainsi, malgré ses efforts vraiment importants, la littérature catalane contemporaine a été marquée, pendant une vingtaine d'années, par le fait qu'elle ne pouvait pas briser les murs qui l'enfermaient et qui avaient été bâtis pour des motifs extérieurs, tout simplement parce qu'elle restait aussi ouverte qu'elle l'avait toujours été à l'esprit qui se répandait partout en Europe après la guerre mondiale.

En face de cette littérature correcte du point de vue de la langue, mais forcément renfermée, la grande masse des catalanophones, laissée seule, était en proie de toute sorte de vices idiomatiques ; sans presse, sans école, sous la contrainte de l'usage de l'espagnol (sauf dans les manifestations strictement privées) et en contact avec des immigrés d'autres terres d'Espagne, l'homme de la rue était en voie de corrompre la langue parlée. Le contraste entre la langue littéraire et le langage parlé est devenu énorme après 1939. Déjà auparavant il constituait un problème pour le catalan (il en est de même de toutes les langues qui ne disposent pas de ressources et de moyens de défense nécessaires), mais après 1939, le catalan manquant de tout ce dont il avait le plus besoin, la petite faille d'avant 1936 est devenue un véritable abîme.

La forme littéraire et la forme familière de toutes les langues, lorsque tout va bien, tracent deux lignes parallèles ([30]). Si ces deux lignes ont tendance à se rapprocher, la production littéraire devient plébéienne. Mais si elles s'écartent trop, la littérature se replie sur elle-même et devient alambiquée, tandis que le langage parlé, du moment qu'il ne bénéficie plus de l'apport unifiant, modérateur et traditionnel, de la langue écrite, se corrompt facilement en se remplissant de fautes, d'éléments étrangers et d'innovations analogiques. Cela a été le cas du catalan pendant des années, et jusqu'à présent, malgré certaines améliorations, il en souffre dans une large mesure. Le langage familier s'est surtout dégradé, tout naturellement, dans les couches moins cultivées de la société où il ne saurait être protégé contre la dégradation que par l'enseignement généralisé à l'école, la grande presse et la télévision. Dans une situation sociolinguistique comme celle que je viens de retracer, rien de plus naturel que de voir la langue littéraire se replier sur elle-même et vivre sa propre vie, sans aucun contact avec la masse des sujets parlants. Dans une certaine mesure, il est très naturel que cela arrive, et que ce soit arrivé en Catalogne. Les choses ne pouvaient se passer autrement. En effet, tout était défendu : éditer des livres, imprimer des feuilles isolées, sortir des journaux ou revues, faire des cours ou conférences. Aucun organisme, aucune

---

(30) Cf. mon recueil *Llengua i cultura als països catalans*, pp. 112-113.

institution assumant une responsabilité ne pouvait s'adresser à la population, les gens ne pouvaient pas communiquer les uns avec les autres ([31]).

C'est donc cela la raison — je le répète — du fait que la littérature et toute autre manifestation écrite se sont repliées en dehors de la vie du pays. Il n'y avait pas d'autre solution. Mais cela explique aussi que la littérature catalane actuelle est d'un très haut niveau, que les traductions sont presque parfaites, que nous disposons d'un langage scientifique précis, bref que la langue écrite est vraiment excellente, tandis que, formant un contraste brutal avec elle, le langage parlé, la langue familière, voire l'expression courante des catalanophones sont pleins d'incorrections grammaticales et lexicales. Ce sont des conséquences de l'absence, dans ces dernières années, de ce qu'on appelle souvent la « troisième modalité » de la langue : langue écrite sans préoccupation artistique, sans but esthétique, c'est-à-dire langue intrascendante des nouvelles de journaux, de la correspondance commerciale et générale, des annonces de publicité, des communications sociales, etc. Heureusement, les choses ont changé un peu — pas autant qu'il serait juste et qu'on le souhaiterait — et le catalan trouve aujourd'hui quelques occasions de se manifester comme langue écrite non littéraire. Certes, ces occasions sont encore très peu nombreuses, mais étant donné que, précédemment, elles manquaient totalement, elles se sont révélées efficaces, et il faut espérer qu'elles se multiplieront à l'avenir.

J'ai attribué une certaine responsabilité à nos hommes de lettres qui, dans le vide, auraient dû se manifester comme représentants des anciennes institutions de culture catalane. Certes, ils ne pouvaient pas communiquer avec le peuple catalan, puisque tout était interdit, mais ils auraient au moins pu faire savoir qu'ils déploraient cette situation, et s'ils avaient été empêchés de s'exprimer ainsi au moment le plus dur, beaucoup de gens — surtout les jeunes — auraient profondément apprécié même plus tard, voire maintenant, un message de leur part à l'adresse des jeunes de 1940 à 1950 en vue de les rallier à la cause de la culture catalane. Je dois avouer que je n'ai jamais entendu rien de semblable, même dans des cercles privés. Aussi les jeunes ont-ils éprouvé, pendant longtemps, une amère sensation d'avoir été abandonnés par ceux qui, à leurs yeux, étaient des représentants de la culture catalane. A l'inverse des générations d'adultes, les jeunes ne pouvaient pas s'appuyer sur les souvenirs des activités culturelles antérieures à 1936 (presse, radio, école, cours et conférences, climat public catalan) car ils ne les avaient pas connues, or cela aurait été

---

(31) Je l'ai déjà dit ci-dessus (fin du § 4) : on se heurtait à ces difficultés, non pas parce qu'il s'agissait des affaires catalanes, mais parce que la législation était dans son ensemble très étroite et exigeante ; ces conditions générales, si dures, ont créé des difficultés insurmontables pour la vie de la culture catalane.

pour eux une satisfaction de constater que les hommes les plus marquants de la culture du pays avaient le souci des jeunes au moment où
ceux-ci souffraient de ne pas pouvoir se manifester, voire faire leur vie,
en catalan. Pourtant, les hommes de lettres et les chercheurs consacrés
avaient été effrayés par les grands périls qui menaçaient l'intégrité du
catalan (influence de l'espagnol officiel, manque absolu des moyens
de diffusion et d'enseignement, immigration des non-Catalans), et
c'était précisément la raison pour laquelle ils se sont enfermés dans
un cercle formé par eux-mêmes, d'où ils ne sont pas sortis ([32]). Ce que
je viens de dire a été dit par ceux qui étaient jeunes entre 1940 et
1950. Je l'ai souvent entendu, et c'est pour cela que je tenais à le
rappeler. D'autre part, en regardant les choses avec objectivité, l'attitude sur laquelle les jeunes font des réserves aurait pu difficilement
être différente ; il ne faut pas oublier le climat de peur, voire de
terreur, qui s'imposait partout, au point qu'on s'étonne même aujour-
d'hui de ce qu'on a réussi à faire pendant cette époque, du moins dans
de petits cercles très réduits. Personne ne peut être accusé. Une fois
de plus, c'était une situation profondément injuste, dans laquelle on ne
saurait répartir les responsabilité pour accabler les uns ou les autres.
Mais on constatera avec douleur que ceux qui en ont souffert les
conséquences sont le peuple catalan et la langue catalane. Encore un
aspect de l'« heure zéro » . . .

La position de repli n'était donc pas juste, elle n'a pas fait du bien,
à court terme, aux catalanophones. Mais, après tout — si l'on ne tient
pas compte des générations qui ont été perdues pour le catalan ou qui,
depuis, ont dû l'apprendre avec beaucoup d'effort — cette position n'a
pas été défavorable à la langue elle-même. Dans le vide de la culture
catalane après 1939, quelque chose a été sauvé : la recherche pure et
la littérature de haut niveau. Ainsi, un deuxième facteur d'espoir est
venu rejoindre le « malaise spirituel » dont je parlais tout à l'heure
(§§ 8-9) : la langue et la culture catalanes, dans leur forme la plus pure,
ont pu être conservées. Certes, il est regrettable qu'elles aient dû
rester hors de la vie publique, mais il n'y avait pas d'autre solution.
Ces conditions ont sauvé, à l'époque, le « feu sacré » d'avant l'héca-
tombe, et quand, quelques années plus tard, l'heure de la reconquête
des terrains perdus a sonné pour la langue, on s'est rendu compte que
le catalan possédait la gamme complète des possibilités d'expression
dont il disposait en 1936 et qui se sont gardées pures, non contaminées,
prêtes à établir des liens avec les nouvelles formes de la langue vivantes ou en train de revivre. Grâce au fait de s'être renfermée au moment
de la débâcle, d'une façon injuste, certes, mais sans autre choix
possible, la langue et la culture catalanes ont pu surmonter, sans
solution de continuité, l'époque la plus dure de toute leur histoire.
Voilà donc une nouvelle garantie pour l'avenir.

_____

(32) V. ma brochure *Llengua i cultura als països catalans*, pp. 115-116.

II - LA RÉCUPÉRATION

1) *Les jalons de la récupération*

11. A la fin de la guerre civile espagnole, le 1er avril 1939, on n'a pas parlé de « paix », mais de « victoire ». C'était d'ailleurs naturel. Le vainqueur a imposé son ordre et, en Catalogne, étant donné le parti que les institutions politiques catalanes avaient pris comme belligérantes dans la guerre civile, il n'a pas fait de distinction entre ces institutions et le peuple. Le climat qu'on respirait était un climat de violence : violence contre les organismes, violence contre les personnes. Quelques mois plus tard, sur provocation d'un des politiciens européens les plus funestes, l'Europe s'engageait dans la deuxième guerre mondiale du siècle. Le climat de violence, qui existait depuis longtemps dans les grandes dictatures, s'est généralisé partout. Il n'y avait plus de respect pour les personnes. Ce climat est venu renforcer l'intolérance idéologique, le manque de sécurité personnelle et la crise des plus petits droits civiques, qui s'étaient établis chez nous à la suite de la guerre civile de 1936 à 1939.

Dans cette atmosphère, comment aurait-on pu songer à un respect des institutions, des traditions, de toute activité humaine, qui ne cadraient pas avec l'idéologie dominante ? Même parmi ceux qui avaient lutté à mort du côté des vainqueurs, personne n'aurait osé proposer par exemple le rétablissement d'un seul journal en catalan, fût-ce un journal de la plus haute fidélité politique. Les demandes d'autorisation de ce que nous appelons « auditions » de *sardanes,* danse populaire de Catalogne, même lorsqu'elles émanaient des institutions d'Eglise (Action Catholique, Congrégations, etc.), étaient systématiquement refusées pendant des années (cf. § 4) [33]. Dans cette situation, comment donc aurait-on pu songer à demander une autorisation de publier, d'enseigner, d'organiser une manifestation en catalan ? C'était tout à fait inconcevable.

A la fin de la guerre mondiale (1945), la défaite de l'hitlérisme et des dictatures a provoqué un changement total dans le respect dû aux personnes et aux institutions. On a établi l'Organisation des Nations Unies (O.N.U.) dont la Charte a été signée le 26 juin 1945, et c'est au sein de cette nouvelle institution internationale qu'on a rédigé et publié la Déclaration des Droits de l'Homme (le 10 décembre 1948). Comme chacun sait, cette déclaration reconnaît à tous les êtres humains, sans distinction aucune, une série de droits fondamentaux, pour leur protection et leur défense, pour leur pensée, expression d'opinion et

---

(33) Même plus tard, après avoir autorisé la sardane partout, les autorités (les Gouverneurs Civils des provinces ou leurs délégués locaux) en ont parfois rendu la réalisation difficile. Encore en 1965, le Gouverneur civil de Barcelone (M. Antonio Ibáñez Freire) a interdit une audition de sardanes pendant le carême, « pour donner un caractère austère aux jours saints ».

association, pour leur éducation, et là on n'a pas oublié les droits des minorités (³⁴). L'Espagne a signé cette Déclaration au moment où elle est devenue membre de l'O.N.U. (1955).

Mais, à l'égard de la nouvelle organisation de l'Europe d'après-guerre, la réaction espagnole officielle a été d'abord un peu réticente. C'est bien compréhensible. Les pays d'Europe, qui avaient souffert ensemble, travaillaient unis à la reconstruction. Or, l'Espagne restait à l'écart ; l'Espagne n'a pas été admise non plus à bénéficier, au début, de l'aide américaine qui a beaucoup contribué à sauver les économies ruinées (usines, voies de communication, villes elles-mêmes, etc.). L'Espagne est restée hors de cette communauté que, malgré toutes les difficultés, ont constituée les différents pays de l'Europe occidentale. Il y a plus encore : le régime espagnol d'après 1945 était le même qu'en 1939, et les hommes de la nouvelle Europe ne pouvaient pas oublier ses liens avec l'Europe de Hitler. Pour cette raison, déjà à Potsdam (1945) on s'est servi, dans le communiqué officiel, à l'égard de l'Espagne de termes de censure. Ensuite, c'est la France qui a fermé la frontière des Pyrénées ; c'était le blocus général de l'économie espagnole ; les déclarations de l'O.N.U. condamnaient le régime. On comprend fort bien la réticence de la réaction espagnole officielle, et il a fallu beaucoup de calme, d'adresse et de prudence pour s'en sortir. Mais le climat mondial était, en 1945-1950, tout à fait opposé à celui du lustre précédent (1940-1945), et il a commencé à se faire sentir même en Espagne où, dès ce moment-là, il aurait été impossible de maintenir le ton de violence qu'on avait adopté antérieurement, quelques années auparavant. Tout cela, ainsi que l'adoucissement naturel que le temps se charge d'apporter partout et toujours, ont permis, dès lors, un début de la récupération du catalan, dans un premier temps évidemment d'une façon très timide. Ainsi, rappelons qu'en 1946 on a autorisé à nouveau le théâtre catalan, qu'en 1947 l'« Orfeó Català » (l'ensemble choral le plus remarquable, se trouvant alors à la tête du mouvement musical de ce genre) a pu recommencer sa vie artistique après un silence imposé de neuf ans...

Peu après, le régime politique espagnol a réussi à s'affirmer et à se consolider sur le plan international. Ce changement a eu lieu entre 1950 et 1955. En me limitant aux faits les plus caractéristiques, je dois

---

(34) Toute la Déclaration manifeste le respect des libertés humaines, mais j'en soulignerais surtout les articles 2, 19, 20, 26 et 27. On pourrait rappeler ici beaucoup de résolutions de l'O.N.U., de l'U.N.E.S.C.O., la Convention Européenne des Droits de l'Homme (4 novembre 1950), etc. Je m'arrête seulement sur la convention concernant la lutte contre la discrimination dans l'enseignement, adoptée par la XIᵉ Réunion de la Conférence Générale (Paris 1960) et dont l'article 5 déclare, entre autres, qu'il faut reconnaître aux membres des minorités nationales le droit d'exercer les activités propres à eux-mêmes en matière d'enseignement, celui d'établir et de maintenir des écoles, et, selon la politique de chaque Etat en ce qui concerne l'éducation, celui d'employer et d'enseigner leur propre langue.

mentionner les faits suivants : en 1950 l'Espagne a reçu les premiers crédits des Etats-Unis et a été admise dans la F.A.O. (« Food and Agricultural Organization »), ainsi que, plus tard, à l'U.N.E.S.C.O. (1952) ; en 1953 elle a signé un traité avec les Etats-Unis pour l'installation des bases militaires américaines sur son territoire ; enfin, en 1955, elle est devenue membre de l'O.N.U. J'ajoute que le Concordat avec le Saint-Siège a été un des grands succès politiques du régime (1953). Tout cela équivalait pratiquement à la reconnaissance, voire à l'encouragement du régime espagnol. Le régime politique en a été renforcé, il l'a emporté. Si l'on examine ce changement avec logique du point de vue de la situation intérieure du pays, on ne saura en donner la raison ; en effet, cette situation était toujours plus ou moins la même, et voici que maintenant la grande démocratie américaine rectifiait sa position et décidait de signer un traité dont elle bénéficiera beaucoup, bien sûr, mais qui pour l'Etat espagnol était une assurance de survie et d'amélioration des conditions générales. La raison essentielle de la décision américaine est à chercher, on le sait bien, dans l'ensemble de la politique mondiale (scission du monde en deux grands blocs, guerre froide, etc.) qui faisait apparaître la nécessité d'établir la défense du monde libre dans un pays d'une situation géographique unique au point de vue stratégique et d'une situation politique telle qu'on n'avait pas à craindre les mouvements de l'opinion publique. En échange, les Etats-Unis ont contribué à l'amélioration de l'économie, au développement des travaux publics, à l'élévation du niveau de vie de l'Espagne.

En envisageant le problème sous cet angle, on comprend pourquoi cette transformation de la vie espagnole, qui a été vraiment remarquable, a eu une répercussion favorable sur la récupération du catalan et, en général, des droits civiques partout dans le pays. Au moment où l'Etat s'est senti politiquement rassuré, il a pu ouvrir un peu l'écluse. Et on l'a ouverte surtout là où il y avait le plus de pression à la base. Ainsi, le peuple catalan l'a emporté. Il s'agissait de bien peu de choses, certes ; mais, petit à petit, on n'a cessé de reconquérir du terrain.

Cette période de 1950 à 1955, outre l'amélioration générale politique et économique, se caractérise, du point de vue strictement catalan, par le désir des autorités espagnoles d'arriver dans le domaine de la culture à une entente avec les hommes de lettres de Catalogne : c'est l'époque des Congrès de Poésie, suscités par les hautes sphères de la culture officielle et auxquels ont participé des personnalités marquantes des lettres catalanes. Dans ce sens, le VIIe Congrès International de Linguistique Romane, réuni à Barcelone en 1953, s'est tenu au moment le plus favorable de cette entente. Si on le considère sous l'angle des intérêts de la langue catalane, il faut dire que c'est à cette occasion qu'on a entendu le catalan, comme langue des exposés et des discussions scientifiques à l'Université de Barcelone, pour la première fois en public depuis la guerre civile.

12. Le meilleur indice de la récupération d'une langue est presque toujours l'activité des maisons d'édition. Il en est de même pour la récupération du catalan. Après le silence absolu des premières années, la parution de livres en catalan a exigé des efforts laborieux et pénibles des éditeurs : outre la censure générale de toutes les publications paraissant en Espagne, il existait une censure spéciale qui s'appliquait au livre catalan. On n'autorisait, au début, que certaines rééditions des grands écrivains catalans, ensuite des rééditions d'auteurs catalans en général et, à la fin seulement, la publication d'ouvrages littéraires originaux ; les traductions restaient exclues jusqu'à ce que cette réglementation fût adoucie dans ce sens qu'on pouvait reproduire, sans modifications, des traductions parues avant 1936 (plus tard encore, les traductions ont été traitées comme les autres livres). A quoi bon continuer ? En partant de ces difficultés concrètes, on voit bien que la tâche de nos éditeurs, qui n'a jamais été facile, est devenue, pendant un certain temps, héroïque.

Le marché du livre catalan qui, en 1936, inondait les librairies et, à travers celles-ci, les foyers catalans, de même que les bibliothèques des centres culturels et récréatifs du pays, a cessé d'exister : il s'est transformé en un désert. C'est alors qu'il y a eu une véritable spéculation sur les livres catalans, sur les éditions jadis courantes, mais épuisées et devenues introuvables, et qu'on n'avait aucun espoir de voir réimprimées. C'était donc un aspect tout neuf du « marché noir », sûrement le moins indigne de tous. Le peu de livres qu'on a réussi à publier n'étaient pas nécessairement exposés chez les libraires, de sorte qu'on ne pouvait pas en remarquer l'existence. Comme je l'ai déjà dit (§ 10), ce n'est que vers 1960 que le livre catalan a été vu dans les librairies, qu'il a commencé à compter dans le commerce du livre, qu'un observateur extérieur a pu se rendre compte de son existence. Mais cela n'est pas arrivé tout d'un coup. C'est grâce à une lutte lente et tenace qu'on a gagné du terrain pas à pas. Voyons donc quels étaient les livres qui ont pu franchir les premiers la barrière des difficultés.

Il faut dire qu'il y a eu quelques cas particuliers. Je vais en mentionner deux. Le premier a été la continuation du *Tresor de la Llengua,* d'A. Griera, qui a été assurée par la personnalité de l'auteur. D'ailleurs Mgr Griera n'a demandé aucune autorisation pour sortir cette publication, mais il savait qu'il n'allait pas se heurter aux difficultés qu'aurait rencontrées une publication semblable de tout autre auteur [35]. La preuve en est l'interruption, à cette même époque, du

---

(35) A. Griera, *Tresor de la llengua, de les tradicions i de la cultura popular de Catalunya,* 14 volumes (Barcelona 1935-1947). Les volumes I à V datent des années 1935 et 1936 ; le volume VI, le premier après la guerre civile, a paru en 1941 (avec un texte « de circonstances », rédigé en espagnol, pages VII-VIII) ; les autres volumes ont paru en 1943 (VII), 1945 (VIII), 1946 (IX, X) et 1947 (XI à XIV). Comme je viens de le dire, Mgr Griera a publié son ouvrage sans autorisation, mais il s'agit d'un dictionnaire destiné aux érudits et aux bibliothèques.

dictionnaire d'Alcover-Moll, qu'on publiait à Majorque et dont je
parlerai encore. Le second cas particulier est celui d'un livre de poésies :
Rosa mística, de Mn. Camil Geis, paru à Sabadell (Barcelone) en 1942.
Si je ne me trompe pas, c'est le seul livre catalan des premières années
après la guerre civile qu'on ait réussi à publier en suivant la voie
légale, c'est-à-dire en se soumettant à toutes les procédures imposées
par l'administration. L'auteur s'était chargé lui-même des démarches
officielles, en employant en outre les procédés typiques de notre administration : visites aux amis et connaissances, appel à des influences
personnelles, etc. Il a réussi, mais c'était un cas unique et, encore, il
s'agissait d'un livre à tirage très réduit.

  Il faudra considérer aussi comme un cas spécial les publications
scientifiques de l'« Institut d'Estudis Catalans ». Elles n'ont pas été
soumises non plus à la censure des livres. Toutefois, ces publications
ne sont pas de la première période d'après la guerre civile. L'« Institut »
a eu d'abord la tâche de se réorganiser, et il en avait bien besoin à la
suite du départ ou du décès de quelques-uns de ses membres ou simplement, à la suite du changement d'occupations de quelques autres.
Il lui fallait une réorganisation spéciale du fait qu'on le considérait
comme inexistant et qu'il avait mené, lui aussi, une vie de catacombes.
Cela explique que ses premières publications scientifiques ont été
relativement tardives. Ajoutez à cela qu'au moment où l'on commençait à songer aux premières publications de mémoires et de communications scientifiques, toute une série de problèmes pratiques de
procédure s'est posée puisque, officiellement, l'« Institut » n'existait
plus... Il faut reconnaître que notre « Institut » a pu compter, dès le
premier moment, sur la tutelle de l'Union Académique Internationale,
à laquelle il appartient, et sur celle, personnelle, du Secrétaire du
Consejo Superior de Investigaciones Científicas (Madrid) qui, suivant
un procédé typiquement espagnol, a aidé l'« Institut » sans engager
l'institution officielle, mais en profitant de l'influence que son poste
lui permettait d'exercer. Les premières publications de l'« Institut »,
après la guerre civile, datent de 1947 ([36]). Elles ont été tolérées, non

---

(36) Voici quelques-unes parmi ces premières publications : *Diplomatari de
l'Orient Català*, par A. Rubió i Lluch (1947) ; *Histopatologia d'una nova
capa d'epiteli semiescamós pla que cobreix les mucoses digestives*, par
F. Duran i Jordà (1947) ; les *Estudis Romànics*, a cura de R. Aramon i
Serra, dont le vol. I a paru en 1947 ; *Assaig d'un vocabulari meteorològic
català*, par E. Fontserè (1948) ; *Morfologia, nomenclatura i geografia de
l'Arenaria aggregata (L.) Lois*, par P. Font i Quer (1948) ; *Noves desco-
bertes a la catedral d'Egara*, par J. Puig i Cadafalch (1948) ; le vol. I de la
Miscel·lània Puig i Cadafalch (1951) ; l'*Anuari* de l'« Institut » a été repris,
sous sa forme nouvelle, en 1952 ; à la même date a commencé à paraître
le *Butlletí de la Societat Catalana d'Estudis Històrics* (filiale de l'Institut
d'Estudis Catalans) ; *Catalunya Carolíngia*, par R. d'Abadal i de Vinyals
(1952) ; *Els noms de lloc de les terres catalanes : La Riba*, par Josep
Iglésias (1953) ; *Els noms vulgars de les plantes a les terres catalanes*, par
F. Masclans (1954), etc.

pas parce qu'elles étaient scientifiques, mais parce qu'elles bénéficiaient du patronage dont je viens de parler. Autrement on ne comprendrait pas que d'autres travaux scientifiques (par exemple médicaux et autres), qui ne sortaient pas de l'« Institut », aient été refusés par la censure et soient restés inédits.

A l'exception des quelques cas particuliers, comme ceux que je viens de mentionner, tous les efforts des éditeurs en vue de reprendre la publication des livres en catalan ont échoué au début : on refusait toutes les demandes d'autorisation de publier des livres en catalan. Le bureau de censure, auquel il fallait envoyer tous les manuscrits, n'avait qu'à déclarer que l'ouvrage n'avait pas été accepté, et il fallait renoncer à le publier. Mais dans quelques cas, le refus a été motivé par une référence au Décret de la Présidence de la « Junta Técnica », du 23 décembre 1936 (numéro 1909), selon lequel étaient « illicites le commerce et la circulation des livres pornographiques, communistes, socialistes, libertins et, en général, destructeurs [disolvente] » ([37]). L'usage du catalan dans une publication a donc été considéré comme destructeur !

Ce Décret et, surtout, les décisions du bureau de censure qu'on appelait « Oficina de Orientación Bibliográfica », empêchaient régulièrement la publication de livres en catalan. En gros, nous pouvons affirmer que, jusqu'en 1946 (année où l'on a autorisé les premières *rééditions* de l'Editorial Selecta), seules quelques rééditions de Verdaguer avaient été autorisées : *Obra completa* (en édition de luxe), Barcelona 1943 ([38]), et *L'Atlàntida, Canigó* et *Montserrat*, Barcelona 1944. Ces volumes ont paru selon la procédure administrative, c'étaient donc des publications « légales ». Mais il a fallu tenir bon, car chaque jour surgissaient de nouvelles difficultés ; ainsi, à un moment donné, on a répondu à l'éditeur que le texte catalan devait être réservé aux érudits, aux philologues et aux historiens de la littérature... Finalement on a obtenu la permission de publier Verdaguer, parce que ses ouvrages réunissaient les deux conditions qui, à l'époque, semblaient indispensables : il s'agissait de rééditions et d'un auteur non contemporain...

Outre ces cas, on n'autorisait que des éditions appelées « de bibliophile » : éditions à tirage réduit, avec des illustrations de grande valeur, sur papier de la plus haute qualité, c'est-à-dire livres qui, pratiquement, manquaient de toute influence sociale. Cette situation a été parfaitement décrite par Josep Mª de Sagarra, dans la préface de la seconde édition de son *Poema de Montserrat* (1956), où il reconnaît

(37) Voici le texte de l'article 1 de ce Décret : « Articulo 1 : Se declaran ilícitos « la producción, el comercio y la circulación de libros, periódicos, folletos « y toda clase de impresos y grabados pornográficos, de literatura socialista, « comunista, libertaria, y, en general, disolvente ».
(38) Plus tard, on a réédité ce volume comme premier volume d'une collection d'œuvres complètes d'auteurs catalans, « Biblioteca Excelsa ».

qu'en réalité, il s'agit d'une première édition, car celle qu'on devrait
considérer, à proprement parler, comme première (parue en 1950) a
été (je traduis), « par la richesse et le luxe de l'impression, par l'excellence des quarante-quatre eaux-fortes en couleur et par le nombre
limité des exemplaires tirés, un joyau bibliophile ; le livre a été tout à
fait épuisé au moment même de sa parution, on n'en a fait aucune
réclame publicitaire, on ne l'a point vu dans les vitrines des librairies ;
en réalité sa publication n'est pas arrivée du tout à la connaissance du
public et n'a pu être appréciée par les lecteurs habituels ». L'auteur en
conclut que, pratiquement, on peut bien dire que le livre « est resté
inédit jusqu'au moment de la parution de la seconde édition » ([39]).
L'exemple du *Poema* de Sagarra est, à mon avis, vraiment typique et
représente bien ce qui s'est produit plus d'une fois.

La situation du livre catalan est devenue moins pénible le jour
où l'« Editorial Selecta », qui avait déjà publié Verdaguer en 1943 (mais
comme édition d'« œuvres complètes », presque de « bibliophile »), a
été autorisé (en 1946) à lancer la Collection « Selecta » ; il s'agissait de
petits volumes populaires, à prix abordable. La publication de chacun
a été soumise à toute une série de procédures, la plupart du temps à
Madrid, mais au prix de toutes ces difficultés, le livre catalan a pu
tout de même se répandre un peu plus, même dans les milieux moins
aisés.

Au cours de la période 1950-1955, que j'ai déjà présentée (§ 11)
comme plus favorable aux affaires catalanes, l'« Editorial Moll » (à
Majorque) a commencé à publier, en 1954, la collection « Biblioteca
Raixa », à prix vraiment modique, qui a été d'une grande importance
comme élément de diffusion. Certes, on pourrait continuer à énumérer
les petites difficultés par lesquelles on gênait les éditeurs, mais le
mouvement pour le livre catalan est devenu irréversible. On en est
arrivé à la situation actuelle, à une gamme d'ouvrages riche et variée

(39) Voici ce fragment du prologue en original catalan : «... en la primavera
« de 1950, amb la col·laboració del seu amic, l'impecable artista Ramon de
« Capmany, [l'autor] es decidí a publicar la primera edició del *Poema de*
« *Montserrat*.
    « Però aquella edició, realitzada en quatre volums, fou, per la riquesa i
« el luxe esmerçats en la impressió, per l'excel·lència dels quaranta-quatre
« aiguaforts acolorits, i per la limitació del seu tiratge, una joia bibliogrà-
« fica, exhaurida completament en el punt de la seva naixença, sense que
« d'ella es fes cap mena de publicitat, sense que fos present a l'aparador
« de cap llibreria, i, en realitat, sense que transcendís, ni poc ni molt, a la
« consciència del públic, ni pogués ésser apreciada pels lectors corrents.
    « De fet, a desgrat d'aquella edició monumental, es pot dir que el
« *Poema de Montserrat* ha restat una obra inèdita fins el moment d'apa-
« reixer la present edició ; i és ara que, sota el segell d'Editorial Alpha,
« l'autor, després d'onze anys d'haver escrit el darrer vers del seu poema,
« l'ofereix als seus contemporanis lectors, esperant una favorable aco-
« llida...». Le prologue est daté de 1er janvier 1956. Josep Mª de Sagarra,
Obres Completes, Poesia, (Barcelona 1962), Editorial Selecta (Biblioteca
Perenne, vol. 19).

quant au contenu : poésie, roman, nouvelle, théâtre, critique, essai, philosophie, sociologie, économie, histoire, géographie, etc., font l'objet d'assez nombreux volumes qui par ailleurs sont aussi très soignés quant à la présentation. Il y a encore beaucoup de lacunes qu'il faudra combler, notamment dans les domaines de la science et de la technique. Mais, si l'on se souvient de la situation d'il y a dix ou quinze ans, on s'aperçoit de l'importance du chemin parcouru, au point qu'on croit rêver.

Voici encore un dernier mot sur les publications. Comme on sait, Majorque est restée, au commencement de la guerre civile, du côté appelé « national ». Or, à Majorque, l'« Editorial Moll » publiait une collection en catalan, « Les Illes d'Or », qui accueillait les œuvres (généralement littéraires) d'auteurs insulaires, et cette collection, bien qu'elle fût en catalan, a été autorisée à paraître pendant la guerre civile. Par contre, le *Diccionari Català Valencià Balear*, d'Alcover-Moll, a dû être interrompu à cause des difficultés survenues ; après une longue interruption, on en a repris la publication en 1949 en complétant alors le volume III.

13. Les efforts pour faire paraître des périodiques et des revues se sont toujours heurtés à des difficultés beaucoup plus graves encore. Jusqu'à présent, malgré toutes les démarches, nous n'avons aucun journal en catalan. Le peu de publications périodiques qui paraissent aujourd'hui en catalan reste bien au-dessous de ce qu'il faut considérer comme un minimum. Certes, ici encore, grâce au courage et à l'esprit de lutte de nous tous, nous avons réussi à faire des progrès, parfois remarquables. Mais, comme je viens de le dire, nous sommes bien loin d'une situation satisfaisante.

Je vais passer sous silence les petites revues ou feuilles périodiques d'intérêt local, de plus en plus nombreuses, qui sont des organes d'institutions paroissiales, culturelles, touristiques, récréatives et qui paraissent un peu partout, notamment dans les chefs-lieux de la province ou centres ruraux. Dans les grandes villes on ne s'en rend pas bien compte, mais cette presse qu'on peut appeler provinciale a fait, ces dernières années, des progrès vraiment remarquables et je crois que nous devons l'apprécier dans toute sa signification : c'est une des meilleures preuves de la spontanéité du mouvement catalan, c'est ainsi que le peuple se manifeste avec une force qui arrive à l'emporter partout.

En faisant donc abstraction de cette presse provinciale mineure, nous devons constater que nos publications périodiques se limitent, en ce printemps de 1968, à quatre : une revue générale, mensuelle : *Serra d'Or* ; un hebdomadaire : *Tele-estel* ; et deux revues pour enfants : *Cavall Fort* et *L'Infantil*. Jusqu'en 1959, *Serra d'Or* était le bulletin de la Confrérie de Notre-Dame de Montserrat, comparable aux publications que je viens d'appeler petite presse provinciale ; au mois d'octobre

1959, cette revue a été transformée en une revue culturelle d'intérêt général ([40]). En réalité, telle qu'elle paraît aujourd'hui, elle représente une somme de trois ou quatre revues différentes. Antérieure à la loi de presse du 18 mars 1966, elle s'est trouvée parfois dans une situation très délicate ; elle a d'ailleurs toujours compté parmi les publications du Monastère de Montserrat, faute de quoi il aurait été inconcevable de la publier.

Dès avant la publication de la loi de presse, tout le monde s'attendait à la parution *du* journal catalan quotidien. C'est ainsi, au singulier, qu'on en parlait, comme si l'on avait voulu concentrer dans ce journal chimérique tout l'espoir du peuple. Déjà auparavant, la seule annonce d'un nouveau quotidien à Barcelone avait été saluée comme celle *du* quotidien catalan. Il allait s'appeler *Tele-express*. Il fut lancé le 14 septembre 1964, mais... il était en espagnol ! Jusqu'à présent nous n'avons donc pas réussi à avoir *le* journal, ou *des* journaux en catalan. Néanmoins, à titre de compensation, on a autorisé la publication d'un hebdomadaire, publié par la même maison que le quotidien espagnol. Il s'agit de *Tele-estel* dont le premier numéro a paru en juillet 1966 et qui continue à paraître. Le contenu en est un peu superficiel, mais il répand la forme du catalan courant (anecdotes, chronique de sports, annonces publicitaires), en même temps qu'il fait connaître les grands événements et les grandes figures de la vie catalane d'hier et d'aujourd'hui. On en avait besoin : le tirage du premier numéro a été vendu tout entier dans la ville de Barcelone, et on a dû se hâter d'en doubler le nombre d'exemplaires, pour pouvoir le faire parvenir dans tous les pays catalans.

Il y a encore les deux revues pour enfants ([41]). *L'Infantil* est la plus ancienne des revues qui paraissent aujourd'hui en catalan ; elle remonte à 1950 et, créée par le secrétariat diocésain de catéchisme, elle est publiée au Séminaire de Solsona. Cette revue, qui s'adresse aux petits enfants, a dû surmonter quelques crises (il n'est pas facile de rédiger une revue pour les petits, surtout quand on ne dispose pas de grandes ressources), mais maintenant on a pu en rendre régulière et la rédaction et la publication. *Cavall Fort* est une publication des secrétariats de catéchisme des diocèses de Gérone, de Vic et de Solsona. Cette revue, dont le premier numéro date du mois de décembre 1961, paraît chaque mois. Sa présentation était, au commencement, beaucoup plus modeste qu'aujourd'hui ; maintenant, chaque numéro contient

(40) Elle a pourtant conservé le sous-titre « Organ [c'est-à-dire bulletin] de la Confraria de la Mare de Déu de Montserrat », et cela jusqu'au mois de janvier 1964. La mission générale de *Serra d'Or* a été remplie provisoirement, pendant quelques mois en 1959, par *Germinabit*, publié également à Montserrat (auparavant circulaire de l'« Unió Escolania de Montserrat », autre échantillon de la petite presse catalane). On trouve déjà ces informations (et celles qui suivent) dans mon rapport *Où en sont...?* (v. ci-dessus § 3, note 8, § 4, spécialement note 4).
(41) Cf. mon rapport *Où en sont*, § 4, note 5.

24 pages illustrées. Elle est adressée aux enfants plus grands et aux adolescents et a toujours eu un succès remarquable, qui s'accroît de plus en plus. *Cavall Fort* a vraiment atteint une haute qualité. Les deux revues ont pour but non seulement d'amuser les lecteurs, mais aussi de les éduquer sur le plan civique, voire sur celui de la langue. La grande diffusion qu'elles ont atteinte nous donne de l'espoir pour l'avenir immédiat de la langue.

14. Un autre facteur a encore joué un rôle important dans ce que j'appelle la récupération du catalan après 1939 : c'est l'intérêt qu'ont toujours manifesté à notre langue des institutions et des personnalités à l'étranger. L'intérêt des étrangers pour les affaires catalanes ne date pas d'après la guerre civile : on avait toujours vu avec sympathie le mouvement culturel catalan. Mais, lors du grand vide, quand la rupture absolue s'est produite, l'étranger a établi des rapports avec les intellectuels exilés, on a encouragé les manifestations de la culture catalane hors de nos frontières et, le moment venu, on s'est intéressé à la récupération du catalan dans le pays. Cet intérêt a été exploité par les autorités espagnoles dans un but exclusivement politique [42], mais après tout, ce jeu a toujours favorisé la récupération, car il a fait mieux connaître les faits et les publications qui risquaient de rester un peu à l'écart des informations des hispanistes et des catalanophiles étrangers. Dans ce sens, Joan Triadú a su concentrer dans deux pages l'inventaire de quelques faits très significatifs : il ne s'agit plus, dit-il, du domaine exclusif de quelques érudits, mais de cours de catalan dans plusieurs universités européennes et américaines. Il ne s'agit pas non plus seulement de la poésie. Il mentionne, sans vouloir tout rappeler, une série de traductions de romans, de contes et de poésie, des études monographiques sur nos hommes de lettres par des savants étrangers, etc. [43]. L'intérêt pour notre petite culture hors de nos frontières a grandi beaucoup, surtout depuis notre grande crise d'après 1939, et nous a aidés d'une façon incontestable dans la récupération de la langue.

La Direction Générale des Relations Culturelles du Ministère des Affaires Etrangères à Madrid a édité, vers 1960, une brochure polycopiée qui donnait des indications sur les publications en catalan après la guerre civile. Une entreprise plus sérieuse, et par sa forme (imprimée) et par l'information bibliographique qu'elle contenait, a été le

---

(42) Une revue telle que *Serra d'Or*, même lorsqu'elle luttait difficilement pour survivre, a été utilisée, dans des publications officielles d'information culturelle à l'étranger, pour faire valoir que l'interdiction de publier en catalan était moins grave qu'on ne le pensait. Le même cas s'est présenté avec l'« Institut d'Estudis Catalans » dont les publications figuraient sur les listes de livres en catalan au moment même où l'on scellait le siège de l'« Institut ». Tout cela, comme je viens de le dire, a contribué à la renaissance du catalan.

(43) Joan Triadú, *Llegir com viure* (Barcelona 1963) 22-23. Cf. aussi Joaquim Molas,. *Dos anys de poesia catalana en d'altres llengües*, dans *Poemes*, num. 5, Hivern 1964, pp. VII-X.

Catalogue des publications catalanes récentes, dressé par l'« Instituto Nacional del Libro Español » ([44]), dont le directeur est aujourd'hui un professeur et écrivain catalan, M. Guillem Diaz Plaja. En rapport avec cette entreprise, je dois aussi signaler l'Exposition du Livre Catalan organisée au Mexique et dans d'autres pays de l'Amérique Latine, au printemps 1967, sous les auspices du même « Instituto Nacional del Libro Español ».

Dans le cadre des initiatives officielles, notons encore que la revue *La Estafeta Literaria,* de Madrid, a fait une enquête (numéro 291, 9 mai 1964), auprès de plusieurs hommes de lettres de Madrid et de Barcelone, sur la question de savoir quel était l'organisme académique ou le corps savant qui devrait être entendu en matière de langue catalane pour établir où en était la correction orthographique, grammaticale ou lexicale. On sentait que tout cela « préparait » quelque chose. En effet, à peine un mois auparavant, à l'occasion de ce qu'on appelle en Espagne la « Fête du Livre » ([45]), M. Manuel Fraga Iribarne, Ministre de l'Information et du Tourisme, était venu à Barcelone (le 22 avril 1964) où, dans un discours, il a fait l'éloge de la langue et de la culture catalanes. Dans ce discours, il a déclaré qu'après les vingt-cinq années écoulées, le catalan n'était plus dangereux : « L'unité de la patrie n'est pas, ne peut plus être menacée par l'usage de la langue vernaculaire ». Le passage le plus bref et le plus vague concernait les dispositions à prendre pour permettre l'emploi de cette langue vernaculaire. Le Ministre s'est limité à dire : « Pour ma part, je suis bien convaincu que si, par exemple, les moyens généraux de communication et d'information doivent adopter la langue véhiculaire que tous les Espagnols comprennent, il est tout aussi vrai qu'ils peuvent accueillir la langue vernaculaire » ([46]). Bien que la partie positive du discours

---

(44) *Llibres en català,* Instituto Nacional del Libro Español (Barcelona 1967). A vrai dire, cette bibliographie est incomplète (on n'y trouve, par exemple, aucun recueil de poésie de Salvador Espriu) et contient des erreurs (ainsi, *Cop de Vent* de Josep Carner y est classé parmi ses recueils de poésies, or il s'agit d'une pièce de théâtre). Néanmoins, elle a révélé l'importance des publications catalanes d'aujourd'hui et a beaucoup aidé à les diffuser à l'étranger ; de la part du Gouvernement, elle représente une sorte de reconnaissance de la culture catalane.

(45) Ou « Journée du Livre », le 23 avril, jour anniversaire de la mort de Cervantès, qui coïncide en Catalogne avec la fête de saint Georges (« Sant Jordi »), Patron de la Catalogne ; ce fait donne chez nous plus d'importance à la « Journée du Livre » que le grand public, loin de le rapprocher de Cervantès, considère comme une grande fête catalane (foire de roses, sardanes et livres, et, à Barcelone, visite du Palais Provincial où se trouve la chapelle de Saint Georges).

(46) Les fonctionnaires de la Délégation Provinciale d'Information à Barcelone ont fait, à la suite du discours du Ministre, la promesse verbale d'autoriser deux ou trois revues (hebdomadaires ou mensuelles) et un journal (quotidien) en catalan. Jusqu'à présent, nous n'avons obtenu qu'un hebdomadaire, *Tele-Estel,* dont j'ai déjà parlé (§ 13). Les seules concessions immédiates ont été une représentation théâtrale en catalan et un concert de chant choral qu'on a retransmis par la télévision (circuit local de Barcelone) en été 1964.

fût mince, le moment a été bien choisi, et ce discours a produit une
certaine impression. Tout le monde a cru pouvoir l'interpréter comme
l'annonce d'une prochaine parution *du* journal catalan, dont j'ai déjà
parlé : il y a eu certes un nouveau journal, en septembre de la même
année... mais il a paru et continue à paraître en espagnol (§ 13).

Le Ministère de l'Education Nationale avait établi, dès 1944, l'enseignement de « Philologie Catalane » comme matière obligatoire dans
toutes les Universités espagnoles possédant une Section de Philologie
Romane. C'était un paradoxe de rendre, au moment où la langue catalane était muette, son enseignement obligatoire pour les non-Catalans.
Mais, comme je le disais tout à l'heure, toutes ces décisions extérieures
ont favorisé la récupération du catalan [47]. Une autre initiative officielle a été beaucoup plus importante pour nous : la création d'une
chaire de langue et littérature catalanes à la Faculté de Philosophie
et Lettres de l'Université de Barcelone. Après un essai qui n'avait pas
eu le résultat escompté [48], cette chaire a été créée par le Ministère
en été 1961, pour soutenir, du point de vue administratif, les cours de
langue et de littérature professés depuis déjà quelques années. Le
concours pour cette chaire a été annoncé en 1963, mais le poste n'a pas
été pourvu ; à la suite d'un nouveau concours, on a nommé M. Antoni
Comas, spécialiste de littérature catalane, notamment moderne, professeur titulaire de cette chaire au mois de mai 1965. Il est évident que

---

(47) J'ai fait moi-même une constatation semblable au moment où un éditeur
non catalan, de Madrid, m'a demandé de rédiger une grammaire catalane
en espagnol. Cf. : « Consideramos dentro de ese ambiente de interés el
hecho mismo de nuestra *Gramática,* que se ha escrito por encargo e interés
de un editor de Madrid, propuesta que no tiene precedentes, ya que la
tantas veces citada obra de P. Fabra procedía de su propia iniciativa, y lo
mismo ocurre con otro libro parecido (E. Vallès, *Curso práctico de Gramática catalana,* Barcelona, 1a ed. 1933 ; 2a ed. 1950), aunque muy diferente
del nuestro, por su carácter eminentemente práctico » (cf. ma *Gr. Cat.,* I,
p. 21, note 14).

(48) A l'époque où M. Joaquín Ruiz-Giménez était Ministre de l'Education
Nationale (rappelons que c'était au moment des Congrès de Poésie, § 11),
on a créé, à l'Université de Madrid, la chaire « Juan Boscán » consacrée
à la langue et à la littérature catalanes. A la séance inaugurale (au mois
de mars 1953), M. Jordi Rubió i Balaguer a fait une conférence mémorable
sur la littérature catalane ; mais après quelques années de cours et de
conférences donnés par différents érudits catalans, la Faculté de Madrid
(ou l'Administration) a laissé mourir cette initiative, et on n'a plus parlé
de cette chaire. A cette même époque, le Ministère de l'Education Nationale
a créé un pendant de cette chaire à Barcelone : chaire « Milà i Fontanals ».
Il est évident que l'intention était de commencer à établir une future
chaire de catalan, mais au dernier moment, on n'a pas osé le dire avec
toute la clarté, et le titre adopté a été celui de chaire de « langues et
littératures péninsulaires » (année 1954-1955). Plusieurs savants sont venus
y faire des cours et conférences (de Madrid, de Lisbonne, de Galice, etc.) ;
plus tard on a voulu consacrer les activités de cette chaire à la publication
de livres ; actuellement, elle n'existe plus.

cette chaire peut avoir une influence profonde sur notre culture, du moins dans les sphères universitaires au sens le plus large du mot ([49]).

Au niveau de l'enseignement secondaire, et sans qu'on ait pris des dispositions officielles à ce sujet, il existe, depuis un certain temps, des cours de catalan dans quelques lycées ; ce fait, dès qu'il a commencé à être connu, a stimulé les professeurs d'autres lycées, et les cours de cette nature — cours privés, non rémunérés, hors programme et non obligatoires — s'étendent de plus en plus dans des institutions d'Etat, et aujourd'hui (année 1967-1968), ils sont presque généralisés.

Pour en finir avec ce que j'ai appelé les initiatives officielles, je voudrais en souligner la signification et les résultats. Ces initiatives, comme le catalogue des livres catalans, la chaire de catalan à l'Université, etc., présentent les faits d'une façon objective, de sorte qu'elles sont devenues de vrais jalons, bien visibles, de la récupération ; en même temps, elles nous ont démontré que le résultat de tant d'efforts n'est pas précisément mauvais. D'autre part, par ces initiatives officielles, les organismes publics s'engageaient à reconnaître l'existence des pulsations qui battaient en-dessous et dont ils proclamaient eux-mêmes la force ; au fond, la source de tout se trouvait dans le peuple, dans sa volonté de ne pas périr, qu'on était unanime à sentir. C'est cette volonté qui nous explique le dernier des faits mentionnés : les cours dans les lycées d'Etat. Les premiers cours sont nés de l'intérêt que manifestaient les élèves et de la conscience des professeurs qui ont cru juste de les assurer. Là encore, je passe sous silence les difficultés, parfois pittoresques (formalités, procédures), auxquelles on s'est souvent heurté et qui ont tant de fois empêché la réalisation des cours de catalan.

15. Passons maintenant à un autre facteur qui a joué un rôle décisif dans la récupération du catalan, à la position de l'Eglise. L'Eglise a dû capituler chez nous en 1939 devant les normes de l'Etat relatives à l'usage de la langue du peuple. A l'exception de la campagne — où l'espagnol n'est pas compris — la prédication et le catéchisme se faisaient en espagnol. Je sais bien qu'il y a toujours eu des exceptions, parfois spectaculaires, qui étaient des rayons d'espoir ; mais il faut reconnaître que, dans les milieux non ruraux, l'unique langue vulgaire qu'on entendait et qu'on lisait dans les églises était l'espagnol, et cela malgré la doctrine traditionnelle de l'Eglise catholique, toute empreinte du respect de la langue du peuple. Il serait superflu d'en donner des preuves.

Pourtant, ici aussi, en-dessous des milieux ecclésiastiques qui avaient accepté, à leur corps défendant, une situation injuste comme un

(49) Voir mon rapport *Où en sont*, § 5. En été 1967, dans le cadre d'une nouvelle organisation des Facultés, on a créé, à la Faculté de Barcelone, le Département de Catalan dont le centre est toujours la chaire mentionnée.

« moindre mal », une Eglise nouvelle, plus réaliste, soutenue surtout par le jeune clergé, est venue encourager les efforts en vue de la reconnaissance des droits de l'homme, y compris le droit de chacun à sa propre langue. Dans ce climat, dont l'étendue et la tension augmentaient sans cesse chez nous, le Pape Jean XXIII a publié l'Encyclique *Paix sur la terre* (*Pacem in terris*) (1963) où, à côté d'autres principes et affirmations vraiment sensationnels, il a exposé les droits des « minorités ethniques » à leur culture, à leurs traditions et à leur langue. L'effet que cette encyclique a produit dans notre société a été profond, unique, définitif ([50]). Etant donné la force du sentiment chrétien du peuple catalan, il n'est pas difficile de comprendre les raisons de cet effet : ce n'était plus seulement l'O.N.U. qui proclamait que les droits de l'homme n'étaient pas tout à fait respectés chez nous, mais le Pape lui-même l'affirmait dans un document important, rédigé dans le langage de nos jours. Ce document n'était toutefois que le commencement des transformations énormes que l'Eglise catholique allait subir à l'occasion du Concile Vatican II (1962-1965). Je ne veux en signaler ici que deux aspects, qui sont en rapport avec le sujet que je traite. Voici le premier : la Constitution de Liturgie du Concile a créé une nouvelle situation pour les langues vulgaires et, en conséquence, aussi pour le catalan ; le problème de la langue liturgique restera désormais posé (§ 2 ; j'y reviendrai, §§ 17-18). Quant au second aspect, il est évident que le Concile et, d'une façon plus particulière, la Constitution sur l'Eglise et le monde d'aujourd'hui (*Gaudium et Spes*) ont joué un

---

(50) Les deux éditions catalanes les plus répandues de cette encyclique ont été publiées à Barcelone, en 1963, en co-édition par deux maisons, Estela et Nova Terra : une édition avec des notes, et une édition populaire qu'on vendait 2 pesetas (prix d'un billet d'autobus). On a beaucoup parlé de cette encyclique chez nous ; on l'a citée constamment dans des articles et dans des discours, et on en a traité largement dans plusieurs revues (par exmple *Serra d'Or*, vol. V, juin 1963, etc.). *Questions de Vida Cristiana*, publiées par les moines de Montserrat, lui ont consacré le numéro 18 (fascicule spécial) où l'on trouve des contributions de G. Brasó, A. Borràs, J. Pedemonte, R. Sugranyes de Franch, M. Martinell, M. Boix, J. M. Bardés, J. Lorés, A. Pérez González, J. Desumbila et E. Vilanova (Montserrat 1963). Même en dehors de nos frontières on s'est bien rendu compte que le peuple catalan représentait un cas typique des groupes ethniques tels que Jean XXIII les a définis. Cf. le passage suivant : « Le cas le plus typique d'une « revendication de la personnalité régionale relativement pacifique est « celui de la Catalogne. Les Catalans ont été, pendant des siècles, à la tête « d'un puissant royaume méditerranéen. Réunis à la Castille, ils n'en ont « pas moins conservé leurs libertés propres jusqu'en 1714. La Catalogne « possède pratiquement tout ce qu'il faut pour faire une nation : histoire, « traditions politiques et juridiques, culture et art, conscience de soi, et « enfin une langue. Dès le XIXᵉ siècle, les Catalans revendiquent l'auto- « nomie. Ils ne l'obtiendront partiellement que pour bien peu de temps : de « 1932 à 1934. Et puis, c'est la guerre civile. Plus que jamais, l'Etat espagnol « est unitaire. Mais le catalanisme demeure, au moins comme une exigence « culturelle. La participation au vaste monde hispanique n'est-elle pas, hors « toute question politique, un enrichissement pour les Catalans, et qui ne « détruit nullement leur nécessaire originalité ? » (*Fêtes et Saisons*, numéro 117, août-septembre 1963, page 11).

rôle remarquable dans la mise en valeur de l'homme et des droits de l'homme dans la société moderne.

A la suite de cette série d'événements, on s'est senti chez nous de plus en plus décidé, de plus en plus conscient de notre personnalité et de nos droits en tant que peuple. Il s'est produit, par exemple, un changement fondamental dans l'attitude de certains à l'égard de la langue de famille. Immédiatement après la guerre civile, dans certaines familles bien connues, on parlait en espagnol à la maison, avec les enfants ; or, vingt ans plus tard, cette tendance a tout à fait disparu et on est fier de parler catalan en famille et dans la rue. Ou bien voici une expérience que j'ai racontée ailleurs ([51]) et qui est extérieure à la famille, mais elle est tout aussi significative : entre 1947 et 1950, lorsque les étudiants de Faculté devaient consulter pour leurs travaux des textes en catalan, il était fréquent de les entendre dire qu'ils ne savaient pas lire le catalan — et ils le disaient en catalan ! C'est qu'ils n'avaient jamais fait l'expérience de la langue écrite. (Remarquez qu'il s'agissait d'étudiants de philologie romane !) En revanche, en 1960, nous avons vu vibrer, à l'Université, des centaines d'étudiants au cours de la commémoration du centenaire de Joan Maragall (1860-1911), célébrée en catalan. Ces jeunes de 1960 n'avaient pas eu non plus l'enseignement du catalan à l'école, ils n'avaient pas non plus la possibilité de lire un journal en catalan, mais préoccupés par ce problème, ils ont appris la langue et savent l'écrire et la manier oralement. Voilà une grande différence par rapport à la situation d'il y a quinze ou dix ans.

Il n'y a pas eu seulement un changement d'attitude des parents, des familles. La jeunesse elle-même, qui s'intéressait, pendant des années, plus à des problèmes sociaux qu'à celui de notre personnalité collective, se trouve maintenant, sans abandonner ses préoccupations sociales, bien incorporée dans notre mouvement de récupération en tant que peuple.

16.   Ce climat de raffermissement collectif ne pouvait pas se passer de cours de catalan. Or, voici un heureux phénomène qui remonte certes loin, mais qui, en tant qu'activité sociale mieux connue et moins secrète, n'a commencé à être efficace que pendant le lustre 1950-1955 dont nous connaissons (§§ 11-12) l'importance pour notre récupération : enfants et adultes, habitants des villes et de la campagne, Catalans et immigrés, de plus en plus nombreux, étudient maintenant grammaire et composition ([52]). A un moment donné, toujours comme conséquence de ce même climat, on n'a pu empêcher davantage la création des cours de catalan par correspondance et on les a autorisés ; on a même permis

(51) Cf. mon recueil *Llengua i cultura als països catalans* (mentionné ci-dessus), p. 108.
(52) Cf. *Où en sont,* § 4, Pour les grammaires et autres ouvrages que ces cours de catalan ont suscités, cf. § 8.

d'en faire la propagande au moyen d'annonces dans les journaux. Tout récemment (à la fin de 1967), deux quotidiens de Barcelone ont organisé eux-mêmes des cours de catalan : *El Noticiero Universal* et *Tele-expres,* journaux du soir qui paraissent pourtant en espagnol.

Il ne faut pas oublier non plus les fêtes et concours littéraires, notamment ceux de Cantonigròs (près de Vic) qui vont célébrer cette année leur vingt-cinquième anniversaire[53]. On avait créé encore d'autres concours, à des dates plus récentes, mais ceux-ci se sont heurtés à des difficultés insurmontables et il a été impossible de les maintenir ; ils ont cependant tous laissé un ferment dont on a profité. Ces concours ont précisément admis ce qu'on appelle la « nouvelle chanson catalane », et celle-ci a aussi été un moyen de diffusion de la langue par des récitals et des disques. Le mouvement en faveur de ce type de chanson date de 1961, année de la première soirée publique du groupe appelé « Setze Jutges » et de la fondation d'EDIGSA pour l'édition de disques. Ce n'est pas dû au hasard que le commencement de ce mouvement coïncide avec le moment où l'on a vu, pour la première fois, le livre catalan dans la rue. Plusieurs facteurs ont en effet mûri en même temps. Je rappellerai qu'en 1963, une chanson catalane a emporté le premier prix au Ve Festival de la Chanson Méditerranéenne ; ensuite, on a modifié le mode de scrutin, ce qui a empêché d'obtenir un nouveau prix, mais le coup d'envoi avait été donné. Dans ce domaine, je voudrais ajouter que la « nouvelle chanson » s'est développée en Catalogne comme partout : il y a de plus en plus de jeunes chansonniers, plusieurs entreprises commerciales sortent des disques, bref il existe tout un marché de la chanson et du disque. Tout le monde est d'accord que Raimon (Ramon Pelegero Sanchis), qui est Valencien et avait d'abord été étudiant d'histoire à la Faculté des Lettres de l'Université de Valence, se place en tête de tous ces chansonniers, car il chante ses chansons avec une conviction qui entraîne le public et ses paroles expriment l'inquiétude d'une jeunesse qui voudrait tout réformer. Il a chanté la version rythmée de la chanson qui avait gagné le prix de 1963, et il a fait, entre autres, trois mémorables récitals à Paris : à la Sorbonne (le 21 avril 1966), à la Salle de la Mutualité (le 23 avril 1966) et à l'Olympia (le 7 juin 1966). Eh bien, on a plusieurs fois condamné à des amendes tantôt lui-même, tantôt d'autres chansonniers catalans, on a interdit des récitals, on a empêché la réalisation d'autres récitals déjà autorisés et annoncés, on a au moins censuré ou limité leurs programmes, on a réduit les programmes prévus pour la radio, etc.

Le climat dont je parle a aussi réveillé chez nous l'esprit d'association, qui avait toujours existé, mais qui, à l'époque de la léthargie forcée, ne pouvait guère se manifester. Or, en 1962, on a réussi à constituer « Omnium Cultural », association dont le but est de promouvoir, de protéger et de diffuser toute sorte d'œuvres culturelles,

(53) Cf. *Où en sont*, § 4, où l'on trouve, avec d'autres détails, l'information qui suit sur la « nouvelle chanson catalane ».

notamment catalanes ; cette association, qui a réuni, au moment de sa
fondation, 600 membres payants, a mis en contact tous ceux qui d'une
façon ou d'une autre travaillaient déjà dans ce sens à titre privé et, en
coordonant leurs efforts, elle a pu les rendre plus efficaces. Elle a
organisé, d'une façon bien structurée, un enseignement du catalan
(cours et par correspondance) dans le but de délivrer des diplômes.
Ainsi on a réussi à constituer un ensemble organique de tous les efforts
qui, auparavant, étaient isolés et dispersés. Dans son siège, établi à
Barcelone dans un vieux palais du quartier de Santa Maria del Mar,
on a hébergé l'« Institut d'Estudis Catalans » et d'autres institutions
culturelles et artistiques. Il y a eu certes des difficultés graves : ce
siège a été fermé et scellé pendant presque quatre ans (1963-1967) pour
des raisons de procédure en rapport avec l'approbation des statuts de
l'association, et l'« Institut » — notre Académie — a dû reprendre la
vie de nomade ou plutôt de catacombes, qu'il avait déjà connue. Mais,
tout récemment (à la fin de 1967), on a fini par approuver les statuts
d'« Omnium Cultural », et on attend beaucoup de cette institution.
Pour étendre sur tous les pays catalans les bénéfices d'une organisation
de cette nature, on a créé, d'une façon parallèle, l'« Obra Cultural
Balear » à Majorque, tout en respectant la personnalité des Catalans
insulaires, et on vient de constituer une nouvelle société « Promocions
Culturals, S.A. » à Valence. Il y a lieu d'y ajouter encore EISA
(= « Estudis i Investigacions, S.A. »), qui est une société commerciale
dont le but est d'organiser des cours, des séminaires de recherche et
des publications scientifiques ; elle a été constituée à Barcelone en
1966 et la séance inaugurale de ses activités académiques s'est tenue
au mois de janvier 1967. Sous cet angle, la culture catalane fait donc
aussi des progrès malgré toutes les difficultés.

Tous ces facteurs visant à un même but ont abouti à un véritable
mouvement populaire dont le point culminant a été l'envoi, en 1963,
de plusieurs milliers de demandes écrites à l'adresse du gouvernement
en vue d'obtenir une situation plus juste pour la langue catalane.
Comme toujours, ce grand geste collectif avait été précédé de toute une
série d'actions. Les premiers essais, très dangereux pour ceux qui les
avaient entrepris, ont échoué, mais ils ont tracé la voie à suivre. En
1959 on a recueilli 100 signatures de personnalités marquantes de la
vie intellectuelle des pays catalans au bas d'un document qui exposait
quelques revendications fondamentales en faveur du catalan ([54]). Au

---

(54) Voici le texte de ce document :
  « Carta adreçada a tots els professors i a totes les persones interessades
« en la difusió de la cultura.
  « Distingit senyor : L'estat anormal en què es troben, fa temps, l'ús,
« l'ensenyament i la difusió de la llengua catalana, vehicle d'una secular
« cultura, ens obliga a fer sentir la nostra veu. Ho fem amb tot el respecte
« i tota la consideració que calen, però volem exposar a tothom les raons
« que ens mouen a demanar que cessi la situació per la qual, encara avui,
« en contra d'un dret natural reconegut i proclamat per l'Església Católica
« (veg. entre d'altres el Missatge de Nadal de 1959 del Sant Pare Joan

printemps 1963, plusieurs assemblées d'étudiants de l'Université de Barcelone (dénommées alors « Cámaras Sindicales de Facultad ») ont adressé à leur tour, au Ministère de l'Education Nationale, des demandes semblables [55].

Mais tout cela ne faisait que « préparer » le terrain. Au mois de mai 1963, une centaine de personnes, très différentes aux points de vue idéologique et social, ont rédigé le texte d'une pétition contenant les revendications minimes en faveur de la langue catalane [56]. Cette pétition a été conçue pour être adressée individuellement, suivant la

---

« XXIII) i pels organismes internacionals de caràcter jurídic, sociològic i « cultural (veg. els acords de la U.N.E.S.C.O. sobre aquesta matèria i les « pròpies constitucions de l'organització) es veu limitada en la seva lliure i « legítima expansió. I com que no hi ha cap llei que prohibeixi l'ensenya-« ment del català a les escoles, esperem que els mestres i llurs autoritats « reconeguin la necessitat d'evitar aquest analfabetisme que ens afecta a « tots.

« Cal : 1) Que en tots els graus de l'ensenyament públic i privat a les « terres de llengua catalana siguin establertes classes regulars d'aquesta « llengua d'acord amb les normes pedagògiques modernes.

« 2) Que siguin donades les normals i recomanables facilitats al fun-« cionament reglamentari de les entitats científiques i literàries que tenen « per objecte el conreu i la difusió de la cultura catalana en les seves « expressions més elevades.

« Voldríem que tothom, catalans i no catalans, comprengués la raó « d'aquestes demandes, i s'unís a la nostra veu.

« Us saluden els cent primers signants d'aquesta carta » [suivent, en effet, cent signatures].

Faudra-t-il ajouter que ceux qui avaient recueilli les signatures ont eu des difficultés avec les autorités (arrestations, entre autres) ?

(55) Le Délégué de la Faculté de Philosophie et Lettres de l'Université de Barcelone a adressé le 13 mai 1963, au nom de la « Cámara Sindical » de la Faculté, une lettre à M. le Ministre de l'Education (Madrid), où, après un exposé de neufs points, on demandait :

« 1) El funcionamiento inmediato y efectivo de la Cátedra de Lengua « y Cultura catalana, accesible a los estudiantes de todas las Facultades y « Escuelas Especiales, con carácter de Cátedra Libre.

« 2) El libre uso de la lengua catalana en todos los actos culturales.

« 3) La enseñanza de la lengua catalana en todos los grados de la « instrucción : primario, secundario y universitario, con carácter de obli-« gatoriedad para los alumnos catalanes ».

(56) Voici le texte où l'on invitait les citoyens à adhérer à cette initiative :

« L'escaiença del cinquantenari de la instauració de les Nòrmes Orto-« gràfiques de la Llengua Catalana justificaria tota una sèrie d'actes « commemoratius i d'homenatge.

« Creiem, però, que el millor acte a realitzar és el d'adreçar-nos als « organismes competents per tal de sol·licitar per a la nostra llengua, « d'acord amb els procediments legals vigents, la plenitud d'uns drets « elementals sense els quals sentim amenaçada no tan sols la seva expansió « ans també la seva existència.

« Amb aquesta petició no fem sinó seguir els camins repetidament « assenyalats, d'una manera especial a l'Enciclíca « Pacem in terris », pel « Sant Pare Joan XXIII.

« Una proposta d'escrit us serà lliurada per un representant nostre, el « qual us pregarà de signar-la per a trametre-la directament a la Vice-

législation espagnole en vigueur. Après en avoir établi le texte, on a
largement répandu le document de pétition parmi les Catalans, en les
invitant à le signer et à l'envoyer au Gouvernement. La base légale de
cette action était ce qu'on appelle le droit de pétition (« derecho de
petición »), établi schématiquement dans le « Fuero de los Españoles »
du 13 juillet 1945 et précisé, quant à la réalisation pratique, dans la
loi du 22 décembre 1960 ([57]). Le texte de la demande a été rédigé de
façon à être conforme dans tous les détails à cette loi, et le langage
employé était très respectueux à l'égard du destinataire, qui était le
Vice-Président du Gouvernement (à l'époque le Capitaine Général
D. Agustín Muñoz Grandes) ([58]). Dans le corps de la demande, on solli-
citait, pour les pays catalans, l'enseignement du catalan à tous les

---

    « Presidència del Govern per tal de complir la norma jurídica segons la
« qual l'exercici del dret de petició ha d'ésser fet en forma individual.
    « Barcelona, a vint de maig de mil nou-cents seixanta tres. »
    Ce texte a été signé par 95 personnes bien connues dans la société
catalane et appartenant à l'Eglise, au monde intellectuel, à l'Université,
aux milieux littéraires, artistiques, etc. Du point de vue idéologique, les
signataires représentaient une gamme très variée, de sorte qu'on ne pouvait
y voir aucune tendance déterminée.

(57) Selon cette loi, une pétition peut être adressée à toute autorité ou institution publique, mais les pétitions collectives ne sont pas autorisées ; le
signataire doit être une personne physique ou une personne morale reconnue par les lois de l'Etat. *L'autorité à qui la pétition est adressée doit en
accuser réception* et peut ordonner, si elle le juge opportun, les vérifications
des faits présentés. Si l'on estime que la pétition est recevable, l'autorité
compétente peut prendre une décision concernant exclusivement le signataire ou promulguer une disposition générale. *En tout cas, l'autorité devra
communiquer à la personne intéressée la décision qu'on aura prise.* La loi
précise que l'exercice du droit de pétition (« derecho de petición ») ne peut
entraîner aucun préjudice pour le signataire, à condition que celui-ci ne
commette aucun délit (Loi du 22 décembre 1960, numéro 92/60, « Boletín
Oficial del Estado » du 23 décembre 1960).

(58) Voici le texte intégral de la demande :
    « Excmo. Sr. :
    « El abajo firmante ...., natural de ......, vecino de ...., con
« domicilio en ...., de profesión ...., de ...... años de edad, de
« estado ...., con Documento Nacional de Identidad número ....,
« expedido en .... el día .... de ...... de ...., movido por los
« naturales sentimientos y el deber que inspiran a toda persona su lengua
« materna y las cuestiones con ella relacionadas, se permite manifestar
« respetuosamente a V.E. la profunda inquietud que le causa el hecho de
« que el idioma catalán no se enseñe en las escuelas públidas y privadas
« de su área propria, ni pueda ser utilizado de manera normal como medio
« de información y difusión.
    « Como es bien sabido, en lengua catalana, vehículo usual de expresión
« de más de seis millones de ciudadanos, se han producido, desde la Edad
« Media hasta nuestros días, manifestaciones culturales de indiscutible
« valor universal.
    « Las circunstancias indicadas al principio limitan considerablemente
« las posibilidades de difusión de nuestra lengua, a través de la cual, por
« ley natural, hemos de hacer los catalanes la aportación viva y auténtica
« de nuestra espiritualidad al fondo común de la civilización. Por su estre-
« cha vinculación al espíritu de los hombres que la hablan, el uso de la
« lengua constituye un derecho inalienalble de las personas y de los pueblos,
« recogido y sancionado por la doctrina de la Iglesia, como así lo ha con-

niveaux dans les établissements de l'instruction publique et les établissements libres, la publication d'une presse en catalan, un usage normal du catalan à la radio, à la télévision, au cinéma, ainsi qu'en général dans tous les moyens de communication sociale, et l'introduction du catalan comme langue de fonctionnement dans les associations et corporations qui le désirent. Le résultat de cette action a été vraiment remarquable : au cours de l'année 1963, quelque 10.000 pétitions écrites, rédigées individuellement selon les exigences fixées par la législation en vigueur, ont été envoyées à la Vice-Présidence du Gouvernement Espagnol. Ce nombre est important et significatif, étant donné surtout que la réalisation de cette initiative s'est heurtée tout de suite à des difficultés assez graves [59]. A l'étranger on s'en est fait écho dans la presse internationale et dans quelques organismes s'intéressant aux minorités ethniques et culturelles.

La réponse du Gouvernement a été ce qu'on appelle le « silence administratif ». Bien qu'on ait fait des démarches personnelles auprès du Vice-Président lui-même [60], aucune réponse n'a jamais été for-

---

« firmado recientemente en la Encíclica « Pacem in terris » el Santo Padre « Juan XXIII.
    « Atendidas las anteriores consideraciones, y en ejercicio del derecho « de petición reconocido por el Fuero de los Españoles y regulado por la « ley de 22 de diciembre de 1960, dirijo a V.E. la petición de que sean auto- « rizadas y permitidas en las tierras de habla catalana :
    « a) La enseñanza en lengua catalana en todos los centros públicos y « privados de enseñanza primaria, y la asigntura de la propria lengua en « los centros de enseñanza secundaria y superior ;
    « b) la publicación de prensa en catalán, y el uso normal de este « idioma en las emisiones radiofónicas, en el cinema y demás medios de « difusión ; y
    « c) la normal existencia y funcionamiento, en lengua catalana, de las « corporaciones y entidades de todo orden que así lo deseen.
    « En ...., a .... de .... de mil novecientos sesenta « y ....
    [espace pour la signature]
    « Excmo. Sr. Vicepresidente del Gobierno, Madrid ».

(59) Certes, l'initiative était parfaitement légale, mais ceux qui ont mené cette campagne ont toujours procédé d'une façon discrète pour éviter une intervention des autorités. Beaucoup de citoyens craignaient aussi des représailles possibles de la police. Malgré tout, la campagne s'est répandue partout et est devenue très vite un objet d'intérêt dans des milieux sociaux très variés. Une grande partie des noms des signataires a été enregistrée devant un notaire, d'autres signatures ont pu être prises sur microfilms, etc. Ces documents sont destinés au Secrétariat de l'U.N.E.S.C.O. et au Secrétariat de la Commission Internationale des Juristes. En outre, de nombreuses pétitions envoyées directement au Gouvernement n'ont pu être recensées. Les signataires, à en juger par les indications qu'on a eu l'occasion d'examiner, appartenaient à toutes les professions et à toutes les classes sociales.

(60) Depuis le commencement de cette campagne, un groupe de ceux qui l'avaient suscitée a plusieurs fois essayé d'être reçu à Madrid par le Vice-Président du Gouvernement. Celui-ci s'est refusé à les recevoir en groupe, mais a accepté d'accorder au moins trois audiences individuelles qui n'ont cependant donné aucun résultat positif.

mulée. Mais le plus important, dans ce cas, a été le fait d'avoir pu
réunir un nombre aussi considérable de signatures, malgré les ennuis
personnels auxquels on s'exposait.

L'affaire a remué un peu l'opinion publique. La presse n'en a
point parlé (nous étions encore sous un régime de presse très sé-
vère) ([61]), mais tout le monde en a pris connaissance. Peu après, la
nouvelle loi de presse étant entrée en vigueur à partir de mars 1966,
on a commencé à publier, dans les journaux de Barcelone (spécialement
dans *La Vanguardia* et *El Correo Catalán*) et surtout dans l'hebdomadaire *Destino,* des « lettres au Directeur » qui demandaient, toujours à
titre personnel, les mêmes concessions au catalan que les pétitions
adressées au Gouvernement. Ces lettres ont encouragé les lecteurs, et
il s'est développé une véritable campagne de presse, centrée plus
spécialement sur la nécessité d'obtenir l'enseignement en catalan. Je
tiens à souligner, comme un exemple important, la série d'articles qu'a
consacrés à ce sujet M. Santiago Nadal, qui jouit d'un prestige solide
parmi nos publicistes et journalistes et qui, partant des inconvénients
graves du bilinguisme tel qu'on est obligé de le pratiquer en Catalogne,
est arrivé à la conclusion que l'enseignement du catalan est une véritable nécessité sociale et culturelle chez nous ([62]). Dans ce contexte, il
faut mentionner aussi les articles de M. Néstor Lujan, Directeur de la
revue *Destino,* qui paraît en espagnol, mais qui s'est toujours fait
écho des préoccupations et de la noble lutte des Catalans en vue
d'améliorer la situation de leur langue ([63]). Cette campagne a eu une
grande résonance chez nous ([64]). Elle a même atteint Madrid où deux
députés catalans (« procuradores en Cortes »), MM. Alfonso Balcells et
Santiago Udina, l'un recteur d'une des universités du pays et l'autre
Sous-Secrétaire d'un Ministère, ont soutenu les droits du catalan dans
des interventions publiques à la Chambre législative ; l'un d'eux a
affirmé, à la grande surprise, voire au grand scandale de plusieurs

---

(61) La presse a gardé le silence malgré les arrestations qui ont eu lieu. Ce n'est
     que beaucoup plus tard qu'on a fait allusion à certains faits comme à des
     événements appartenant au passé ; ainsi *La Vanguardia* (journal de Barce-
     lone) du 14 mars 1965 a rendu compte de l'arrêt de la Cour Suprême
     (« Tribunal Supremo ») qui avait annulé la décision de la mairie de
     Sallent (prov. Barcelone) de licencier M. Joan Costa Ferrer, employé muni-
     cipal, pour avoir distribué des formules de demande à remplir.
(62) Santiago Nadal, *¿Bilingüismo o trilingüismo?*, dans « Destino » du 17 sep-
     tembre 1966. Il en a publié d'autres encore.
(63) Il suffit de feuilleter la collection de l'hebdomadaire « Destino », de 1966
     et 1967, pour se rendre compte de l'importance de cette campagne (articles
     de N. Lujan, lettres au Directeur, etc.). A la suite d'une « lettre au Direc-
     teur » sur la situation socio-culturelle du catalan, publiée dans ses colon-
     nes, « Destino » a été l'objet, en automne 1967, d'une mesure administrative
     de la part du Ministère de l'Information (deux mois de suspension et une
     amende de 250.000,- pesetas).
(64) Les sollicitations adressées au Maire de Barcelone et à la « Diputación
     Provincial » en vue de l'organisation de cours et de la délivrance de diplô-
     mes de catalan (1967) en sont une illustration.

« procuradores », qu'il pensait en catalan et, qu'en s'exprimant en espagnol, il traduisait mot à mot du catalan (été 1967).

En se faisant l'écho du sentiment populaire, constamment réaffirmé, les Académies scientifiques et les corps savants de Barcelone, réunis sur convocation de l'« Institut d'Estudis Catalans », se sont adressés au Ministre de l'Education et des Sciences en février 1967, en lui demandant d'instaurer l'enseignement du catalan dans tous les centres d'instruction publique relevant du Ministère ([65]). L'unique réponse parvenue jusqu'à présent disait qu'on prenait en considération le document et qu'on en étudiait le contenu (mars 1967).

De leur côté, les organismes locaux de Barcelone ont été gagnés, eux aussi, par ce sentiment populaire. Au mois de juin 1967 la « Diputación provincial » de Barcelone (gouvernement du département) a organisé des examens pour délivrer un certificat permettant d'enseigner le catalan dans les institutions culturelles relevant de son ressort. Cinq cents personnes y ont pris part. La municipalité de Barcelone (« Ayuntamiento ») a annoncé en été 1967 qu'à la demande des parents, un enseignement du catalan serait ouvert dans toutes les écoles municipales de la ville, et en septembre 1967, la presse a fait savoir que plus de la moitié des parents demandant l'inscription de leurs enfants à ces cours étaient des immigrés non-catalans.

2) Le catalan, langue liturgique

17. Nous avons déjà souligné (§ 15) le rôle important que l'Eglise a joué dans ce que j'appelle la « récupération ». Il s'agit évidemment d'une action récente de l'Eglise, car à la fin de la guerre civile, la hiérarchie ecclésiastique s'était rangée du côté des autorités du nouveau régime politique. Mais ces derniers temps, sous l'effet du renouveau de l'Eglise universelle (depuis Jean XXIII, Paul VI et le grand événement qu'a été le Concile Vatican II), l'Eglise a aussi beaucoup changé chez nous. Un fait a eu une importance décisive : la tradition chrétienne a un poids considérable dans notre société et, en conséquence, tout document officiel de l'Eglise émeut nos populations. C'est précisément ce que nous avons pu constater à l'occasion de l'encyclique *Paix sur la terre* (*Pacem in terris*), de Jean XXIII, et de la Constitution *Gaudium et Spes* (sur l'Eglise et le monde d'aujourd'hui) du Concile, pour ne mentionner que les deux documents qui ont affaire directement avec la récupération du catalan.

Je voudrais examiner un aspect spécifique du rôle de l'Eglise dans la récupération du catalan. Il s'agit du catalan en tant que langue liturgique. La Constitution sur la liturgie du Concile Vatican II, approuvée le 4 décembre 1963, a établi l'usage des langues vivantes

---

(65) La presse en a parlé, mais le texte intégral de la requête des Académies n'a pas été publié.

comme langues liturgiques. Pour les autorités politiques cette prise de position qui favorisait clairement l'emploi du catalan venait d'un côté tout à fait inattendu. On avait toujours surveillé les efforts en vue de la création de revues ou de journaux en catalan, ou encore de centres d'enseignement, etc., mais on n'avait pas prévu que l'Eglise pourrait faire un pas aussi direct, aussi efficace, en faveur de l'emploi en public de la langue catalane. C'était, pour le catalan, un succès très remarquable. On ne peut pas s'imaginer ce qui se serait produit, si la nouvelle liturgie avait été promulguée dix ou quinze ans auparavant ; cela aurait été sans doute bien dur pour notre langue. Mais, la décision de l'Eglise a été prise à un moment où l'emploi du catalan comme langue liturgique ne pouvait pas être mis en discussion. Certes, il y a eu des pressions diverses : on rappelait qu'« il fallait tenir compte, à Barcelone et dans les grandes villes, du grand nombre de voyageurs étrangers », que « les immigrés avaient droit d'entendre la Parole de Dieu dans leur propre langue », que « les Catalans, spécialement dans les villes, comprenaient tous l'espagnol », etc. ; mais l'ensemble du problème a été posé de telle façon que personne ne pouvait nier que la « langue du peuple » soit le catalan.

Toutefois, il fallait préparer les choses, et on les a préparées au moyen de quelques publications. Je n'en mentionnerai que deux. De la première, qui est une brochure de M. Vicent de Miquel i Diego sur la situation de la langue à Valence, je dirai tout d'abord que c'était une publication très opportune, étant donné que la situation linguistique à Valence est un peu confuse. J'ajoute qu'il s'agit d'un exposé clair et convaincant : l'auteur présente des arguments d'ordre humain en faveur de l'usage de la langue vernaculaire, ainsi que ceux de la doctrine chrétienne et des normes de l'Eglise, sans négliger les raisons de caractère historique. Il n'oublie pas non plus de prendre en considération les arguments contre l'usage du valencien à l'Eglise [66]. La seconde publication est un petit article que j'ai écrit moi-même, au mois de février 1967, sur le problème du catalan comme langue liturgique et où je tiens compte des besoins aussi bien des immigrés que des Catalans qui sont habitués à prier en espagnol [67]. Ces publications ont encore été soumises en 1965 à la censure préalable, de sorte qu'on a dû en adoucir le texte avant d'obtenir l'autorisation d'imprimer les versions parues ; mais on a réussi à en sauver tout de même l'esprit et l'essence.

Le dimanche 7 mars 1965, on a commencé à appliquer en Espagne la Constitution sur la nouvelle liturgie. Il s'agissait seulement d'une première partie. Ensuite, il y a eu des étapes diverses, avant d'en arriver à la dernière, le 1er octobre 1967, date à partir de laquelle, on a commencé à dire le « Canon » de la messe dans la langue du peuple.

(66) Vicent de Miquel i Diego, *L'Església valentina i l'ús de la llengua vernacla*, València 1965, 154 p.
(67) *En la llengua del poble*, dans « Serra d'Or », février 1965, pp. 13-14.

Mais ces données se trouvent un peu en dehors de ce qui nous intéresse ici. Ici, nous avons affaire à la place que le catalan a réussi à conquérir comme langue liturgique au sein du domaine catalan.

On a fait tout de suite imprimer des feuilles sur lesquelles figuraient les statistiques des messes qu'on disait en catalan et en espagnol à Barcelone et dans d'autres villes. Les proportions entre les deux langues variaient d'une ville à l'autre et, dans une même ville, d'un quartier à l'autre ; ces différences étaient bien naturelles. Mais on a relevé aussi d'autres différences, moins justifiées du point de vue de la sociologie de la langue. A Barcelone, par exemple, si l'on ne tenait compte que des églises où officiait le clergé diocésain, le nombre de messes en catalan se rapprochait de la moitié ; mais, en y ajoutant les églises appartenant aux ordres religieux (couvents, sanctuaires, écoles privées, etc.), le pourcentage des messes en catalan descendait à un tiers environ. Aussi a-t-on pu constater qu'on avait accordé au catalan une proportion injuste, au-dessous de celle qui, au point de vue sociologique, aurait dû être établie. En général, on n'avait pas tenu compte de la réalité linguistique des paroisses et des communautés, et les fidèles, à l'exception d'un nombre très réduit de paroisses, n'avaient même pas été interrogés sur la langue dans laquelle ils souhaitaient entendre la Parole de Dieu. Malgré tout, si l'on pense aux difficultés qui ont empêché et qui empêchent encore tant de choses chez nous, je crois que le bilan n'en a pas été tout à fait négatif.

La situation injuste dont je viens de parler a créé un courant d'opinion qui s'est manifesté dans des lettres aux directeurs de journaux et d'hebdomadaires ; malheureusement, ces lettres ont dû être rédigées en espagnol, mais elles ont été très utiles pour révéler l'opinion publique ; on en a fait des commentaires, etc. Bref, cette situation a contribué à son tour au raffermissement de la personnalité collective du peuple, qui s'est manifestée une fois de plus par ce mécontentement. On en a enregistré aussitôt une conséquence : les instructions diocésaines en vue de l'application de la réforme liturgique à Barcelone (dont le premier projet ne parlait que de « la langue des assistants ») ont admis que la langue vernaculaire du diocèse de Barcelone est le catalan. Malgré cette affirmation, on n'a pas réussi à faire monter, à Barcelone, à 50 % le nombre de messes en catalan. Mais le catalan a été accepté comme langue liturgique, et cet aboutissement a été d'une importance capitale. En même temps, depuis le commencement de l'application de la réforme, on n'a cessé de publier les textes liturgiques en catalan à l'usage du peuple ; leur tirage était assez élevé, de sorte qu'ils ont ouvert une nouvelle voie de diffusion de la langue parlée et fourni un nouveau moyen de faire mieux connaître la langue écrite.

Quelques mois après l'établissement de la nouvelle liturgie, a eu lieu le IIe Congrès Liturgique de Montserrat, du 5 au 10 juillet 1965 (le premier s'était tenu en 1915). Ce Congrès a suscité l'étude de beaucoup de thèmes en rapport avec ce qui nous intéresse ici. Je rappelerai le rapport de l'Abbé M. Prats sur les problèmes de la pastorale en fonction de l'usage des langues vivantes dans la liturgie (document remarquable à tout point de vue), et les résultats de l'enquête menée par MM. Xavier Polo et Josep Carreras sur l'emploi du catalan et du castillan comme langues liturgiques aux pays catalans ([68]). On remarque, d'après les données de cette enquête, les progrès du catalan en tant que langue liturgique au cours de ces derniers temps : avant le 1er janvier 1965, langue de l'homélie ; entre le 1er janvier et le 7 mars, langue de l'épître et de l'évangile ; après le 7 mars, langue de toutes les parties de la messe autorisées à être dites dans la langue des fidèles. On s'aperçoit que le catalan est passé de 24 % à 40 %. On pourra étudier aussi, d'après cette enquête, la situation dans le reste du pays.

Environ un an plus tard, la collection *Critèrion* (de Barcelone) a consacré un volume à la réforme liturgique aux pays catalans. L'examen des faits pouvait se faire déjà avec un certain recul : c'était en même temps une récapitulation et un bilan ; je rappelle ici les articles de M. Josep Camps, du Père Basili de Rubí et de M. F. Malet Vallhonrat ([69]).

18.   Le Concile Vatican II a fait naître toute une série de publications de contenu religieux en catalan. Outre les éditions des textes conciliaires, avec notes et commentaires, plusieurs collections de livres et de brochures ont paru sur le renouveau de l'Eglise, le retour aux sources, la théologie biblique, etc. Cela a donné lieu à l'établissement et à la fixation d'un lexique nouveau, et par conséquent à un nouvel enrichissement de la langue.

Toutefois l'apparition d'un nouveau vocabulaire dans les domaines se rapportant à l'objet du Concile (théologie, bible, liturgie, pastorale, etc.), ne représente qu'un élargissement du vocabulaire semblable à celui des autres langues modernes dans différentes spécialités, scientifiques, techniques, etc., et ne devrait même pas être mentionné ici. En revanche, je voudrais exposer rapidement ce qui c'est produit pour le langage liturgique. Il faut préciser : il ne s'agit pas du vocabulaire religieux technique dont la portée est comparable, comme je viens de le dire, à celle de n'importe quel autre vocabulaire spécialisé, mais de la langue liturgique générale qui est celle de tout le monde par le fait que la célébration des actes liturgiques réunit des fidèles de toutes les professions, de tous les âges et de toutes les couches sociales et culturelles. C'est une modalité générale du langage, comme celle d'un journal que lisent tous les usagers de la langue. A la suite de cette considération, on comprendra que, pour le catalan, la nécessité d'établir

(68) Voir les indications bibliographiques ci-dessus, § 2, note 5.
(69) Voir *Aplicació de la reforma litúrgica en les terres catalanes,* dans *La reforma litúrgica en les terres catalanes* (Barcelona 1966), « Critèrion », num. 29 : a) *Bisbat de Barcelona,* par J. Camps (p. 59-66), b) *Altres bisbats,* par B. de Rubí (pp. 67-80), c) *El problema de les llengües,* par F. Malet Vallhonrat (pp. 81-94).

un type de langage liturgique était vraiment cruciale, et c'est à cause de cela que je lui ai accordé tant d'importance. D'autre part, la naissance de ce langage a été une véritable surprise ; à la veille même du Concile, personne n'aurait pu songer à une pareille conséquence.

Aussi, après avoir décrit la situation sociolinguistique du catalan comme langue liturgique (§ 17), me semble-t-il nécessaire de dire quelques mots des aspects purement linguistiques (grammaire, vocabulaire) de cette langue. Tout le monde semble avoir été d'accord, dès le premier jour, que la langue liturgique devait être simple, mais correcte. En effet, elle ne doit pas être surchargée, affectée, difficile à saisir, parce qu'elle doit rendre facile l'expression de la pensée, des sentiments et des états d'âme très intimes ; mais elle ne doit jamais dépasser les limites de la correction idiomatique à cause de la dignité et de l'excellence de sa fonction. Dans ce domaine, nous possédons un exemple magnifique de ce qu'on peut obtenir sur le plan de la simplicité et de la correction : c'est la traduction du Nouveau Testament établie à Montserrat [70] (j'ajoute que cette traduction a obtenu le plus grand succès du livre catalan après la guerre civile).

A ce propos, je reviens aux travaux du Congrès de Montserrat (1965). C'était la première fois, je pense, qu'on ait établi, dans un congrès de liturgie, une « Section Philologique ». Comme conséquence de l'introduction des langues vernaculaires dans la liturgie, il a fallu étudier et résoudre beaucoup de problèmes. Le Congrès a traité des principes de la langue liturgique (par le Père Justí Bruguera) et de leur application aux pays catalans (par MM. F. de B. Moll, M. Sanchis Guarner et moi-même) [71]. On a pu bénéficier de toute l'histoire et de tout le mouvement liturgique antérieur qui avait atteint, chez nous, une importance remarquable (le Congrès de 1915, la revue *Vida Cristiana,* quatre versions différentes de la Bible, le *Missal Romà,* l'*Eucologi,* etc.) [72].

Il a fallu tout mettre au point quant à la langue, en partant, entre autres, du *Nou Testament* de Montserrat (1er éd., 1961). De plus, il était nécessaire de publier les textes, et à ce sujet je souligne la parution, à la fin de 1964, de deux éditions du missel (suivant les instructions de la Constitution du Concile) par les soins de Montserrat et de l'Editorial Balmes. Mais le rythme de l'établissement des nouveaux textes était très rapide, et il a fallu qu'un groupe de spécialistes y travaillât tout de suite ; cette tâche a été menée pendant toute l'année 1965. Quelques membres du groupe ont participé à Rome aux travaux du Congrès de Traductions Liturgiques (novembre 1965), et finalement, au mois de

---

(70) *Nou Testament.* Versió del text original i notes pels Monjos de Montserrat (Andorra 1961) (deux éditions dans un laps de quelques mois).

(71) V. les indications bibliographiques ci-dessus, § 2.

(72) A consulter la conférence d'Adalbert M. Franquesa, *El Congrés de 1915 i la seva significació històrica,* dans « II Congrés Litúrgic de Montserrat », I (Montserrat 1966), 5-36.

janvier 1966, les évêques des pays Catalans ont nommé une Commission
Inter-diocésaine pour l'établissement des textes liturgiques en catalan.
Depuis lors, il n'existe qu'une seule édition de ces textes, Montserrat et
Editorial Balmes les éditant ensemble.

Bien qu'il subsiste beaucoup de problèmes pratiques (qu'on a
étudiés, entre autres, dans la Section Pastorale du Congrès de Montserrat), on est parvenu à un type de langage correct et clair, naturel
et compréhensible. Il s'agit d'un cas caractéristique de ce que nous
appelons la « troisième modalité » de la langue ; son établissement ne
s'est pas heurté à des obstacles très graves et a beaucoup aidé la langue
dans le processus de sa récupération, car il a fallu élaborer des textes
simples et faciles à saisir à l'audition.

3) L'enseignement de la langue

19.   En 1939 a cessé tout l'enseignement du catalan, et depuis,
pendant une période de trente ans environ, le catalan n'a plus été
enseigné chez nous. J'ai déjà rendu compte (§ 16) des campagnes et des
efforts entrepris, surtout au cours de ces derniers temps, en vue
d'obtenir à nouveau, et dans des conditions satisfaisantes, un enseignement du catalan. Mais il faut reconnaître que, jusqu'à aujourd'hui, et
malgré les menues réussites qu'on a pu enregistrer, il ne pèse pas lourd;
pour l'ensemble de la société catalane, il ne représente pas grand-chose.
L'année scolaire 1967-1968 va signifier peut-être le commencement
d'un changement : les décisions prises par la Diputación Provincial et
par la municipalité de Barcelone (§ 16) peuvent devenir efficaces ; elles
encourageront surtout de nouvelles initiatives privées de centres d'enseignement et de sociétés culturelles et renforceront ainsi les quelques
essais antérieurs, jusqu'à présent trop timides par crainte justifiée
d'inspections et de mesures de répression.

Je ne veux pas traiter ici du droit de toute communauté linguistique à posséder l'enseignement de sa langue, voire l'enseignement dans
sa langue. Cet exposé deviendrait facilement théorique, ou prendrait
un caractère apologétique ou polémique. Je voudrais simplement tirer,
de l'absence de l'enseignement du catalan chez nous, des conclusions
sociolinguistiques (§ 20) et linguistiques dans les domaines de la prononciation, de la grammaire, du vocabulaire, de la vie même de la
langue (§ 21).

20.   Je tiens tout d'abord à attirer l'attention de ceux qui s'intéressent aux conditions socioculturelles du catalan d'aujourd'hui sur la
génération des Catalans nés depuis 1930 ou 1935 et, parmi eux, surtout
sur ceux qui sont nés avant 1955. Ceux qui sont nés après 1955 ont pu
voir, dès leur enfance, quelques textes écrits en catalan, mais presque
tous les catalanophones qui ont aujourd'hui entre 15 et 40 ans ont tout
ignoré de la langue écrite, correcte : quand ils étaient enfants, et même

adultes, ils n'ont pu voir quelque texte écrit en catalan qu'au prix d'un grand effort de leur part. Cette ignorance du catalan écrit est un fait commun à tous les catalanophones de cette génération, quelle que soit la couche sociale ou culturelle à laquelle ils appartiennent.

Or, cette génération entre 15 et 40 ans, ainsi frustrée du point de vue culturel, voire psychologique, constitue un groupe socialement important, qui pèse beaucoup dans la société d'aujourd'hui. Il est donc particulièrement grave que les personnes constituant ce groupe sont des analphabets en catalan écrit ; elles sont même assez souvent incapables de le lire.

Examiné du point de vue psycholinguistique, le problème est d'une gravité exceptionnelle : 1) tout d'abord, il s'agit de gens qui ne pensent qu'en catalan parce qu'ils ont acquis les structures mentales, le vocabulaire fondamental et les cadres grammaticaux dans cette langue, et qui, en conséquence, ne parlent spontanément qu'en catalan ; 2) ensuite, ces personnes, comme conséquence de ce que je viens de dire, s'expriment oralement en espagnol avec un accent catalan très fort et avec des fautes considérables : calques élémentaires, analogies morphologiques, hésitations devant des doutes qui surgissent à chaque instant, etc. ; 3) enfin, ces personnes ne peuvent s'exprimer par écrit qu'en espagnol parce qu'on leur a appris seulement l'espagnol, mais, étant donné qu'elles ont commencé l'apprentissage de l'espagnol quand elles n'avaient pas encore assimilé toutes les structures mentales, ni tout le vocabulaire fondamental, ni tous les cadres grammaticaux de leur propre langue, le contact réciproque des deux langues ne leur a permis d'assimiler qu'à moitié aussi bien le catalan (à la suite de l'interruption du processus d'acquisition) que l'espagnol (à cause d'une irruption prématurée de cette seconde langue), et cela les a marquées pour toute la vie. En effet, les catalanophones ne peuvent plus se libérer d'un mélange linguistico-expressif qui, si le dosage en avait été mieux calculé, aurait même été franchement bénéfique autant pour leur catalan que pour leur espagnol, sans parler de leur psychologie qui aurait été celle des hommes normaux, capables d'apprendre même mieux et très tôt une troisième langue.

L'école exclusivement espagnole crée une dilogie très délicate, au point de vue psychologique, chez les catalanophones ; j'en ai parlé ailleurs ([73]). L'école dont la langue est autre que celle qui est spontanée chez l'enfant exige de celui-ci un effort disproportionné et retarde le rythme de son appréhension du monde extérieur. C'est un phénomène bien connu qu'à Barcelone les enfants dont la langue de famille est le catalan possèdent un vocabulaire moins riche que les enfants de familles castillanophones ; les premiers identifient moins d'objets que les seconds. Chez les premiers, le choc entre la « langue naturelle » et

---

(73) Dans *Llengua i cultura als Països Catalans* (Barcelona 1966), 139-142.

la « langue de l'école » crée des difficultés qu'on ne trouve pas chez les seconds, pour qui le processus est le même au sein de la famille et à l'école (cf. § 21).

Tous ces facteurs ont créé une situation anormale : un conflit grave, chez les mêmes personnes, entre l'unique langue qu'elles parlent spontanément, le catalan, et l'unique langue qu'elles écrivent aisément, l'espagnol, avec quantité de conséquences d'ordre psychologique et d'ordre linguistique. Ajoutez à cela que cette curieuse situation ne se limite pas à des cas isolés (comme c'est le cas assez fréquemment chez les enfants des familles étrangères établies dans un pays de langue différente), mais s'étend sur toute la communauté catalanophone de près de six millions de personnes. Il y a, bien sûr, des différences très accentuées selon les grandes régions de la langue, selon le milieu (en ville ou à la campagne), selon le niveau culturel, selon les origines familiales, etc., mais c'est au fond tout le domaine de la langue catalane qui, à des degrés divers, subit les effets de la dilogie psycholinguistique dont je viens de parler.

21. Outre les conséquences sociolinguistiques, que nous venons de constater (§ 20), l'absence de l'enseignement du catalan a créé une situation linguistique nouvelle autant chez les locuteurs que dans la langue elle-même. Voilà les résultats linguistiques de ces facteurs mis en jeu depuis plus de vingt-cinq ans ! Nous allons examiner une dizaine de ces résultats.

1) Appauvrissement du vocabulaire dans les deux langues. Les catalanophones élevés dans une école uniquement espagnole ont un vocabulaire général réduit, et à âge identique, un enfant catalan identifie moins d'objets qu'un enfant non catalan dont l'enseignement se fait dans sa langue maternelle. Actuellement, des travaux sur cette question sont en cours chez nous, de sorte qu'on pourra bientôt vérifier mon affirmation qui se base d'ailleurs sur des observations faites par des inspecteurs de l'enseignement primaire.

2) Ignorance du vocabulaire catalan spécialisé, propre aux divers métiers. Certains vocabulaires ont beaucoup résisté, de sorte que, même maintenant, toute une série de mots catalans se conservent et sont même adoptés par les apprentis immigrés ; c'est le cas, par exemple, de celui de l'imprimerie ou de celui de la construction. Mais en général les catalanophones ont perdu leurs vocabulaires professionnels et ont substitué aux mots catalans, qu'ils ignorent, les mots espagnols correspondants. Dans plusieurs domaines, on avait fait, avant 1936, des efforts vraiment remarquables pour en établir des vocabulaires précis et corrects ; je pense, par exemple, à la médecine, à la comptabilité, à l'économie, etc. Ces vingt-cinq dernières années ont suffi pour leur faire perdre beaucoup de mots.

3) Il y a tout un vocabulaire qu'on a pu appeler « scolaire »

(« castellanismos de escuela », selon S. Mariner) ([74]), que presque tous les catalanophones ne connaîssent que sous sa forme espagnole. Tandis que l'oubli des vocabulaires professionnels se répartit par métiers, de sorte que chacun possède son propre vocabulaire castillanisant, les terminologies des mathématiques, de la géographie, de la grammaire, etc., qu'on apprend à l'école en espagnol, sont généralisées et l'immense majorité des catalanophones ne savent dire ni *cap* (accident de la côte, fr. « cap » ; ils disent *cabo* [kábu], cf. l'esp. « cabo »), ni *cercle* (de la nomenclature géométrique, fr. « cercle » ; ils disent *círculo* [sírkulu], cf. l'esp. « círculo »), ni *deure* (travail scolaire, fr. « devoir » ; ils ne disent que *deber* [dəbér], cf. l'esp. « deber »), etc.

4) La prononciation du catalan est troublée par le manque d'enseignement surtout en ce qui concerne l'articulation des sons catalans qui n'ont pas de correspondance en espagnol. On sait bien que le catalan possède, dans la classe des sifflantes et des chuintantes, des couples de sourde/sonore et que les sourdes finales deviennent sonores à la liaison, tandis que l'espagnol ne possède aujourd'hui que les sourdes correspondantes. Le catalan distingue donc *caça* [kásə] 'chasse' et *casa* [kázə] 'maison' ; *els homes* 'les hommes' se prononce avec [z] de liaison [əlzómes], etc. Quant aux affriquées, le catalan possède, d'un côté, le *ts* sourd (*potser* 'peut-être') et le *tz* sonore (*dotze* 'douze'), et, de l'autre côté, le *tx* sourd (*cotxe* 'voiture') et le *tj* sonore (*viatge* 'voyage').

Le manque d'enseignement, en même temps que le contact avec les immigrés, qui exerce une grande influence, se font sentir dans la tendance à réduire, selon le modèle espagnol, ce champ articulatoire, si riche et si nuancé, à deux types de sons seulement, tous les deux sourds, l'un fricatif (le *s*), l'autre affriqué (le *ts*, le *tx*). Ainsi, on entend [kasə] au lieu de [kazə], [əlsɔməs] au lieu de [əlzɔməs], [dotsə] ou lieu de [dotzə], [biatʃə] au lieu de [biatʒə], etc.

On notera aussi l'apparition d'un *l* alvéolaire, dépourvu de la résonance vélaire caractéristique du *l* catalan. Ce *l* alvéolaire, identique au *l* espagnol, s'entend un peu partout ; il s'est répandu en partant à la fois de certaines écoles « distinguées » (appartenant aux couches sociales plus élevées) et des quartiers où prédominent les immigrés.

De même, l'école espagnole, qui a introduit un grand nombre de mots non catalans dans le vocabulaire des catalanophones, a fait adopter le son [x] (*jota*) dans les mots espagnols où il existe : l'esp. « despejar », assez répandu en catalan parlé d'aujourd'hui (en parlant du temps, on dit que *el cel està despejat* ; dans une leçon de mathématiques, on *despeja una incògnita* ; pour sortir d'une confusion, on dit qu'il convient de *despejar la situació*, etc.), nous fournit un exemple (avec des emplois incorrects, bien entendu : il faudrait dire *aclarir* ou *aïllar*) de la facilité avec laquelle le catalan peut admettre un son

(74) Sebastián Mariner Bigorra, *Castellanismos léxicos en un habla local del Campo de Tarragona*, dans *BRABLB*, **XXV** (1953), 171-226.

étranger (qui, dans les emprunts plus anciens, avait été adopté sous la forme de *k* : *maco, maca*, de l'esp. « majo », ou les mots pop. *quefe*, de l'esp. « jefe », *lequia*, de l'esp. « lejía », etc.). Une autre consonne espagnole n'appartient pas non plus au système consonantique du catalan : le [θ] (*ceta*). Mais, au contraire de ce qui se passe pour la *jota*, la *ceta* n'est pas acceptée par le catalan qui lui substitue systématiquement [s], et cela aussi bien dans les castillanismes admis dans le dictionnaire catalan (par ex. *sambra*, de l'esp. « zambra », ou *sarabanda*, de l'esp. « zarabanda ») que dans les mots qui pénètrent aujourd'hui dans le catalan parlé (*sarsuela*, pour l'esp. « zarzuela », noms de famille en « -ez » : *López*, prononcé [lópǝs], etc.) ([75]). La confusion [θ] = [s] est un des obstacles que les Catalans doivent surmonter pour s'exprimer correctement en espagnol.

5) Les mots qui sont les mêmes dans les deux langues, mais diffèrent par le genre grammatical, sont employés par les catalanophones avec le genre espagnol ; la plupart des usagers du catalan ignorent qu'en catalan ils ont un autre genre. On dit ainsi couramment : *la senyal* 'le signal' (comme en esp. « la señal »), au lieu de *el senyal* ; *la corrent* 'le courant' (cf. esp. « la corriente ») à la place de *el corrent* ; *la costum* 'la coutume' (cf. esp. « la costumbre ») à la place de *el costum*. *L'avantatge* 'l'avantage' (masculin ; au pluriel : *els avantatges*) est devenu, par une fausse coupure et sous l'influence du castillan (cf. esp. « la ventaja »), fém. *la ventatja* (pl. *les ventatges*), ce qui est incorrect.

6) Des fautes inacceptables contre la grammaire catalane s'entendent assez souvent. C'est encore une conséquence du manque d'enseignement du catalan ; en effet, toutes ces fautes sont basées sur des analogies qu'il serait facile de corriger si l'on pouvait enseigner la langue correcte. On entend ainsi les infinitifs *vinguer* 'venir', *sapiguer* 'savoir', au lieu de *venir, saber* (à cause des formes possédant *g*, telles que *vingui, vingué, vingut*, etc., ou *sàpiga, sàpigues*, etc.).

7) Dans les combinaisons de mots atones, les fautes sont abondantes. D'après les cas où *els hi, les hi*, etc., constituent un groupe de pronoms atones tout à fait correct, on forme le même groupe là où la correction grammaticale exige la suppression du second élément *hi*. On entend *els hi porto la carta* 'je leur porte la lettre', tandis qu'il faudrait dire *els porto la carta, hi* n'ayant ici aucun rôle dans la phrase, etc. Par contre, on remarque l'absence des adverbes pronominaux *hi* et *en* dans des cas où ils sont nécessaires, et cette faute vient de ce que l'espagnol ne possède pas cette construction.

8) Dans la suffixation, il n'est pas rare de constater que nombre de catalanophones appliquent au catalan des formes tirées, par analogie, de l'espagnol. Un seul exemple : à la place du cat. *telefonar* 'téléphoner', on entend parfois *telefonejar* ; comme il existe des corres-

---

(75) Exemples tirés de ma *Gr. Hist.*, § 35, I, p. 99.

pondances du type cat. *passejar* / esp. « pasear » 'promener', il est évident que *telefonejar* a été créé sur l'esp. « telefonear ».

9) Dans le domaine de la syntaxe, on pourrait citer beaucoup d'exemples. Je vais me borner à l'usage excessif qu'on fait de la construction passive pronominale (*s'ha dit, s'ha fet*, au lieu de *ha estat dit, hom ha dit* 'on a dit', *ha estat fet, hom ha fet* 'on a fait', etc.), des temps de probabilité (*serien set* 'probablement ils étaient sept', 'ils devaient être sept', cf. l'esp. « serían siete », au lieu de *devien ésser set*), etc.

A quoi bon continuer ? Une période de plus de vingt-cinq ans sans l'enseignement du catalan a eu des conséquences graves. On ne pouvait s'attendre à un autre résultat. En faisant abstraction du point de vue patriotique, j'oserais même dire que, s'il avait été possible de rendre les enfants de 1939 monolingues, de langue espagnole, on y aurait gagné sociologiquement et psychologiquement : ils seraient aujourd'hui hispanophones et ils seraient des hommes et des femmes normaux quant à leur psychologie. Mais il est facile de comprendre que c'était tout à fait impossible, et cela pour plusieurs raisons dont notamment trois : d'abord, à cause du climat social où se développe la personnalité des enfants, ce climat étant, malgré toutes les difficultés, profondément et essentiellement catalan ; ensuite, à cause de la langue parlée en famille, les parents, même ceux qui s'étaient rangés du côté du nouveau régime politique, ne pouvant pas renoncer à leur propre langue ; enfin, à cause de la population de la campagne, où il était inconcevable (du moins plus difficile encore que dans les villes) de réaliser une substitution de langues, et qui a toujours constitué, notamment dans les moments les plus durs, la réserve pour l'avenir. Etant donné qu'il était impossible de supprimer le catalan, il était inévitable que, privé de l'enseignement, le catalan fût soumis à l'influence de l'espagnol. Or, l'exclusivité scolaire de l'espagnol a eu des conséquences graves, au point de vue linguistique, pour la langue, et, au point de vue psychologique, pour les personnes.

4) *Les moyens de communication sociale*

22. La presse catalane écrite était, jusqu'à la guerre civile et dans les limites imposées par notre démographie, riche, variée et digne. Elle a disparu totalement en 1939, au lendemain de la guerre civile, et depuis, presque trente ans se sont écoulés sans que le catalan ait de nouveau à sa disposition un organe important pour compléter ses possibilités d'expression. En effet, nous n'avons toujours pas de journaux. Toutefois, dans une mesure très réduite, nous avons enregistré un certain progrès tout dernièrement quant aux moyens de communication sociale : il existe maintenant une revue mensuelle *Serra d'Or*, depuis dix ans, et un hebdomadaire *Tele-estel*, depuis presque deux ans, ainsi que deux revues pour les jeunes (cf. § 13). Certes, c'est peu. De plus, c'est une situation injuste, parce qu'on exclut ainsi de la

presse catalane les informations du jour, celles sur les affaires, etc.,
qui ne peuvent pas attendre un mois ou une semaine, et, surtout on en
exclut l'aspect essentiel de la presse quotidienne qui est la diversité de
l'information sur les problèmes idéologiques, religieux, politiques,
artistiques, économiques, sur la mode, les sports, etc. Mais on a tout de
même réussi à obtenir au moins les revues mentionnées, et c'est un fait
positif. C'est à cause de ce caractère positif que nous en parlons (comme
je viens de le faire pour l'enseignement) sous la rubrique de la « récupération ».

    Il en est de même de la radio. « Ràdio Barcelona » a été la pre-
mière station de T.S.F. en Espagne. Elle a toujours été d'expression
catalane, et cela a aussi été le cas du deuxième poste émetteur de
Barcelone, « Ràdio Associació de Catalunya », constituée par un réseau
de stations dans toute la Catalogne. Sauf lorsqu'elles retransmettaient
des émissions de Madrid ou d'un autre endroit de la Péninsule, les
deux stations barcelonaises (et celles du reste du pays) émettaient
uniquement en catalan jusqu'en 1936. Cela a aussi complètement
changé en 1939. Ces derniers temps on a pu, dans ce domaine également, améliorer légèrement la position du catalan : maintenant, on
peut entendre en catalan de temps en temps une pièce de théâtre ou
une autre brève émission. Là encore, il s'agit de bien peu de chose,
mais malgré tout, nous sommes, une fois de plus, sur le chemin du
progrès.

    La télévision a été installée en Espagne il y a à peu près dix ans, à
une époque où l'on ne prenait pas le catalan en considération. On l'a
donc laissé complètement de côté. Pendant des années, il n'y a eu,
chez nous, que la télévision en espagnol. Depuis quelque temps, les
programmes sont en partie diffusés de Barcelone et, tout dernièrement,
on y a accordé au catalan une petite place, spécialement pour le
théâtre. Voilà encore un exemple de la pénétration du catalan dans les
moyens de communication sociale ; cette fois-ci, il s'agit du moyen le
plus moderne et le plus efficace, et bien que la place que le catalan y a
conquise soit très humble, c'est tout de même un fait positif.

    23.   Le catalan est donc resté, durant plus de vingt-cinq ans, hors
des domaines de la presse, de la radio et de la télévision. Ces trois
éléments, on les appelle « moyens de communication sociale ». Or, la
« communication sociale » est la raison d'être des langues. La situation
du catalan est par conséquent vraiment paradoxale : voilà une langue
qui est privée de ce qui lui est indispensable pour se réaliser comme
langue. Oui, le catalan est resté, pendant plus de vingt-cinq ans, dépourvu de moyens indispensables pour qu'il puisse devenir complètement une langue. Il en a subi forcément des conséquences.

    Ces conséquences apparaissent dans toutes les manifestations de la
vie de notre langue. Une de ces manifestations les a subies surtout : je
pense à l'ensemble de types d'expression qu'on appelle la « troisième

modalité » de la langue ; c'est celle qui est équidistante à la fois de la langue littéraire et du langage familial, c'est la langue écrite courante, sans aspirations d'ordre esthétique, mais correcte. Je reprend mes considérations de tout à l'heure (cf. § 10) : la modalité littéraire et la modalité familiale de n'importe quelle langue pourraient être représentées par deux lignes parallèles, parce qu'elles exercent, l'une sur l'autre, des influences réciproques, très bénéfiques pour toutes les deux ; la langue littéraire reçoit la fraîcheur, la nouveauté et la vie du langage parlé, tandis que celui-ci est contrôlé, freiné en un certain sens, par le poids de la tradition historique et littéraire, par les structures grammaticales établies. Or, en 1939 on a supprimé tout moyen de communication sociale du catalan, c'est-à-dire on a détruit le pont qui reliait la langue littéraire et le langage parlé. Ce pont détruit, la troisième modalité de la langue a disparu. La conséquence en a été que le catalan littéraire et le catalan parlé ont été séparés par un véritable abîme (cf. § 10).

Depuis lors, il manque au catalan le langage des informations de la presse, des nouvelles sur les petits événements quotidiens, de l'annonce commerciale, des avertissements et des instructions, etc., bref le catalan n'a pas de langue courante écrite. Ce manque a eu des répercussions graves sur la vie de la langue. Comme je l'ai fait, à propos du manque d'enseignement (§ 19, fin), je voudrais relever maintenant les conséquences sociolinguistiques (§ 24) et proprement linguistiques (dans la prononciation, la grammaire, le vocabulaire) (§ 25) de ce manque de moyens de communication sociale.

24. Tournons nous de nouveau vers le groupe socialement important des catalanophones qui ont aujourd'hui entre 15 et 40 ans (§ 20), à savoir vers ceux qui n'avaient pu fréquenter l'école catalane, ni recevoir l'enseignement du catalan. Ils n'ont acquis non plus aucune expérience de la troisième modalité de la langue, du catalan courant, mais écrit et correct. Ils étaient même loin de s'imaginer qu'il fût possible de rendre par écrit, d'une façon correcte, le langage parlé dans la rue, étant donné les fautes graves qu'ils y découvraient. Je pense à un petit groupe d'étudiants qui me disaient, il y a quelques années : « Nous donnerions volontiers un an de vie pour pouvoir acheter chaque matin, en sortant de chez nous, les journaux du jour ». En réalité, tout le monde pensait que ce n'était pas possible, pour la simple raison que beaucoup de choses courantes ne pouvaient pas être rendues par écrit en catalan.

La population entre 15 et 40 ans, disais-je tout à l'heure, a un poids considérable dans la société actuelle. Mais, dans le cas précis dont il s'agit, il faut y ajouter un bon nombre de Catalans plus âgés, qui avaient connu l'époque antérieure. On sait qu'on oublie facilement, et en effet, beaucoup de ces catalanophones plus âgés, ne se souvenant plus du rang que le catalan avait acquis avant 1936, se sont adaptés à la nouvelle situation de 1939 ; je pense surtout à ceux, parmi eux, qui ne

possédaient pas de bases culturelles suffisantes. Tout cela signifie
qu'après 1939, le manque de sensibilité pour l'expression du catalan
courant s'est très répandu et est devenu presque général. Je précise
« presque » général, parce qu'il y a toujours eu des personnes qui se
rendaient parfaitement compte de la nouvelle situation. Mais ceux qui
s'en rendaient compte éprouvaient un sentiment profondément triste
en constatant que l'unique langue qu'ils connaissaient, qu'ils employaient et dans laquelle ils pensaient se trouvait amputée de manifestations essentielles pour sa réalisation et sa survie. Pire encore :
tout en se rendant compte de cette situation, ils se sentaient totalement
incapables d'y apporter un remède.

Je n'oublierai jamais un événement d'il y a 20 ans, qui d'abord
m'a paru manquer de proportions quant à l'impression qu'il avait
produite, mais qui montre précisément à quel point les jeunes agis-
saient comme s'il était pratiquement impossible de rédiger un texte en
catalan courant non-littéraire. En 1947, l'« Orfeó Català » a été autorisé
à reprendre ses activités sociales et artistiques. Huit ans seulement
s'étaient écoulés depuis la grande rupture, mais la mentalité des jeunes
de 15 à 20 ans était déjà telle qu'ils ne pouvaient pas s'imaginer qu'on
pût adresser en catalan, dans un catalan courant, une lettre circulaire
aux membres de l'association. Il avait fallu attendre des années, avant
que cette chorale, la plus vénérable de la Catalogne, ne recommençât sa
vie ; or, depuis la reprise de ses activités, elle fait tout en catalan,
comme avant la guerre civile : le catalan est la langue de communication entre ses membres, celle de la chronique musicale, celle du rapport
annuel, des annonces, des projets, etc. Ce fait, huit ans après la rupture
totale, a été une surprise pour les jeunes de l'époque, tandis qu'avant
1936, il était tout à fait normal qu'une association catalane s'adressât
en catalan à ses membres ; il aurait même été inconcevable de le faire
autrement.

Nous retrouvons, une fois de plus, sous un autre aspect, la dilogie
psychologique que nous avons déjà constatée précédemment (§ 20) : des
personnes qui pensent et ne s'expriment aisément qu'en catalan, sont
en revanche incapables d'écrire un mot en catalan et ne peuvent même
pas s'imaginer qu'on puisse rendre par écrit un texte simple et courant.

Heureusement, le catalan se trouve, pour ce qui est des moyens de
communication sociale également, sur le chemin de la récupération : la
parution de Serra d'Or (§ 13), il y a dix ans, a montré les possibilités de
la troisième modalité de la langue (dans la publicité, les annonces, les
nouvelles, les chroniques, etc.). Pourtant, Serra d'Or, dont le tirage a
toujours été remarquable, était d'un niveau trop élevé pour le peuple,
et beaucoup de personnes s'en plaignaient. Or, il y a presque deux ans,
on a fondé Tele-Estel, hebdomadaire d'un niveau réellement populaire
(§ 13), qui a divulgué un peu partout le catalan courant sous une forme
assez correcte — je dirais même suffisamment correcte — pour aider
les usagers de la langue à réduire la distance entre les deux pôles de la

dilogie fatidique. Nous ne possédons pas encore de quotidien, que tout le monde appelle de ses vœux. Mais les Catalans s'habituent doucement à voir et à lire des échantillons de la troisième modalité de la langue : un catalan simple, qui exprime ce qu'on veut exprimer, et correct pour l'essentiel. Il est certain que ces revues, en dehors même de leurs rubriques consacrées à la langue (grammaire, vocabulaire, etc.), sont devenues le meilleur moyen d'enseigner le catalan au grand public.

25. Le manque de moyens de communication sociale a eu des répercussions sur l'état de la langue, aussi bien sur le plan individuel (chez les catalanophones) que sur celui du système linguistique lui-même. Ces conséquences sont tout à fait comparables à celles qu'a eues l'absence de l'enseignement et que j'ai relevées ci-dessus (§ 21). En voici quelques-unes :

1) Dans le domaine du vocabulaire courant qui apparaît constamment dans la langue quotidienne, il faut souligner l'ignorance des formes *écrites* et *correctes*. Si les mots usuels sont semblables à ceux de l'espagnol (par ex. *tramvia*, esp. « tranvía », ou *bitllet*, esp. « billete », etc.), on ne sait les écrire que sous leur forme espagnole, parce qu'on n'a pas l'habitude de les voir écrits en catalan. Si les mots catalans ne possèdent pas de parallèle en espagnol (par ex. *aixeta*, esp. « grifo », *escombraries*, esp. « basura », etc.), on est si embarrassé qu'on les écrit incorrectement ou on renonce simplement à les écrire en catalan.

2) L'ignorance de l'orthographe et des normes les plus élémentaires de la grammaire (par ex. les pluriels en -*es*, les imparfaits en -*ava*, la copulative *i*, etc.) rend parfois illisible un texte que l'auteur croit avoir écrit correctement.

3) Nous avons déjà vu (§ 23) que le catalan n'arrivait à s'exprimer que dans ses deux pôles extrêmes : au niveau de l'expression littéraire et à celui du langage parlé. Or, l'expression littéraire est souvent trop maniérée pour être admise dans le langage courant, et le langage parlé n'est pas pur au point de vue de la correction. Ce dernier a perdu toute une série de constructions syntaxiques correctes, mais jadis courantes, que les usagers de la langue sentent aujourd'hui comme affectées et qui, par conséquent, ne peuvent plus être employées dans des textes non-littéraires : *nogensmenys, per tal com,* le futur dans la subordonnée temporelle (*quan vindràs en parlarem*), plusieurs combinaisons de pronoms (*portar-los flors*, à quoi on substitue couramment *portâ'ls-hi*, etc.) frappent un lecteur peu instruit en grammaire catalane.

4) L'abondance des castillanismes dans le langage courant provoque assez souvent la surprise des Catalans lorsqu'ils découvrent que les mots qu'ils emploient sans cesse en parlant ne se trouvent pas dans le dictionnaire (par ex. *apoiar, tonteria, promig, despedir,* etc.). Une telle découverte fait naître chez beaucoup d'entre eux un état d'incertitude presque chronique dans le choix des mots et des constructions.

15A

5) Le manque d'émissions de T.S.F. a laissé la langue, qui n'était pas enseignée non plus, à son libre choix, et cela a eu une grande influence sur la prononciation. Les effets en ont été les plus frappants dans les milieux peu cultivés, qui sont d'ailleurs souvent tributaires de la radio en faits de langue. Manquant de ce moyen pour s'aligner sur la prononciation commune, les catalanophones ont subi, pendant des années, l'influence de la phonétique espagnole et ont été contaminés en outre par des fautes de prononciation d'origine intérieure. Ce manque de diffusion de la bonne prononciation catalane, qu'on entendait à la radio jusqu'en 1936, a pu être remarqué au moment de la reprise du théâtre catalan en 1946 (autorisé à cette époque avec toutes sortes de restrictions) : sept ans seulement s'étaient écoulés, mais la prononciation de la scène est devenue très défectueuse et l'est restée pendant des mois. Ses principaux défauts au moment de cette reprise du théâtre étaient les suivants : l'assourdissement des sifflantes et des chuintantes entre voyelles ou à la liaison : *casa* [kásə] au lieu de [kázə] ; *els homes* [əlsóməs] au lieu de [əlzóməs] ; l'affrication des fricatives : *aixecar* [ətʃəká] au lieu d'[əʃəká], etc. (cf. ci-dessus § 21).

26.   En résumé, le catalan a eu, pendant près de trente ans, à cause de l'absence à la fois de l'enseignement et des moyens de communication sociale, une vie très difficile. La conséquence la plus grave en a été une séparation extrême (dont on chercherait en vain une analogie dans le passé) des deux lignes parallèles du catalan littéraire et du catalan familial (§§ 10, 23), le premier tendant à devenir clos et maniéré, et le second, plébéien et vulgaire.

Nous n'avons pas résolu tous nos problèmes, loin de là. De plus, il faudra se préoccuper d'un problème nouveau qui se pose, sans doute le plus grave de tous, pour l'intégrité de la langue catalane : je pense à l'immigration massive des personnes d'autres régions d'Espagne. Nous sommes donc très loin d'avoir surmonté toutes les difficultés. Pourtant, il faut reconnaître que le problème de l'enseignement et celui des moyens de communication ont connu une très légère amélioration. Tout d'abord, on a réussi à organiser une véritable campagne en faveur de l'enseignement du catalan et, comme les organismes publics de Barcelone ont réagi d'une façon favorable, il y a de l'espoir que le calme et la relative tolérance qui existent actuellement dans ce domaine nous permettront de raffermir nos positions. Deuxièmement, quelques publications périodiques, en attendant un journal quotidien, ont pu diffuser, ces dernières années, la langue courante écrite et contribuer ainsi avec efficacité à répandre la correction linguistique. Si l'on analyse objectivement la situation actuelle (1968) par rapport à celle qui a duré presque trente ans (1939-1967), on se rend compte qu'on a su tirer des avantages remarquables de peu de choses. Nous sommes encore trop proches de ces faits pour en tirer des conclusions, mais je pense que la répression continuelle de la langue a suffi pour réveiller le peuple catalan et le faire réagir. Cette réaction, qu'on ne

saurait attribuer à une minorité, est une manifestation du peuple tout
entier ; elle a permis de réduire les effets de l'énorme défaite de 1939
et de tout ce qui l'a suivie, de sorte que, dès aujourd'hui, ces effets
apparaissent moins alarmants qu'ils ne le seraient si le peuple catalan
s'était montré moins inquiet.

DISCUSSION

M. Sugranyes. — Je crois que nous serions tous heureux d'entendre, de M. Badia lui-même, un aperçu, une sorte d'avant-goût de son
enquête sociolinguistique sur le catalan de Barcelone, actuellement en
cours de publication.

M. Badia. — Il est dangereux de me demander de vous entretenir
de l'enquête que j'ai faite en 1964 et 1965 sur la langue catalane à
Barcelone, car j'ai tant de choses à dire que nous risquons de rester ici
pendant des heures... Toutefois, le premier volume de l'ouvrage où
j'ai exposé le procédé et les résultats de l'enquête se trouve sous presse
(j'en ai déjà corrigé une première épreuve) et paraîtra sans doute
cette année-ci, ce qui me permet de passer sous silence beaucoup de
détails.

Je tiens tout de même à vous parler des trois buts que je voulais
atteindre par cette enquête.

Tout d'abord, je désirais déterminer quelle était la position des
catalanophones à l'égard de leur propre langue, et cela précisément en
raison du fait qu'il y a beaucoup de Catalans de plus de 30 ans qui ont
vécu la guerre civile et qui n'accepteraient pas une situation plus juste
pour leur langue parce qu'ils estiment que ce serait dangereux au
point de vue politique. D'autre part, il y a des couches plus jeunes de
la société d'aujourd'hui, constituées par des personnes qui n'ont pas
vécu la guerre civile et qui, précisément à cause de cela, n'ont pas
connu l'état d'esprit de l'époque en Catalogne, et je dois vous dire que
je suis arrivé à la conclusion que le climat pèse beaucoup sur la vie et
sur les réactions des gens. En effet, même les personnes qui se sont
rangées, au point de vue politique, du côté des plus enragés après la
guerre civile, ont montré, dans leurs réponses, qu'elles avaient été
marquées par le climat politique catalan, tandis que, parmi les couches
plus jeunes de la société d'aujourd'hui, j'ai trouvé des réactions plus
mélangées. Ainsi, comme nous le disons depuis toujours, il faut que
nous obtenions — c'est une nécessité tout à fait absolue — l'enseignement du catalan.

Le deuxième but que je poursuivais par mon enquête était celui
de connaître le degré d'assimilation ou de non-assimilation du catalan
par les immigrés. Vous savez que l'immigration a atteint chez nous, à
Barcelone, un degré très élevé. D'après le recensement, il y a main-

tenant une moitié de Catalans purs (si j'ose les appeler ainsi) et une
moitié d'immigrés, de ceux qu'un livre qui a eu un grand succès chez
nous a appelés *els altres Catalans,* « les autres Catalans » ; ils sont
Catalans, parce qu'ils sont venus chez nous, se sont adaptés à nos
cadres économiques, sociaux, culturels, et même ils sont en train de
devenir Catalans au point de vue linguistique. Alors, ma conclusion,
en ce qui concerne les « autres Catalans », est optimiste : la plupart de
ceux qui se sont installés à Barcelone depuis quelque dix ans ou
davantage ont répondu en manifestant leur sentiment d'être intégrés
au pays du point de vue idiomatique ; d'autres ont exprimé leur désir
de s'intégrer à la langue, et parfois, ils l'ont écrit dans les espaces
blancs du questionnaire, très souvent d'une façon très primitive, car la
plupart d'entre eux sont des gens sans culture. J'ajoute qu'ils étaient
assez nombreux à faire à « ces messieurs de l'Université » (*señores
catedráticos*) des reproches comme si c'était de notre faute à nous qu'ils
ne peuvent pas apprendre le catalan, de sorte qu'en ce sens j'en suis
aussi très satisfait.

Mon enquête avait encore un troisième but : celui de sensibiliser
un peu l'opinion publique au véritable problème de notre société
barcelonaise. Ce troisième but, évidemment secondaire par rapport aux
deux premiers, m'a obligé toutefois à consulter un échantillon de
citoyens assez élevé au point de vue quantitatif : voilà donc la raison
pour laquelle j'ai choisi un peu plus de vingt mille citoyens habitant
Barcelone.

Du point de vue de la technique sociologique, j'ai pris toutes sortes
de mesures pour être sûr de ne pas tomber dans des appréciations
partiales ; je publie d'ailleurs intégralement en appendice, outre les
réponses au questionnaire, toutes les additions qu'on y a faites et telles
qu'elles ont été inscrites dans une orthographe assez souvent barbare.
Je dois dire qu'au point de vue humain, j'ai pensé qu'il était d'un
grand intérêt de reproduire toutes ces réponses, surtout ces additifs,
parce que, étant donné qu'il s'agit de matériaux spontanés, ils n'ont
pas pu être intégrés dans les calculs de l'ensemble des réponses. Dans
mon ouvrage, il y a beaucoup de pages consacrées aux tableaux
constitués par des chiffres, car je fais connaître toutes les données
selon les 12 « districts municipaux » (arrondissements de la ville), en
distinguant enfin d'autres particularités que je n'ai pas le temps
d'expliquer maintenant.

J'espère que le livre, du moins le premier volume, paraîtra au
cours de cette année ; la correction des épreuves en est laborieuse,
lente, et cela m'a empêché de le faire paraître plus rapidement. D'autre
part, je suis en train de préparer le deuxième et dernier volume de
l'ouvrage.

M. Guiter. — Nous serons très heureux de voir sortir ce travail
important.

M. Aramon. — Je voudrais ajouter une chose, que M. Badia a oublié de dire, à savoir que la première partie de ce travail a obtenu, il y a deux ans, le prix de l'Institut d'Estudis Catalans, prix qui porte le nom de notre grand maître Pompeu Fabra.

M. Colon. — Moi qui suis plus jeune, je me pose la question de l'avenir du catalan. J'ai fait mes études en castillan, et pour moi, le catalan était alors tout simplement une langue dans laquelle on écrivait certaines poésies satiriques, parfois d'un goût douteux, à Valence, lors des Falles. Mais lorsque j'avais treize ans, je suis allé à la mairie et j'ai demandé spontanément au guichet : « Jo voldria la placa de la bicicleta ». Un homme que je ne connaissais pas m'a répondu : cela n'existe pas...

M. Guiter. — Je voudrais vous dire quelques mots de la situation du catalan en France.

Vous avez eu, en Espagne, un centralisme d'imitation française, importé par une dynastie française, tandis que nous autres, nous avons eu le centralisme à la source. Je dois dire que le centralisme de l'Ancien Régime, centralisme bourbonien, a été bien peu de chose à côté de ce qu'a été ensuite le centralisme jacobin ; il a été « gratiné » d'une manière particulièrement sérieuse, et cet état d'esprit dure toujours.

Il y a des faits qui sont assez frappants, assez singuliers. Je fais chaque semaine le voyage Perpignan-Montpellier et, il y a à peu près de cela 4 ans, je me suis trouvé dans le compartiment avec quelqu'un qui venait de Barcelone, mais qui n'était pas Catalan. C'était un Castillan, originaire de la Manche, comptable à Barcelone dans une maison industrielle ou commerciale. Il avait envie de parler ; nous avons engagé la conversation et, fatalement, nous sommes arrivés à la question catalane. « Il y a des choses qui me tracassent un peu, m'a-t-il dit. Mes filles sont dans un collège libre, et on leur fait la moitié des cours en castillan, la moitié en catalan ; si elles ont la physique en catalan, par exemple, on leur fait les mathématiques en castillan ». Il avait peur que cela nuisît au bon castillan de ses enfants. Je l'ai tranquilisé de mon mieux. Eh bien, tous les universitaires français qui sont ici savent qu'en France c'est une chose impensable ; si un établissement libre — dans l'enseignement d'Etat il ne faut même pas l'envisager — se permettait de donner des cours dans la langue de la région, l'Inspecteur d'Académie qui a droit de surveillance, le ferait fermer immédiatement.

Vous avez dit que la philologie catalane avait sa place obligatoirement dans toutes les Universités espagnoles. Eh bien, pour obtenir pour elle une place facultative dans quelques Universités françaises, nous avons dû mener des luttes acharnées, qui ne sont pas terminées. Si nous avons maintenant dans l'enseignement supérieur une place acceptable, c'est quelque chose qui a été pris par la bande. Le catalan jouit

dans l'enseignement supérieur d'un statut de deuxième langue. Cela
nous a valu un C 1 dans deux Universités, à Toulouse et à Montpellier,
et un C 2 à Paris. C'est exactement là que nous en sommes.

Vous avez envisagé la place faite au catalan dans la nouvelle
liturgie en Espagne. Là je vais vous citer un fait récent. J'ai eu l'occasion d'être en relations avec un capucin perpignanais, et cet homme
de bien a demandé à l'évêque de Perpignan l'autorisation de célébrer
la messe en catalan. Savez-vous la réponse qu'il a reçue ? « L'Eglise a
besoin d'unité ». Au moment où la liturgie latine disparaît et se frag-
mente en une mosaïque de liturgies nationales, il a eu cette réponse,
qui a valu à l'évêque de voir fleurir sur pas mal de murs d'églises
perpignanaises : « Volem un bisbe català ». L'affaire n'aura pas de
suite, malheureusement.

Du point de vue de l'enseignement supérieur, je voudrais reprendre ce que mes collègues hispanistes qui sont dans la salle m'ont
entendu dire, il y a un mois, au Congrès des Hispanistes français à
Nanterre. Le catalan peut servir de deuxième langue en vue des
licences de lettres modernes et de lettres étrangères dans le premier
cycle, de même, il peut servir de certificat C 1 pour la licence, et ce
C 1 peut aussi faire fonction de certificat C 2 en vue de la maîtrise.
Mais les étudiants qui se sont lancés dans cette voie risquent d'aboutir
à une impasse quand ils arrivent à l'agrégation. En effet, à l'agrégation
d'espagnol, seul le portugais est admis comme deuxième langue. Alors,
nous avons demandé que le basque et le catalan puissent faire l'objet
d'une option sur le même pied que le portugais. Voilà, au niveau de
l'enseignement supérieur, un vœu qu'il serait utile de reprendre.

Du point de vue de l'enseignement du second degré, l'arrêté du
13 novembre 1967 a fixé la liste des langues admises comme deuxièmes
langues au baccalauréat. Sur cette liste figurent des langues d'une
« importance mondiale incontestable », comme le laotien, le cambod-
gien, etc., et même des langues qui ne sont pas des langues d'Etat,
l'arménien et le berbère ; bien entendu, le catalan n'y est pas. Alors,
j'ai essayé de reprendre cette question par la bande en incitant les
Andorrans à s'adresser à leur co-prince français. J'ai aussi fait faire
une demande par le député de Perpignan qui a posé une question
écrite au ministre, mais elle est restée sans réponse. Il existe — vous
le savez peut-être — un Conseil National de défense des langues et
des cultures régionales, qui groupe le catalan, le breton, l'occitan, le
basque, le corse, l'alsacien. Ce Conseil avait obtenu, dans une commission mixte, des promesses formelles du représentant du ministère,
mais aucune suite n'est venue, aucun décret d'application. Evidemment
le secrétaire a écrit au ministère, mais il attend encore une réponse, et
il y a des mois que cela dure. Quand on a fait des démarches orales, les
représentants ministériels ont toujours répondu : « les programmes sont
tellement chargés qu'on ne peut rien ajouter ». Or, quand nous demandons le statut de deuxième langue, nous ne chargeons pas les pro-

grammes, c'est une option de plus qui est offerte. Je pense que notre Colloque devrait le demander également.

Enfin, du point de vue de l'enseignement primaire, je crois qu'il faudrait obtenir, pour les écoles de notre zone, un statut de bilinguisme, statut qu'on a réalisé en France dans certaines écoles. Tenez-vous bien, il existe des écoles primaires où les enfants sont élevés à la fois en français et en anglais ; cela existe ; on essaie aussi de faire des écoles bilingues franco-espagnoles, mais c'est surtout l'anglais qu'on favorise. Vous savez, chez nous l'espagnol est combattu. La menace pour le catalan ne vient pas de l'espagnol qui est nettement brimé.

Voilà donc les quelques points que je voulais développer en vue d'un vœu que nous pourrions émettre.

M. Badia. — Si je peux prendre la parole un instant, je voudrais dire que M. Straka et moi-même, nous avions prévu un vœu dans ce sens, dont nous vous soumettrons le texte pour approbation dans la séance de clôture.

M. Colon. — Je ne vais pas parler de problèmes français. Ici, on a opposé tout à l'heure les Catalans et les Espagnols. Moi, je ne veux pas de cela. Je suis Espagnol et je suis Catalan, et je ne m'occupe pas de questions politiques. Je me place sur le plan purement scientifique. Je sais qu'en linguistique romane, le catalan est considéré comme une langue. Or, je fais tous mes vœux pour qu'il soit aussi considéré comme une langue officielle, c'est-à-dire langue de travail.

M. Badia. — Et langue de Congrès.

M. Colon. — Il faut reconnaître tous les droits au catalan. Toutefois, si j'ai quelque chose d'important à dire dans une communication à un congrès, je le ferai en français ou en espagnol ; je crois que, si je dois apporter quelque chose au catalan, je le ferai d'une façon plus efficace en parlant en français plutôt qu'en catalan. Ainsi, bien que je ne comprenne pas grand-chose au système de certificats et de licence dans les Universités françaises, je dois dire que je ne vois pas l'avantage d'avoir, comme deuxième langue, le catalan ou le basque à côté du portugais. Je ne suis pas anticatalaniste, mais du point de vue des études hispaniques, le portugais me semble d'une grande importance. Certes, la seule personne qui ait voté contre le catalan comme langue de congrès était un Portugais...

M. Guiter. — Vous parlez du Congrès de Salamanque ?

M. Colon. — Non, de celui de la Société de Linguistique romane à Bucarest. Les Roumains ont fait les choses très bien, ils se sont servis des langues officielles les plus connues, du français, de l'espagnol, de l'italien, du portugais. Alors moi — esprit de contradiction — je me suis permis d'écrire à M. le président de la Société de Linguistique romane, M. Badia, en lui disant que je m'étonnais de voir le catalan exclu et que j'aimerais qu'on puisse s'en servir dans les communications. Or, je sais qu'excepté le Portugais en question, tous les romanistes, les Roumains en tête, ont accepté ma réclamation avec des excuses. Si je défends le portugais, vous voyez donc que ce n'est pas par reconnaissance. C'est simplement parce que l'espagnol et le portugais représentent un monde énorme, monde de l'avenir. Le basque et le catalan sont de petits domaines. Il faut en tenir compte. Je sais l'enthousiasme de M. Guiter pour le catalan, et je suis aussi enthousiaste que lui pour ma langue, mais ici, au point de vue de l'efficacité ibéroromane, je pose le problème de l'intérêt du catalan.

M. Guiter. — Je croyais avoir été particulièrement clair et me faire bien comprendre.

Si j'ai demandé une place pour le catalan à l'agrégation d'espagnol, c'est parce que les étudiants qui l'auront choisi comme deuxième langue jusqu'à la maîtrise, vont se trouver à ce moment-là défavorisés et devront apprendre le portugais qu'ils n'auront pas appris auparavant. Ceux qui auront fait du portugais comme seconde langue tout au long de leurs études, le présenteront naturellement comme option à l'agrégation, mais ceux qui auront fait comme deuxième langue du catalan ou du basque, ne doivent pas se trouver brimés quand ils arrivent à l'agrégation, autrement, c'est une impasse à laquelle ils vont aboutir, et cela les découragera de faire du catalan ou du basque pour la licence ou pour la maîtrise.

M. Camprubi. — Je voudrais ajouter un détail en ce qui concerne la situation du catalan en France. Dans plusieurs Facultés, l'enseignement du catalan s'implante maintenant : à Bordeaux, à Nantes... Ce qui est particulièrement intéressant c'est que plusieurs chefs de sections hispaniques invitent les étudiants à prendre des sujets de thèse sur des questions catalanes. C'est un fait relativement *nouveau* et très important.

Mlle Lange. — Je voudrais seulement dire quelques mots de l'état des études catalanes en Allemagne.

Naturellement, de toutes les langues romanes, les études du français sont les plus développées. Puis, en seconde ligne, viennent les études de l'espagnol et de l'italien, langues qui sont aussi enseignées dans les écoles secondaires. Mais ceux qui étudient ces langues ne se limitent pas uniquement au français, à l'italien ou à l'espagnol ; ils font toujours de la linguistique romane dans son ensemble et là, à côté du français, de l'italien et de l'espagnol, ils apprennent nécessairement le portugais, le roumain et le catalan. Ces langues ont toutes la même importance dans l'enseignement de la linguistique romane, et je pense que c'est quelque chose de très intéressant de voir le catalan enseigné dans les Universités allemandes comme une langue qu'il faut aussi

savoir parler. Auparavant, on enseignait même le français comme
langue qu'il fallait seulement savoir lire et connaître du point de vue
théorique, mais maintenant toutes les langues, y compris le catalan,
le roumain, le portugais, s'enseignent aussi pour qu'on puisse les
parler. A l'Université de Munich et à l'Université de Tübingen, il y a un
lecteur de catalan, ce qui est assez remarquable, et il assure deux
groupes, un pour les débutants et un pour les étudiants avancés. A
Munich, il y a une bonne dizaine d'étudiants qui peuvent parler plus
ou moins bien le catalan.

De même, il faut souligner que, pour une thèse de doctorat, il est
toujours possible de choisir le catalan, et on peut aussi être interrogé
sur le catalan à l'oral des épreuves de doctorat. Je sais qu'à Munich,
quelqu'un prépare une thèse sur le catalan, et à Tübingen, en ce
moment, deux thèses sont en chantier.

C'est donc un aspect assez encourageant pour les études catalanes.

M. Labertit. — J'aimerai donner un tour un peu local à ce débat
de portée générale sur les études catalanes. Je pense que, précisément,
une des chances du catalan en France est de pouvoir être intégré dans
l'enseignement supérieur par le biais d'une maîtrise de linguistique
espagnole. On pourrait très bien coordonner les intérêts de ceux qui
étudient le castillan et de ceux qui désirent se spécialiser en catalan —
les amoureux du castillan et les amoureux du catalan — en les réunissant dans le cadre du certificat de linguistique espagnole. Puisqu'il
appartient aux Facultés d'organiser elles-mêmes les programmes des
certificats, on pourrait très bien inclure, dans le certificat de linguistique espagnole, une part importante réservée aux études catalanes.
Voilà, me semble-t-il, une bonne façon de satisfaire tout le monde et
de donner à un Institut comme l'Institut d'espagnol de Strasbourg une
position qui lui permette de rejoindre les préoccupations d'Instituts
comme ceux de Bordeaux et de Toulouse. C'est tout ce que je voulais
dire.

M. Colon. — Je vous prie de me donner encore la parole pour
quelques secondes, car je ne voudrais pas qu'on gardât l'impression
que j'avais voulu contredire M. Guiter. Ses efforts me semblent remarquables, et je les admire. Mais je ne comprends rien — je le répète —
à l'organisation de la maîtrise, de l'agrégation, etc., et par conséquent,
lorsque je défendais tout à l'heure le portugais, je croyais que le portugais serait menacé par le basque et par le catalan. Je vois maintenant
qu'il n'en est rien, et naturellement, je me rallie à vos efforts qui
tendent à introduire ou à renforcer les études catalanes dans les
Universités françaises.

Mlle Lange vient de parler des études catalanes en Allemagne où
la romanistique bénéficie d'une longue et belle tradition. A Bâle, mes
élèves ont maintenant aussi la possibilité d'étudier le catalan. En 1965,

nous avons eu une thèse de doctorat rédigée en catalan (il y en aura
d'autres), et lors de l'examen, je me suis efforcé de parler et de faire
parler le candidat en catalan oriental — jo estava a la recerca del mot
escaient ; cela s'est très bien passé, les autorités suisses n'y ont vu
aucun mal. J'occupe une chaire de philologie ibéroromane et, dans ce
cadre, j'enseigne naturellement le catalan. Mais je dis à mes étudiants :
la première langue que vous devez apprendre est l'espagnol, et sur ce
point, je suis inflexible ; ils doivent tous savoir l'espagnol. Ensuite, ils
doivent tous connaître un peu soit le catalan, soit le portugais, et là, je
suis aussi inflexible. Ils ont donc le choix entre ces deux langues, et
je me félicite que la majorité choisisse le catalan. Ce serait donc une
erreur de s'imaginer que je suis contre l'enseignement du catalan. Je
défends ses droits, mais je défends également les droits du portugais
qui est une grande langue d'un grand avenir.

M. Straka. — Je ne veux pas prolonger outre mesure ce débat sur
les aboutissements pratiques de notre colloque, mais je voudrais dire
ceci : l'introduction du catalan dans l'enseignement supérieur dépend
naturellement des systèmes universitaires des différents pays, et dans
un même pays, comme la France, elle dépend aussi d'autres problèmes.
Sur le plan des principes, rien ne s'oppose en France à ce qu'on enseigne le catalan dans telle ou telle Université et à ce qu'on l'introduise
dans les programmes de tel ou tel examen ou concours. Mais il faut
avoir des moyens pour le faire : moyens financiers d'une part et,
d'autre part, la possibilité de confier cet enseignement à un spécialiste
qualifié. Des deux problèmes, le problème financier n'est pas le plus
difficile à résoudre. On finit toujours par obtenir les crédits nécessaires
pour rémunérer des cours complémentaires, voire pour une maîtrise
de conférences, lorsqu'il s'agit d'un enseignement qui se justifie sur le
plan scientifique. Mais il faut avoir des spécialistes, hommes capables
d'enseigner la linguistique et la littérature catalanes, et ce problème est
de beaucoup le plus grave. Combien de catalanistes y a-t-il en France ?
C'est un cercle vicieux : tant qu'en France on n'aura pas suffisamment
d'enseignements de catalan, on n'aura pas non plus suffisamment
d'hommes préparés à donner ces enseignements, et tant qu'on n'aura
pas suffisamment de spécialistes, on ne pourra pas ouvrir de nouveaux
enseignements. C'est l'évidence même. Mais il faut commencer par
quelque chose, et ce colloque est, à mon avis, une bonne occasion de
faire un pas en avant. Et tout d'abord, il faut clarifier nos idées sur ce
qu'on veut faire dans les circonstances actuelles.

Bien sûr, à Strasbourg, on commencera dès cet automne. Nous
aurons la chance d'avoir l'année prochaine, comme professeur associé,
mon ami Colon qui a bien voulu se charger d'une heure hebdomadaire
de catalan au moins. Si, ensuite, son successeur dans cette « chaire
volante » n'est pas un catalaniste, étant donné que Bâle n'est pas loin,
on trouvera des moyens financiers pour pouvoir demander à M. Colon
de continuer cet enseignement sous une forme ou une autre. Peut-être
réussira-t-il à former à la longue quelques jeunes catalanistes français.

De même, dans les autres Universités où l'on peut faire appel à un hispaniste orienté vers le catalan, il ne devrait pas y avoir de difficulté pour organiser un enseignement de linguistique catalane. M. Labertit vous à très bien expliqué comment on pourra l'insérer dans le programme du certificat de linguistique espagnole, et je compte sur lui pour réaliser ce projet à Strasbourg. Mais il existe encore une autre possibilité. Certes, la notion de romanisme et de romanité n'existe pratiquement pas en France en dehors de Strasbourg où le Centre l'a fait renaître. Mais dans le cadre de la dernière réforme de la licence — où pourtant, la linguistique et la philologie ont été plutôt mal traitées par les commissions parisiennes composées essentiellement de littéraires — on a créé un certificat de linguistique romane que les étudiants de 3e année de licence et ceux de maîtrise peuvent choisir parmi d'autres certificats linguistiques et littéraires. Il est évident que, dans le cadre de ce certificat qui existe à Strasbourg et dans quelques autres Universités françaises, la linguistique catalane doit être traitée dans la perspective romane. Ainsi le catalan pourrait et devrait avoir la place qui lui revient aussi bien dans les études ibéroromanes spécialisées, réservées aux Instituts d'espagnol (ou hispaniques), que dans le cadre plus vaste de la linguistique comparée des langues romanes.

Les possibilités ne manquent donc pas. Mais avant tout, il faut avoir — je le répète — des hommes : catalanistes bien formés, capables de donner un enseignement scientifique et de hisser ainsi, dans les Universités françaises, le catalan à la place que, depuis longtemps, il aurait dû occuper.

J'ajoute encore un mot. A côté d'un ou de plusieurs cours scientifiques sur la linguistique catalane, voire sur la littérature, il faudrait avoir aussi, dans nos Universités, des lectorats de catalan pour enseigner la langue pratique. Ce n'est pas exclu non plus sur le plan des principes, mais il faut que le Ministère puisse créer ces postes et accorder les crédits nécessaires pour rétribuer les lecteurs. Pour commencer, à défaut de lecteurs, on pourrait confier ces cours pratiques à des étudiants catalans, romanistes, avancés dans leurs études, qui viendraient passer comme boursiers une ou deux années dans nos Universités. A nos collègues barcelonais de les choisir, au Gouvernement français de leur attribuer des bourses. Tout est possible quand on le veut.

Voilà ce que j'avais encore à vous dire en guise de programme d'action avant qu'on ne lève cette dernière séance.

SÉANCE DE CLOTURE

Allocution de M. Georges Straka

Mes chers amis, voici le moment de clore les journées studieuses de ce beau colloque. Vous en connaissez la genèse. Il s'agissait de choisir, pour un colloque du Centre, une langue romane autre que le français. Nous avons choisi celle qui, depuis un certain nombre d'années, est étudiée tout particulièrement par une magnifique équipe barcelonaise sous l'égide d'Antonio Badia. Nous avons choisi le catalan parce que nous savions qu'à la suite de tant de travaux, c'était le moment d'en faire le point et d'ouvrir de nouvelles perspectives aux recherches futures, de voir dans quelles directions les études catalanes devraient maintenant s'orienter. Mais nous avons aussi choisi cette langue parce que c'est une langue de grande culture, de grande civilisation romane, et pourtant, ce n'est pas la langue de l'administration, des écoles, de la presse du pays.

Voilà les deux raisons, l'une scientifique, hautement scientifique, et l'autre humaine, aussi profondément humaine, qui nous ont conduits à organiser ce colloque.

Ce colloque, placé sous le signe à la fois du passé et du présent, a été quasi symboliquement encadré par un exposé nourri sur l'histoire de votre langue et par une analyse perspicace — un véritable diagnostic — de sa situation actuelle, dont on ne peut s'empêcher d'admirer l'émouvante sincérité et la courageuse objectivité. Entre les deux, nous avons entendu des exposés sur l'orthographe, la phonétique, la morpho-syntaxe, la lexicologie, la dialectologie et l'onomastique. La publication de toutes ces communications fera l'honneur à l'Université qui vous a accueillis et rehaussera encore le prestige de la linguistique catalane.

Résultats scientifiques sans aucun doute remarquables ! Résultats humains ? Je voudrais qu'ils le fussent aussi, et quand je dis : résultats humains, je veux dire par là : résultats, sur le plan national, pour un meilleur avenir de votre langue et de votre pays.

Que ce colloque puisse contribuer à préparer les chemins de l'avenir de la langue catalane — avenir qui, malgré tout, semble se dessiner aujourd'hui devant nous moins sombre qu'il y a quelques années — voilà un de nos vœux les plus chers.

Les actes, que nous désirons faire paraître aussi rapidement que possible et qui contiendront non seulement les exposés des rapporteurs, mais aussi toutes les discussions, constitueront un témoignage durable des travaux de cette semaine. Dans les rapports et dans les discussions, ceux qui n'ont pas pu nous rejoindre, de même que les générations futures de chercheurs, trouveront des faits nombreux et des idées riches qui, j'en suis convaincu, constitueront le point de départ de nouvelles recherches et de nouveaux travaux. Mais on y découvrira aussi, à tout instant, comme un fond de toile de toutes vos recherches et discussions les plus scientifiques, vos sentiments humains, votre amour du catalan et de la Catalogne, et là, je ne pense pas non plus que ceux qui liront ces Actes dans votre pays puissent y rester insensibles. De ce point de vue, vos travaux de cette semaine porteront leurs fruits également, j'en suis tout aussi convaincu.

Vous avez fait le point des recherches sur la linguistique catalane de ces derniers temps. Mais la recherche continuera, d'autres ouvrages, d'autres études paraîtront, et il s'agira, dans quelque temps, d'en faire de nouveau le point. Voilà pourquoi je vous propose d'instituer des *colloques périodiques de linguistique catalane*, tous les cinq ans, peut-être plus souvent. Je souhaiterais vivement que le prochain colloque pût se tenir à Barcelone. C'est un vœu que je formule au nom de tous les romanistes. Sinon, vous choisirez un autre endroit. Je ne suis pas catalaniste, vous le savez, mais vous savez aussi que j'aime votre pays et votre langue ; j'étais heureux de l'entendre parler ici, dans cette maison qui est la mienne. Aussi viendrai-je vous rejoindre où que ce soit. Mais, si vous voulez revenir à Strasbourg, vous êtes ici chez vous.

En plus des résultats scientifiques auxquels vous avez abouti, nous sommes arrivés, au cours de ce colloque, et plus spécialement ce matin, à une conclusion pratique. Il est évident que la langue catalane n'a pas, dans la plupart des Universités, la place qui lui revient. Et pourtant, la romanistique n'a pas le droit de la négliger, comme elle ne peut se désintéresser d'aucune autre langue romane, si elle doit être digne de la tradition créée par nos maîtres. A plus forte raison, le catalan doit être présent partout où l'on s'intéresse aux études ibéro-romanes. Aussi me paraît-il souhaitable d'émettre, dans cette séance de clôture du *Premier colloque international de linguistique catalane*, un vœu pour que le catalan soit moins négligé que jusqu'à présent et qu'il soit cultivé dans les Universités autant que les autres langues romanes. Et puisque nous sommes en France, je voudrais que ce vœu attirât l'attention sur l'importance du catalan plus spécialement des hispanistes français et de notre Ministère de l'Education Nationale. Mais il s'adresse également aux romanistes des autres pays.

Je vous propose donc le texte que nous avons rédigé, MM. Badia, Colon, Guiter et moi-même, et que voici :

« Les romanistes réunis au Colloque de Linguistique catalane, organisé par le Centre de Philologie romane de Strasbourg du 23 au

27 avril 1968, se félicitent que la langue catalane puisse jouer en France le rôle de seconde langue dans le Premier cycle de l'Enseignement supérieur (Lettres modernes et Langues vivantes) et dans les deux années du Second cycle, et émettent les vœux suivants :

1° que l'enseignement du catalan soit introduit dans d'autres Universités françaises que les trois qui en bénéficient déjà ;

2° que le catalan puisse faire l'objet d'une option à l'agrégation d'espagnol au même titre que le portugais ;

3° que le statut de seconde langue qu'a le catalan dans l'Enseignement supérieur soit étendu au baccalauréat ;

4° que, dans d'autres pays également, l'enseignement du catalan et de la linguistique catalane soit progressivement généralisé dans toutes les Universités où il existe une chaire de linguistique ou philologie romane. »

Etes-vous d'accord avec le texte de cette motion ? [Le texte proposé est voté à l'unanimité.]

Merci d'être venus à Strasbourg. Merci d'avoir accepté notre invitation, invitation commune d'Antonio Badia et de moi-même.

Je vous félicite pour la réussite de ce colloque et je vous dis la reconnaissance du Centre de Philologie romane. C'était un grand colloque, un de nos meilleurs. Il aura des répercussions importantes, et de nouvelles réunions semblables le perpétueront dans l'avenir.

Je vous dis à bientôt. Vive le catalan ! Vive la Catalogne !

Intervention de M. Michel Metzeltin

Comme romaniste appartenant à un pays non roman, je voudrais d'abord remercier M. Straka d'avoir permis aux catalanisants la réalisation de ce colloque et exprimer le souhait de nous retrouver une seconde fois, dans cinq ans, ici à Strasbourg.

En second lieu, je tiens à remercier M. Colon d'avoir introduit à Bâle l'étude du catalan. Il faudrait que tous les étudiants suivent ses cours de catalan. Merci .

Allocution de M. Antoni Badia Margarit

Mes chers amis, je suis tout à fait incapable de faire un discours. Je vous disais hier soir, quand nous étions réunis à table, qu'un seul mot me venait sur les lèvres : c'était le mot « merci » ; mais pour mieux dire, vous vous en souvenez, j'ai dû rectifier : ce n'est pas un simple « merci », c'est « moltes gràcies ». Aujourd'hui, je ne puis faire autrement que de le redire et d'y insister. Notre reconnaissance est si profonde que je ne trouve pas de paroles appropriées pour exprimer ce que je ressens et ce que vous tous, sans doute, ressentez avec moi.

Dans les paroles de notre ami Straka que vous venez d'entendre, deux concepts sont apparus à deux ou trois reprises : travail scientifique et aspect humain. Je voudrais insister sur l'un et sur l'autre.

Nous avons travaillé, vous avez travaillé beaucoup au point de vue scientifique, et il y en aura un témoignage clair : le volume d'actes de ce colloque, je crains même que ce livre ne soit très gros. Cette publication sera donc la preuve de nos recherches, de nos efforts ici, de votre participation de vous tous. Nous avons fait du travail positif, du travail scientifique très positif. Mais il y a eu aussi cet aspect humain que vous avez sans doute tous senti, mais que je ne saurais définir, ni exprimer. Je ne vois d'ailleurs pas la nécessité d'essayer d'exprimer ce sentiment, parce que je suis tout à fait sûr que vous partagez tous ce même sentiment ; nous nous entendons sans paroles.

Nous avons apprécié profondément, cela va sans dire, le travail accompli : nous sommes venus ici pour travailler, et nous l'avons fait ; je crois que nous avons travaillé très bien, intensément. Mais pendant ces journées, à chaque moment, on a aussi respiré un air si humain ! Je renonce à vous en parler puisque vous me comprenez bien.

Je vous remercie infiniment, mon cher ami, et pour le travail scientifique que vous nous avez permis d'accomplir, et pour ce climat, cette chaleur humaine que vous avez réussi à donner à notre rencontre tout le long de nos travaux.

Je voudrais aussi remercier tous les catalanisants qui sont venus travailler avec nous. Et je remercie également, outre notre ami Straka et le Centre de Philologie romane, Monsieur le Recteur de l'Académie, qui nous a offert une détente dans nos travaux, et l'Institut d'Espagnol de la Faculté des Lettres, où nous avons été très chaleureusement reçus. J'exprime ces remerciements en mon nom propre tout d'abord, et ensuite au nom de tous ceux qui, dans notre pays, s'intéressent aux problèmes de la langue ; je ne pense pas seulement aux collègues du métier, mais aussi aux gens du pays qui s'intéressent à leur langue, qui désirent obtenir une situation plus juste pour notre langue catalane. Au nom de tous ceux-là, je vous remercie. Et je vous dirai même que je vous remercie encore au nom de ceux parmi les Catalans qui ne s'intéressent pas à notre langue et à ses problèmes, mais qui l'utilisent couramment et qui s'entendent les uns avec les autres par son canal.

Si vous me le permettez, je voudrais terminer en catalan, dans cette langue qui a été notre sujet d'étude pendant les journées de ce colloque :

Al moment de començar el col·loqui, vaig recordar que, per un atzar, el col·loqui anava del dia de Sant Jordi al dia de la Mare de Déu de Montserrat, els dos Patrons de Catalunya. Aquesta constatació és,

per a nosaltres, si voleu, un aspecte sentimental, però Unamuno ja ens
havia retret l'excés de sentimentalisme. Si en som, què hi farem? Val
la pena que ens coneguem i que reaccionem tal com som.

I no solament hi ha hagut aquest atzar del 23 al 27 d'abril, sinó un
altre atzar : que ens hem reunit en l'any del centenari de Pompeu
Fabra. No hi ha hagut cap sessió d'aquest col·loqui on el nom de
Pompeu Fabra no hagi sortit manta vegada.

Doncs totes aquestes coincidències refermen l'agraïment que sentim tots nosaltres envers el Centre de Filología Romànica d'Estrasburg
i sobretot personalment envers el nostre amic Georges Straka. Moltes
gràcies.

Table des matières

WESTFIELD
UNIV.
LONDON
COLLEGE

ACHEVÉ D'IMPRIMER
LE 4 AVRIL 1973
SUR LES PRESSES DE
L'IMPRIMERIE RÉGIONALE
35-37, RUE DU FOSSÉ-DES-TREIZE
F - 67000 STRASBOURG

N° d'ordre 1970/72 - Dépôt légal 2ᵉ trimestre 1973